· 北京师范大学史学探索丛书 ·

U0574090

OuZhanQianHou GuoRen De XianDaiXing FanXing

欧战前后：国人的现代性反省

郑师渠　著

北京师范大学出版集团
BEIJING NORMAL UNIVERSITY PUBLISHING GROUP
北京师范大学出版社

图书在版编目（CIP）数据

欧战前后：国人的现代性反省/郑师渠著. —北京：北京师范
大学出版社，2013.11
（北京师范大学史学探索丛书）
ISBN 978-7-303-15520-0

Ⅰ.①欧… Ⅱ.①郑… Ⅲ.①思想史—研究—中国—近
代 Ⅳ.①B25

中国版本图书馆 CIP 数据核字（2012）第 236954 号

营 销 中 心 电 话　010-58802181　58805532
北师大出版社高等教育分社网　http://gaojiao.bnup.com
电 子 信 箱　gaojiao@bnupg.com

出版发行：北京师范大学出版社　www.bnup.com
　　　　　北京新街口外大街 19 号
　　　　　邮政编码：100875
印　　刷：保定市中画美凯印刷有限公司
经　　销：全国新华书店
开　　本：170 mm×230 mm
印　　张：32
字　　数：430 千字
版　　次：2013 年 11 月第 1 版
印　　次：2013 年 11 月第 1 次印刷
定　　价：65.00 元

策划编辑：刘松弢　刘东明　　责任编辑：吴艳玲　刘东明
美术编辑：毛　佳　　　　　　装帧设计：毛　佳
责任校对：李　菌　　　　　　责任印制：孙文凯

版权所有　侵权必究
反盗版、侵权举报电话：010-58800697
北京读者服务部电话：010-58808104
外埠邮购电话：010-58808083
本书如有印装质量问题，请与印制管理部联系调换。
印制管理部电话：010-58800825

北京师范大学史学探索丛书
编辑委员会

顾　问　何兹全　龚书铎　刘家和　瞿林东　陈其泰
　　　　郑师渠　晁福林
主　任　杨共乐
副主任　李　帆　易　宁
委　员（按姓氏笔画排序）
　　　　马卫东　王开玺　王冠英　宁　欣　汝企和
　　　　张　皓　张　越　张荣强　张建华　郑　林
　　　　侯树栋　耿向东　梅雪芹

出版说明

在北京师范大学的百余年发展历程中，历史学科始终占有重要地位。经过几代人的不懈努力，今天的北师大历史学院业已成为史学研究的重要基地，是国家"211"和"985"工程重点建设单位，首批博士学位一级学科授予权单位。拥有国家重点学科、博士后流动站、教育部人文社会科学重点研究基地等一系列学术平台。科研实力颇为雄厚，在学术界声誉卓著。

近年来，北师大历史学院的教师们潜心学术，以探索精神攻关，陆续完成了众多具有原创性的成果，在历史学各分支学科的研究上连创佳绩，始终处于学科前沿。特别是崭露头角的部分中青年学者的作品，已在学术界引起较大反响。为了集中展示北师大历史学院的这些探索性成果，也为了给中青年学者的后续发展创造更好条件，我们组编了这套"北京师范大学史学探索丛书"，希冀在促进北师大历史学科更好发展的同时，为学术界和全社会贡献一批真正立得住的学术力作。这些作品或为专题著作，或为论文结集，但内在的探索精神始终如一。

当然，作为探索丛书，特别是以中青年学者作品为主的学术丛书，不成熟乃至疏漏之处在所难免，还望学界同仁不吝赐教。

北京师范大学历史学院

北京师范大学史学理论与史学史研究中心

北京师范大学史学探索丛书编辑委员会

2010 年 3 月

自　序

　　这本文集中所收的文章，除了第一篇发表稍早外，其余都为近年的新作。文集所以借用其中一篇文章的题目即《欧战前后国人的现代性反省》来命名，是因为它最能集中体现文集的主题。这也正是近些年来本人研究所关注的主要问题所在。

　　学术界对于"五四"时期思想文化的研究，自来成果丰硕。人们普遍重视俄国十月革命和马克思主义传播对于中国社会的影响，并由此强调指出，正是缘是之故，"五四"后的新文化运动由前期追慕西方近代资本主义文明，发展到了后期宣传马克思主义和社会主义，终至于走上了"以俄为师"新的发展阶段；五四运动便也因此成为了近代中国历史发展的一个重要的转捩点。这个历史认知，在总体上，符合客观历史实际，系统而深刻。然而，这并不影响我们指出，已有的研究仍存在自己的不足。其中，重要的一点，是对于19世纪末20世纪初即欧战前后，西方现代社会文化思潮的变动尚缺乏应有的全面的理解与把握。这自然会影响研究视野的展拓，对许多问题的阐释，也难免有失简单化。

　　19世纪末以来，随着西方资本主义社会的内在矛盾日益暴露，尤其是经欧战创深痛巨，欧人开始普遍反省其自身的近代文明，从而促进了欧洲现代社会文化思潮的变动。其中，马克思主义批判资本主义制度，主张社会主义革命，并终致结出了俄国十月革命的善果，固然是代表了此种反省的一个重要取向；但是，与此同时，还存在另一个重要的取向，同样不容轻忽，这就是：反省现代性。许多人以为，自文艺复兴以来，由于迷信"理性万能"，导致了人性的异化，人们失去了精神家园，物欲横流，尔虞我诈，终致发生了欧战的惨剧。因此，与马克思主义强调资产阶级的理想王国破产和主张社会革命论不同，他们从认知"理性破产"出发，主张恢复对于人类内心世界的尊重，重建人类的精神家园。以尼采诸人为代表的非理性主义思潮，即反省现代性思潮缘是兴起。上述两种取向，虽不应等量齐观，但无疑却共同构成了对近代资本主义文明的批判，二者有相通之处，相互激荡，也是应当看到的。不仅如此，欧战前后的西方反省现性思潮，实为当下西方所谓后现代主义的前驱，足见其影响之深远。欧洲现代社会文化思潮的变动，不仅深刻地影响了整个的西方世界，而且也对包括中国在内的东方世界产生了深远的影响。遗憾的是，长期以来，学术界虽然充分关注了西方现代社会文化思潮变动中的马克思主义取向，但是，对其反省现代性的另一取向，却甚少措意，在实际研究上，实付之阙如。需要指出的是，20世纪初年中国社会文化思潮的变动，既是近代中国社会自身发展的产物，同时也是西方现代社会文化思潮变动影响的结果。而观念或思潮的传播，其与不同社会分层间的利益关联，正体现着韦伯所说的"选择性亲和"的原则。由此，不难理解，缺乏对后者全面的理解与把握，我们对于前者的认识，也难以是全面和深入的。

　　作者对于上述问题的理解与研究的展开，实有一个过程。《欧战后中国社会文化思潮的变动》一文，发表于1997年，现在所以收为本书第一篇，是为了更好体现作者思路形成的完整性。这篇文章注意到了战后欧洲弥漫着悲观的情绪，"理性破产"论风行一时，它反映了许多欧人对自身的文明失去了信心。"欧洲中心论"由此发生动摇，同时也开启了东西方文化对话的历程。作者虽然第一次注意到了将欧战后中国社会文化思潮的

北京师范大学史学探索丛书

变动与欧洲的思想动向相联系，但并没有形成"西方现代社会文化思潮变动"的完整概念，也尚未提出"反省现代性"的取向问题。直到2005—2006年发表两篇文章，即《梁启超与新文化运动》与《欧战后梁启超的文化自觉》，才自觉和完整地提出了上述的概念。新时期以来，人们超越了传统的偏见，肯定梁启超同样是主张新文化运动的代表性人物，这已成共识；作者的上述这两篇文章的贡献在于，不仅肯定梁启超同样是新文化的健将，而且强调指出，游欧归来的他，由于站立在了西方反省现代性新的思想支点上，其重新审视中西文化的见解，便具有了独特的个性和自身的合理性。它反映的是"文化的自觉"，而非文化的倒退。文章不是满足于举例证明任公还是主张新文化的，而是将问题置于欧战后西方现代社会文化思潮变动的大视野下加以考察，它力图彰显一种新的研究视角。这努力受到了学界的关注。其时，作者所以能形成这样的视角，实受两个因素的启发。一是所谓"现代性"问题正是当时学界讨论的一个热点；二是有幸读到了美国学者艾恺的著作《世界范围内的反现代化思潮》一书。前者主要是讨论"现代性"的概念与所谓中国的"现代性"问题。我借用了"现代性"一词，但于其概念的界定，却是认同艾恺的说法。在我看来，他所说的"现代化"，其实就是我所理解的"现代性"：是指自启蒙运动以来，以役使自然、追求效益为目标的系统化的理智运用过程。艾恺关于西方自文艺复兴以降，其文化的发展即伴随着"现代化"与"反现代化"两大思潮间纠结的宿命论见解，对于作者有更大的启发。后来，艾恺在采访晚年梁漱溟过程中，将其见解又作了进一步发挥。[1]不过，我又以为，就自己所研究的问题而言，用"现代性"与"反省现代性"较之"现代化"与"反现代化"，更显贴切与富有历史感。所以我在文中说："本文所指的现代性，认同前一种意见（指艾恺说）。这与目前学术界的有关争论无涉，仅是考虑此种提法更适合于20世纪初年的语境而已"。

由于有了概念上的自觉，作者对自己下一步研究应有的取向，变得明确起来了。依照逻辑，要推动研究的深入发展，自然需要进一步正面探讨西方反省现代性思潮在其时中国的反响及其与新文化运动关系等诸多问题。其所呈现的最终研究成果，主要便是 2008—2009 年发表的两篇文章：《欧战前后国人的现代性反省》和《新文化运动与反省现代性思潮》。文章不仅指出，梁启超的《欧游心影录》与梁漱溟的《东西文化及其哲学》风行一时，是其时反省现代性思潮兴起的主要表征；1923 年著名的"科玄之争"，与其说是传统所谓的主张科学与反科学之争，不如说是此一思潮在新文化运动中激起的强烈反响，来得更合乎历史实际；而且，还指出，反省现代性思潮的兴起助益国人进一步开拓了心胸，同时也为新文化运动发展注入了新的要素，张大了其发展的内在张力。如同在摄影中，调整焦距可以改变景观之纵深一样，史学研究也多赖视角的变动，从而得以观察到更多的历史侧面。在《从反省现代性到服膺马克思主义》一文中，作者指出，李大钊、陈独秀从激进的资产阶级民主主义者转向马克思主义，并非径情直遂，恰恰是反省现代性为之提供了必要的思想铺垫；而《角色·个性：蔡元培与新文化运动》一文则要说明，蔡元培正是因为得益于更多的认同反省现代性，故与陈独秀、胡适诸人相较，其在新文化运动中具有了更加鲜明的个性；至于《五四前后外国名哲来华讲学与中国思想界的变动》一文，所以将杜威、罗素等五位外国名哲来华讲学，视为整体现象和作综合的研究，也正是得益于此，如此等等。

自然，相信自己从反省现代性思潮入手的研究，有助于进一步深化与丰富人们对于"五四"前后中国社会历史的既有认知，这无非是作者冷暖自知和敝帚自珍罢了。其是非得失，还有待读者的批评。反省现代性研究是一个很大的课题，现有的个案研究仅是阶段性的成果，作者希望在此基础上，将来能完成一本系统的专著。

本书所收文章，大致可分为三部分：第一部分涉及的多为宏观问题；第二部分则属代表性人物的个案研究；第三部分为其他。由于本书为系列

北京师范大学史学探索丛书

的专题研究，文章发表时间前后不一，为交代问题之缘起，诸文间便难免于重复之处。这是需要请读者理解的。

北京师范大学历史学院支持本书的出版；北京师范大学出版社编辑刘东明等同志为本书出版付出了辛勤劳动，这里一并谨致谢意。

郑师渠
2012 年仲春于太月园

目　录

上　编

中　编

北
京
师
范
大
学
史
学
探
索
丛
书

下　编

北京师范大学史学探索丛书

欧战前后：国人的现代性反省

目录

上　编

第一章　欧战后中国社会文化思潮的变动

欧战及俄国十月革命的爆发，是世界历史由近代转入现代的重要标志。这是人所共知的。不过，如果从文化史的角度看，则又可以说，欧战后的世界开始了东西方文化对话的新时代。就中国而言，因国人对此感悟不同，欧战后的中国社会文化思潮发生了新的变动。由是形成的张力和搏击，构成了中国文化发展的契机。

一、"西方的没落"与世界文化的对话

1914—1918 年的第一次世界大战惨绝人寰，创深痛巨，使许多欧洲人对自己的前途和命运失去了信心，陷于悲观、混乱和迷茫之中。因之，彷徨无主，哀叹颓唐，复古迷信之风，弥漫于欧洲大陆。法国著名作家韦拉里 1919 年初在与人书中说，欧人危疑彷徨，莫知所措，杂药乱投，实陷于理性危机。"此种纷乱而复杂之情形，适足见欧洲人精神之悲苦。"① 不过，韦拉里等人还只是看到欧人的理性危机，而德国的一位青年中学教师斯宾格勒于 1918 年 7 月欧战刚刚结束，便推出他的成名作《西方的没落》，径直断言西方文明正面临着没落的命运。斯宾格勒认为，每一种文化犹如有机体，都有自己发生、发展、兴盛和衰亡的过程。欧战不是"民族感情、个人影响或经济倾向的一团一时性的偶然事故"，而是表明西方的"浮士德文化"正走向死亡。《西方的没落》初成于 1914 年欧战前夕，似乎不幸而言中，故出版后立即轰动了西方。初版 9 万部，风行一时，其盛况为达尔文《物种起源》出版以来所未有。

欧战既使许多西人对自己的文化丧失信心，他们痛定思痛，对遥远静

---

① ［法］韦拉里：《韦拉里论理智之危机》，吴宓译，载《大公报·文学副刊》，1928-03-05。

谧而又陌生的东方文化便油然生羡慕之情。故战后的欧洲出现了"崇拜亚洲之狂热",中国文化也在欧洲大行其道,孔子、老子被许多人奉为宗师,其中仅《道德经》的译本战后的德国就出版了8种。此外,专门研究中国学问的各种团体,也在各地建立起来。一位西方学者说:"东方文化在欧洲之势力及影响早已超出少数消遣文人及专门古董家之范围,而及于大多数之人,凡今世精神激扰不宁之人皆在其列。"①

欧战也令久视西方为自由、平等、博爱故乡的东方民族目瞪口呆,引起了后者对东西文化的反省。印度的诺贝尔奖获得者泰戈尔,被时人誉为"东方第一大人物",他的见解颇具代表性。战后泰戈尔在欧洲各地的演讲,直言不讳地批评了西方文化对东方文化的压迫,他说:欧洲民族"妄自尊大,欲以自己之西方物质思想征服东方精神生活。致使中国印度最高之文化,皆受西方物质武力之压迫,务使东方文化与西方文明所有相异之点,皆完全消灭,统一于西方物质文明之下,然后快意。此实为欧洲人共同所造成之罪恶。希望青年将从前种种罪行忘去,努力为新世界之造"。②其后,泰戈尔访问了中国与日本,继续发挥他的观点、鼓吹复兴东方文化。他强调指出,我们相信西方文化有自己的优长,特别是西方的科学大可造福人类,因之西洋人民"有教导世界的使命",但我们更相信促进人类和平的伟大事业,必须具有伟大的胸怀,因为科学固然重要,"但是创造的天才却在'人'的精神理想中"。西方对东方的侵略,尤其是此次可怖的欧战,足证西方人恰恰缺少此种"精神理想"与伟人的胸怀,若不能改弦更张,西方人就不免要毁灭这个世界了"。③其间,中国的许多报刊大量登载泰戈尔的文章、讲演与谈话,一时产生了颇大的影响。

日本舆论对欧战的反应也值得重视。1919年日本《新公论》杂志发表《新欧洲文明思潮之归趋及基础》一文认为,欧战已令西方文明的"大缺

① ［德］雷赫完:《孔子老子学说对德国青年之影响》,吴宓译,载《学衡》,第54期,1926-06。

② 王光祈:《德国人之倾向东方文化》,载《亚洲学术杂志》,第2期,1921-11。

③ ［印度］泰戈尔:《东与西》,愈之译,载《东方杂志》,第20卷第18号,1923-09-25。

陷"暴露无遗。欧人从来对自己的西方文明"尊重自夸，未免过甚"，实则文明并非欧洲的专利，例如印刷术等四大发明就是源于中国。东方人于西方文化一般都能热心研究、学习，从中获得教益，但欧人则反之，对灿烂的东方文化却不屑一顾。作者断言，西方文化要想得到根本救治，它也必须向东方文明请教，"而得暗示与启发"。①

　　中国是东方文明古国，人们对欧战的反应愈显强烈。战后访问过中国的罗素曾提到，访华期间有不少人对他说，1914 年前自己对于西方文化不甚怀疑，但及欧战起，却不能不相信它必有自己的缺陷。② 这是可信的。不过最早著文明确指出这一点的，当数《东方杂志》主编杜亚泉。他在欧战初期即连续发表了《大战争与中国》、《大战争之所感》诸文，以为欧战将激起国人的"爱国心"和"自觉心"，西方文化在战争中已尽露弊端，这绝非是吾人的偏见；因之，国人当重新审视中西文化而不能全盘照搬西方。③ 继杜亚泉之后，中国老资格的思想家梁启超发表了批评西方文化更具分量的意见。1918 年底欧战刚结束，梁启超即与蒋百里、张君劢等七人赴欧，到 1920 年 3 月归上海，历时一年多，先后考察了英、法、比、荷、瑞、意、德诸国。旅欧途中，梁随录自己的观感，这便是后来的《欧游心影录》。自 1920 年 3 月起，他将随感录的主要内容在上海《时事新报》和北京《晨报》上分别连载，时间长达半年之久，产生了很大的反响。梁不仅以他特有的"常带感情"的笔触，为国人生动地描绘了战后欧洲哀鸿遍野、凄楚悲凉的情景，而且指出西方"科学万能"的迷梦，已告破产。归国后他几次演讲都反复强调，此次旅欧的最大收获就是对中国文化的悲观情绪一扫而光，相信它可以开出新境并助益西方文化，因此在思想上变被动为主动。不过，无论是杜亚泉还是梁启超，其上述见解都只限于随感而发，缺乏系统的论证，1920 年底，梁漱溟推出自己的成名作《东西文化及

---

　　① 君实译：《新欧洲文明思潮之归趋及基础》，载《东方杂志》，第 16 卷第 5 号，1919-05-15。

　　② ［英］罗素：《中国问题》，秦悦译，153 页，上海，学林出版社，1996。

　　③ 伧父：《大战争与中国》，载《东方杂志》，第 11 卷第 3 号，1914-09-01；第 4 号，伧父：《大战争之所感》，载《东方杂志》，第 11 卷第 4 号，1914-10-01。

其哲学》，则从哲学的思辨上提出了关于世界文化发展著名的"三种路向"说，断言现今世界文化正折入第二路向，趋于"中国化"。由是他揭出了在不远的将来中国文化必将复兴的重要命题。这是近代国人系统论述中西文化的第一部著作，它引起了激烈的争论。实则无论梁漱溟的具有世界文化模式论意义的理论见解是否确当，毫无疑问，它已为国人进一步认识中西文化提供了新的基点，其影响所及，我们今天都能感受到它。

上述因欧战在东西方所引起的反响，其时持论激进或持自由主义观点的人，多不屑一顾，以为反动复古，嗤之以鼻。例如，有人就认为，是欧战"重新引动了中国人的傲慢心"，因之"'西方文化与东方文化'居然成了中国新思潮中的问题"。① 胡适也指出，欧战后西洋人对自己的文化"起一种厌倦的反感，所以我们时时听见西洋学者有崇拜东方文明的议论。这种议论，本来只是一时的病态的心理，却正投合东方民族的夸大狂，东方的旧势力就因此增加了不少的气焰"。② 这种说法不仅抹杀了许多主张复兴中国文化的本国人士的意见，甚至也将包括罗素、杜威等在内肯定过中国文化优长的许多西方学者的意见一并抹杀了。上述的判断不能说没有自己的一点合理性，但从根本上说，却是以偏概全，从而忽略了欧战后世界历史发生重大变动的一个重要侧面：世界文化的对话。

欧战所以成为世界历史的转变点，还包含着这样一层意义：作为第一次世界大战，它以极其尖锐的形式表明，人类的命运休戚相关，"环球同此凉热"。而战后诸如国际联盟一类世界性组织的出现，也说明人类已自觉到有协商解决共同性的世界事务的必要（尽管"国联"在其时实际不过是列强的联盟）。这在观念形态上，便是表现为文化观念的变动。英国文化人类学家雷蒙·威廉斯说："文化观念的历史是我们在思想和感觉上对我们共同生活的环境的变迁所作出的反应的记录……文化观念是针对我们共同生活的环境中一个普遍而且是主要的改变而产生的一种普遍反应。其

① 瞿秋白：《俄乡纪程——新俄国游记》，见《瞿秋白文集》（一），26 页，北京，人民文学出版社，1953。

② 胡适：《我们对于西洋近代文明的态度》，见《胡适文存三集》，卷 1，3 页，上海，亚东图书馆，1924。

北京师范大学史学探索丛书

基本成分是努力进行总体的性质评估……文化观念的形成是一种慢慢地获得重新控制的过程。"① 所谓世界文化的对话，说到底，就是战后人类在肯定世界文化多元发展的基础上，开始谋求综合东西方文明的智慧以解决全球性共同问题的过程，它所反映的正是文化观念的变迁。只是因具体的场景不同，战后东西方民族在走向世界文化的对话的过程中，其文化观念的变迁表现出了相异的态势而已。

在西方，它表现为许多有识之士摆脱"西方中心"论，开始以平等的心态研究和借鉴东方文化。数世纪以来，欧化东渐的过程也就是西方资本主义推行殖民扩张政策，迫使东方屈服于西方的过程。由是，在西方民族中便形成了以自己的价值观衡量一切，无视东方文化根深蒂固的所谓"西方中心"论。战后欧人对西方文明躬身自责和称誉东方文明，不应当简单地都归之于"一时病态的心理"，其中许多有识之士确是基于对大战的反省，进而对东西文化重新进行了"总体的性质评估"，获致了新的认识。《西方文明史》的主编马文·佩里指出：毫无疑问，任何能允许如此毫无意义的大屠杀持续四年之久的文明，都已经表明了它弊端丛生，正走向衰败。所以，"大战之后，欧洲人对他们自己和他们的文明有了另外的一种看法"，即不再自信西方文化是首善的了。② 在此种新的认识中，最为深刻也最具勇气的见解是斯宾格勒在其名著《西方的没落》中提出的，这就是：明确反对"西方中心"论，承认世界文化的多元发展。他写道："这种使各大文化都把我们当作全部世界事变的假定中心，绕着我们旋转的流行的西欧历史体系的最恰当的名称可以叫做历史托勒密体系。这本书里用来代替它的体系，我认为可以叫做历史领域的哥白尼发现，因为它不承认古典文化或西方文化比印度文化、巴比伦文化、中国文化、埃及文化、阿拉伯文化、墨西哥文化等占有任何优越地位——它们都是动态存在的个别世界，从分量看来，它们在历史的一般图景中的地位和古典文化是一样

---

① ［英］雷蒙·威廉斯：《文化与社会》，高晓玲译，374 页，北京，北京大学出版社，1991。

② ［美］马文·佩里主编：《西方文明史》，下卷，胡万里等译，368 页、454～455 页，北京，商务印书馆，1993。

的，从精神上的伟大和上升的力量看来，它们常常超过古典文化。"①

斯宾格勒的观点在西方引起了强烈的反响。美国学者葛达德、吉朋斯在合作评介前者的著作时，就特别指出："明乎人类文化之途乃由多数个别之文化，而非由一文化之继续生长，明乎文化之定律及各文化肇始之年代，并其发展之分期，则本书之内容思过半矣。"② 欧洲著名学者爱德华·迈尔虽不赞成斯宾格勒的许多观点，但于他的文化多元论却给予了坚决的支持："他尤其信从有机地活着的诸文化的平行论的基本观点，并以他的重大威望掩护了这一观点。"③ 在东方，斯宾格勒的观点自然更受到了欢迎。有人在天津的《大公报》上著文说，斯氏的最大长处，"在能超出欧美寻常人士之思想感情范围之外"，"而不以某一族某一国为天之骄子，可常役使他国他族，而常保其安富尊荣"。他的这一崭新的研究方法，"实已予吾人以极深刻之刺激及有益之榜样"。④ 斯宾格勒把自己的文化多元论比作天文学史上的哥白尼革命，不无道理，从这个意义上说，《西方的没落》一书的出版是战后开始世界文化对话新时代的一个重要表征。

理解了这一点，我们对于战后杜威、罗素、杜里舒等人先后访华，并发表批评西方文化和赞扬中国文化的言论，倡导中西文化融合，就不应当怀疑其诚意。蔡元培曾谈到欧战后中国学者到欧美去，"总有人向他表示愿意知道中国文化的诚意。因为西洋人对于他们自己的文化，渐渐儿有点不足的感想，所以想研究东方文化，做个参考品"。⑤ 需要指出的是，战后不少西方学者已经开始了综合研究世界文化的实践，并出版了一批有影响的著作。例如，哥伦比亚大学经济、政治、历史、哲学四系的 12 位学者合作出版了《当代文化概论》，威尔士等 56 位学者推出了《历史大纲》，房龙

---

① [德] 奥斯瓦尔德·斯宾格勒：《西方的没落·导言》，齐世荣等译，34 页，北京，商务印书馆，1963。

② [美] 葛达德、吉朋斯：《斯宾格勒之文化论》，张荫麟译，载《学衡》，第 63 期，1928-05。

③ [英] 查理·弗兰西斯·爱金孙：《西方的没落·英译者第一卷序言》，9 页。

④ 《斯宾格勒西土沉沦论述详》，载《大公报·文学副刊》，1928-02-13。

⑤ 蔡元培：《五十年来中国之哲学》，见高平叔编：《蔡元培全集》，第 4 卷，381页，北京，中华书局，1984。

与麦克勃则分别出版了《人类的故事》和《文明之进化》，各书均为"综合的世界文化史"。《最近文化史之趋向》一文的作者评论说，这些新著的一个共同点即在于强调："今后世界公共之和平与人类公共之幸福，非对人类文化发生综合之意义与总合之态度，从智识之创造以改造人心而增进人格，则世界之前途无望是也。"① 此外，剑桥大学等西方一些著名大学的入学考试，开始增加包括中国的古代典籍在内的东方文化的内容，固然反映了西人对东方古典文明的重视；而战后瑞典的诺贝尔奖委员会将文学奖授予印度的泰戈尔，显然更具有象征的意义。泰戈尔在获奖后说："（这）也可以说是西方人民承认东方人是世界公共文化的共同工作者。这种共同工作在目前却有非常重大的意义。这种共同工作便是表示东西洋两大半球的人们的相互提携。"② 善良的东方民族感受到西方民族的文化观念正发生可喜的变化，是多么的欣慰！

如果说，上述西方战后文化观念的变动，是体现了克服自大心理以平等待人的取向，那么，东方的变动取向则是体现了克服自卑心理以自立立人。列宁说，第一次世界大战唤醒了东方民族。战后东方民族的觉醒不仅表现为民族民主运动的高涨，同时还表现为文化民族主义的凸显。毛子水的《师友记》记载说，梁启超赴欧考察，后即在巴黎近郊的美景村开始准备写文章，其目的在为中国谋出路，尤其是为中国文化谋出路。③ 而泰戈尔则告诫说：东方民族要自立和助益世界，首先就要对自己的文化有信心，要"获得精神自由，与西方人同站在文化的水平线上——假如这一着失败，东方人珍贵的遗产，怕就要消灭，因为单模仿西方是无益而且可笑的"。④ 很显然，从泰戈尔到梁启超，东方的有识之士正是从欧战的烈焰中感悟到西方文化必有所短，东方文化自有所长，因而认定东方民族的出路

① 高宝寿：《最近文化史之趋向》，载《东方杂志》，第 20 卷第 13 号，1923-07-10。

② ［印度］泰戈尔：《东与西》，愈之译，载《东方杂志》，第 20 卷第 18 号，1923-09-25。

③ 毛子水：《师友记》，138 页，台北，传记文学出版社，1978。

④ 化鲁：《台戈尔的东西文化联合运动》，载《东方杂志》，第 20 卷第 2 号，1923-01-25。

在复兴固有文化以裨益世界，而不应是盲从西方。不管他们的文化运思实际上还存在着多少误区，其基本的理路并不错。泰戈尔有一个生动的比喻，他说：真理和鸟一样，有时在天空翱翔，有时也须躲在巢里。巢的需要是无穷的，其建筑的法则是永久的。数世纪以来，东方人不曾留心给真理建一个巢，她单凭两翼一味追求"无限"的境界，结果掉到了地上，受了伤，疼痛着求别人的救助了。"但是，如果因此便说天空的翱翔者与巢的建造者，这两个是永不会联合的，这话是对的吗?"① 比喻切当与否，姑且不论，但泰戈尔渴望东西文化平等对话的殷殷之情却是跃然纸上。梁启超主张借助西方文化来扩充中国固有文化，再以中国文化去助益西方文化，并使二者化合成全新的文化以造福人类，应当说，其文化取向与泰戈尔是相同的。梁漱溟相信中国文化的复兴意味着世界文化的"中国化"，有失偏颇，这是近代中国文化民族主义发展到最高峰的一种情绪化的表现，受到了时人的批评，但人们又多忽略了这样一点：他不仅主张"承受"西方文化，而且其世界文化"三种路向"说，又是以否定"西方中心"论，肯定文化多元发展为前提的。欧战后在东西方分别出现了一部都主张多元论的有影响和引起了激烈争论的文化专著，即斯宾格勒的《西方的没落》与梁漱溟的《东西文化及其哲学》——这也许是偶然的巧合，却具有象征的意义："西方中心"论已告动摇，世界文化对话的新时代正在到来。

世界文化走向对话，其外烁特征是否定"西方中心"论，承认世界文化多元性和东西互补。此一文化观念的变动在战前已露端倪，但它在东西方具有确定的形态和表现出明确的趋向却无疑是在战后。"西方的没落"、"欧洲文明的危机"、"世界化"、"东方文明的复活"、"复兴中国文化"、"中国化"等等新的语言符号在战后纷纷出现，本身就说明了这一点。它是西方资本主义文化衰堕和东方民族文化主体觉醒的产物。固然，真正实现世界文化对话，不是轻而易举和一蹴而就的事情，而是各国人民逐渐学会消除敌意、隔阂，实现和谐相处的长期而曲折的过程。对西

① ［印度］泰戈尔：《东与西》，愈之译，载《东方杂志》，第20卷第18号，1923-09-25。

方民族来说，真正彻底地消除民族优越感和霸权观念，诚恳平等地与东方民族和谐相处，谈何容易！同样，对东方民族来说，复兴固有文化以助益世界的目标是揭出来了，如何处理古今东西的关系，避免颂古非今和隆东抑西而陷于自我封闭，所面临的误区正多。但是，尽管如此，世界文化对话的时代毕竟已经到来，它不能不影响到战后中国社会文化思潮的变动。

二、马克思主义者、西化派、东方文化派

欧战成为世界历史发展转变点，包含着两大特征：一是世界文化走向对话；一是十月革命诞生了第一个社会主义国家，标志着人类历史进入了无产阶级和社会主义革命的新时代。二者自有其内在的联系。缘于国人对此感悟不同，战后中国社会文化思潮面临着新的变动。

新文化运动的兴起几与欧战同步。新文化运动的倡导者们既奉西方文化为圭臬，为了保持自己所崇敬的西方文明的圣洁形象，最初总是把这场残酷的战争说成是代表西方文明正宗的法兰西文明与德国军国主义即正义与邪恶间的较量。这说明他们不仅未能看清欧战的实质，且未感受到世界潮流的变动。但是，战后强权主义有增无减的现实，尤其是受俄国革命的感召，以李大钊为代表的新文化运动的左翼，开始转向以俄为师，接受马克思主义。早在1918年李大钊在《法俄革命之比较观》一文中，即已感悟到"桐叶落而天下惊秋"，法兰西文明已成明日黄花，俄国革命则若春天的惊雷，预示人类文明的发展正经历"绝大之变动"。其后他又连续发表了《庶民的胜利》、《Bolshevism的胜利》、《我的马克思主义观》等重要文章，更进一步明确指出了欧战是"资本家的政府"间的不义战争，而俄国十月革命的胜利则开辟了世界历史的新纪元。同时，他第一次将马克思主义的唯物史观、政治经济学和科学社会主义，向国人作了全面的介绍。李大钊开始由一位激进的资产阶级民主主义者，转变成了马克思主义者。在李大钊等人的影响和带动下，宣传马克思主义的刊物和社会主义的团体像雨后春笋般在全国各地纷纷涌现出来。当时有人这样写道："一年以来，

社会主义底思潮在中国可以算得风起云涌了，报章杂志底上面，东也是研究马克思主义，西也是讨论鲍尔希维克主义，这里是阐明社会主义理论，那里是叙述劳动运动的历史，蓬蓬勃勃，一唱百和。社会主义在今日中国，仿佛有雄鸡一唱天下晓的情景。"① 尽管其时许多人对社会主义的理解尚属幼稚，但李大钊等人的实践毕竟表明，"五四"后的新文化运动已超越了自身，成为宣传马克思主义的运动了。

与李大钊等人相反，以胡适为代表的新文化运动的右翼，对欧战后世界潮流的变动，却是无动于衷。丁文江以为西方政治家、教育家缺乏科学知识的修养才是欧战发生的真正原因，吴稚晖干脆说欧战的发生，是贫穷的东方民族引起的，"是余中国人之罪"。这类说法很能代表这部分人的见解与心绪。胡适信仰实验主义，在政治上坚持自由主义，主张"好人政府"和由一点一滴做起的社会改良主义，反对俄国式的"过激革命"。他强调"多研究些问题，少谈些'主义'"，目的是反对在中国传播马克思主义。一次，胡适经俄国赴欧，李大钊曾让人劝他不要西去，径直回国。但胡适不能听，坚持"往西去"，经由美国而归。此事具有强烈的象征性。李大钊等人转而"以俄为师"，胡适等人却坚持"往西去"，以美国为师，新文化运动队伍的分裂便成了不可避免。1919 年夏，在李大钊、胡适之间发生了"问题与主义"的著名论争之后，新文化运动中的马克思主义与自由主义两派，终归分道扬镳。

战后，新文化运动的分裂固然引人注目，但东方文化派的异军突起，也同样令时人刮目相看。所谓"东方文化派"，并无明确的界定，它是其时持论激进的年轻的马克思主义者用以泛指欧战后力主反思西化并以复兴中国固有文化为己任的一派人，意存调侃与贬斥。例如，邓中夏说："这一般新兴的反动派，我们替他取一个名字，叫作'东方文化派'"。② 其主要的代表人有：梁启超、张君劢（玄学派），梁漱溟（后来的农村建设派代表），章士钊

① 潘公展：《近代社会主义及其批评》，载《东方杂志》，第 18 卷第 4 号，1921-02-25。

② 邓中夏：《中国现在的思想界》，见蔡尚思主编：《中国现代思想史资料简编》，第 2 卷，173 页，杭州，浙江人民出版社，1982。

（1925年创办《甲寅》杂志，又称"甲寅派"代表），吴宓、胡先骕、梅光迪（1922年创办《学衡》杂志，又为"学衡派"代表）等。东方文化派内部派别林立，个人情况也多不同，但他们对于战后世界潮流变动的感悟，理路相类：欧战是西方文化过于趋重物质文明而忽略精神文明的必然结果。西方文化破绽百出，相形之下，东方文化趋重精神文明是其优长，自有它独立的价值。东方文化派同样主张社会改良，抵拒马克思主义和社会主义。东方文化派各人开出的救治中国的处方不尽相同，如"走孔子的路"、"以农立国"、"农村救国论"等等，但强调从东方文化吸取诗情却是共同的。

东方文化派可以追溯到欧战结束前曾与《新青年》论战的《东方杂志》主编杜亚泉，但其势力确然兴起，却是以1920年梁启超发表著名的《欧游心影录》为标志。胡适强调梁启超是书的发表，如同放了一把"野火"，使西方文明的权威在许多人心目中发生了动摇，而同年底梁漱溟出版他的成名作《东西文化及其哲学》引起了很大的轰动，且在短短的3年里再版十余次，产生了长久的影响，都说明东方文化派在其时具有怎样的影响力。东方文化派的出现不是偶然的，它有自身的必然性：欧战既暴露了西方文化的弊端，促进了世界文化的对话，久受压抑和冷落的东方文化在东西方引人关注，甚至一时形成全球的"东方文化热"，是应有之义和合乎逻辑的事情。《申报》记者评论说，东方学者泰戈尔访问欧洲和西方学者杜威、罗素、杜里舒等人相继访问中国，都分别受到了热烈的欢迎，这是"战后东西文化对流作用之一种表现"。① 东方文化派的出现，是国人反省欧战，重新审视中西文化和应乎世界文化对话的潮流的产物。此其一。新文化运动以西学反对中学，以新学反对旧学，于其时的思想解放运动虽产生了巨大的推动作用，但由于对复杂的文化问题采取了简单化的态度，一味颂扬西方文化和否定固有文化，也存在着民族虚无主义的弊端。欧战后西方文化破绽百出并出现了世界文化对话的潮流，其弊端自然凸显了。陈嘉异说，主新文化者"一谈及东方文化，几无不举首蹙额直视为粪蛆螂蜣之不若"；"以国人而自毁其本族之文化若是，此虽受外来学说之影

---

① 王光祈：《德国人之倾向东方文化》，载《亚洲学术杂志》，第2期，1921-11。

响，而亦国人对于己族文化之真正价值初无深邃之研究与明确之观念使然"。① 东方文化派的出现又是反省新文化运动的结果。此其二。战后中国民族民主运动进一步发展，要求民族自决的呼声日高。东方文化派高扬了近代中国的文化民族主义。梁漱溟在谈到自己所以决心要写《东西文化及其哲学》这本书的动因时说：现在对于中西文化问题"正是要下解决的时候，非有此种解决，中国民族不会打出一条活路来!"② 张君劢也说："吾国今后新文化之方针，当由我自决，由我民族精神上自行提出要求。若谓西洋人如何，我便如何，此乃傀儡登场，此为沐猴而冠，既无所谓文，更无所谓化。"③ 东方文化派强调复兴民族文化进而复兴中国，这说明，归根结底，它的出现又是中国民族进一步觉醒的产物。此其三。

由上可知，战后中国社会文化思潮的演进发生了新的变动，即由原先新文化运动一枝独秀，衍化成了马克思主义者、自由主义者、东方文化派三派各领风骚的格局和呈现出多元演进的态势。三派的文化取向，各异其趋：

东方文化派的文化取向是：调和中西，实现中国文化的复兴。

调和中西文化，实现中国文化的复兴，这是东方文化派的共识。在这方面梁启超与陈嘉异的表述最具体。梁主张（1）"人人存一个尊重爱护本国文化的诚意"；（2）借助西方的研究方法，"得他的真相"；（3）"把自己的文化综合起来，还拿别人的补助他"，使二者起化合作用，成一新文化系统；（4）把这个新文化系统往外扩充，使世界受益。④ 陈则主张：（1）"以科学方法"研究东方文化；（2）以"东方文化真义"建一有价值的生活；（3）输中国文化精蕴于欧洲；（4）融合西方文化的"精英"，"创

---

① 陈嘉异：《东方文化与吾人之大任》，见陈崧编：《五四前后东西文化问题论战文选》，296、280页，北京，中国社会科学出版社，1985。

② 梁漱溟：《东西文化及其哲学（节录）》，见陈崧编：《五四前后东西文化问题论战文选》，399页。

③ 张君劢：《欧洲文化之危机及中国新文化之趋向》，见陈崧编：《五四前后东西文化问题论战文选》，443～444页。

④ 梁启超：《欧游心影录（节录）》，见陈崧编：《五四前后东西文化问题论战文选》，373～374页。

造一最高义的世界文化"。① 二者大同小异，可以概括为：借助西方的科学方法，整理、研究固有文化，在得其精华的基础上再融汇西方文化，创造民族新文化，助益世界。应当说，作为一种原则，这是对的。它强调了以民族文化为主体建设新文化的可贵思想，使自己与醉心欧化划清了界线，同时又从根本上有别于传统的守旧派。但其文化主张也存有着明显的误区：一是执著于以精神文明、物质文明判分中西文化，复认定欧战已宣告了物质文明的破产，便难以尽脱隆中抑西的情结；二是他们把中国文化的"真相"、"真义"即精华，体认为"孔子的态度"、"孔颜的人生"，或叫孔孟的"精神生活"，即简单归结为儒学传统，强调了文化的承继性却忽略了文化的时代性。因是之故，他们的调和中西创造新文化的主张，由于缺乏坚实的理性基础，自然少了时代的亮度，而难于尽脱恋古的情结。

自由主义者的文化取向是西化。

1922 年 11 月胡适在日记中有这样一段记载："梦麟谈欧洲情形，极抱悲观。这一次大战，真是欧洲文明的自杀……但世界的文化已在亚美两洲寻得了新逃难地。正如中国北方陷入野蛮人物手里时，尚有南方为逃难地。将来欧洲再堕落时，文化还有美亚澳三洲可以躲避，我们也不必十分悲观。"② 在这里，胡适虽然也对欧战表示震惊，但他很快即自为宽解，相信西方文化已是"世界的文化"，欧洲虽发生"文明的自杀"，那毕竟是局部的问题，已成为世界文化的西方文化是无须"悲观"的。很显然，其思想进路的前提是：西化就是世界化。在斯宾格勒的名著《西方的没落》久已风靡之后，胡适于西方文化无所反省，其固执与肤浅令人震惊。需要指出的是，胡适在公开场合绝少提及欧战及其严重的后果，相反却极力为之掩饰。在《我们对于西洋近代文明的态度》一文中，他讥笑一些人是传统文化的"夸大狂"，但自己却又成了西洋文明的"夸大狂"。欧战和社会主义的高涨已充分暴露了西方社会和资本主义文明的破绽，胡适却不顾现实，固执地硬要把西方描绘成是"民权世界、自由政体男女平权的社会"，

---

① 陈嘉异：《东方文化与吾人之大任》，见陈崧编：《五四前后东西文化问题论战文选》，279 页。

② 胡适：《胡适日记》，上册，391 页，北京，中华书局，1985。

是正在建设中的"人的乐国"、"人世的天堂",西洋文明才是"真正理想主义的文明"。① 他依旧不脱民族虚无主义的偏向,指斥中国民族乃是不长进的民族,百事不如人。他写道:"只有一条生路,就是我们自己要认错。我们必须承认我们自己百事不如人,不但物质机械上不如人,不但政治制度不如人,并且道德不如人,知识不如人,文学不如人,音乐不如人,艺术不如人,身体不如人。"② 总之,在胡适眼里,中国文化一无是处。认为"东方文明"甚至不成名词的常乃惪,曾将胡适等人的文化取向作了如下概括:"在文化和思想问题上,我是根本赞同胡先生的意见的,我们现在只有根本吸收西洋近代文明,决无保存腐败凝滞的固有旧文明之理"。③ 胡适诸人依然故我,他们在简单否定固有文化基础上所指出的中国文化的"一条生路",无疑是一条不脱民族虚无主义的醉心西化之路。所以胡适等自由主义者实为"西化派"。

马克思主义者的文化取向是:在争取民族民主革命的斗争中,实现中国民族新文化的创造。

马克思主义者坚持唯物史观,相信文化的变动终归是服从于社会政治经济的变动。他们认为,中国固有文化已不能适应"经济的发达",成了"社会进步的障碍"了。同时因列强的侵略,中国旧文化复陷入了殖民地文化的命运,反转来又成了列强借以愚弄中国人的侵略"武器"。所以主张复活旧有文化,无异于为反动势力张目,但我们也决不应当去"歌颂西方文化",④ 因为胡适所津津乐道的西洋近代文明,已经是"腐朽不堪行将死亡的文明"。现在西方真正新兴的健康的文化,是"新兴的无产阶级的

北京师范大学史学探索丛书

---

① 胡适:《我们对于西洋近代文明的态度》,见《胡适文存三集》,卷1,20~21页。

② 胡适:《介绍我自己的思想》,见蔡尚思主编:《中国现代思想史资料简编》,第3卷,168页,杭州,浙江人民出版社,1983。

③ 常燕生:《东西文化问题质胡适之先生》,见陈崧编:《五四前后东西文化问题论战文选》,676页。

④ 瞿秋白:《东方文化与世界革命》,见陈崧编:《五四前后东西文化问题论战文选》,562页。

文化"即马克思主义。我们所当欢迎的西方文化是指后者，而不是前者。①
瞿秋白、毛泽民等人还特别提出了一个引人深思的见解：帝国主义不但
在政治经济上实行侵略，而且也竭力阻止殖民地的科学文化发展，因为
它们"唯恐弱小民族因真得科学文化而强盛"。所以胡适将百事模仿西方
认作中国文化的生路，这不仅在事实上行不通，就是从帝国主义"处处阻
滞此种可能"的情势看，也不过是主观的空想而已。这样，马克思主义者
便将中国的文化问题，逻辑地归结为中国革命和世界无产阶级革命的一部
分。他们反对把文化问题与中国社会的革命改造割裂开来，从而变成少数
学者的空谈。瞿秋白等人以为，在帝国主义时代，世界已经打成一片，东
西文化自然也是"融铸为一"。从这个意义上说，新文化的创造是全人类
的共同事业，即"全世界无产阶级得联合殖民地之受压迫的各民族……同
进于世界革命"。但是处于殖民地地位上的中国，毕竟不同于西方国家，
传统的"封建思想不破"，就无法抗拒"帝国主义侵略"；而帝国主义不
倒，"东方民族之文化的发展永无伸张之日"。这决定了中国文化的出路只
能是与"民族的解放运动"和"普遍的民主运动"同时并行，即只有推翻
了中国封建主义和帝国主义的反动统治，"东方文化之恶性"才能得到消
除，也才能"真正保障东方民族的文化的发展"。总之，马克思主义者认
为，中国文化的出路既不在于崇古倒退，也不在于皈依西化，而在于通过
一场民族民主革命的洗礼，在质变的基础上，为自身的发展开辟广阔的
天地。

马克思主义者的出现，无疑为推动近代中国文化的发展增添了一支重
要的生力军。他们将中国民族新文化的建设问题与世界历史发展的必然趋
势相联系，主张在争取民族民主运动的斗争中实现中国民族新文化的创
造，这从根本上既避免了民族虚骄情绪，也避免了醉心欧化的民族虚无倾
向，从而显示了一种全新的思路和开阔的视野。但是，也应当指出，他们
的见解过于写意，未曾涉及中西文化冲撞与融合远为宏富的内涵，多少是

① 希祖：《我们对西洋近代文明的态度》，见陈菘编：《五四前后东西文化问题论
战文选》，665～666 页。

用中国社会革命论简单代替了中西文化论。他们指出中国文化的出路必然从属于中国民族民主革命的前途，这是深刻的；但它毕竟还没有正面回答中西文化关系问题。他们强调"全人类的新文化"的创造，突出了文化的时代性，但同时却又认为"文化本无东西之别"，所谓东西文化的差异不过是"进步了的工业生产国"与"落后的手工业生产国"的分别罢了。①在 20 世纪，东西文化更当"融铸为一"。这显然又忽略了文化的民族性及其承继性。因此，他们的深刻的文化见解又难免显得简单化了。

　　战后中国社会文化思潮的发展，形成了马克思主义者、西化派、东方文化派各领风骚的格局，这是许多人都感受到了的。思想激进的人喜欢用"革命文化"、"彷徨文化"、"反动文化"来分别界定这三种文化思潮，以为马克思主义者是代表新式工业的无产阶级思想；西化派是代表新式工业的资产阶级思想；东方文化派是代表农业手工业的封建思想。尤其强调"在中国占势力而又最反动的，是东方文化派"。②他们主张在中国新式工业尚未充分发达的情况下，代表劳资阶级思想的前两派应联合起来共同向东方文化派进攻。将东方文化派斥为复古反动思潮的代表，此种见解失之偏激。东方文化派虽然反对马克思主义与"过激的革命"，但只是限于学理上的不赞成，尚非在实践上抗拒革命，这与西化派相同；他们不懂得西方现代社会的弊端与资本主义制度的关系，而简单地归之于工业的发展，因之其中的一些人为避免西方社会的弊端而主张"农业立国"，过分颂扬东方传统的生活方式。这反映了他们思想狭隘的一面，但与封建复古思想还不能同日而语。1923 年，毛泽东对当时中国社会政治力量的分野，是这样分析的：

　　　　把国内各派势力分析起来，不外三派：革命的民主派，非革命的民主派，反动派。革命的民主派主体当然是国民党，新兴的共产党是

　　① 瞿秋白：《东方文化与世界革命》，见陈崧编：《五四前后东西文化问题论战文选》，561、562 页。
　　② 昌群：《什么是文化工作》，见《中国现代哲学史资料汇编》，第 1 集第 5 册，99 页，沈阳，辽宁大学哲学系 1981 年印行。

和国民党合作的。非革命的民主派，以前是进步党，进步党散了，目前的嫡派只有研究系——胡适、黄炎培等新兴的知识阶级派和聂云台、穆耦初等新兴的商人派也属于这派（目前奉、皖虽和国民党合作，但这是不能久的，他们终久是最反动的一方）。三派之中，前二派稍后的一个期内是会要合作的，因为反动派势力来得太大了，研究系和知识派和商人派都会暂时放弃他们的非革命的主张到和革命的国民党合作，如同共产党暂放弃他们最急进的主张，和较急进的国民党人合作。所以，以后中国政治的形势将成为一式：一方最急进的共产党和缓进的研究系知识派商人派都为了推翻共同敌人和国民党人合作，成功一个大民主派；一方就是反动的军阀派。[①]

这就是说，进步党与研究系出身的梁启超以及属于东方文化派的知识分子，与胡适、丁文江等西化派知识分子等，同属于"一个大的民主派"，都是其时的革命同盟者。这才是清醒的判断。至于他们不同的文化主张，也应当作如是观。

18 世纪末，在经历了法国大革命并完成了向近代社会转换的西方，曾出现过激进主义、自由主义和保守主义三种思潮并存的局面，它们在同一思想层面上运作，同为近代资产阶级的社会思潮。20 世纪 20 年代，经历了五四运动后的中国社会，已完成了向近代的过渡，从严格意义上讲，封建的思想观念虽仍浓重地存在着，但能成气候的封建复古思潮实成绝响。陈嘉异说："余所谓'东方文化'一语，其内涵之意义，决非仅如所谓'国故'之陈腐干枯。精密言之，实含有'中国民族之精神'，或'中国民族再兴之新生命'之意蕴"。[②] 梁漱溟也说："我观察西方化有两样特长（指'科学的方法'与'人的个性伸展'——引者）……我对这

---

① 毛泽东：《外力、军阀与革命》，载《新时代》，第 1 号，1923-04-10。

② 陈嘉异：《东方文化与吾人之大任》，见陈崧编：《五四前后东西文化问题论战文选》，279 页。

两样东西完全承许，所以我的提倡东方文化与旧头脑的拒绝西方化不同"。① 可见，东方文化派虽重传统，却与封建顽固派不同，实为现代意义的文化保守主义者。战后马克思主义者、西化派、东方文化派所分别代表的三种文化思潮，其实质也就是马克思主义、自由主义和文化保守主义。三者都是主张发展新文化，只是因对世界潮流感悟不同，具体的取向各异而已。

不过，要正确理解东方文化派的历史合理性，还有必要分析上述三派对战后世界潮流变动的不同感悟所形成的时代张力。因中西方的时代落差，西化派虽存在民族虚无主义的非理性倾向，其主张对于抨击封建旧势力，促进国人迎受西方文化所起的作用仍不容低估。这也是马克思主义者将西化派视为反封建的同盟者的根据。但是西化派既反对马克思主义在中国的传播，复无视中国文化的独立价值，说明它对战后世界历史变动的两大潮流，即无产阶级的社会主义革命和世界文化的对话，均无所容心。这样，西化派所代表的文化思潮便因缺乏时代新意，道路越走越窄，20 世纪 30 年代后一些人径直走入全盘西化的死胡同，就反映了这一点。马克思主义者坚持唯物史观和民族民主革命的方向，他们把握了世界历史进入社会主义新时代的时代脉搏，因而展现了全新的思路和广阔的视野。马克思主义成为引导中国社会文化思潮前进的主潮，是无可疑义的。同时，就中国革命需要马克思主义与中国国情相结合，世界无产阶级革命事业需要充分吸收全人类创造的文明成果而言，肯定世界文化平等对话是马克思主义者的文化观的应有之义。但是，"应有之义"是一回事，是否体认到"应有之义"，则又是一回事。进入 20 世纪 20 年代后，李大钊等人转向政治斗争，无暇进一步探讨中西文化问题。瞿秋白等年轻的马克思主义者远未成熟，他们强调文化本无东西之分，只有先进的工业国文化与落后的手工业国文化之差异，这与胡适等人强调中西文化差别只是手拉车文明与摩托车文明的差别，具有异曲同工之处。这说明其时的马克思主义者对战后世界

①　梁漱溟：《东西文化及其哲学》，见《中国现代哲学史资料汇编》，第 1 集第 5 册，118 页。

文化对话的潮流，尚缺乏应有的感悟。

东方文化派与西化派一样不赞成俄国式的"过激革命"，抵拒马克思主义的传播，说明它于战后世界社会主义革命新纪元的肇端无所心得，这不能不限制了自己的视野，东方文化派中不少人津津乐道"农业立国"而贬抑工业社会，就反映了这一点。但它对世界文化对话的潮流的涌动，却十分敏感，如上所述，它鲜明地揭出了复兴中国文化裨益世界的宗旨，由是它探讨中国文化的根本精神、特色、独立价值以及中西文化的比较、融合诸多深层次的文化问题，并与西化派展开论争，为国人开拓了新的思维空间。近代的一位学者评论说，东方文化派批判了风行一时的醉心欧化倾向，第一次为国人恢复对固有文化的信心找到了新的基点。他写道："（这场文化论争）其主要争点是中国究竟应否抛开了自己根本的精神而迷信西洋文化的'德'、'赛'两先生，其历史上的意义是唯心论的重新抬头，东方文化论者得到了一个新的立场。""西洋文化本身的缺陷，经东方文化论者指出以后，我们必有更深切的认识。将来就是西洋文化论者占了优势，思想界也必不能不受这次东方文化论调的影响，因而对西洋文化不会有完全盲从的病态。这一点的转变，实在是很要紧的。"①这是平心之论。

三、"科学与玄学"之争的再认识

战后中国社会文化思潮三足鼎立，常起冲突，其中关于"科学与玄学"的论争，最能集中反映出三者思想的分野。

1923 年 2 月，张君劢在清华学校作《人生观》讲演。他没有提出自己主张的人生观，但认为：科学为客观的，人生观为主观的；科学为论理的方法所支配，人生观则起于直觉；科学以分析方法入手，人生观则为综合的；科学为因果律所支配，人生观则为自由意志的；科学起于对象之相同现象，而人生观起于人格之单一性。总之，人生观无客观标准，其问题的

---

① 伍启元：《中国新文化运动概观》，80、174 页，上海，现代书局，1934。

解决，"决非科学所能为力，惟赖诸人类自身而已"，即只能靠玄学才能解释人生观。4月，丁文江在《努力周报》上发表《玄学与科学》，力斥其非。此后，梁启超、吴稚晖等不少人参加辩论，这便是有名的"科学与玄学"之争，或叫"科学与人生观"之争。论争持续了半年之久。同年底上海亚东图书馆和泰东图书局分别将论争的文章结集出版。前者名《科学与人生观》，由陈独秀、胡适作序；后者名《人生观的论战》，由张君劢作序。至此论战遂告结束。这场论争虽然主要是在东方文化派与西化派中进行，但部分马克思主义者实际上也参加了。

对于这场论争，论者多作这样的判断："这是反对科学发展的一种思想，是'五四'精神的反动。"[①] 实则，脱离了20世纪初年西方文化思潮的变动和国人反思欧战的历史场景，对这场论争性质的判断是不可能准确的。

在19世纪的西方，随着科学的突飞猛进和工业化的迅猛发展，相信科学万能的科学主义思潮也风行一时。丹皮尔说，所以称19世纪是"科学的世纪"，不仅是因为有关自然界的知识在迅速增长，还是因为："人们对于自然的宇宙的整个观念改变了，因为我们认识到人类与其周围的世界，一样服从相同的物理定律与过程，不能与世界分开来考虑，而观察、归纳、演绎与实验的科学方法，不但可应用于纯科学原来的题材，而且在人类思想与行为的各种不同领域里差不多都可应用。"[②] 科学主义相信人的精神情感世界同样服从物理定律，拉·美特利的著作《人是机器》反映的正是这种观点。因之，西人征服自然追求物质利益的欲望日增，精神境界的提升却未免受到漠视，而使情感世界归于偏枯。战后人们痛定思痛，多将之归罪于科学主义。罗素说："我们常想着专门的效能最为尊贵，而道德上的目的则不值一钱。战争是这种见解的具体表现。"新毒气弹可灭全城，是可怕的，但在科技上却是可喜的，所以人们总是相信"科学是我们的上

---

① 北京师范大学历史系中国现代史教研室编：《中国现代史》，上册，112页，北京，北京师范大学出版社，1983。

② ［英］W. C. 丹皮尔：《科学史及其与哲学和宗教的关系》，李珩译，283页，北京，商务印书馆，1975。

帝"，并对它说，"你虽然杀了我，我还是信任你"。①　20世纪初年，西方社会思潮的一个重要变动，便是非理性主义作为科学主义的反动而大炽，其中杜里舒的生机论和柏格森的生命哲学最具影响力。前者根据每一个细胞均可发达成独立的生命整体这一生物学的最新发现，在强调"全体性"概念的基础上，提出了所谓"生机主义的人生观"，以为人格是独立的，自由意志是可能的，因此每一个人不仅应全面发展且有责任于社会全体作出贡献。后者则以为，宇宙可分为二，一曰空间，或曰物质；一曰生活，或曰精神。空间为自然科学研究的对象，其求公例，是固定呆死的，皆出于理智；生活则为自由的变动的创造的，舍直觉无由把握，非理智所能适用。生命的进化源于生机的冲动，即人的精神道德生活之创造流的驱使。生机论与柏格森的生命哲学都存在着某种神秘的倾向，但它们都反对用单纯力学观点解释生命现象，并试图用运动变化和整体联系的观点说明生命现象，强调生命的精神创造和心灵世界的独特性，强调人文科学方法的独特性，又显然具有自己的合理性。胡秋原先生说："柏格森主义代表对科学主义之反动，代表西洋文化之一种反省或自嘲。"②　这无疑是正确的。

　　此种西方思潮的变动影响到了中国。许多报刊都在介绍杜里舒的生机论和柏格森的生命哲学。梁启超、张君劢等人游欧时就曾拜访过柏格森。梁在《欧游心影录》中反复强调西方"科学万能梦"的破产，但为避免误解，他又特地注明说："读者切勿误会因此菲薄科学，我绝不承认科学破产，不过也不承认科学万能罢了。"可以说这是国人明确反对科学主义的第一声。其后在论争中，张君劢等人实际上是在演绎梁的思路。例如，张君劢说："近三百年之欧洲，以信理智信物质之过度极于欧战，乃成今日之大反动。吾国自海通以来，物质上以炮利船坚为策，精神上以科学万能为信仰，以时考之，亦可为物极将返矣。"③　李宗武也指出："19世纪末叶以来，从科学万能的信仰中好像已漏出许多绝望的叫声。人类生活的背景

---

① 　[英]罗素：《罗素论近世中国》，宗锡钧译，载《晨报副刊》，1922-11-20。

② 　胡秋原：《西方文化危机与二十世纪思潮》，340页，台北，学术出版社，1981。

③ 　张君劢：《再论人生观与科学并答丁在君》（下篇），见郭梦良编：《人生观之论战》，上海，泰东图书局，1923。

越发现出忧郁阴暗乏味的色彩。文明各国的悲剧惨象，只是有增无减，这到底是什么道理……（原来）人的生活决不是到处可以用点、线、圆弧说明的；决不单是物质满足说得享受幸福，免除烦闷；决不是征服自然就算已毕能事——虽然在中国讲这句话，好像还太早。"① 因之，将当年的这场论争简单概括为科学与反科学之争，显然是不恰当的。

人生观问题是人的境界问题，境界的高低首先取决于它是否符合规律。不理解宇宙和人类历史的发展规律，在人生问题上就不可能有高的境界。而要正确认识此种规律，就需要科学思想的指导。从这个意义上说，唯有科学才能解决人生观问题正确与否的命题。张君劢以为科学无权过问人生观问题，或如梁启超等人以为科学只能解决人生关涉理智方面的问题，其他有关情感方面的问题是绝对超科学的，有失偏颇。相反，胡适、丁文江诸人强调科学足以指导人生观，应将科学应用到人生问题上去，则是对的。而以唯物史观为指导的马克思主义者的见解，则更显力度，如瞿秋白说："总之，科学的因果律，不但足以解释人生观，而且足以变更人生观。每一'时代的人生观'为当代的科学知识所组成；新时代人生观之创造者便是凭藉新科学知识，推广其'个性的人生观'使成时代的人生观。可是新科学知识得之于经济基础的技术进步及阶级斗争里的社会经验。"② 但是，也要看到当时论争双方对概念的运用往往缺乏统一的界定，因之常常是各道其是，渺不相涉。"科学"一词，从狭义上讲，专指自然科学；但从广义上讲，则应包括社会科学在内。张君劢、梁启超等人所讲的科学是指自然科学。因此，张君劢强调科学的特点是客观的，以逻辑分析为主要方法，重视因果律；而人生观的特点却是主观的、直觉的、综合的、意志自由的、单一性的等，显然，他实际上是强调人类精神创造和心灵世界的独特性，以为自然科学研究的方法不足以解决全部的人生观问题，而有赖于人文科学独特的方法。尽管他未能看到自然科学的方法正向人文科学渗透，但其见解自有的合理性也是不容忽视的。

---

① 李宗武：《人的生活与神秘》，载《时事新报·学灯》，1922-06-05。
② 瞿秋白：《自由世界与必然世界》，载《新青年》（季刊），第 2 期，1923-12-20。

北京师范大学史学探索丛书

值得注意的是，张君劢将论争双方的根本分歧，最终归结为是否承认"自由意志"。他在《人生观之论战序》中说："此二十万言之争论，科学非科学也，形上非形上也，人生为科学所能解决与不能解决也，有因与无因也，物质与精神也，若去其外壳，而穷其精核，可以一言蔽之，曰自由意志问题是也。"从总体上看，张君劢等人所谓的自由意志，并非主张人可不受客观条件的制约而随心所欲，而是与科学主义将人视同机器和主张意志必然论相对待，强调人毕竟有判断是非取舍善恶和采取行动改变自己的处境与命运的意志空间，因而才有精神境界与道德规范问题。范寿康认为，不管张的其他观点是否正确，他提出将自由意志问题作为人生观的根本问题，却是不错的。他说："我们的意志作用常常执行某种行为或抑制某种行为。我们的意志作用有这一种选择的自由，所以我们对于行为才有责任之可言。我们对于善恶能够随意取舍，所以我们人类才有道德之可言。"[1] 梁启超也指出，科学主义的机械论的人生观，将人类的精神生活也说成与物质一样受"必然法则"的支配，这是变相的运命前定说。既否定了人类的自由意志，还有什么善恶的责任？为善为恶都不过是那"必然法则"推动着我动，还有何道德可言？上述观点强调人性境界的高低首先取决于是否符合历史的发展规律，这并不否定人类精神生活的多样性与道德自律的必然性，因为社会历史的和谐发展本身就体现着多样性的统一。因此，梁启超等人反对机械主义，提出自己的"自由意志"说，有它的合理性，是应当重视的。

胡适等人正是因无视这一点，终究暴露出了自己科学主义的破绽。例如，丁文江说，"科学方法是万能的"，它终将"统一"人类的人生观。[2] 胡适则毫不隐晦，承认自己的"新信仰"与吴稚晖完全相同，正是张君劢所谓的"机械主义"，或梁启超所说的"纯物质的纯机械的人生"。他引后者的话说："我以为动植物且本无感觉，皆止有其质力交推，有其辐射反应，如是而已。譬之于人，其质构而为如是之神经，即其力生如是之反

---

① 范寿康：《意志自由与道德》，载《学艺》，第 6 卷第 7 号，1925-01-15。

② 丁文江：《玄学与科学——评张君劢的"人生观"》（续），载《努力周报》，第 49 期，1923-04-22。

应。所谓情感、思想、意志等，就种种反应而强为之名，美其名曰心理，神其事曰灵魂，质直言之曰感觉，其实统不过质力之相应。"① 把人仅仅视为由几多血肉筋骨组成的动物，以为其情感、思想、意志等精神活动都不过是"质力相应"而已，因之借助科学方法将统一人类的人生观。这是典型的科学主义的机械论。

遗憾的是，主张唯物史观的陈独秀等人，实际上也尚未尽脱科学主义的藩篱。陈独秀说："世界上那里有什么良心，什么直觉，什么自由意志……我们相信只有客观的物质原因可以变动社会，可以解释历史，可以支配人生观，这便是'唯物的历史观'。"② 所以他主张所争当在"证明科学万能"。③ 唯物史观是辩证的，而非是机械的。恩格斯说："根据唯物史观，历史过程中的决定性因素归根到底是现实生活的生产和再生产。无论马克思或我都从来没有肯定过比这更多的东西。如果有人在这里加以歪曲，说经济因素是唯一决定性的因素，那么他就是把这个命题变成毫无内容的、抽象的、荒诞无稽的空话。"他还特别强调指出，决定历史进程的动因，除了经济的因素外，还当包括政治的、法律的、哲学的和宗教的观点等等"一切因素间的相互作用"。④ 这显然是肯定了上层建筑和观念形态诸因素的作用。陈独秀等人当然不是有意歪曲唯物史观，但他们对唯物史观的理解显然尚存片面性。他们坚持社会变动的终极原因是物质的因素，是对的；但却忽略了精神领域的相对独立性及其诸因素的交互作用。

至此，有必要对这场论争进行再认识：其一，唯有科学才能解决人生观的问题是一个正确的命题，因为科学无禁区，人类的认识是无限的。梁启超、张君劢等人试图给科学划定禁区，这是他们的失误。尤其是在其时

---

① 胡适：《〈科学与人生观〉序》，见《科学与人生观》，上海，亚东图书馆，1923。
② 同上书。
③ 陈独秀：《答适之》，见《胡适文存二集》，卷2，46页，上海，亚东图书馆，1924。
④《马克思恩格斯选集》，第4卷，695～696页，北京，人民出版社，1995。

中国亟待提倡科学的情势下，他们的此种失误有损科学的权威，易生负面的影响。但是，同时也应当看到人类精神情感世界毕竟有别于物质自然界，具有独特性，在此一领域进行的研究全凭自然科学的方法，必多方枘圆凿，扞格难通，而社会科学与人文科学的方法便不能不具有自己独立的价值。这同样是一个正确的命题。因之，梁启超、张君劢等人的观点便不宜全盘简单抹杀。其二，从表面上看，这场论争的核心问题是科学与人生观的关系问题，但较其深层次的实质性分歧，却是在于如何认识科学主义。实际上，此一根本问题其时双方都有人揭明了，如前所述，张君劢就强调双方的根本分歧在于是否承认"自由意志"。而陈独秀则讲得更明确。他对胡适说："我们现在所争的，正是科学是否万能的问题。此问题解决了，科学已否破产便不成问题了。"① 只是因当时论争双方多喜泛论，致使真正的主题未得彰显而已。科学主义所以被作为问题提出来，固然是受西方思潮的影响，但更主要是人们反省欧战的结果。前面曾谈到，印度的泰戈尔在高度评价了西方的科学的作用后，特别指出科学诚重要，"但是创造的天才却在'人'的精神理想中"，他实际是批评了相信科学万能的科学主义。无独有偶。其时的林宰平在批评丁文江以为只有科学家才有高道德时也指出："你说活泼的心境，只有拿望远镜显微镜的人，但是要仔细望远镜显微镜掉了的时候。"他还以为，若在十年以前，此种关于科学万能的极端主张是不必驳他的，"因为要提倡一种举世不谈的道理，不能不拉满弓待它回过来或可得于正鹄，宁可讲得过火些，不如此不能引起多人的注意"。但这几年知道科学重要的人慢慢多了，"现在提倡科学，正要为它显出真正的价值筑了坚实的基础"，"不必一定采用这种方法了"。② 人所共知，自19世纪末以来中国的科学主义思潮也在逐渐滋长，它在这场论争中更得到了集中的表现。因此，在一定程度上可以说，梁启超、张君劢等力攻"科学万能"论是国人对科学的认识深化的结果，尽管他们在科学与人生观问题上的见解还多有失误。

---

① 陈独秀：《答适之》，见《胡适文存二集》，卷2，45页。

② 林宰平：《读丁在君先生的〈玄学与科学〉》，载《时事新报·学灯》，1923-06-05，07。

这场论争没有脱离战后反思中西文化的路向，因之论争中三派思想分野依然清晰可辨：张君劢等人所以力攻"科学万能论"，是要反省西方物质文明的偏颇导致了欧战，呼吁重视精神的价值和中国文化的优长，但他们却不恰当地主张"复活新宋学"；丁文江诸人竭力维护科学的权威，但却陷入了科学主义，固执地坚持"不相信中国有所谓'精神文明'"；① 陈独秀等人坚持唯物史观，批评胡适诸人不彻底，陷于唯心论，慧眼独具，但却同样未能尽脱科学主义的羁绊。三派各有长短，互有得失。经此论争之后，20 世纪 20 年代的书店里充满了有关"人生哲学"或"人生观"的著作，它们都强调情意与理智即人文与科学两方面的综合。这说明论争双方的观点相反相成，产生了综合的正面的效应。因之，与其将这场论争说成是科学与反科学之争和东方文化派对"五四"精神的反动；不如说这是国人在反省欧战的基础上对科学问题进行的再认识，它是中西文化问题论争的继续，来得更深刻些。就东方文化派而言，尽管其时中国面临的主要问题尚非迷信科学而是菲薄科学，但是它提出要重视科学却应反对科学主义，并进而要求重新审视中国文化趋重精神文明的价值优长，毕竟表现了可贵的前瞻性。

综上所述，可知欧战后中国社会文化思潮的激荡，包容着马克思主义、自由主义、文化保守主义各领风骚。马克思主义者、西化派、东方文化派三者都在同一框架中运作，它们间的张力和搏击构成了其时中国社会文化发展的契机。当从这个意义上，去认识三者的矛盾与冲突，尤其是认识东方文化派及其所代表的文化保守主义，始可避免简单化。

---

① 胡适等：《丁文江这个人》，36 页，台北，传记文学出版社，1979。

第二章　欧战前后国人的现代性反省

　　欧战作为人类历史上的第一次世界大战，惨绝人寰，创深痛巨。其时，许多欧洲人对西方文化失去了信心，所谓"西方没落"、"上帝死了"，悲观的论调渐起，弥漫欧洲大陆。与此相应，欧洲出现了"理性危机"。自 18 世纪以来，理性主义曾凯歌猛进，以至于人们尊理性为最高法庭，强调在理性面前，一切声言拥有时效性的东西，都必须为自己辩护。但是，现在人们却发现，"欧洲释放出来的科学和技术的威力似乎是他们不能控制的，而他们对欧洲文明所创造的稳定与安全的信仰，也只是幻想而已。对于理性将要驱走残存的黑暗，消除愚昧与不公正并引导社会持续前进的希望也都落了空。欧洲的知识分子觉得他们是生活在一个'破碎的世界'中"。所谓"破碎的世界"，就是韦伯所说的"理性具有的可怕的两面性"：它一方面带来了科学与经济生活中的巨大成就，但同时却无情地铲除了数世纪以来的传统，将深入人心的宗教信仰斥为迷信，视人类情感为无益，"因而使生命丧失精神追求"，"世界失去魅力"，"使生命毫无意义"。① 人们在借理性征服自然的同时，其主体性也发生了异化，成为了理性的奴隶。理性所承诺的自由、平等、博爱的王国，不但没有出现，相反，现实中却充满着贫富对立与仇恨，乃至于发生这场可怕的大屠杀。"人是什么？"自古希腊哲人以来似乎已经解决的问题，现在又成了问题，人们感到孤独，失去了方向，又出现了"人的危机"。缘是之故，自 19 世纪末以来便陷入衰微的理性主义，进一步衰堕了。

　　战后欧洲对社会文化危机的反省，存在两个取向：一是以马克思主义为代表，它从唯物论的观点出发，强调所谓的"理性危机"，说到底，无非是资产阶级"理性王国"的破产；因之，消除社会危机的根本出路，是通过无产阶级的革命，彻底改变资本主义的社会制度，将人类社会引向更

---

　　①　［美］马文·佩里主编：《西方文明史》，下卷，454～455 页。

高的发展阶段即社会主义。俄国十月革命的成功，是此一取向的善果。一是反省现代性。① 它集中表现为非理性主义思潮的兴起。所谓现代性，是指自启蒙运动以来，以役使自然、追求效益为目标的系统化的理智运用过程。许多西方现代学者从唯心论出发，将问题归结为理性对人性的禁锢，因而将目光转向人的内心世界。他们更强调人的情感、意志与信仰。尼采大声疾呼"重新估定一切价值"，被认为是反省现代性的非理性主义思潮兴起的宣言书。20世纪初，以柏格森、倭铿等人为代表的生命哲学，强调直觉、"生命创化"与"精神生活"，风靡一时，是此一思潮趋向高涨的重要表征。非理性主义虽不脱唯心论的范围，存在着某些非理性的倾向，但是，柏格森哲学是西方文化的一种自我反省。② 它对西方现代性的反省，仍有自己的合理性。

---

① 对于现代性，学者见智见仁。安德鲁·芬伯格说："它（现代性）显然是指现代科学技术、各种民主政体和城市化等事物的普遍完成。""现代性是一种全球现象，在它把其普遍的理性主义传播到世界其他地方之前，最先摧毁了欧洲的传统文化。"〔［美］安德鲁·芬伯格（Andrew Feenberg）:《可选择的现代性》，陆俊、严耕等译，1页，北京，中国社会科学出版社，2003〕安东尼·吉登斯则谓："现代性指社会生活或组织模式，大约17世纪出现在欧洲，并且在后来的岁月里，程度不同地在世界范围内产生着影响。"〔［英］安东尼·吉登斯（Anthony Giddens）:《现代性的后果》，田禾译，1页，南京，译林出版社，2000〕二者都强调，现代性是源于17世纪欧洲，与理性主义相联系的一种社会历史过程和社会生活、社会发展模式。哈贝马斯则认为，西方理性主义是现代性的源泉，至少从18世纪后期开始，"现代性就已经成为'哲学'讨论的主题"，"黑格尔是第一位清楚地阐释现代概念的哲学家"，而反省现代性思潮则肇端于尼采："尼采打开了后现代的大门"。〔［德］于尔根·哈贝马斯（Jürgen Habermas）:《现代性的哲学话语》，曹卫东等译，1、5、121页，南京，译林出版社，2004〕在一些学者眼里，现代性的概念在很大程度上又与现代化的概念重叠。如艾恺就认为，现代化起源于启蒙运动及理性主义，它可以界定为："一个范及于社会、经济、政治的过程，其组织与制度的全体朝向以役使自然为目标的系统化的理智运用过程。"擅理性与役自然，都是手段，"实际上，现代化对任何事物唯一的价值标准就是'效率'"。〔［美］艾恺（Guy Salvatore Alitto）:《世界范围内的反现代化思潮：论文化守成主义》，5页，贵阳，贵州人民出版社，1991〕他所谓的现代化，实等于现代性。另有一些学者则认为，现代性是一种价值观念与文化精神，思维方式与行为方式。现代化则是体现现代性的具体的社会历史发展过程。〔陈嘉明:《中国现代性研究的解释框架问题》，载《华东师范大学学报》，2006（3）〕本文所指的现代性，认同前一种意见。这与目前学术界的有关争论无涉，仅是考虑此种提法更适合于20世纪初年的语境而已。

② 胡秋原:《西方文化危机与二十世纪思潮》，340页。

应当说，早在 20 世纪初年，国人就已敏锐地注意到了上述欧洲社会文化思潮的重大变动，且于思潮的两个取向，都各有评介与吸纳。长期以来，学术界对于马克思主义及社会主义思潮东渐的研究，成果丰硕，而对于反省现代性思潮在中国的反响，研究却十分薄弱。[①] 事实上，忽略了后者，我们对于包括新文化运动在内的 20 世纪初年中国社会文化思潮的理解与把握，就不可能是准确的。

一、欧洲反省现代性思潮之东渐

国人对于 19 世纪末以来欧洲现代思潮变动的感悟，其最初见诸杂志者，据笔者所知，当是鲁迅的《文化偏至论》。是文作于 1907 年，次年发表在《河南》第 7 期，署名"迅行"。文章指出：19 世纪的欧洲文化，科学发达，物质昌盛，但却失之一偏，独尊科学，崇信"物质万能"，而贬抑了精神与情志。尼采诸人深思遐瞩，首揭其"伪与偏"，预示着 20 世纪的文化与 19 世纪之文化异趣，即"非物质"而"重个人"："精神生活之光耀，将愈兴起而发扬"，"出客观梦幻之世界，而主观与自觉之生活，将由是而益张"。"内部之生活强，则人生之意义亦愈邃，个人尊严之旨趣亦愈明，二十世纪之新精神，殆将立狂风怒浪之间，恃意力以辟生路者也"。[②]鲁迅目光锐利，他显然已相当深刻地体察到了欧洲自 19 世纪末以来非理性主义思潮的兴起及其现代思潮的变动。不过，是文没有注意到以柏格森、倭铿为代表，正风靡欧洲的生命哲学的崛起。同时，由于《河南》是留日学生的刊物，难以进入其时的中国内地，故就传播欧洲反省现代性思潮而言，此文的实际影响当是十分有限的。

20 世纪初，在中国本土最早报导欧洲现代思潮的变动，尤其是反省现

---

① 学术界对此迄无专文论列。美国学者艾恺著《世界范围内的反现代化思潮：论文化守成主义》一书，最早提出了这一问题，但如其书名显示，它着眼全世界，于中国仅涉及梁启超、梁漱溟、张君劢等少数个人，未作系统研究。

② 鲁迅：《文化偏至论》，见《鲁迅全集》，第 1 卷，54 页，北京，人民文学出版社，1982。

代性思潮兴起的刊物，还当属著名的《东方杂志》。该杂志的《本志的二十周年纪念》强调说：20年间本杂志于新时代思想的介绍从未落后，"如各派的社会主义，本志在十余年前，即已有系统的译述；柏格森和欧根的哲学，也由本志最先翻译"。[①] 此非虚言。早在欧战之前，即1913年，该刊就集中发表了杜亚泉、章锡琛、钱智修诸人著译的多篇文章，向国人颇为具体地初步报道了欧洲现代思潮的变动。

是年2月，《东方杂志》第9卷第8号首载章锡琛译自日本《万朝报》的文章：《新唯心论》。文章指出：欧洲自法国大革命之后，思潮变动，科学藉煤铁工业而大昌，哲学上唯物论也取唯心论而代之。缘是，"科学的人生观即唯物的人生观"盛行，"一切归因果律"，"人之及我，始终为物质"。虽科学进步，生产发展，但物欲横流，竞争日烈，信仰尽弃，人生日危。"我欲与过去之往古，表厥同情，既非所能；而现实生活，又足以使我绝望"，无怪乎欧洲自杀者日多，且不即于死，也不得不堕落。"呜呼，末世纪之悲惨，固若是哉"！所谓"唯物论"、"唯心论"，实为"理性主义"与"非理性主义"的代名词。同时，文章也报道了欧洲生命哲学兴起的消息："欧坎、俾尔先生，皆创新唯心论"，以与唯物论相颉颃，此乃"新时代之精神也"。是文虽属译作，但有两点值得注意：其一，它不仅提供了欧洲现代思潮变动的信息，而且指出了柏格森、倭铿的生命哲学是新思潮的代表。这是民初有助于时人了解欧洲反省现代性信息的第一篇公开的文字。其二，本文作者还抨击了日本仿效"欧洲唯物论"所带来的危害，强调本文的目的是为了"反抗旧时代以迫出新时代"，即"我欲以新唯心论之人生观为基础，而创造新日本"。这对于国人显然有重要的启发意义。7月，本刊第10卷第1号复载有钱智修的《现今两大哲学家学说概略》一文，对柏格森、倭铿的学说作了粗略介绍。同期杜亚泉的长文《精神救国论》（分3期连载），尤其值得重视。这不在于它对欧洲现代思潮变动的论述更加具体，而在于如其文章题目所示，杜亚泉业已尖锐地直接提出反对"物质救国"论，而主张反省现

---

① 坚瓠：《本志的二十周年纪念》，载《东方杂志》，第21卷第1号，1924-01-10。

代性了。他说，"新唯心论者，即唤起吾侪精神之福音也"。"吾国人诚能推阐新唯心论之妙义，实行新唯心论之训示，则物质竞争之流毒，当可渐次扫除，文明进化之社会，亦将从此出现矣。"① 此外，杜亚泉的《现代文明之弱点》、《论社会变动之趋势与吾人处世之方针》诸文，都在反复提醒人们关注"今日欧美社会内文明病之流行"。② 杜亚泉曾是公认的西方文化的热心倡导者，但以此为转折点，却成为了批评西方文化、著名的文化保守主义者了。

欧战前的上述文章，多是转述日本学者的观点，报道内容较为泛泛，若雾里观花；加之大战未起，许多问题还不尖锐，故有关欧洲现代思潮变动的信息，并未真正引起时人的关注。欧战期间，此类信息有所增加，但因奉西方文化为圭臬的新文化运动如日中天，此种情况也没有大的改变。1916 年 1 月，民质（即章士钊）在《倭铿人生学大意》一文中说：自己十年间先后游英、日，发现两地学人于柏格森、倭铿的学说，皆趋之若鹜，迻译解说，纤悉靡遗。"及返观吾国，黉舍满国，子姓如林，有能知近世哲学为何物者乎？抑且有曾问斯学大师之名如倭铿、柏格森其人者乎？则由前，千无一人，由后百无一人。凡两哲之所著录，迄未见有以国语偶尔达之者焉。士不悦学一至于此，兹良足慨已。"③ 1917 年，章士钊在日本中国留学生"神州学会"作题为《欧洲最近思潮与吾人之觉悟》的演讲，又感慨万千："人言中国贫乏，大抵指民穷财尽而言。愚以为中国第一贫乏，莫如智识"。近十多年来，柏格森与倭铿的学说风靡世界，在日本，甚至中学生也无不知有创造进化精神生活诸名义。"而吾国则顽然无所知。不仅书籍尤一本，杂志论文无一篇，即聚会言谈之中，亦绝少听见有人谈及。在上等有知识一部分之中，所谓倭铿，所谓柏格

---

① 许纪霖、田建业编：《杜亚泉文存》，54、55 页，上海，上海教育出版社，2003。

② 杜亚泉：《论社会变动之趋势与吾人处世之方针》，见许纪霖、田建业编：《杜亚泉文存》，289 页。

③ 民质：《倭铿人生学大意》，载《东方杂志》，第 13 卷第 1 号，1916-01-10。

森，其名字曾否吹入耳里，尚为疑问。知识上毫无基础，一至于此！"①所言不免绝对，但大致反映了现实状况。

不过，尽管如此，此间陈独秀、胡适等新文化运动的主将们对欧洲现代思潮的变动，尤其是反省现代性思潮的兴起，其观感如何，却是一个耐人寻味的问题。从总体上看，他们对此有所了解，但因价值取向不同，未予重视。② 然而，这并不影响他们借重与杂糅欧洲非理性主义的某些观点，以彰显新文化运动的旨趣。例如，《青年杂志》创刊号上的首篇文章即陈独秀的《敬告青年》，倡言科学与民主，显然志在高扬理性，但其立论，却是借重了尼采、柏格森诸人。在"自主的而非奴隶的"节目下，他写道："德国大哲尼采别道德为二类：有独立心而勇敢者曰贵族道德，谦逊而服从者曰奴隶道德"；在"进步的而非保守的"节目下，他又写道："自宇宙之根本大法言之，森罗万象，无日不在演进之途，万无保守现状之理；特以俗见拘牵，谓有二境，此法兰西当代大哲柏格森之创造进化论所以风靡一世也"；在"实利而非虚文的"节目下，他又这样说："当代大哲，若德意志之倭根，若法兰西之柏格森，虽不以物质文明为美备，咸揭橥生活问题，为立言之的。生活神圣，正以此次战争，血染其鲜明之旗帜。欧人空想虚文之梦，势将觉悟无遗。"③ 李大钊在《厌世与自觉心》一文中，也明确提出要借助柏格森关于自由意志、生命冲动、创造进化的学说，以启迪新时代青年努力奋进的"自觉心"。④ 当然，更具典型性的是，胡适在《新思潮的意义》一文中，竟借用尼采的名言来概括新思潮的意义。他说："新思潮的根本意义只是一种新态度。这种新态度可叫做'评判的态度'。""尼采说现今时代是一个'重新估定一切价值'的时代。'重新估定一切价值'八个字便是评判的态度的最好

① 行严：《欧洲最近思潮与吾人之觉悟》，载《东方杂志》，第 14 卷第 12 号，1917-12-15。

② 陈独秀以为，中西国情不同，中国科学及物质文明过于落后，欧洲反省现代性思潮不适合于中国。笔者对此拟另文论列。

③ 陈独秀：《敬告青年》，见《独秀文存》，5、8 页，合肥，安徽人民出版社，1987。

④ 李大钊：《厌世心与自觉心》，载《甲寅》，第 1 卷第 8 号，1915-08-10。

解释。"① 尼采、柏格森、倭铿诸人若知道，在中国的语境下，自己的思想竟被借以高扬理性，不知将作何感想了。

当然，归根结底，陈、胡诸人对于反省现代性，是取淡化与贬抑的态度。胡适在《五十年来之世界哲学》中，明显有意贬抑柏格森学说的价值。他强调，柏格森的所谓"直觉"，无非源于经验，这是包括杜威在内许多学者多已言及的事，足见其学说近于"无的放矢"了。胡适刻意将柏格森为代表的"反理智主义"，列为"晚近"的"两个支流"之一。他说："我也知道'支流'两个字一定要引起许多人的不平。"② 丁文江更为之推波助澜，借罗素在北京的牢骚话，贬损柏格森：他的盛名是骗巴黎的时髦妇人得来的。他对于哲学可谓毫无贡献；同行的人都很看不起他。③ 实际上，罗素本人在他的名作《西方哲学史》中，对柏格森有很高的评价：称他是"本世纪最重要的法国哲学家"。他说："我把柏格森的非理性主义讲得比较详细，因为它是对理性反抗的一个极好的实例，这种反抗始于卢梭，一直在世人的生活和思想里逐渐支配了越来越广大的领域。"④ 英国学者彼得·沃森则在其《20世纪思想史》中强调说："柏格森很可能是20世纪头10年最被人们理解的思想家，1907年后，他无疑是世界上最著名的思想家。"⑤ 相较之下，胡适诸人的观点，有失偏狭。

也惟其如此，从严格意义上讲，欧洲反省现代性思潮真正传入中国并引起国人的广泛关注，实在欧战结束之后，尤其是在1920年初梁启超诸人游欧归来之后。其最重要的表征，是梁启超《欧游心影录》的发表。梁启超、张君劢诸人，是最重要的推动者。

① 胡适：《新思潮的意义》，见《胡适全集》，第1卷，692页，合肥，安徽教育出版社，2003。

② 胡适：《五十年来之世界哲学》，见《胡适全集》，第2卷，384、381页。

③ 丁文江：《玄学与科学——评张君劢的"人生观"》，见《科学与人生观》，17页（文内页）。

④ ［英］罗素（Bertrand Russell）：《西方哲学史》，下卷，马元德译，346页，北京，商务印书馆，1976。

⑤ ［英］彼得·沃森（Peter Watson）：《20世纪思想史》，朱进东等译，72页，上海，上海译文出版社，2006。

1918 年底，梁启超启程游欧，绝非一时心血来潮，而是深思熟思、谋定而后动的一种决策。早在欧战爆发之初，他即敏感到这场战争将深刻影响世界与中国，故提醒国人当关注欧战，不容有"隔岸观火"之想。① 他不仅很快出版了《欧洲战史论》一书，而且在报刊上开辟《欧战蠡测》专栏，发表专论。欧战甫结束，他即决意西行，希望通过对战后欧洲的实地考察，近距离感受西方社会文化思潮的变动，以便为国人的自觉，也为自己今后的道路，寻得一个新的方向。好友张东荪也致书提醒抵欧的梁启超诸人："公等此行不可仅注视于和会，宜广考察战后之精神上物质上一切变态"②，强调的正是欧洲现代思潮的变动。梁启超除了参与和会上的折冲樽俎外，先后游历了英国、法国、比利时、荷兰、瑞士、意大利、德国，与欧洲各界名流进行了广泛接触。需要指出的是，他在出游前通过日本学者的著作，对欧洲现代思潮的变动，尤其是柏格森诸人的学说，已有了相当的了解，抵欧后更执意访求。他与人书说：在巴黎，茶会多谢绝，"惟学者之家有约必到，故识者独多"。而"所见人最得意者有二"，其中一个，就是"新派哲学巨子柏格森"。造访前一天，梁启超、蒋百里、徐振飞三人分头彻夜准备了详细的有关资料。及相见问难，大得主人赞赏，"谓吾侪研究彼之哲学极深"。梁告诉柏格森，友人张东荪译其著作《创化论》将成，对方喜甚，允作序文。所以，梁启超说："吾辈在欧访客，其最矜持者，莫过于初访柏格森矣。"③ 与此同时，梁启超还执意要见倭铿。张君劢回忆说：在德国，"任公先生忽自想起曰：日本人所著欧洲思想史中，必推柏格森、倭伊铿两人为泰山北斗，我既见法之柏格森，不可不一见德之倭伊铿"。后终如愿，得登门造访。"所谈不外精神生活与新唯心主义之要点。任公先生再三问精神物质二者调和方法"。④ 这些无疑都说明了，梁启超是如何高度重视柏格森、倭铿所代表的学说。梁启超在与人书

① 梁启超：《欧战测蠡·小叙》，见《饮冰室合集·文集》（33），12 页，北京，中华书局，1989。

② 丁文江、赵丰田编：《梁启超年谱长编》，893 页，上海，上海人民出版社，1983。

③ 同上书，881 页。

④ 君劢：《学术方法上之管见》，载《改造》，第 4 卷第 5 号，1922-01-15。

北京师范大学史学探索丛书

中还说道："吾自觉吾之意境，日在酝酿发酵中，吾之灵府必将起一绝大之革命，惟革命产儿为何物，今尚在不可知之数耳。"[①] 其耳闻目睹，心得良多。但是，归根结底，他所谓的思想"革命"与"自觉"，乃是指自己考察了欧洲社会文化思潮的变动，并最终服膺了反省现代性的思潮。这在1920年初梁启超归国后发表的影响广泛的《欧游心影录》中，有十分清晰的表述。

《欧游心影录》中的第一部分："欧游中之一般观察及一般感想"，最为重要。它分上下篇："大战前后之欧洲"与"中国人之自觉"。上篇是前提与依据，下篇则是引出的教训与结论。上篇共11个目，但是，如"学说影响一斑"、"科学万能论梦"、"思想之矛盾与悲观"等，关于欧洲现代思潮变动考察的部分却占了5个目，足见其重点之所在。梁启超显然认同了反省现代性的取向，将欧洲社会文化的危机，最终归结为学说、思潮之弊。他强调指出："从来社会思潮，便是政治现象的背景"，而政治又影响私人生活，"所以思潮稍不健全，国政和人事一定要受其弊"。西方文明"总不免将理想实际分为两橛，唯心唯物，各走极端"，所以，中世纪是宗教盛行，而禁锢思想；近代以来，却又变成唯物质是尚，"科学万能"，人欲横流，"把高尚的理想又丢掉了"。因之，精神家园荒芜，从而丧失了"安身立命的所在"，是欧人最终陷于社会危机的"第一个致命伤"。[②] 他写道：欧人做了一个科学万能的梦，以为科学可以带来黄金的世界，不料却是竹篮打水一场空："好像沙漠中失路的旅人，远远望见个大黑影，拼命往前赶。以为可以靠他向导，那知赶上几程，影子却不见了。因此无限凄惶失望。……欧洲人做了一场科学万能的大梦，到如今却叫起科学破产来，这便是最近思潮变迁一个大关键了。"需要指出的是，为了避免读者误会，以为自己菲薄科学，他特意在这段话后加了一个注，强调"我绝不承认科学破产，不过也不承认科学万能罢了"。[③] 所以，在这里，梁启超所反省的正是"理性主义"，所谓的"科学万能"论，就是"理性万能"论。

---

① 丁文江、赵丰田编：《梁启超年谱长编》，881页。
② 梁启超：《欧游心影录》，见《饮冰室合集·专集》(23)，9、36、8、10页。
③ 同上书，12页。

他所以对战后的欧洲不抱悲观，是因为他相信以柏格森为代表的非理性主义的兴起，反映了欧人对于现代性的反省，正为欧洲开一新生面："在哲学方面，就有人格的唯心论直觉的创化论种种新学派出来，把从前机械的唯物的人生观，拨开几重云雾。""柏格森拿科学上进化原则做个立脚点，说宇宙一切现象都是意识流转所构成。方生已灭，方灭已生，生灭相衔，便成进化。这些生灭，都是人类自由意志发动的结果。所以人类日日创造，日日进化。这'意识流转'就唤做'精神生活'，是要从反省直觉得来的。""人经过这回创钜痛深之后，多数人的人生观因刺激而生变化，将来一定从这条路上打开一个新局面来。这是我敢断言的哩。"① 梁启超不是哲学家，但他凭自己"笔锋常带感情"的笔触和富有文学色彩的生动语言，将战后欧洲现代思潮的变动和反省现代性思潮的兴起，描绘得有声有色，实较许多哲学家的专业论著，影响要广泛得多。所以，胡适将批评的矛头首先指向了梁启超："然而谣言这件东西，就是野火一样，是易放而难收的。自从《欧游心影录》发表之后，科学在中国的尊严就远不如前了。""梁先生的声望，梁先生那枝'笔锋常带感情'的健笔，都能使他的读者容易感受他的言论的影响。何况国中还有张君劢先生一流人，打着柏格森、倭铿、欧立克……的旗号，继续起来替梁先生推波助澜呢？"② 将胡适的话作相反理解，梁启超不正是战后推动欧洲反省现代性思潮在中国传播最具代表性的人物吗？

此外，张君劢是另一个有力的推动者。他先随梁启超游欧，后即分别师从柏格森、倭铿问学，被蔡元培认为是介绍二人学说最合适的人选。③ 1921年底，他还在巴黎时，就已在中国留学生中，先作了一场有关欧洲思想危机的讲演。甫归国，随即又在上海的中华教育改进社举行了题为《欧洲文化危机及中国新文化之趋向》的演讲，从"思想上之变动"、"社会组织之动摇"、"欧战之结果"三个方面，详细而清晰地论述

① 梁启超：《欧游心影录》，见《饮冰室合集·专集》(23)，9～12页、18页。

② 胡适：《〈科学与人生观〉序》，见《科学与人生观》，6～7页。

③ 蔡元培：《五十年来中国哲学》，见高平叔编：《蔡元培全集》，第4卷，362页。

了欧洲现代思潮变动和反省现代性思潮兴起之历史机缘。他强调说："我以为欧洲文化上之危机为世界之大事，而吾国人所不可不注意者也。""现在之欧洲人，在思想上，在现实之社会上，政治上，人人不满于现状，而求所以改革之，则其总心理也。"而柏格森、倭铿所代表的"一名变之哲学"，"最反对理智主义"，"两家之言，正代表今日社会心理，故为一般人所欢迎"。① 这是其时第一位哲学专门家，以亲身体验评说欧洲现代思潮变动的一场著名的演讲；也是其时介绍欧洲反省现代性思潮最为系统与富有学理性的演讲。讲演稿随即在《东方杂志》发表，其影响广泛，可想而知。张君劢以宣传柏格森、倭铿哲学为己任。1921 年 8 月《改造》第 3 卷第 12 期刊有他及林宰平与柏格森谈话录：《法国哲学家柏格森谈话录》。1923 年他在清华作《人生观》的演讲，引发了一场著名的"科玄之争"，是人所共知。所以胡适指责他为梁启超推波助澜，也理所固然。

事实上，自梁启超归国后，短短二三年内，反省现代性思潮在国人中已引起了广泛的关注，在某种意义上，甚至可以说，业已形成了不小的热潮。其时，在各种重要的刊物上，评介柏格森诸人学说的文章，随处可见。1922 年张东荪翻译的柏格森重要著作《创化论》，由商务印书馆出版。这是柏氏重要著作在中国最早问世的译本。同年，《民铎》杂志推出"柏格森号"，发表了包括蔡元培、梁漱溟、张东荪等作者的共 11 篇文章。茅盾在《民国日报·觉悟》上有专文推荐，他说，专号出版先有预告，故许多读者"都已望眼欲穿了"。② 借助译作和这个专号，柏格森生命哲学已经相当全面地展现在了中国广大读者的面前了。与此相应，"直觉"、"创造进化"、"生命冲动"、"意志自由"、"精神生活"等，生命哲学的许多术语都成了时髦的用语，甚至连章太炎这样的国学大师，也都在讲"柏格森之

---

① 张君劢：《欧洲文化之危机及中国新文化之趋向》，载《东方杂志》，第 19 卷第 3 号，1922-02-10。

② 茅盾：《介绍〈民铎〉的"柏格森号"》，见《茅盾全集》，第 14 卷，313 页，北京，人民文学出版社，1984。

学与唯识家所说相合。"① 而对一些人来说，若有机会赴欧与二氏见面，自然更是一种荣幸。张君劢说："宰平之来欧，其见面第一语曰：此来大事，则见柏格森、倭伊铿两人而已。当其初抵巴黎，吾为之投书柏氏，久不得复，宰平惘惘然若失，若甚恐不遂所愿者。"② 蔡元培、林宰平赴欧，都千方百计谋与柏、倭二氏见面，以能听其讲学为荣。③ 他们以共讲社名义邀二氏来华讲学既不可得，便接受倭氏的推荐，转邀杜里舒（Hans Drie-sch）。后者与其时先后来华讲学的杜威、罗素、泰戈尔诸人，相映成趣，同样风行一时。与此同时，以二氏学说为重要立论基础的梁漱溟成名作《东西文化及其哲学》一书，也正值洛阳纸贵。梁在书中说："（西方）这时唯一的救星便是生命派的哲学"，"而这派的方法便是直觉。现在的世界直觉将代理智而兴，其转捩即在这派的哲学"。④ 这些因素相辅相成，无疑都进一步扩大了反省现代性思潮的影响。丁文江曾仿顾炎武的语气说："今之君子，欲速成以名于世，语之以科学，则不愿学；语之以柏格森、杜里舒之玄学，则欣然矣。以其袭而取之易也。"⑤ 这种情绪化的批评，也正反映了人们对于柏格森学说趋之若鹜。明白了这一点，便不难理解，何以严既澄能这样斩钉截铁地说："现在世界的思想，最显著的转捩，就是从主知转向主情志。"⑥ 而菊农更进而断言：反省现代性的非理性主义，已成为西方的"现代精神"，在哲学方面柏格森正是现代精神的代表。"时代

① 李渊庭、阎秉华编著：《梁漱溟先生年谱》，45 页，桂林，广西师范大学出版社，1991。

② 君劢：《法国哲学家柏格森谈话记》，载《改造》，第 3 卷第 12 号，1921-08-15。

③ 1921 年 3 月，林宰平在倭铿家听讲三次，每天下午自 4 时讲到天黑。后复与蔡元培又访倭氏一次，也是听讲（宰平：《倭伊铿谈话记》，载《改造》，第 4 卷第 5 号，1922-01-15）。林终得与柏氏约谈一小时，并代蔡元培问："君之所论直觉，其实行方法如何？"（君劢：《法国哲学家柏格森谈话记》，载《改造》，第 3 卷第 12 号，1921-08-15）

④ 梁漱溟：《东西文化及其哲学》，见《梁漱溟全集》，第 1 卷，505 页，济南，山东人民出版社，2005。

⑤ 丁文江：《玄学与科学——评张君劢的"人生观"》，见《科学与人生观》，29 页。

⑥ 严既澄：《评〈东西文化及其哲学〉》，见陈崧编：《五四前后东西文化问题论战文选》，454 页。

精神真是势力伟大呵！科学万能之潮流还不曾退去，形而上学依然又昂首天外，恢复原有的疆域了。"[1] 至于1923年的"科玄之争"，自然更应当视为此一思潮在中国激起的强烈反响了。[2]

二、拷问"合理的人生"与文化诉求

英国文化人类学家雷蒙·威廉斯说："文化观念的历史是我们在思想和感觉上对我们共同生活的环境的变迁所作出的反应的记录。""是针对我们共同生活的环境中一个普遍而且是主要的改变而产生的一种普遍反应。其基本成分是努力进行总体的性质评估。""文化观念的形成是一种慢慢地获得重新控制的过程。"[3] 欧战前后，国人反省现代性的集中表现，即在于形成了一种新的"文化观念"：以"精神文明""物质文明"重新判分中西文化，并在此基础上，揭出了建立"合理的人生"的文化诉求。这是国人对西方现代思潮变动作出反应和"努力进行总体的性质评诂"的产物。

自戊戌维新以降，追求西学、批判中学渐成潮流，至新文化运动而登峰造极；与此相应，以"旧文化"与"新文化"、"古代的文明"与"近世的文明"，即从进化论的角度，判分中西文化为后进与先进的文化，也浸成固然。但是，欧战后，以"精神文明"与"物质文明"判分中西文化，

---

[1] 菊农：《杜里舒与现代精神》，载《东方杂志》，第20卷第8号，1923-04-25。

[2] 丁文江在《玄学与科学—评张君劢的"人生观"》中说："张君劢的人生观，一部分是从玄学大家柏格森化出来的。"（《科学与人生观》，17页）胡适在《〈科学与人生观〉序》中说："我常想，假如当日我们用了梁任公先生的'科学万能之梦'一篇作讨论的基础，我们定可以使这次论争的旗帜格外鲜明，——至少可以免去许多无谓的纷争"（《科学与人生观》，9页），都说明了这一点。

[3] ［英］雷蒙·威廉斯：《文化与社会》，374页。

以为优劣长短互见，却异军突起，变得十分流行。① 早在 1913 年钱智修即指出："近年以来欧美各国，咸感物质文明之流桔，而亟思救正。"② 梁启超的《欧游心影录》更径称，欧人正"愁着物质文明破产，哀哀欲绝的喊救命"。③ 将"精神文明"与"物质文明"并提对举，张君劢讲得最完整："自孔孟以至宋明之理学家，侧重内心生活之修养，其结果为精神文明；三百年来之欧洲，侧重以人力支配自然界，故其结果为物质文明"。④ 迨梁漱溟的《东西文化及其哲学》一书风行天下，此种判分更成了新潮。胡适对此十分反感，斥之为"今日最没有根据而又最有毒害的妖言"，强调它隆中抑西，典型地反映了"东方民族的夸大狂"和旧势力的猖獗。⑤ 瞿秋白也以为，这是欧战"重新引动了中国人的傲慢心"。⑥ 长期以来，学界许多论者也往往据此认定梁启超诸人的思想，从主张学习西方向固守传统后退。但是，实际上，这是失之简单化的一种误读。除了像释太虚这样极个别者外，⑦ 时人所谓西方文明为物质文明，乃特指西方近代文明；同时并不否定西方有自己的精神文明，只是强调近代西方文明趋重物质，失之一偏。例如，杜亚泉说：19 世纪后半期，西方"物质科学日益昌明"，唯物

---

① 以精神文明与物质文明判分中西文化，始于晚清国粹派学者邓实，他在《东西洋二大文明》（邓实辑：《壬寅政艺丛书·政学文编》卷 5，见沈云龙主编：《近代中国史料丛刊续辑》，第 27 辑，184～186 页，台北，文海出版社，1976）中即有这样的说法。但其意在强调中西文化类的分别，与欧战中时人的说法，彰显现代性反省，不可同日而语。

② 钱智修：《现今两大哲学家学说概略》，载《东方杂志》，第 10 卷第 1 号，1913-07-01。

③ 梁启超：《欧游心影录（节录）》，见《饮冰室合集·专集》（23），38 页。

④ 张君劢：《人生观——评张君劢的"人生观"》，载《科学与人生观》，9～10 页。

⑤ 胡适：《我们对于西洋近代文明的态度》，见陈菘编：《五四前后东西文化问题论战文选》，646～647 页。

⑥ 瞿秋白：《俄乡纪程》，见蔡尚思主编：《中国现代思想史资料简编》，第 1 卷，659 页，杭州，浙江人民出版社，1982。

⑦ 释太虚在《东洋文化与西洋文化》一文中，称西洋文化无非是一种"制造工具"以求满足"动物欲"的低下文化；而东洋文化却较这种西洋文化为高明（《学衡》，第 32 期，1924-08）。

论遂代唯心论而兴，"物质主义之潮流，乃弥漫于全欧，而浸润于世界矣"。① 陈嘉异也说："迄于十九世纪末之欧洲，自然科学日兴，唯物论日盛，遂成为过重物质文明之时代。"② 不过，从总体看，张君劢表述得最清楚。他指出：世界上既没有不衣不食不住的民族，则其文化自然不能少了物质的成分；反之亦然，谁无宗教、美术、学问？故既称文化就不可能没有精神的成分。但是，尽管如此，就其成分之多少，则有畸轻畸重之分。"吾人所以名西洋三百年来之文明为物质文明者，其故有四"：思想上相信机械主义，并以此解释人生；"学术上多有形制作"；"全国之心思才力尽集于工商"；"国家以拓地致富为惟一政策"，③ 不惜以军事为后盾。足见，时人目西方文明为物质文明，并非简单贬抑西方文化，虽意含讥讽，却体现了反省的理念，而与传统的抵拒西学，不可同日而语。如上所述，鲁迅的《文化偏至论》就认为欧洲 19 世纪的文化趋重于物质文明，有失"伪与偏"；新文化运动年轻的主将罗家伦，一度也批评西方社会受物质文明的支配过了度，结果引发了这场欧战，都同样说明了这一点："物质本来是供人生利用的，但是十九世纪的时候，（西方）物质的科学极端的发达，而政治社会的科学的发展反不及他；于是人生受物质文明的支配过了度，几乎变成机械一般。这次大战，也未始不是极端物质文明的结果。"④ 与此相应，时人目东方文明为精神文明，也并非简单固守传统文化，虽意存自得，却体现了反省后的自信，而与传统的虚骄，同样不可等量齐观。所以，梁漱溟对胡适所谓"妖言"的指斥，不以为然。他曾不止一次这样说：人们总喜欢说，西洋文明是物质文明，东方文明是精神文明。"这种话自然很浅薄"，因为西洋人在精神生活及社会生活方面所成就的很大，绝不止是物质文明而已，而东方人的精神生活也不见得就都好，也

---

① 杜亚泉：《精神救国论》，见许纪霖、田建业编：《杜亚泉文存》，34 页。

② 陈嘉异：《东方文化与吾人之大任》，见陈崧编：《五四前后东西文化问题论战文选》，286 页。

③ 张君劢：《再论人生观与科学并答丁在君》，见《科学与人生观》，78～79 页（文内页）。

④ 罗家伦：《近代西洋思想自由的进化》，载《新潮》，第 2 卷第 2 号，1919-12-01。

确有不及西洋人的地方。"然则却也没有办法否定大家的意思。因为假使东方文化有成就，其所成就的还是在精神方面，所以大家的观察也未尝不对"。① 所谓"没有办法否定大家的意见"，"大家的观察也未尝不对"，归根结底，是强调时人此一文化观念的形成，终究是反映了变化了的东西方世界。

需要指出的是，将西方近代文化批判性地归结为物质文明，而肯定东方的精神文明，恰恰是始于欧洲反省现代性的基本观点。艾恺认为，亚洲的反省现代性（现代化）所以到欧战后才显出其重要性，原因即在于它实际上是欧洲现代思潮变动的产物。他说："无可讳言，认为亚洲保有一个独特的精神文明这个观点，基本上是一个西方的念头；而这念头则基本上是西方对现代化进行的批评的一部分。"② 这是一个合乎实际和深刻的重要观点。事实上，认为西方近代文明是物质文明，同样也首先是西方的文化观念。柏格森、倭铿批评西方理性主义但知所谓物，不知所谓心，就明确指出："其末流之弊，降为物质文明，故其不能满足人生之要求明矣。"③ 其时，英国批评家麦尼瑞·迈利也说："读近世史者，不难认明此次大战，并非人类可惊奇变，而实为英国工业革命以来，人类之物质欲望，愈益繁复，窃夺文化之名，积累而成之结果"。"今日之文化，舍繁复之物质发明外，别无他物。质言之，即非文化，仅为一种物质形态，冒有精神之名而僭充者也"。④ 而美国学者推士时在华演讲，则是提醒国人不要重蹈欧美"物质文明"的覆辙："物质文明须与精神文明均等的发达。倘使中国人只知研究自然科学的价值而忽略社会科学的原理，那么，欧美物质文明的病态，又将重现于中国。"⑤ 很显然，他们正是批判地将西方近代文化归结为

① 梁漱溟：《东西文化及其哲学》，见《梁漱溟全集》，第 1 卷，395 页。

② ［美］艾恺：《世界范围内的反现代化思潮：论文化守成主义》，87 页。

③ 君劢：《倭伊铿精神生活哲学大概》，载《改造》，第 3 卷第 7 号，1921-03-15。

④ 转引自［美］白璧德：《白璧德中西人文教育谈》，胡先骕译，载《学衡》，第 3 期，1922-03。

⑤ 东方杂志社：《科学教育与中国》，载《东方杂志》，第 20 卷第 6 号，1923-03-25。推士（George Ransom Twiss）1922 年应中华教育改进社聘，来华考察科学教育并演讲。

物质文明。也正因如此，当代美国学者费侠莉（另译傅乐诗）在所著《丁文江》一书中指出："'物质的西方'是一个源于西方的欧洲口号，它在世界大战中诞生，甚至由伯特兰·罗素在中国加以重复。欧洲为中国人提供了怀疑的形式，甚至是在欧洲创造那些引起怀疑的条件的时候提供的。"①这与上述艾恺的观点相互补充，进一步说明了，归根结底，以精神文明、物质文明判分近代中西文化原是西方的观点，时人只是将之加以引申罢了。

在反省现代性的视野下，欧人将西方近代文化归结为物质文明，归根结底，是批判它代表了一种"机械的人生观"。自牛顿以来，主导西方观念的是机械的宇宙观，相信宇宙是一部巨大的机器，且遵循严格的因果规律运转，因之，宇宙除了物质的因果与质力的运动外，别无他物。与此相应，欧人形成了机械的人生观，相信理性万能，征服自然，漠视人的情感世界，将人也当成了物质，成了理性的奴隶。罗素说："机械人生观把人看作一堆原料，可以用科学方法加工处理，塑造成任何合我们心意的模式。"它只知道"向外不断的膨胀，完全蔑弃个人的地位和个人的特性，又有什么价值可言"？② 柏格森的学说，所以称"生命哲学"、"人生哲学"；倭铿所以著《生活意义及价值》、《新人生观根本义》等书，提倡"精神生活"，究其命意，都在于反省此种机械的人生观。"柏格森正是标榜以此为己任的。对机械论的批判往往成了他的哲学论说的出发点"。③ 柏格森为倭铿的《生活意义及价值》作序，说："生活之意义安在乎？生活之价值安在乎？欲答此问题，则有应先决之事，即实在之上是否更有一理想？如曰有理想也，然后以人类现在行为与此尺度相比较，而现实状况与夫应该达到之境之距离，可得而见"。如曰无，自然安于现状。"机械论"既认世界万物无非受"艺力之支配"，人生必然陷入了命定论，哪里还谈得上理想、

---

① ［美］费侠莉（Charlotte Furth）：《丁文江：科学与中国新文化》，丁子霖等译，117页，北京，新星出版社，2006。

② ［英］罗素：《中国问题》秦悦译，63页，上海，学林出版社，1996；《中国人到自由之路》，载《东方杂志》，第18卷第13号，1921-07-10。

③ 全增嘏主编：《西方哲学史》，下册，528页，上海，上海人民出版社，1996。

意义与价值!①

由此,便不难理解,何以欧战前后随着反省现代性思潮之东渐,人生观问题也成了国人讨论的热点问题。1913 年章锡琛译《新唯心论》,文中说"我欲以新唯心论之人生观为基础,而创造新日本",就提到了"新唯心论之人生观"的问题。欧战后,此一问题愈益为时人所关注。梁启超在《欧游心影录》中强调,柏格森学说的风行,说明欧洲"多数人的人生观因刺激而生变化"。而他的《先秦政治思想史》的副标题,就叫"中国圣哲之人生观及其政治哲学"。蔡元培也说,欧战后,西人"对于旧日机械论的世界观"、"崇拜势力的生活观",均深感不满,欲"求一较为美善的世界观、人生观,尚不可得",故希望求助于东方。② 1920 年余家菊译倭铿的《人生之意义与价值》一书出版,中华书局的广告说:"人生问题为年来思想界最热心探讨想求一适当解决的问题。"③ 梁漱溟始终在强调"合理的人生态度",更是人所共知。但真正令人生观问题引起广泛关注,甚至引发了一场著名的论争,却又非张君劢莫属。人所共知,他在清华引起后来争论的那场讲演的题目,就叫作《人生观》。他说:"思潮之变迁,即人生观之变迁也。中国今日,正其时矣。"④ 此君不愧是柏格森与倭铿的真传弟子,是言极具尖锐性,不仅点明了欧洲现代思潮变动的实质,而且明确强调了反省现代性在中国的现实性意义。不论其后"科学与人生观"论战,如何被胡适认为偏离了主题,它无疑都令战后的中国思想界深深地打上了反省现代性的时代烙印。

国人批评西方近代文化为物质文明,同样旨在反省机械的人生观。菊农曾明确指出:"现在西洋人生之悲哀与烦闷实在是机械主义之当然结果。一小部分见事明白的人已经在那里高呼打倒机械主义,咀骂机械的人生观。机械主义固然是西洋文化之一特征,而排斥机械主义亦正是时代精神

---

① 转引自君劢:《倭伊铿精神生活哲学大概》,载《改造》,第 3 卷第 7 号,1921-03-15。

② 蔡元培:《东西文化结合》,见高平叔编:《蔡元培全集》,第 4 卷,51 页。

③ 见《改造》,第 3 卷第 2 号,1920-10-15。

④ 张君劢:《人生观》,见《科学与人生观》,10 页。

的表现。"① 但就此而言，梁启超与梁漱溟的反省，尤其是后者，最具典型性。梁启超在《欧游心影录》中谈到理性主义造成欧洲机械的宇宙观、人生观的后果时说："大凡一个人，若使有安心立命的所在，虽然外界种种困苦，也容易抵抗过去。近来欧洲人，却把这件没有了。"究其根本原因，就是相信"科学万能"。既然所谓宇宙大原则，就是包括内外生活在内，一切都归到了物质运动的"必然法则"之下，人生是机械的命定的，所谓理想、信仰与精神生活，都成了毫无意义，"果真这样，人生还有一毫意味，人类还有一毫价值吗？"② 他的批评，言简意赅，生动传神。不过，梁漱溟的见解更具力度。他从使自己成名的世界文化"三种路向"说出发，将机械的人生观视为西方文化走"意欲向前要求为根本精神"的"第一路向"，如响斯应，所必然带有的弊端，并从精神、社会生活与经济三方面对之作整体的考察与概括，表现出了广阔的视野、锐利的眼光与深刻的哲理。他说：我们看西人，在精神方面：西人只重理性，一味向外追求，科学上固有种种成功，但在精神方面却不免疲乏困苦。在他们眼里，自然界不是一个和谐的整体，而是"一些很小的质点所构成的"，"这与人类生活本性很相刺谬，如此严冷非其所乐。人与自然由对抗而分离隔绝，成为两截，久而久之，即成人类精神上的大苦痛"；在社会生活方面：人与人间界限太深，家人父子都只是法律的关系，缺乏人生情趣。"人类本性喜欢富于情趣而恶刻薄寡情。寡情的结果常致生活不得安宁"；在经济方面：机械发明，生产发展，然而，因资本竞争，却出现了生产过剩、工人失业、劳资对立、经济恐慌的局面。"这个样子实在太不合理！尤其怪谬不合的，我们去生产原是为了消费——织布原是为了穿衣，生产的多应当大家享用充裕，生产的少才不敷用，现在生产过剩何以反而大家享用不着，甚至不免冻馁？岂非织布而不是为给人穿的了吗？然而照现在的办法竟然如此，这样的经济真是再不合理没有了！……这全失我们人的本意，人自

---

① 菊农：《杜里舒与现代精神》，载《东方杂志》，第 20 卷第 8 号，1923-04-25。
② 梁启超：《欧游心影录（节录）》，见《饮冰室合集·专集》（23），10~12 页。

然要求改正，归于合理而后已。"① 在这里，梁漱溟的批评涉及了西方文化在人与自然、人与人以及资本主义生产方式诸方面所暴露的弊端，实超越了所谓"机械的人生观"，而触及了西方资本主义"异化"问题。艾恺说："在梁漱溟反对资本主义的各种批评中，他讨论的实际是'异化'问题，他相信，西方迫于他们的社会和经济环境正以一种有损于人类本性的方式活动着。"② 他的判断是正确的。

韦伯认为，现代性是与"合理性"相联系的，这在现代社会的发展过程中，集中体现为"目的理性的经济行为和管理行为的制度化"。此种"合理性"同样制约了人们的日常生活。③ 与此相应，"进步"、"竞争"、"效率"，又构成了现代性的重要原素。在欧洲反省现代性思潮中，它们也受到了强烈的质疑。1921年9月，白璧德在美国东部中国留学生年会上演讲说："今日西方思想中最有趣之发展，即为对于前二百年来所谓进步思想之形质，渐有怀疑之倾向。"④ 罗素则以为，对于所谓"成功"、"进步"、"竞争"、"效率"的信仰，"是近代西方的大不幸"。因为，由此所合成的心理或人生观，"便是造成了工业主义，日趋自杀现象，使人道日趋机械化的原因"。现代机械式的社会，产生无谓的慌忙与扰攘，终至于完全剥夺了合理的人生应有的"余闲"，"这是极大的危险与悲惨"。他强调，就当今英国而言，中产阶级的顽愚、嫉妒、偏执、迷信，劳工社会的残忍、愚昧、酗酒，等等，"都是生活的状态失了自然的和谐的结果"。⑤ 对于西方这种价值观的变动，时人也多有认同者。杜亚泉没有笼统和简单地否定"进步"，而是认为"进步"有两种，一是"真实之进步"，二是"虚伪之进步"。前者是"进步有限制"的，而后者"进步乃无限制"。西方现在的

---

① 梁漱溟：《我的自学小史》，见《梁漱溟全集》，第2卷，667、668页，第1卷，491页，济南，山东人民出版社，2005。

② ［美］艾恺：《最后的儒家——梁漱溟与中国现代化的两难》，王宗昱、冀建中译，93～94页，南京，江苏人民出版社，1996。

③ ［德］于尔根·哈贝马斯：《现代性的哲学话语》，2页。

④ ［美］白璧德：《白璧德中西人文教育谈》，胡先骕译，载《学衡》，第3期，1922-03。

⑤ 徐志摩：《罗素又来说话了》，载《东方杂志》，第20卷第23号，1923-12-10。

北京师范大学史学探索丛书

所谓"进步",造成了贫富对立,侵夺掠杀,无异于"操科学以杀人","率机器以食人",是为"无限制"的"虚伪之进步"。"故现时代之新思想,在制止虚伪的进步,以矫正旧思想的错误"。① 梁启超对所谓"效率论",同样提出质疑。他指出:人生的意义不是用算盘可以算出来的,人类只是为生活而生活,并非为求得何种效率而生活。有些事绝无效率,或效率极小,但吾人理应做或乐意做的,还是要去做;反之,有些事效率极大,却未必与人生意义有何关系。"是故吾侪于效率主义,已根本怀疑"。即便退一步说,效率不容蔑视,"吾侪仍确信效率之为物,不能专以物质的为计算标准,最少亦要通算精神物质的总和"。而"人类全体的效率",又绝非具体的一件一件事相加能得到的。② 在当今,"成功"、"进步"、"竞争"、"效率",这些仍是通行的理念,说明自有其合理性;但是,在具备了后现代视野的今天,肯定这些体现现代性的理念内含须加以消解的负面性,当是我们应有的自觉。③ 由是以观,杜亚泉提出"真实之进步有限制,而虚伪之进步乃无限制"的观点,就不失为深刻;而梁启超强调,讲效率必须"通算精神物质之总和"以及"人类全体的效率",这与我们今天讲的必须注意"物质文明与精神文明的统一"、"经济效益与社会效益的统一",显然是一脉相承的。梁任公目光之锐利,于此可见一斑。

1922 年,张君劢为上海国是会议草宪法案,继作理由书,名《国宪议》。翌年在"科玄之争"中,复作长文《再论人生观与科学并答丁在君》,内引《国宪议》的一长段话,断言西方 19 世纪的"大梦已醒",很能反映出时人对以现代性为基础的西方资本主义的强烈质疑:

① 杜亚泉:《新旧思想之折衷》,见许纪霖、田建业编:《杜亚泉文存》,404~405页。

② 梁启超:《先秦政治思想史》,见《饮冰室合集·专集》(50),86~87 页。

③ "进步"已不再是西方文化的最高价值之一。1980 年哥伦比亚大学教授倪思贝(Robert Nisbet)著《进步观念史》(*History of the Idea of Progress*),宣布"进步"的信念在西方已不再是天经地义,因为物质上的进步与精神上的堕落常成正比。如果说在现代化的早期,"止"、"定"、"静"、"安"等价值观念不适用,那么在即将进入后现代的今天,这些观念十分值得我们正视(转引自岳庆平:《中国的家与国》,215~216 页,长春,吉林文史出版社,1990)。

欧美百年来之文化方针，所谓个人主义或曰自由主义；凡个人才力在自由竞争之下，尽量发挥，于是见于政策者，则为工商立国；凡可以发达富力者则奖励之，以国际贸易吸收他国脂膏；藉国外投资为灭人家国之具。而国与国之间，计势力之均衡，则相率于军备扩张。以工商之富维持军备，更以军备之力推广工商。于是终日计较强弱等差，和战迟速，乃有亟思趁时逞志若德意志者，遂首先发难，而演成欧洲之大战。……一言以蔽之，则富国强兵之结果也。夫人生天壤间，各有应得之智识，应为之劳作，应享之福利，而相互之间，无甚富，无甚贫，熙来攘往于一国之内与世界之上，此立国和平中正之政策也。乃不此之图，以富为目标，除富以外则无第二义；以强为目标，除强以外，则无第二义。国家之声势赫，而于人类本身之价值如何，初不计焉。……国而富也，不过国内多若干工厂，海外多若干银行代表；国而强也，不过海上多几只兵舰，海外多占若干土地。谓此乃人类所当竞争，所应祈飨，在十九世纪之末年，或有以此为长策者，今则大梦已醒矣！①

张君劢，1919 年前曾是"相当标准的实证主义者、社会科学与社会达尔文主义的信徒"，② 在欧洲原习国际法，巴黎和会之后，痛感协约国政治家所谓正义人道，无非欺人之谈，对国际法深感失望，以为无益；同时，复受生命哲学与倭铿人格的双重感召，故转而改习哲学，皈依反省现代性。他自己说，转行既非学问的兴趣，亦非理性的决定，而是内心的冲动。③ 由此可知，上述张君劢断言西人的"大梦已醒"，不管实际上存在着误区，他对西方资本主义追求现代性，穷兵黩武，弱肉强食政策的反省，不仅更多地是出于切身的感受，而且充满着无可置疑的诚挚与正义性。

如果说，上述国人对于西方"物质文明"及"机械的人生观"的批评，尚属发挥西人的观点；那么，他们在回答何为以及怎样实现"合理的

---

① 张君劢：《再论人生观与科学并答丁在君》，见《科学与人生观》，80~81 页。
② ［美］艾恺：《世界范围内的反现代化思潮：论文化守成主义》，167 页。
③ 君劢：《学术方法上之管见》，载《改造》，第 4 卷第 5 号，1922-01-15。

人生"的问题上，则是超越了后者，体现了在借鉴西学的基础上，重新阐释中国文化传统智慧的明显取向。

是时，人们尽管肯定欧洲反省现代性思潮的出现，反映了西方文化可喜的变动，尤其是柏格森、倭铿的学说，强调生命创化与物心调和的精神生活，与东方的精神文明多所契合；但又终以为，解决"合理的人生"问题，毕竟还需仰仗中国文化的智慧。林宰平说：初游欧洲，第一个感想就是，"西洋物质文明"、"中国人好和平"此类向来习闻之语，至此始证明其实在的意义。战后已历三年，战地依然惨不忍睹，相较之下，不能不谓"吾东方平和之精神，信有极高之价值"。他断言，今日虽有柏格森诸人的精神主义，仍不足以说明西人对于战争已有了真正的反省。西方必须"吸取吾东方平和之精神"，否则，新的世界大战将再现："欧洲文明，决不能产生平和之精神，使非国家主义、资本主义相携而与白人告别者，则战争在欧洲，此后仍不能终免。此则吾兹所游得之结论也。"[1] 应当说，后来发生的第二次世界大战，实已证明了林宰平的先见之明。梁启超也认为，东方学问以精神为出发点，西方学问以物质为出发点。"救知识饥荒，在西方找材料；救精神饥荒，在东方找材料。"[2] 柏格森诸人的学说不乏价值，"但是真拿来与我们儒家相比，我可以说仍然幼稚"。[3] 梁漱溟的见解又转进一层，他认为西方文化在人类面临的"人对物质的问题之时代"，是有优势的；但现在进入了"人对人的问题之时代"，就不免捉襟见肘。相反，注重个人品格修养与社会和谐的中国文化，则显示出了自己的优长。[4] 梁漱溟的此种见解与丹尼尔·贝尔（Daniel Bell）在其名著《资本主义文化矛盾》中的以下观点，颇有相通之处：资本主义在前工业阶段的主要任务是对付自然，工业化阶段是集中对付机器，到后工业化社会，自然与机器都隐入了人类生存的大背景，社会面临的首要问题是人与人、与自我的问

---

① 宰平：《欧游之感想》，载《晨报》，1921-12-01，8、9版。
② 梁启超《东南大学课毕告别辞》，见《饮冰室合集·文集》（40），12页。
③ 梁启超《治国学的两条路》，见《饮冰室合集·文集》（39），115页。
④ 梁漱溟：《东西文化及其哲学》，见《梁漱溟全集》，第1卷，494页。

题。资本主义在这方面欠账太多，急需补救调整。① 二者不同则在于：后者主张建立一新宗教，以为维护社会和谐的精神支柱；前者则强调，这正是西方文化将由第一路向转入中国文化所代表的"以意欲自为调和持中为其根本精神"的第二路向的历史机缘。

孔子所代表的儒家学说，已指示了今日"合理的人生"应有的态度，这是时人反省现代性得出的共识。但较其具体的认识，又见智见仁。梁漱溟认为，"要求合理的生活，只有完全听凭直觉"，听凭内心的兴味、本能、冲动去做自己想做的事就是对的。人类的本性不是贪婪，也不是禁欲，不是驰逐于外，也不是清净自守。"人类的本性是很自然很条顺很活泼如活水似的流了前去"，故任何矫揉造作，都是不对的。说到底，"合理的人生态度"，就应是孔子所提倡的"刚"。孔子说："枨也欲，焉得刚"；又说："刚毅木讷近仁"。"刚"统括了孔子全部哲学。"大约'刚'就是里面力气极充实的一种活动"，它代表一种路向，体现了内在的活气与外在奋进的融汇。"现在只有先根本启发一种人生全脱了个人的为我，物质的歆慕，处处的算帐，有所为的而为，直从里面发出来活气"，才能将西方"奋往向前"的人生"第一态度"，"含融到第二态度的人生里面"，从而避免它的危险与错误，人们才能从自己的活动上得了乐趣。梁漱溟说：这就是孔子所提倡的"阳刚乾动的态度"，便是"适宜的第二路人生"："只有这样向前的动作可以弥补了中国人夙来缺短，解救了中国人现在的痛苦，又避免了西洋的弊害，应付了世界的需要。"② 这里需要指出两点：其一，人们尽可以批评梁漱溟使用"直觉"、"生命"等概念，并不完全符合西方的原意，事实上他本人事后也有自我批评，③ 但重要在于，在反省现代性的视野下，梁漱溟的本意显然是在强调，"合理的人生"应是体现人性和自然顺畅充满天趣的生活，它正是针对西方资本主义的异化扭曲人性而发的。这与罗素斥责西方现代社会与生命自然的乐趣，根本不相容，实为异

① ［美］丹尼尔·贝尔（Danilel Bell）：《资本主义文化矛盾》，第4章，赵一凡等译，北京，生活·读书·新知三联书店，1992。

② 梁漱溟：《在晋讲演笔记·沈著〈家庭新论〉序》，见《梁漱溟全集》，第4卷，671、695页，第1卷，537～539页，济南，山东人民出版社。

③ 梁漱溟：《东西文化及其哲学》，见《梁漱溟全集》，第1卷，324、326、547页。

北京师范大学史学探索丛书

曲同工："所有人生的现象本来是欣喜的，不是愁苦的；只有妨碍幸福的原因存在时，生命方始失去它本有的活泼的韵节。小猫追赶它自己的尾巴，鹊之噪，水之流，松鼠与野兔在青草中征逐；自然界与生物界只是一个整个的欢喜，人类亦不是例外"。"人生种种苦痛的原因，是人为的，不是天然的；可移去的，不是生根的；痛苦是不自然的现象。只要彰明的与潜伏的原始本能，能有相当的满足与调和，生活便不至于发生变态。"① 其二，梁漱溟强调充实的情感是"合理的人生"的基础。他说，孔子所谓的"刚"，说到底，就是"发于直接的情感，而非出欲望的计虑"的行为动作。② 发现问题尚属偏于知识一面，而感觉它真是自己的问题并乐于身体力行，却是情感的事。故充实的情感，乃构成"合理的人生"的基础。③ 这与倭铿以下的观点，显然也是相通的。倭氏指出："思想本由精神生活原动力而来"，宗教改革完全说明了这一点。时大学问家艾勒司摩对教会弊端的认识不在路德之下，但改革之功不成于艾，而成于路，不是因为后者是大论理学家，其冷静潜思有胜于前者，而在于路德深感"良心之痛苦，有动于中，乃以宗教问题，视为一身分内事而奋起耳"。足见人生的成败得失，最终不在知识的考量，而在精神生活。④ 倭氏区分所谓的"思想"与"精神"，与梁漱溟区分知识与情感，同样是异曲而同工。

梁漱溟是哲学家，他对"合理的人生"的思考，偏重于思辨；梁启超是史学家，他的思考则偏重于历史，故其阐扬中国古圣人的人生观，是从先秦政治思想史入手。梁启超不赞成梁漱溟将孔子说成只重直觉不重理智，他认为，正相反，"孔子是个理智极发达的人"，⑤ 但同时又是智情意协调发展、人格完美的圣人。所以，以孔子为代表的儒家"美妙的仁的人生观"，就应是我们今天所追求的"合理的人生"："吾侪今日所当有事者，在'如何而能应用吾先哲最优美之人生观使实现于今日'。"⑥ 在梁启超看

① 徐志摩：《罗素又来说话了》，载《东方杂志》，第20卷第23号，1923-12-10。
② 梁漱溟：《东西文化及其哲学》，见《梁漱溟全集》，第1卷，537页。
③ 梁漱溟：《东西文化及其哲学讲演录》，见《梁漱溟全集》，第4卷，579页。
④ 君劢：《倭伊铿精神生活哲学大概》，载《改造》，第3卷第7号，1921-03-15。
⑤ 梁启超：《孔子》，见《饮冰室合集·专集》(36)，59页。
⑥ 梁启超：《先秦政治思想史》，见《饮冰室合集·专集》(50)，182页。

来，孔子的人生观所以"美妙"，首先在于它将宇宙人生视为一体，曰"生生之谓易"，认生活就是宇宙，宇宙就是生活。故宇宙的进化，全基于人类努力的创造。《易》曰："天行健，君子以自强不息"，又认宇宙永无圆满之时，吾人生于其中，只在努力向前创造。这与柏格森的生命哲学强调宇宙的真相，乃是意识流转，生命创化，方生方灭，是相类的。"儒家既看清了以上各点，所以他的人生观，十分美渥，生趣盎然。人生在此不尽的宇宙之中，不过是蜉蝣朝露一般，向前做一点是一点，既不望其成功，苦乐遂不系于目的物，完全在我，真有所谓'无入而不自得'。有了这种精神生活，……所以生活上才含着春意"；若是不然，先计较可为不可为，那么情志便系于外物，忧乐便关乎得失，人生还有何乐趣！① 他认为，孔子儒家人生观的核心是"仁"，其主要的内涵包括"同类意识"、"立人达人"、"超国家主义"、"知不可而为之"等，终极则在实现人类"大同"。同时，他还提出，"欲拔现代人生之黑暗痛苦以致诸高明"，必须解决现代社会面临的两大问题："精神生活与物质生活之调和"、"个性与社会性之调和"，于此，孔子儒家的"仁的人生观"，仍有重要的启发意义。所以，梁启超说："吾侪今所欲讨论者，在现代科学昌明的物质状态之下，如何而能应用儒家之均安主义，使人人能在当时此地之环境中，得不丰不毂的物质生活实现而普及。换言之，则如何而能使吾中国人免蹈近百余年来欧美生计组织之覆辙，不至以物质生活问题之纠纷，妨害精神生活之向上。此吾侪对于本国乃至对全人类之一大责任也。"②

梁漱溟、梁启超关于"合理的人生"的见解，虽有不同，但较其实质却是一致的：说到底，二者都在强调孔子儒家所强调的修身内省的精神生活和内圣外王的价值取向。不容轻忽的是，无论梁漱溟强调孔子"阳刚乾动的态度"，"含融"了西方"奋往向前"的第一人生；还是梁启超强调"超拔现代人生黑暗痛苦"，端在"求理想与实用一致"，在反省现代性的视野下，他们对于传统的阐释都已实现了内在超越，从而彰显了时代的精

① 梁启超：《治国学的两条大路》，见《饮冰室合集·文集》(39)，116~117 页。
② 梁启超：《先秦政治思想史》，见《饮冰室合集·专集》(50)，73、184、182 页。

神。严既澄在《评〈东西文化及其哲学〉》中的观点，耐人寻味，也更具有代表性。他说："梁先生所说的中国人的生活，的确把中国人恭维过分"了，自己对于孔子也没有真正研究，"然我却深信像梁先生所说的的确是合理的人生；这种思想，就说他是近代化的孔家思想，也未尝不可，正不必争辩是否悉合孔子的原意。而且像他所解释的孔学的根本精神，我也认为不误了"。① 何以严既澄明知梁漱溟的论说对中国人生活的观察并不准确，甚至也不合孔子的原意，而演绎成了"近代化的孔子思想"，但他却又宁可相信，这"的确是合理的人生"、"孔学的根本精神"？如果我们将时人热衷探讨的"合理的人生"，或叫作"合理的人生态度"、"人生"、"人生观"等等，不是简单地仅仅理解为探究个人应然的行为，而是客观地理解为欧战后人们对人类社会与文化发展应然的拷问；那么，严氏的心态正具有普遍性：对时人而言，融合中西，重释传统，是为了应对现实，所谓"合理的人生"是否合乎孔子原意，并不重要。对"近代化的孔子思想"的认同，恰反映了时人反省现代性的文化诉求。

三、反省现代性视野下的中西文化关系

艾恺的观点认为，"反现代化"（"反省现代性"）与"现代化"（"现代性"）一样，"也是一个空前的'现代'现象"。因为二者都植根于启蒙运动，"就他们关于人类价值或对社会事实的解释而言，他们和启蒙思潮始终维持着一个共同基底，认为全体人类在任何时代其终极目标——在实际上——是一致的"②。哈贝马斯也指出："黑格尔发现，主体性乃现代的原则。根据这个原则，黑格尔同时阐明了现代世界的优越性及危机之所在，即这是一个进步与异化精神共存的世界。因此，有关现代的最初探讨，即已包含着对现代性的批判。"③ 这即是说，反省现代性与现代性并生互动，

---

① 严既澄：《评〈东西文化及其哲学〉》，见陈崧编：《五四前后东西文化问题论战文选》，452 页。

② ［美］艾恺：《世界范围内的反现代化思潮：论文化守成主义》，14 页。

③ ［德］于尔根·哈贝马斯：《现代性的哲学话语》，19～20 页。

都是在现代社会同一层面上运作的两大现代思潮。据此可知，杜亚泉、梁启超、梁漱溟、张君劢等，这些原是坚定的现代性倡导者，转而皈依反省现代性，并不意味着他们离开了现代社会的"基底"或"原则"，即科学与民主。梁启超说，"自由平等两大主义，总算得近代思潮总纲领了"；①梁漱溟也强调，科学与民主"这两种精神完全是对的，只能为无批评无条件的承认"，"怎样引进这两种精神实在是当今所急的；否则，我们将永此不配谈人格，我们将永此不配谈学术"。②反省现代性的本意在消解现代性的弊端，而非为倒脏水连盆中的孩子也倒掉了。

　　笔者曾在一篇文章中探讨了梁启超与新文化运动的关系，肯定他是新文化运动的一员健将。③实际上，国人反省现代性同时即构成了新文化运动的有机组成部分。1923年，梁漱溟曾在北京大学作题为《答胡评〈东西文化及其哲学〉》的演讲，其中对胡适、陈独秀将自己及张君劢斥为新文化运动的反对派、障碍物，作了回应，心胸开阔，意味深长。他说："照这样说来，然则我是他们的障碍物了！我是障碍他们思想革新运动的了！这我如何当得起？这岂是我愿意的？这令我很难过。我不觉得我反对他们的运动！""我们都是一伙子！……我总觉得你们所作的都对，都是好极的，你们在努力，我来吆喝助声鼓励你们！因为，你们要领导着大家走的路难道不是我愿领大家走的么？我们意思原来是差不多的。这是我们同的一面。""我们的确是根本不同。我知道我有我的精神，你们有你们的价值。然而凡成为一派思想的，均有其特殊面目，特殊精神……各人抱各自那一点去发挥，其对于社会的尽力，在最后的成功上还是相同的——正是相需的。我并不要打倒陈仲甫、胡适之而后我才得成功；陈仲甫、胡适之的成功便也是我的成功。所以就不同一面去说，我们还是不相为碍的，而是朋友。"④梁漱溟公开说自己与陈、胡的"思想革新运动"目标完全一

北京师范大学史学探索丛书

---

　　① 梁启超：《欧游心影录》，见《饮冰室合集·专集》(23)，15页。
　　② 梁漱溟：《东西文化及其哲学》，见《梁漱溟全集》，第1卷，533页。
　　③ 参见拙文：《梁启超与新文化运动》，载《近代史研究》，2005(2)。
　　④ 梁漱溟：《答胡评〈东西文化及其哲学〉》，见高平叔编：《梁漱溟全集》，第4卷，743～744页。

致，同时也不否定作为"一派思想"，别具个性；但是，他最终仍强调，殊途同归，相辅相成。他的回应是诚恳的，也是合乎实际的。应当说，梁等都是新文化运动的健将，但因站立在了反省现代性的思想基点上，其对中西文化的审视，便具备了不同于陈、胡主流派的视野，从而凸显了个性。这主要集中表现在以下几个方面。

其一，在思想层面上，提出了一个新的思想解放的原则："对西方求解放"。

陈、胡主流派主张激烈地批判旧文化，提倡新文化，功不可没；但也无可讳言，奉西方文化为圭臬，不免盲目崇拜心理。他们强调，要建设西洋式的新国家、新社会，不能不首先输入西洋式社会国家之基础，"一切与此新社会新国家新信仰不可相容"的旧文化，都必须清除，"否则不塞不流，不止不行"。① 西方可学，但一切以西方的为"新"，为"标准"，便成了盲目的教条。这实浸成了一种思想范式。1919年底，胡适发表《新思潮的意义》一文，将尼采所说的"重新估定一切价值"，确立为一个思想解放的原则。在欧洲，尼采的这句名言是批判理性主义的宣言书，而胡适引以概括新思潮的意义，目的却是要彰显其反传统的锋芒。他在文中列举了诸如孔教、旧文学、贞节、旧戏、女子问题等等，以为都是必须加以重新估定价值的许多事例，唯独不涉及西方文化。这就是说，对于西方文化，无须持"评判的态度"，"重新估定一价值"，因为它是标准。说到底，胡适的这个思想解放的原则，只是强调"对中国固有文化求解放"。有趣的是，随后蒋梦麟也发表了《何谓新思想》一文，重申自己先期提出的"新思想是一个态度"的观点，他说："若那个态度是向那进化方向走的，抱那个态度的人的思想，是新思想；若那个态度是向旧有文化的安乐窝里走的，抱那个态度的人的思想，就是旧思想。"以所谓"态度""向"哪里走，作为判分一个人新旧思想的标准，蒋梦麟实际上也提出了一个思想解放的原则。不过，他强调自己的观点与胡适《新思潮的意义》文中所说

---

① 　陈独秀：《宪法与孔教》，见《独秀文存》，79页。

"新思潮的根本意义只是一种新态度"，"不谋而合"。① 显然，蒋梦麟强调"态度是向旧有文化的安乐窝里走的"便属旧思想，其思想解放的原则与胡适的主张，同样"不谋而合"，只强调"对中国固有文化求解放"。这不是巧合，说明它成为了陈、胡主流派追求思想解放的基本理路。

反省现代性思潮，在欧洲表现为对理性主义的批判，而在东方，则逻辑地同时复衍生出了"对西方求解放"的内驱力。固然，这有一个逐渐自觉的思想发展过程。杜亚泉早在 1916 年就提出，国人崇拜西洋文明，无所不至，而于固有文明，几不复置意；但欧战之后，"吾人对于向所羡慕之西洋文明，已不胜怀疑之意见"，"则吾人今后，不可不变其盲从态度，而一审文明真价值之所在"。② 他对普遍存在的盲目崇拜西方文化的现象，明确表示了不满，但毕竟还没能从理论层面上提出正确对待西方文化应有的思想解放的原则。1919 年初，蓝公武发表《破除锢蔽思想之偶像》，批评国人缺乏破除偶像的自觉："彼数千年礼数之偶像固足为吾文化进步之梗，即新自西方输入之学说，转瞬亦化为锢蔽思想之桎梏。"③ 他指出自西方输入的学说与传统思想一样，都可能成为国人思想之桎梏，此种识见固然较之杜亚泉又进了一步，但也仍然没有概括出应有的思想解放的原则。这个思想原则，最终是由梁启超首先提出。他在《欧游心影录》中，以一个专节的篇幅，提出了一个尖锐的问题：既讲思想解放，就必须要"彻底"。他指出："提倡思想解放，自然靠这些可爱的青年，但我也有几句忠告的话：'既解放便须彻底，不彻底依然不算解放。'就学问而论，总要拿'不许一毫先入为主的意见束缚自己'这句话做个原则。中国旧思想的束缚固然不受，西洋新思想的束缚也是不受"。"我们须知，拿孔孟程朱的话当金科玉律，说它神圣不可侵犯，固是不该，拿马克思、易卜生的话当做金科玉律，说它神圣不可侵犯，难道又是该的吗？"在这里，梁启超提出了一个"彻底"的思想解放的"原则"："不许一毫先入为主的意见束缚自己。"

---

① 胡适：《新思潮的意义》，载《东方杂志》，第 17 卷第 2 号，1920-01-25。

② 杜亚泉：《静的文明与动的文明》，见许纪霖、田建业编：《杜亚泉文存》，338 页。

③ 蓝公武：《破除锢蔽思想之偶像》，载《国民》，第 1 卷 1 号，1919-01-01。

北京师范大学史学探索丛书

这个原则具有普适性，适用于古今中西，所以他主张要鼓励"对于中外古今学说随意发生疑问"，使自己的思想摆脱"古代思想和并时思想的束缚"；但是，我们也必须看到，梁启超强调的重点，显然是要打破国人对西方的"盲从"心态。他以为，这是当务之急："我们又须知，现在我们所谓新思想，在欧洲许多已成陈旧，被人人驳得个水流花落。就算它果然很新，也不能说'新'便是'真'呀！"他新归自欧洲，亲身感受到了欧洲现代思潮的变动，所谓已成明日黄花的欧洲"新思想"，无疑是指 19 世纪盛行的理性主义与"机械的人生观"。梁启超肯定研究西方的思想是对的，特别是它的科学的研究方法，但他强调，"研究只管研究，盲从却不可盲从"。① 胡适曾写过长文《易卜生主义》，"新思想"更是新文化运动中的流行语，梁启超甫归国即郑重揭出上述"彻底"的思想解放的"原则"，并专门点到了"易卜生"与"所谓新思想"，显然是有所指而发的。他将胡适提出的"评判的态度"和"重新估定一切价值"的思想解放的原则，扩大到了同样适用于西方。《欧游心影录》中最重要的部分，是下篇"中国人之自觉"。"自觉"，就是一种"解放"。在当时的语境下，梁启超揭出"彻底"的思想解放的原则，其本质就在于："对西方求解放"。他不反对国人"对中国固有文化求解放"，但主张同时还应当打破盲从西方文化的心态，"对西方求解放"。这是了不起的。追求"思想解放"是新文化运动的基本原则，但这个原则只是到了梁启超，才有了更全面的表述。长期以来，这一点却被人们忽略了。继梁启超之后，此种原则与观点被逐渐传播开去。例如，张君劢回国后，就努力宣传这一点。他在演讲中说：国人对于固有文化好持批评的态度，"然对于西方文化鲜有以批评的眼光对待之者"。引进西学是必要的，但是，"与批评其得失，应同时并行"。对于中国文化要持评判的态度，"对于西方文化亦然"。②

其二，在目标层面上，提出"今后新文化之方针"：走民族自决的道路，发展中国民族的新文化。

---

　　① 梁启超：《欧游心影录》，见《饮冰室合集·专集》(23)，26～28 页。
　　② 张君劢：《欧洲文化之危机及中国新文化之趋向》，载《东方杂志》，第 19 卷第 3 号，1922-02-10。

陈、胡主流派因存在明显的民族虚无主义倾向，其所主张的"新文化"，实际上是被等同于西化。梁漱溟批评说，"有人以五四而来的新文化运动为中国的文艺复兴，其实这新运动只是西洋化在中国的兴起，怎能算得中国的文艺复兴?"① 其实，胡适也不否定这一点，他始终强调"西化"就是"科学化"、"民主化"。② 更不必说常乃惪径称"东方文明"四个字甚至都不能成立，③ 其主张"全盘西化"的倾向愈加明显。梁启超诸人反省现代性，并不影响他们积极投身于新文化运动，甚至对陈、胡主流派的功绩深表敬意;④ 但是，他们对于上述的西化倾向不愿苟同，明确提出"今后新文化之方针"，当在突出文化的民族自决，并确立发展中国民族新文化的远大目标。

在他们看来，陈、胡主流派显然于欧战后现代思潮的绝大变动，无所容心，而固守戊戌以来的定势思维，唯西方是效，这已落伍。梁启超说，那些老辈人故步自封，说西学是中国所固有，诚然可笑;但"沉醉西风"者，把中国文化说得一钱不值，似乎中国从来就是个野蛮的部族，岂不更可笑吗? 他强调，欧战后"民族自决"四字所代表的民族主义，"越发光焰万丈"，正无可阻挡地在欧洲以外的世界兴起。讲"中国人之自觉"，就是要实现中国民族自决，这不光体现在政治上，同时还应当体现在文化上。他说，要国家做什么? 要国家就是为了能够"把国家以内一群人的文化力聚拢起来，继续起来，增长起来"，然后去为世界作贡献。与"民族自决"的观念相联系，提升国家"文化力"的提法，已经包含着发展中国民族新文化的思想。不过，真正精彩的概括，还当归功于年轻的张君劢。他归国前为留法学生讲演，就已明确提出了"吾国思想界之独立"的问题。他指出，欧洲正面临着深刻的思想文化危机，斯宾格勒的《西方的没

① 梁漱溟:《东西文化及其哲学》，见《梁漱溟全集》，第1卷，539页。
② 唐德刚:《胡适杂忆》，82页，北京，华文出版社，1990。
③ 常乃惪:《东方文明与西方文明》，见陈崧编:《五四前后东西文化问题论战文选》，267页。
④ 参见李石岑:《学灯之光》，见中共中央马克思恩格斯列宁斯大林著作编译局研究室编:《五四时期期刊介绍》，第3集下册，499页，北京，生活·读书·新知三联书店，1978。

落》一书之风行，足以说明了这一点。欧人既彷徨无主，习惯于一味效法西方的中国思想界，岂能不改弦更张，自谋独立发展？"则吾国今后文化，更少依傍，舍行独立外，尚有何法乎？""总之，今日之急务，在求思想界之独立。独立以后，则自知其责任所在，或继续西方之科学方法而进取耶？或另求其他方法以自效于人类耶？凡此者，一一自为决定，庶不至以他人之成败，定自己之进退，而我之文化乃为有源。盖文化者特殊的独立的，非依样葫芦的。此言新文化最不可不注意之一点焉"。① 因欧人自顾不暇，故吾人当谋自立，所言不差，却不免消极。次年初，张君劢归国再度讲演，持论有了很大的变化。前面的讲演题目为《学术方法上之管见》，尚着眼于思想方法问题；而后者则为《欧洲文化之危机及中国新文化之趋向》，径直提出了中国新文化发展的"方针"与"趋向"问题，自觉干涉现实的新文化运动发展之旨趣，十分鲜明。他说："欧洲文化既陷于危机，则中国今后新文化之方针应该如何呢？默守旧文化呢？还是将欧洲文化之经过之老文章抄一遍再说呢？此问题吾心中常常想及。"最终，他旗帜鲜明地提出了自己认为的中国新文化发展应有的"方针"，这就是：走民族自决的道路，发展中国民族的新文化。他说："吾国今后新文化之方针，当由我自决，由我民族精神上自行提出要求。若谓西洋人如何，我便如何，此乃傀儡登场，此为沐猴而冠，既无所谓文，更无所谓化。"② 可以说，其时还没有哪一个人，能像张君劢这样，以如此清晰的语言明确提出，新文化运动的发展必须自我反省，摆脱盲从西方的思维，走中国民族新文化发展自己的道路。

年轻的张君劢虽提出了上述重要的见解，却未能进一步作有力的论证。但是，"一叶知秋"。重要在于，张君劢道出了时人的心声。时人对此一问题的思考已达何种程度，两个有代表性的作品，足见一斑。一是陈嘉

---

① 君劢：《学术方法上之管见》，载《改造》，第 4 卷第 5 号，1922-01-15。
② 张君劢：《欧洲文化之危机及中国新文化之趋向》，载《东方杂志》，第 19 卷第 3 号，1922-02-10。

异的长文《东方文化与吾人之大任》。① 陈生平待考，但从已发表的几篇文章看，他与章士钊、钱智修诸人相善，通晓英、日文，不仅旧学深厚，且熟悉近代学术的发展。当时的讨论文章多属泛论，因而一般都并无注文，但是文不同，长达3.4万字，注文却占了近2万字，说明这是一篇十分严肃的专论。作者在综合史乘的基础上，强调中国文化有四大"优点"：(1)"为独立的创造的"。因之，晚清以来所谓"中国文化西来"说，纯属子虚乌有，常乃惪等人所谓"东方文明"四字本身不能成立，也大谬不然。(2)"有调和精神生活与物质生活之优越性"。吾国早在远古时代即已实现了宗教与政治的分离，为世界所仅见，故"常能举理想世界与现实世界熔而为一"。(3)"有调节民族精神与时代精神之优越性"。戊戌以降，旧制度所以能迅速倒地，归根结底，是说明了中国的民族精神具有应乎时代精神和"开拓未来世界的活力"。(4)"有由国家主义而达世界主义之优越性"。中国文化富有大同理想，超越国家主义而具有世界精神。这些见解，即便在今天看来，也不乏其合理性。陈嘉异开宗明义即声言：本文所谓"东方文化"非指"国故"，实含有"中国民族之精神"、"中国民族再兴之新生命"的意蕴。所谓"吾人之大任"，是对中国民族而言，同时也是对世界人类而言，故其目的不在存古，而在存中国和助益人类。不难看出，他所强调的"吾人之大任"即国人的文化使命，就在于弘扬民族精神和发展中国民族的新文化。二是梁漱溟的《东西文化及其哲学》。是书风行，但也引起了包括张君劢、张东荪等在内许多人的批评，主要是以为，"三种路向"说虽整齐好玩，却不免师心自用；在中国文化尚且自顾不暇的情况下，侈谈未来世界文化的"东方化"与"中国文化之复兴，"也不免自我拔高，恭维过度了，等等。这些批评不能说没有一点道理，但人们忽略了重要一点：这是国人从哲学层面上宏观考察世界文化发展的第一部大书，它提出的"三种文化路向"说，具有世界文化模式论的意义。欧战后，在东西方同时出现了风靡一时、讨论世界文化的两本大书：斯宾格勒

---

① 陈嘉异：《东方文化与吾人之大任》，载《东方杂志》，第18卷第1、2号，1921-01-10，25。

的《西方的没落》与梁的《东西文化及其哲学》，不是偶然的，它反映了"欧洲文化中心"论的根本动摇。张君劢曾谈道：《西方的没落》一书的流行，虽不足以判定欧洲整个文明的得失，"然自斯氏书之流行，可知其书必与时代心理暗合，而影响于世道人心非浅"。[①] 但是，他却忘了，对梁的著作同样也应作如是观。梁著容有不足，但他提出"东方化"与"中国文化之复兴"的构想，目光锐利，思想深邃，不仅更加鲜明地表达了"对西方求解放"的时代取向，同时也为时人业已提出的要求民族自决、发展中国民族新文化的思想主张，提供了硕大的理论基石。蔡元培高度重视梁的著作，以为"梁氏所提出的，确是现今哲学界最重大的问题"，[②] 并将这段话作为自己长文《五十年来中国之哲学》的结语。当时一位在华的美国传教士，则认为梁的著作的风行，是中国人文化自觉的重要表征。他说：这部著作意味着"中国人在与西方文明的接触中进入了反思的阶段。……他们现在已经开始对西方文明、印度文明以及自己国家的文明进行批判和科学研究，以希望能在将来为他们自己建立一非常好的文明形式"。[③] 足见梁书的风行，同样是反映了时代的心理，于世道人心影响非浅。

其三，在实践层面上，主张中西文化融合，并助益于世界。

欧洲反省现代性的一个重要观点，就是批评理性主义摧毁了传统。柏格森生命哲学强调生命的"冲动"、"意识流转"、"绵延"，突出的也是新旧的嬗递与有机的统一。所以，罗素评论说：柏格森的"纯粹绵延把过去和现在做成一个有机整体，其中存在着相互渗透，存在着无区分的继起"。[④] 新旧文化能否调和，曾是新文化运动中争论的一个热点问题，说到底，实际上就是怎样处理中西文化关系的问题。人所共知，这场争论因章士钊的《新时代之青年》一文而起；但论者多忽略了，章氏是文提出新旧时代延续的观点，其重要的哲学依据，恰是柏格森"动的哲学"："宇宙最后之真理，乃一动字，自希腊诸贤以至今之柏格森，多所发明。柏格森尤

---

① 君劢：《学术方法上之管见》，载《改造》，第 4 卷第 5 号，1922-01-15。
② 蔡元培：《五十年来中国之哲学》，见高平叔编：《蔡元培全集》，第 4 卷，382 页。
③ 转引自 [美] 艾恺：《最后的儒家——梁漱溟与中国现代化的两难》，135 页。
④ [英] 罗素：《西方哲学史》，下卷，352 页。

为当世大家，可惜吾国无人介绍其学说。总之时代相续，状如犬牙，不为栉比，两时代相距，其中心如两石投水，成连线波，非同任何两圆边线，各不相触。"① 所以，我们看到，新文化运动的主流派，除李大钊外，多认新旧水火不相容，反对中西文化调和，主张以"西化"取代中国固有文化："所谓新者无他，即外来之西洋文化也；所谓旧者无他，即中国固有文化也如是。……二者根本相违，绝无调和折衷之余地。"② 胡适所谓"西化"就是"科学化"、"民主化"，即是这个意思。也因是之故，陈独秀斥"中西文化调和"论为"不祥的论调"，③ 常乃惪也强调"实在是一件很危险的事情"。④ 与此相反，反省现代性者则多主张新旧、中西文化调和。张东荪虽在哲学层面上不赞成章的新旧"移行"说，但"很承认调和"。⑤ 所以他明确表示："一方面输入西方文化，同时他方面必须恢复固有的文化。我认为这二方面不但不相冲突，并且是相辅佐的。"⑥ 受自己的"路向"说制约，梁漱溟表面上不赞成中西文化调和的主张，但他既强调"对于西方文化是全盘承受，而根本改过，就是对其态度要改一改"，⑦ 说到底，也仍然是主张中西文化调和。

斯时，所谓中西文化"调和"，也就是"融合"。这包括两个层面的含义：一是借助西方文化尤其是它的科学的方法，来重新激活中国的固有文化。张君劢说："据我看来，中国旧文化腐败已极，应有外来的血清剂来

① 章士钊：《新时代之青年》，载《东方杂志》，第 16 卷第 11 号，1919-11-15。

② 汪叔潜：《新旧问题》，载《青年杂志》，第 1 卷 1 号，1915-09-15。

③ 独秀：《调和论与旧道德》，载《新青年》，第 7 卷 1 号，1919-12-01。

④ 常乃惪：《东方文明与西方文明》，见陈崧编：《五四前后东西文化问题论战文选》，267 页。

⑤ 东荪：《突变与潜变》，见陈崧编：《五四前后东西文化问题论战文选》，180 页。

⑥ 张东荪：《现代的中国怎样要孔子》，载《正风半月刊》，第 1 卷第 2 期，1935-01。转引自张耀南编：《知识与文化：张东荪文化论著辑要》，411 页，北京，中国广播电视出版社，1995 年。

⑦ 梁漱溟：《东西文化及其哲学》，见《梁漱溟全集》，第 1 卷，528 页。

注射它一番",故西方文化应尽量输入,"如不输入,则中国文化必无活力"。① 梁启超所谓中国旧有文化犹如富矿,亟待借助西洋科学的方法与机械加以开采,也是一个意思。二是中国文化有自己独特的智慧,可助益西方消解现代性的弊端,从而实现中西文化互补。梁启超曾这样提出问题:中国文化诚然落后了,但它在全人类文化史上还能占一席之地吗?并理直气壮自答道:"曰:能!"因为它的独特智慧正在于人生哲学。② 对此,张君劢的表述更显透彻,他说,儒家之所谓"不必藏己,不必为己";老子所谓"为而不有,宰而不制",正为东方之所长,而为西方之所短。反之,西方的科学方法论,上天入地,穷源竟委,又非东方所能及。二者调和、融汇,实可互补:"东方所谓道德,应置于西方理智光镜之下而检验之,而西方所谓理智,应浴之于东方道德甘露之中而和润之。然则合东西之长,熔于一炉,乃今后新文化必由之途辙,而此新文化之哲学原理,当不外吾所谓德智主义,或曰德性的理智主义。"③ 陈嘉异所谓实现东西文化"菁英"的"相接相契",与之也是一脉相通的。有趣的是,在众多主张中西文化调和者中,唯有梁启超与陈嘉异各自都提出了此种调和应有的思想进路。梁说:"拿西洋的文明来扩充我的文明,又拿我的文明去补助西洋的文明,叫他化合起来成一种新文明。"④ 陈讲得更具体:第一,"以科学方法整理旧籍",使人了解东方文化的真相;第二,在此基础上,择善而从,"建一有意义有价值的生活";第三,借助译述与团体的宣传,"以为文化之交流";第四,"以极精锐之别择力,极深刻之吸收力,融合西方文化之精英,使吾人生活上内的生命(精神)与外的生命(物质),为平行之进步,以完成个人与社会最高义的生活"。同时,借东西文化交流,"创

---

① 张君劢:《欧洲文化之危机及中国新文化之趋向》,载《东方杂志》,第19卷第3号,1922-02-10。

② 梁启超:《先秦政治思想史》,见《饮冰室合集·专集》(50),1页。

③ 张君劢:《张东荪〈思想与社会〉序》,载《东方杂志》,第40卷第17号,1944-09-15。

④ 梁启超:《欧游心影录》,见《饮冰室合集·专集》(23),35页。

造一最高义的世界文化"。① 二人的构想，详略不同，却都让我们进一步看到了：其时反省现代性者的中西文化调和论，与所谓顽固守旧，渺不相涉，鲜明地表达了融合中西文化并助益于世界的情怀。

值得指出的是，艾恺说得没有错，时人的反省现代性与主张中西文化融合，是先得到了西方有识之士的鼓励与支持，而后才得以进一步发舒的。梁启超在欧洲就得到了包括柏格森老师在内许多西方友人的鼓励，希望他重视保持中国文化优秀传统并助益欧洲，不要重蹈西方覆辙。梁自谓深受感动，并缘此油然生沉甸甸的使命感。倭铿致书张君劢说，西洋近世文明"唯力是尊，至于无所不用其极"，结果弊端百出，故"为中国计，应知西洋文明之前因后果，而后合二者而折衷之"。② 罗素也持同样的见解："可以说，我们的文明的显著长处在于科学的方法；中国文明的长处则在于对人生归宿的合理理解。人们一定希望看到两者逐渐结合在一起。"③ 与此同时，胡适诸人的"西化"论，在欧美却受到了批评。贺麟回忆说，时在哈佛留学，曾与几位中国学生拜访英籍名教授即罗素的老师怀特海，后者说："前些时你们中国出了个年轻人胡适，他反对中国传统的东西，什么都反对，连孔子也反对了。你们可不要像他那样，文化思想是有连续性的，是不可割断的。"贺麟接着评论说："可以想见在那个时期，胡适的学说在欧美已引起了重视和异议。"④ 由此引出的结论，不应是胡适诸人所说，是战后欧洲某些不负责任学者的言论，重新激起了中国守旧者的傲慢心，而应当是：它反映了"欧洲文化中心"论的动摇与东西方文化开始走向了对话。

① 陈嘉异：《东方文化与吾人之大任》，见陈崧编：《五四前后东西文化问题论战文选》，297～298 页。

② ［德］倭伊铿：《倭伊铿氏复张君劢书》，载《改造》，第 3 卷第 6 号，1921-02-15。

③ ［英］罗素：《中国问题》，153 页。

④ 贺麟：《我和胡适的交往》，见中国人民政治协商会议北京市委员会文史资料研究委员会编：《文史资料选编》，第 28 辑，165 页，北京，北京出版社，1986。

北京师范大学史学探索丛书

四、追求现代性与反省现代性：新文化运动的内在张力

对于 19 世纪末 20 世纪初欧洲现代思潮的变动，曼海姆曾作这样的概括："马克思主义和生命主义的实在概念都来源于同一种对理性主义的浪漫主义反抗。""尽管一些历史学家一直企图用浪漫主义、反理性主义、文化保守主义、批判现代派以至文学现代派等术语来描述这一感情的种种表现。"① 马克思主义是否是一种浪漫主义，可不置论，但他强调其时欧洲对理性主义的批判，存在着马克思主义与非理性主义的反省现代性两种取向，却是正确的。20 世纪初，国人对于欧洲现代思潮变动的这两个取向，都各有评介与吸纳。长期以来，学术界关注马克思主义、社会主义的东渐，研究成果丰硕；但是，对于反省现代性思潮在中国的反响，却付之阙如。事实上忽略了这一点，我们对于包括新文化运动在内 20 世纪初年中国社会文化思潮变动的理解与把握，就不可能是准确的。

西方反省现代性思潮所以能在中国产生相当的影响，主要原因有三：其一，应乎国人渴望变革、争取解放的社会心理。19 世纪末 20 世纪初，东西方尽管存在着时代的落差，但彼此都面临着一个"重新估定一切价值"的大变革的时代。柏格森、倭铿的生命哲学是反省西方文化的产物，它倡导行动、奋进的人生，在大战前后人心思变的欧洲，自然产生了很大的影响，尤其是年轻一代知识分子趋之若鹜。"以'解放者'著称的柏格森，变成了'使西方思想摆脱 19 世纪科学宗教'的救世主。""柏格森借助消除'决定论者的噩梦'而'解除了整个一代人的痛苦'。② 此一学说批判现代性的价值取向，也应乎当时中国社会渴望变革、争取解放的普遍社会心理。故章士钊说，达尔文讲"物竞天择，适者生存"，所谓"择"与"适"，"全为四围境遇所束缚，不能自主"；柏格森则不然，强调吾人自有活力，自由创造，无所谓天择，使人相信"前途实有无穷发展的境地，而

---

① 转引自艾恺：《最后的儒家——梁漱溟与中国现代化的两难》，9 页。
② ［英］彼得·沃森：《20 世纪思想史》，74 页。

一切归本于活动"。这显然有助于打破国人的"惰性力"，催其奋起。① 张君劢后来也回忆说，当年自己所以欣然接受柏氏哲学，不是为了步其后尘，去批判黑格尔哲学，而是因为柏氏主张自由、行动、变化，"令人有前进之勇气，有不断之努力"，"正合于当时坐言不如起行，惟有努力奋斗自能开出新局面之心理"。"在主张奋斗者之闻此言，有不为之欢欣鼓舞不止者乎？"② 如果我们注意李大钊、陈独秀等人，早期都借用了柏格森的理论，以激励青年自主进取、自觉奋斗；那么，我们便不应怀疑其言之真诚。这说明，时人反省现代性与新文化运动之缘起，实应乎共同的社会心理。

其二，欧战打破了国人对西方文明的迷信。长期以来，人们视欧洲为自由、平等、博爱的故乡，对西方文明崇拜有加，但欧战之后，此种心态渐告消解。所以，卡拉克在《中国对于西方文明态度之转变》中说："许多华人所奉为圭臬之西方文明，至此已觉悟其根基动摇。"③ 罗素也说："他们对于我们的文明也抱有怀疑的态度。他们之中好几个人对我说，他们在1914年之前还不怎么怀疑，但'大战'让他们觉得西方的生活方式中必定有缺陷。"④ 反省现代性恰为国人提供了一个新的思想支点，促进了后者对西方文明的反省。

其三，为民族主义高涨的产物。欧战前后，中国的民族民主运动空前高涨。这在文化上即表现为近代中国文化民族主义的突显。梁启超诸人提出"对西方求解放"的思想解放原则，主张民族自决，发展中国民族的新文化；尤其是梁漱溟径直提出"中国文化复兴"的口号，否定"西方文化中心"论，公然倡言世界文化的"东方化"，无疑都是在文化层面上，有力地彰显了国人高昂的民族主义。

---

① 行严：《欧洲最近思潮与吾人之觉悟》，载《东方杂志》，第14卷第12号，1917-12-15。

② 张君劢：《张东荪〈思想与社会〉序》，载《东方杂志》，第40卷第17号，1944-09-15。

③ ［美］卡拉克（Grover Clark）：《中国对于西方文明态度之转变》，载《东方杂志》，第24卷第14号，1927-07-25。

④ ［英］罗素：《中国问题》，152～153页。

北京师范大学史学探索丛书

但必须指出，也正是由于上述的机缘，时人皈依反省现代性，却没有步柏格森的后尘，径趋反对理性与神秘主义的误区。恕庵说：“理性者，人类所赖以生存者也”，为民族与人类的福祉，“决不能不依理性之作用，然必以知识导乎其先，而以道德循乎其后，则其效始章”。“善用之则可致强盛，不善用之则足召危亡。”① 梁启超告诫张君劢，尊重直觉、自由意志是对的，但是“自由意志是要与理性相辅的”，② 矫枉过正，轻蔑理性，却不可取。他不赞成“科学万能”论，并不等于反对科学；所以他出任中国科学社理事，不仅热心宣传科学，而且不惜以生命的代价为科学辩护。③ 这无疑都反映了时人皈依反省现代性中的理性精神。

国人反省现代性不仅构成了新文化运动有机的组成部分，而且显示了自己独特的价值。欧战正是发生在新文化运动期间，陈、胡诸人对于二者间的相互关系显然缺乏自觉。1919 年初，《新潮》的《发刊旨趣书》说：国人对于当代思潮的变动，茫然不知天高地厚，端在于“不辨西土文化之美隆如彼”，不懂得“自觉其形秽”。它强调国人当知者有四事：“第一，今日世界文化，至于若何阶级？第二，现代思潮，本何趋向而行？第三，中国情状，去现代思潮辽阔之度如何？第四，以何方术，纳中国于思潮之轨？”④ 问题提得很尖锐，但遗憾的是，陈、胡诸人囿于崇拜西方文明的定势思维，恰恰于战后欧洲现代思潮的变动，少所措意，因而于中国新文化发展无法提出超越“西化”的新思路（李大钊后转向马克思主义是另外问题）。所以，1918 年 9 月陈独秀还在质问杜亚泉：“‘此次战争，使欧洲文明之权威，大生疑念’，此言果非梦呓乎？敢问。”次年初，甚至再次提出：“盖自欧战以来，科学社会政治，无一不有突飞之进步；乃谓为欧洲文明之权威，大生疑念，此非梦呓而何？”⑤ 胡适等则指斥梁启超诸人介绍

---

① 恕庵：《再论理性之势力》，载《东方杂志》，第 10 卷第 11 号，1914-05-01。

② 梁启超：《人生观与科学》，见《饮冰室合集·文集》（40），25 页。

③ 1926 年梁启超因协和医院误诊，错割右肾，病情恶化，引起舆论哗然，致有“科学杀人”之说。梁却主动为科学与协和医院辩护，主张宽容，以促进中国医学的发展。

④ 新潮社：《发刊旨趣书》，载《新潮》，第 1 卷第 1 号，1919-01-01。

⑤ 陈独秀：《质问〈东方〉杂志记者》、《再质问〈东方〉杂志记者》，见《独秀文存》，188、223 页。

西人正在反省自身文化并对东方文化表示敬意，乃是惑众之"谣言"、"夸大狂"和沉渣泛起的"中国人的傲慢心"；以及上述《新潮》仍在强调"西土文化之美隆如彼"、中国文化"枯槁如此"，显然都反映了这一点。相反，梁启超等反省现代性者，强调西方文化正面临深刻的危机，中国思想界当求独立，要确立发展中国民族新文化的"方针"，显然有力地拓展了国人的视野，使新文化运动的内涵愈趋深化。

说到底，反省现代性代表的同样是一股思想解放的潮流，究其本质正在于批判资本主义。梁启超诸人普遍关注西方社会劳资尖锐对立和工人阶级的悲惨命运，并对社会主义与俄国革命深表同情。同时，他们虽然主张藉提升精神生活以构建"合理的人生"，但也深感到不改革东西方现存的不合理的社会制度，将陷于空谈。梁漱溟指出："这种经济制度和我倡导的合理人生态度，根本冲突。在这种制度下，难得容我们本着合理的人生态度去走。""只有根本改革这个制度，而后可行。""这便是中国虽没有西洋从工业革新以来的那一回事，而经济制度的改正，依旧为问题的意义了。所以社会主义的倡说，在中国并不能算是无病呻吟。"① 不难理解，此种反省现代性与"五四"后马克思主义、社会主义在中国的传播，不仅不是对立的，而且实际上为后者作了必要的思想铺垫。

胡秋原先生曾谈道："我们也不可低估当时（指"五四"时期——引者）中国人在智慧上的远见。中国人当时在西方人之前，由文化问题考虑中国乃至于世界问题。只是这问题过大，而我们已有知识不足，才徒劳无功的。"② 所言十分深刻。是时国人反省现代性，视野远大，不限于中国，其终极关怀在于人类文明的命运。无论是陈嘉异讲"吾人之大任"、梁启超讲"中国人对于世界文明之大责任"，还是梁漱溟讲世界文化"三种路向"，无不皆然。他们主张通过对儒家人生智慧的现代转换，包括注重人与自然、精神与物质、个人与社会间的调谐和追求大同理想等，以建立

---

① 梁漱溟：《答胡评〈东西文化及其哲学〉》，见《梁漱溟全集》，第 4 卷，738、739 页。

② 胡秋原：《评介"五四运动史"》，见周阳山编：《五四与中国》，252 页，台北，时报文化出版事业有限公司，1981。

"合理的人生"，借以疗治现代社会偏重物质文明、机械的人生观所带来的种种弊端；以及强调融合中西文化，以期创造人类共同的新文化，以为如若不然，人类第二次世界大战将难以避免；等等，显然又都大大超越了欧洲反省现代性的范围，表现出了东方文化特有的远见。胡秋原先生说，时人讨论的问题太大，而知识不足，未能真正解决问题，是对的；在今天反省现代性也仍是全球性的大课题，说明问题不可能一蹴而就，但是，就此以为"徒劳无功"，却不尽然。卡尔·博格斯说："对现代性的攻击已经随着时间的推移积聚了力量，而且，今天似乎与历史力量的吸引力相吻合。这种攻击从波德莱尔和尼采延伸到阿尔托、海德格尔和当代后现代主义。"[1] 从尼采的反省现代性到当今的后现代主义，一脉相承。欧战前后国人反省现代性所业已提出的问题与思想主张，许多在今天仍不失其合理性，是应当看到的。当代著名学者金开诚先生发出以下感叹，就说明了这一点：

> 我通过自己的人生阅历，深感随着现代物质文明的发展，人的任性与纵欲程度正呈现出攀升之势。中华传统文化的修身克己思想正是任性纵欲的对症良药。中华民族在这方面的独创性思维经验很应该在全世界传播与弘扬。[2]

无须讳言，时人反省现代性存在三大弱点：一是看到了反省现代性之意义是对的，但于其时中国推进现代化的当务之急所遇到的传统社会的阻力，则重视不够，因而与陈、胡主流派相较，其对旧思想旧文化的批判明显缺乏主动性与应有的力度；二是强调中国固有文化的自身价值也是对的，但仅仅将之归结为"走孔子之路"，"始终是想从中国固有的文化中创

---

① ［美］卡尔·博格斯（Carl Boggs）：《知识分子与现代性的危机》，李俊、蔡海榕译，225～226 页，南京，江苏人民出版社，2002。

② 金开诚：《中华传统文化的四个重要思想及其古为今用》，载《光明日报》，2006-11-02。

出一个新理学"，① 却又失之简单化与理想化；三是仅满足于非理性主义的视野，于欧洲马克思主义与俄国十月革命的兴起所代表的新时代的方向，少所措意。对于这些，我们应从当时历史条件中去说明，无须苛求。这里正用得上上述梁漱溟的观点：在统一的新文化运动中，每一个思想派别都只能关注一个中心点，而略过了其他方面，故得失正不易言；而和而不同的结果，是推进了新文化运动的发展。缘此可知，长期以来将杜亚泉、梁启超、梁漱溟、张君劢、张东荪诸人与陈、胡诸人的分歧，说成是新旧之争，甚至于"是中国宗法封建社会思想与西洋工业资本社会思想的冲突"，② 实为表象之见。反映辩证规律的历史真相是：20 世纪初年，国人追求现代性与反省现代性并存，正构成了新文化运动的内在张力。

北京师范大学史学探索丛书

---

① 张东荪：《现代的中国怎样要孔子》，转引自张耀南编：《知识与文化：张东荪文化论著辑要》，413 页。

② 郭湛波：《近五十年中国思想史》，235 页，济南，山东人民出版社，1973。

第三章 新文化运动与反省现代性思潮

20世纪初年的中国与西方，都面临着自己"重新估定一切价值"的时代。当中国的以效法西方近代文明为宗旨的新文化运动开展之时，欧洲人也因第一次世界大战创深痛巨，正对自己的社会文化进行反省。此种反省存在两大取向：一是马克思主义指斥资本主义制度的腐朽，主张社会主义革命；一是非理性主义思潮兴起，反省现代性。所谓现代性，是指自启蒙运动以来，以役使自然、追求效益为目标的系统化的理智运用过程。自19世纪末以来，许多西方学者从唯心论出发，将问题归结为理性对人性的禁锢，因而将目光转向人的内心世界。他们反对"机械的人生观"，强调人的情感、意志与信仰。尼采提出"重新估定一切价值"，被认为是反省现代性的非理性主义思潮兴起的宣言书。20世纪初，以柏格森、倭铿等人为代表的生命哲学，强调直觉、"生命创化"与"精神生活"，风靡一时，是此一思潮趋向高涨的重要表征。反省现代性的非理性主义思潮的兴起，不仅反映了欧人对西方文化的反省，且对西方现代思潮的发展产生了深远的影响。[1]

新文化运动既是西方现代思潮影响的产物，它不可能不关注并受到欧洲反省现代性思潮的影响。遗憾的是，长期以来，学界虽然对于新文化运动与马克思主义的研究甚为重视，且成果丰硕，但是，对于前者与反省现代性思潮的研究，却付之阙如。本文的选题饶有兴味，其有助于进一步丰富新文化运动的研究，当是显而易见的。

一、借重但不认同："更不欲此时之中国人盛从其说也"

耐人寻味的是，新文化运动肇端伊始，便与欧洲的反省现代性思潮结

---

[1] 参阅拙文：《欧战前后国人的现代性反省》，载《历史研究》，2008（1）。

下了不解之缘。1915 年《青年杂志》创刊号上的开篇大作，即陈独秀的名文《敬告青年》，其立论就明显借重了尼采、柏格森诸人的学说。例如，强调"自主的而非奴隶的"，陈独秀写道："德国大哲尼采别道德为二类：有独立心而勇敢者曰贵族道德，谦逊而服从者曰奴隶道德"；强调"进步的而非保守的"，则说：宇宙日在进化之中，万无保守现状之理，"此法兰西当代大哲柏格森之创造进化论所以风靡一世也"；强调"实利的而非虚文的"，又写道："最近德意志科学大兴，物质文明，造乎其极，制度人心，为之再变。""当代大哲，若德意志之倭根，若法兰西之柏格森，虽不以现时物质文明为美备，咸揭橥生活问题，为立言之的。生活神圣，正以此次战争，血染其鲜明之帜旗。欧人空想虚文之梦，势将觉悟无遗。"① 如果说，上述还仅是有所借重；那么，次年陈独秀在《当代二大科学家之思想》一文中，则是进一步明确地肯定了反省现代性在欧洲实代表了一种最新的思潮："盖前世纪为纯粹科学时代，盛行宇宙机械之说"，"二十世纪将为哲理的科学时代"；"柏格森氏与之同声相应，非难前世纪之宇宙人生机械说，肯定人间意志之自由，以'创造进化论'为天下倡，此欧洲最近之思潮也"。②

事实上，不仅是陈独秀，在新文化运动初期，其主持者们在不同程度上对尼采、柏格森等人都有所借重，以彰显反对固守传统、主张变革进取的新文化方向。李大钊 1913 年赴日，就读于早稻田大学并为章士钊的《甲寅》杂志撰稿。当时，柏格森的生命哲学正风行日本，章、李心仪久之，并对国内学界闭目塞聪、鲜有举其名者，咸感悲哀。③ 所以，李大钊在《介绍哲人尼杰》一文中，高度评价尼采以意志与创造为中心要素的超人哲学与批判精神。他强调，尼采学说对于最重因袭、久锢于奴隶道德的国

---

① 陈独秀：《敬告青年》，见《独秀文存》，5、8 页。

② 同上书，56 页。

③ 参见行严：《欧洲最近思潮与吾人之觉悟》，载《东方杂志》，第 14 卷第 12 号，1917-12-15。李大钊：《日本之托尔斯泰热》，见《李大钊文集》（上），北京，人民出版社，1984。

人来说，颇能起衰振弊："尤足以鼓舞青年之精神，奋发国民之勇气。"①
1914 年陈独秀应章士钊邀请，赴日协助编辑《甲寅》。时值"二次革命"
失败之后，陈心恢意冷，情绪消沉，致有质疑爱国之说。值得注意的是，
李大钊撰《厌世心与自觉心》以为劝，其重要的理论根据恰恰就是生命哲
学："故吾人不得自画于消极之宿命说，以尼精神之奋进。须本自由意志
之理，进而努力，发展向上，以易其境，俾得适于所志，则 Henri Bergson
（柏格森）氏之'创造进化论'尚矣。"② 是文发表于 1915 年 8 月，早于
《青年杂志》创刊正好一个月，而陈独秀果能重新奋起发动新文化运动，
也恰恰借重了生命哲学，这固然并不足以说明就是李文直接影响的结果，
但是，生命哲学与新文化运动的发端存在某种契合，却是应当重视的。在
新文化运动主持者中，李大钊对于西方反省现代性思潮更为关注。他发表
的《"晨钟"之使命》、《青春》、《"今"》等著名文章，一直都在借用柏格
森学说中的一些重要概念，如"直觉"、"生命"、"生命的冲动与创造"、
"动力"、"意识流转"等等，故其文章无不渗透着生命哲学的意韵。例如，
他在《"今"》中写道："照这个道理讲起来，大实在的瀑流永远由无始的
实在向无终的实在奔流。吾人的'我'，吾人的生命，也永远合所有生活
上的潮流，随着大实在的奔流，以为扩大，以为继续，以为进转，以为发
展。故实在即动力，生命即流转。""宇宙即我，我即宇宙。"③ 至于胡适借
尼采的名言："重新估定一切价值"，来概括新思潮的意义，以彰显其反传
统的锋芒，自然更是人所周知。

应当说，上述陈独秀诸人借重生命哲学，既非误读，也不是有意曲
解，而是体现了对生命哲学中富有活力一面的积极吸纳。柏格森哲学强
调，宇宙万物的生成与发展，端在生命的冲动与创造。人类因自由的意志
和生命的冲动，日日创造，故成日日进化。故其哲学又称"动的哲学"。
他强调意志、精神超越物质的意义，倡导行动、奋进的人生，在大战前后
人心思变的欧洲，自然产生了很大的影响，法国年轻一代知识分子更是趋

① 李大钊：《介绍哲人尼杰》，见《李大钊文集》（上），189 页。
② 同上书，148 页。
③ 同上书，534 页。

之若鹜。夏尔·戴高乐说，柏格森"更新了法国的精神面貌"。① 彼得·沃森更进一步认为："以'解放者'著称的柏格森，变成了使西方思想摆脱19世纪'科学宗教'的救世主。"② 其时皈依西方反省现代性思潮的章士钊、张君劢等人，说到底，也同样是看重生命哲学倡导行动与奋进的意义。章士钊指出，柏格森的创造进化不同于达尔文，后者讲物竞天择、适者生存，强调的是四周境遇的约束，人不能自主。而前者则不然，"谓吾人自有活动力（活的动力），自由创造，无所谓天择。由柏氏之说以观，吾人于生涯的前途，实有无穷发展的境地，而一切归本于活动"。柏格森、倭铿"皆以积极行动为其根本观念。吾人就此可得的教训，即在此四字"。③ 张君劢后来也回忆说：当年所以皈依非理性主义，是因为"此派好讲人生，讲行动，令人有前进之勇气，有不断之努力"。柏格森强调："惟有行动，惟有冒险，乃能冲破旧范围而别有新境界之开辟，此生物界中生命大流所以新陈代谢也……此反理智哲学所以又名为'生之哲学'，在主张奋斗者之闻此言，有不为之欢欣鼓舞不止者乎？"④ 在新文化运动中，其主持者与梁启超等所谓文化保守主义者，其出发点与归宿，多是相通的，于此也足见一斑。

不过，陈独秀诸人虽然在立论上对生命哲学多有借重，但在思想的根本取向上，却不愿认同西方的反省现代性思潮。1917年初陈独秀在《答俞颂华》中论及宗教与精神生活问题时，这样说道："近世欧洲人，受物质文明反动之故，怀此感想者不独华、爱二氏。其思深信笃足以转移人心者，莫如俄国之托尔斯泰，德国之倭铿。信仰是等人物之精神及人格者，愚甚敬之。惟其自身则不满其说，更不欲此时之中国人盛从其说也（以中

① 转引自［美］罗兰·斯特龙伯格：《西方现代思想史》，刘北成、赵国新译，379页，北京，中央编译出版社，2005。

② ［英］彼得·沃森：《20世纪思想史》，74页。

③ 行严：《欧洲最近思潮与吾人之觉悟》，载《东方杂志》，第14卷第12号，1917-12-15。

④ 张君劢：《张东荪〈思想与社会〉序》，载《东方杂志》，第40卷第17号，1944-09-15。

国人之科学及物质文明过不发达故）"。① 他强调，尽管自己对托尔斯泰、倭铿等反省现代性者的信仰与人格心存敬意，但并不认同他们的主张，更反对在中国照搬此种理论，道理很简单：中西国情不同，"以中国人之科学及物质文明过不发达故"，即西人要求反省现代性，而中国恰恰需要追求现代性。在这一点上，李大钊与陈独秀是一致的。他指出，"西洋之动的文明，物质的生活，虽就其自身之重累而言，不无趋于自杀之倾向"，然而，相对于中国而言，终究居优越的地位。因之，"西洋文明之是否偏于物质主义"，是一个问题，"时至今日，吾人所当努力者，惟在如何吸收西洋文明之长，以济吾东洋文明之穷"，则是另一个问题。② 李大钊同样强调东西方所面临的问题不同，故对其思想取向，自然不应等量齐观。陈、李的这一认识十分重要，它从总体上集中反映了新文化运动主持者们对欧洲现代思潮的变动，持理性的选择态度。

需要指出的是，陈、李虽然不认同西方的反省现代性思潮，却无意加以贬抑，如陈且对柏格森诸人心存敬意；③ 但是，胡适与丁文江却不然。④ 胡适在《五十年来之世界哲学》中说：19世纪中叶以来的世界潮流，只有达尔文的进化论与杜威的实验主义才是主流，最近30年柏格森的新浪漫主义无非是支流。"我也知道'支流'两个字一定要引起许多人的不平"；但要知道，所谓直觉等概念，杜威等许多哲学家早已说过了，所以，"柏格森的反理智主义近于'无的放矢'了"。⑤ 其贬抑柏格森哲学，显而易见。丁文江更进而贬损柏格森的人格。他借罗素的名义，说："他的盛名是骗

---

① 陈独秀：《答俞颂华》，见《独秀文存》，674页。

② 李大钊：《东西文明根本之异点》，见《李大钊文集》（上），562、566页。

③ 直到1920年，陈独秀还在《新文化运动是什么？》中说：杜威演讲《现代的三个哲学家》，谈到美国詹姆士、法国柏格森、英国罗素，"都是代表现代思想的哲学家；前两个是把哲学建设在心理学上面，后一个是把哲学建设在数学上面，没有一个不采用科学方法的"〔林茂生等编：《陈独秀文章选编》（上），513页，北京，生活·读书·新知三联书店，1984〕。

④ 胡适在1920年3月12、16日的日记中都记有"讲演：Bergson（柏格森）"，说明他关注生命哲学。（《胡适全集》，第29卷，112、116页，合肥，安徽教育出版社，2003）

⑤ 胡适：《胡适全集》，第2卷，381、384页。

巴黎的时髦妇人得来的。他对于哲学可谓毫无贡献；同行的人都很看不起他。"① 实际上，罗素对于柏格森的生命哲学有很高的评价，他在名著《西方哲学史》中写道："昂利·柏格森是本世纪最重要的法国哲学家"。"我把柏格森的非理性主义讲得比较详细，因为它是对理性反抗的一个极好的实例，这种反抗始于卢梭，一直在世人的生活和思想里逐渐支配越来越广大的领域。"② 其时杜威在华演讲的一个题目是《现代的三个哲学家》，他将柏格森与詹姆士、罗素并称为代表现代思想的三大哲学家，评价同样很高，而担任翻译的恰恰就是胡适。彼得·沃森在其名著《20 世纪思想史》中则写道："柏格森很可能是 20 世纪头 10 年最被人们理解的思想家，1907年后，他无疑是世界上最著名的思想家。"③ 足见，胡适、丁文江之贬抑，有失褊狭。

正是由于上述的缘故，尽管随着新文化运动的发展，尤其是随着梁启超游欧归来发表著名的《欧游心影录》和梁漱溟的《东西文化及其哲学》风行一时，时人对西方反省现代性思潮的宣传也形成了热潮，但是，新文化运动主持者们却与之愈形疏远，一些人乃至怀有敌意。1918 年初，《新青年》上还刊有刘叔雅译《柏格森之哲学》一文，译者在"识"中对柏格森学说仍然推崇备至，说："近世哲人，先有斯宾那莎，后有柏格森。""十稔以还，声誉日隆，宇内治哲学者仰之如斗星。讲学英美诸大学，士之归之，如水就下。"其著作甚富，"每一篇出，诸国竞相传译，而吾国学子鲜有知其名者，良可哀也"。④ 1919 年底，《新潮》也还刊有罗家伦的《近代西洋思想自由的进化》，以为欧战"也未始不是极端物质文明的结果"，要求打破机械主义的西洋反省现代性思潮的出现，标志着"从新发生了一种人生的觉悟"。⑤ 但其后，两杂志的此类文字便全然消失了。1920

---

① 丁文江：《玄学与科学——评张君劢的"人生观"》，见《科学与人生观》，17页（文内页）。

② ［英］罗素：《西方哲学史》，下卷，346 页。

③ ［英］彼得·沃森：《20 世纪思想史》，72 页。

④ ［法］柏格森：《柏格森之哲学》，刘叔雅译，载《新青年》，第 4 卷第 2 号，1918-02-15。

⑤ 罗家伦：《近代西洋思想自由的进化》，载《新潮》，第 2 卷第 2 号，1919-12-01。

北京师范大学史学探索丛书

年底，胡适且致书陈独秀："你难道不知延聘罗素、倭铿等人的历史？（我曾宣言，若倭铿来，他每有一次演说，我们当有一次驳论。）"[1] 1921 年，张崧年也致书陈独秀，强调柏格森、倭铿都是"西洋近代思想界的反动派"，"中国再不可找这两个人去讲演"。[2] 其格格不入与心怀敌意，溢于言表。1923 年发生著名的"科玄之争"，是西方反省现代性思潮在中国思想界激起的一场争论，胡适、丁文江诸人径直指责张君劢等人是追随柏格森的"玄学鬼"，说明他们对于反省现代性思潮之不满，已发展到了怎样的地步。

二、借鉴与吸纳：打上了反省现代性的印记

尽管新文化运动的主持者们在根本的思想取向上，对西方反省现代性思潮并不认同；但是，新文化运动毕竟是发生在欧人反省自身文化和欧洲现代思潮发生了深刻变动的大背景之下，所以，无论自觉与否，事实上，他们不同程度也受其影响，从而使新文化运动也上打了反省现代性的印记。具体说来，其荦荦大者，表现在以下几个方面：

其一，从主张"优胜劣汰"的进化论到主张"互助"的进化论。

自达尔文《物种起源》发表以来，进化论风靡世界，"物竞天择"成了流行语，"于是引用之者，不独以为物象之观察，与进化之一因，而且视为人生的模范，与唯一之真理也"。[3] 进化论因之浸成了推进现代性最有力的思想动力之一。但迄 19 世纪末，西方的一些学者开始提出质疑，以为物种进化不全在互竞，更在于互助。俄国的克鲁泡特金集其大成，于 1902 年出版了《互助论》一书。缘是，"互助"论也风行一时。《东方杂志》从 1919 年 5 月起连载李石曾译克氏的是书，同样引起了国人热烈的反响。在科学的层面上，"互竞"论与"互助"论之是非得失，可不置论；但是，

---

① 胡适：《胡适致陈独秀》，见水如编：《陈独秀书信集》，306 页，北京，新华出版社，1987。

② 陈独秀：《张崧年书》（1921 年 6 月 12 日），见《独秀文存》，829 页。

③ 李石曾：《互助论·弁言》，载《东方杂志》，第 16 卷第 5 号，1919-05-15。

需要指出的是："互助"论在欧战前后风行世界，绝非偶然，它不仅反映了世界各国人民渴望和平和对弱肉强食的帝国主义、殖民主义的不满；①而且事实上也构成了同样兴起于19世纪末的西方反省现代性思潮的一部分，即体现了欧洲现代思潮的变动。梁启超在《欧游心影录》中，对欧洲现代思潮的变动有生动的描述，其中说："他们人情世态甜酸苦辣都经过来，事事倒觉得亲切有味，于是就要从这里头找出一个真正的安身立命所在。如今却渐渐被他找着了。"这在哲学方面的代表，是柏格森的生命哲学；在社会学方面的代表，则有"俄国科尔柏特勤一派的互助说，与达尔文的生存竞争说相代兴"，"在思想界一天一天的占势力"。②梁漱溟在《东西文化及其哲学》中也指出了这一点："此外还有一些见解的变迁，也于文化变迁上很有力量的，诸如克鲁泡特金互助论对以前进化论家见解之修正，近来学者关于社会是怎样成功、怎样图存、进步等问题的说明对从来见解之修正。所有这一类见解的变迁，扼要的一句话说，就是看出了人类之'社会的本能'。"③很显然，他们都将"互助"的风行，视为西方反省现代性思潮的一部分。

新文化运动的主持者们最初无不服膺天演论，奉优胜劣汰为圭臬。1915年陈独秀发表《法兰西人与近世文明》一文，曾明确地说，"生存竞争优胜劣败之格言，昭垂于人类，人类争呼智灵，以人胜天"。人类正是遵循了"物竞天择，适者生存"的定律，凭借理性，自造祸福，西方文明的发达就是明证："而欧罗巴之物力人功，于焉大进。"④然而，随着时间的推移，他们的观点都发生了不同程度的改变。在这方面，李大钊与蔡元培的观点最为鲜明：皈依互助论。1919年元旦，李大钊发表《新纪元》一文，抑制不住内心的激动，写道："看呵，从前讲天演进化的，都说是优

---

① 师复曾托人转告李石曾说：他正在译的克鲁泡特金的《互助论》，"他日刊布吾国，必能唤醒一般醉心军国主义、功利主义者之迷梦"。（李平：《李平致陈独秀》，见水如编：《陈独秀书信集》，9页）

② 梁启超：《欧游心影录》，见《饮冰室合集·专集》（23），17页。

③ 梁漱溟：《东西文化及其哲学》，见《梁漱溟全集》，第1卷，499页。

④ 陈独秀：《法兰西人与近世文明》，见《独秀文存》，11页。

北京师范大学史学探索丛书

胜劣败，弱肉强食，你们应该牺牲弱者的生存幸福，造成你们优胜的地位，你们应该当强者去食人，不要当弱者，当人家的肉。从今以后都晓得这话大错。知道生物的进化，不是靠着竞争，乃是靠着互助。人类若是想求生存，想享幸福，应该互相友爱，不该仗着强力互相残杀。"在他看来，欧战后人类历史所以显露了新时代的曙光，重要一点，便是人类最终摆脱了"互竞"论的误导，而皈依了"互助"论，从此，"多少个性的屈枉、人生的悲惨、人类的罪恶，都可望像春冰遇着烈日一般，消灭渐净"。① 新时代定将是一个和平友爱、互助人道的新世界。② 蔡元培深知主张生物进化者中存在"互竞"论与"互助"论的纷争，但他坚信"今则以后义为优胜"，因为这不仅符合历史事实，"尤惬当于吾人之心理"。所谓"尤惬当于吾人之心理"，就是表达了人们对于弱肉强食的现实强权世界的反抗。所以，在一次讲演中，蔡元培信心百倍地说：欧战的结果业已证明了"互助主义"是世界历史发展的必然趋势，"此后就望大家照这主义进行，自不愁不进化了"。③ 有趣的是，1915 年在陈独秀的《法兰西人与近世文明》发表后不久，有人便致书要求他评说达尔文与克鲁泡特金的不同观点。陈独秀的回答是：其一，二者的著作都是不刊的经典，只有合而观之，才能得进化的真相；其二，竞争与互助乃进化的两轮，达尔文的书中也讲到了互助，只是被人忽略了而已。④ 较之先前强调所谓昭垂人类的"生存竞争优胜劣败之格言"，他的观点明显修正了，因为他毕竟肯定了只讲竞争是片面的，互助也是进化之一翼。其后，很长一段时间里，陈独秀与胡适一样，于"互竞"论、"互助"论的纷争三缄其口；但从 1919 年底他们与蔡元培、李大钊、周作人、罗家伦等共同发起成立"工读互助团"来看，在他们心目中，"生存竞争优胜劣败之格言"，显然已经褪色，而人类互助进化的价值取向却是他们乐观其成的了。陈独秀到 1920 年发表《自杀论》一

---

① 李大钊：《新纪元》，见《李大钊文集》（上），607～608 页。

② 李大钊：《"少年中国"的"少年运动"》，见《李大钊文集》（下），43 页，北京，人民出版社，1984。

③ 高平叔编：《蔡元培全集》，第 2 卷，403 页；第 3 卷，205 页。

④ 陈独秀：《陈独秀答李平》，见水如编：《陈独秀书信集》，8 页。

文，讨论人性善恶，更径将互助视为人性善的本能。他写道：人性"善的方面"，主要包含"创造的冲动"、"利他心"、"互助的本能"、"同情心"等；"恶的方面"，主要包含"占有的冲动"、"利己心"、"掠夺的本能"、"残忍心"等。人类正处在进化过程中，"恶性有减少底可能，善性有发展底倾向"，"恶的方面越减少，善的方面越发达，他的品格越进化到高等地位，并不是一成不变的"。[1] 所以，我们说，斯时的陈独秀同样皈依了互助论的进化论，应是合乎实际的。

其二，在宗教与情感问题认知上的变迁。

西方现代性的本质，在于其追求合理性与功利主义的原则，故"实用"、"效率"、"成功"、"进步"等，便构成了其价值取向中的核心要素。新文化运动的崛起，正是步其后尘。陈独秀在《敬告青年》中提出"自主"、"进取"、"实利"等五大原则，并声言："物之不切于实用者，虽金玉圭璋，不如布粟粪土，若事之无利于个人或社会现实生活者，皆虚文也，诳人之事也。诳人之事，虽祖宗之所遗留，圣贤之所垂教，政府之所提倡，社会之所崇尚，皆一文不值也。"[2] 高揭的正是现代性的原则。随后他在《当代二大科学家之思想》中，专辟一节，标题就叫"效率论"。他强调科学发展提高了效率，故效率高低实成为了现代社会判断善恶的重要标准之一："此亦效率高低，可判断道德上之善恶之一证也。"[3] 1918 年底至 1919 年初，陈独秀与《东方杂志》的主编杜亚泉之间发生著名的论战，其大纛上高悬的依然是功利主义原则。他毫不隐讳地说："余固彻头彻尾颂扬功利主义者，原无广狭之见存。盖自最狭以至最广，其间所涵之事相虽殊，而所谓功利主义则一也。"[4] 其思想之极端，足见一斑。傅斯年主张人类可以"战胜一切自然界"，以为"人生的真义，就在于力求这个'更多'，永不把'更多'当做'最多'"。其思想与陈独秀一脉相承。[5] 胡适虽

---

① 陈独秀：《自杀论》，见《独秀文存》，273 页。

② 陈独秀：《敬告青年》，见《独秀文存》，8 页。

③ 陈独秀：《当代二大科学家之思想》，见《独秀文存》，58 页。

④ 陈独秀：《再质问〈东方杂志〉记者》，见《独秀文存》，213～214 页。

⑤ 傅斯年：《人生问题发端》，载《新潮》，第 1 卷第 1 号，1919-01。

不似二人极端，但他以追求"是什么"与"为什么"价值取向的不同，作为儒、墨哲学的根本分野，抑儒而隆墨：前者只问动机，不问效果，失之于虚；后者相反，突出了"利"与"用"，符合现代的"应用主义"即"实利主义"。① 这在梁启超看来，同样不脱西方现代功利主义的窠臼。②

事实上，对上述功利主义的反省，正构成了西方反省现代性思潮的一个重要内容。美国著名的新人文主义大师白璧德说："今日西方思想中最有趣之发展，即为对于前二百年来所谓进步思想之形质，渐有怀疑之倾向。"③ 剑桥大学教授 J. B. 伯里于 1920 年出版了《进步的观念》一书，探讨"进步"观念的演变过程，集中反映了时人的疑虑。"他进而提出这样的思想：也许恰恰进步的观念本身与血腥的第一次世界大战有着一定的关联。""换言之，进步的观念现在完全与社会达尔文主义、种族理论及堕落这些旧的概念混为一体。"④ 徐志摩也转述罗素的意见说："工业主义的一个大目标是'成功'（success），本质是竞争。竞争所要求的是'捷效'（efficiency）。成功，竞争，捷效，所合成的心理或人生观，便是造成工业主义，日趋自杀现象，使人道日趋机械化的原因"。"'累进'（progress）与'捷效'的信仰是近代西方的大不幸。"⑤ 而欧战后，被视为东方文化派的杜亚泉批评西方现代文明的所谓进步，实乃虚伪无限制；梁启超强调现代流行的所谓"效率论"十分浅薄，绝对不能解决人生问题；梁漱溟极力批评西方近代文化无非向外追求，处处显出征服自然的威风，显然都应视为欧洲现代思潮变动在中国思想界引起的回应。⑥

在此种情势下，新文化运动的主持者们不可能全然无动于衷。例如，较比更为关注西方生命哲学的蔡元培，就显然认同上述对功利主义的批评。1921 年他在英国爱丁堡大学中国留学生欢迎会上发表演讲说：从前的

---

① 胡适：《中国古代哲学史》，见《胡适全集》，第 5 卷，324～325 页。

② 参见梁启超：《"知不可而为"主义与"为而不有"主义》，见《饮冰室合集·文集》(37)，60 页。

③ 白璧德：《中西人文教育谈》，胡先骕译，载《学衡》，第 3 期，1922-03-01。

④ ［英］彼得·沃森：《20 世纪思想史》，285 页。

⑤ 徐志摩：《罗素又来说话了》，载《东方杂志》，第 20 卷第 23 号，1923-12-10。

⑥ 参见拙文：《欧战前后国人的现代性反省》，载《历史研究》，2008 (1)。

功利论，"近来学者，多不以为然。罗素佩服老子'为而不有'一语。他的学说，重在减少占有的冲动，扩展创造的冲动，就是与功利论相反的①。"就反映了这一点。不过，从总体上看，陈独秀在宗教与情感问题上前后认知的变迁，更具有典型性。

陈独秀曾是激烈的废除宗教论者。他说："宗教之为物，将于根本上失其独立存在之价值矣。""若论及宗教，愚一切皆非之。"② "一切宗教，皆在废弃之列。"道理很简单，随着科学的发展，人类社会的"一切人为法则"，终将为自然科学法则所代替，"然后宇宙人生，真正契合"。所以，他主张"以科学代宗教"。③ 在"科学万能"思想的指导下，陈独秀相信，宗教固然无须存在，人类的情感也贬值了，因为人不单没有灵魂，"生时一切苦乐善恶，都为物质界自然法则所支配"，④ 情感同样也是可以由科学来支配的。值得注意的是，胡适等人实际上也持同样的观点。胡适曾引吴稚晖的话说："我以为动植物且本无感觉，皆止有其质力交推，有其辐射反应，如是而已。譬之于人，其质构而为如是之神经系，即其力生如是之反应。所谓情感、思想、意志等等，就种种反应而强为之名，美其名曰心理，神其事曰灵魂，质直言之曰感觉，其实统不过质力之相应。"⑤ 把人仅仅看成是由几多血肉筋骨组成的动物，以为其情感、思想、意志等精神活动，都不过是"质力相应"而已，因此借助科学方法可以支配人类的情感，可以统一人类的人生观。这正是西方近代典型的科学主义的机械论。

在反省现代性者看来，所谓机械论，说到底，就是"科学万能"论，无视人类的宗教情感与精神的世界，把人变成了机器；终至于造成近代西方文化物质文明偏胜，而精神文明偏枯的畸形发展，乃至酿成了欧战的惨剧。蔡元培显然认同这一点，所以他始终坚持自己"以美育代替宗教"的主张，而

---

① 蔡元培：《在爱丁堡中国学生会及学术研究会欢迎会演说词》，见高平叔编：《蔡元培全集》，第4卷，43页。

② 陈独秀：《答俞颂华》，见《独秀文存》，673~674页。

③ 陈独秀：《再论孔教问题》，见《独秀文存》，91页。

④ 陈独秀：《人生真义》，见《独秀文存》，125页。

⑤ 胡适：《〈科学与人生观〉序》，见《科学与人生观》，18~19页。

于陈独秀的"以科学代宗教"论，不以为然。1917年2月，蔡元培因《新青年》记者转载自己在政学会和信教自由会上的演讲，"其中大违鄙人本意之点，不能不有所辩正"，致书陈独秀，澄清观点，集中谈了自己对于宗教与情感问题的见解。他认为，科学发达之后，一切知识道德的问题固然皆当归科学证明，而与宗教无涉；但是，科学毕竟不能回答全部问题，如宇宙之大小终始等等，这些就需归于哲学研究。任取一家之言而信仰之，便是宗教。一家假说不能强人信仰，宗教信仰因之必须是绝对自由的。很清楚，蔡元培既不认同科学万能，也不认同废弃宗教论。由是以进，他更强调了人类情感和借以提升情感的美术的极端重要性。蔡元培借用生命哲学的术语说：人类及其一切生物与无生物的存在，都不外乎意志。道德属于意志。只是人类的意志不可能离开知识与情感而单独存在，"凡道德之关系功利者，伴乎知识，恃有科学之作用。而道德之超越功利者，伴乎情感，恃有美术之作用，美术之作用有两方面，美与高是。"① 意志与知识、情感三位一体，其中，意志是生命冲动的本源，知识与情感则是意志赖以实现的两翼。依此逻辑，情感不仅重要，而且恃有美术的作用，非科学所能支配；其支撑道德超越功利，便是成就了宗教。1919年蔡元培更径直提出"文化运动不要忘了美育"的警告。他指出，文化运动不注意借美育培养超越利害的情怀，保持平和心态，单凭个性冲动，将不免出现损人利己、放纵欲望以及急功近利好走极端的三种流弊。他甚至说：流弊已经出现了，"一般自号觉醒的人，还能不注意么？""所以我很望致力文化运动诸君，不要忘了美育"。② 1920年在《美术与科学的关系》中，蔡元培再次强调了人的情感生活的重要性。他说：常见专治科学的人，太偏于概念、分析与机械的作用，而情感生活索然无味，甚至陷入了病态。故欲"防这种流弊，就要求知识以外，兼养感情"。③ 为此，

---

① 蔡元培：《蔡元培致陈独秀》（1917年2月19日），见水如编：《陈独秀书信集》，100～101页。

② 蔡元培：《文化运动不要忘了美育》，见高平叔编：《蔡元培全集》，第3卷，361～362页，北京，中华书局，1984。

③ 高平叔撰著：《蔡元培年谱长编》（中），348～349页，北京，人民教育出版社，1996。

就是要兼治美术。有了美术的兴趣，不仅觉得人生很有意义，就是治科学的时候，也定然会增添勇敢活泼的精神。

对于蔡元培的来信，陈独秀曾复以短函，其中说："记者前论，以不贵苟同之故，对于先生左袒宗教之言，颇怀异议，今诵赐书，遂尔冰释。甚愿今后宗教家，以虚心研求真理为归，慎勿假托名宿之言，欺弄昏稚。"① 所谓"遂尔冰释"，语意含浑，实际上当时的陈独秀依然故我，对蔡元培的意见，敬谢不敏。不过，"五四"之后，他在宗教与情感问题上的观点却发生了根本性的改变。1920 年 4 月陈独秀发表《新文化运动是什么?》，其中就明确宣布了放弃此前自己在宗教与情感问题上所持的观点。他说："宗教在旧文化中占很大的一部分，在新文化中也自然不能没有他。"在人类的行为中，"知识固然可以居间指导，真正反应进行底司令，最大的部分还是本能上的感情冲动。利导本能上的感情冲动，叫他浓厚、挚真、高尚，知识上的理性，德义都不及美术、音乐、宗教底力量大。知识和本能倘不相并发达，不能算人间性完全发达"。社会还需要宗教，反对是无益的，"只有提倡较好的宗教来供给这需要"。有人以为宗教只有相对的价值，没有绝对的价值，但是世界上又有什么东西有绝对价值呢？现在主张新文化运动的人，既不注意美术、音乐，又反对宗教，不知道要把人类生活弄成怎样"机械的状况"。"这是完全不曾了解我们的生活活动的本源，这是一桩大错，我就是首先认错的一个人"。② 在这里，宗教不再被斥为应当废除的尤物，相反，却被强调为"新文化中也自然不能没有他"；情感也不再被贬为知识的附属物，相反，却被尊为甚至较后者更为重要的人性构成。陈独秀观点的根本改变，显而易见，但还需要进一步指出以下几点：(1) 陈独秀是个意志坚定、个性极强的人，轻易不会改变自己的观点。但是，现在他却郑重地公开认错，这不仅反映态度诚恳；而且也说明，在他看来，对宗教与情感问题的正确认识关乎新文化运动进一步发展的全局，所以有必要在"新文化运动是什么"这样显然具有总结性与反思

---

① 陈独秀：《陈独秀答蔡元培》(1917 年 3 月 1 日)，见《陈独秀书信集》，99 页。
② 陈独秀：《新文化运动是什么?》，见林茂生等编：《陈独秀文章选编》(上)，513～514 页。

北京师范大学史学探索丛书

意味的题目下，加以公开郑重的订正。（2）陈独秀在文中明确说："宗教是偏于本能的，美术是偏于知识的，所以美术可以代宗教，而合于近代的心理。现在中国没有美术真不得了，这才真是最致命的伤。"[①] 陈独秀放弃"以科学代宗教"的主张，转而公开接受蔡元培一直倡导的"以美术代替宗教"的观点，足见后者对他的影响仍然是深刻的。（3）也是最重要的一点。陈独秀在宗教与情感问题上认识的根本改变，鲜明地表现出了与西方反省现代性思潮间的契合。这有二：一是认同西方反省现代性思潮提出的一个基本观点：宗教体现人类的终极关怀，情感构建了人类的精神家园，不容漠视。例如，他说：对基督教要重新认识，"要把耶稣崇高的、伟大的人格和热烈的、深厚的情感，培养在我们的血里，将我们从堕落在冷酷、黑暗、污浊坑中救起"。又说："我近来觉得对于没有情感的人，任你如何给他爱父母、爱乡里、爱国家、爱人类的伦理知识，总没有什么力量能叫他向前行动。梁漱溟先生说：'大家要晓得人的动作不是知识要他动作的，是欲望与情感要他往前动作的。单指出问题是不行的，必要他感觉着是个问题才行。指点出问题是偏于知识一面，而感觉他真是我的问题都是情感的事。'梁先生这话极有道理……"二是大量使用了生命哲学的概念术语。例如，"本能"、"冲动"、"知识理性的冲动"、"自然的纯感情的冲动"、"超物质的精神冲动"、"机械的状况"，等等。至于他说："知识理性的冲动，我们固然不可看轻；自然情感的冲动，我们更当看重"；"离开情感的伦理道义，是形式的不是里面的；离开情感的知识是片段的不是贯串的，则后天的不是先天的，是过客不是主人"，[②] 等等，这与柏格森、倭铿强调："所谓生活意义不在智识之中也，活动即精神本体也。物质由精神驱遣也"；[③] 以及梁启超所说："人类生活，固然离不了理智；但不能说理智包括尽人类生活的全内容。此外还有极重要一部分——或者可以说是

---

① 陈独秀：《新文化运动是什么？》，见林茂生等编：《陈独秀文章选编》（上），515 页。

② 陈独秀：《基督教与中国人》，见林茂生等编：《陈独秀文章选编》（上），484～485 页。

③ 张君劢：《倭伊铿精神生活哲学大概》，载《改造》，第 3 卷第 7 号，1921-03-15。

欧战前后：国人的现代性反省

87

第三章 新文化运动与反省现代性思潮

生活的原动力，就是'情感'。"① 其语气、口吻，岂非如出一辙！

陈独秀、蔡元培在宗教与情感认知上与西方反省现代性思潮的契合，既反映了新文化运动早期偏于极端的功利主义的弱化，也集中说明了新文化运动与反省现代性并非水火不相容，而是多有相通。明白了这一点，我们便不能不钦佩梁漱溟目光之敏锐了。他在《东西文化及其哲学》中既批评陈独秀先前的思想"与西方十八九世纪思想一般无二"，同时又指出，不论自觉与否，陈独秀新近承认西方现代思想的变动，并重新肯定了宗教与情感的重要性，毕竟表明他的思想又存在着与欧洲现代思潮变动趋同可喜的一面："在这篇文章（指《基督教与中国人》）中很见出他觉悟了人生行为的源泉所在，与西洋人近来的觉悟一样。"②

其三，中西文化观的异趋。

在新文化运动发展过程中，关于中西文化问题的争论，始终如影相随。究其原因，端在存在时代落差的中西方社会，彼此却又都面临着自己"重新估定一切价值"的时代，故时人的中西文化观，不免见智见仁，呈现多元的态势。梁启超诸人强调欧战暴露出的西方文化的弱点，主张文化保守主义；陈独秀诸人强调中国文化积重难返，主张激进主义。实则，后者何尝没有注意到西方现代思潮的变动？只是因为他们坚信中国物质文明过于落后了，西人的反省不适于中国，故坚持矫枉必须过正。这就是何以陈独秀虽然肯定了上述梁漱溟关于情感的观点"这话极有道理"，却又立即补充说"中国底文化源泉里，缺少美的、宗教的纯情感，是我们不能否认的"，"这正是中国人堕落底根由"③ 的原因了。但是，新文化运动主持者们又非铁板一块，与陈独秀、胡适诸人相较，蔡元培、李大钊的中西文化观明显异趋，而这恰恰又是与他们对西方反省现代性思潮的认知差异紧密相关的。

蔡元培将《青年杂志》引进北京大学，使北大成为了新文化运动的策

北京师范大学史学探索丛书

---

① 梁启超：《人生观与科学》，见张君劢等：《科学与人生观》，138 页，合肥，黄山书社，2008。

② 梁漱溟：《东西文化及其哲学》，见《梁漱溟全集》，第 1 卷，513、515 页。

③ 陈独秀：《基督教与中国人》，见林茂生等编：《陈独秀文章选编》（上），485 页。

源地。他不仅是新文化运动的主要代表人物，而且是其庇护人。但是，蔡元培并不认同陈独秀、胡适诸人简单否定中国文化和一味赞美西方文化的做法。他认为中国文化有自己的优长，主张"以真正之国粹，唤起青年之精神"；[①] 他所以高度评价新文化运动是中国文艺复兴的起点，理由乃在于坚信借助西方先进的思想与方法，中国文化终将后来居上。这些实际上更接近于梁启超诸人观点的思想主张，既与他倡导"思想自由，兼收并蓄"的理念有关，同时，更与他重视并充分理解西方反省现代性的积极意义分不开。欧战后，杜亚泉、梁启超诸人多主张要重视西方现代思潮的变动，重新审视中西文化，不宜盲目效法西方，这自有它的合理性。但是，陈独秀诸人却嗤之以鼻，以为谣言惑众。陈独秀两次撰文质问杜亚泉及《东方杂志》："盖自欧战以来，科学，社会，政治，无一不有突飞之进步；乃谓为欧洲文明之权威，大生疑念。此非梦呓而何？"[②] 瞿秋白则斥之为沉渣泛起，无非是欧战重新引动了中国人的"傲慢心"；胡适认为所谓柏格森等人对西方文化的反省，无非是发几句牢骚，好似富人吃厌了鱼肉，想尝咸菜豆腐的风味而已。梁启超的《欧游心影录》也无非是在传播西方玄学鬼诬蔑科学的"谣言"。[③] 足见，他们未能正视欧战暴露的西方文明的弱点和西方反省现代性思潮崛起的意义。值得注意的是，1921年蔡元培在华盛顿乔治城大学发表题为《东西文化结合》的演讲，他对西方现代思潮变动的观感，却与陈、瞿、胡截然相反。演讲中，蔡元培在谈到了文化融合的意义与近百年来包括中国在内，东方各国努力学习西方文化的历史之后，着重指出：西方不仅在文艺复兴时代深受阿拉伯和中国的影响，在近代也仍不乏其例。而欧战后，包括柏格森、倭铿、罗素、杜威在内，有识之士反省现代性，并要求重新认识东方文化的优长，正在成为一种潮流。他说："尤（其）是此次大战以后，一般思想界，对于旧日机械论的世界观，对于显微境下专注分析而忘却综合的习惯，对于极端崇拜金钱、崇拜势力的

---

① 蔡元培：《致汪兆铭函》，见高平叔编：《蔡元培全集》，第 3 卷，26 页。

② 陈独秀：《再质问〈东方杂志〉记者》，见《独秀文存》，223 页。

③ 参见瞿秋白：《中国社会思想的大变动》，见《瞿秋白文集》，第 1 卷，北京，人民出版社，1987；胡适：《〈科学与人生观〉序》，见《胡适全集》，第 2 卷。

生活观，均深感为不满足。欲更进一步，求一较为美善的世界观、人生观，尚不可得。因而推想彼等所未发现的东方文化，或者有可以应此要求的希望。所以对于东方文化的了解，非常热心。"蔡元培认为西方反省现代性思潮的崛起，并非仅是少数几个人发发牢骚而已，而是体现了西方现代思潮的重要变动，故国人关注它，并要求重新审视中西文化，就不能简单斥为是"傲慢心"作祟，而当视为一种新的自觉。所以，他在演讲中最后满怀信心地说："照这各方面看起来，东西文化交通的机会已经到了。我们只要大家肯尽力就好。"①

李大钊的中西文化观与蔡元培相仿，但更显系统，并有更多的理论思考；同时，其染上反省现代性的思想印记，也愈加明显。与陈独秀、胡适诸人隆西抑中，一味否定中国文化不同，李大钊明确主张中西文化调和。他说：中西文化因地理及历史的缘故，形成了"主静"、"主动"各自特色的两大区域性文化，二者互有长短，不宜妄为轩轾于其间。两大文化所体现的"静的与动的"精神，"必须时时调和，时时融会，以创造新生命，而演进于无疆"。② 学界对此已有许多研究，本文无意重复；不过，需要指出两点：

（一）李大钊主张中西文化调和的一个重要理论依据，是源于柏格森的生命哲学。西方反省现代性的锋芒所向，重要一点，就是批评理性主义摧毁了传统。柏格森生命哲学强调生命的"冲动"、"意识流转"、"绵延"，突出的也是新旧的嬗递与有机的统一。所以，罗素评论说：柏格森的"纯粹绵延把过去和现在做成一个有机整体，其中存在着相互渗透，存在着无区分的继起"。③ 当代美国学者罗兰·斯特龙伯格在所著享有盛誉的《西方现代思想史》一书中，对柏格森的哲学也有同样的评论："当我们用直觉来把握直接经验的时候，我们发现的是一个无法分割的连续体，它是一种我们只能有诗歌意象来描述的'绵延'。其他事物也是如此。"④ 新旧文化能否调和曾是新文化运动中争论的一个热点问题，始作俑者则是章士钊。

---

① 蔡元培：《东西文化结合》，见高平叔编：《蔡元培全集》，第 4 卷，51 页。

② 李大钊：《东西文明根本之异点》，见《李大钊文集》（上），560 页。

③ ［英］罗素：《西方哲学史》，下卷，352 页。

④ ［美］罗兰·斯特龙伯格：《西方现代思想史》，378 页。

他早年在《甲寅》首倡此说，后来发表的《新时代之青年》一文更径直引发了争论，而是文提出新旧时代延续调和的观点，正是借柏格森"动的哲学"立论："宇宙最后之真理，乃一动字，自希腊诸贤以至今之柏格森，多所发明。柏格森尤为当世大家，可惜吾国无人介绍其学说。总之时代相续，状如犬牙，不为栉比，两时代相距，其中心如两石投水，成连线波，非同任何两圆边线，各不相触。"[①] 李大钊曾在日本协助章办杂志，他不仅也接受了生命哲学的影响，而且认同章的调和论观点。这在他发表的《"今"》中，表现得十分清楚。他说：陈独秀在他的《一九一六年》中曾有言，青年欲达民族更新的希望，"必自杀其一九一五年之青年，而自重其一九一六年之青年"，自己受其影响，也说过"从现在青春之我，扑杀过去青春之我"一类的话；但是，这却是不对的："大实在的瀑流永远由无始的实在向无终的实在奔流。吾人的'我'，吾人的生命，也永远合所有生活上的潮流，随着大实在的奔流，以为扩大，以为继续，以为进转，以为发展。故实在即动力，生命即流转。"新旧时代，时时流转，时时变易，如奔流向前，只有"扩大"、"继续"、"进转"，哪有截然断裂？今天的"我"不同于昨天的"我"，这是进步；但这绝非意味着可以全然摆脱昨天的"我"。"旧我"还将遗留永远不灭的生命于"新我"之中，"如何能杀得？""乃至十年二十年百千万亿年的'我'都俨然存在于'今我'的身上。"[②] 也正是缘此之故，新旧的更替，便表现为生命的"冲动""流转"，也即是所谓"绵延"。很显然，李大钊主张新旧调和，其理论根据同样染上了生命哲学的印记。

（二）李大钊所谓中西文化各有长短，取角也恰恰是源于反省现代性。例如，他说：西方文明"疲于物质之下"，东方文明之所长，"则在使彼西人依是得有深透之观察，以窥见生活之神秘的原子，益觉沉静与安泰。因而起一反省，自问日在物质的机械的生活之中，纷忙竞争，创作发明，孜孜不倦，延人生于无限争夺之域，从而不暇思及人类灵魂之最深问题者，

---

① 章士钊：《新时代之青年》，载《东方杂志》，第 16 卷第 11 号，1919-11-15。

② 李大钊：《李大钊文集》（上），534～535 页。

究竟为何？"① 这与罗素所谓"我们的文明的显著长处在于科学的方法；中国文明的长处则在于对人生归宿的合理理解。人们一定希望看到两者逐渐结合在一起"②，岂非异曲同工？还需要指出的是，李大钊在《东西文明根本之异点》中阐述上述观点，是文还有两篇附录，其中一篇是日人北聆吉的《论东西文化之融合》。如前所述，时日本正风行柏格森哲学，故作者正是从鲜明的反省现代性的视角出发，提出了东西文化融合的主张。③ 李大钊肯定是文"颇多特见"、"亦与愚论无违"。④ 这无疑更进一步彰显了他反省现代性的取角。

诚然，如果仅止于此，还不足显示李大钊的个性；还必须看到，李大钊虽然主张中西文化调和，但他并不认为二者可以等量齐观，尤其反对可能缘此引出隆中抑西的误导。所以，他强调：无论西方文化如何显露了自己的弱点，"而以临于吾侪，而实居于优越之域"，是必须看到的。因之，就中国而言，"物质的生活，今日万不能屏绝勿用"，例如，火车轮船不能不乘；电灯电话不能不用；个性自由不能不要；民主政治不能不行。国人对此需根本觉悟，"期与彼西洋之动的世界观相接近，与物质的生活相适应"，从而将传统静止的态度根本扫荡。《东西文明根本之异点》的另一篇附录是评介《东方杂志》所刊，译自日人平佚的文章《中西文明之评判》⑤。是文内容实为日人评价辜鸿铭对西方文化的批评。辜氏夸大所谓"中国的精神文明"，明显表露出隆中抑西的虚骄心态。陈独秀对《东方杂志》译载是文十分不满，曾撰文质问《东方杂志》主编杜亚泉是否与辜氏为同志。⑥ 李大钊在附录中同样明确地反对辜氏的观点，并进一步强调了

北京师范大学史学探索丛书

---

① 李大钊：《东西文明根本之异点》，见《李大钊文集》（上），560 页。

② ［英］罗素：《中国问题》，63 页。

③ 例如，作者说：东西方文化须融合。"吾人为自己精神的自由，一面努力于境遇之制服与改造，一面亦须注意于境遇之制服与改造不可无一定之限制，而努力于自己精神之修养。单向前者以为努力，则人类将成为一劳动机械；仅以后者为能事，则亦不能自立于生存竞争之场中。必兼斯二者，真正人间的生活始放其光辉。"（转引自《李大钊文集》（上），570 页）

④ 李大钊：《东西文明根本之异点》，见《李大钊文集》（上），571 页。

⑤ ［日］平佚：《中西文明之评判》，载《东方杂志》，第 15 卷第 6 号，1918-06-15。

⑥ 陈独秀：《质问〈东方杂志〉记者》，载《新青年》，第 5 卷第 3 号，1919-09-15。

中国当务之急在于迎受西方文化。他说："西洋文明之是否偏于物质主义，宜否取东洋之理想主义以相调剂？此属别一问题。时至今日，吾人所当努力者，惟在如何以吸收西洋文明之长，以济吾东洋文明之穷。""断不许舍己芸人，但指摘西洋物质文明之疲弊，不自反东洋精神文明之颓废。"① 由上足见李大钊中西文化观的个性：虽然与蔡元培一样，都主张中西文化融合，但由于强调了二者不宜等量齐观和必须对中国"静的世界观"有"彻底之觉悟"并自觉迎受西洋"动的世界观"，其对中国文化批判与自省的力度，显然要大过于蔡元培；虽然与陈独秀一样，都看到了中国的落后，强调于西方物质文明"万不能屏绝勿用"，因而不认同西方反省现代性思潮根本的思想取向，而坚持了新文化运动的方向。但由于他肯定了中西文化各有长短、中西文化调和的必然性与中国文化"复活"并将为世界文明的发展再次作出重大的贡献，而与陈独秀不愿正视西方文化的弱点，简单否定中国文化，难免极端的思想主张，划开了界限。可以这样说：在新文化运动主持者中，李大钊的中西文化观由于正视并吸纳了西方反省现代性思潮某些积极与合理的内涵，它较比更显冷静、理性和深刻。

由上可知，西方反省现代性思潮对新文化运动主持们者的影响，虽是因人因事而异；但是，就上述涉及进化论、宗教与情感、中西文化观等荦荦大者而言，已足令吾人看到了新文化运动除了传统描述的严厉、激进和不妥协的一面外，原来还有宽容、人性化与更为多样化、生动的另一面。事实上，不仅如此，就李大钊、陈独秀而言，反省现代性思潮甚至还为他们最终转向马克思主义，提供了重要的思想铺垫。

三、转向马克思主义：重要的思想铺垫

当代美国著名学者费侠莉（又译傅乐诗）曾生动地描述了欧战后西方现代思潮的变动给国人以驳杂的观感："中国人从左翼听到说欧洲的马克思主义者把工业生产的资本主义形式谴责为剥削"，它不仅造成了社会阶

---

① 李大钊：《东西文明根本之异点》，见《李大钊文集》（上），566、567页。

级的对立，而且直接导致了世界范围内的恃强凌弱和帝国主义与战争。"从资本主义的右翼，他们听到的是对当代工业社会的不满，这表现为对技术的反人道性质的反叛"。"最后，他们看到，技术产生的破坏性武器和人类抑制不住的愚蠢，哺育了世界大战这个可怕的怪物。这一切，在东方和在西方一样，形成了对整个文明的控诉。"① 不过，费侠莉没有指出：国人虽然看到了西方对自身前途的迷茫和疑虑，几与中国自己的迷茫和疑虑无异；但他们从欧洲现代思潮的变动中，毕竟综合形成了一个带有普遍性的共识：资本主义制度非人道。时人强调，反对资本制度当是新文化运动的应有之义。蔡晓舟说，新文化运动的大前提是"幸福均沾"四个字，离开了这个大前提，"便是瞎捣乱，便算不了文化运动"。而这个理想社会的主要障碍，就是"资本制度"。② 愚公则指出，文化运动与劳动运动互为表里，后者"是由现代非人道不平等的资本制度的压迫反动而生的"。"反对资本主义，打破资本制度，谋造理想的社会的运动，便叫做神圣的劳动运动"。③ 在时人看来，与非人道的资本主义相反，社会主义体现公平正义，自然将成为时代发展的新趋势。1919年底，张东荪致书随梁启超游欧的张君劢诸人说："世界大势已趋于稳健的社会主义，公等于此种情形请特别调查，并搜集书籍，以便归国之用。"④ 梁启超在《欧游心影录》中也指出，"社会主义，自然是现代最有价值的学说"，虽然提倡这主义，精神与方法不可混为一谈，但是，"精神是绝对要采用的"。⑤ 瞿秋白则更进了一步，他说，因欧战"触醒了空泛的民主主义的噩梦"，"工业先进国的现代问题是资本主义，在殖民地上就是帝国主义，所以学生运动悠然一变而倾向于社会主义，就是这个原因"。⑥ 这即是说，在战后西方忙于反省资本主义的时候，在久受帝国主义压迫的中国，径直追求公平、正义的社会主义

① ［美］费侠莉：《丁文江：科学与中国新文化》，84～85页。

② 蔡晓舟：《文化运动与理想社会》，载《新人》，第1卷第5号，1920-08-18。

③ 愚公：《文化运动与劳动运动》，载《旅欧周刊》，第33号，1920-06-26。

④ 丁文江、赵丰田编：《梁启超年谱长编》，893页。

⑤ 梁启超：《饮冰室合集·专集》（23），32页。

⑥ 瞿秋白：《饿乡纪程》，见蔡尚思主编：《中国现代思想史资料简编》，第1卷，656页。

却已成为了现实性的人心趋向了。

但是，如梁启超所言，采用社会主义精神是一回事，具体主张以何样的途径与方法实现它，又是另一回事，故国人的思想取向复趋于多元化。蒋梦麟说："大体而论，知识分子大都循着西方民主途径前进，但是其中也有一部分人受到1917年俄国革命的鼓动而向往马克思主义。"[①] 李大钊、陈独秀诸人以俄为师，转向马克思主义，从而异军突起，为新文化运动开辟了新的前进方向，这是学术界人人耳熟能详的事情；不过，遗憾的是，已有的研究，忽略了重要一点：不仅西方反省现代性思潮的影响构成了李、陈上述转变重要的思想铺垫，而且接受和超越此种影响，又构成了此种转变鲜明的思想轨迹。

李大钊的社会历史观，从"灵、肉"二元论到物质一元论的转变，最能彰显此一思想进路。需要指出的是，欧战前后，国人习惯于将西方近代文化批判性地归结为物质文明（"肉"），而肯定东方的精神文明（"灵"），这恰恰是始于欧洲反省现代性的基本观点。美国学者艾恺认为，亚洲的反省现代性（现代化）所以到欧战后才显出其重要性，原因即在于它实际上是欧洲现代思潮变动的产物。他说："无可讳言，认为亚洲保有一个独特的精神文明这个观点基本上是一个西方的念头；而这念头则基本上是西方对现代化进行的批评的一部分。"[②] 费侠莉也指出："'物质的西方'是一个源于西方的欧洲口号，它在世界大战中诞生，甚至由伯特兰·罗素在中国加以重复。欧洲为中国人提供了怀疑的形式，甚至是在欧洲创造那些引起怀疑的条件的时候提供的。"[③] 这即是说，以精神文明、物质文明判分近代中西文化原是西方的观点，时人只是将之加以引申罢了。李大钊1916年在《"第三"》一文中，最早提出了自己"灵肉一致之文明"的概念："第一文明偏于灵；第二文明偏于肉；吾宁欢迎'第三'之文明。盖'第三'之文明，乃灵肉一致之文明，理想之文明，向上之文明也。"[④] 在这里，李大钊显然是借重了反省现代性的视

---

① 蒋梦麟：《西潮》，115页，沈阳，辽宁教育出版社，1997。

② ［美］艾恺：《世界范围内的反现代化思潮——论文化守成主义》，87～88页。

③ ［美］费侠莉：《丁文江：科学与中国新文化》，117页。

④ 李大钊：《李大钊文集》（上），184页。

角。值得注意的是，随后他转向迎受俄国十月革命，此种视角又合乎逻辑地起了导引的作用。1918 年他在《东西文明根本之异点》中提出东西文化调和论，不仅如前所述已取径于反省现代性，而且进一步将"灵肉一致"之"第三文明"说，径直与肯定俄国革命对接。他说："由今言之，东洋文明既衰颓于静止之中，而西洋文明又疲命于物质之下，为救世界之危机，非有第三新文明之崛起，不足以渡此危崖。俄罗斯之文明，诚足以当媒介东西之任。"① 在他看来，俄国布尔什维克的胜利代表一种人道、互助、博爱的人类新文明的崛起。"五四"后李大钊旗帜鲜明地正式宣告了自己转而信仰马克思主义，但有趣的是，因初始对唯物史观的理解尚不到位，他用心良苦，依旧借重了反省现代性的观点，而思"救其偏蔽"。在著名的《我的马克思主义观》一文中，李大钊说：许多人所以"深病"马克思主义，端在它抹杀了伦理的观念，"那阶级竞争说尤足以使人头痛"。实则，马克思何尝否认了个人高尚品德的存在？只是认为在立于阶级对立基础之上的社会里，人类互助、博爱的伦理观念及理想，难以实现罢了。马克思将存在阶级对立的社会列入"前史"，相信它将最后终结，随后继起的才是人类真正的历史，即互助的没有阶级竞争的历史。"这是马氏学说中所含的真理"。不过，在这过渡的时代，"伦理的感化，人道的运动，应该倍加努力，以图铲除人类在前史中所受的恶习染，所养的恶性质，不可单靠物质的变更。这是马氏学说应加救正的地方。""近来哲学上有一种新理想主义出现，可以修正马氏的唯物论，而救其偏蔽。"发现阶级斗争存在的事实，本非马克思的专利，他的贡献在于由此进一步引出了无产阶级革命与专政的理论，并论证了人类社会将以此为基础，最终实现消灭阶级的共产主义社会。不难看出，李大钊对唯物史观的理解还存在误读；但是，尽管如此，问题的关键在于，他借重反省现代性的观点为马克思学说"补台"，目的乃在于维护和坚定自己对马克思主义的信仰。所谓"近来哲学上有一种新理想主义出现"，实际上指的就是强调"精神生活"、"创造的冲动"和"互助"在内的反省现代性思潮。所以，李大钊由上引出的结论是：须以人道主义改造人类精神，同时以社会主义改

北京师范大学史学探索丛书

---

① 李大钊：《李大钊文集》（上），560 页。

造经济组织。"我们主张物心两面的改造，灵肉一致的改造"。① 同年 9 月，他复在《"少年中国"的"少年运动"》中再次重申了这一主张："我所理想的'少年中国'，是由物质和精神两面改造而成的'少年中国'，是灵肉一致的'少年中国'。""精神改造的运动，就是本着人道主义的精神，宣传'互助''博爱'的运动，改造现代堕落的人心，使人人都把'人'的面目拿出来对他的同胞；把那占据的冲动，变为创造的冲动；把那残杀的生活，变为友爱的生活；把那侵夺的习惯，变为同劳的习惯；把那私营的心理，变为公善的心理。这个精神的改造，实在是要与物质的改造一致进行，而在物质的改造开始的时期，更是要紧。因为人类在马克思所谓'前史'的期间，习染恶性很深，物质的改造虽然成功，人心内部的恶，若铲除净尽，他在新社会新生活里依然还要复萌，这改造的社会组织，终于受他的害，保持不住。"② 李大钊既信仰唯物史观，但同时复主张灵与肉、精神与物质、互助与阶级竞争的结合，由是足见，反省现代性的视野如何构成了他迈向唯物史观的重要阶梯。到 1919 年底 1920 年初，李大钊发表《物质运动与道德运动》、《由经济上解释中国近代思想变动的原因》诸文，开始自觉强调从物质经济的原因解说道德思想的变动，是其思想最终超越"灵肉"、"心物"二元论即反省现代性的视野，臻至物质一元论即成熟的唯物史观更高境界的重要标志。1920 年底，李大钊进一步写道："这些唯心的解释的企图，都一一的失败了……（唯物史观）这种历史的解释方法不求其原因于心的势力，而求之于物的势力，因为心的变动常是为物的环境所支配。"③ 这时的李大钊无疑已是一位成熟的马克思主义者了。

陈独秀转向马克思主义稍晚于李大钊，但其思想的转变同样与反省现代性思潮分不开。1920 年 1 月，他在《自杀论》中回顾了欧洲思潮的变动，并对 19 世纪理性主义第一次作了明确的反省。陈独秀将欧洲思潮的发展依"古代"、"近代"、"最近代"，列表示意。其中，在"近代思潮"下，

---

① 李大钊：《我的马克思主义观》，见《李大钊选集》，193～194 页，北京，人民出版社，1959。

② 李大钊：《我的马克思主义观》，见《李大钊选集》，235～236 页。

③ 李大钊：《唯物史观在现代史学上的价值》，见《李大钊选集》，337 页。

列有："唯实主义"、"物的"、"现世的"、"科学万能"、"现实"、"唯我"、"客观的实验"等；与此相应，在"最近代思潮"下，则列有："新唯实主义"、"情感的"、"人生的"、"人的"、"现世的未来"、"科学的理想万能"、"现实扩大"、"自我扩大"、"主观的经验"等。这里实际上已指出了欧洲19世纪末以来，理性主义与非理性主义思潮消长的信息。所以，他进而总结说："古代的思潮过去了，现在不去论他。所谓近代思潮是古代思潮底反动，是欧洲文艺复兴底时候发生的，十九世纪后半期算是他的全盛时代，现在也还势力很大，在我们中国底思想界自然还算是新思潮。这种新思潮，从他扫荡古代思潮底虚伪，空洞，迷妄的功用上看起来，自然不可轻视了他；但是要晓得他的缺点，会造成青年对于世界人生发动无价值无兴趣的感想。这种感想自然会造成空虚，黑暗，怀疑，悲观，厌世，极危险的人生观。这种人生观也能够杀人呵！他的反动，他的救济，就是最近代的思潮，也就是最新的思潮；古代思潮教我们许多不可靠的希望，近代思潮教我们绝望，最近代思潮教我们几件可靠的希望；最近代思潮虽然是近代思潮底反动，表面上颇有复古的倾向，但他的精神，内容都和古代思潮截然不同，我们不要误会了。"① 陈独秀强调"近代思潮"源于文艺复兴，它是"古代思潮底反动"，于19世纪末达到全盛，这显然指的就是欧洲18世纪以来高歌猛进的理性主义。他虽然肯定"近代思潮"还有自己的影响，尤其对于中国来说，仍不失为新思潮，其反封建的意义不容轻忽；但是，他更强调这一新思潮也有自己的"黑暗"与缺失。所谓"近代思潮教我们绝望"，它造成了"极危险的人生观，这种人生观也能够杀人"，反映的正是对现代性的反省。最后，陈独秀明确指出，现在欧洲的"近代思潮"业已落伍，正为"最近代最新的思潮"所代替。虽然陈独秀说"最近代最新的思潮"的代表，是罗素的新唯实主义哲学，但事实上，他所指的

北京师范大学史学探索丛书

---

① 陈独秀：《自杀论》，见《独秀文存》，276～277页。

乃是包括罗素的省思在内的整个欧洲的反省现代性思潮。① 也惟其如此，梁漱溟看过《自杀论》后强调说：近来"陈先生自己的变动已经不可掩了"，他既承认"最近思想"与"近代思想"多相反，"我们看，他以前的思想就是他此处所说的近代思想，那么陈先生思想的变动不是已经宣布了吗?"②

陈独秀虽于 1919 年 4 月后开始转而肯定十月革命和马克思主义，但是 1920 年 3 月他发表《马尔塞斯人口论与中国人口问题》，却还在强调马克思主义并非是"包医百病的良方"③，将阻障学术思想的进步。他真正实现向马克思主义的转变，当在 1920 年 4—5 月间。④ 陈独秀既然认欧洲反省"近代思潮"的正确方向，是以"最近代最新的思潮"即包括罗素的省思在内的反省现代性思潮为代表，这便与上述他既认为马克思主义有价值，却又说它非"包医百病的学说"，相互补充，进一步生动地说明了，此期的陈独秀虽然正向马克思主义转变，但这是一个摇摆的过程。不仅如此，它还说明了，在陈独秀真正实现由崇拜"近代思潮"，向信仰马克思主义的转变过程中，反省现代性思潮同样为他提供了重要的思想铺垫，尽管较之李大钊，这个时间是短暂的。⑤ 1923 年在"科玄之争"中，陈独秀反对

① 参阅拙文：《陈独秀与反省现代性思潮》，载《河北学刊》，2007 (6)，2008 (1)。需指出的是：如前所述，陈独秀 1916 年在《当代二大科学家之思想》一文中已提到柏格森学说是"欧洲最近之思潮"，但由于不认同其根本的思想取向，其后在很长时间里，他对反省现代性思潮，已是讳莫如深。1920 年陈独秀在《自杀论》中，实际上是再次直面欧洲反省现代性思潮，对欧洲现代思潮的变动重新作了梳理。

② 梁漱溟：《东西文化及其哲学》，见《梁漱溟全集》，第 1 卷，514 页。

③ 陈独秀：《独秀文存》，288 页。

④ 唐宝林、林茂生：《陈独秀年谱 (1879—1942)》，118～120 页，上海，上海人民出版社，1988。

⑤ 1923 年陈独秀为《科学与人生观》作序，仍坚持"科学万能"论，说明他对唯物史观的理解还不成熟。第二年，他在《答张君劢及梁任公》中，强调梁启超将马克思主义的唯物论与西方近代"机械的人生观"混为一谈，实属误解："这大概是因为他不甚注意，近代唯物论有二派的缘故：一派是自然科学的唯物论，一派是历史的唯物论；机械的人生观属于前一派，而后一派无此说。"〔林茂生等编：《陈独秀文章选编》(中)，452 页，北京，生活·读书·新知三联书店，1984〕这说明：其时的陈独秀既超越了反省现代性，也超越了"科学万能"论。

梁启超、张君劢的思想主张，同时也批评胡适过分夸大了知识、思想在历史发展中的作用，与唯物史观的"物质一元论"相背离，而与梁启超诸人妥协，同样陷入了唯心论的"心物二元论"。① 这自然是他超越反省现代性思潮的重要表征。

在李大钊、陈独秀诸人转向马克思主义的过程中，反省现代性思潮所起的助力作用，还表现为：其一，反省现代性思潮，说到底，也是其时西方思想解放的一种潮流，究其本质是对资本主义的批判。它痛斥在资本主义制度下，物欲横流，尔虞我诈，世风日下，人性扭曲，这自然有助于进一步增强包括李大钊、陈独秀在内，国人对社会主义价值取向的认同。李大钊说：资本主义竞争"使人类入于悲惨之境，此种竞争，自不可以"。为了进步与发展的需要，社会主义也会有竞争，但那是"良好的竞争，是愉快而有味，无不可以行之"。他强调资本主义抹杀个性，必然造成机械的人生观，"此冷酷资本主义"，"使人生活上，渐趋于干燥无味之境"。按罗素的说法，人的冲动分为"占有的冲动"与"创造的冲动"两种，资本主义恰恰是鼓励前者而压抑后者，造成整个社会唯利是图，"毫无美感可见"，最终阻碍了艺术的发展。相反，在社会主义社会，艺术从"尊重人格根本观念出发"，可以更加充分地"表现人的感情"。② 陈独秀也指出，资本主义虽然促进了欧美、日本教育与工业的发展，但是，同时却把社会弄得"贪鄙欺诈刻薄没有良心了"，欧战的发生正是资本主义的产物，"这是人人都知道的"。所以中国只能"用社会主义来发展教育及工业，免得走欧、美、日本底错路"。③ 此种认知明显地融入了反省现代性的许多元素。其二，反省现代性思潮由于不脱唯心论的指导，它只满足于对理性专制的批判，而放过了变革资本主义制度本身，这正是它与马克思主义的根本区别。但是，反省现代性思潮对社会公平正义和"合理的人生"的呼唤，在当时中国政治极端黑暗的具体国情下，又有进而激起国人拷问政治，乃至变革现实社会制度的诉求，是应当看到的。梁漱溟说："这

---

① 陈独秀：《答适之》，见林茂生等编：《陈独秀文章选编》（中），379～380 页。
② 李大钊：《社会主义与社会运动》，见《李大钊文集》（下），374、378、380 页。
③ 陈独秀：《陈独秀致罗素》，见水如编：《陈独秀书信集》，295 页。

种经济制度和我倡导的合理人生态度，根本冲突。在这种制度下，难得容我们本着合理的人生态度去走。""只有根本改革这个制度，而后可行。""这便是中国虽没有西洋从工业革新以来的那一回事，而经济制度的改正，依旧为问题的意义了。所以社会主义的倡说，在中国并不能算是无病呻吟。"① 梁漱溟是政治上温和的学者，他的感受与诉求，当具有普遍性。明白了这一点，便不难理解，李大钊、陈独秀诸人最终揭出中国问题当从政治制度变革入手，以求"根本解决"的主张，不仅合乎唯物史观的革命逻辑，而且与"五四"前后国人的反省现代性，也存在着某种契合。

四、历史发展的多样性统一

20 世纪初的中国与西方，都面临着一个追求思想解放与社会变革的时代，但因时代的落差，当中国效法西方的新文化运动洪波涌起之时，国人却发现西人也正在"重新估定一切价值"，反省自己的文化。缘是，就中西文化而言，国人面临着自鸦片战争以来的第二次理性选择：第一次是要求摆脱"天朝大国"的虚骄心态，选择"师夷长技"即学习西方；这一次则是要求摆脱盲目崇拜西方的心态，选择自主发展，以实现民族的真正觉醒。新文化运动与反省现代性思潮的视角，有助于我们从一个新的侧面，考察志士仁人的这一心路历程。

欧洲自 19 世纪末兴起的非理性主义思潮，反省现代性，反对过分理智化造成了机械的人生与人性的异化。其理论与思辨的"理性真理的内核，以非理性和暂时形式存在"，② 对于西方社会的生活和思想产生了深远的影响。英国学者以赛亚·伯林说："浪漫主义（即非理性主义——引者）的重要性在于它是近代史上规模最大的一场运动，改变了西方世界的生活和思想。对我而言，它是发生在西方意识领域里最伟大的一次转折。发生在

---

① 梁漱溟：《槐坛讲演之一段》，见《梁漱溟全集》，第 4 卷，738～739 页。
② ［意］克罗齐：《十九世纪欧洲史》，田时纲译，31 页，北京，中国社会科学出版社，2005。

十九、二十世纪历史进程中的其他转折都不及浪漫主义重要，而且它们都受到浪漫主义深刻的影响。"① 但是，对于 20 世纪初刚刚走出中世纪，国衰民穷的中国而言，追求现代性毕竟是第一位的。陈独秀、李大钊都强调指出：由于中国过于落后，故其当务之急在追赶西方"动的文明"，发达本国的物质文化，西方反省现代性思潮的根本取向不适合于中国。得益于清醒的国情判断，陈独秀诸人主持的新文化运动正确地把握了时代的脉博，成为了引导社会前进的时代主流。

但是，也必须看到，新文化运动终究是西方现代思潮影响下的产物，陈独秀诸人不可能对西方现代思潮的变动和反省现代性思潮的内在合理性，熟视无睹。如果说，新文化运动初始，陈独秀诸人纷纷借重柏格森、倭铿的学说立论，以彰显自身追求现代性的取向，是表现为某种机智；那么，随着新文化运动的进一步展开，他们由主张"优胜劣汰"的进化论，转而主张互助的进化论；由简单否定宗教、贬抑情感，转而重新肯定它们的价值；李大钊、蔡元培等人在中西文化观上与陈独秀、胡适异趋，明确主张中西文化调和；等等，不论自觉与否，实际上新文化运动的主持者们不同程度上都在借鉴和吸纳反省现代性合理的内核，从而在很大程度上，弱化了新文化运动初期明显存在的极端功利主义、绝对化、简单化的非理性倾向。"浪漫主义的结局是自由主义，是宽容，是行为得体以及对于不完美的生活的体谅；是理性的自我理解的一定程度的增强。"② 曾表示不容他人质疑的陈独秀，居然公开承认包括自己在内，新文化运动存在着不了解生活本源，轻忽人文、宗教和偏向机械人生的"大错"。这是个典型的事例，集中说明了由于借鉴和吸纳了反省现代性的某些合理内核，新文化运动显示了自己宽容和富有人性化的另一面。简单指斥新文化运动全盘反传统所以难以成立，归根结底，也正在于此。

考察新文化运动与反省现代性，也有助于使我们对新文化运动后期转向宣传马克思主义和社会主义的理解，获致进一步的深化。西方现代思潮

① ［英］以赛亚·伯林：《浪漫主义的根源》，吕梁等译，9～10 页，北京，译林出版社，2008。

② ［英］以赛亚·伯林：《浪漫主义的根源》，145 页。

北京师范大学史学探索丛书

的变动虽然有马克思主义与反省现性非理性主义思潮之异趋，但是，对于批判资本主义而言，却构成了合力。所谓国人受西方现代思潮变动的影响，最初正是缘于此种合力的影响，而后才渐次归于异趋。学界对于李大钊、陈独秀转向马克思主义，通常的提法是：由激进的资产阶级民主主义者转向共产主义者。这自然没有错，但有失简单化。因为，看不到西方现代思潮变动对中国的影响和李大钊等人源于反省现代性视野的思想铺垫，上述的概括便难免隔靴搔痒。李大钊由主张"灵肉"二元论到主张物质一元论的唯物史观的转变，说明了这一点；陈独秀从崇拜"近代思潮"到相信"最近最新的思潮"，再到信仰唯物史观的思想转变过程，同样说明了这一点。

在坚持追求现代性的前提下，李大钊、陈独秀等人对于反省现代性思潮的借重、吸纳与超越，并最终转向马克思主义，不仅说明新文化运动受西方现代思潮变动的影响，较之学界已有的认识，远为深刻；而且，从一个侧面，也反映了国人已开始逐步走上了摆脱盲目崇拜西方的心态、谋求民族独立发展的理性道路。

但也必须指出，由于新文化运动的主持者们，归根结底，志在追求现代性，并不认同反省现代性的根本取向，故其对于后者的理解与吸纳，不仅因人因事不同，而且从总体上看，也不如梁启超、梁漱溟诸人来得系统和深刻。[1] 这只需看看在"科玄之争"中，陈独秀、胡适诸人仍不脱"科学万能"论的窠臼，就不难理解这一点。也因是之故，陈独秀、胡适诸人终未能正视欧战深刻暴露的西方文明的弱点，摆脱隆西抑中的误区。无论人们对梁启超等人加以何样的标签，"东方文化派"抑或"文化保守主义者"，他们由于站立在了反省现代性的思想支点上，便有了自己的历史地位；与此同时，他们也因未能有力把握中国当务之急毕竟在于追求现代性的具体国情，终究无法与新文化运动主持者们同居主流的地位。然而，二者相反相成，愈益彰显了辩证法：历史的发展是多样性的统一。

---

① 参阅拙文：《欧战前后国人的现代性反省》，载《历史研究》，2008（1）。

第四章　"五四"前后外国名哲来华讲学与中国思想界的变动

1919—1924 年，在新文化运动发展的重要阶段，先后有五位国际著名学者应邀来华讲学：杜威、罗素、孟禄、杜里舒和泰戈尔。他们分别来自美、英、德、印四个国家。每人讲学时间不等，长者两多年，短则数月。主办者为此作了精心的组织与宣传：每位开讲之前，都安排中国学者介绍其学说梗概，预为铺垫；组织大江南北巡回演讲，配以高手翻译，场场爆满；媒体全程报道，许多报刊都辟有专栏与专号；讲演中译稿不仅全文刊发，且迅速结集出版，广为热销。因之，讲学一时风行海内，盛况空前。负责接待的张君劢曾兴奋地写道："杜威来而去矣，罗素来而去矣，杜里舒之来亦不远矣。一美人也，一英人也，今又继之以德人。吾思想界之周谘博访，殆鲜有如今日之盛者也。"① 在长达六年的时间里，每年都有一位享誉世界的著名学者在华讲学，每年都在学界与思想界形成了一个热点；每位学者的影响自有不同，但作为整体，却构成了欧战后西学东渐的文化壮举，成为新文化运动中一个影响深远的重要历史景观。

新文化运动既是近代中国历史发展的产物，同时，也是受欧战前后西方现代思潮变动影响的结果。名哲讲学不仅在其时中国的语境下，传达了西方现代思潮变动的信息；而且更重要的是，他们积极热情地回应充满新知渴望的中国思想界，故其讲学实际上已超越了单纯学术交流的层面，而形成了与后者的互动。由于国人见智见仁，各取所需，名哲讲学在助益思想深化的同时，也促进了中国思想界的分化与演进，终至为其归趋服膺马克思主义和"以俄为师"，打上了自己的印记。明白了这一点，便不难理解，何以围绕他们讲学，中国思想界会波澜迭起，乃至于引发了诸如关于社会主义的争论和"科玄之争"这样轰动一时的思想论战。无论自觉与

---

① 君劢：《德国哲学家杜里舒氏东来之报告及其学说大略》，载《改造》，第 4 卷第 6 号，1922-02-15。

否，名哲讲学不仅开拓了国人的视野，而且事实上也是参与了新文化运动，并构成了后者的有机组成部分。也惟其如此，研究名哲讲学是研究新文化运动的重要方面。

学界对于名哲讲学虽然已有许多相关的研究，但多属个案。本文拟将名哲讲学视为整体的历史现象，作综合的研究，通过探究其与中国思想界变动间的联系，从一新的视角，透视此期新文化运动分化与演进的内在逻辑。

一、中国进步思想界的共同客人

"五四"前后，名哲联袂应邀来华讲学，得益于新文化运动营造的追求新知和开放的良好社会氛围。蔡元培说："我们有一部分人，能知道这种学者的光临，比什么鼎鼎大名的政治家、军事家重要的几十百倍，也肯用一个月费二千镑以上的代表（价）去欢迎他。"① 这在有识之士中，已为共识。但究其缘起，又无一不是出于社会各团体的联合推动，共襄盛举。所以，他们是其时中国进步思想界的共同客人。不过，此举毕竟又与梁启超和由他牵头发起的讲学社，关系最为密切。聘请杜威的团体，包括北京大学、尚志学会、中国公学、新学会、浙江与江苏两省教育会及南北高师等多个单位。其中，尚志学会、中国公学、新学会的负责人都是梁启超。后杜威续聘一年，更转由讲学社出面。孟禄虽然是由"中国实际教育调查社"出面聘请，梁启超也是其中重要的参与者。至于罗素等其他三位，更径直皆由讲学社聘请。所以，从总体上看，可以说，此期名哲来华讲学的盛举，主要是由讲学社主持的。

有一种观点认为：邀请罗素讲学的"总负责人"，不是陈独秀、李大钊、鲁迅，也不是蔡元培、胡适，"而是发表了悲凉的《欧游心影录》从而有'守旧复古'之嫌"，且为研究系首领的梁启超，难免"有点令人沮丧"。虽然不能将罗素"视为中国政治上反动或学术保守的一党一派的客

---

① 高平叔撰著：《蔡元培年谱长编》（中），606 页。

人"，但由梁启超出面邀请接待，终究"带来了消极的影响，至少，这样一种安排阻止了罗素和陈独秀、李大钊等中国最激进的政治、学术领袖的交往"。① 这似是而非。实际上，欧游归来的梁启超，告别政坛，转入文化教育，同样成为了新文化运动的健将。② 依陶菊隐的说法，此时的梁非但不是"悲凉"、"守旧复古"，相反，抱"雄心壮志"，想高举新文化大旗，"在中国大干一场"。他的理想是将"整理国学"与"灌输西方新思想及新科学"结合起来，推进中国新文化的发展。为此，他建立了三个机构：一是读书俱乐部，后与松坡图书馆合并，提倡研读新书；二是设立共学社，与商务印书馆合作，编译出版新文化丛书；三是发起讲学社，每年请国际驰名学者一位来华讲学。③ 足见，发起成立讲学社，延名哲讲学，乃是梁积极推进新文化建设总体战略部署的一个有机组成部分。他在谈到讲学社宗旨时，也是这样强调的："我们对于中国的文化运动，向来主张'绝对的无限制尽量输入'。""今日只要把种种的学说，无限制输入，听国人比较选择，将来自当可以得最良的结果。我们个人做学问，固然应该各尊所信，不可苟同；至于讲学社，是一个介绍的机关，……所以我们要大开门户，把现代有价值的学说都欢迎，都要输入。这就是我们讲学社的宗旨。"④ 不应低估了梁启超，他给讲学社的定位，是引进新知的公共大平台，而非研究系党派之私的狭隘门户。

讲学社的缘起及其运作方式，进一步说明了这一点。聘请名哲讲学，不仅费用高昂，而且南北各地巡回讲演，组织工作繁重，需要众多人脉资源。二者决定了跨团体、跨区域，学界、思想界大家合作的必然性。杜威抵达后，哥伦比亚大学才通知胡适，同意杜休假一年，但不带薪。这意味着原定预算出现严重缺口。胡适一时措手不及，只好求救于教育总长范源濂。后者"极力主张用社会上私人的组织担任杜威的费用"，并帮助邀请

① 冯崇义：《罗素与中国》，92、102 页，北京，生活·读书·新知三联书店，1994。

② 参阅拙文：《梁启超与新文化运动》，载《近代史研究》，2005 (5)。

③ 陶菊隐：《蒋百里传》，51～52 页，北京，中华书局，1985。

④ 梁启超：《讲学社欢迎罗素之盛会》，载《晨报》，1920-11-10。

尚志学会、新学会等筹款加入，形成所谓"北京方面共认杜威"的模式,①即社会团体联合承办。这对此后的延请，显然起了重要的启示作用。最初，梁启超仅考虑以中国公学的名义请罗素，或再加上尚志学会与新学会，以便分担费用。后徐新六与傅铜都给他提出了重要的建议。徐以为，"大学一部分人必邀其帮忙"，这不仅在京有益，各省讲演，尤其需要借重教育界的人士。傅的意见更显开阔，他说："聘请者之人数或团体数，多多益善，此亦一种国民外交也。学校固可，报馆亦可，即工商界之人物与团体如张四先生，如南洋兄弟烟草公司等亦可。昨与教育次长谈及，教育部亦可略为担任。宜急印一公启，分寄各处。"他把聘请外国名哲提高到了国民外交的高度，不无道理；同时，不仅将合作的范围进一步扩大到工商界，而且不拒绝官方参与。更重要的是，他还提议，筹款有余，可续聘他人；若有望增多，不妨立诸如"国外名哲聘请团"的名义，作长久计，年年延聘。这类似今天设立基金会的创意，又将民间社团合作承担的构想，大大推进了一步。梁启超很快就接受了他们的意见，最终与蔡元培、汪大燮共同发起成立讲学社。1920 年 9 月 5 日，他致书张东荪说："组织一永久团体，名为讲学社，定每年聘名哲一人来华讲演。"讲学社设董事会，组成人员除三个发起人外，还包括范源濂、张謇、张元济及高师、清华、南开三校校长等各界名流多人。讲学社设于北京石达子庙欧美同学会内，由蒋百里任总干事。罗素成为讲学社聘请的第一位学者。需要指出的是，讲学社得以成立，梁启超做了大量组织协调工作。他与张东荪书说，为讲学社事，专门入京，"忽费半月"。② 徐新六曾告诉他，胡适诸人对于聘请罗素事，意有不释，当有所沟通。1920 年 8 月 30 日，胡适在日记中写道："梁任公兄弟约，公园，议罗素事。"③ 说明梁果然很快就主动去沟通了。其用心，可见一斑。

---

①　耿云志、欧阳哲生编：《胡适书信集》（上），2008～2009 页，北京，北京大学出版社，1996。

② 丁文江、赵丰田编：《梁启超年谱长编》，917～919 页。

③ 胡适：《胡适全集》，第 29 卷，198 页。

讲学社"规约"规定,"递年延聘世界专门学者来华",① 已隐含了选聘标准:其一,当是国际知名学者,先到的杜威,无形中成了参照。其二,既是"专门学者",自然不分文理。在欧洲的张君劢,致书祝贺讲学社成立,强调的正是这一点。他说:"吾以为凡哲学、社会科学、自然科学,应访求其主持新说之巨子而罗致于东方,则一切陈言可以摧陷廓清,而学问之进步将远在各国上矣。此则望于贵社诸公力图之也。"② 最终聘到的学者,侧重在哲学、教育与文学领域,但实际上,最初拟聘的名单中,除了哲学家柏格森、倭铿外,还包括科学家爱因斯坦、美术家傅来义与华里士、经济学家霍白生。但因故皆未成行,尤其是与爱因斯坦失之交臂,成为一大遗憾。名哲人选最终由董事会确定,其讲学的具体接待与安排,自然由各团体通力合作。以翻译为例,杜威的翻译是胡适,罗素的翻译是赵元任与傅铜,杜里舒的翻译是张君劢,泰戈尔的翻译则是请了徐志摩担任。

总之,讲学社是由梁启超牵头发起,这不影响它成为其时中国学界、思想界公认的延请国际名哲讲学的代表性机构。时在德国留学的"少年中国"负责人王光祈著文说:要争取邀请爱因斯坦来华讲学,"在我们'老大中国'中制造些'科学空气'。我希望讲学社的先生们特别注意!"③ 固然是反映了这一点。而冯友兰晚年回忆说:"在五四运动的时候,梁启超等人组织了一个尚志学会,约请了美国的实用主义哲学家杜威和英国的哲学家当时是新实在论者的罗素到中国讲学。"④ 他将讲学社误记为尚志学会了,却是从另一个侧面,同样反映了这一点。新文化运动是广义的概念,不能定于一尊,视为几个人的专利,而将他人创始同样有意义的事,都认做"令人沮丧"的另类,而有所贬抑。所谓梁启超主持讲学事宜,阻止了

① 《时事新报》,1920-09-14。

② 张君劢:《附录·张君劢致讲学社书》,载《改造》,第 3 卷第 6 号,1921-02-15。

③ 王光祈:《王光祈旅德存稿》,见《民国丛书》,第 5 编(75),469 页,上海,上海书店,1996。

④ 冯友兰:《三松堂全集》,第 1 卷,179 页,郑州,河南人民出版社,2001。

罗素与陈独秀、李大钊间的学术与思想交往，也属臆断。事实上，梁启超曾主动提出请陈独秀参与协调南下迎罗素事，而后者也确实出席了上海七团体欢迎罗素的宴会。① 所谓"阻止"云云，于其时，既无必要，也不可能。陈、李与诸名哲直接交往不多，当有其他多种可能性，不应作过分解读。

由于其时中国思想界正处于激烈交锋的重要时期，不同政治派别与思想分野客观存在，人们对于名哲讲学，见智见仁，甚至各取所需；缘此，出现思想分歧与争论，乃至于猜疑，是正常的现象。胡适曾提醒担任罗素翻译的赵元任，不要被梁启超的研究系"利用提高其声望，以达成其政治目标"。② 泰戈尔的讲演更受到了部分人的抵制。至于缘此引发的关于社会主义的论战和"科玄之争"，更是人所周知。但是，这些并没有改变名哲乃中国思想界共同客人的事实；不仅如此，更重要的是，其展开的过程，彰显了名哲讲学与中国思想界变动间存在着深刻的内在联系，是不容忽视的。

二、名哲讲学与"东方文化派"的崛起

"五四"前后名哲来华讲学，不啻在战后特定的时空下，为中西文化交通架起了一座新的桥梁。欧战前后的东西方社会，都面临着各自"重新估定一切价值"的时代。当中国新文化运动兴起，奉西方近代文明为圭臬，猛烈批判固有文化之时，缘欧战创深痛巨的欧洲，正陷入了自己深刻的社会文化危机。人们对此的反省，除了马克思主义的社会革命论外，其另一重要取向，便是反省现代性。所谓现代性，是指自启蒙运动以来，以役使自然、追求效益为目标的系统化的理智运用过程。因之，许多人将问题归结为理性对人性的禁锢，以为启蒙运动以来，理性主义风行，造成了

---

① 丁文江、赵丰田编：《梁启超年谱长编》，920页；《各团体欢迎罗素博士纪》，载《申报》，1920-10-14。

② 赵元任：《从家乡到美国——赵元任早年回忆》，156页，上海，学林出版社，1997。

"机械的人生观"，迷信科学万能，物质至上。人们失去了精神家园，物欲横流，尔虞我诈，终至酿成了大战巨祸。他们将目光转向人的内心世界，更强调人的情感、意志与信仰。反省现代性的非理性主义思潮的兴起，肇端于尼采；20 世纪初，以柏格森、倭铿等人为代表的生命哲学，强调直觉、"生命创化"与"精神生活"，风靡一时，是此一思潮趋向高涨的重要表征。① 欧洲现代思潮的上述变动，反映人们了对于资本主义文明的反省，不仅深刻地影响了整个西方世界，而且也影响到了东方。惟其如此，杜威一行的讲学，也就不可能不将各自对现代思潮变动两大取向的解读带到中国，从而为后者思想界的变动注入了新的元素。②

毫无疑问，名哲作为中国进步思想界的嘉宾，其根本取向与主张科学与民主的新文化运动是完全一致的。杜威讲学的一个重点，就是美国的宪政与科学。他肯定，"正是这场这新文化运动，为中国的未来，奠定了一块最牢固的希望的基础"。③ 罗素则强调，在当今的世界，"理性和科学的态度"，较之以往任何时候都显得更加重要。这是一种"怀疑的态度"，"人们对于什么事体都要问有什么理由"。④ 这与胡适在《新思潮的意义》中提出的旨趣，岂非如出一辙？倭铿当年所以向蔡元培等人举杜里舒自代，一个重要理由，就是杜里舒是著名生物学家，"故其哲学上有科学上之根据，或者于中国今日好求证于科学之趋向相合"。而后者也以为然。足见，杜里舒是被认定合乎新文化运动的需要，才入选的。孟禄说，"科

　　① 参阅拙文：《欧战前后国人的现代性反省》，82～106 页，载《历史研究》，2008（1）。

　　② 名哲中的泰戈尔虽非西方学者，但他作为诺贝尔文学奖获得者，战后曾游历欧洲，对东西方文明有独立的思考与评论，为世界所关注，故并不影响他发挥此种桥梁的作用。

　　③ ［美］微拉·施瓦支：《中国的启蒙运动：知识分子与"五四"遗产》，李英国译，10 页，太原，山西人民出版社，1989。转引自刘克敏、程振伟：《杜威实用主义哲学与 20 世纪中国文化》，载《杭州师范大学学报》，2010（4）。

　　④ 袁刚、孙家祥、任丙强编：《中国到自由之路：罗素在华讲演集》，253 页，北京，北京大学出版社，2004。

学在中国确有重要的价值，打算救中国不在科学上注意，是无效的"，[①] 固不必论；就是引起争论的泰戈尔，何尝不是如此主张？（这在后文将进一步谈到）但是，这些并不影响他们将反省现代性的取向引到了中国。

名哲讲学以杜威与罗素的影响最大，因而他们于反省现代性思潮的引介也更易于传播。杜威在讲演中说，欧战的发生和"现在世界的变迁以及发生的种种危险，都是这实业大革命的结果，所以我们应从这一点上去研究，去救文化的危险"。[②] 他所谓需要加以研究和补救的"文化的危险"，显然是指18世纪以来伴随工业革命发生的西方近代资本主义文明的危机。虽然他并不赞成简单地将西方文明归结为物质文明，但他坦承西方文明有缺陷："有人过于崇拜物质上的文明，把人事和科学分开，所以也有人利用物质的文明，造下种种罪恶。"将道德与科学全然分离，"这是西方文明最大的危险"。他提醒听众说，中国现在的情形，"有两大危险，不可不注意"：一是有人"想抵拒物质文明"，以保有旧社会的思想习惯，这是不可能的；二是有人"妄想有了物质文明就全够了，把人生问题丢开"，令物质文明与人生行为相脱节，这就是西方文明已经发生的危险现象。杜威在课后曾提出了下面的一个问题，让大家回去思考："怎样能够在教育上寻出一种方法，使我们可以利用西方的科学教育和物质文明，来增加人民的幸福，同时又能避免极端物质文明的流弊呢？"[③] 这里所提示的，正是反省现代性的主题。需指出的是，杜威的一个重点讲题是《现代的三个哲学家》，分别介绍了詹姆士、柏格森与罗素的思想。他对柏格森的生命哲学有很高的评价，不仅强调他与其他二人的思想"是代表我们时代的精神"，而且强调他的"生命的奋进"说与直觉理论，十分精彩。杜威说："柏格森的直觉，就是对于自己创造的将来有一种新的感觉。这个感觉，决不是

---

① 陈宝泉、陶知行、胡适编：《孟禄的中国教育讨论》，103页，上海，中华书局，1933。

② 袁刚、孙家祥、任丙强编：《民治主义与现代社会：杜威在华讲演集》，151页，北京，北京大学出版社，2004。

③ 同上书，675页。

推理计算可以得到，而在我们有一种信仰，往前奋进。这是柏格森的贡献。"① 国人对柏格森原来并不熟悉，经此讲演，柏格森及其生命哲学在中国的影响迅速扩大了。所以，有人甚至这样说："到杜威博士讲演现代三大哲学家的思想，于时柏格森的思想才介绍到中国。"②

如果说，杜威的讲学还仅是涉及反省现代性；那么，罗素则是形成了自己系统的观点。罗素在欧战中，是著名的反战主义者，并因之入狱。他在自传中说，战争改变了自己的一切，尤其是改变了自己"整个的人性观"。战争的残酷，使他"获得一种新的对有生命的东西的爱"。③ 他开始从纯粹的哲学越入社会哲学领域。罗素提出一个重要的命题：何为"合理的人生"，或怎样可以得到"生命的乐趣"？他说："所有人生的现象本来是欣喜的，不是愁苦的；只有妨碍幸福的原因存在时，生命方始失去他本有的活泼的韵节。小猫追赶她自己的尾巴，鹊之噪，水之流，松鼠与野兔在青草中征逐；自然界与生物界只是一个整个的欢喜，人类亦不是例外。……人生种种苦痛的原因，是人为的，不是天然的；可移去的，不是生根的；痛苦是不自然的现象。只要彰明的与潜伏的原始本能，能有相当的满足与调和，生活便不至于发生变态。"④ 合理的人生与生命的乐趣，只在于人的本能的发舒与满足。它应有几种元素：自然的幸福、友谊的情感、爱美与创作的奖励、纯粹的知识即科学的追求。然而，这一切都与机械主义不相容。以追求"成功"、"竞争"、"捷效"为目标的现代社会，把人当成了机器，严重扭曲了人性，制造了人生的悲哀。罗素说："近五百年来欧洲在我们所谓'文明'的方面进步的可以算空前所没有，但同时一步一步的所有的信仰都渐渐的消散了。"正是此种文明引发了欧战，如今不仅战败国，所有的欧洲人，都"失了一种值得生活的意味"，"人心里不

---

① 袁刚、孙家祥、任丙强编：《民治主义与现代社会：杜威在华讲演集》，265页。

② 乔峰：《生机主义》，载《东方杂志》，第20卷第8号，1923-04-25。

③ ［英］罗素：《罗素自传》，第2卷，陈启伟译，35页，北京，商务印书馆，2003。

④ 徐志摩：《罗素又来说话了》，见韩石山编：《徐志摩全集》，第1卷，367、368页，天津，天津人民出版社，2005。

觉有什么幸福的味，只觉得万事皆空似的"。① 罗素反省现代性的观点是鲜明而系统的，但这尚非其精彩处；他进而提出著名的人性"冲动"说，并与社会改造的原理相联系，更充分展现了自己的一家之言。罗素指出，人类一切活动，最终皆源于人性的"冲动"，"冲动本来是盲目的，并不预想什么结果，并不是由先见预算而起的"。"冲动"的力量远大于"欲望"，故以前相信"理智万能"是错的。② "凡人天性，有两种冲动：（一）创造的；（二）占有的。无论何国政治，皆从此二种冲动而生"。所以，社会改造的根本原理就在于："增加创造的冲动，而减少占有的冲动。"③ 需要注意的是，罗素作为新实证主义代表人物，重理性而不以直觉为然。但是，在实用哲学上却恰相反，强调人性的本能"冲动"，与柏格森讲"生命的冲动"，异曲同工。也正因为这样，较之杜威一般性介绍柏格森，罗素讲学更能在实质上张大了生命哲学和反省现代性思潮在中国的影响。余家菊说，罗素"从心理上去寻出改造社会的根据是他的一个很重要的方法。我以为这种方法对于好逞空谈的国民是一个很好的教育"。④ 蔡元培的评价更高，以为罗素的"冲动"说，"很引起一种高尚的观念，可与克鲁巴金的'互助'主义，有同等价值"。⑤

杜里舒在五位名哲中，是唯一作为欧洲生命哲学的大家受聘的。他是哲学家，又是生物学家。他以自己著名的海胆细胞实验，成功地证明了生物的每一个细胞都可达成一个全体，从而动摇了单纯以理化原理解释生命现象的机械论。杜里舒强调"生命自主"，提出了生机论。他对中国听众说：欧战的根源，端在机械的人生观，而此种"伦理上之物质主义，即由理论上之物质主义而来"。"所以抗此思潮而收伦理之效者，莫妙于生机主

---

① 袁刚、孙家祥、任丙强编：《中国到自由之路：罗素来华讲演集》，288～289页。

② 高一涵：《罗素的社会哲学》，载《新青年》，第7卷第5号，1920-04-01。

③ ［英］罗素：《社会改造原理》，见袁刚、孙家祥、任丙强编：《中国到自由之路：罗素来华讲演集》，3页。

④ 余家菊：《译者的短语》，载《晨报》，1920-10-01。

⑤ 蔡元培：《五十年来中国之哲学》，见高平叔编：《蔡元培全集》，第4卷，365页。

义"。"凡事之关于物质者，皆不足重轻，足重轻者，必非物质。此则生机主义之精神"。① 以科学证入哲学，生机论成为了生命哲学重要的理论依据。生物学家秉志在《杜里舒生机哲学论》中说："杜氏提生命自主之说，以生命自系一物，以哲学方法研究之，其言虽有所偏，而于将来生物学之革旧谋新，势必生最大影响。"② 这是科学家的持平之论。一般皈依反省现代性思潮的读者，自然更兴奋不已。邹蕴真说："生命哲学上之有杜里舒，不啻几何学上之有证明也。"杜氏所谓"生命自主"与柏格森的"生命创造"实同，不过后者从直觉悟得，前者则从实验证出。杜氏学说，由科学上升哲学，复将哲学用于人生。"真秩序极了！精严极了！学始乎至微至细之细胞，而推至广之宇宙，可谓以科学之锁钥开哲学之门矣！"③ 菊农更进了一步，强调生机论对于人生具有巨大的激励价值。他写道："生机主义确证得每一细胞均可发达成一全体，所以每一个体在宇宙中，每个人在社会里，都可以对于全体有贡献，并且是个人的责任，况且都有平等的可能。自由意志是可能的，细胞的发展原不是机械的动因，大家都应当对于全体努力。你看发达至四细胞期之四分之三之细胞，与从细胞切下之一堆小细胞，均努力发展成一全体。宇宙间的事固然应当大家担当，但一部分不能动作时，余一部分便应当担当起来，是可能的。不但如此，杜氏更寻出许多全体性的符号来，我们知道'超人格'不是幻想，是事实。超人格既存在，便应当努力。大而言之，宇宙为一超人格，人类为一超人格；小而言之，国家亦是一超人格。如此为全体奋斗，不是没有意义的了。且并不是不可能的了。"④ 其言不仅反映了杜氏讲学的魅力，同时也反映了反省现代性思潮的内在合理性，契合了国人追求积极奋进的时代精神。

孟禄与泰戈尔讲学时间最短，但也不忘提醒听众反省现代性的必要。例如，孟禄说：工业发展不可避免，但"同时也有一种危险发生，即物质

① ［德］杜里舒：《生机主义与教育》，张君劢译，载《新教育》，第 5 卷第 5 号，1922-12-01。

② 秉志：《杜里舒生机哲学论》，载《东方杂志》，第 20 卷第 8 号，1923-04-25。

③ 邹蕴真：《现代西洋哲学之概观》，载《新时代》，第 1 卷第 1 期，1923-04-10。

④ 菊农：《杜里舒与现代精神》，载《东方杂志》，第 20 卷第 8 号，1923-04-25。

北京师范大学史学探索丛书

主义发达，自私自利的现象在所难免，流弊甚多。中国对此问题，应当思预防，以便得欧美诸国所得的利，而不受其所受的害"。① 泰戈尔是著名的西方文化的批评者，他认为，健全的文明当是物质文明与精神文明并重，且是前者植根于后者的文明；但是，西方热衷于对外侵略扩张和掠夺，终至引发了欧战惨剧，究其根源，正在于精神主义的缺失。② 泰戈尔作为东方人，其反省现代性，自然别有一番魅力。不仅如此，作为大诗人，他以浪漫主义的情怀，倡言敬畏生命与对人类的爱，这又恰恰为柏格森生命哲学在中国，尤其在一些青年人中的传播，酿造了诗情画意。《晨报》开辟有"太戈尔研究"专栏，刊有文学研究会的瞿世英与郑振铎间的通信，其中瞿世英写道："太戈尔的思想，只是两个字——爱与变。其根本重要之点即在其注重生命。""柏格森的哲学很有些象他，我以为他们不过是用两种说法说一件事而已。"泰氏在《春之循环》中说，"世界上全是改变，全是生命，全是运动"；"改变是我们的秘密"；"旧的永久是新的"；又说"这就是生命。""这几句话若接连起来，便可以说是他的哲学思想——你看他象不象柏格森说的话？"他最后说，先受泰氏的影响，后读柏格森的著作，"与吾前说相佐证，乃大信柏格森的哲学"。③ 瞿世英的感受，在文学青年中有相当的代表性。

受西方现代思潮变动的影响，"五四"前后的中国也兴起了反省现代性的思潮，梁启超的《欧游心影录》与梁漱溟的《东西文化及其哲学》的出版与风行，是其趋于高涨的重要标志。④ 这在时间段上，正与名哲讲学相重叠，不难想见，后者起了推波助澜的作用。但这不仅是指名哲讲学助益反省现代性思潮声势的壮大；更主要是指，他们的讲学为以梁启超、梁漱溟为代表，倡导此一思潮的所谓"东方文化派"，提供了重要的立论依

---

① ［美］孟禄：《影响教育问题之新势力》，王仲达译，王卓然记，载《新教育》，第 4 卷第 4 号，1922-04。

② ［印度］泰戈尔：《印度泰莪尔之物质文明与精神文明论》，枕江译，载《解放与改造》，第 2 卷第 10 期，1920-05-15。

③ 《晨报》，1920-02-27、28；1920-04-01。

④ 参阅拙文：《欧战前后国人的现代性反省》，载《历史研究》，2008 (1)。

据。这包含有两个层面：

其一，名哲的言说，启发或助益了他们重要理论观点的酝酿与形成。这可以梁启超与梁漱溟为例。

1920 年 11 月，梁启超在欢迎罗素的会上致辞时，曾强调说：战后的世界人类所要求的是，"生活的理想化，理想的生活化。罗素先生的学说，最能满足这个要求"。"我们因为一种高尚的目的来生活，这生活才有价值。所以我们要的是理想的生活"。现在各国学者都在向这个方向进行，"然而最有成绩的，只怕要推罗素先生第一了"。① 他所谓的"理想的生活"，就是罗素所讲的"合理的人生"。值得注意的是，梁启超不仅提出了这个目标，而且其心中也开始酝酿确立了一个课题：从中国文化的视角看，何为"理想的生活"或叫"合理的人生"？1922 年底，他完成了晚年重要的著作《先秦政治思想史》，本书的另一名称则为《中国圣哲之人生观及其政治哲学》。梁启超在书中说，"吾侪今日所当有事者，在'如何而能应用吾先哲最优美之人生观使实现于今日'"。换言之，就是要探讨，"在现代科学昌明的物质状态之下，如何而能应用儒家之'均安主义'"，以建立"仁的社会"，从而避免百余年来欧美社会的覆辙，"不至以物质生活问题之纠纷，妨害精神生活向上"；不因社会的发展，而导致机械主义，最终保障"个性中心"的实现，即体现人性的充分发舒与生命的自然乐趣。他认为，西方现代文明所以陷入危机，就在于无法破解两大难题："其一，精神生活与物质生活之调和问题"；"其二，个性与社会性之调和问题"；而儒家"仁的社会"，恰恰是调和二者，"于人生最为合理"的社会。他相信，自己提出的思想将有助于"拔现代人生之黑暗痛苦以致诸高明"。② 梁启超的观点是否正确，可不置论；重要在于，他的立意是通过研究儒家学说，回答在中国文化的视野下，如何建立"合理的社会"与"合理的人生"，以助益全人类；这与他在欢迎罗素会上致辞所提出的问题，显然存在因果关系；也就是说，罗素的讲学进一步启发了梁启超的"问题

①　梁启超：《讲学社欢迎罗素之盛会》，载《晨报》，1920-11-10。
②　梁启超：《饮冰室合集·专集》(50)，182～184 页，北京，中华书局，1989。

北京师范大学史学探索丛书

意识"。他在本书的序中还提到，在南京著此书时，有机会听欧阳竟无讲佛学，又值杜里舒在这里讲学，张君劢任翻译，故得以与君劢同居，"日夕上下其议论"。他说："兹二事者，皆足以牖吾之灵而坚其所以自信。还治所学，而乃益感叹吾先圣之教之所以极高明而道中庸者，其气象为不可及也。……（此书）倘足以药现代时弊于万一，则启超所以报先哲之恩我也已。"[1] 我们说，杜里舒的讲学间接地也影响到了梁启超此书的写作，当非臆断。耐人寻味的是，罗素归国后曾参与策划出版《世界哲学丛书》，他最终推荐梁启超为中国卷撰稿人，而后者提交的著作正是他的《先秦政治思想史》。

梁漱溟较之梁启超更具典型性。1921年，他出版《东西文化及其哲学》一书，提出了著名的世界文化发展"三种路向"说，令其名满天下。冯友兰说："梁先生的学说，在现在中国是一广有系统的有大势力的人生哲学。"[2] "三个路向"说的逻辑起点，是要证明代表第一路向的西方文化，已走到尽头，正现实性地转入中国文化所代表的第二路向，即"走孔子的路"。在梁漱溟看来，名哲讲学及其思想取向，恰恰为自己的上述观点提供了充分的佐证。他写道：罗素强调人类一切活动源于本能"冲动"，而非"欲望"，这代表了许多西方人的认识，说明"西方人眼光从有意识一面转移到另一面"，"于是西方人两眼睛的视线渐渐乃与孔子两眼视线所集相接近到一处"。其实，"像尼采、詹姆士、杜威、柏格森、倭铿、泰戈尔等人大致都是这样"。今日西洋哲学都已渐归人事，罗素也由纯哲学转向人事哲学，其"眼光见解也很同生命派意思相合"。说到底，罗素的旨趣只在"自由生长"一句，"而孔家要旨也只在不碍生机。孔家所以值得特别看重，越过东西一切百家的，只为唯他圆满了生活，恰好了生活，而其余任何一家都不免或多或少窒碍、斲丧、颓败、搅乱了生活。那么，怎样不要伤害生机自然是根本必要的；罗素于此总算很能有见于往者孔子着眼所在而抱同样的用心，所差的孔子留意乎问题于未形，而罗素则为感着痛

---

① 梁启超：《饮冰室合集·专集》（50），1页。
② 冯友兰：《一种人生观》，34页，北京，中国人民大学出版社，2005。

苦乃始呼求罢了。……所以罗素之要改造社会很富于哲学的意趣，是要求改辟较合理的一条人生的路"。① 换言之，罗素所追求的所谓"合理的人生"，早已为孔子所指明了。1972年，梁漱溟的《中国——理性之国》一书出版，为此他专门写了《旁观者清：记英国哲人罗素五十年前预见到我国的光明前途》，作为本书的代序。文中辑录了罗素于1922年出版的《中国问题》一书的主要观点。他强调，当年罗素对于中国文化的许多见解，被历史证明是多么富有远见卓识。② 足见，罗素对他影响之深远。

梁漱溟也重视印度大诗人泰戈尔，因为他恰好也代表了一大"路向"。他说：泰戈尔在西方极受欢迎，其妙处在于拿直觉的语言表达诗情，而不形之于理智的文字，故不必讲哲学，只是作诗，却感人至深。"这样，人都从直觉上受了他的感动，将直觉提了上来，理智沉了下去"。"他唯一无二的只是个'爱'；这自然恰好是西洋人的对症药。西洋人的病苦原在生机斁丧的太不堪，而'爱'是引逗出生机的培养生机的圣药。西洋人的宇宙和人生断裂隔阂，矛盾冲突，无情无趣，疲殆垂绝，他实在有把他融合昭苏的力量"。泰戈尔的思想大约是受西洋生命哲学的影响，印度人原非如此，但这也并非西洋人所原有的。"虽其形迹上与中国哲学无关联，然而我们却要说他是属于中国的，是隶属于孔家路子之下的"。③ 梁漱溟的征引多属牵强，无须讳言；但名哲的讲学及思想，助成其理论构建，却是应当看到的。

其二，名哲讲学由反省现代性引出的中西文化观及其对于中国新文化发展的建议，多与梁启超等"东方文化派"的诉求相通，甚至不谋而合，无形中提升了后者的影响力。

在中西文化问题上，诸名哲的具体主张各有不同，但有一点却是共同的：他们都肯定西方文化存在弊端，而中国文化有自己的优长，故中国不应简单模仿西方，要有所选择，并在融合中西的过程中，发展新文化，为

① 梁漱溟：《东西文化及其哲学》，见《梁漱溟全集》，第1卷，498、503、507、508页。

② 梁漱溟：《梁漱溟全集》，第4卷。

③ 梁漱溟：《梁漱溟全集》，第1卷，513页。

北京师范大学史学探索丛书

世界文化发展作出自己的贡献。杜威说："中国有数千年之旧文化，今又输入欧美之新文化。二者亟待调和，以适应于人之新环境。"① "我希望中国不单去输入模仿，要去创造。对于文化的危险，有所救济；对于西洋社会的缺点，有所补裨；对于世界的文化，有所贡献。"② 杜威自然是支持新文化运动的，但也直言不讳地批评了新派人物不免存在一味趋新、感情用事和走极端的非理性倾向。他强调，"旧未必全非，新未必全是，东西文化，互有长短"，只有善于"调和融会"，才能创造出新文化。③ 罗素也说："欧洲文化的坏处，已经被欧洲大战显示得明明白白，……所以决计不是一味效法西方，中国人才能为他的国家或世界谋幸福。"他尤其对于中国人民复兴民族与文化，深抱厚望："不特中国，即是世界的再兴，也要依靠你们的成功。"④ 孟禄更提醒中国的教育家，"应该把中国文化的要点——不是细节——保存；再吸收西洋文化的要点——不是细节——中国的文化，应该化合西洋文化；不应该把西洋文化去代替他。这种化合应该因势利导，不应强行"。⑤ 从杜亚泉到梁启超、梁漱溟，"东方文化派"的基本诉求是：欧战既已暴露了西方文明的弱点，国人当重新审视中西文化，在学习西方的同时，谋独立发展民族的新文化。其时，关于新旧、中西文化"调和"或"化合"说，不胫而走，正反映了这一点。尽管其具体论述仍不免于误区，但根本的诉求与名哲的共识，实不谋而合。胡适诸人简单指斥梁启超的所谓"科学万能论"破产和西方学人主张求益于东方，都无非是惑众的"谣言"，或西方几个反动哲学家的牢骚而已，甚至讥讽所谓"东方文化"根本不成概念。现在包括胡适的老师杜威在内，名哲来华现身说法，显然令他们陷入了尴尬；而与此相反，名哲讲学却有助于提

---

① ［美］杜威：《杜威在北大师生欢迎蔡元培校长回校大会上致词》，载《北京大学日刊》，第 443 期，1919-09-22。

② ［美］杜威：《学问的新问题》，见袁刚、孙家祥、任丙强编：《民治主义与现代社会：杜威在华讲演集》，153 页。

③ ［美］杜威：《习惯与思想》，见《民治主义与现代社会：杜威在华讲演集》，550 页。

④ 袁刚、孙家祥、任丙强编：《中国到自由之路：罗素在华讲演集》，301 页。

⑤ 庄泽宣：《介绍门罗博士》，载《新教育》，第 4 卷第 1 期，1921-11。

升了后者的影响力。时正忙于著述《三民主义》的孙中山，也不忘特别提到罗素："外国人对于中国的印象，除非是在中国住过了二三十年的外国人，或者是极大的哲学家像罗素那一样的人有很大的眼光，一到中国，便可以看出中国的文化超过于欧美，才赞美中国。"① 枢乾 1922 年 6 月翻译罗素的《中国文化与西方》一文，刊于《学灯》。他在按语中说："我之所以译为中文者，就是把罗素先生的批评当作我们的镜子。照着这面镜子，我们可以看见自身更明白一点。东西文化各有特长，万不可弃我之所长而并取他人之所短。我们的新文化运动是要产生一种新文化，并不是把我国变作欧洲，一意醉心欧化者，观罗素此论，当可猛醒。"② 这更是径直从中引出了对于新文化运动的反省。至于冯友兰于 1923 年发出这样的感叹："我觉得近来国内浪漫派的空气太盛了，一般人把人性看得太善了。这种'天之理想化与损道'的哲学，我以为也有他的偏见及危险"，③ 则是反映了反省现代性思潮的空前高涨。

也因是之故，陈独秀、胡适诸人对名哲反省现代性的言论，颇感不悦。罗素的第一场讲演便引起了争论。1920 年 10 月 14 日晚，罗素在上海七团体欢迎会上有简短致辞，其中说："顾百年以来，所以支配欧洲之基本思想，实未尽善，其中多有违反良知、倾向破坏、奖励贪得掠夺者。诚使鄙人为中国人，必不愿移植此种不纯正之欧洲基本思想于中国，以蹈欧洲覆辙。中国固有之文明，如文学美术，皆有可观，且有整理保存之价值与必要。"④ 第二天《申报》报道说，罗素致辞提倡"保存国粹"。17 日，《晨报》刊出罗素 15 日在中国公学作题为《社会改造原理》的首场讲演，其中引用了老子的话："生而不有，为而不恃，长而不宰。"陈独秀终于忍不住了，于 19 日即发表《罗素与国粹》一文，提醒罗素："中国的坏处多

---

① 孙中山：《孙中山选集》，2 版，685 页，北京，人民出版社，1981。
② ［英］罗素：《中国文化与西方》，枢乾译，载《时事学报·学灯》，1922-06-03。
③ 冯友兰：《一种人生观》，34 页。
④ 《沪七团体欢迎罗素记》载《晨报》，1920-10-16。

北京师范大学史学探索丛书

于好处，中国人有自大的性质，是称赞不得的。"① 双方打起了笔战。独秀好友、罗素的崇拜者张崧年赶紧致书《时事新报》，澄清事实，强调《申报》记者对于罗素夜宴致辞的翻译，大违原意。② 此事，终究是陈独秀过于敏感，说明心理上存在某种紧张。由此，便不难理解，何以名哲讲学期间，关于中西文化问题的争论会盛极一时；而1923年著名的"科玄之争"，说到底，就是强调现代性与反省现代性之争，杜威、罗素、杜里舒诸人，也恰恰都被牵涉其中，成了双方各取所需的征引对象，罗素甚至还被吴稚晖讥为耍滑头的骗子。③

值得注意是，所谓"东方文化派"一词，最早正是在1923年反省现代性思潮高涨之际，由邓中夏首先提出的。他说："这一股新兴的反动派，我们替他取一个名字，叫做'东方文化派'。这一派巨子，就是梁启超、梁漱溟和章行严等。"④ 倡言反省现代性的梁启超等人，被指认是"一股新兴"的文化派别，这是对的；但斥之为"反动派"并贬称"东方文化派"，却是表象的观察。周策纵说："到了'五四'末期，以及以后，特别是1921年以后，一些学者以对东西文化以及一些西方哲学理论的研究为基础，形成了一个真正的反对派。"⑤ 这个观察才是深刻的。他所说的"真正的反对派"，显然就是指梁启超诸人。后者所以能成为"真正的反对派"，归根结底，不在于他们强调东方文化的固有价值，而在于他们"以对东西文化以及一些西方哲学理论的研究为基础"，站立在了西方现代思潮变动中的一个新的思想支点——反省现代性上；因而在推进新文化运动的发展中，拥有了自己的历史合理性。"真正的反对派"，不是守旧派，而是异军突起，新文化运动因之增添了新的思想活力。⑥

---

① 《晨报》1920年10月19日第7版，同时刊登了对立的两文，即陈的是文与F.L的《改造社会与保存国粹》。

② 皓明：《国人对于罗素的误解》，载《晨报》，1920-10-20。

③ 吴稚晖：《一个新信仰的宇宙观及人生观》，见张君劢等：《科学与人生观》，328页，合肥，黄山书社，2008。

④ 中夏：《中国现在的思想界》，载《中国青年》，第6期，1923-11-24。

⑤ ［美］周策纵：《五四运动史》，458页，长沙，岳麓书社，1999。

⑥ 参阅拙文：《新文化运动与反省现代性思潮》，载《近代史研究》，2009（4）。

"五四"前后的名哲讲学，对其时中国反省现代性思潮的崛起起了推波助澜的作用，并为梁启超等人的理论观点的形成与文化诉求提供了立论的依据，无疑同样也有力地促进了"真正的反对派"即所谓"东方文化派"的形成，进而为新文化运动的发展和中国思想界思维空间的展拓，增加了内在的张力。

三、名哲讲学与国人的"以俄为师"

经五四运动的洗礼，新文化运动的发展超越了原有单纯的文化范畴，也不再限于少数知识分子的范围，而具有了广泛的社会参与，成为了社会改造运动。"新文化、新道德"的原有诉求，很快便为日渐高涨的直接要求改造社会的声浪所取代："社会改造之声浪，在今新思潮中，已占全体十之七八。"[①] 傅斯年敏锐地感受到了此种变动，他说："五四运动过后，中国的社会趋向改变了"，"以后是社会改造运动的时代"。[②] 杜威诸人所以到处受到热烈欢迎，一个重要原因，也在于国人对名哲的指导，深抱厚望。人们尤其是青年人，首先感兴趣的不是他们高深的哲学本身，而是他们对于改造中国社会的建议。一位青年写信给罗素说："自从 1919 年以来，学生界似乎是中国未来的最大希望；因为他们已经准备迎接中国社会的一个革命的时代"。"我胆敢代表大多数中国学生向您"提出要求，"因为我们大多数希望得到关于无政府主义、工团主义、社会主义等等的知识，一句话，我们亟欲求得关于社会革命哲学的知识"，希望您能超越尚嫌保守的杜威，为大家提供这方面更多的知识。[③] 1920 年底，罗素在致友人书中也提到："（中国听众）他们不要技术哲学，他们要的是关于社会改造的实

---

① 君左：《社会改造与新思潮》，载《改造》，第 3 卷第 1 号，1920-09-15。

② 傅斯年：《新潮之回顾与前瞻》，见岳玉玺等编：《傅斯年选集》，64～65 页，天津，天津人民出版社，1996。

③ ［英］罗素：《罗素自传》，第 2 卷，199～200 页。

际建议。"① 名哲的讲演，尤其是杜威与罗素，显然都注意到了这一点，故大受欢迎。孟禄高度评价中国的学生运动，他说："各国的学生，没有像中国学生在社会上占这样大的位置的。中国学生自五四学潮以来，对于政治方面社会方面，都是能有很大的贡献。"他甚至还鼓励学生进一步扩大影响，说："学生运动，不单就外交方面，如对于腐败的内政，贪官污吏，更应有正当活动的机会，影响亦大。""现在中国的政府，真是腐败，但是费了许多力量，还不见得有什么效果，究有何用？所以诸位当彻底的想想，究竟怎样才能使现在的中国政府在效力上变做好政府。"② 孟禄这些大胆的话，连平时不愿谈政治的胡适听了都倍受鼓舞。他说："孟禄先生说的话，是我们这群平常被人叫做过激派的人不敢说的话。我们袖着手，看着政治一天天腐败下去，不努一点力，却厚着脸皮去高谈外交。我们听了孟禄先生这样说，能不惭愧吗？""当今中国的青年对于国内政治的腐败，有什么改革的运动，我一定加入的！"③

　　杜威与罗素讲学时间最长，涉及了社会的结构与改造更加广泛的议题，影响自然更非一般。例如，杜威关于学校即社会的思想，就成了人们倡导学生参加社会活动的重要理论依据。人俊说："我的希望是学生参加社会活动"，但现在学校教的是死书，不与生活发生联系。"杜威说学校即社会，中国的学校只是监狱、寺院"，除了教人技能以糊口外，不能让人明白个人与社会的关系。"此种教育是统治阶级妨碍民众觉悟崛起之麻醉剂"。"我们现在没有推翻这种政府，我们自然不能希望改造今日的教育制度"，但是，我们仍可以参加社会活动，"如办平民教育、组织工会、农会及其他团体、加入革命的政党、当新闻记者做宣传事件等——以求补学校与人生间之罅隙"。④ 至于罗素所谓基于人类"冲动"本能的"社会改造原

① ［英］罗素：《罗素致柯莉》，1920 年 10 月 18 日，罗素档案馆。转引自冯崇义：《罗素与中国》，201 页。

　　② 陈宝泉、陶知行、胡适编：《孟禄的中国教育讨论》，4 版，94 页，北京，中华书局，1933。

　　③ ［美］孟禄：《孟禄与中国教育界同人在中央公园钱别会之言论》，载《新教育》，第 4 卷第 4 期，1922-04。

　　④ 人俊：《1924 年的三个希望》，载《中国青年》，第 12 期，1924-01-05。

欧战前后：国人的现代性反省

123

第四章 『五四』前后外国名哲来华讲学与中国思想界的变动

理"，更被许多人所津津乐道，自然同样是有力地提升了青年人关注社会与政治的热情。所以，多年后，蒋梦麟的回忆与评说是对的："这两位西方的哲学家，对中国的文化运动各有贡献。杜威引导中国青年，根据个人和社会的需要，来研究教育和社会问题"。"他的学说使学生对社会问题发生兴趣也是事实。这种情绪对后来的反军阀运动却有很大的贡献"。"罗素则使青年人开始对社会进化的原理发生兴趣。研究这些进化的原理的结果，使青年人同时反对宗教和帝国主义"。①

不过，仅看到这一点还不够。需要指出的是，"新文化运动"一词是在 1919 年底才出现的，其真正流行更晚到次年的下半年。② 所以，虽然"五四"后社会改造的呼声日高，却甚少有人注意到"文化运动"与"社会运动"或叫"社会改造运动"，两者间的概念区分及其意义。一般人多不经意地将二者混同，故效春说，"新文化运动就是社会改造运动"③。戴季陶也断言："新文化运动是什么？就是以科学的发达为基础的'世界的国家与社会的改造运动。"④ 所以，"五四"后新文化运动不仅发展为社会改造运动，而且最终归趋"以俄为师"的社会主义，首先就表现为以陈独秀代表的激进的民主主义者，在认知层面上的理性追求的过程。名哲讲学与中国思想界的内在联系，其最值得关注的部分，也正在于与这一过程声气相通，不论其自觉与否，实助益了此一趋向。举其大者，主要有三：

其一，在观念层面上，助益人们由原先推动"文化运动"，自觉地转进到推动"社会运动"。这不妨以新文化运动的"总司令"陈独秀为例。

1919 年 6 月，杜威作《美国之民治的发展》长篇讲演。他说，残酷的欧战使自己"深觉得世界上一切非民治的制度的大害。所以如果有人说我替民治主义鼓吹，我是承认的"。他结合美国的历史与现状，强调"民治主义"即民主主义虽然内容复杂，但其基本要素无非有四："政治的民治

北京师范大学史学探索丛书

---

① 蒋梦麟：《西潮》，114 页，沈阳，辽宁教育出版社，1997。

② 参阅拙文：《五四后关于"新文化运动"的讨论》，载《北京师范大学学报》，2010（4）。

③ 效春：《文化运动的初步》，载《时事新报》，1920-06-06。

④ 戴季陶：《从经济上观察中国的乱源》，载《建设》，第 1 卷第 2 号，1919-09。

主义"、"民权的民治主义"、"社会的民治主义"、"生计的民治主义"。杜威以为，中国人常批评美国人追求金钱主义，是误解。当年欧洲人到新大陆去，不仅是为了自由，同时也是为了"找出新生计"。"他们开辟土地，各人去求理想的生活，这就是美国人理想中带些实行的特色"。"这两个目的——理想的、生计的——合拢在一块，便造成美国人一种特性"。① 杜威显然是强调，在现代美国社会的发展过程中，生计即经济发展的重要性。

陈独秀十分重视杜威的这次讲演，不久即在《新青年》第7卷第1号上发表长文《实行民治的基础》。他写道："我敢说最进步的政治，必是把社会问题放在重要地位，别的都是闲文。因此我们所主张的民治，是照着杜威博士所举的四种原素，把政治和经济两方面的民治主义，当做达到我们目的——社会向上——的两大工具。"其中，又当注重社会经济，因为"社会经济不解决，政治上的大问题没有一件能解决的，社会经济简直是政治的基础"。同时，他又认为，杜威对于民治主义的解释，"还有点不彻底"。他说："我们政治的民治主义的解释：是由人民直接议定宪法，用宪法规定权限，用代表制照宪法的规定执行民意。换句话说，就是打破治者与被治者的阶级，人民自身同时是治者又是被治者。老实说：就是消极的不要被动的官治，积极的实行自动的人民自治。必须到了这个地步，才算得真正民意。"② 其时的陈独秀尚未转向马克思主义，故在文中表示不愿意看到阶级斗争的发生；但他又无奈地指出，包括美国在内，资本的势力却在那里天天制造劳资对立与社会分裂的痛苦。很明显，陈独秀一方面是接受了杜威的影响，但同时又超越了后者。他虽肯定杜威提出的民治主义的四大要素，但并不完全认同现有的西方社会制度，而主张由人民直接行使民意。这预示着，在他的心中，正酝酿着对资本主义制度的否定。此其一；他充分注意到了杜威对"生计"的重视，但同时又将之置于更为开阔的视野下，进一步加以强调。他不仅用"社会经济"这一更加鲜明科学的概念替代"生计"，而且强调政治与社会经济乃是改造社会最重要的两大

① 袁刚、孙家祥、任丙强编：《民治主义与现代社会：杜威在华讲演集》，5、17页。

② 林茂生等编：《陈独秀文章选编》（上），430、438页。

工具，后者更构成了前者的基础，社会经济问题不解决，改造社会便是一句空话。此其二。周策纵曾指出，杜威的中国学生及中国自由主义者，没能重视杜威所强调的社会经济领域应用民治主义的问题，"他们对大众的影响力之日益薄弱，对这经济问题的忽略是个主要原因"；而陈独秀却基本同意了杜威的观点。其见解自然是对的，但还需要进一步指出，尽管当时陈独秀尚未转向马克思主义，但上述的认知，却构成了他在思想观念上一种可贵的自觉。

陈独秀当年所以发动新文化运动，是因为看到共和虽云成立，但思想层面仍黑幕层张，民国徒具虚名。也因是之故，他相信"伦理的觉悟，为吾人最后觉悟之最后觉悟"①，即相信唯有靠思想文化才能解决中国的问题。《新青年》同仁也因之相戒不谈政治。现在陈独秀既强调政治与社会经济才是改造社会最重要的两大工具，便意味着其原先的上述观点发生了改变，这也就为他由主张文化运动推进到主张政治经济变革的社会运动，在思想观念层面上开辟了先路。应当说，最早明确提出这个问题的是瞿秋白。1920年1月，他发表《社会运动的牺牲者》一文，指出："从文化运动，直到社会运动，中间一定要经过的就是一种群众运动"。"五四"后的中国，正处在这种过渡时期。"凡一种群众运动之后，必定要有继续他的社会运动才能显出他的效用。中国现在所需要的就是真正的社会运动"。②他不仅提出了"文化运动"与"社会运动"两个不同的概念，而且强调只有从前者发展到后者，社会改造才能彰显其"效用"。这个识见是重要的。但遗憾的是，他没有进一步界定这两个概念及其相互关系，随后便赴俄考察去了。有趣的是，同年4月，陈独秀发表《新文化运动是什么?》一文，开宗明义就说："'新文化运动'这个名词，现在我们社会里很流行。究竟新文化底内容是些什么，倘然不明白他的内容，会不会有因误解及缺点而发生流弊的危险，这都是我们赞成新文化运动的人应该注意的事呵!"实际运动已进行多年了，才开始讨论它的概念，这说明"新文化运动"确是

---

① 陈独秀：《吾人最后之觉悟》，见《独秀文存》，41页。

② 瞿秋白：《瞿秋白文集》，政治理论编，第1卷，51、55页，北京，人民文学出版社，1987。

新起的名词，人多不能了了。陈独秀在文中不仅指出了，文化是相对于军事、政治、经济的概念，而且，强调应该注意"新文化运动要影响到别的运动上面"，① 包括军事的、政治的与经济的，才有更大的价值。这不啻是在延续瞿秋白的思考。他强调文化运动"要影响到"政治经济等的运动，也就是预见到了文化运动发展到社会运动的必要性与必然性。所以，一年后，他又发表《文化运动与社会运动》，将问题进一步廓清了。他说："文化运动与社会运动本来是两件事，有许多人当做是一件事，还有几位顶刮刮的中国头等学者也是这样说，真是一件憾事！"他认为，从事文化运动或社会运动都有各自的价值，但必须明白，文化最终取决于政治经济，不是相反："文化是跟着他们发达而发生的，不能说政治、实业、交通就是文化"。要注意的是，在这里，他特别征引了罗素演讲《社会结构学》中的下面一段话，作为自己的立论依据：

> 什么叫做文明？其定义可以说是要求生存竞争上不必要的目的——生存竞争范围以外之目的。古代文明，第一次发原于埃及、巴比伦大河出口之处，地土膏腴，宜于农作，由农业发生文明，……在膏腴的地方，如长江、黄河底下游，一人工作出来的不止供给一人底需要，于是少数人得闲暇，可以从事知识思想的生活，如文字、算术、天文等，均为后世文明底基本。但在这时候虽有少数人从事文明事业，其大多数人作工还非一天到晚劳苦不可，科学、哲学、美术固然也有人注意，但只是少数幸运的人。在实业发达时代，生产必需品既然增加，要多少就有多少，一人只要每天四小时作工，余剩的就可以从事知识思想的生活了。

陈独秀强调说，文化既是社会政治经济发展的产物，一些人"拿文化运动当做改良政治及社会底直接工具"，就是本末倒置了，这说明，"这班人不但不懂得文化运动和社会运动是两件事，并且不曾懂得文化是什

---

① 林茂生等编：《陈独秀文章选编》（上），512、516 页。

么"。① 这时的陈独秀正在积极组建中国共产党，即已由原先的新文化运动的"总司令"，转换角色，成为了"社会运动的总司令"。他近乎现身说法的上述观点，固然已属唯物史观；但从中，我们除了看到人们在思想观念层面上，自觉文化运动与社会运动两者间的概念区分及其意义，对于新文化运动后期的发展具有重要的先导作用外，显然也看到了杜威与罗素的讲学，对陈独秀诸人此种观念的演进，产生了怎样积极的影响。

其二，名哲讲学的反省现代性，为李大钊诸人皈依马克思主义提供了必要的思想铺垫。

日本学者丸山真男强调，研究思想史的发展，尤其要注意某种思想要素的多重价值及其多样的可能性。他说："所谓注重思想创造过程中的多重价值，就是注目其思想发端时，或还未充分发展的初期阶段所包含的各种要素，注目其要素中还未充分显示的丰富的可能性。"② 这是十分深刻的。反省现代性与马克思主义虽有质的区分，但二者既然都是批判资本主义的产物，彼此就有相通之处。在"五四"前后特定的语境下，西方反省现代性思潮对于中国的影响，更包含着"多重价值"与"丰富的可能性"。就名哲讲学而言，其反省现代性，不仅产生了助益梁启超等人重新审视中西文化，进而促成了所谓"东方文化派"的兴起；更值得注意的是，同时还为新文化运动的领导者李大钊、陈独秀诸人转向服膺马克思主义提供了必要的思想铺垫。在这方面，罗素关于人性中存在两种"冲动"的理论，其影响最具有典型性。

十月革命后，李大钊很快转向马克思主义；但在很长一个阶段里，他仍强调"心物"、"灵肉"、"物质与精神"的"调和"或叫"两面的改造"，"一致的改造"，甚至主张"阶级竞争与互助"的统一。以往的论者多据此强调，这是李大钊在转向马克思主义的早期，思想上表现出的不彻底性。这种判断固然不错，却失之消极。实际上，李大钊是借助了反省现代性的思想铺垫，才登上马克思主义新的思想平台，它是积极的。其中，罗素思

北京师范大学史学探索丛书

---

① 林茂生等编：《陈独秀文章选编》（中），119～120 页。
② ［日］丸山真男：《日本的思想》，区建英、刘岳兵译，96 页，北京，生活·读书·新知三联书店，2009。

想的影响尤显重要。1919 年 9 月，他在《"少年中国"的"少年运动"》一文中，写道：

> 我们"少年运动"的第一步，就是要作两种的文化运动：一个是精神改造的运动，一个是物质改造的运动。精神改造的运动，就是本着人道主义的精神，宣传"互助"、"博爱"的道理，改造现代堕落的人心，使人人都把"人"的面目拿出来对他的同胞；把那占据的冲动，变为创造的冲动；把那残杀的生活，变为友爱的生活；把那侵夺的习惯，变为同劳的习惯；把那私营的心理，变为公理的心理。这个精神的改造，实在是要与物质的改造一致进行，而在物质的改造开始的时期，更是要紧。因为人类在马克思所谓"前史"的期间，习染恶性很深，物质的改造虽然成功，人心内部的恶，若不除划净尽，他在新社会新生活里依然还要复萌，这改造的社会组织，终于受他的害，保持不住。①

强调"精神生活"或"精神的改造"，是生命哲学的要义。在这里，李大钊显然是借助了罗素基于人性"冲动"说的所谓"社会改造原理"来展开的。为了说明"精神的改造"必要性，他强调所谓马克思的"前史"说，这在逻辑上自然是借前者为反省现代性张目；但就他皈依马克思主义而言，恰恰相反，更多的是借重后者助益前者。这在他著名的《我的马克思主义观》中，看得最清楚。李大钊在文中说：人们多"深病"马克思主义，是因为"他的学说全把伦理的观念抹煞一切，他那阶级竞争说尤足以使人头痛"。但实际上，马克思并不排斥人类高尚愿望的存在，只是认为在他所说的人类"前史"，即存在阶级斗争的历史时期内，人们实际存在的互助、博爱的理想被立于阶级对立基础上的经济结构所压抑，终至隐耀不明。只有到消灭了阶级斗争的人类"真正历史"阶段，人类高尚的愿望与理想，才能得到真正发舒。"这是马氏学说中所含的真理"。但是，在这

---

① 李大钊：《李大钊文集》（下），43 页。

过渡阶段，须注重灵肉一致的改造，而不偏于物质的变更，以铲除人类在前史所习染的恶习，它却不免于疏漏。"这是马氏学说应加救正的地方"。他还强调说，"近来哲学上有一种新理想主义出现，可以修正马氏的唯物论，而救其偏弊"。① 李大钊虽已转向马克思主义，但其思想远未成熟，因为他尚未注意到，发现阶级斗争的客观存在，本非始于马克思，后者的贡献正在于由此进一步引出了无产阶级革命与专政的理论，并论证了人类社会将以此为基础，最终实现消灭阶级的共产主义社会。很显然，李大钊对于唯物史观与阶级斗争理论的理解，尚存误区。而他所谓可资"救正"的"新理想主义"，正是指西方反省现代性的生命哲学。其中，罗素所谓"变占据的冲动为创造的冲动"理论的影响，更显而易见。应当说，重要的问题并不在于李大钊的马克思主义观尚欠成熟，而在于他借助反省现代性，进一步增强了自己对于马克思主义的信仰。这才是问题的本质。

北京师范大学史学探索丛书

也正因这样，与此相应，李大钊坚信社会主义优于资本主义，也呈现了相同的思想进路。他注意到，罗素讲"合理的人生"、"生命的自然"，其中，尤其强调美感的意义。所以，他说，在罗素看来，每一个人都应尽量发展自己的创造冲动而限除私有的冲动，如果社会的大多数人食不果腹，衣不蔽体，唯有少数资本家锦衣玉食，这样荒谬的社会，必然"毫无美感之可言"。而罗素提出的三点："（1）技术练习——教育；（2）发挥创造冲动之自由；（3）公众的认识"，就是主张人人都有免费读书的自由、发挥个人创造冲动的自由，并努力提升公众对美的鉴赏力。李大钊说，"冷酷资本主义，能使人生生活非常枯槁"，已陷于机械主义，完全丧失了美感与乐趣；而社会主义恰恰有助于实现罗素提出的理想，"实行社会主义之俄国亦极重美学"，② 已经证明了这一点。

陈独秀转向马克思主义较李大钊为晚，1920 年初是其重要的过渡

---

① 李大钊：《李大钊文集》（下），67～68 页。
② 李大钊：《社会主义与社会运动》，见《李大钊文集》（下），378～380 页、382 页。

期。① 罗素反省现代性的影响，同样为之提供了必要的思想铺垫。在此之前，他不认同反省现代性思潮对于西方资本主义文明的批判。1919 年底，他曾两次质问《东方杂志》："'此次战争，使欧洲文明之权威，大生疑念。'此言果非梦呓乎？敢问。"② 就反映了这一点。但是，次年 1 月，他在《自杀论》中的立脚点却已移到了反省现代性一边。他说，人性有善恶两面，故有"创造的冲动"与"占有的冲动"、"互助的本能"与"掠夺的本能"之区别。社会的进化，就是要令"恶性有减少"，"善性有发展"。不仅如此，他还第一次将西方思潮的发展，概括为三个时期："古代思潮"包括"理性主义"、"神的"、"理想万能"、"主观的想象"等；"近代思潮"包括"唯实主义"、"物的"、"科学万能"、"客观的实验"等；"最近代思潮"包括"新理想主义"、"人的"、"科学的理想万能"、"主观的经验"等。接着，陈独秀写道：

> 古代的思潮过去了，现在不去论他。所谓近代思潮是古代思潮底反动，是欧洲文艺复兴底时候发生的，十九世纪后半期算是他的全盛时代，现在也还势力很大，在我们中国底思想界自然还算是新思潮。这种新思潮，从他扫荡古代思潮底虚伪，空洞，迷妄的功用上看起来，自然不可轻视他；但是要晓得他的缺点，会造成青年对于世界人生发动无价值无兴趣的感想。这种感想自然会造成空虚，黑暗，怀疑，悲观，厌世，极危险的人生观。这种人生观也能够杀人呵！他的反动，他的救济，就是最近代的思潮，也就是最新的思潮；古代思潮教我们许多不可靠的希望，近代思潮教我们绝望，最近代思潮教我们几件可靠的希望；最近代思潮虽然是近代思潮底反动，表面上颇有复古的倾向，但他的精神，内容都和古代思潮截然不同，我们不要误会了。③

---

① 任建树著《陈独秀传》（上）："1920 年初，是陈独秀向马克思主义者飞跃前进的时期。"（179 页，上海，上海人民出版社，1989）

② 陈独秀：《独秀文存》，189 页。

③ 同上书，273 页、276～277 页。

这里需要指出两点：首先，他不仅指陈了西方现代思潮正在经历的变动中，理性主义与非理性主义消长更替的趋势，而且，所谓"近代思潮"造成了"极危险的人生观，这种人生观也能够杀人"，强调的正是对理性主义的反省；其次，坦承包括自己在内原先倡导的"新思潮运动"，正是西方的"近代思潮"，它既暴露了自身的弊端，正被最新的思潮所代替，人们当勇于吐故纳新。"主张新思潮运动的人，却不可因此气馁，这是思想变动底必经的阶级；况且最近代的最新的思潮，并不危险，并无恐怖性，岂可因噎废食？"① 足见，陈独秀已站到了反省现代性即批判资本主义文明新的思想支点上了。梁漱溟注意到了陈独秀上述思想的重要变化。他说：陈独秀是一直钟情于西方文明的，但是近来"陈先生自己的变动已经不可掩了"。因为，他承认"最近思想"与"近代思想"多相反，"我们看，他以前的思想就是他此处所说的近代思想，那么陈先生思想的变动不是已经宣布了吗？"② 梁漱溟的观察显然是对的。

值得注意的是，陈独秀强调，"最近代最新的思潮底代表"是英国的哲学家罗素和法国作家罗兰、艺术家罗丹。后面两位都是欧洲新兴的浪漫主义文艺思潮著名的代表人物，罗兰更是战后欧洲知识界轰动一时的《精神独立宣言》的起草者，罗素也在宣言上签了名。他还提醒人们，不能因杜威等人对现代思潮变动所可能带来的"危险"有所顾虑，而影响我们去大胆迎受最新思潮。③ 这说明，在这方面，罗素、杜威都对陈独秀的思想变动产生了影响，但前者是主要的。陈独秀将应当迎受的最新思潮，认同为反省现代性思潮而非马克思主义，与其思想处于摇摆不定的过渡阶段，正相吻合；但陈独秀最终皈依马克思主义既非径情直遂，接受批判资本主义的反省现代性，无疑同样为其提供了必要的思想铺垫。这个判断不单合乎逻辑，且也有事实可资佐证。例如，他在强调中国只能用社会主义发展教育与工业时说："我个人的意见，以为资本主义虽然在欧洲、美洲、日本也能够发达教育及工业，同时却把欧、美、日本之社会弄成贪鄙、欺

---

① 陈独秀：《独秀文存》，277 页。

② 梁漱溟：《中西文化及其哲学》，见《梁漱溟全集》，第 1 卷，514 页。

③ 陈独秀：《独秀文存》，277 页。

诈、刻薄、没有良心了。"① 这里的批判，明显取径于反省现代性。又如，批判无政府主义是陈独秀转向马克思主义的一个重要思想表征，而此种批判也恰恰借重了罗素。他在反驳无政府主义者主张废除法律与军队时，说："罗素先生的意思是以为就是很远的将来，人类的竞争心、争权心和妒忌心三样根性是不容易完全消灭的。所以对内对外，小事仍需要法律，大事仍需要兵力，才能制止一切不正当的事。虽然将来的法律及军队渐渐和现在不同，而绝对的废止期，几乎是现在的人类一种空想。"②

其三，罗素关于中国发展问题的思考与建议，助益先进之士进一步坚定了选择走"以俄为师"的道路。

实际上，在其时的中国青年中，罗素的影响要大于杜威。究其原因，除了罗素传奇式的个人经历外，根本还在于，二人对于其时中国青年最关心的国家发展道路选择这一根本问题的思考与建议，大相径庭。反对"根本解决"而主张一点一滴的改造的杜威，告诉中国青年说，"欧战终了以后，人心对于马克思的学说渐起厌倦的现象"，③ 俄国革命徒有形式，也已"酿成败德之紊乱"。④ 所以，青年人"不必望至过大，看至过远。因人凡谋事必由小及大，由近及远。如过大过远，即用全力亦办不到"。⑤ 他建议，解决中国问题可从普及教育与研究专门问题入手。杜威的主张与中国进步青年中日益增长的革命倾向，格格不入。罗素则不同，他恰恰主张中国青年要抱更大的希望，要看得更远。他坦陈自己的真实想法，其富有真知灼见的思考，引发了广泛争论。这不仅不是坏事，恰恰相反，它在中国思想界酝酿重大转折的关键时刻，进一步激发了国人对中国发展道路问题

---

① 陈独秀：《致罗素先生》，见林茂生等编：《陈独秀文章选编》（中），52 页。

② 陈独秀：《答冯菊坡先生的信》，见林茂生等编：《陈独秀文章选编》（中），83～84 页。

③ ［美］杜威：《社会哲学与政治哲学》，见袁刚、孙家祥、任丙强编：《民治主义与现代社会：杜威在华讲演集》，60 页。

④ ［美］杜威：《共和国之精神》，见袁刚、孙家祥、任丙强编：《民治主义与现代社会：杜威在华讲演集》，22 页。

⑤ ［美］杜威：《民本政治之基本》，见袁刚、孙家祥、任丙强编：《民治主义与现代社会：杜威在华讲演集》，127 页。

的认真再思考。所以，有青年人批评杜威失之保守而寄希望于罗素，并不奇怪。从总体上看，罗素相互关联的两大观点，最具影响力：

一是对于人类社会发展趋向与当今世界政治总体格局的判断。罗素说："我觉得资本主义已到末路，世界的将来，布尔塞维克正好发展，推倒资本主义。世人无知，所以资本主义才能存在到今日。""我敢说资本主义总有灭绝的一日。"① 与此相应，社会主义已成为世界发展的趋势。"我所说的社会主义"，就是"列宁所试行的"。② 据此，他进而认为，当今世界的政治形成了两对势力对峙的总体格局："资本主义与帝国主义是一方面，有强力的人主张的；共产主义与自决主义，又是一方面，被压制而要求解放的人主张的。今日世界的混乱状态，全是这两对势力互相冲突的结果，就是再往前看二三十年，也许还是这两对势力冲突的世界。"③ 换言之，正是以西方为代表的资本主义、帝国主义与以苏联为代表的社会主义、被压迫民族间的对立，形成了世界政治的总体格局，由此引出的逻辑结论，自然是：中国作为被压迫民族，只能站在社会主义一边。罗素是讲学的名哲中唯一提出了这样宏观判断的人，而这恰恰是中国选择自己的发展道路所不可或缺的大视野即认知的前提。罗素的上述判断与中国最早转向马克思主义的李大钊的见解，正不谋而合。例如，李大钊说：欧战的结束与俄国的十月革命，是人类新纪元开端的重要标志，它反映的"资本主义失败，劳工主义战胜"，④ 即"是民主主义的胜利、是社会主义的胜利，是布尔什维克的胜利，是赤旗的胜利，是世界劳工阶级的胜利，是二十世纪新潮流的胜利"。⑤ 他强调的也正是社会主义与资本主义、被压迫民族与帝国主义的矛盾冲突，而他由此进一步引出的自觉认识中国革命是世界革

---

① ［美］杜威：《布尔什维克与世界政治》，见袁刚、孙家祥、任丙强编：《中国到自由之路：罗素在华讲演集》，13 页。

② ［美］杜威：《民主与革命》，张崧年译，载《新青年》，第 8 卷第 2 号，1920-10-01。

③ ［美］杜威：《社会结构学》，见袁刚、孙家祥、任丙强编：《中国到自由之路：罗素在华讲演集》，258 页。

④ 李大钊：《庶民的胜利》，见《李大钊文集》（上），594 页。

⑤ 李大钊：《Bolshevism 的胜利》，见《李大钊文集》（上），598～599 页。

命组成部分的极端重要性的见解，与罗素判断，同样是相通的："受资本主义的压迫的，在阶级间是无产阶级，在国际间是弱小民族。"中国人民百年来受资本帝国主义的压迫，"而沦降于弱败的地位"，因之，十月革命对于中国人民最具亲合力。"凡是像中国这样的被压迫的民族国家的全体人民，都应该很深刻的觉悟他们自己的责任，应该赶快的不踌躇的联合一个'民主的联合阵线'，建设一个人民的政府，抵抗国际的资本主义，这也算是世界革命的一部分工作"。① 罗素的上述正确判断，既体现了他对被压迫民族的真诚同情，同时也与李大钊诸人相呼应，拓展了国人的世界视野。

二是经深思熟虑，向国人郑重提出了"中国到自由之路"的重大建议。十月革命后，国人对俄国多刮目相看，社会主义思潮也因之迅速高涨；不过，人们虽心向往之，却因少有实地考察，又不免雾里观花，真伪莫辨。罗素曾是批判资本主义和支持俄国革命的国际著名人士，又曾访问过俄国，人们自然格外关注他的言论。但是，罗素来华前刚在伦敦《国民周刊》发表他的游俄感想，并汇成《鲍尔希维主义的理论和实际》一书出版，其中对俄国革命多有批评。他在华讲演基本上又重复这些观点。罗素的"新俄观"在东西方都引起了舆论哗然。不仅如此，初到中国的罗素，又对中国是否有可能越过资本主义的阶段发展自己的实业，表示怀疑。不难想见，罗素很快便陷入了中国问题的旋涡，引起了争议。由于问题的敏感性和罗素自身的影响力，他的真实见解和最终的意见，对于国人的取舍，在心理上的影响是不容轻忽的。反对俄国革命者，欢欣鼓舞，颖水在《晨报》上刊登译文《评论罗素游俄之感想》。其中说："从上段所说看起来，我们如令一真正激烈派得亲到俄国目睹俄国情形，则必翻然大悟，而从前迷惑，自然烟消云散的。这种效果，我们观于罗素发表这篇文章可以证明了。"② 同情俄国革命者，则对罗素大为不满。《新青年》连续发表了雁冰、袁振英等译自《苏维埃俄国》的文章，批评罗素是位"失望的游

---

① 李大钊：《十月革命与中国人民》，见《李大钊文集》（下），577 页。

② 颖水译：《评论罗素游俄之感想》，载《晨报》，1920-10-01。

客"，无非以贵族老爷式的态度对待革命。① 至于张东荪借重罗素反对社会主义，陈独秀则坚持社会主义并致书质问罗素，从而引发了思想界一场关于社会主义的争论，更为人所熟知。实际上，人多误会了罗素。他是个和平主义者与人性论者，对布尔什维克坚决行使必需的革命权威，难以理解并存微辞，是很自然的；但这并不意味着他改变了支持社会主义的初衷。他说得明白："现在惟一的新希望还是从俄国来"，"我相信世界上只有共产制度能再造世界的幸福"。俄国革命虽有简单粗暴与手段残酷的弱点，"但它能使人民有一种别国所没有的快乐；能使人耐苦冒险而保存一种新鲜畅快的精神，是黑暗的西欧所没有的"。② 其实，他也知道批评布尔什维克会令"反动派大感快意"，但他相信，"保持缄默归根到底并没有什么好处"。③ 其率性直言，容有过当，但却是补台而非否定。其时明眼人已看到了这一点。梁敬锌说：罗素"盖对于俄党所揭橥之主义，已根本赞成，所审择者，即何种手段，始能达到真目的，何种手段始为最适宜耳"。④ 远在东北的金毓黻在他的日记中也写道："罗素在北京女师演说，谓俄国过激主义中之罪恶，世界上皆全有，他的优点却为他国所没有。又云'世界最公平者，莫如布尔什维克主义（即过激主义）'。由此言证之，知罗素氏亦极赞成过激主义。然则罗氏认俄国劳农政府举措之不满人意，乃其手段耳，非根本反对也。"⑤ 罗素所以最初认为中国当先发展教育与实业，以后再行社会主义；这与其所以批评俄国革命，是一脉相承的。在他看来，俄国革命所以存在许多弱点，是因其经济落后的缘故，而中国的经济较之更加落后，不先发展实业，社会主义自然更不具备条件。但是，在世界资本

---

① 雁冰译：《罗素论苏维埃俄罗斯》，载《新青年》，第 8 卷第 3 号，1920-11-01；震瀛译：《批评罗素论苏维埃俄罗斯》、袁振英译：《罗素——一个失望的游客》，载《新青年》，第 8 卷第 4 号，1920-12-01。

② ［美］杜威：《社会结构学》，见袁刚、孙家祥、任丙强编：《中国到自由之路：罗素在华讲演集》，290 页。

③ ［英］罗素：《罗素自传》，第 2 卷，124 页。

④ 梁敬锌：《与罗素同船之一封书》，载《晨报》，1920-10-26。

⑤ 金毓黻：《静晤室日记》（一），"1921 年 1 月 17 日"，216 页，沈阳，辽沈书社，1993。

主义压迫下，中国想仿效西方资本主义发展实业，事实上可能吗？罗素自己也感到两难，他在甫抵上海的欢迎会上致辞时说："至于中国改造之路径方法，鄙人当竭所知，以供采择。但就最近之感想所及，各种改造方法之中，自以教育为第一义。"① 他说得明白：这只是初来乍到的想法。他没有最终下结论，而留待继续观察与思考。直到 1921 年 7 月，他的临别讲演——《中国到自由之路》，才最后明确而郑重地提出了自己对中国发展道路问题的建议："我和有思想的中国人谈话，常常觉得有一个问题：怎样能够发展中国的实业，同时又能免除资本主义的流毒？这是个难题。"现在明确了，"一定要先解决政治问题"，而中国政治改革不能走西方的道路，"俄国政策适合中国"，"最好经过俄国共产党专政的阶级。因为求国民的知识快点普及，发达实业不染资本主义的色彩，俄国式的方法是惟一的道路了"。② 尽管罗素将俄国革命理解为"国家社会主义"，并不准确；但重要在于，他超越了自己，给国人的最终建议却是：以俄为师。这在当时的中国思想界自然引起了震动。

其时，李大钊、陈独秀诸人在共产国际的指导下，正在积极筹建中国共产党。1920—1921 年，蔡和森曾几次致书毛泽东，强调中国改造"一定要经俄国现在所用的方法，……舍此无方法"。③ 毛泽东也极表赞同。从李大钊到毛泽东，都主张以俄为师，开创中国革命新的道路。罗素的临别赠言，适逢其时，其不谋而合，对于国人尤其是陈独秀、李大钊诸人，无疑产生了鼓舞的作用。陈独秀很快改变了原先对罗素的怀疑与不满，他连续发表文章，高度评价其临别赠言对于中国革命的重要性。他在《政治改造与政党改造》中说："罗素在《中国人到自由之路》里说：'改革之初，需有一万彻底的人，愿冒自己性命的牺牲，去制驭政府，创兴实业，从新建设。这类人又须诚实能干，不沾腐败习气，工作不倦，肯容纳西方的长

① 《晨报》，1920-10-16。

② 袁刚、孙家祥、任丙强编：《中国到自由之路：罗素在华讲演集》，303～304页。

③ 中国革命博物馆编：《蔡和森文集》，50 页、71～72 页，北京，人民出版社，1980。

处，而又不像欧美人做机械的奴隶。'又说：'中国政治改革，决非几年之后就能形成西方的德谟克拉西。……要到这个程度，最好经过俄国共产党专政的阶级。因为求国民的知识快点普及，发达实业不染资本主义的色彩，俄国式的方法是惟一的道路了。'"陈独秀进而强调指出，罗素这两段话，对于中国政党的改造是"一个大大的暗示"："政党是政治底母亲，政治是政党的产儿；我们与其大声疾呼：'改造政治'，不如大声疾呼：'改造政党'！"① 所谓"大大的暗示"，就是重大的启示。陈独秀从罗素临别赠言中得到的启示就是：不仅要走俄国革命的道路，而且要聚集精英人才，创建中国的布尔什维克党，作为中国革命的领导力量。我们注意到，1920年初瞿秋白在上述《社会运动的牺牲者》中，不仅提出文化运动必然要发展到社会运动的重要思想，而且强调还必须有一批具有"新的信仰，新的人生观"，勇于打破旧制度与旧传统的"社会运动的牺牲者"，② 才能真正实现这一点。这同样是极重要的预见。但是，他既未能说明社会运动的具体内涵，所谓"社会运动的牺牲者"也依然仍是抽象的概念。而现在的陈独秀，却借罗素的临别赠言，明确强调革命政党建设对于社会改造的极端重要性了。是文发表于 1921 年 7 月 1 日，正是以陈独秀为总书记的中国共产党正式创建之时。罗素最终对中国发展道路选择的建议，无疑直接影响到了中国革命的最初发展。

但与此同时，张东荪、胡适等人却对罗素大失所望。张东荪发现自己陷入了尴尬境地，他埋怨说："现在看了这篇最后的讲演，使我们大失望"，这与他此前的主张自相矛盾。"凡此种种，我们生一种感想，就是觉得罗素先生自己的思想还未确定，何能指导我们呢？"③ 罗素走了，胡适去送，但"不幸迟了几分钟，车已走了"。④ 他作诗一首，题为《一个哲学家》，其中说，"他自己不要国家，但他劝我们须爱国；他自己不信政府，

---

① 林茂生等编：《陈独秀文章选编》（中），135～136 页。
② 瞿秋白：《瞿秋白文集》，政治理论编，第 1 卷，52 页。
③ 张东荪：《后言》，载《哲学》，1921（3）。
④ 胡适：《胡适全集》，第 29 卷，355～356 页。

但他要我们行国家社会主义"，① 同样表达了自己对罗素的不满。

人们对毛泽东下面的名言，多耳熟能详："十月革命一声炮响，给我们送来了马克思列宁主义。十月革命帮助了全世界的也帮助了中国的先进分子，用无产阶级的宇宙观作为观察国家命运的工具，重新考虑自己的问题。走俄国人的路——这就是结论。"② 这自然是正确的，但浪漫的诗化语言，富有感染力，却不免于抽象。十月革命给国人送来了马克思主义是一回事，先进分子最终理解和接受它，并决心走"以俄为师"的道路，则是另一回事，因为后者是多样化因素综合作用和人们反复选择的结果。缘上可知，"五四"后新文化运动最终归趋"以俄为师"的社会主义，其在思想层面上的展开过程，既深刻地反映了中国思想界的异趋，同时也明显地打上了名哲尤其是杜威与罗素讲学的印记。所以，周策纵从另一角度的观察也是对的："杜威、罗素两位杰出西方自由主义者无疑忠于他们所信服的民主和宪政，但他们在中国的言论，至少无疑地助长了社会主义的气焰。""如果连西方自由主义大师都为社会主义'帮腔'，难怪后来有许多自由主义者变成了共产主义的同路人。"③

四、名哲讲学与中共建立"思想革命上的联合战线"思想的提出

对于名哲讲学，人们既各是所是，各取所需，它在助益思想深化的同时，自然也加速了中国思想界的分化。1925 年胡适为《朝鲜日报》撰写《当代中国的思想界》，他介绍欧战后"中国的思想冲突"，正是从名哲讲学说起。他说："中国青年人在欢迎约翰·杜威和罗素两氏时，西洋近代文化遭到攻击，这在多数人的心目中，自然蒙生了心理上的冲突。"④ 梁启

---

① 胡适：《胡适全集》，第 29 卷，361 页。
② 《毛泽东选集》，第 4 卷，1471 页，北京，人民出版社，1991。
③ 转引自孙家祥：《杜威访华与中国现代政治思想演进》，见袁刚、孙家祥、任丙强编：《民治主义与现代社会：杜威在华讲演集》，25 页（前言）。
④ 胡适：《胡适全集》，第 20 卷，555 页。

超等人固然缘是加固了自己新的思想支点，得以在新文化运动中独树一帜；原来新文化运动队伍中的陈独秀与胡适诸人，也因之催化，而渐行渐远。

关于新文化运动的内部分化已有许多研究，这里不拟重复，只是强调一点，杜威的讲学显然加速了此种分化。这里有两层含义：一是胡适不仅担任杜威讲学的全程翻译，而且为了替他讲学预为铺垫，还专门撰写了《实验主义》等一系列文章，介绍和宣传杜威的理论。这无疑会进一步提升他作为实验主义信徒的理论自觉；二是杜威讲学中的某些重要观点，径直启发或支持了胡适提出自己重要的新文化主张，加速了他与陈独秀诸人的异趋。人们多注意到了1919年7、8月间发生的李大钊与胡适关于"问题与主义"之争，是新文化运动主持者思想分歧表面化的重要标志；但实际上，胡适随后于同年12月发表的著名长文《新思潮的意义》，更是他决心独树一帜的代表作。胡适不赞成陈独秀将新思潮的意义仅仅归结为拥护科学与民主"两大罪案"，而将之重新界定为"只是一种新态度"——"评判的态度"，即"重新估定一切价值"。继"问题与主义"的争论之后，胡适要对新思潮的意义重新界定，显然意在调整或明确价值取向，为新文化运动的进一步发展，指明自己认同的新方向。所以，此文设计有醒目的副标题："研究问题，引进学理，整理国故，再造文明。"是文影响甚大，此后的事实说明，"整理国故"正是胡适所提倡和坚持的新文化运动发展方向。他自己也说："这是我对于新思潮运动的解释。这也是我对于新思潮将来的趋向的希望。"① 所以，《新思潮的意义》是胡适继"问题与主义"之争后，对问题作进一步全面的和理论思考的结果。它不啻是胡适的"文化纲领"，在更加全面的意义上，成为了他与李大钊、陈独秀分道扬镳的分水岭。值得注意的是，1919年9月20日至1920年3月6日，杜威作《社会哲学与政治哲学》共16讲的长篇讲演，恰与胡适阐述上述的思想主张相呼应。杜威在讲演中指斥马克思主义主张社会问题的"根本解决"，无非是"极端的学说"，且已成明日黄花。他强调，实验主义才是可行的

北京师范大学史学探索丛书

---

① 胡适：《胡适全集》，第1卷，697页。

道路:"现在世界上无论何处都在那里高谈再造世界,改造社会。但是要再造、改造的都是零的,不是整的。如学校、实业、家庭、经济、思想、政治都是一件件的,不是整齐的。所以进步是零买来的。"① 如果说,这可以看成是对刚刚发生的"问题与主义"之争中胡适观点的支持;那么,他关于全世界思想"教权"大转移的见解,则更是对胡适形成《新思潮的意义》中的核心观点,产生了重要的启迪作用。杜威说,"教权是什么呢?就是思想信仰在人生行为上的影响"。"所以问题是怎样以科学的教权代替成法,或曰怎样以科学的思想结晶到从前旧训成法的地位"。"换句话说是将思想改革应该向那一方向走"。"所以思想革新,只认事实;凡是不能承认的,虽是几千年来的东西也不能承认"。"其重要之点,就是以根于事实的东西代替不根于事实但凭想象的东西"。② 胡适所谓的"新态度",不就是"教权"的更替? 胡适强调"价值也跟着变",体现着"新思潮将来的趋向",不就是杜威所谓"教权"更替意味着"思想改革应该向那一方向走"? 至于胡适在文中继续指斥马克思主义,强调"问题"和"一点一滴的改造",与杜威的说法,更是连语言都是一样的。在杜威讲学过程中,胡适对乃师的观点是有所选择的,对于后者反省现代性和主张新旧中西的调和等,皆充耳不闻;但于实验主义的基本教义,却是坚信不移。

由于杜威讲学时间最长,加之胡适等诸多学生大力宣传,故实验主义影响甚广,从蔡元培、梁启超到李大钊、陈独秀,鲜有不受影响者。不过,实验主义很快便遭到了质疑。梁启超说,"自杜威到中国讲演后,唯用主义或实验主义在我们教育界成为一种时髦学说",但我国三百年前的"颜李学派","和杜威们所提倡的有许多相同之点,而且有些地方像是比杜威们更加彻底"。③ 这无异于在贬抑实验主义。而在《评胡适之中国哲学史大纲》中,梁启超更径直指出,正因为"胡先生是最尊'实验主义'的人",故其书中"不能尽脱主观的臭味"。④ 梁漱溟则认为,实验主义虽不

---

① 袁刚、孙家祥、任丙强编:《民治主义到现代社会:杜威在华讲演集》,33 页。
② 同上书,88~89 页。
③ 梁启超:《颜李学派与现代教育思潮》,见《饮冰室合集·文集》(41),3 页。
④ 梁启超:《饮冰室合集·文集》(38),52 页。

妨视为西洋派进步到最圆满的产物，"然而现在西洋风气变端已见，前此之人生思想此刻已到末运了"。① 换言之，实验主义也无非是明日黄花。张东荪是哲学家，他从真理论上批评实验主义陷入了相对主义。同时复指出，既以经验为唯一存在，而经验以直接的经验为唯一的来源，如此岂非将认识最终归于官觉印象，即一切非亲身经验不可；然而，"生物学的细胞、物理学的电子，亦非经过官觉的实证不可了?"② 足见其说之不完善。时已转向马克思主义的瞿秋白，从唯物论的角度批评实验主义，见解愈形深刻。他肯定实验主义作为一种行动的哲学，注重现实生活的实用性，是其优点；但指出，它否定理论的真实性，在宇宙观上陷入了唯心论。同时，它既以"有益"作为判断真理的标准，故只能承认一些实用的科学知识与方法，而不能承认科学的真理。也因是之故，作为资产阶级的哲学，它只能接受改良而不能接受革命："实验主义既然只承认有益的方是真理，他便能暗示社会意识以近视的浅见的妥协主义——他决不是革命的哲学"。③

缘此不难看出，在名哲讲学期间，中国的思想界业已分化并形成了马克思主义（李大钊、陈独秀代表）、自由主义（胡适代表）、保守主义（梁启超代表）三足鼎立的格局。1919 年下半年的"问题与主义"之争，发生在马克思主义者与自由主义者之间；1920 年关于社会主义的论争，发生在马克思主义者与保守主义者之间；1923 年的"科玄之争"，则是发生在自由主义者与保守主义者之间。但是，是年底，陈独秀为亚东图书馆出版"科玄之争"论集作序，以第三者自居，借唯物史观评点论战双方，无形中不仅参与了论争，而且肯定了思想界此种格局的存在。紧接着，邓中夏在同年《中国青年》第 6 期上发表《中国现在的思想界》一文，不仅使用了"派"的概念，而且同时还明确地概括出了现实思想界三派并存的格局："唯物史观派"（李大钊、陈独秀代表）、"科学方法派"（胡适代表）、

---

① 梁漱溟：《东西文化及其哲学》，见《梁漱溟全集》，第 1 卷，484 页。

② 张东荪：《唯用论在现代哲学上的真正地位》，载《东方杂志》，第 20 卷第 16 号，1923-08-25。

③ 蔡尚思主编：《中国现代思想史资料简编》，第 2 卷，414 页。

"东方文化派"（梁启超、梁漱溟代表）。胡适不太讲派，但他于 1923 年 12 月 19 日的日记中，却详细摘录了黄日葵在北大 25 周年纪念刊中发表的《中国近代思想史演进中的北大》一文，对于北大，实际即是现实思想界分化的描述："'五四'的前年，学生方面有两大倾向：一是哲学文学方面，以《新潮》为代表；一是政治社会的方面，以《国民杂志》为代表。前者渐趋向国故的整理，从事于根本的改造运动；后者渐趋向于实际的社会革命运动。前者隐然以胡适之为首领，后者隐然以陈独秀为首领——最近又有'足以支配一时代的大分化在北大孕育出来了'。一派是梁漱溟，一派是胡适之；前者是彻头彻尾的国粹的人生观，后者是欧化的人生观；前者是唯心论者，后者是唯物论者；前者是眷恋玄学的，后者是崇拜科学的。"黄日葵所谓三大"首领"各代表着不同的分化"倾向"，实际说的就是三大"派"。更重要在于，胡适在引述之后评论："这种旁观的观察——也可说是身历其境，身受其影响的人的观察——是很有趣的。我在这两大分化里，可惜都只有从容漫步，一方面不能有独秀那样狠干，一方面又没有漱溟那样蛮干！所以我是很惭愧的。"[1] 他显然是肯定了黄日葵的观察，表面谦逊，实则自得。而当他在另一处这样说时："今日高唱'反对文化侵略'的少年，与那班高唱'西洋物质文明破产'的老朽，其实是殊途而同归。同归者，同向开倒车一条路上走"，[2] 心中三派的分野不仅更显鲜明，而且少了前面的谦逊，流露出了心中更多的愤懑。张东荪则强调应当反对思想界的"垄断"，他说："我确信思想是可以竞赛的，但不可有垄断的意思"。"以我的观测，觉得现在中国人往往把思想比赛认为思想垄断"，例如，有人就反对请倭铿来华讲学，以为其学说不宜于中国；实则，你以为不宜，不去介绍好了，但却无权禁止别人介绍，要知道"中国思想界由我一个人是封锁不住的"。[3] 他也没有讲派，但他不仅肯定了思想界的分化，而且强调这是合理的。

　　需要注意的是，作为新创立的中共总书记的陈独秀，为推进国民革

---

① 胡适：《胡适全集》，第 30 卷，133 页。

② 胡适：《论中西文化》，见《胡适全集》，第 13 卷，742 页。

③ 张东荪：《思想问题》，载《时事新报·学灯》，1922-06-23。

命，正借唯物史观对中国的政治力量与思想分野作阶级分析。1923 年 1 月他发表《反动政局与各党派》一文，主张各派进步人士"加入打倒军阀官僚的联合战线"。所谓进步人士，他提到了：全国工友、国民党诸君、好政府主义者、青年学生、工商业家、益友社、研究系左派、政学会诸君等，范围十分广泛。这里自然包括了胡适与梁启超诸人在内。① 同年 7 月，又发表《思想革命上的联合战线》，第一次更加明确地提出了建立思想界革命联合战线的目标。他说，由于中国社会经济仍停留在小农经济基础上，所以不仅政治是封建军阀的，社会思想也仍然是封建宗法的。号称新派的蔡元培、梁启超、梁漱溟、张君劢、章士钊等人，"仍旧一只脚步站在封建宗法的思想上面，一只脚或半只脚踏在近代思想上面。真正了解近代资产阶级思想文化的人，只有胡适之"。"适之所信的实验主义和我们所信的唯物史观，自然大有不同之点，而在扫荡封建宗法思想的革命战线上，实有联合之必要"。② 在思想界建立联合战线的主张，是陈独秀根据中共新通过的关于建立民主的联合战线的决议，进一步引申出来的，固属极具创意的重要思想；但是，陈独秀只主张与胡适等组成联合战线，显然又不包括被视为"半新旧"人物的蔡元培、梁启超诸人。这与其上述《反动政局与各党派》的见解显然不一致。同时，被排除在联合战线之外的这些半新旧的人物，是敌是友？他未作说明。但是，同年 11 月邓中夏在《中国现在的思想界》中，却明确地将梁启超诸人为代表的所谓"东方文化派"，说成了是胡适等代表的"科学方法派"与陈独秀等代表的"唯物史观派"，应当联合加以攻击的"非科学的""反动派"。③ 这是陈独秀的本意吗？

一个月后，陈独秀发表重要长文《中国国民革命与社会各阶级》，系统阐述了他对于中国革命的总体战略构想。他指出，国民革命虽是资产阶级的性质，但它却是需要各阶级合作的大革命。其中，特别强调"非革命"知识分子也是间接的革命力量，再次重申了建立革命思想联合战线的重要性。他写道："正因为知识阶级没有特殊的经济基础，遂没有坚固不

---

① 林茂生等编：《陈独秀文章选编》（中），226～227 页。
② 陈独秀：《思想革命上的联合战线》，载《前锋》，第 1 期，1923-07-01。
③ 中夏：《中国现在的思想界》，载《中国青年》，第 6 期，1923-11-24。

北京师范大学史学探索丛书

摇的阶级性。所以他主观上浪漫的革命思想，往往一时有超越阶级的幻象，这正是知识阶级和纯粹资产阶级所不同的地方，也就是知识阶级有时比资产阶级易于倾向革命的缘故。就是一班非革命分子，他们提出所谓'不合作'、'农村立国'、'东方文化'、'新村''无政府'、'基督教救国'、'教育救国'等回避革命的口号，固然是小资产阶级欲在自己脑中改造社会的幻想，然而他们对于现社会之不安不满足，也可以说是间接促成革命的一种动力。"① 这又恢复了他在《反动政局与各党派》一文中的观点，所谓半新旧的梁启超等人，也重新被视为"间接促成革命的一种动力"，纳入了联合的对象，无异于是对邓中夏观点的否定。

不可思议的是，仅隔一个月，邓中夏又发表《思想界的联合战线问题》，虽强调是要进一步阐发陈独秀的见解，但实际上与前者在《中国国民革命与社会各阶级》中阐述的观点，仍然大相径庭。他说，"我们应该结成联合战线，向反动的思想势力分头迎击"。他所谓的"反动的思想势力"，却是打击一大片，将许多上述陈独秀主张团结的力量，都赶到了敌人一边去了："再明显些说，我们应结成联合战线，向哲学中之梁启超、张君劢（张东荪、傅铜等包括在内）、梁漱溟；心理学中之刘廷芳（其实他只是一个教徒，没有被攻的资格）；政治论中之研究系，政学系，无政府党，联省自治派；文学中之'梅光之迪'等，和一般无聊的新文学家，教育中之黄炎培、郭秉文等，社会学中之陶履恭，余天休等这一些反动的思想势力分头迎击，一致进攻。战线不怕延长呀！战期不怕延久呀！反正最后的胜利是我们的。"② 陈独秀的上述文章都是发表在中共中央机关刊物《前锋》上，显然在党内具有权威性；邓中夏的是文则是发表在中国共产主义青年团新创办的机关刊物《中国青年》第15期上，陈独秀也不可能不知道，那么，他的态度究竟如何呢？

随后，印度大诗人泰戈尔来华讲学，考察陈独秀的态度，恰好成了我们对其在思想界建立联合战线思想的一次实际检测。

---

① 林茂生等编：《陈独秀文章选编》（中），366 页。
② 中夏：《思想界的联合战线问题》，载《中国青年》，第 15 期，1924-01-26。

北京师范大学史学探索丛书

1924 年 4 月中，泰戈尔来到中国。在后来三个月的时间里，先后在上海、杭州、北京各地讲演，听者动辄数千人，受到了普遍的欢迎。《晨报》《时事新报》《小说月报》《东方杂志》等报刊都辟有专号或专栏，广为宣传。郑振铎等人还在文学研究会内专门成立了泰戈尔研究会。泰戈尔在北京更受到了梁启超、熊希龄、范源濂、胡适等众多名流的隆重接待。尤其是 5 月 8 日为泰戈尔举办的 64 岁诞辰祝寿会，由胡适主持，另有赠名典礼由梁启超主持，最后由林徽因、徐志摩等饰演泰戈尔的剧本《齐德拉》，将其在华讲学推到高潮。

但是，与此同时，陈独秀却以《中国青年》为中心，发起抵制活动，使泰戈尔的整个讲学蒙上了阴影。陈独秀连续发表了《我们为什么要欢迎太戈尔》等十余篇文章；《中国青年》则出有专号，对后者的指斥不遗余力。他们不仅认为，泰戈尔是极端反对科学、物质文明和抵拒西方文化的东方顽固派，而且指斥他与梁启超等的研究系和"东方文化派"相勾结，无非要消磨中国青年革命的锐气和充当帝国主义的说客。陈独秀在文中借朋友的话说："太戈尔的和平运动，只是劝一切被压迫的民族像自己一样向帝国主义者奴颜婢膝的忍耐、服从、牺牲，简直是为帝国主义者做说客。"[1] 泽民也说："他是印度的一个顽固派，纵不是辜鸿铭康有为一类老顽固，也必是当梁启超张君劢一类新顽固党的人物。"[2] 林根干脆说，"科玄之争"后，泰戈尔被研究系请来，就是为了壮大后者的势力，并以空想玄虚的东方文化，"以磨灭青年与现实环境奋斗的革命精神"。[3] 包括陈独秀的在内，许多文章甚至不惜作人身攻击。当然，更偏激的是，组织散发传单和冲击会场。这些都造成了讲学的不和谐与泰戈尔老人沉重的心理负担。他曾对胡适诉说委屈："你听过我的演讲，也看过我的稿子。他们说我反对科学，我每次演讲不是总有几句特别赞叹科学吗？"胡适回忆说："我安慰他，劝他不要烦恼，不要失望。我说，这全是分两轻重的问题，

---

[1] 陈独秀：《巴尔达里尼与太戈尔》，见林茂生等编：《陈独秀文章选编》（中），495 页。

[2] 泽民：《太戈尔与中国青年》，载《中国青年》，第 27 期，1924-04-18。

[3] 林根：《两年来的中国青年运动》，载《中国青年》，第 100 期，1925-10-10。

你的演讲往往富于诗意，往往侧重人的精神自由，听的人就往往不记得你说过赞美近代科学的话了。我们要对许多人说话，就无法避免一部分人的无心的误解或有意的曲解。'尽人而悦'，是不可能的。"①

陈独秀等人担心泰戈尔过分颂扬东方文化和"精神文明"，会对革命青年产生消极影响，固然不无道理；但却反应过度，失之偏激。首先，是攻其一点不及其余的批评太过简单化。泰戈尔是著名的东方文化论者，他对西方文化的批评容有过当，但意在反省现性并为被压迫民族张目，绝非是反对科学、主张复古的顽固派。他在北海欢迎会上说："世人常谓余排斥西人物质文明，其实不然。西方的科学实为无价宝库，吾侪正多师承之处，万无鄙视之理。"② 又说："西方文明重量而轻质，其文明之基础薄弱已极，结果遂驱人类入于歧途，致演成机械专制之惨剧。"由于"缺乏精神生活"，"故彼等咸抱一种野心，日惟以如何制造大机器，又如何用此机器以从事侵略为事。彼等对于率机器以食人之残酷行为，初不自知其非，且庞然自大"。东方人不应崇拜西方，不然必受其害。"吾人分所应为者，乃对于一切压迫之奋斗、抵抗，以求到达于自由之路"。③ 其主张的基本取向，并无大错。泰戈尔在本国不仅是著名的爱国者，更是革新派的重要代表人物。他成立的国际学院倡导东西方文化融合，享誉世界。美国著名学者萨义德，因之称赞他是殖民地国家具备自我批判精神的"伟大知识分子"的"典型"，是"民族主义队伍中的杰出人物"。④ 胡适也说，"泰氏为印度最伟大的人物"，他推动印度的文学革命，"其革命的精神，实有足为吾青年取法者，故吾人对于其他方面纵不满于泰戈尔，而于文学革命一端，亦当取法于泰戈尔"。⑤ 其次，是情绪化的抹黑，缺乏说服力。陈独秀

---

① 胡颂平编著：《胡适之先生年谱长编初稿》，第 2 册，567 页，台北，联经出版事业公司，1984。

② 《须发皓白之印度诗哲》，载《晨报》，1924-04-26。

③ 《泰戈尔第二次讲演》，载《晨报》，1924-05-11。

④ ［美］爱德华·W. 萨义德：《知识分子论》，单德兴译，39 页，北京，生活·读书·新知三联书店，2002；《文化与帝国主义》，李琨译，312 页，北京，生活·读书·新知三联书店，2003。

⑤ 《泰戈尔第二次讲演》，载《晨报》，1924-05-11。

欧战前后：国人的现代性反省

147

第四章 『五四』前后外国名哲来华讲学与中国思想界的变动

诸人将泰戈尔说成是帝国主义的走狗，英美协会在六国饭店宴请泰氏，更被说成是新的铁证："谁知太戈尔爵士之来于研究系的关系之外，还有帝国主义的关系呢?"[①] 但事实正相反，泰戈尔在宴会上的讲话，公开反对国家主义，批评日本展出中日战争中俘获的中国兵器，以为厌恶。并谓美国"只知有己，藐视他国，殊与耶教原理不符，并与人道有伤"。[②] 泰戈尔不仅是伟大的爱国者，也是东方被压迫民族的代言者。他在临去世前的最后一篇文章《文明的危机》中，还在怒斥英国对中、印各被压迫民族的野蛮侵略。[③] 足见，攻击多为情绪化的抹黑，并无根据。所以，负责具体接待并任翻译的徐志摩，动情地为泰戈尔辩护说："太氏到中国来，是来看中国与中国的民族，不是为了部分或少数人来的。"[④] "但是同学们，我们也得平心的想想，老人到底有什么罪? 他有什么负心? 他有什么不可容赦的犯案? 公道是死了吗? 为什么听不见你的声音?""他一生所遭逢的批评只是太新、太早、太急进、太激烈、太革命的、太理想的; 他六十年的生涯只是不断的斗奋与冲锋。他现在还只是冲锋与斗奋。但是他们说他是守旧、太迟、太老。他顽固奋斗的对象只是暴烈主义、资本主义、帝国主义、武力主义、杀灭性灵的物质主义; 他主张的只是创造的生活，心灵的自由、国际的和平、教育的改造、爱的实现。但他们说他是帝国主义的间谍、资本主义的助力、亡国奴族的流民、提倡裹脚的狂人!"[⑤] 至于将泰戈尔讲学说成是研究系因在"科玄之争"中失败，特意请他来为自己打气，胡适便不认同，他挺身而出，为之辟谣，自然是最为有力。他说，"这话是没有事实的根据的"，因为泰氏代表联系访华事在论战发生之前。"我以参战人的资格，不能不替我的玄学朋友们说一句公道话"。[⑥]

　　与陈独秀诸人的抵制形成鲜明对照的是，日本与苏联的驻华使馆却竟

北京师范大学史学探索丛书

148

① 蔡和森:《英美协会欢迎太戈尔》，见《蔡和森文集》，436 页。
② 蔡和森:《英美协会欢迎太戈尔》，载《晨报》，1924-04-26。
③ 倪培耕编:《泰戈尔集》，363 页，上海，上海远东出版社，2004。
④ 徐志摩:《太戈尔来华的确期》，见韩石山编:《徐志摩全集》，第 1 卷，344 页。
⑤ 徐志摩:《泰戈尔》，见韩石山编:《徐志摩全集》，第 1 卷，444～445 页。
⑥ 《泰戈尔在京最后的讲演》，载《晨报》，1924-05-13。

相邀请泰戈尔访问本国。1924 年 5 月 10 日，日使馆派人访泰氏，说："中国既无人了解君，君何必久留此地？"[①] 次日下午，泰氏应邀访苏联使馆，后者的代表极表欢迎访苏，并谓："就政治上说，……本国对于世界被屈服之民族，极愿加意提携。且年来受西方物质文明之损害，亦复不少，实有共同合作之必要。就学术上说，则俄之托尔斯泰，在十九世纪早唾弃物质文明，实与东方精神文明之旨相契合云云。"[②] 日本的态度可不置论，但苏联对泰戈尔的态度与主张"以俄为师"的陈独秀诸人的态度，大相径庭，岂非耐人寻味并足资反省？

至此，不难看出，陈独秀提出的国民革命当团结"非革命"知识分子，结成思想界联合战线的重要思想，并没有坚持到底。他组织抵制泰戈尔的活动完全违背了自己这一正确的主张。上述邓中夏的偏激自然也不是偶然的了。事实上，从总体上看，其时陈独秀关于建立思想界联合战线的思想远未成熟，上述几篇文章的表述反反复复，模棱两可，都反映了这一点。实际上，他只钟情于和胡适等的联合，这不仅因为后者本来就曾是共同发动新文化运动的"战友"，而且还在于他相信唯物史观与实验主义有共同点（事实也是如此），在反对封建思想与军阀统治中可以合作。邓中夏也说，二者"是真新的，科学的"，[③] 尽管前者较后者远为彻底。他们始终对梁启超诸人抱有戒备心理，这不仅因为后者的研究系背景，而且还在于他们主张"东方文化"，被目为代表封建思想。故邓中夏所谓："在现在中国新式产业尚未充分发达的时候，劳资阶级尚有携手联合向封建阶级进攻的必要；换过来说，就是代表劳资两阶级思想的科学方法派和唯物史观派尚有联合向代表封建思想的东方文化派进攻的必要"的见解，[④] 同样反映了陈独秀的思想。其思想的自相矛盾，只能说明他甫转向马克思主义，还不可能正确地运用阶级斗争理论分析中国现状和避免误区。

---

① 《泰戈尔第二次讲演》，载《晨报》，1924-05-11。

② 《泰戈尔有意游俄》，载《晨报》，1924-05-15。

③ 邓中夏：《中国现在的思想界》，载《中国青年》，第 6 期，1923-11-24。

④ 同上。

事实证明，陈独秀等人抵制泰戈尔的偏激做法，不仅没有结果，而且还使得他们原先设想的与胡适诸人联合的愿望，也进一步落空了。胡适从一开始便不接受陈独秀的善意。他后来回忆说："从前陈独秀先生曾说实验主义和辩证的唯物史观是近代两个最重要的思想方法，他希望这两种方法能合作一条联合战线。这个希望是错误的"，因为二者"根本不相容"。①在泰戈尔来华前，陈独秀曾约请胡适为《中国青年》反泰戈尔专号写一篇文章，但遭到了拒绝。②胡适对抵制泰戈尔的做法甚为不满，在泰戈尔于青年会作第二次讲演开讲之前，他先警告反对者说："外间对泰戈尔，有取反对态度者。余于此不能无言。余以为对于泰戈尔之赞成或反对，均不成问题。惟无论赞成或反对，均须先了解泰戈尔，乃能发生重大的意义。若并未了泰戈尔而遽加反对，则大不可。吾昔亦为反对欢迎泰戈尔来华之一人，然自泰戈尔来华之后，则又绝对敬仰之"，因为作为印度的最伟大人物和文学革命的倡导者，其革命精神值得青年取法。③在泰戈尔在京最后一场讲演会上，胡适再次陈词，对上一次讲演会上有人散发传单极表愤慨。他说：散发传单本身违反了言论自由，因为自己不同意就要赶客人走，"那就是自己打自己的嘴吧。自己取消鼓吹自由的资格。自由的真基础是对于对方的主张的容忍与敬意"。泰戈尔的人格、文学革命的精神和他领导的农村合作运动，都已令吾人敬意。即此不讲，其个人人格、人道主义精神、慈祥的容貌，也都足以令吾人十分敬仰了，何以要如此无理呢!④胡适、蒋梦麟诸人原先都不赞成接待泰戈尔，但现在却都与梁启超等人站在一起，共同热情接待前者；陈独秀、邓中夏想联合胡适等以进攻梁启超诸人的想法，最终也事与愿违。

不过，也应看到，对新诞生的中共来说，学会以马克思主义正确指导中国革命，是一个艰难曲折的探索过程。中共二大提出关于"民主的联合战线"的思想和主张，固然开其后统一战线思想的先河，但远未成熟；其

北京师范大学史学探索丛书

---

① 胡适：《介绍我自己的思想》，见《胡适全集》，第 4 卷，658 页。
② 水如编：《陈独秀书信集》，387～388 页。
③ 《泰戈尔第二次讲演》，载《晨报》，1924-05-11。
④ 《泰戈尔在京最后的讲演》，载《晨报》，1924-05-13。

运用阶级斗争理论分析国情出现偏差与不协调，并不足奇。换言之，上述的失误，并不影响她提出建立思想上革命联合战线主张所具有的重要意义。这包含两层意思：其一，其时中共提出建立思想上革命联合战线的主张，实际上具有更加丰富的内涵，并且在实际上取得了促进国共合作与推进国民革命的积极成效。这是需另文讨论的问题；其二，中共发动的对泰戈尔的批判，固然有失偏颇，但它在广大青年中进一步高扬了反帝爱国的革命热情，也是应当看到的。此外，作为党的主要负责人，陈独秀后来犯错误，主要是表现为政治上主张妥协退让的右倾，而这里在思想战线上表现出的却明显是"左"倾。这反映了他在思想上的矛盾性。然而，无论如何，泰戈尔作为最后一位名哲讲学者的遭际，却又具有象征的意义：它再次突显了"五四"前后外国名哲来华讲学与中国思想界变动间，始终存在的深刻联系。

五、名哲讲学在西学东渐史上的意义

欧战后，东西方各自都面临着"重新估定一切价值"的时代。在此特殊的语境下，外国名哲应邀来华讲学，其层次之高，人数之多，延续时间之长和影响之广泛，都使之成为了欧战后西学东渐的文化壮举。

名哲讲学的影响是多方面的，包括对所涉及的教育、哲学、诗歌诸领域的影响在内；但其中既深且远者，无疑在于对中国思想界的影响。郭湛波于 1934 年出版的《近五十年中国思想史》中，就已指出了这一点。他说："中国近五十年思想最大之贡献，即在西洋思想之介绍。""这些介绍对于中国近代思想影响甚大，尤以杜威、罗素之来华讲学。此外如德国哲学家杜里舒之一九二二年讲学，印度大诗人、哲学家太戈尔之一九二三年之来华讲学，都给中国思想上不少的痕迹。"[1] 不过，他的结论尚嫌抽象。实则，具体说来，主要有三：

其一，名哲讲学在全国范围内，进一步有力地营造了追求新知与开放

---

① 郭湛波：《近五十年中国思想史》，282 页，济南，山东人民出版社，1997。

的社会氛围，从而扩大了新文化运动的影响力。由于组织者精心安排，名哲讲学借助讲坛、报刊与出版等多样化形式，其整体效应被尽量发挥到最大化。以杜威为例，他在华两年两个月，共作大小讲演不下200次，遍及奉天、直隶、山西、山东、江苏、江西、湖北、湖南、浙江、福建、广东11省。1920年8月《晨报》社推出《杜威五大演讲》，一年内印行13版，达10万多册。其后复多次重印。此外，还出版了《杜威三大演讲》、《杜威在华演讲集》、《杜威罗素演讲录合刊》等多种演讲录。其余各种小演讲录，依胡适说法，更是"几乎数也数不清楚了"。① 孟禄讲学仅三个月，足迹却遍及了北京、上海等9省18个市，调查了200多处教育机构与设施，其间应邀讲演60多场，并参与各种座谈与讨论。同时，也有《孟禄讲演集》及《孟禄的中国教育讨论》等专书出版。此外，名哲讲学多受到各省督军或省长等最高当局的高规格礼遇，也大有助于提升它的社会影响力。百如在谈到杜威讲学将产生积极和重大的社会效益时，这样写道："我们在国内的人，居然有机会把世界第一流的学者请了来，听他的言论，接近他的声音笑貌，这样的幸福是不容易得的。他所说的，我们多数人或者未必全能领会和了解，但在'观感之间'所得到的，也就不少了"。在社会新旧思潮冲突之际，"这时候有一个大家尊仰的'论师'在我们中间，新思想就得了一个很好的指导，很有力的兴奋。顽旧的人，能听听这样名哲的议论，或者能受些感化，换些新空气，也未可知"。② 他的判断是客观的，而持续6年之久的5位名哲讲学所产生的整体社会效益，自然会更加有力地扩大了新文化运动的影响。

其二，名哲讲学与中国思想界间产生了积极的互动。名哲讲学在助益国人思想深化的同时，也促进了中国思想界的分化与演进，终至为"五四"后新文化运动的发展及其归趋服膺马克思主义和"以俄为师"的历史进程，打上了自己的印记，固然反映了这一点；罗素对中国问题的思考，前后巨变，其所以能超越自我，显然也得益于对中国思想界自身活力的积

---

① 胡适：《杜威先生与中国》，见《胡适全集》，第1卷，360页。
② 百如：《美国教育者杜威》，载《晨报》，1919-05-14。

极吸纳。而杜威的学生刘伯明则认为，杜威缘于对中国文化精神的进一步理解，不仅助益了他反省"美国之精神"的自觉，而且在一定程度上也修正了自己的学说："然其于此不啻将其平素主张之哲学，加一度之修正也。"[①] 这些都反映了外国名哲与中国思想界的互动。

其三，名哲讲学在西学东渐史上的意义。近代欧风美雨沛然而至，早期多赖传教士，甲午后则更多是赖留学生假道日本引进。前者虽为西人，但层次低，且受宗教的局限，影响有限；后者影响虽大，贩自日本，又不免于耳食之言为多。欧战前后，国人多转而留学欧美，得登堂入室，以眼见为实。这是西学东渐史上具有重要意义的转折。需要指出的是，名哲讲学适逢其时，大大地深化了此种转折的内涵。杜威、罗素这样一批具有国际影响力的欧美重要学者（泰戈尔虽为印度学者，却有同样的意义）先后集中来华讲学，以现身说法，向国人讲述他们身在其中的社会及其现代思潮的变动，并对中国社会的改革运动提出各自的建议；这对于国人来说，不仅也是一种"眼见为实"，而且别具魅力。名哲讲学异同互见，各成一家之言，它让国人进一步看到了"西学"自身的多样性。而罗素对于苏俄，既有肯定，又有尖锐的批评，甚至不惜"以今日之我否定昨日之我"，对自己关于中国道路问题的见解最后作出了带根本性的修正；这固然引起了国人的激烈争论，但同时却又令国人不仅看到了罗素的真诚，而且更重要的是，进一步理解了西方学理与中国现实间的差异，以及中国人在学习西方过程中，学会独立选择的极端重要性。所以，从西学东渐史上看，名哲讲学助益了"五四"后中国思想界归趋更加理性的发展方向，同样是显而易见的。

"五四"前后是近代中国思想发展的重要转折点，名哲讲学为之注入了新鲜的思想活力，从而助益了中国近代历史的发展。名哲们也许并不自知，但近代的中国历史却记住了它。

---

① 刘伯明：《杜威论中国思想》，载《学衡》，第 5 期，1922-05-01。

第五章　欧战后国人的“对西方求解放”

在近代，“西方”一词，逐渐取代原有的“西国”、“泰西”、“西洋”、“欧美”等，成为国人至今用以泛指欧美发达的资本主义国家最为通行的代名词，是在“五四”之后。① 本文所谓“对西方求解放”，并非意味拒绝学习西方，重归传统，而是指涉国人谋求超越西方，重新思考国家与民族命运的一种自觉。它构成了其时中国民族解放运动的重要思想先导。

欧战前的近代中国思想解放的历程，在某种意义上，可以概括为：步武西方，“对传统求解放”。但是，与此同时，盲目崇拜西方的非理性倾向也在潜滋暗长。其间，不乏有识之士看到了西方社会的某些弊端，例如，1903 年梁启超游美，曾发出这样的感叹：“天下最繁盛者宜莫如纽约，天下最黑暗者殆亦莫如纽约。”② 1905 年孙中山也指出：“然而欧美强矣，其民实困。”③ 但是，从总体上说，都远未达到对后者作整体反省的境界或改变了盲目崇拜的心态。新文化运动的倡导者们在将“对传统求解放”的运动引向高峰的同时，也将盲目崇拜西方的倾向推到了最大化。陈独秀强调，“以新输入的欧化为是”，④ “若是决计革新，一切都应该采用西洋的新

---

① 在晚清，“西国”、“泰西”、“西洋”、“欧美”等词并行，以“泰西”一词最为流行。1896 年，梁启超的《西学书目表序例》，以“西国”与“泰西”并用。同年，其《西书提要农学总序》则言：“论者谓中国以农立国；泰西以商立国，非也。”（《饮冰室合集·文集》（1），129 页，北京，中华书局 1989 年据 1936 年版影印）1902 年，梁启超的《论中国学术思想变迁之大势》说：“盖大地今日只有两文明，一泰西文明，欧美是也。二泰东文明，中华是也。”〔《饮冰室合集·文集》（7），4 页〕这里则是“泰西”与“欧美”并行。“五四”后，“西方”一词开始流行。1920 年梁启超在中国公学的演讲说：“西方经济之发展，全由于资本主义。”（《梁任公在中国公学之演说》，见陈崧编：《五四前后东西文化问题论战文选》，377 页）次年，梁漱溟出版《东西文化及其哲学》，其中更大量使用了“西方”、“西方文化”、“西方化”等词。

② 梁启超：《新大陆游记》，见《饮冰室合集·专集》（22），38 页。

③ 孙中山：《〈民报〉发刊词》，见《孙中山选集》，2 版，76 页。

④ 陈独秀：《答佩剑青年》，见林茂生等编：《陈独秀文章选编》（上），86 页。

法子"。① 傅斯年则干脆说：中国既百不如人，"中西的问题"自然就"变成是非的问题了"。②

然而，欧战前后的世界，时移势异，东西方都面临着各自"重新估定一切价值"的时代。人们发现，自己一向崇拜有加并藉以批判固有文化的西方19世纪文明，在战后的欧洲正成为普遍反省的对象，尤其是俄国革命之后，西方资本主义更陷入了四面楚歌的境地。缘是之故，有识之士幡然醒悟，要求重新审视中西文化和世界的格局。它引发了国人"对西方求解放"思潮的兴起，这是完全合乎逻辑的必然趋势。明白了这一点，便不难理解，五四新文化运动所以构成了近代中国思想解放的伟大潮流，归根结底，端在于它同时包含了两大思想解放的向度："对传统求解放"和"对西方求解放"。二者相反相成，其间的搏击与张力，不仅构成了其时思想解放的内在动力，而且深刻地影响了其后中国思想解放运动与社会变革的历史进程。

长期以来，学界对于上述思想解放第一向度的研究较为深入，但于第二向度的研究则相对薄弱。需要指出的是，虽然学界对于"五四"后马克思主义的传播及其影响，已有许多研究并取得了一系列重要成果，但这并不足以代替对第二向度的研究。事实上，忽略了对第二向度的研究，我们不仅对于其时思想解放运动宏富的内涵难以整体把握，而且对于马克思主义的传播及其影响的理解，也不可能真正是深刻的。

一、两种视角的交汇：欧战后国人 "对西方求解放"思潮的兴起

美国学者艾恺在他的《世界范围内的反现代化思潮》一书中说："亚洲的反现代化批评到一次大战后才显出其重要性，它实际上是大战及战后西方惨况和悲观的产物。是故相当讽刺性的是，在西方本身进入了由大战

---

① 陈独秀：《今日中国之政治问题》，见林茂生等编：《陈独秀文章选编》（上），270页。

② 傅斯年：《通信·傅斯年答余斐山》，载《新潮》，第1卷第3期，1919-03-01。

产生的自我怀疑和自我批评的时期，亚洲对西方化的批评者在亚洲才变为得势。"① 艾恺认为，战后包括中国在内亚洲出现的批评西方的浪潮，乃源自于欧洲。这是合乎实际的。故要理解欧战后国人"对西方求解放"，便不能不首先关注战后欧洲现代思潮的变动。

我在《欧战前后国人的现代性反省》一文中，② 对于战后欧洲现代思潮的变动，曾作这样的描述：

> 欧战作为人类历史上的第一次世界大战，惨绝人寰，创深痛钜。其时，许多欧洲人对西方文化失去了信心，所谓"西方没落"、"上帝死了"，悲观的论调渐起，弥漫欧洲大陆。与此相应，欧洲出现了"理性危机"。自18世纪以来，理性主义曾凯歌猛进，以至于人们尊理性为最高法庭，强调在理性面前，一切声言拥有时效性的东西，都必须为自己辩护。但是，现在人们却发现，"欧洲释放出来的科学和技术的威力似乎是他们不能控制的，而他们对欧洲文明所创造的稳定与安全的信仰，也只是幻想而已。对于理性将要驱走残存的黑暗，消除愚昧与不公正并引导社会持续前进的希望也都落了空。欧洲的知识分子觉得他们是生活在一个'破碎的世界'中"。所谓"破碎的世界"，就是韦伯所说的"理性具有的可怕的两面性"：它一方面带来了科学与经济生活中的巨大成就，但同时却无情地铲除了数世纪以来的传统，将深入人心的宗教信仰斥为迷信，视人类情感为无益，"因而使生命丧失精神追求"，"世界失去魅力"，"使生命毫无意义"。人们在藉理性征服自然的同时，其主体性也发生了异化，成为了理性的奴隶。理性所承诺的自由、平等、博爱的王国，不但没有出现，相反，现实中却充满着贫富对立与仇恨，乃至于发生这场可怕的大屠杀。"人是什么"？自古希腊哲人以来似乎已经解决的问题，现在又成了问题，人们感到孤独，失去了方向，又出现了"人的危机"。缘是之故，

---

① ［美］艾恺：《世界范围内的反现代化思潮：论文化守成主义》，87 页。
② 参阅拙文：《欧战前后国人的现代化反省》，载《历史研究》，2008 (1)。

自 19 世纪末以来便陷入衰微的理性主义，进一步衰堕了。

战后欧洲对社会文化危机的反省，存在两个取向：一是以马克思主义为代表，它从唯物论的观点出发，强调所谓的"理性危机"，说到底，无非是资产阶级"理性王国"的破产；因之，消除社会危机的根本出路，是通过无产阶级的革命，彻底改变资本主义的社会制度，将人类社会引向更高的发展阶段即社会主义。俄国十月革命的成功，是此一取向的善果。一是反省现代性。它集中表现为非理性主义思潮的兴起。所谓现代性，是指自启蒙运动以来，以役使自然、追求效益为目标的系统化的理智运用过程。许多西方现代学者从唯心论出发，将问题归结为理性对人性的禁锢，因而将目光转向人的内心世界。他们更强调人的情感、意志与信仰。尼采大声疾呼"重新估定一切价值"，被认为是反省现代性的非理性主义思潮兴起的宣言书。20 世纪初，以柏格森、倭铿等人为代表的生命哲学，强调直觉、"生命创化"与"精神生活"，风靡一时，是此一思潮趋向高涨的重要表征。非理性主义虽不脱唯心论的范围，存在着某些非理性的倾向，但是，"柏格森哲学是西方文化的一种自我反省"。它对西方现代性的反省，仍有自己的合理性。

上述现代思潮的变动，不仅对欧洲，而且对东西方的发展都产生了深刻的影响。就中国而言，其变动的两大取向也恰恰同样构成了国人借以反省西方的两个主要的视角和取向，正是二者在"五四"前后中国民族觉醒的语境下交汇、激荡，促成了欧战后国人"对西方求解放"思潮的涌起。

本人的上述文章对西方反省现代性思潮的东传有具体的论述，这里不拟重复，只是需要指出，最早关注西方此一思潮的杜亚泉，恰恰也成为了国人的"对西方求解放"思潮兴起最初的代表性人物。1913 年，他发表《现代文明之弱点》、《论社会变动之趋势与吾人处世之方针》诸文，已在反复提醒人们关注"今日欧美社会内文明病之流行"。[①] 同年，他在《精神

---

① 　许纪霖、田建业编：《杜亚泉文存》，289 页。

救国论》中更明确指出："吾国人诚能推阐新唯心论之妙义，实行新唯心论之训示，则物质竞争之流毒，当可渐次扫除，文明进化之社会，亦将从此出现矣。"① 所谓"新唯心论"，指的就是生命哲学。他显然是认为，西方社会不足为训，需要在反省的基础上，才能进而谋求"文明进化之社会"。杜亚泉如此尖锐地提出了"现代文明之弱点"、"欧美社会内文明病之流行"的新概念，并明确主张反省西方，实成为了欧战后国人的"对西方求解放"思潮，风起青萍之末的重要表征。

欧战爆发后，《东方杂志》成为中国报道这场战争最为详备也是最重要的刊物。与此同时，杜亚泉继续发表大量文章，也成了反省欧战、批评西方言论最为坦率的人物。但由于其间批判传统的声浪正如日中天，他虽大声疾呼，影响却不免有限。陈独秀于 1918 年 8 月和 1919 年 2 月两度发表文章质问杜亚泉，都曾强势地提到了同一问题："'此次战争，使欧洲文明之权威，大生疑念。'此言果非梦呓乎？敢问。"② 他未作正面回答，不久即告去职，就反映了这一点。但"五四"之后，尤其是 1920 年初梁启超、张君劢诸人游欧归来之后，情况发生了根本变化。梁启超在考察欧洲期间完成了他的重要著作《欧游心影录》。是书不仅生动地描述了战后欧洲的残破与经济萧条的艰窘；而且相当具体地报告了欧洲现代思潮的深刻变动。他说：战后欧洲，"全社会人心，都陷入怀疑沉闷畏惧之中，好像失了罗针的海船遇着风遇着雾，不知前途怎生是好"。③ 同时，梁启超又十分尖锐地揭出了"中国人之自觉"的大题目，用了很大的篇幅具体阐发了自己对此的种种思考。《欧游心影录》从是年 3 月起，分别在上海的《时事新报》和北京的《晨报》上连载，产生了广泛的影响。胡适批评说："然而谣言这件东西，就同野火一样，是易放而难收的。自从《欧游心影录》发表之后，科学在中国的尊严就远不如前了"。"梁先生的声望，梁先生那枝'笔锋常带情感'的健笔，都能使他的读者容易感受他的言论的影响。何况国中还有张君劢先生一流人，打着柏格森、倭铿、欧立克……的旗

---

① 许纪霖、田建业编：《杜亚泉文存》，54～55 页。
② 林茂生等编：《陈独秀文章选编》（上），287 页。
③ 梁启超：《饮冰室合集·专集》（23），11～12 页。

号，继续起来替梁先生推波助澜呢？"① 若将其中"科学在中国的尊严就远不如前了"一句，改成"西方文明在中国的尊严就远不如前了"，他的话就较合乎实际了。胡适的批评，恰恰说明了梁书的影响实巨。《欧游心影录》的发表，成为国人的"对西方求解放"思潮日趋高涨的重要标志。其后，随着柏格森的著作陆续翻译出版，生命哲学风行一时；梁漱溟的成名作《东西文化及其哲学》一书洛阳纸贵，加之杜威、罗素、杜里舒等人来华讲学，对西方多所批评，反省现代性、质疑西方文明成为了新的时尚。

与此同时，以李大钊为代表，藉马克思主义反省西方，主张社会革命的生力军也迅速崛起。他们后来居上，很快超越杜亚泉、梁启超诸人，成为推动其时国人"对西方求解放"思潮进一步发展的主导力量。十月革命后，李大钊由一位激进的资产阶级民主主义者迅速转向共产主义者及其主张"以俄国师"，最早为国人开辟了马克思主义新的思想进路，人多耳熟能详；但这里还需要指出两点：其一，当时从马克思主义视角反省西方的中坚力量，除了李大钊、陈独秀诸人外，国民党的理论家朱执信、廖仲恺、胡汉民、戴季陶诸人也是其中的健者，其作用不容低估。胡秋原说："共产主义引吸力并非对陈独秀等为然。当时国民党所办的《建设》杂志、《星期评论》（皆民八）是最急进的。"② 五四运动后，深受鼓舞的孙中山主张国民党积极参与新文化运动。遵照他的指示，朱执信、廖仲恺、胡汉民在上海创办《建设》杂志，戴季陶则主编国民党机关报《民国日报》的副刊《星期评论》。这些报刊发表了包括上述诸人作品在内的大量宣传马克思主义和社会主义的译著与文章，不仅是新文化运动中极具影响力的重要媒体，而且成为其时宣传马克思主义的重要平台。例如，戴季陶曾写道："马克斯以前，许多社会主义的河流都流到'马克斯'这一个大湖水里面。有许多时候，好象说起社会主义，就是指马克斯主义。讲马克斯主义，就无异是说社会主义。所以大家都承认这马克斯是社会主义的集大成者，是

---

① 　胡适：《科学与人生观序》，见张君劢等：《科学与人生观》，11 页，合肥，黄山书社，2008。

② 　胡秋原：《评介"五四运动史"》，见周阳山编：《五四与中国》，249 页。

社会主义的科学根据的创造者。"① 胡汉民于 1919 年底发表的两篇代表作:《唯物史观批评之批评》与《中国哲学史之唯物的研究》,就其理论的广度与深度而言,水平且在同期的李大钊之上。② 时人写道:"一年以来,社会主义底思潮在中国可以算得风起云涌了,报章杂志底上面,东也是研究马克思主义,西也是讨论鲍尔希维主义,这里是阐明社会主义理论,那里是叙述劳动运动的历史,蓬蓬勃勃,一唱百和,社会主义在今日中国,仿佛有雄鸡一唱天下晓的情景。"③ 此种局面的出现,显然是两部分人共同努力的结果。理解这一点,对于理解其后历史的发展是重要的。

其二,尽管正处于皈依马克思主义过程中的某些激进人士,多指斥梁启超诸人批评西方,无非是欧战激起了东方人的"傲慢心",并以"东方文化派"相讥,以为代表旧势力的沉渣泛起;④ 但在实际上,从国人的"对西方求解放"来看,彼此却是相通的:首先,反省现代性思潮与马克思主义本来都是反省西方资本主义的产物,二者存在内在的统一性。对于 19 世纪末 20 世纪初欧洲现代思潮的变动,曼海姆曾作这样的概括:"马克思主义和生命主义的实在概念都来源于同一种对理性主义的浪漫主义反抗"。"尽管一些历史学家一直企图用浪漫主义、反理性主义、文化保守主义、批判现代派以至文学现代派等术语来描述这一感情的种种表现"。⑤ 马克思主义是否是一种浪漫主义,可不置论,但他强调其时马克思主义与非理性主义的反省现代性两种取向,其矛头的共同指向都在于对理性主义即资本主义文明的批判,却是正确的。其次,李大钊、陈独秀都了解西方反省现代性思潮,他们最初都是受生命哲学的启发,奋起发动向旧传统宣战

---

① 戴季陶:《世界的时代精神与民族的适应》,见唐文权、桑兵编:《戴季陶集》,1022 页,武汉,华中师范大学出版社,1990。

② 参见须力求:《胡汉民评传》,116、117 页,郑州,河南教育出版社,1990。

③ 潘公展:《近代社会主义及其批评》,载《东方杂志》,第 18 卷第 4 号,1921-02-25。

④ 瞿秋白在《饿乡纪程》中说:"欧美大战后思想破产而向东方呼吁,重新引动了中国人的傲慢心"(蔡尚思主编:《中国现代思想史资料简编》,第 1 卷,659 页);邓中夏则在《中国现在的思想界》中说:"这一般新兴的反动派,我们替它取一个名字,叫做'东方文化派'。"(蔡尚思主编:《中国现代思想史资料简编》,第 2 卷,173 页)

⑤ 转引自艾恺:《最后的儒家——梁漱溟与中国现代化的两难》,7 页。

的新文化运动。虽因考虑中国国情不同，科学与物质文明过于落后，不认同反省现代性的根本取向，但二者都对柏格森、倭铿诸人的人格表示敬意。不仅如此，他们最终实现转向马克思主义，又无一不是借助了反省现代性作为自己重要的思想铺垫。① 与此同时，朱执信等国民党的理论家因党派历史的情结，也常与梁启超诸人对立，但实际上，他们与反省现代性思潮也存在某种渊源关系。早在 1914 年戴季陶即指出，西方精神萎缩，物欲横流，"一般的人都变为科学的附属物"；倭铿的人生哲学"正是应运而生的大思想，救济世界人类造福不浅"。② 朱执信自谓："自待应学尼采的超人哲学，待人应用马克斯的唯物史观。"③ 直到 1920 年他还在强调，柏格森、倭铿的"变的哲学"批判 19 世纪的理性主义，译介其书，"尤为适于时代所要求"。④

所以，在"五四"前后中国民族主义运动高涨的语境下，文化保守主义与马克思主义虽不能等量齐观，但彼此反省西方所秉持的不同视角与取向，相辅相成，互相发明，却进一步共同促进了国人"对西方求解放"思潮的日益高涨。美国学者费侠莉（傅乐诗）显然看到了这一点，他写道：

中国人从左翼听到说明欧洲的马克思主义者把工业生产的资本主义形式谴责为剥削，这种剥削使人与人之间的关系成为贪婪和依赖的关系，结果是养肥了特权阶层而未给广大群众带来实际好处。他们还听到说立宪政府是阶级操纵的工具，资本主义剥削的经济逻辑是在全世界特强凌弱，因而在国际事务中导致帝国主义和战争。从资本主义的右翼，他们听到的是对当代工业社会的不满，这表现为对技术的反人道性质的反叛。……最后，他们看到，技术产生的破坏性武器和人类抑制不住的愚蠢，哺育了世界大战这个可怕的怪物。这一切，在东

---

① 参见拙文：《从反省现代性到皈依马克思主义》，载《史学集刊》，2009（1）。

② 戴秀陶：《独语》，见唐文权、桑兵编：《戴季陶集》，805 页。

③ 戴季陶：《怀朱执信先生》，见唐文权、桑兵编：《戴季陶集》，1292 页。

④ 朱执信：《寄赠书籍》，见广东省哲学社会科学研究所历史研究室编：《朱执信集》（下），781 页，北京，中华书局，1979。

方和在西方一样，形成了对整个文明的控诉。①

当然，这并非是形成了对"整个文明"的控诉，而是形成了对"西方资本主义"的控诉，进而推动了中国人"对西方求解放"思潮的兴起。这集中表现有三：

其一，国人心理上的变动。罗素说，他在中国接触到许多知识分子，"他们对于我们的文明也抱有怀疑的态度。他们之中有好几个人对我说，他们在1914年之前还不怎么怀疑，但'大战'让他们觉得西方的生活方式中必定有缺陷"。② 这当是客观的说法。严复与人书说"西国文明，自今番欧战，扫地遂尽"，③ 人们也许要怀疑其偏见；但作为年轻的学者，严既澄的现身说法，足以映证罗素所言，却不容置疑："（我）虽然生长在半欧美化的城市——上海——中，而且所研究的多半是欧美的学问，而我自己的思想和精神方面的生活，近两三年来，所受欧美的影响却是很少很少——从前也曾经过热望做欧美人的时期，近两三年来，这种热望已经销化无痕迹了。"④ 严既澄的心路历程，具有典型性，它生动地反映国人的心理变动：因欧战的刺激，对西方产生了疏离感。费侠莉说："国内五四运动的狂热行为和国外战后欧洲局势，在以前亲西方的知识界激起了回归到保守主义的严重情绪。骤然地，西方科学和工业文明的整个价值重新受到质疑。这次，提出质疑的不是孔儒的死硬派，而是国外毕业生自己，即那些具有西方思想的学生中的最著名的人物。"⑤ 其实，此种对西方的疏离不仅限于文化保守主义者，许多人心同此理。孙中山早年领导反清斗争，是向美国吁请，寄希望于在那里能"找到许多的辣斐德"（一位参加美国民族

---

① ［美］费侠莉：《丁文江：科学与中国新文化》，84～85页。

② ［英］罗素：《中国问题》，153页。

③ 严复：《与熊纯如书》，见王栻主编：《严复集》，第3册，690页，北京，中华书局，1986。

④ 严既澄：《评〈东西文化及其哲学〉》，见陈崧编：《五四前后东西文化问题论战文选》，447页。

⑤ ［美］费侠莉：《丁文江：科学与中国新文化》，83页。

北京师范大学史学探索丛书

解放斗争的法国革命家）；① 但他于 1925 年临终前，却是转向吁请苏联的援助。同样值得注意的是，1924 年初列宁与美国总统威尔逊先后去世，但其哀荣在中国人的心目中，却有天壤之别。《东方杂志》21 卷 3 号发表化鲁的文章《李宁和威尔逊》，说：在巴黎和会上威尔逊提出"十四条"时，何等风光，人多以为"摩西再世"，国人也"大捧而特捧"；而其时的列宁，默默无闻，知者也多斥之为"过激派乱党"。但几年过去了，今天人们都知道"十四条"是骗人的，故于威尔逊的死，多漠然；"李宁呢，可就两样了：他现在成为无产阶级的救星，成为亿兆人民所膜拜的偶像。虽然仇恨李宁的人到处都有着，可是已没有一个人敢说李宁是乱党暴徒了。李宁的死，是光荣的死，是被全世界所悲哀痛悼的死。"② 廖仲恺在追悼列宁大会上演讲也说，"我们为什么不追悼威尔逊而追悼列宁？"因为列宁"他所做的事情都是为被压迫民族奋斗"，而作为美国总统的威尔逊在巴黎和会上却对此不作为。③ 孙中山、廖仲恺等国民党人，原是亲西方的，即一般国人何尝不是如此，现在都对之失望了。

其二，人们明确提出了对西方也必须讲思想解放的理性诉求。新文化运动主张思想解放，厥功甚伟；但其一大弱点，是以新旧、中西判是非。1916 年杜亚泉就已明确提出，国人应该打破对西方盲从的态度。他说："吾人对于向所羡慕之西洋文明，已不胜其怀疑之意见"，"则吾人今后，不可不变其盲从之态度，而一审文明真价之所在"。④ 梁启超更进了一步，他游欧归来后，针对胡适 1919 年底发表的《新思潮的意义》一文，只强调对中国传统文化必须持"评判的态度"，"重新估定一切价值"，却避而不谈对西方文化也应当作如此观，提出了公开的挑战。他强调，国人既然讲思想解放，那就必须"彻底"："提倡思想解放，自然靠这些可爱的青年，但我也有几句忠告的话：'既解放便须彻底，不彻底依然不算解放。'就学

---

① 孙中山：《中国问题的真解决》，见《孙中山选集》，2 版，69 页。

② 化鲁：《李宁和威尔逊》，载《东方杂志》，第 21 卷第 3 号，1924-02-10，1 页。

③ 廖仲恺：《追悼列宁大会演说》，见广东社会科学院历史研究室编：《廖仲恺集》（增订本），156 页，北京，中华书局，1983。

④ 杜亚泉：《静的文明与动的文明》，见许纪霖、田建业编：《杜亚泉文存》，338 页。

问而论，总要拿'不许一毫先入为主的意见束缚自己'这句话做个原则。中国旧思想的束缚固然不受，西洋新思想的束缚也是不受。""我们须知，拿孔孟程朱的话当金科玉律，说它神圣不可侵犯，固是不该，拿马克思、易卜生的话当做金科玉律，说它神圣不可侵犯，难道又是该的吗？"梁启超提出了一个"彻底"的思想解放的普遍性原则："不许一毫先入为主的意见束缚自己。"这个原则适用于古今中西，但其强调的重点，却在于要求打破国人对西方的盲从心态。所以，他又说："我们又须知，现在我们所谓新思想，在欧洲许多已成陈旧，被人驳得个水流花落。就算它果然很新，也不能说'新'便是'真'呀！"梁启超实际上是在批评胡适唯西方是从。其后，在另一处，他再一次强调，自今以往，对于国人奉若神明的西方"畴昔当阳称尊之学说"，都必须重新估价："皆待一一鞠讯之后而新赋予以评价"。① 足见，在这一点上，梁启超实超越了胡适，他将后者提出的"评判的态度"和"重新估定一切价值"的思想解放的原则，扩大到了同样适用于西洋文明。年轻的张君劢对此持同样的态度。1921 年底，他在巴黎北京大学同学会上作告别讲演，就明确提出：欧洲已陷入危机，中国"今日之急务，在求思想界之独立"。② 翌年初，他归国后在江苏教育总会讲演，更进一步强调：引进西学是必要的，但是，"与批评其得失，应同时并行"。对于中国文化要持评判的态度，"对于西方文化亦然"。③ 至于李大钊强调法兰西文明已成明日黄花，俄国革命似惊秋的桐叶，预示着人类文明新纪元的到来，国人当"求所以适应此世界的新潮流"，④ 就不仅仅是主张对西方也要讲思想解放，而是径直指明了此种思想解放应有的正确方向。

其三，"民族自决"和民族自信的呼声日高。巴黎和会所以引发了五四运动的洪波巨澜，是因为它无耻地背信弃义，骤然拉近了历史与现实的联系，令长期受压迫的中国人，"到今日才感受殖民地化的况味。帝国主

① 梁启超：《先秦政治思想史》，见《饮冰室合集·专集》（50），3 页。

② 君劢：《学术方法上之管见》，载《改造》，第 4 卷第 5 号，1922-01-15。

③ 张君劢：《欧洲文化之危机及中国新文化之趋向》，见蔡尚思主编：《中国现代思想史资料简编》，第 2 卷，246 页。

④ 李大钊：《法俄革命之比较观》，见《李大钊文集》（上），575 页。

义压迫的切骨的痛苦，触醒了空泛的民主主义的噩梦".① 梁启超说，时在巴黎，听到消息，如好梦惊醒，"擦擦眼睛一看，他们真干得好事!"② 看似淡淡的一句，却道尽了国人无限的失望与愤怒。要求"民族自决"的呼声，因之日高。李大钊倡言国人的"三大信誓"："改造强盗世界、不认秘密外交、实行民族自决。"③ 梁启超则提醒国人，当自觉"凡不是中国人都没有权来管中国的事".④ 需要注意的是，正是在欧战后，国人开始逐渐明确地公开提出了要求废除一切不平等条约的要求。⑤ 国人在提出"民族自觉"的同时，也日益彰显了民族的自信力。例如，梁启超坚持中国文化有自身的价值，他自问自答说："然则中国在全人类文化史中尚能占一位置耶？曰：能!"⑥ 年轻的冯友兰则提出，"我们为什么妄自菲薄，不敢相信自己的成绩，自己的能力呢"？他主张不妨借用詹姆斯的"意志信仰"说，坚信中国文化的价值，以提升国人的自信力："我们的优势，全靠我们的

---

① 瞿秋白：《饿乡纪程》，见蔡尚思主编：《中国现代思想史资料简编》，第1卷，656页。

② 梁启超：《欧游心影录》，见《饮冰室合集·专集》(23)，85页。

③ 李大钊：《秘密外交与强盗世界》，见《李大钊文集》(下)，3页。

④ 梁启超：《饮冰室合集·文集》(37)，2页。

⑤ 1917年初严复在《大公报》发表文章指出：鸦片战争以降，中国外交失败所定条约多丧权辱国，"此而不改，恐中国永无出头"。(严复：《铸像之机》，见孙应祥等编：《〈严复集〉补编》，49页，福州，福建人民出版社，2004) 他呼吁"爱国诸公"抓住时机，勉力为之，当可传之不朽。严复当是最早大胆提出废约的中国人。1919年初梁启超在赴欧前发表演讲说："中国应有发展之权利"，故其对于议和之方针，当在"消除一切不平等之关系"，包括要求打破各国在华的势范围、收回租界、取消领事裁判权与协议关税等。(梁启超：《梁任公在国际税法平等会之演说词》，载《东方杂志》，第16卷第2号，1919-02-15) 1924年1月孙中山在《中国国民党第一次全国代表大会宣言》中，更明确宣布废除一切不平等条约。欧战后，废约运动日见高涨。

⑥ 梁启超：《先秦政治思想史》，见《饮冰室合集·专集》(50)，1页。

信仰，我们的此时此地！"① 至于《少年世界发刊词》，更值得刮目相看，它写道："自欧战的和约成立，我们不仅晓得中国的老年不可靠，同时证明世界的老年都不可靠。全世界的事业和一切待解决的问题，应由全世界的少年采'包办主义'。我们既是世界少年团体的一个，所以把它标出来，以表明中国青年要与各国青年共同负责改造世界的责任。"② 人们尽可说它不免幼稚，但是，年轻一代以世界主人翁自居的勇气，毕竟反映了其时整个民族努力奋起的自觉与自信。

要言之，上述国人对于西方心理上的疏离、理性上的诉求和民族独立的自觉与自信，都说明，在"五四"前后民族主义运动高涨的语境下，随着西方反省现代性思潮与马克思主义在中国的传播、交汇与激荡，国人的"对西方求解放"，已蔚为引人注目的社会新思潮。

二、从打破"西方文明中心"论到取向社会主义

"五四"前后，"解放"一词十分流行，也有许多人为之作过界定。其中，陈独秀的见解最为明了。他说，"解放就是压制底反面，也就是自由底别名"。解放重在主动而非被动，"个人主观上有了觉悟，自己从种种束缚的不正当的思想、习惯、迷信中解放出来"，"才能收解放底圆满效果。自动的解放，正是解放底第一义"。③ 据此以观，国人的"对西方求解放"，

① 冯友兰：《论"比较中西"》，见《三松堂全集》，第14卷，237页，郑州，河南人民出版社，2001。依冯文，詹姆斯所谓的"意志信仰"说，"就是于两个辩证之中，挑一个与我的意志所希望相合的而信仰之"。这并非自欺欺人。它要具备以下条件：问题与人有关，且于目前的行为刻不容缓；答案的正负于行为的结果影响甚大，而双方都有充足理由，理论上不能证明是非。冯友兰认为，当时关于中西文化及民族性的比较，是不易说清的抽象问题；但其结论对国人的自信心，影响极大。"假使他知道中国文化好，他就相信自己的能力，他就敢放胆前进；他若知道中国文化坏，他就不相信自己的能力，他就要因失望而丧失勇气。"所以，不妨借用詹姆斯的理论，肯定中国文化的价值，以提升国人的自信心，何况这并不影响我们正视别人的批评。（同上书，232～237页）所言未必精当，却足见时人如何重视提升民族的自信力。

② 中共中央马克思恩格斯列宁斯大林著作编译局研究室编：《五四时期期刊介绍》，第1集下册，403页，北京，生活·读书·新知三联书店，1978。

③ 陈独秀：《解放》，见林茂生等编：《陈独秀文章选编》（上），475页。

其主观上的觉悟，即"自动的解放"，荦荦大者，主要有三：

第一，打破"西方文明中心"论。

近代资本主义在迫使东方服从西方的过程中，其建立和维护的一个重要精神支柱，便是"西方文明中心"论。1913年《东方杂志》刊载的一篇文章就曾尖锐地指出了这一点："要之彼哲人之抵排异种，虽持种种之说以为口实，究其真诚，不过曰哲人独为文明之优种，其他皆野蛮卑劣之种而已。"① 但是，浸润既久，在后进民族中，许多人又往往自觉不自觉地，会因之而自惭形秽，或对之心悦诚服。新文化运动中彰显的民族虚无主义，正是缘此而起。但是，从整体上看，此期的国人却是开始形成了要求打破"西方文明中心"论的自觉。

"西方文明中心"论的天敌是文化多元论。汤林森在他的《文化帝国主义》一书中说：多元文化概念的提出在现代西方思想史上具有重要的意义，因为它就意味着"对于所谓一个'正确'的人类发展类型这说法，提出了质疑——而这样定于一尊的定义，确实隐藏于欧洲中心论者的'文明'这样的概念"。② 德国年轻的中学教师斯宾格勒于1918年7月欧战行将结束时出版了自己的成名作《西方的没落》，最早提出了文化多元的概念，从而宣告了"西方文明中心"论的根本动摇。斯宾格勒认为，每一种文化犹如有机体，都有自己发生、发展、兴盛和衰亡的过程。他断言，西方文化正面临着没落的命运。此书初成于欧战前，被认为不幸而言中，故出版后轰动了西方。同时，作为西方反省现代性思潮的一部分，它很快也便被张君劢诸人介绍到了中国。③ 张荫麟十分正确地指出，斯宾格勒的最大贡献即在于超越西人的传统思维，"而不以一族一国家为天之骄子，可

---

① 章锡琛译：《白祸史》，载《东方杂志》，第10卷第3号，1913-09-01。

② ［英］汤林森：《文化帝国主义》，冯建三译，10页，上海，上海人民出版社，1999。

③ 1922年初，张君劢在中华教育改进社作《欧洲文化之危机及中国新文化之趋向》的讲演，其中说："乃至因战败后之失望，则以德国为尤甚，故甚至出了一书，名曰《欧洲之末运》。"（陈崧编：《五四前后东西文化问题论战文选》，440页）同年10月李思纯在《学衡》第22期发表《论文化》，较具体地介绍了本书的内容，其译名为《西土沉沦论》。《学衡》杂志自1928年1月第61期起，开始连载由张荫麟译的美国学者葛达德、吉朋斯合作的缩写本《斯宾格勒之文化论》。

常役使他国他族而自保其富贵尊荣"。①

斯宾格勒的思想有助于启发国人摆脱"西方文明中心"论的自觉，但它并非是主要的。依陈独秀的说法，解放之第一义，乃在于主观上的自觉与自动。事实上，其时国人已独立地形成了自己文化多元的思想。1916 年杜亚泉在《静的文明与动的文明》② 一文中，强调因地理、民族与历史等原因，东西方形成了各具"静"与"动"特色的文明，二者是独立的区域性文明，互有长短，却并无优劣之分。故他主张战后东西文明应当调和，以共赴时艰。不论是文有怎样的不足，在当时的语境下，它实际上是已否定了"西方文明中心"论。同样，坚瓠以为，战后西方文化既已破绽百出，"起而代之者"，必为更加适合于新时代的"第四种文化"，"而与旧日任何人种文化决非同物，则亦可以断言"。③ 其颠覆"西方文明中心"论，也不言自明。此外，梁启超、陈嘉异、柳诒徵诸人，此期极力反对"中国人种外来"说，强调中国文化乃是中国民族的独立创造，从而形成了独特的民族精神，④ 很显然，也构成了对"西方文明中心"论的有力挑战。不过，能将问题提高到理论层面作系统论述，从而形成广泛的影响，却又非梁漱溟及其成名作《东西文化及其哲学》一书莫属。梁书 1922 年由商务印书馆正式出版，但它是在作者 1920 年于北京大学授课讲稿的基础上整理而成的。其基本思想的提出还要早到 1919 年。⑤ 在此期间，作者显然没有接触过斯宾格勒的思想。作者曾明确指出写作本书的目的，是有感于西方文化的压迫，而谋为中国文化"打开一条活路"。足见其鲜明的"对西方求解放"之"意欲"（作者本人语）。在书中，梁漱溟从使自己成名的世界文化"三种路向"说出发，将"机械的人生观"视为西方文化走"意欲向前要求为根本精神"的"第一路向"，如响斯应所必然带有的弊端，并将柏

---

①　张荫麟：《斯宾格勒之文化论》之按语，载《学衡》，第 61 期，1928-02。

②　伧父：《静的文明与动的文明》，载《东方杂志》，第 13 卷第 10 号，1916-10-10。

③　坚瓠：《文化发展之径路》，载《东方杂志》，第 18 卷第 2 号，1921-01-25。

④　参见梁启超在北高师史地学会的讲演《佛教东来之史迹》（载《时事新报》副刊《学灯》，1920-11-23）；陈嘉异的《东方文化与吾人之大任》（载《东方杂志》，第 18 卷第 1、2 号，1921-01-10、25）；柳诒徵的《中国文化史》第 1 章《中国人种之起源》（载《学衡》，第 46 期，1925-10）。

⑤　参见梁漱溟：《东西文化及其哲学》，第 1 章，见《梁漱溟全集》，第 1 卷，344 页。

格森为代表的生命哲学的出现，认作是西方文化将折入中国文化的"第二路向"的重要根据，固然是反映了反省现代性的视角；但其本身更为本质的意义，实在于大胆地否定了"西方文明中心"论，创造性地揭出了世界文化多元的重要思想。这一思想的哲学根据，是他的另一个更加基本和精辟的论断：文化"是那一民族生活的样法"。① 他曾对这一观点作了进一步阐发："文化没有别的解释，只是人类种种生活方面的样法。换一个说法，就是生活的种种方面，虽甚复杂而各有其趋向——这趋向就是文化的路子。这话是反对另一说法而言。另一说法，以为人类文化的路子只是很长的一条，而西方人走得比较多些、近些，即所谓开化与半开化，进步与未进步之说。我以为不是如此，是根本不一条路。"② 为便于理解梁漱溟的这段话，不妨将之与汤林森的下面观点相对照：文化不单是"整体"的概念，还有"复数"的含义。"'一个文化'这样的提法，代表了以多数来看待文化现象，此时，一个文化也只是指涉一个集体之独特的生活方式"。"更重要的是，这个概念尚有更广的含意，它等于是承认了各个特定文化，均有其'至高无上的权利'：'到底生活怎么过'这样的观念如何才算是合理，必须由生活于特定文化之下的族群自行判断，'他人不得置喙'。"③ 不难看出：梁漱溟所谓文化是"生活的种种方面"，是复杂而又具趋向的"路子"，就是强调了文化是"整体"的概念；而所谓文化是"人类种种生活方面的样法"，则不单是肯定了文化是"整体"的概念，而且同时也就强调了"一个文化也只是指涉一个集体之独特的生活方式"，即文化是"复数"。至于他不赞成人类文化只有西方式的一条路的观点，更值得重视。早在戊戌时期，康、梁就曾强调，各国文明的发展虽有前后之差，但无疑大家都是走在西方在前的同一条道上。④ 其时二人的本意固然只在强调学习西方的合法性；但其内在的逻辑，却可以与"西方文明中心"论相

---

① 梁漱溟：《梁漱溟全集》，第 1 卷，343、352 页。

② 梁漱溟：《在晋讲演笔记》，见《梁漱溟全集》，第 4 卷，666 页。

③ ［英］汤林森：《文化帝国主义》，10～11 页。

④ 康有为说，"地球文明之运，今始萌芽耳。譬之文明有百分，今则中国仅有一二分，而西人已有八九分，故常觉其相去甚远，其实西人之治亦犹未也"。梁启超也以为，"泰西与支那诚有天渊之异，其实只有先后，并无低昂，而此先后之差，自地球视之，犹旦暮也"。（梁启超：《与严又陵先生书》，见李华兴、吴嘉勋编：《梁启超选集》，41～42 页，上海，上海人民出版社，1984）

通。所以，梁漱溟突出强调反对人类文化"一条道"的观点，不仅不是无的放矢，而且说明其识见实已达到了汤林森所言的境界：各民族应当怎样生活，怎样发展，"均有其'至高无上的权利'"，"他人不得置喙"。① 尽管梁漱溟将复杂的世界文化通约为"三种路向"说，难免有失简单化，且引起了争论；但人们毕竟不能不承认，他在近百年之前，即能独立地提出如此深刻的文化多元思想，实属难能可贵。

梁书出版后曾引起激烈的争论，但短短三年，就发行了十几版，足见其风行海内，为世人所关注。当时的一位美国传教士说，这部著作意味着"中国人在与西方文明的接触中进入了反思的阶段，……他们现在已经开始对西方文明、印度文明以及自己国家的文明进行批判和科学研究，以希望能在将来为他们自己建立一种非常好的文明形式"。② 蔡元培的长文《五十年来中国之哲学》，以大篇幅征引梁书的三种"路向"说作为全文的压轴，并谓："梁氏所提出的，确是现今哲学界最重大的问题；而且中国人是处在最适宜解决这个问题的地位。"③ 足见他对梁漱溟的观点的同情与支持。时尚在美留学的冯友兰，费尽周折才得到了梁书，他看后即致书作者，高度称赞他是当今中国少数"心中真有问题"，"而真敢用自己思想以解决之者"。并谓"此书之出足为中国大增光彩。一国而无创作之才，惟随人言为转移，国真不国矣。然是则中国之有赖于先生，岂不大哉?"④ 很显然，所谓敢于提出问题，不"随人言为转移"，冯友兰所肯定的主要也是梁漱溟关于中西文化大胆而独到的见解。欧战后，东西方不约而同，各自都出现了《西方的没落》与《东西文化及其哲学》这样倡言文化多元论，而且轰动一时的名作，绝非偶然，它们是"西方文明中心"论同时在东西方根本动摇的重要表征。

---

① 需要指出的是，汤林森的《文化帝国主义》一书，其最终立场是以20世纪60年代后，世界进入了全球化"崭新的时代"为由，相信人类文化的"同质化"是一个"宿命"。这引起了西方学界的批评与争议。其是非得失，可置不论；但重要的有两点：其一，他所谓的文化"同质化"趋势，是以否定"西方文明中心"论为前提的；其二，他肯定文化多元论体现了自由主义的价值观，"这些价值观有其特定的历史与文化根源（亦即来自'西方的'自由主义），确为无可否认的事实"。（［英］汤林森：《文化帝国主义》，11页）

② 转引自艾恺：《最后的儒家——梁漱溟与中国现代化的两难》，135页。

③ 高平叔编：《蔡元培全集》，第4卷，382页。

④ 冯友兰：《三松堂全集》，第14卷，591页。

北京师范大学史学探索丛书

不仅如此，缘是，我们对于新文化运动中出现的关于中西文化问题的争论，应当有进一步的认识。在当时受民族虚无主义影响，一些人强调所谓"东方文化"根本不成名词；所谓"东方文化"、"西方文化"，也根本构不成问题。① 事实上，当时的冯友兰就强调，中西文化的比较是"一种真问题"。1922年初，他在《论"比较中西"》一文中写道："近二三年来，中西文化的主力军似乎渐渐的接触"，所以，"中国人无不觉得这种战云之弥漫，于是'中西比较'之问题，乃成一种真问题"。"中国人怎样……外国人怎样"，成了人们的口头禅；报刊杂志上更是各种各样论"中国文化"、"中国民族性"等的文字，都无非是"此种倾向之系统的表现而已"。② 何以中西比较会成为热门议题，成为"真问题"？原因即在于，欧战充分暴露了西方文明的弱点，人们要求反省既往，重新审视中西文化。诚如梁启超所言，"凡向来不成问题的事情，忽然成了问题，是国民思想活跃的表征"。③ 其时的东西文化论争，尤其是人们对于西方文化的强烈质疑，是西方反省现代性思潮在中国的反映；④ 无论此种质疑在实际上有怎样的误区，归根结底，正应当看作是国人对长期存在的"西方文明中心"论"压迫"（梁漱溟语）的一种自觉反抗。只是梁漱溟进一步将之提升到了哲学层面上加以反省，从而形成了自己独特的"三种路向"说；事实上，其时中西文化论争最引人关注的部分，也恰恰是围绕《东西文化及其哲学》展开的。

"西方文明中心"论在中国的根本动摇，除了上述梁漱溟诸人的心力外，李大钊在连续发表的《法俄革命之比较观》、《Bolshevism的胜利》和《新纪元》等文中，提出了著名的"新纪元"说，产生了广泛的影响，其作用也不容低估。他依据唯物史观，从时代巨变预见到了20世纪人类新文明的兴起，从而在社会革命论更加深刻的意义上，颠覆了"西方文明中心"论的理论基础。李大钊通过法俄革命比较指出，俄国革命是"使天下

---

① 瞿秋白说："欧美大战后思想破产而向东方呼吁，重新引动了中国人的傲慢心。'西方文化与东方文化'，居然成了中国新思潮中的问题。"（瞿秋白：《俄乡纪程》，见蔡尚思主编：《中国现代思想史资料简编》，第1卷，659页）

② 冯友兰：《三松堂全集》，第14卷，232页。

③ 梁启超：《评非宗教同盟》，见《饮冰室合集·文集》(38)，18页。

④ 参见拙文：《欧战前后国人的现代性反省》，载《历史研究》，2008 (1)。

惊秋的一片桐叶"，①它标志着以法国大革命为代表的西方资本主义文明已成明日黄花；而人类文明的新纪元正在到来。他说："这个新纪元带来新生活、新文明、新世界，和1914年以前的生活、文明、世界，大不相同"。"从今以后，生产制度起一种绝大的变动，劳工阶级要联合他们全世界的同胞，作一个合理的生产者的结合，去打破国界，打倒全世界资本的阶级"。"这个新纪元是世界革命的新纪元，是人类觉醒的新纪元"。②在这里，所谓"首善"的西方文明被还原为已成"明日黄花"的19世纪资本主义的文明；阶级论代替了人种论；世界的大联合代替了西方对东方的压迫，所谓"西方文明中心"论从根本上失去了它的立论基础。不难想见，这对于久受西方压迫的国人来说，是一种莫大的精神解放。

从梁漱溟诸人的文化多元思想到李大钊的"新纪元"说，二者相辅相成，有力地促进了国人打破"西方文明中心"论的自觉，是显而易见的。理解了这一点，"五四"前后国人发出了以下两种强烈的呼声，也就不足为奇了：一是反对妄自菲薄的民族虚无主义。梁启超说："我们中国文化，比世界各国并无逊色，那一般沉醉西风，说中国一无所有的人，自属浅薄可笑。"③恽代英则表示要坚决反对"国人崇拜欧美而妄自菲薄"，尤其要反对"一般洋奴学者"，"使他们不能迷惑国人"。④而少年中国学会在自己的纲领中，更强调"中华民族绝对非劣等民族"，必须努力打破有碍提升"国民自信力"的各种有害宣传，"以培养中华民族独立运动的实力"。⑤二是要求发展独立的民族新文化。1913年杜亚泉最早提出了这一概念，他在《现代文明之弱点》一文中说：不能数典忘祖，要明确输入西方文明，目的是为了"以形成吾国独立之文明而已"。⑥这在"五四"前后，更成为了普遍的呼声。张君劢说："吾国今后新文化之方针，当由我自决，由我民族精神上自行提出要求。若谓西洋人如何，我便如何，此乃傀儡登场，此

①　李大钊：《Bolshevism 的胜利》，见《李大钊文集》（上），603 页。
②　李大钊：《新纪元》，见《李大钊文集》（上），601～602 页。
③　梁启超：《治国学的两条大路》，见《饮冰室合集·文集》（39），119 页。
④　恽代英：《读〈国家主义的教育〉》，见张注洪、任武雄编：《恽代英文集》，上卷，399～400 页，北京，人民出版社，1984。
⑤　陈启天等：《一九二三年苏州大会宣言》，见张允侯等编：《五四时期的社团》（一），468 页，北京，生活·读书·新知三联书店，1978。
⑥　高劳：《现代文明之弱点》，载《东方杂志》，第 9 卷第 11 号，1913-05-01。

为沐猴而冠，既无所谓文，更无所谓化。"① "少年中国"负责人王光祈作为《申报》的记者，自德国报道也强调说："吾人之责任，不仅在保存国粹，更不仅在模仿外国，而在创造新文化。吾脱慧勤俭之中华民族，终必为世界上最后胜利之民族。"② 至于梁漱溟径直提出"东方化"的概念，以抗衡"西方化"；陈独秀强调战后东方民族应有的觉悟和要求就是："要欧美人抛弃从来歧视有色人种的偏见"，③ 自然更是集中地表现了国人在文化上的民族主义的崛起。

第二，对西方资本主义制度的普遍否定。

欧战前，在国人的心目中，西方是自由、平等、博爱的故乡，崇信有加；但是，血腥的欧战和巴黎和会的无耻分赃，却彻底惊醒了国人，使之对西方同时产生了双向度的觉醒：民族主义的高涨，即反对帝国主义；对"合理的社会制度"的考问，即否定资本主义。

诚如瞿秋白所言，说五四运动是"爱国主义"，这不能仅从字面上理解，要看到，西方的侵略虽然早已存在，但巴黎和会的屈辱却是第一次使国人真正感受到了"殖民地化的况味"和遭受西方压迫"切骨的痛苦"；所以，正是缘此，人们得出了一个重要的认知：帝国主义侵略是造成中国贫弱的根源。孙中山说，"中国受欧美政治力的压迫，将及百年"，而在经济上所受的压迫较之前者更为严重。"所以今日中国已经到了民穷财尽之地位了，若不挽救，必至受经济之压迫至于国亡种灭而后已！"④ 梁启超也指出："我们全国民对于不平等条约感受深切的痛苦已经八十多年。到今日已至不能再行容忍的时候。"帝国主义借助不平等条约"摧残"中国经济，吸尽国人的"膏血"，令"全国多数人生计路绝"，中国焉能不乱？说到底，中国的内争与扰乱，"大半还是外国人逼着出来"。⑤ 廖仲恺则说得

① 张君劢：《欧洲文化之危机及中国新文化之趋向》，见陈崧编：《五四前后东西文化问题论战文选》，443～444 页。

② 王光祈：《关于研究中德文化之两团体》，载《王光祈旅德存稿》，482 页，见《民国丛书》，第 5 编（75），上海，上海书店，1996。

③ 陈独秀：《欧战后东洋民族之觉悟及要求》，见林茂生等编：《陈独秀文章选编》（上），307 页。

④ 孙中山：《三民主义》，见《孙中山选集》，2 版，632、643 页。

⑤ 梁启超：《为改约问题敬告友邦书》，见《饮冰室合集·文集》（41），110 页。

更加深刻:帝国主义借条约特权夺取我国的关税自定权、内河航远权等,控制了我国社会的经济命脉,其目的就是为了"破坏我国国民经济的建立,使我国永沦为半殖民地"。同时,也惟其如此,它们千方百计助长内乱,阻止中国革命的成功。所以,他断言:"可以说官僚军阀与帝国主义者,是我们全国人民的公敌";① 而归根结底,"我国之贫弱,实业之不发达,实由帝国主义侵略的原故"。② 其时,近代帝国主义侵华史也因之成了人们关注的热点。例如,李大钊与廖仲恺分别有题为《大英帝国主义者侵略中国史》和《帝国主义侵略史谈》的演讲。孙中山著有《三民主义》,其中共六讲的《民族主义》,实际上也包含了痛说帝国主义侵华史。

值得注意的是,五四运动后不久,李大钊在一次讲演中特别提到:五四运动不仅非有深仇于日本人,而是排斥"强权压迫公理者";而且"仅认为爱国运动尚非恰当,实人类解放运动之一部分也"。③ 随后,戴季陶在《资本主义下面的中日关系》一文中,也提出了相类的见解:日本近代的"资本主义军国主义"非其所固有,"完全是由欧美的特权组织教训出来的。中国人所受日本的压迫,也不是日本发明的,还是欧洲人发明的。请看鸦片战争以来的历史就可以晓得了"。④ 显然,他们提示的共同理路是:发生在中国与日本间的问题,还必需进而反省其在西方世界的根源。事实上,时人对于帝国主义的批判也扩展到了对西方社会的再认识。

欧战的惨烈和战后欧洲的破败、民不聊生,固然令国人触目惊心,但这还仅限于表象;迨人们亲临欧洲,登堂入室,才发现西方社会的内在矛盾,包括贫富对立、阶级冲突,原来如此尖锐,匪夷所思,以往心中关于西方乃文明之天堂的种种神话,遂告破灭。梁启超在《欧游心影录》中说:"前段所说,是从对外的一个国民生计单位着想,觉得他们困难万状。

---

① 廖仲恺:《革命派与反革命派》,见广东社会科学院历史研究室编:《廖仲恺集》(增订本),250~251 页。

② 廖仲恺:《帝国主义侵略史谈》,见广东社会科学院历史研究室编:《廖仲恺集》(增订本),275 页。

③ 一觉记:《本社成立周年纪念大会纪事》,见张允侯等编:《五四时期的社团》(二),27 页,北京,生活·读书·新知三联书店,1919。

④ 唐文权、桑兵编:《戴季陶集》,1283~1284 页。

再一转眼将这单位的内部组织仔细看来，那更令人不寒而慄了。"① 所反映的正是国人此种普遍的心态。梁启超还说：欧洲人在"机械的人生观"误导下，相信科学万能，黄金世界指日可待；结果是物质发达了，但人们"不惟没有得着幸福，倒反带来许多灾难"，以至于出现了这场欧战。这好比沙漠中迷路的旅人，见远处有一大黑影，便拼命往前赶，等靠近了，那影子却不见了，"因此无限凄惶失望"。他说，欧人做了一场"科学万能"的大梦，如今却叫起"科学破产"来了。② 梁启超并非相信科学破产，他批判的实际是西方的"理性万能"论。他从反省现代性出发，尖锐地指出了西方资本主义无法为人类谋幸福的残酷现实。林宰平战后也考察过欧洲，深有感触，他说："在欧美分业制度之下，人类变成机械的奴隶，强制的、单调的，这种奴隶，恐怕比农业时代、手工业时代的奴隶，还要不如"。③ 当年中国赴法勤工俭学的学员，从另一种角度，同样感受到了这一点。朱德在延安接受史沫特莱的采访，回忆自己 1922 年初抵欧洲时的情形说："所到之处，看到的都是苦难的黑暗世界。中国并不是世界上最悲惨的国家，而是许多国家之中的一个。人民的贫穷和被压迫问题到处都是一样。在法国登陆以后，我发现欧洲并不是我所想象的近代科学的天堂。"工人在生活重压下，"却也喘不过气来。法国政府不过是官僚们讲价、买卖的市场。我们在法国街头从早走到晚，也参观过欧洲大战的战场。法国人是战胜国之一，可是每个人都在谈战争的灾祸，四肢残废的伤兵、寡妇和孤儿在过去光辉的照耀下，更显得孑然无靠"。④ 李维汉也回忆说：我们通过在工厂做工，"对于资本家对工人的剥削和管制方法有了初步认识。五一节，看到武装警察对罢工示威工人的镇压，感到就是在以民主共和著称的国家，工人也无真正的民主自由。我自己自幼过着贫农家庭的生活，有些感性认识。这时又看到民主共和的资本主义社会也是同样的情形，并

---

① 梁启超：《饮冰室合集·专集》(23)，7 页。

② 同上书，12 页。

③ 林宰平：《黄远生遗著序》，16 页，北京，商务印书馆，1984。

④ 中国社会科学院近代史研究编：《五四运动回忆录》（上），44 页，北京，中国社会科学出版社，1997。

亲自尝到这种滋味。"①　其时，已初步掌握了马克思主义唯物史观的李大钊、陈独秀、戴季陶等人，对于西方社会的认识又转进了一层。他们从揭示资本主义生产方式所内含的生产资料私人占有与生产社会化的固有矛盾出发，强调了西方社会贫富对立与阶级冲突的必然性。戴季陶说："这种有产阶级与无产阶级的对立是从何处生出来呢？不用说，就是近代产业革命后所发生的资本家生产制的结果。"资本家既独占了生产资料，工人就只能成为被剥削的奴隶："生产与分配不能相应，全社会的不平不安都从此而起。更可怜的，就是由生产方式的变更促起无产者家庭的破灭，无形的剥夺无产者的性欲、恋爱、结婚、生育、教养、扶助种种自然的权利，使无产阶级的人丧失一切人类的希望、慰安、快乐，仅仅得着一个无需主人许可可以作叫化子的自由！"②　所以，在此种社会制度下，西方不可能有真正的民主与自由。李大钊说，"现在资本主义制度的底下，那里有劳动者的自由，只有少数的资本家的自由"。③　"现代欧美的民主，仍然不是真正的民主"。④

　　耐人寻味的是，梁启超与梁漱溟最初都是受反省现代性思潮的影响，转而反省西方，更多关注的是所谓精神与道德层面的问题；但是，他们从拷问"合理的人生态度"出发，进而也不能不去拷问"合理的社会制度"，因之，不自觉地也不时将批判的锋芒指向了西方的资本主义制度。⑤　梁启超说：欧洲工业革命后，"生计组织起一大变动"，产生了资本家与工人的对立。"科学愈昌，工厂愈多，社会偏枯亦愈甚。富者益富，贫者益贫"。工人无法养家糊口，资本家却富过王侯，劳资对立犹如敌国。"如今世界上一切工业国家，那一个不是早经分为两国。那资本国与劳动国，早晚总有一回短兵相接

　　①　李维汉：《回忆新民学会》，见中国革命博物馆，湖南省博物馆编：《新民学会资料》，475 页，北京，人民出版社，1980。

　　②　戴季陶：《文化运动与劳动运动》，见唐文权、桑兵编：《戴季陶集》，1214 页。

　　③　李大钊：《社会主义释疑》，见《李大钊文集》（下），672 页。

　　④　李大钊：《妇女解放与 Democracy》，见《李大钊文集》（下），103 页。

　　⑤　梁漱溟曾说："这就是说，这种经济制度，和我倡导的合理人生态度，根本冲突；在这种制度下，难得容我们本着合理的人生态度去走……只有根本改革这个制度，而后才行。"（梁漱溟：《槐坛讲学之一段》，见《梁漱溟全集》，第 4 卷，739 页）

北京师范大学史学探索丛书

拚个你死我活，我们准备着听战报罢。"① 梁漱溟也指出：西方社会虽然机械发明，生产发展，然而，因资本竞争，却出现了生产过剩、工人失业、劳资对立、经济恐慌的局面。"这个样子实在太不合理！尤其怪谬不合的，我们去生产原是为了消费——织布原是为了穿衣，生产的多应当大家享用充裕，生产的少才不敷用，现在生产过剩，何以反而大家享用不着，甚至不免冻馁？岂非织布而不是为给人穿的了吗？然而照现在的办法竟然如此，这样的经济真是再不合理没有了！……这全失我们人的本意，人自然要求改正，归于合理而后已。"② 梁漱溟的批评揭示了西方资本主义生产方式的弊端，实超越了所谓反省现代性对于"机械的人生观"的批评，而触及到了资本主义"异化"问题。艾恺说："在梁漱溟反对资本主义的各种批评中，他讨论的实际是'异化'问题，他相信，西方迫于他们的社会和经济环境正以一种有损于人类本性的方式活动着。"③ 他的判断是正确的。

至此，从李大钊到梁启超，无论是主张马克思主义者还是主张反省现代性者，他们实形成了一种共识，即以为东西方发生的许多罪恶，端在西方的资本主义："'文明'呵！天下许多罪恶，都假汝之名以行"——"这都是资本主义的罪恶"。④ 所以，梁启超游欧归来第一次在中国公学讲演，即强调"西方经济之发展，全由资本主义。乃系一种不自然之状态，并非合理之组织"。⑤ 梁漱溟也认为，正是产业私有的经济制度，"是现在社会上秩序不安宁，社会上种种罪恶，种种痛苦的源泉。从这个人本位的经济制度，使我们成为竞食的世界"。所以，他强调，"我们愿处在这样恐怖危险的社会中吗？我们不要求一个平安境地吗？我们如果要去危就安，不将

①　梁启超：《饮冰室合集·专集》(23)，8～9 页。
②　梁漱溟：《梁漱溟全集》，第 2 卷，667～668 页；第 1 卷，491 页。
③　[美]艾恺：《最后的儒家——梁漱溟与中国现代化的两难》，93～94 页。
④　唐文权、桑兵编：《戴季陶集》，1284、1163 页。
⑤　陈崧编：《五四前后东西文化问题论战文选》，377 页。梁启超之反对资本主义是真诚的，他稍后与子女书说："你们别要以为我反对共产，便是赞成资本主义。我反对资本主义比共产党还利害。我所论断现代的经济病态和共产同一的'脉论'，但我确信这个病非共产那剂药所能医的。"（丁文江、赵丰田编：《梁启超年谱长编》，1130～1131 页）

这种经济制度根本改换过，怎么能行"？① 服膺马克思主义的李大钊与陈独秀的批判最为尖锐，他们不仅断言，"资本制度越发达，在资本制度下的文明越进步，劳动者越受苦痛"；② 而且指出，帝国主义对中国的侵略正是西方资本主义发展的必然结果，巴黎和会的背信弃义，源于列强分赃，本不足为奇："在这资本私有制度所必然产生的帝国主义时代，那一个不是藉口自由竞争实行弱肉强食，除非列强他们自己抛弃殖民政策，毁坏他们自己的商业，他们如何能够主张正义人道来帮助弱小民族"？"在资本主义帝国主义的大海中，没有一滴水是带着正义人道色彩的呵"！③ 由此，人们引出的教训自然是必须根本反对资本主义："我们就要明白了，我们所反对的是军国主义，是作为军国主义帝国主义骨子的资本主义。要反对这个主义，才是合理的，才有路走。"④

尽管有胡适为资本主义帝国主义鸣不平，⑤ 但是，资本主义在其时的中国，说它成了"穷兵黩武、倒行逆施"的代名词，⑥ 成了人人喊打的"过街老鼠"，却非虚言。1921 年少年中国学会在南京举行会员大会讨论关于"主义"问题，意见虽有分歧，但在反对资本主义这一点上，却是高度一致。会员赵叔愚说："反对资本主义，反对国家主义，这已是我们共同已有的态度。"⑦ 同时，另一会员郑伯奇也指出："我们学会中有甘心为资本家的走狗而希望少年中国仅仅成为一个不彻底的英美式的德谟克拉西的

① 梁漱溟：《槐坛讲演之一段》，见《梁漱溟全集》，第 4 卷，735 页。
② 李大钊：《劳动问题的祸源》，见《李大钊文集》（下），682 页。
③ 陈独秀：《太平洋会议与太平洋弱小民族》，见林茂生等编：《陈独秀文章选编》（中），159、162 页。
④ 戴季陶：《资本主义下面的中日关系》，见唐文权、桑兵编：《戴季陶集》，1284 页。
⑤ 1922 年胡适在《国际的中国》一文中说：自从辛亥革命后，世界列强对中国的态度已生变化，并非"全是出于恶意。""所以我们现在尽可以不必去做哪怕国际侵略的噩梦"，"不必在这个时候牵涉到什么国际帝国主义的问题"。（胡适：《胡适全集》，第 2 卷，491、493、495 页）
⑥ 蔡和森说："'穷兵黩武''倒行逆施'八个字，足够显明欧洲资本文明的尽头。资本文明的尽头即土匪世界的开始（泛系为资产阶级化身的土匪）！"（蔡和森：《欧洲的土匪世界》，见《蔡和森文集》，360 页）
⑦ 张允候等编：《五四时期的社团》（一），359 页。

北京师范大学史学探索丛书

吗？我敢说没有。是的！没有。绝对没有！”“我们的少年中国应该是最新式的国家，最合理想的组织。这话一点都不错。我信大家都相信的。”① 次年，他在少年中国学会的提案中，再次提出：本会同人的理想虽有不同，但要问有人相信“西洋式的旧政治组织——军国主义、资本主义的政治，可以为实现我们理想的‘少年中国’这一助么？”“恐怕一个也没有”。② 在当时颇具影响力的少年中国学会中形成了此种共同的取向，具有标志性的意义，它反映了时代的大趋势。1930 年，梁漱溟在《中国民族自救运动之最后觉悟》中说：近 40 年中国民族自救的运动因欧战，而有了前后期的变化。“感受着欧洲最近潮流——其最显著时期，即在欧战一停之后，其最有力之刺激则西邻之俄国——而谈思想主义，采取直接行动（五四、六三以来各运动），以至于国民党改组容共，十五年北伐，纵其间不尽一致，而总之背后有一反资本主义、反帝国主义的空气。此即所谓后期运动。”③ 欧战后中国民族民主运动发展到了新阶段，不论此种发展如何艰难曲折，其根本是立足于反资本主义、帝国主义共同的语境之下。毫无疑义，亲历其境的梁漱溟的此一判断不仅合乎实际，而且是十分深刻的。由此也正说明了，对西方资本主义的普遍否定，不仅是欧战后国人“对西方求解放”思潮的核心诉求，而且为其后中国新民主主义革命的发展作了重要的思想铺垫。

第三，“我国民该走哪条路，才能把这个国家在世界上站起来？”——中国社会发展的道路问题被重新郑重揭出。

自鸦片战争以降，志士仁人向西方追求救国真理，究其理想，归根结底，就是要仿效西方，引导中国走上资本主义的道路。但是，欧战后人们既普遍否定了西方资本主义制度，原本似乎业已解决了的中国社会发展道路问题，现在被国人郑重地重新揭出：“我国民该走哪条路，才能把这个国家在世界上站起来？”④ 这是其时国人“对西方救解放”思潮发展的逻辑

① 张允侯等编：《五四时期的社团》（一），375～376 页。
② 同上书，443 页。
③ 梁漱溟：《梁漱溟全集》，第 5 卷，107 页，济南，山东人民出版社，2005。
④ 梁启超：《欧游心影录》，见《饮冰室合集·专集》（23），20 页。

必然。

从总体上看，国人对于此问题思考之逻辑起点，包含了双层质疑：其一，西方既已深陷危机，自顾不暇，焉能问道于盲？美国学者费侠莉曾指出，欧战所以成为中西知识分子交流史上的分界点，重要一点，就是随着此后中国人对西方的了解越多，后者在前者心目中的偶像地位便愈告瓦解。他说：他们越来越多地看到了后者自身的弊端，"以及欧洲和美国对其自身前途的迷茫——这种对前途莫测的疑虑几乎与中国自己的疑虑一样"。① 这是合乎实际的。西方既是泥菩萨过江——自身难保，焉能问道于盲？杜亚泉很早就提出了这个问题，他说："产生西洋文明之西洋人，方自陷于混乱矛盾之中，而亟亟有待于救济。吾人仍希望借西洋文明以救吾人，斯真问道于盲矣。"② 战后考察过欧洲的陶孟和也持同样的观点：西方陷入了严重的社会危机，"他们进行的路程到了山穷水尽的时候"，"我们弱小的民族自己不努力，反问他们去诉冤，求他们的帮助"，此事何益？"我们现在也是山穷水尽的时候了，让我们大家一齐结合起来，去解决我们自己最迫切的政治经济社会问题罢"！③ 其二，无数的事实业已证明，近代中国效法西方，其结果都是失败的，足见此路不通，如何能不思变计？梁启超说，由于西方百年来自身正处于"一种不自然之状态中，亦可谓在病的状态中。中国效法此种病态，故不能成功"。④ 梁漱溟好学深思，稍后他于其时自己与国人西洋梦破的心路历程的回想与检讨，就更显系统生动。他说："我们从事实上看，就可以见出来中国人于近几十年来处处是学西洋，步步是学西洋"。"自变法维新一直到现在，其中有好几次的变化"。"本来每一度的变，都是希望着能变成功，以为这样可就好了，就可以抵得住外国人，国内也可以从此太平了！换句话说，这样一变，就能够

北京师范大学史学探索丛书

---

① ［美］费侠莉：《丁文江：科学与中国新文化》，83 页。

② 杜亚泉：《迷乱之现代人心》，见许纪霖、田建业编：《杜亚泉文存》，366 页。

③ 陶孟和：《战后之欧洲》，见《孟和文存》卷 2，78 页，《民国丛书》，第 5 编 (92)，上海，上海书店，1996。

④ 梁启超：《在中国公学之演说》，见李华兴、吴嘉勋编：《梁启超选集》，738 页。

适应这个新环境了……可是结果怎么样呢？事实俱在，我们无需讳言；所有的变化，可以说通统没有成功，通统没有变好"。① 又说：自己在讲《东西文化及其哲学》时，还觉得中国民族的前途，"大致要如西洋近代或其未来模样，便是原书中所谓'对西洋文化全盘承受'的一句话了"。"由今思之，这不是作梦发呆是什么？十一年以后，方渐渐对于一向顺受无阻的西洋政治理路怀疑起来，觉得'这样办法恐怕不行'。谁若没有梦想过西洋政治制度在中国的仿行实现，则他不注意这仿行的困难，实现的无望，自无足怪。然而我是做过这迷梦来的；十数年间，眼看着事实上是怎样的格格不入，愈去愈远；如何能轻易放过而不深求其所以然？"② 是沉痛的历史教训击破了他的西洋梦。梁漱溟的自白，深切可信。上述两个层面的质疑，使国人对中国社会发展道路问题的重新审视，从一开始便表现出了鲜明的历史反省的自觉。

与此相应，人们普遍强调思考中国的问题，应当具备世界的眼光。梁启超说，只有了解了世界大势，才能回答："我们做为国际团体一分子的中国，应该怎么样。"③ 1921 年新民学会讨论学会目标，有人主张用"改造东亚"，毛泽东以为不妥，主张用"改造中国与世界"。他说："中国问题本来是世界的问题；然从事中国改造不着眼及于世界改造，则改造必为狭义，必妨碍世界。"④《星期评论》的发刊词，更径直提出国人当关注以下的问题："现在世界的大势怎么样了？世界的思潮又怎么样了？我的国家，处于世界的大势该怎么样？处在现在世界的思潮又该怎么样？"⑤ 与此同时，时人还喜欢用"地位"一词，强调要自觉中国在世界大势中所处的"地位"，才能最终确定正确的方向。这实际上是进一步把所谓世界的眼光具体化了。例如，孙中山在纪念"五一"劳动节大会上讲演，一开始便问

---

① 梁漱溟：《乡村建设大意》，见《梁漱溟全集》，第 1 卷，607～608 页。

② 梁漱溟：《主编本刊〈村治〉之自白》，见《梁漱溟全集》，第 5 卷，8～9 页。

③ 梁启超：《欧游心影录》，见《饮冰室合集·专集》(23)，20 页。

④ 毛泽东：《新民学会会务报告》，见中国革命博物馆、湖南省博物馆编：《新民学会资料》，17～18 页。

⑤ 中共中央马克思恩格斯列宁斯大林著作编译局研究室编：《五四时期期刊介绍》，第 1 集下册，401 页，北京，生活·读书·新知三联书店，1979。

道：纪念"五一"，"最要紧的是什么事呢？第一要知道，中国工人现在所处的是什么地位。要知道中国工人现在所处的是什么地位，便先要知道中国国家现在所处的是什么地位"。① 梁漱溟在山西演讲，开宗明义，第一个问题便是"中国民族今日所处之地位"。② 萧楚女函复友人问中国人如何得解放，也说："在我们以为这是应该从考虑'中国在现世界经济组织中目前所处的地位'下手的。"③ 章士钊将"地位"一词与自己提出的"系统"的概念相联系，从而将时人的认识进一步提升到了哲学的层面，更显深化了。他说，人的行为不外"有意识与无意识之分。凡事必有系统，吾人能认明本身立于系统之何部，并明本部与他部及全部之关系，而因此调剂吾动者，谓之有意识，否则谓之无意识"。地球之于宇宙，是大系统内之一点；中国之于全球，是中系统内之一部；个人之于国家，是小系统内之一身。故国家与个人，都必须"问自身立于各系统内之地位，并明与各部之关系"，其行为才称得上是"有意识之作为"，否则便成了盲目的"无意识"之行为。④ 章士钊富有哲理的观点，有助于我们理解时人强调世界眼光与中国"地位"的概念，本身即体现着怎样的时代自觉。

其时，人们对于中国在世界大势中"地位"的具体认识，虽不尽相同（后文将谈到），但其基本的一点，却是共同的：中国今天沦为弱败的地位，端在西方资本主义的压迫；故其出路，当在于联合弱小民族和西方的劳工阶级，共同反抗国际资本主义；而此种反抗的基本价值取向，便只能是社会主义。所以，毫不足奇，欧战后，与资本主义成为"过街老鼠"形成鲜明的对照，社会主义在国人中却受到了普遍的欢迎。李大钊等马克思主义者欢呼十月革命开创了人类历史的新纪元，固不待言；孙中山也相信，"经过欧战以后，世界上差不多没有反对社会主义的人"。⑤ 而杜亚泉、

---

① 孙中山：《孙中山选集》，2版，906页。
② 梁漱溟：《在晋讲演笔记》，见《梁漱溟全集》，第4卷，665页。
③ 张允候等编：《五四时期的社团》（一），487页。
④ 章士钊：《在上海暨南大学商科演讲欧游之感想》，见《章士钊全集》（4），158页，上海，文汇出版社，2000。
⑤ 孙中山：《三民主义》，见《孙中山选集》，2版，811页。

北京师范大学史学探索丛书

梁启超都预言："社会主义行将大昌。"① 后者游欧期间，张东荪曾致书专门提醒他："世界大势已趋于稳健的社会主义"，② 需加以特别调查。游欧归来，梁启超仍相信"社会主义自然是现代最有价值的学说"。③ 梁漱溟晚年自谓：当年写《东西文化及其哲学》，其立言"却亦是根据世界在最近未来社会主义定将取代资本主义这一科学预见，结合到自己一向确认古代中国文化实为人类未来文化的早熟而大胆提出来的"④。青年人的倾向自然最值得注意。据廖仲恺观察，"现今之青年学生，确有倾向于社会主义"。他且认为，"中国将来之光，就是在这一点"。⑤ 少年中国学会的倾向也印证了他的观察——其会员郑伯奇总结内部的讨论，说："那么，我们的主义不是明明白白地定了吗？要讲主义，应从社会主义起码。"⑥ 尽管人们对社会主义的理解，尚多如雾中观花，但重要在于，它终究表明，欧战后随着世界潮流的大变动，国人的价值取向发生了根本的改变，中国近代社会历史的发展正进入了自己的转捩点。

　　由上不难看出，从打破"西方文明中心"论，到普遍否定西方的资本主义，再到重新审视中国社会发展的道路并取向于社会主义，缘梁启超、李大钊为代表的反省现代性与马克思主义两种视角的交汇，欧战后国人的"对西方求解放"，已彰显了宏富的时代内涵。但是，我们在下文将会看到，二者毕竟不可同日而语，其分野客观存在。国人"对西方求解放"思潮的进一步发展，并最终引出真正的善果，归根结底，还有赖于李大钊为代表的马克思主义者对于中国革命道路的正确抉择。

---

　　①　梁启超：《欧洲战役史论》，见《饮冰室合集·专集》（23），73 页。杜亚泉也说："大战以后，西洋社会之经济，将有如何之变动乎？由吾人之臆测，则经济之变动，必趋向于社会主义。"（杜亚泉：《战后东西文明之调和》，见许纪霖、田建业编：《杜亚泉文存》，348 页）

　　②　丁文江、赵丰田编：《梁启超年谱长编》，893 页。

　　③　梁启超：《欧游心影录》，见《饮冰室合集·专集》（23），32 页。

　　④　梁漱溟：《中国——理性之国》，见《梁漱溟全集》，第 4 卷，218 页。

　　⑤　廖仲恺：《各派社会主义与中国序》，见广东社会科学院历史研究室编：《廖仲恺集》，240 页。

　　⑥　张允侯等编：《五四时期的社团》（一），376 页。

三、两种视角的分道扬镳与唯物史观的魅力

梁启超与李大钊分别代表的反省现代性与马克思主义，虽有交汇，却非殊途同归，故其最终趋向，难免分道扬镳。

美国学者罗兰·斯特龙伯格在他著名的《西方现代思想史》中说："社会主义赖以生长的土壤，当然就是对现存社会经济秩序的严重失望情绪，而这种秩序被马克思称之为'资本主义'。"[①] 欧战后，社会主义所以受到国人的普遍欢迎，反映了人们对于弱肉强食的资本主义的"严重失望情绪"；尽管它流派纷起，但在一般国人的心目中，往往只记取社会主义所共同期许的建立没有人压迫人，没有人剥削人的社会是正义的、合理的。换言之，社会主义之于他们，实际上还仅是个笼统的理想或时代应有的精神。所以，一旦说到实处，要怎样在中国实践这一选择，人们思想的分歧便突显了。戴季陶曾生动描述了时人向往社会主义，却发现身在歧路的困惑："大家都在若有识若无识的当中随着世界的新潮走。这个当口，恰被一个向右转的德谟克拉西，向左转的梭霞里士姆，卷到潮流的漩涡里，漩到头眼昏花。究竟向右呢？向左呢？自己也分别不出来。好容易有聪明的人，在自由和平等的交流点上发现出一个社会民主主义来，以为这是一条可以走的路了，谁知刚走上了路，就看见前途横着几条分歧的大路。向哪一条走好呢？法国人向哪里去了？英国人向哪里去了？德国人俄国人都各有各的路去了。顾得东来顾不得西，可怜这睡眼蒙眬的中国人，竟变成一个心中无主的迷路儿了。"需要注意的是，此时的戴季陶虽然相信唯有马克思主义是科学的社会主义，但在实际上，也未尽脱上述思想上的笼统。所以，他又说："'社会主义'这个主义，照我看来并不是一个严格的主义，只是一个世界的时代精神。这一个时代精神，是普遍的照住全世界。""我们如果要向着世界的时代精神去求进取的生活，我们所能走的

---

① ［美］罗兰·斯特龙伯格：《西方现代思想史》，390 页。

路还得要我们自己开。"① 这也正是他最终并不能坚持马克思主义信仰的一个重要原因。

由此，便不难理解，梁启超诸人何以一面说社会主义必将大昌，同时又提出"社会主义商榷"，强调"精神是绝对要采用"，但因中国工业过于落后，尚未出现西方那样的阶级对立，故在"方法"上当予以变通。梁启超主张实行"社会政策"，即"在现在的经济组织之下，将那些不公平之处，力图救济"，提倡劳资间的互助精神，体现"良法美意"，以保证实业的"合理健全的发展"，从而避免社会革命。② 张东荪说自己与梁启超的观点"完全相同"，主张先发展资本主义，而于"要创新社会主义便不能不把他推得很远"。③ 二者名义上都在强调社会主义精神与目标不能忘，但实际上他们充其量是主张改良的资本主义。这与胡适主张的运用"避免'阶级斗争'的方法"，"逐渐扩充享受自由享受幸福的社会"的所谓"自由的社会主义"，④ 异曲同工。李大钊诸人则不仅坚信唯有马克思主义才是科学的社会主义，而且坚信社会主义不是抽象的理想、精神或目标，而是改造现实世界科学的方法和必须加以实践的中国革命正确的道路。1920—1921年，蔡和森曾几次致书毛泽东，其中说："我对于中国将来的改造，以为完全适用社会主义的原理和方法"。"社会主义必要之方法：阶级战争——无产阶级专政"。"一定要经俄国现在所用的方法，……舍此无方法"。⑤ 而毛泽东也表示，来信"见地极当，我没有一个字不赞成"。⑥ 从李大钊到毛泽东，都主张以俄为师，开创中国革命的道路。1920年底由张东荪引起的一场关于社会主义问题的争论，延续了一年多，主要是在这两部分人中展开。它也成为了其时在国人的"对西方求解放"思潮中，二者分歧突显，分道扬镳

---

① 戴季陶：《世界的时代精神与民族的适应》，见唐文权、桑兵编：《戴季陶集》，1022～1024 页。

② 梁启超：《欧游心影录》，见《饮冰室合集·专集》(23)，33 页、151～152 页。

③ 张东荪：《一个申说》，见蔡尚思主编：《中国现代思想史资料简编》，第 1 卷，631、633 页。

④ 胡适：《致徐志摩》，见耿云志、欧阳哲生编：《胡适书信集》(上)，388 页。

⑤ 蔡和森：《蔡和森文集》，50、71、72 页。

⑥ 《毛泽东文集》，第 1 卷，4 页，北京，人民出版社，1993。

的标志。张君劢对二者的分歧，曾有这样的评论："其时，国人言社会主义，激烈者师法苏俄；温和者步趋英费边主义，德社会民主。五四前后，东荪与陈独秀之对立，俨如清末孙康之相冰炭其最著者也。"① 他将之比作清末孙康间革命与改良的对立，固然是一针见血；而他强调"国人言社会主义"，实际也就是肯定了，这是国人"对西方求解放"思潮中的异趋。②

　　二者的分道扬镳，并非偶然，归根结底，端在彼此社会历史观的根本对立。反省现代性思潮源于西方的非理性主义。柏格森"生命哲学"强调宇宙进化的根本动力，在于非理性的生命冲动，将包括情感意志在内所谓的精神生活视为社会历史发展的本质。"精神生活者，就人言之，则人之所以为人；就世界之大言之，则为弥纶宇宙之真理，其义至广大而精微矣"。"所谓生活意义不在智识之中也，活动即精神本体也，物质由精神驱遣也，凡此者，皆近来生活哲学之大根据而柏氏倭氏共通之立脚点也"。③所以，它是一种唯心主义的哲学思潮，尽管它也体现了对资本主义的反省，但与马克思主义的唯物史观是对立的。梁启超、梁漱溟诸人深受生命哲学的影响，并将之与儒家哲学相结合，倡言"合理的人生"，同样都不脱唯心论的窠臼。梁漱溟将人类文化的形成与发展归结为人的"意欲"，以为"要求合理的生活，只有完全听凭直觉"，听凭内心的兴味、本能、冲动去做自己想做的事就是对的；④ 梁启超强调，"心力是宇宙间最伟大的东西，而且含有不可思议的神秘性"，⑤ 他相信"心物二元"论，以为只要实现以孔子为代表的儒家"美妙的仁的人生观"，⑥ 就可以统一心物，解决现代社会面临的矛盾和冲突，都反映了这一点。梁启超写有《非"唯"》

　　① 张君劢：《张东荪先生八十寿序》，载《自由钟》，第 1 卷第 3 期，1965-05。引自郑大华编：《两栖人才：名人笔下的张君劢 张君劢笔下的名人》，391 页，北京，东方出版中心，1999。

　　② 丁文江、赵丰田编：《梁启超年谱长编》，1130～1131 页。

　　③ 君劢：《倭伊铿精神生活哲学大概》，载《改造》，第 3 卷第 7 号，1921-03-15。

　　④ 梁漱溟：《在晋讲演笔记·沈著〈家庭新论〉序》，见《梁漱溟全集》，第 4 卷，671、695 页；梁漱溟：《东西文化及其哲学》，见《梁漱溟全集》，第 1 卷，537～539页。

　　⑤ 梁启超：《非"唯"》，见《饮冰室合集·文集》(41)，82 页。

　　⑥ 梁启超：《先秦政治思想史》，见《饮冰室合集·专集》(50)，182 页。

北京师范大学史学探索丛书

一文，明确表示反对唯物史观："唯物史观的人们呵，机械人生观的人们呵，若使你们所说是真理，那么，我只好睡倒罢，请你也跟我一齐睡倒罢。'遗传的八字'、'环境的流年'，早已经安排定了，你和我跳来跳去，'干吗'？"① 而马克思主义者则视唯物史观为自己的哲学依据。毛泽东说："唯物史观是吾党的根据。"② 蔡和森也强调，俄国革命的出发点正是唯物史观，故首先须将资产阶级的"唯理观"（唯心史观）与马克思的"唯物观"（唯物史观）分清楚，"才不至于堕入迷阵"。他批评梁启超、张东荪等人正是因为坚持唯心史观，才陷入了主张改良反对革命的误区。他说：他们"以为'人'、'社会'决不是单由物质的条件决定的，还有内心的理想的支配力，唉！这真是为资本家说法。结果是以唯物史观启发阶级战争的动机为卑下为薄弱，（现张东荪也是这样说）而别寻所谓高尚的动机，及寻一劳资调和的办法，故他们最终的结果，主张改良而不主张革命"。③ 陈独秀曾专门致书梁启超与张君劢，反驳他们对于唯物史观的误解和攻击。④

也正是缘于此种社会历史观上的根本分歧，他们最终对于中国社会发展道路的选择有着决定性意义的三大问题的认识，也自然大相径庭：

其一，文化问题与社会改造的关系。梁启超等人对于资本主义的批判，缘于反省现代性的视野，他们指陈西方文化的弱点及其中国文化的优长，勉力打破"西方文明中心"论，不乏真知灼见。但是，与此同时，他们对于前者的批判虽也触及不合理的社会经济制度，但归根结底，却是归咎于西人一味发展科学与物质文明，而忽略了"精神生活"、道德宗教，这个"安身立命的所在"，⑤ 结果形成了'机械的人生观'，物欲横流，尔虞我诈，最终导于欧战的惨剧；对后者的肯定，又归结之为"东方的精神文明"，乃至于最终相信，借恢复儒家"美妙的仁的人生观"和"走孔子的路"，就不仅可以解决中国的危机，而且可以助益西方。此种将现代社会问题最终归结为精神、意志和道德问题的唯心论主张，因泰戈尔的访华和极力颂扬东方文明，而愈加突显。但是，在马克思主义者看来，这无非本末倒置。他们认为，文化虽是"人类之一切'所作'"，① 却无非是包括在一定的生产力之状态、经济关系基础上形成的社会政治组织、社会心理与各种思想系统等，因之都是人类在一定历史阶段上的"所作"，所以它不可能一成不变。西方文化是资本主义的文化，它较建立在宗法社会基础上的中国文化为先进，故中国既受制于西方的压迫，其文化也不得发展。但是，西方的资产阶级文化现在已随着资本主义的没落而成为了人类发展的障碍。陈独秀说，西方社会的种种积弊及其借助科学与物质文明对东方的侵略与压迫，"都由于社会经济制度之不良"，② 而与科学和物质文明本身全然无关。从梁启超、梁漱溟到泰戈尔，他们无视东方自身的后进，因之侈谈什么"精神生活"，无非是"妄想以为人类社会可以拿主观的空想来改造的"。③ "如此提倡精神生活，如此提倡东方文化，真是吴稚晖先生所谓'祸国殃民亡国灭种之谈'了。"④ 而瞿秋白则强调，20世纪的"'文明问题'就已经不单在书本子上讨论，而且有无产阶级的社会主义运动实际上来求解决了"。⑤ "中国文化——宗法社会，已经为帝国主义所攻破；封建制度，已经成为帝国主义的武器，殖民地的命运已经注定，现在早已成帝国主义的鱼肉"。我们决不能歌颂西方文化，因为随着世界革命的兴起，人类文化的新纪元也正在到来；但是，包括中国在内，东方民族如果不能打破"宗法社会与封建制度的思想"，就不可能抗拒帝国主义侵略，

① 屈维它：《东方文化与世界革命》，见陈崧编：《五四前后东西文化问题论战文选》，559页。

② 陈独秀：《评泰戈尔在杭州、上海的演说》，见林茂生等编：《陈独秀文章选编》（中），470页。

③ 陈独秀：《再论不合作主义》，见林茂生等编：《陈独秀文章选编》（中），245页。

④ 陈独秀：《精神生活与东方文化》，见林茂生等编：《陈独秀文章选编》（中），402页。

⑤ 瞿秋白：《现代文明的问题与社会主义》，见陈崧编：《五四前后东西文化问题论战文选》，570页。

北京师范大学史学探索丛书

摆脱殖民地的命运，"东方民族之文化的发展永无伸张之日"；而"只有世界革命，东方民族方能免殖民地之祸"，"方能得真正文化的发展"，[①] 现代的科学文明也才能真正成为人类共享的善果。总之，文化问题与社会改造的关系是什么？二者的答案是不同的。陈独秀等人将文化问题最终归结为中国社会的根本改造，即与中国社会反帝反封建的时代课题相联系，虽有简单化的一面，但较之梁启超诸人主张就文化谈文化，空谈"走孔子的路"、实现儒家"美妙的仁的人生观"，远为开阔和深刻。

其二，在中国是否具备进行社会主义革命的条件。梁启超诸人不仅主张劳资调和，避免社会革命，而且认为事实上中国也不具备进行社会主义革命的条件。其中，又包含两方面的质疑：一是马克思既讲唯物史观，又讲主张阶级斗争的革命，本身就是矛盾的。梁启超甚至认为马克思主义讲阶级斗争，主张社会革命，有违儒家"利导人性之合类而相亲"的"不忍"之心；[②] 二是中国缺乏真正的资本家与劳动阶级，即缺乏社会运动的主体。"我国雄厚之资本家既不多见，而劳动阶级组合能力之薄弱，尤在零点以下。则震撼全球之劳动阶级战争，在吾国目前之极短时期，除野心家煽动不计外，决不致成吃紧之问题"。[③] 这即是说，中国不具备进行社会主义革命的条件。对此，主张马克思主义者不以为然。陈独秀指出：马克思的社会主义是科学而非空想，就在于借唯物史观，科学地说明了资本主义生产方式及其社会制度所以产生和所以衰亡的客观的历史必然性。有人以为马克思唯物史观既是一种自然进化说，和他的阶级斗争之革命说未免矛盾，"其实马克思的革命说乃指经济自然进化的结果，和空想家的革命说不同；马克思的阶级斗争说乃指人类历史进化之自然现象，并非一种超自然的玄想。所以唯物史观说和阶级争斗说不但不矛盾，并且可以互相证

① 屈维它：《东方文化与世界革命》，见陈崧编：《五四前后东西文化问题论战文选》，560～561 页。

② 梁启超：《先秦政治思想史》，见《饮冰室合集·专集》(50)，71 页。

③ 转引自朱执信：《野心家与劳动阶级》，见广东省哲学社会科学研究所历史研究室编：《朱执信集》(下)，724 页。

明"。① 戴季陶更进了一步，强调阶级斗争本是客观存在，并非马克思的发明。他说，胡适也曾批评马克思的阶级斗争说，认为因其主张，"于是本来可以互助的两个大阶级，都成了生死冤家，许多调和的方法都归于无用"。这是个笑话。阶级斗争是历史上的客观存在，"不能倒因为果，说是因马克斯主张了'阶级斗争说'，于是资本劳动两阶级便受这个学说的影响冲突起来。马克斯既不是魔法师，他也没有这么大的本事"。② 应当说，这些反驳都具有说服力。对于后一种质疑，朱执信的回应是：阶级斗争成不成"吃紧问题"，取决于阶级压迫的程度。中国虽没有雄厚的资本家，但"小资本家的取得余剩价值的手段，要比欧美的大资本家凶十倍。中国的劳动者虽然没有力量，他所受的痛苦压迫，比别的国民也要加多几倍"。在这种情况下，工人的力量既在一天天壮大，阶级斗争如何能避免？"我以为中国的革命是难免的"。③ 蔡和森的见解，更加明快与决绝。他说，"现在中国四万万人有三万万五千万不能生活了"，这些人要嘛流为盗贼或扰攘而死，要嘛就要走向革命。"社会革命的标准在客观的事实，而不在主观的理想，在无产阶级经济生活，被压迫被剥削的程度之深浅，及阶级觉悟的程度之深浅，而不在智识程度、道德程度之深浅"。自命为理想的思想家，一味强调什么经济与知识的条件不足，而无视大多数人的革命渴望，是不现实的。因为，"今日中国大多数的生活问题迫到了这个田地"，"革命之爆发乃是必然的趋势"！④ 需要指出的是，其时关于社会主义的争论，其实质是中国要不要进行反帝反封建的社会革命。梁启超诸人强调由于中国资本主义十分微弱，因之径直实行社会主义革命还不具备条件，这有它的一定合理性；但问题在于，他们全然否定并反对进行反帝反封建的民主革命的必要和可能，便不能不走向反面。而此期的马克思主义者主张径直实行社会主义革命，说明他们对中国革命基本规律问题尚未自觉，还

北京师范大学史学探索丛书

---

① 陈独秀：《马克思学说》，见林茂生等编：《陈独秀文章选编》（中），194 页。

② 戴季陶：《新年告商界诸君》，见唐文权、桑兵编：《戴季陶集》，1096～1097 页。

③ 朱执信：《野心家与劳动阶级》，见广东省哲学社会科学研究所历史研究室编：《朱执信集》（下），724～725 页。

④ 蔡和森：《马克思学说与中国无产阶级》，见《蔡和森文集》，76～77 页。

没有形成中国革命阶段性发展的理论构想，也不免存在简单化的倾向；[1]
但重要在于，他们提出并坚持了由无产阶级领导中国革命的正确道路，因
之他们便把握了进一步推动中国社会历史发展的主动权。

其三，对欧战后世界新格局的认知。

如前所述，时人开始关注中国在世界大势中的"地位"。人们对此种
"地位"的概括，实际上是反映了对世界新格局的认知。从总体上看，其
时有代表性的概括，主要有三：一是梁启超的概括。他说：在中国虽无成
熟的资本家，但是，外国资本家早就"制了我们的死命。别国资劳两阶级
是把国内的人民横切成两部分，一部分是压制者，一部分是被压制者。我
国现在和将来的形势却不是这样，全国人民都属于被压制的阶级。那压制
的阶级是谁，却是外国资本家。我们全国人所处的境遇，正是外国劳工阶
级所处的境遇。质而言之，我们四万万人，都是劳工阶级里头的可怜虫罢
了。照这样看来，这劳工问题，在欧美各国，不过国内一部分人的苦乐问
题，在我们中国，却是全民族的存亡问题了"。[2] 我们不能再容忍了，"誓
要改变这种不合理的国际地位"。[3] 二是孙中山的概括。他说：俄国革命
"不但是打破世界的帝国主义，并且打破世界的资本主义"，"因为这个大
变动，此后世界上的潮流也随之改变"。"就我个人观察已往的大势，逆料
将来的潮流，国际间大战是免不了的"，但那绝非人种战争，而"是阶级
战争，是被压迫者和横暴者的战争，是公理和强权的战争"。欧洲各国何
以反对俄国，因为前者"是主张侵略，有强权，无公理"。所以，包括中
国在内被压迫民族"必联合一致，去抵抗强权"。[4] 三是李大钊的概括。他
说：十月革命唤起全世界的无产阶级，"在世界革命的阵线上联合起来"。
"受资本主义的压迫的，在阶级间是无产阶级，在国际间是弱小民族"。中

---

① 　1922 年 7 月中共二大以后，中共才开始形成中国革命要分民主主义革命和社
会主义革命两个阶段进行的思想。参见鲁振祥：《中共革命阶段思想的历史发展》，见氏
著《史事追寻：中共思想史上若干问题》，北京，中央文献出版社，2009。

② 　梁启超：《欧游心影录》，见《饮冰室合集·专集》(23)，20、162 页。

③ 　梁启超：《为改约问题敬告友邦》，见《饮冰室合集·文集》(41)，110 页。

④ 　孙中山：《三民主义》，见《孙中山选集》，2 版，624～625。

国人民百年来受资本帝国主义的压迫，"而沦降于弱败的地位"，因之，十月革命对于中国人民最具亲合力。"凡是像中国这样的被压迫的民族国家的全体人民，都应该很深刻的觉悟他们自己的责任，应该赶快的不踌躇的联合一个'民主的联合阵线'，建设一个人民的政府，抵抗国际的资本主义，这也算是世界革命的一部分工作"。① 三者的共同点是，都强调了中国的被压迫地位和主张反抗资本主义帝国主义；但是，彼此的差异，尤其是梁启超与其他二人间存在的重要分别，是必须看到的。孙中山说"我们今日师马克思之意则可，用马克思之法则不可"，② 这与李大钊思想的距离是明显的；但是，这并不影响他们取得了以下重要的共识：欧战后世界形成了以俄国为代表的各国劳动阶级和被压迫的弱小民族与西方各资本主义大国及其资本家阶级间根本对立的新格局，或叫两大阵线；因之，必须自觉中国革命应争取前者的支持，并构成了世界革命的一部分。李大钊在《中山主义的国民革命与世界革命》一文中，高度评价孙中山世界革命的视野。他指出，马克思早就强调中国的国民革命运动自始即是世界的一部分，其成功将与伟大的影响于欧洲乃至于全世界；孙中山显然充分理解了这一点，并加以身体力行。他说："十月革命的成功，使中山先生认中国国民革命为世界革命的一部的信念愈益坚确，使中山先生把中国国民革命运动与世界无产阶级革命运动联接起来的努力愈益猛烈。换句话说，中国民族革命的潮流，直到中山先生晚年的奋斗，才真正确定了他那接近世界革命潮流的倾向，而完全汇合一起，就是依了中山先生的指导，才入了世界革命的正轨，以近于人类历史上伟大的建设。"③ 孙中山晚年提出了"联俄、联共、互助农工"的政策，对自己的三民主义作了重新解释，说明李大钊的论断是正确的。而毛泽东于1949年说的下面一段话，也有助于我们更好地理解这一点："孙中山和我们具有各不相同的宇宙观，从不同的阶级立场出发去观察和处理问题，但在二十世纪二十年代，在怎样和帝国主

① 李大钊：《十月革命与中国人民》，见《李大钊文集》（下），577页。
② 孙中山：《三民主义》，见《孙中山选集》，2版，842页。
③ 李大钊：《李大钊文集》（上），883页。

北京师范大学史学探索丛书

义作斗争的问题上，却和我们达到了这样一个基本上一致的结论"。① "孙中山也提倡'以俄国为师'，主张'联俄联共'。"② 梁启超的概括，虽然也强调了西方资本主义对中国和弱小民族的压迫，但他显然没有认同李大钊、孙中山所体认的那种两大阵线鲜明对立的世界格局；尤其是他既不赞成俄国革命与中国革命，所谓中国革命是世界革命的一部分和必须争取俄国革命支持的观念，自然也匪夷所思。梁启超的概括，先是在《欧游心影录》中提出的，后又在《为改约问题而敬告友邦》一文中加以重申；只是在后文中他特别提醒"友邦"的"政治领袖们"：布尔什维克主义正在中国蔓延，"是否该专替少数资本家打算利益，而置世界大势国家前途于不顾"？③ 足见，避免革命（无论中国还是世界），恰是梁启超的基本诉求。

所以，对战后世界新格局的不同体认，不仅直接关乎对中国社会发展道路的选择，而且关乎其根本策略。梁启超由自己对中国"地位"的概括引出的主张中国走改良道路的选择，固然与李大钊、孙中山主张反帝反封建的革命，大异其趋；而他幻想通过"敬告友邦"的方式，表达自己希望列强不可"置世界大势国家前途于不顾"的诉求，与后者彼此求同存异，以俄为师，联手共同推进国共合作，从而开创中国革命新局面的根本策略，同样不可同日而语。1930 年胡适在《我们走那条路？》中，曾指责国共合作进行暴力革命，是被俄国"牵着鼻子走"。④ 梁漱溟则有《敬以请教胡适之先生》一文，批评其不明事理，他说："中国国民党所以不能不联俄容共，有十三年之改组，一变其已往之性质；中国近三数年来的所谓国民革命，所以不能不学着俄国人脚步走；盖有好几方面的缘由"。"事实所诏示，中国问题已不是中国人自己的问题，而是世界问题之一部；中国问题必在反抗资本帝国主义运动下始能解决；由此所以联俄，要加入第三国际，要谈世界革命"。"先生不要以为暴力革命是偶然的发狂"，"这在革命家都是持之有故言之成理的。在没有彻底了解对方之前，是不能批评对方

---

① 毛泽东：《论人民民主专政》，见《毛泽东选集》，第 4 卷，1472 页。

② 毛泽东：《唯心历史观的破产》，见《毛泽东选集》，第 4 卷，1514 页。

③ 梁启超：《饮冰室合集·文集》（41），111 页。

④ 胡适：《胡适全集》，第 4 卷，457 页。

的；在没有批评倒对方之前，是不能另自建立异样主张的"。① 梁漱溟本人不主张革命论，但他却实事求是地指出了：中国革命的缘起，乃是国共对战后世界新格局的共识之逻辑发展，其识见实在胡适之上。

人所周知，毛泽东曾多次谈到，缘十月革命，中国人学会了马克思主义，得以借唯物史观作为重新考察国家与民族命运的思想武器，中国革命的面貌因之焕然一新。作为历史的亲历者，他的话不仅是表达了个人的真情实感，而且是一段真实和重要的历史记录。梁启超诸人囿于唯心史观，终究未能把握历史的大趋势；而李大钊诸人坚持唯物史观，将时人关注的中西文化问题与中国社会现实的改造相统一，并在体认战后世界新格局的基础上，指明了中国革命的道路，确令迷茫中的国人耳目一新。罗兰·斯特龙伯格在《西方现代思想史》一书中，在谈到20世纪二三十年代马克思主义在西方风行时说："马克思主义宣称，经济生产方式基本上决定了社会、政治、文化的形态。这意味着，现实地说，现存的资本主义（资产阶级）价值观不是永恒的，而仅仅是阶级统治的烟幕。他们所谓的永恒的经济法则只是适用他们自己的经济体制。对正统信条的颠覆恰恰成为马克思主义对不满现状的知识分子的一个魅力。"② 唯物史观作为科学的思想武器，在其时的国人中，同样富有魅力。陈独秀说，唯物史观的要义是告诉我们，历史上一切制度的变化是随着经济制度的变化而变化的；正是缘此，我们"可以学得创造历史之最有效最根本之方法，即经济制度的革命"。③ 毛泽东也说，1920年读了一些马克思主义的书，"我接受了马克思主义是历史的最正确的解释，从此以后，从没有动摇"。④ 李大钊则指出，"晚近以来，高等教育机关里的史学教授，几无人不被唯物史观的影响"。⑤ 需要强调的是，此期作为国民党理论家的廖仲恺、朱执信、戴季陶、胡汉

① 梁漱溟：《梁漱溟全集》，第5卷，40～41页。

② ［美］罗兰·斯特龙伯格：《西方现代思想史》，304页。

③ 陈独秀：《答蔡和森》，见林茂生等编：《陈独秀文章选编》（中），157页。

④ ［美］埃德加·斯诺：《西行漫记》，第4章，见中国社会科学院近代史所编：《五四运动回忆录》（上），12页，北京，中国社会科学出版社，1979。

⑤ 李大钊：《李大钊文集》（下），365页。

民诸人，同样对唯物史观深信不已。尽管他们中的一些人在孙中山逝世后，确实复成为了反马克思主义者；但是，此期他们对于唯物史观的热心宣传，不仅扩大了马克思主义的声势，而且直接影响了孙中山本人，为其后孙中山接受中国共产党的帮助，实现国共合作，起了重要的思想铺垫作用，是必须看到的。这一点只需看一看，1924 年胡汉民在国民党高层会议上所作的《中国国民党批评之批评》的讲演，[①] 如何宣传唯物史观，藉以劝说大家与共产党人真诚合作，便不难理解。[②]

马克思主义与反省现代性的视角由交汇而终归分道扬镳，没有影响欧战后国人"对西方求解放"思潮的继续发展；相反，随着马克思主义的影响进一步扩大和唯物史观的愈益彰显，它更趋高涨，并很快催生了第一个善果：国共合作与国民革命的兴起。至于它对其后中国社会历史发展进程的深远影响，自然更不能以道里计。

四、推动近代思想解放运动发展的内在张力

20 世纪初，尤其是欧战前后，东西方都面临着各自"重新估定一切价值"的时代。缘时代的落差，正当国人热衷于藉西方 19 世纪文明批判固有传统之时，西方资本主义因自身的矛盾，却已陷入了深刻的危机之中。欧战的惨绝人寰，固然集中暴露了资本主义现代性的弊端；巴黎和会的背信弃义，更引发了中国五四运动的爱国浪潮，民族主义空前高涨。在俄国革命的感召下，国人抚今思昔，要求重新审视东西文化和探讨国家与民族的发展道路，从而促进了"对西方求解放"思潮的兴起。所谓"对西方求解放"，说到底，就是"对资本主义求解放"，这是历史发展合乎逻辑的必然结果。

---

① 胡汉民：《中国国民党批评之批评》，见中国国民党中央委员会党史委员会编：《胡汉民先生文集》，第 2 册，台北，1978。

② 牟宗三回忆说，"五四"后随着马克思主义传播，唯物论甚至在国民党内也盛行一时。"当我年轻时在北大的时候，那时候国民党刚到北平，国民党里面的党员也都是这一论调。"（牟宗三：《追悼张君劢先生》，见郑大华：《两栖奇才：名人笔下的张君劢 张君劢笔下的名人》，150 页，上海，东方出版中心，1999）

国人打破了"西方文明中心"论，明确肯定中国文化的自身价值，从根本上为恢复民族自信力奠定了基础。而对于资本主义的普遍否定，并进而展开了对中国社会发展道路问题的争论，则反映了时人思想之空前活跃；国人最终接受马克思主义宇宙观作为考察国家与民族命运的思想武器，选择了以俄为师，走中国革命的正确道路，则不仅意味着欧战后国人的"对西方求解放"思潮发展到了自己的高峰，如陈独秀所言"收解放底圆满效果"，而且催生了最初的善果：国共合作和国民革命的兴起。正是在这个意义上，可以说，欧战后国人"对西方求解放"思潮的兴起，不仅是其时中国民族民主运动高涨的反映，而且成为了它的重要思想先导。

国人的"对西方求解放"思潮在民族主义高涨的语境下兴起与发展，源于反省现代性与马克思主义两种视角和取向的交汇与冲撞的本身，就说明了其本质非简单抵拒西方，复归传统，而是要求超越西方的资本主义，在新时代全球视野下，谋求民族的独立发展。所以，它所表现的不是传统固守的心态，而是积极的开放进取的心态。归根结底，它仍然是近代志士仁人向西方追求救国真理的延续，只是时移势异，具备了新的世界视野与时代批判精神的人们，其心目中的"西方"和所欲追求的真理，已与往昔的认知不可同日而语罢了。1921年底，梁启超在讲学社欢迎罗素会上致辞说：现在正当我们学问饥饿的时候，"对于追求真理，异常迫切"，我们需要将西方种种学说，"无限制输入，听国人比较选择，将来自当可以得最良的结果"。[①] 最后，他复以吕纯阳点石成金的古代传说作比喻，希望罗素能将自己的"指头"即"研究学问的方法"传授给中国人。他说，这样我们也能接着研究下去，成为第二个吕纯阳，也可以点石成金了。梁启超不仅表达了国人渴望追求真理的开放心态，而且表达了国人渴望独立发展的自信。恽代英下面的话，从另一个角度，也同样表达了这一点："我们反对文化侵略是反对帝国主义软化驯服中国民众的文化政策。我们并不是说反对欧美文化，我们并不是否认欧美文化之优点，而且承认中国有亟须接受欧美物质文明之必要，我们所谓反对文化侵略，决不是盲目的赞美中国

北京师范大学史学探索丛书

---

① 梁启超：《在讲学社欢迎罗素会上的致辞》，载《晨报》，1920-11-10。

的固有文明，如保存国粹论与东方文化论者之所为。我们认定欧美文化是比中国文化进步的，这是因为欧美文化是工业资本主义社会的文化，中国文化是农业封建社会的文化，欧美文化是比中国文化为进步的，这是因为欧美的经济状况是比中国的经济状况为进步的原故。但这正是说，中国经济文化因为比较落后，所以为欧美帝国主义者所宰割蹂躏，中国民族必须力求经济文化的进步，以谋完成自己的解放；决不是说，中国经济文化既然比较落后，便应当甘心屈服于欧美帝国主义者的宰割蹂躏，亦不是说中国一定要保守这种比较落后的经济文化，不求经济文化的进步。——这个奴性或保守性的见解是我们所必须反对的。"①

而这两种视角和取向，在中国社会发展道路问题上的最终分道扬镳，乃缘于彼此宇宙观的根本对立。历史业已证明，国人最终接受马克思主义，选择以俄国师的革命道路是正确的，它应验了梁启超所言："听国人比较选择，将来自当可以得最良的结果"。所以，列文森在其被誉为名著的《儒教中国及其现代命运》一书中的以下判断，显然是不正确的。他写道："一个地道的中国反传统主义者在情感上付出了昂贵的代价，因为西方太富有侵略性了，所以，五四运动中的那些不加掩饰的、非马克思主义的反传统主义者必然成为共产主义的先驱——先驱和当然的牺牲品。""这种完全起源于西方的共产主义号召造反，这就为中国人接受共产主义铺平了道路，而不是设置心理障碍，因为它保证对前共产主义的西方，亦即侵害中国的西方，像那些墨守成规的中国传统主义者一样，也给予共产主义的坚决抵制。这样，一个希望中国和西方地位确实平等的中国人，就不需要求助于一种令人绝望的传统主义以满足自己的希望，因为在共产主义的庇护下，反传统主义也能帮助他实现这一目的。一个共产主义的中国，与苏俄一道，似乎可以走在世界的前列，而不是一个跟在西方后面蹒跚而行的落伍者。"② 列文森没有真正读懂中国历史，也未免小看了中国人。反传

① 恽代英：《反对帝国主义的文化侵略》，见张注洪、任武雄编：《恽代英文集》，下卷，826～827 页，北京，人民出版社，1984。

② ［美］约瑟夫·列文森：《儒教中国及其现代命运》，郑大华、任菁译，345、113 页，桂林，广西师范大学出版社，2009。

统主义者与马克思主义并无必然的联系，钱玄同、吴稚晖诸人不就是典型的例子吗？列文森将欧战后国人"对西方求解放"思潮的兴起，归结为中国人要面子——与西方争平等：一些知识分子所以转向共产主义，是因为它既可以涵盖反传统主义，又可以批判西方，满足了中国人想"走在世界的前列"的虚荣心。他没有看到，巴黎和会的屈辱如何令国人第一次真正体会到了"殖民地化的况味"和长期遭受西方侵略的"切骨的痛苦"，从而唤起了民族的自觉；也没有看到，欧战后西方资本主义矛盾的充分暴露和鸦片战争以降中国虽事事效仿西方却依然不脱被西方侵略的命运，由此启发国人反省西方和重新探讨中国社会发展道路的历史必然性与正义性；也正是因为如此，他更没有看到，国人是通过反复比较与争论，才最终认识马克思主义是科学的世界观与方法论，并接受它作为自己重新考察国家与民族命运新的思想武器，从而推动中国历史揭开了新的篇章。要言之，欧战后中国社会历史发生了根本转折，这是何等深刻的历史巨变，列文森轻率地将之归结为抽象的所谓"儒教中国"某种虚荣心的满足，其不足为训，是显而易见的。

无须讳言，欧战后国人的"对西方求解放"思潮也存在明显的局限。例如，打破"西方文明中心"论是对的，但梁启超诸人未免将中国的儒家文化理想化；而李大钊等马克思主义者将文化问题与中国社会的根本改造相统一，也不失为深刻，但终不免有以革命论代替文化论的简单化之嫌。同样，勇于否定资本主义、帝国主义是对的，但人们对于"世界革命"和中国进行"社会主义革命"的认识，也存在简单和理想化的倾向。如此等等。但是，重要在于，欧战后国人的"对西方求解放"思潮兴起，毕竟为人们的思想解放进一步开辟了道路。如果说，鸦片战争以降，缘西方"他者"的出现，国人第一次学会了认识自己，那么，欧战后，则是缘对于西方"他者"的再认识，国人从此也进而自觉到了需要重新认识自己。这是近代国人思想解放史上具有划时代意义的飞跃，其影响十分深远。这不仅是指它催生了国共合作与国民革命的兴起，而且是指，国人从此开始树立起了对西方的理性批判精神。中国共产党在成立后不久，便开始酝酿提出"马克思主义中国化"的问题，尽管这一概念第一次被明确提出还要晚到

北京师范大学史学探索丛书

1938 年，① 但它终究说明了，中共从一成立，就具备了不盲从西方的自觉（今天"中国特色社会主义"道路的探索，可以看成是此一传统的发扬光大），实反映了这一点。反省现代性取向的影响，也不容轻忽。长期以来，人们仅仅从字面的意义上强调梁启超、梁漱溟等人为文化保守主义者，而甚少注意在中国特殊的国情下，他们得风气之先，最早指陈西方文明的弊端，成为反省西方、倡言"对西方求解放"的先行者，对于推动近代思想解放的意义。当梁漱溟说"'欧化不必良，欧人不足法'，是后期运动（指"中国民族自救运动"——引者）在中国人意识上开出的一大进步"时，②他不是一个守旧者，而是经历过欧化洗礼的反省者；所言未必精当，但其中有"对西方求解放"的"真意"，还是不容轻忽的。不仅如此，以梁漱溟、冯友兰、张君劢等人为代表，20 世纪 30 年代后成为与马克思主义、自由主义并称中国现代三大思潮之一的新儒学运动的兴起，主张以儒家的心性之学涵化现代的科学与民主事业，其与反省现代性的取向一脉相承，也是显而易见。而当下国学热，儒学复兴之声浸浸而起，人们于其中，实也不难窥见到当年反省现代性的影子。

总之，五四新文化运动所以成就为近代中国一场伟大的思想解放运动，归根结底，端在于它同时包含了两大思想解放的向度："对传统求解放"与"对西方求解放"。二者相辅相成：前者首启思想解放的闸门，使国人得以开放的心态，超越传统，进而感悟西方现代思潮的变动，迎受反省现代性乃至于马克思主义；而缘后者，国人的识见更转进一层，愈形开阔，得以在重新审视中西文化的基础上，综合古今中西，开拓了中国社会历史发展的新方向。1924 年潘公展在《从世界眼光观察二十年来之中国》一文中，对所谓"新文化运动之真义"作了这样的概括："新文化运动之真义，非谓新者皆优良而旧者皆恶劣，故一味使人模仿西洋而蔑视或毁弃

① 鲁振祥：《"马克思主义中国化"解读史中若干问题考察》，见鲁振祥：《史事追寻——中共思想史上若干问题》，148 页，北京，中央文献出版社，2009。

② 梁漱溟：《中国民族自救运动之最后觉悟》，见《梁漱溟全集》，第 5 卷，112 页。梁漱溟此文虽写于 1930 年，但他自己后来曾强调，"这里面的见地和主张，萌芽于民国十一年，大半决定于十五年冬，而成熟于十七年"。（《乡村建设理论自序》，见《梁漱溟全集》，第 2 卷，144 页）

一切中国固有之文物制度，不得谓为传播新文化之真价值。提倡新文化者，其宗旨在使中国人受西洋近代科学之洗礼，无论求学处事，一以求真为鹄的。偶像不问为孔子、为孟子、为苏格拉底、为亚里斯多德；学说不问为章炳麟、为康有为、为杜威、为罗素；政制不问为君主立宪、为民主共和、为苏维埃、为基尔特；社会不问为个人本位、为家庭本位、为资本主义、为社会主义；风俗不问为养生、为送死、为婚姻、为祈祷、为亲族往来、为朋友酬酢；——诸如此类，皆当本时势之趋向，为真确之估价，而不容有丝毫出于盲从。夫如是，而后新文化运动之取径，可略得而言矣。"① 这里的"真义"，显然是体现了"对传统求解放"与"对西方求解放"，两大思想解放向度的自觉。同时，也缘是可知，"五四"时期的思想解放运动实较传统的认知，具有远为宏富的时代内涵。长期以来，人们只强调前者，而忽略后者，显然是不全面的。必须看到，欧战后，国人"对西方求解放"思潮的兴起，体现了新文化运动对自身的可贵超越；而"对传统求解放"与"对西方求解放"，二者间的张力与搏击，正构成了不断推进这场思想解放运动深入发展的内驱力。也惟其如此，由于传统惰性的影响和中国社会经济发展落后于西方发达国家的状况将长期存在，这便决定了，在今天，理性地保持二者间的此种张力与搏击，仍为促进国人思想解放和永葆思想活力所必需。

① 潘公展：《从世界眼光观察二十年来之中国》，载《东方杂志》，第 21 卷第 1 号，1924-01-10。

第六章　"五四"后关于
"新文化运动"的讨论

　　"五四"后，随着"新文化运动"一词的产生，出现了一场关于"新文化运动"的热烈讨论。时人在概括身在其中的新文化运动本质的基础上，探讨了文化运动与社会运动、现实政治的关系以及中国问题"根本解决"等重大的问题，并最终逻辑地引出了关于新文化运动发展趋向的不同取向。这不仅反映了时人对"五四"前后中国社会文化思潮变动的理解与把握，而且也反映了此前未曾正名的"新文化运动"已超越单纯追求思想解放的范畴，跃进到了探求社会改造，谋求"直接行动"的阶段。

　　这场关于"新文化运动"的讨论，是今天我们透视"五四"前后中国社会文化思潮变动十分有价值的切入点。本选题无疑有助于进一步丰富已有的新文化运动史研究，尤其有助于我们进一步理解，在怎样更加完整的意义上可以说，新文化运动构成了其后中国大革命勃然兴起的思想先导。

一、关于"新文化运动"的概念

　　周策纵先生在其名著《"五四"运动史》中说："'新文化运动'这一名词，在 1919 年 5 月 4 日以后的半年内逐渐得以流行。那年 12 月，《新潮》的编者在出版宣言中答复读者说，他们的运动就是'文化运动'。1920 年初这个运动已经非常普遍流行了。"[1] 应当说，这个判断总体上是正确的，但尚欠周延。"新文化运动"这一名词是"五四"后才出现的，最早的出处固不可考，[2] 但据笔者所知，至少在 1919 年 9 月傅斯年、李大钊与戴季陶已分别使用了这一概念。是年 9 月 5 日，傅斯年在赴英留学前，于《新潮》2 卷 1 号发表的《"新潮"之回顾与前瞻》一文中写道："我觉

---

①　[美]周策纵：《五四运动史》，280 页。

②　章士钊说："文化运动四字，似来自日本，日本又译自德国。"见章士钊：《章士钊全集》（4），144 页，上海，文汇出版社，2000。

得我一生最有趣味的际会是在北大的几年，最可爱的是新潮社，最有希望的是北大的文化运动。"① 同月 15 日，李大钊在《少年中国》第 1 卷第 3 期发表《"少年中国"的"少年运动"》，说："我们'少年运动'的第一步，就是要作两种的文化运动：一个是精神改造的运动，一个是物质改造的运动。"戴季陶则在同月 1 日《建设》第 1 卷第 2 号上发表《从经济上观察中国的乱源》，其中说：欧战后的西方社会缺陷尽露，故改造国家与社会，"已经成了全世界一致的声浪"。中国同样如此，其"进步的趋向是很明了的，助成进步的新文化运动是很猛烈的"。② 不过，尽管如此，还不足以说明"新文化运动"一词在"五四"后半年内"得以流行"。实际情况是，迄 1919 年底，时人的提法，还是"新思想运动"、"新思潮运动"、"文化运动"等多种名词，混杂使用的，后者还谈不上流行。1919 年 11 月 20日的《工学发刊辞》写道："新思想……新思想……新思想震破了我们的耳鼓，敲碎了我们的脑筋……"，③ 说明作者感受到的其时流行语是"新思想"。而胡适晚到同年 12 月 1 日在《新青年》第 7 卷第 1 号上发表他的重要长文，题目却是《新思潮的意义》。他在文中开宗明义即指出："近来报纸上发表过几篇解释'新思潮'的文章。我读了这几篇文章，觉得他们所举出的新思潮的性质，或太琐碎，或太笼统，不能算作新思潮运动的真确解释，也不能指出新思潮的将来趋势。"足见"新思潮运动"一词，实较"新文化运动"为流行。1920 年 10 月君实著文说："一年以前，'新思想'之名词，颇流行于吾国之一般社会，以其意义之广漠，内容之不易确定，颇惹起各方之疑惑辩难。迄于最近，则新思想三字，已鲜有人道及，而'新文化'之一语，乃代之而兴。以文化视思想，自较有意义可寻。"④ 一

北京师范大学史学探索丛书

---

① 傅斯年：《〈新潮〉之回顾与前瞻》，见岳玉玺等编：《傅斯年选集》，67 页。此文虽然是发表在 1919 年 10 月的《新潮》第 2 卷第 1 号，但撰文的实际时间却是同年 9 月 5 日。

② 戴季陶：《从经济上观察中国的乱源》，载《建设》，第 1 卷第 2 号，1919-09-01。

③ 中共中央马克思恩格斯列宁斯大林著作编译局研究室编：《五四时期期刊介绍》，第 2 集下册，567 页，北京，生活·读书·新知三联书店，1959。

④ 君实：《新文化之内容》，载《东方杂志》，第 17 卷第 19 号，1920-10-10。

年前自是 1919 年 10 月前后，这与上述《工学发刊辞》的用语是一致的。"新文化运动"一词真正开始流行，当晚到 1920 年初，而"非常普遍流行"，则还应是同年下半年的事。1920 年 10 月 10 日《学灯》上有文说："半年之前，中国忽然来了'文化运动'的一个名词，我们也不晓得是那一个人开始造的，但这本是群众心理的个种现象，不足浑怪。"[①] 所谓"半年之前"，当是同年 4 月。有趣的是，4 月 1 日陈独秀正好发表《新文化运动是什么？》，文章开头便说："'新文化运动'这个名词，现在我们社会里很流行。"[②] 二者相反相成，互相发明，恰好说明是年初正是"新文化运动"一词升温之时。至于陈天启同年 8 月在《少年中国》第 2 卷第 2 期上发表《什么是新文化的真精神》一文，发出这样的感慨："'新文化'这三个字，在现在个个人已看惯了，听惯了，说惯了；究竟什么是新文化的真精神？现在的时髦，几乎个个人都是新文化运动家，究竟运动的什么是新文化？"足见是时"新文化运动"一词，已然"非常普遍流行"了。

需要指出的是，时人在使用"新文化运动"或"文化运动"的概念时，有两点值得重视：其一，对"新文化运动"概念本身所应涵盖的时段，认知有差别。这主要有三：一是认为新文化运动是 1919 年五四运动后才出现的。郭绍虞说："五四运动确可以算是中国文化运动的起点。"[③] 陈问涛也强调说："凡稍能看报纸杂志的人，大概都知道从'五四运动'以来，中国发生了'新文化运动。'"[④] 李石曾 1920 年 5 月 22 日为《时事新报》副刊《学灯》写的《学灯之光》，开宗明义，则说："一年来之文化运动，其最著之成绩，莫过于换新国人之头脑，转移国人之视线，由此，而自动之精神出焉，而组织之能力启焉，而营团体生活之兴趣浓焉，而求新

---

① 刘延陵：《文化运动应当像两个十字》，载《时事新报》副刊《学灯·双十节增刊》，1920-10-10。

② 林茂生等编：《陈独秀文章选编》（上），512 页。

③ 郭绍虞：《文化与大学移植事业》，载《晨报》，1920-05-04。

④ 陈问涛：《中国最近思想界两大潮流》，载《时事新报》副刊《学灯》，1923-04-29。

知识之欲望富焉。此不得不对于提倡新文化诸人加敬礼也。"① 李石曾显然也是认为新文化运动始于五四运动。二是认为新文化运动是 1918 年欧战结束后出现的。孙锡麒说："自从这次世界大战停后，一股澎湃排空的新潮流，就由欧罗巴洲汹涌而起"，"一直冲向亚洲大陆；到了中国，就酿成现今的文化运动"，"五四"后则"更有一日千里之势。"② 三是认为新文化运动肇端于《新青年》。朱朴说："《新青年》是中国文化运动的先锋，开发新思潮的动机。"③ 王无为也认为，"出版物以文化运动为旗帜的，要算《新青年》最早"，"（它）自从编辑入了北京大学，便高唱起自由歌，很勇敢的做文化运动"。④ 随着时间推移，第三种认知，即认为《新青年》是新文化运动的起点，"新文化运动"的概念涵盖"五四"前后的思想解放运动，渐成共识。

其二，认同五四运动与"新文化运动"，⑤ 乃一脉相承。瞿秋白说："从表面上看，从'五四'运动以后，新思潮骤然膨胀起来，虽然最初发动的时候，是受了外交上山东问题的刺激，其实是一种新文化运动"。大江南北，集会频仍，刊物纷起，日盛一日，"多是为这一种运动所支配的"。⑥ 他不仅肯定五四运动本身即是文化运动，而且强调五四运动与《新青年》发动的思想解放运动是一脉相承的："《新青年》、《新潮》所表现的思潮变动，趁着学生运动中社会心理的倾向，起翻天的巨浪，摇荡全中

① 中共中央马克思恩格斯列宁斯大林著作编译局研究室编：《五四时期期刊介绍》，第 3 集下册，499 页，北京，生活·读书·新知三联书店，1979。

② 孙锡麒：《文化运动的过去与未来（上）》，载《新人》，第 1 卷第 4 号，1920-08-18。

③ 朱朴：《六种杂志的批评》，载《新人》，第 1 卷第 5 号，1920-08-28。

④ 王无为：《上海杂志界的文化运动》，载《新人》，第 1 卷第 5 号，1920-08-28。

⑤ 胡适以为，"五四运动"一词，最早见于 1919 年 5 月 26 日《每周评论》第 23 期上作者署名为"毅"的文章：《五四运动的精神》。（胡颂平编著：《胡适之先生年谱长编初稿》，第 2 册，357 页）

⑥ 瞿秋白：《革新的时机到了》，见《瞿秋白文集》，第 1 卷，20 页，北京，人民出版社，1987。

国。当时爱国运动的意义，绝不能望文生义的去解释它。"① 孙中山先生的见解与瞿秋白是一致的。他以为，五四运动以来，爱国青年发抒革命新思想，蓬蓬勃勃，产生了绝大的影响。"此种新文化运动，在我国今日，诚思想界空前之大变动。推其原始，不过由于出版界之一二觉悟者从事提倡，遂至舆论放大异彩，学潮弥漫全国，人皆激发天良，誓死为爱国之运动"。② 五四运动是爱国运动，同时也是新文化运动，"推其原始"，则端在《新青年》。耐人寻味的是，胡适虽然晚年因现实政治的原因，一再强调五四运动只是爱国运动，与新文化运动无关，它打断和改变了新文化运动的方向，使之变了质；③ 但他在新中国建立前，却是不仅高度评价孙中山的这一见解，以为"最可以表示当时一位深思远虑的政治家对于五四运动的前因后果的公平估计"，④ 而且也曾明确指出，"五四运动是思想文化运动"。⑤ 这很能说明，在当时，此种观点确是多数人的共识。迄今学界坚持这一观点，也显然是正确的。

英国文化人类学家雷蒙·威廉斯说："文化观念的历史是我们在思想和感觉上对我们共同生活的环境的变迁所作出的反应的记录"，"是针对我们共同生活的环境中一个普遍而且是主要的改变而产生的一种普遍反应。其基本成分是努力进行总体的性质评估"，"文化观念的形成是一种慢慢地获得重新控制的过程"。⑥ 这是十分深刻的论断。"五四"后"新文化运动"一词的出现及其成为流行语，正应当看成是时人在"思想和感觉上"，对于周围环境的变动所作出的"一种普遍反应"的记录。

与此新名词的出现相一致，从 1919 年下半年到 1923 年，尤其是 1919

---

① 瞿秋白：《俄乡纪程》，见蔡尚思主编：《中国现代思想史资料简编》，第 1 卷，656 页。

② 陈锡祺主编：《孙中山年谱长编》，下册，1223 页，北京，中华书局，1991。

③ 参见胡适：《五四运动是青年爱国的运动》，见《胡适全集》，第 22 卷；另可参看欧阳哲生的《胡适对"五四"运动的历史诠释》，见《中国文化研究》，1997 年，冬之卷。

④ 胡适：《"五四"的第 28 个周年》，见《胡适全集》，第 22 卷，272 页。

⑤ 胡适：《北大校友"五四"聚餐联欢会上的讲话》，见《胡适全集》，第 22 卷，677 页。

⑥ ［英］雷蒙·威廉斯：《文化与社会》，374 页。

年底到 1920 年底，报刊上发表的关于"新文化运动"的文章，日渐增多，形成了热烈的讨论。寓公说："从青年五四运动以后，报纸杂志发表解释新思潮的文章很有好几篇，因各人的意见不同，并有许多很激烈的辩论。"① 他是 1920 年 9 月在《改造》上发表的《新思潮我观》一文中说这个话的，足见此种辩论实际上始终没有中断。此外，以下的事实也反映了这一点：《时事新报》副刊《学灯》，从 1919 年 9 月到 1920 年 10 月，就发表了包括张东荪的《"新思想"与"新运动"》、品一的《我的新思潮观》、谢承训的《新文化运动意义及其促进之方法》、陈启修的《文化运动的新生命》、易家钺的《敬告中国的文化运动者》等在内共 17 篇文章；《东方杂志》从 1920 年 5 月到 1921 年 8 月，也发表了包括君实的《新文化之内容》、坚瓠的《文化运动之第二步》、慧心的《新文化前途之消极的乐观》等在内共 18 篇文章；《新人》1920 年第 1 卷第 4、5、6 连续三期，都是"文化运动批评号"，分为上、中、下，发表《文化运动的过去与未来》《文化运动的意义与今后大规模文化运动》等文章共 40 余篇；而《改造》1920 年 9 月第 1 号，则是《新思潮研究》专号。同时，此间发表的胡适的《新思潮的意义》、陈独秀的《新文化运动是什么？》与《文化运动与社会运动》、瞿秋白的《文化运动——新社会》等，更都是有影响的重要文章。

出现这场关于新文化运动的热烈讨论，固然与"五四"后新报刊如雨后春笋不断涌现有关，② 但它同样更应当看成是时人对周遭的变动"努力进行总体的性质评估"，并试图"慢慢地获得重新控制的过程"。也惟其如此，它成为了今天我们透视"五四"前后中国社会文化思潮变动十分有价值的切入点。

---

① 寓公：《新思潮我观》，载《改造》，第 3 卷第 1 号，1920-09。

② 《钱江评论发刊旨趣》说："五四"前发表新思想的刊物只有《新青年》、《新潮》、《每周评论》三家，但"五四"后，"却像'雷雨一过春笋怒生'的样子，到处都是，……大概种数总在二百左右了"。（中共中央马克思恩格斯列宁斯大林著作编译局研究室编：《五四时期期刊介绍》，第 2 集下册，591 页）郑振铎则谓：据他所知，仅 1919 年 11 月一个月里，就新增了 20 多种刊物（郑振铎：《一九一九年的中国出版界》，载《新社会》，第 7 号，1920-01-01）。

二、"新文化运动是什么？"

时人在讨论中合乎逻辑提出的第一个核心问题，就是"新文化运动是什么？"或叫"新思潮的意义是什么？"

直到1920年8月，陈天启在《什么是新文化的真精神》一文中还在提出这一问题："究竟什么是新文化的真精神？现在的时髦，几乎个个人都是新文化运动家，究竟运动的是什么新文化？"[①] 实则，"五四"后不久，关于这个问题的讨论就已开始了。其中，包士杰的长文《新思潮是什么》，有一定的代表性。[②] 当时，胡适对报刊已发表的一些文章的见解都不以为然，他说："我读了这几篇文章，觉得他们所举出的新思潮的性质，或太琐碎，或太笼统，不能算作新思潮运动的真确解释，也不能指出新思潮的将来趋势。即如包士杰先生的《新思潮是什么》一篇长文，列举新思潮的内容，何尝不详细？但是他究竟不曾使我们明白那种种新思潮的共同意义是什么？"[③] 为此，他写了著名的长文《新思潮的意义》。晚年的胡适旧话重提，他说："在这一（文化）运动已经进行了好几年之后，当然有人想把他的意义确定下来。"[④] 他显然是在强调当时讨论确定新文化运动的意义，其本身就具有重要的意义。实际上，当时不仅胡适不满意包士杰诸人的见解，张东荪也提出了自己的批评："包先生所说的，条理很繁，范围很广，看了不甚清楚。"[⑤] 为此，他发表了《"新思想"与"新运动"》。也许是受胡适的影响，其后虽然问题的讨论乃在进行，但人们不再满足于罗列现象，纷纷转而力图集中概括各自对新文化运动本质的理解与把握，从而进一步彰显了时人如雷蒙·威廉斯所说，对环境变动"努力进行总体的

---

① 陈启天：《什么是新文化的真精神》，载《少年中国》，第2卷第2期，1920-08-15。
② 遗憾的是，笔者至今尚未找到包士杰写的这篇文章。
③ 胡适：《胡适全集》，第1卷，691页。
④ 李燕珍：《胡适自叙》，208页，北京，团结出版社，1996。
⑤ 张东荪：《"新思想"与"新运动"》，载《时事新报》副刊《学灯》，1919-09-02。

性质评估"。

固然，时人对新文化运动本质的理解与把握，见智见仁，莫衷一是。例如，蒋百里说，新思潮有两大特性：一曰"世界性"，即问题为世界人类所共同，故其目标在人类全部，而非一国一族之局部；二曰"实在性"，即问题为当下生活所必需，故其方向在实际生活，而非空谈。"吾以为是二性者，为今日思潮之本质而同时亦可为其径路进展之方针。"① 寓公以为新思潮的本质，端在"适应"二字："'新'既是适应，那么新思潮，就是适应的思潮。换句话说，新思潮就是解决疑难，具有目的观念适应的自然的有意作用。"② 而苏甲荣则强调教育的意义，他说："我以为文化运动，其实就是教育扩张"，"所以我以为以后的文化运动不如用教育扩张四个字来代替它"。③ 陶乐勤的见解与之相仿："文化运动，就是将生活的智识传染于人，所以凡是将生活智识传染于人的运动，都可以算做文化运动。"④ 张东荪则将新思潮的本质归纳为六个方面：社会主义、牺牲主义、平等主义、劳动主义、世界主义、理想主义，⑤ 如此等等。但是，从整体上看，其时对新文化运动真正具深度与影响力的概括，当数以下三种：

一是"科学与民主"。

这是陈独秀在"五四"前的概括，但胡适却强调它是对新思潮共同意义所作的最早的重要解释。他说："比较最简单的解释要算我的朋友陈独秀先生所举出的新青年两大罪案，——其实就是新思潮的两大罪案，——一是拥护德莫克拉西先生（民治主义），一是拥护赛因斯先生（科学）。陈先生说：'要拥护那德先生，便不得不反对孔教，礼法，贞节，旧伦理，旧政治。要拥护那赛先生，便不得不反对旧艺术，旧宗教。要拥护德先生，又要拥护赛先生，便不得不反对国粹和旧文学。'"⑥ 不过，胡适又认

① 百里：《新思潮之来源与背景》，载《改造》，第 3 卷第 1 号，1920-09-15。
② 寓公：《新思潮我观》，载《改造》，第 3 卷第 1 号，1920-09-15。
③ 苏甲荣：《今后的文化运动：教育扩张》，载《少年中国》，第 2 卷第 5 期，1920-11-15。
④ 陶乐勤：《文化运动与劳工》，载《新人》，第 1 卷第 6 号，1920-09。
⑤ 张东荪：《"新思想"与"新运动"》，载《时事新报》副刊《学灯》，1919-09-02。
⑥ 胡适：《新思潮的意义》，见《胡适全集》，第 1 卷，691～692 页。

为，此说虽然简单，却太过于笼统了。人们若问：何以拥护德、赛两先生就不能不反对国粹和旧文学？或是何以凡是不同于德、赛两先生的东西都要反对？便很难用几句话说清楚了。胡适肯定陈独秀的概括是对新思潮意义作出的最早和重要的解释，这是对的；但是，他的批评并不妥当。上述他所引的陈独秀的话，不典型，缺乏必要的选择。当时陈独秀所以做这样的概括或解释，是要鲜明地表达这样的论断：近代西方社会所以优越，就在于以近代先进的文明为依托，它的精髓是科学与民主；故中国欲自救，舍科学与民主，其道无由。所以，他早在《敬告青年》中就已明确指出："近代欧洲之所以优越他族者，科学之兴，其功不在人权说下，若舟车之有两轮焉。"① 在胡适所引的《〈新青年〉罪案之答辩书》中，陈独秀更有这样一段重要的话："西洋人因为拥护德、赛两先生，闹了多少事，流了多少血，德、赛两先生才渐渐从黑暗中把他们救出，引到光明世界。我们现在认定只有这两位先生，可以救治中国政治道德上学术上思想上一切的黑暗。若因为拥护这两位先生，一切政府的压迫，社会的攻击笑骂，就是断头流血，都不推辞。"② 由是以观，陈独秀的概括与解释，不仅就是《新青年》的"罪案"与新思潮的意义，而且从逻辑上说，它并不笼统，相反，鲜明、集中、准确，也实已消解了胡适的质疑。

近代将西方文明的精髓概括为科学与民主，滥觞于严复。1895 年严复发表《论世变之亟》一文，其中说：西洋所以富强，"其命脉云何？苟扼要而谈，不外于学术则黜伪崇真，于刑政则屈私以为公而已"。③ 这自然是难能可贵，但因时代与个人的局限，严复毕竟没有作出"科学与民主"的准确概括，更没有树为旗帜，以为中国社会义化思潮演进的准的。陈独秀是近代中国第一位高揭出"科学"与"民主"大纛的真正旗手。他的此种概括不仅表明先进的国人登堂入室，对西方近代文明有了更深的理解与把握；而且也为肇端于《新青年》的新文化运动起到了画龙点睛的作用。"德、赛两先生"，不仅成了时人口头禅，而且成为了许多社会团体、政治

---

① 陈独秀：《独秀文存》，9 页。

② 同上书，243 页。

③ 王栻主编：《严复集》，第 1 册，2 页，北京，中华书局，1986。

势力标榜文明进步共同的合法性依据。例如，1922 年《东方杂志》发表《本志的第二十年》说："我们所占着的时间，既然是被科学精神和民治主义两大潮流所支配的二十世纪，则我们估定一切言论和智识的价值，当然以对于这两大潮流的面背为标准；断没有依违两可，在时间轨道上打旋的。"① 它强调科学与民主是衡量 20 世纪一切言论和智识的价值的两大标准，而自己问心无愧，正是坚持了这样的标准。无独有偶，1930 年蔡元培在《吾国文化运动之过去与将来》一文中，则是这样写道：直至辛亥革命，"而孙中山重科学，扩民权的大义，已渐布潜势力于文化上。至《新青年》盛行，五四运动勃发，而轩然起一大波，其波动至今未已"。"我们用这两种标准（指科学与民权——引者），来检点十余年来的文化运动，明明合于标准的，知道没有错误；我们以后还是照这方向努力运动，也一定不是错误的。我们可以自信了。"② 蔡元培同样是以科学与民主为"标准"，肯定了"十余年来的文化运动"及其坚持进一步发展方向之正确。至于"科学"与"民主"至今都是国人的奋斗目标，自然更说明此种概括具有怎样深远的影响了。

二是"评判的态度"。

这是胡适在《新思潮的意义》中提出来的。他说："据我个人的观察，新思潮的根本意义只是一种新态度。这种新态度可叫做'评判的态度'"，"是新思潮运动的共同精神"。他强调，新思潮运动的本质就是要求对于"习俗相传下来的制度风俗"、"古代遗传下来的圣贤教训"和"社会上糊涂公认的行为与信仰"，都必需重新评价，分别出好与不好，以定从违，而决不轻信盲从。这也就是尼采所说的"重新估定一切价值"："'重新估定一切价值'八个字便是评判的态度的最好解释。"20 年前康有为是著名的维新党，现在在人们的心目中却成了老古董了。康有为不曾变，但估价的人变了，所以他的价值也跟着变了。这叫作"重新估定一切价值"。③ 胡适将问题提高到了哲学的层面，以为归根结底，新思潮的意义即在于提出

---

① 坚瓠：《本志的第二十年》，载《东方杂志》，第 20 卷第 1 号，1922-10-25。

② 蔡尚思主编：《中国现代思想史资料简编》，第 3 卷，506～508 页。

③ 胡适：《胡适全集》，第 1 卷，692～693 页。

了一种思想解放的原则：以一种新的价值观，重新观照一切，判断是非，决定取舍。这确实具有尖锐性，有助于深化人们对问题的认识，并在当时产生了广泛的影响。包士杰是位基督教徒，他对胡适的批评颇为信服，不久写信给陈独秀说：圣公会汉口的吴主教在一次会上说，今后基督徒可以重新研究《圣经》，"由自己的直觉，不必拘泥陈说，研究到什么，便去实力奉行什么。因为世界已经改变了，基督教要在进步"。"但吾们仔细想，他是主教，他能说这样话，反一面过来，是不承认了固有的陈说，教人重新评定圣经教义的真价值，这多少利害呀。尼采要反对基督教，制造德国式的伦理主义，也是教人重新评定道德的真价值。他们的用意，一个是刷新基督教，一个是要打破基督教，虽然是绝然不同，但是要起一种新文化运动的精神，真是一样的。不过一个是要真基督的，一个是要德国的，这是大大不同。"① 在这里，包世杰不仅谈到了新文化运动对基督徒的影响，而且明确肯定胡适所概括的"评判的态度"，即"重新估定一切价值"，确是代表了"一种新文化运动的精神"。胡适见解的影响，还可以从以下潘公展对新文化运动所作的一段精彩的界定中看出来："新文化运动，以著名学者为领袖，以全国学生为中心，其传播之媒介则为出版物，为公开演讲，为组织会社；而其使用之惟一工具，则为白话文。新文化运动之目的乃是多方面的，政治、社会、经济等等，均有亟待改革之宣传；而其中心思想，则在打破一切因袭的传说，一切旧有的权威，一切腐败的组织，对于文物制度学说思想均一一重行估定其价值"。"夫如是，而后新文化运动之取径，可略得而言矣。"② 以学者为领袖，以全国学生为中心，以报刊等为中介，以白话文为工具，涵盖政治、社会、经济等等在内的波澜壮阔的新文化运动，追根溯源，较其实质，只在一种新态度即"评判的态度"——"重行估定其价值"。胡适对新思潮意义的概括，在这里被演绎得淋漓尽致。

不过，胡适的概括也存在局限。所谓"评判的态度"或"重新估定一切价值"的提法，并未明确其实际标准，在理解与把握上，难免存在随意

---

① 包世杰：《基督教问题（致独秀）》，载《新青年》，第 7 卷第 5 号，1920-04-01。
② 潘公展：《从世界眼光观察二十年来之中国》，载《东方杂志》，第 21 卷第 1 号，1924-01-10。

性。上述包世杰说教主与尼采都强调重新估定价值，但前者是要刷新基督教，而后者却是要打破基督教，是截然不同的，就反映了这一点。此其一。"重新估定一切价值"，尼采的这句名言在欧洲是批判理性主义的宣言书，而胡适引以概括新思潮的意义，目的却是要彰显其反传统的锋芒。他在文中列举了诸如孔教、旧文学、贞节、旧戏、女子问题等等，以为都是必须加以重新估定价值的许多事例，唯独不涉及西方文化。这就是说，对于西方文化，无须持"评判的态度"，"重新估定一价值"，因为它是标准。对此，梁启超持异议。1920 年初，梁游欧归来，即发表著名的《欧游心影录》。其中，他提出了一个尖锐的问题：既讲思想解放，就必须要"彻底"。他说："提倡思想解放，自然靠这些可爱的青年，但我也有几句忠告的话：'既解放便须彻底，不彻底依然不算解放。'就学问而论，总要拿'不许一毫先入为主的意见束缚自己'这句话做个原则。中国旧思想的束缚固然不受，西洋新思想的束缚也是不受。""我们须知，拿孔孟程朱的话当金科玉律，说它神圣不可侵犯，固是不该，拿马克思、易卜生的话当做金科玉律，说它神圣不可侵犯，难道又是该的吗？"梁启超"彻底"的思想解放的"原则"具有普适性，适用于古今中西，但其重点显然是要打破国人对西方的"盲从"心态。所以他强调："我们又须知，现在我们所谓新思想，在欧洲许多已成陈旧，被人人驳得个水流花落。就算它果然很新，也不能说'新'便是'真'呀！"① 胡适曾写过长文《易卜生主义》，"新思想"更是新文化运动中的流行语，梁启超提出上述"彻底"的思想解放的"原则"，并专门点到了"易卜生"与"所谓新思想"，自然是有感而发。它实际上是针对胡适提出的"评判的态度"和"重新估定一切价值"见解的一种订正与补充。吴康在《新思潮之新人生观》中，也注意到了这一点。所以，他虽肯定胡适的概括，但却替他作了补充解释："评判的态度"，"一方既可免掉服从古人的奴性，他方亦能避去盲从新法的危险"。② 此其二。将整个新思潮的本质仅仅归结为"只是一种新态度"，即

北京师范大学史学探索丛书

---

① 梁启超：《饮冰室合集·专集》(23)，26～28 页，北京，中华书局，1989 年据 1936 年版影印本。

② 吴康：《新思潮之新人生观》，载《北京大学学生周刊》，第 1 号，1920-01-04。

"评判的态度"，未免只突出了思想方法问题，而忽略了整个运动更为宏富的社会内涵。这个偏颇随着其后新文化运动的进一步发展，愈加明显。当时，北京大学教授陈启天就已指出了这一点：胡适的见解虽较切实，但是，"这个新思潮的意义，似乎偏重思想和方法一方面，不能算文化的完全的界说。思想和方法，固然在新文化里面，占很重要的位置；而人生和社会方面的新倾向，也是新文化里面的一种真精神"。只有将人生的新倾向与思想的新方法，"合起来，才是新文化的真精神"。① 这个批评显然是合理的。此其三。

三是"社会改造运动"。

经五四运动洪波巨浪的冲击，尤其是"六三"之后工人阶级介入并成为运动的主力军，新文化运动明显地已超越了原有的少数知识分子的范围，而具有了社会广泛参与和要求改造社会的发展态势。新文化运动的意义被直观并普遍地理解与概括为"社会改造运动"，乃合乎逻辑与势所必然的结果。傅斯年敏锐地感受到了五四运动构成了中国社会发展的转变点："五四运动过后，中国的社会趋向改变了"，"以后是社会改造运动的时代。我们在这个时候，处这个地方，自然造成一种新生命"。② 君左也指出，"社会改造之声浪，在今新思潮中，已占全体十之七八"。③ 也正因为如此，效春干脆径称"新文化运动就是社会改造运动"，④ 而戴季陶也断言："新文化运动是甚么？就是以科学的发达为基础的'世界的国家与社会的改造运动。'"⑤ 值得注意的是，瞿秋白作为新闻记者，他的观察与上述众人的观点是一致的："我们略略可以看得出来这些运动，这些参加运动的人都有一个共同的目标——新社会。（也许他们自己并不知道，并没有一定的意志；也许他们知道，可是不能具体的说出来。）"⑥

---

① 陈启天：《什么是新文化的真精神》，载《少年中国》，第2卷第2期，1920-08-15。

② 傅斯年：《新潮之回顾与前瞻》，见岳玉玺等编：《傅斯年选集》，64～65页。

③ 君左：《社会改造与新思潮》，载《改造》，第3卷第1号，1920-09-15。

④ 效春：《文化运动的初步》，载《时事新报》副刊《学灯》，1920-06-06。

⑤ 戴季陶：《从经济上观察中国的乱源》，载《建设》，第1卷第2号，1919-09-01。

⑥ 瞿秋白：《文化运动——新社会》，载《新社会》，第15号，1920-03-21。

在时人眼里，新文化运动既是社会改造运动，其内涵就应该体现三大原则：其一，是平民性。所谓平民性，就是着眼全体国民尤其是劳动阶级的平等权益。"新文化运动是什么？只是移植'新学'运动么？只是'贵族式'的文化运动么？不对！题目认错了！它不是'利用的''政客的''学桶的'运动，'新'文化运动是'社会'——'平民'——'全体'的文化运动。——不要瞎眼看不见现在的世界潮流——但是现在中国的'新'文化运动——！不敢说"。① 人们强调，"五四"后的文化运动所以不同于此前的"原形质的文化运动"，就在于大家知道了其重大的意义，即在于需在它的前面加上一个关键词"社会"，成为了："社会的文化运动"。② 与此相应，文化运动与劳动运动的关系成了热门话题。愚公指出：文化运动体现了文化主义与劳动主义的结合。前者主张人人都能实现"自己特有的文化价值"和"个人人格的独立"，从而"促进文明之进步"；后者主张"以劳动为天职，人人在社会上都尽劳动的义务"并且取得生活的权利，从而实现社会的"平等化"和"互助化"。文化运动偏重前者，便会成了"学究化"；偏重后者，则又成了"机械化"，③ 唯有二者结合，才能实现改造社会的大目标。

其二，是精神文明改造与物质文明改造并行。严格说来，这是欧战前后欧洲学者反省现代性，首先提出的重要命题。新文化运动受战后欧洲思潮变动的影响，这固然是学界久有的共识；但问题在于，欧洲此种思潮的变动存在两个取向：一是马克思主义者主张社会主义革命；一是反省现代性者主张非理性主义；而人们长期以来多注意重于前者，而忽略了后者。我曾在一篇文章中写道："所谓现代性，是指自启蒙运动以来，以役使自然、追求效益为目标的系统化的理智运用过程。一些西方现代学者从唯心论出发，将问题归结为理性对人性的禁锢，以为近代西方沉缅于'科学万能'崇尚机械的人生观和物质的利益，导至精神家园荒芜，终至于酿成大

---

① C.T：《随感录》，载《人道》，创刊号，1920-08-05。

② 季陶：《文化运动与劳动运动》，载《星期评论》，第 48 号（第 2 张），1920-05-01。

③ 愚公：《文化运动与劳动运动》，载《旅欧周刊》，第 33 号，1920-06-26。

战的惨剧；因而将目光转向人的内心世界。他们更强调人的情感、意志与信仰。尼采提出'重新估定一切价值'，被认为是反省现代性的非理性主义思潮兴起的宣言书。20世纪初，以柏格森、倭铿等人为代表的生命哲学，强调直觉、'生命创化'与'精神生活'，风靡一时，是此一思潮趋向高涨的重要表征。"① 反对物欲横流，主张在提升精神文明的前提下发展物质文明，正是西方反省现代性者提出的重要命题。非理性主义虽不脱唯心论，但它反映了欧人对自身文明的反省，仍不失其合理性。它同样深刻地影响了当时的中国思想界。正因为如此，君实在他的《新文化之内容》一文中这样说："今日之新文化，乃十九世纪文明之反抗，所以补其偏而救其弊者也"。西方19世纪文明实为物质主义文明，欧战是其必然结果。新文化志在矫正旧文明之缺失，"便不能不注重于开发较高尚之精神文明，与以抑制唯物主义之跋扈。故由精神力之根本的开发，以完成物质文明，乃新文化内容之一也"。② 蔡元培则告诫说："致力于新文化诸君，不要忘了美育"，以便"引起活泼高尚的感情"。③ 甚至已转向了马克思主义的李大钊，早期也仍不脱反省现代性思潮的影响，所以他说："我们'少年运动'的第一步，就是要作两种的文化运动：一个是精神改造的运动，一个是物质改造的运动"。精神改造的运动就是要借宣传"互助"、"博爱"的道理，"改造现代堕落的人心"。④

其三，是反对资本主义。时人以为，前面两个原则都是资本主义逼出来的，故反对资本制度乃是新文化运动应有之义。蔡晓舟说，新文化运动的大前提是"幸福均沾"四个字，离开了这个大前提，"便是瞎捣乱，便算不了文化运动"。而这个理想社会的主要障碍，就是"资本制度"。⑤ 愚公则指出，文化运动与劳动运动互为表里，后者"是由现代非人道不平等的资本制度的压迫反动而生的"。"反对资本主义，打破资本制度，谋造理

① 参阅拙文：《陈独秀与反省现代性思潮》，载《河北学刊》，2007（6）。

② 君实：《新文化之内容》，载《东方杂志》，第17卷第19号，1920-10-10。

③ 蔡元培：《文化运动不要忘了美育》，见高平叔编：《蔡元培全集》，第3卷，362页。

④ 李大钊：《李大钊选集》，235～236页。

⑤ 蔡晓舟：《文化运动与理想社会》，载《新人》，第1卷第4号，1920-08-18。

想的社会的运动，便叫做神圣的劳动运动。"①

关于新文化运动意义的上述三种概括，是在文化发展不同的阶段上，针对不同的语境提出来的。陈独秀"科学与民主"的概括，既是针对《新青年》的罪案，也是针对新思潮的意义，同时，更是体现了对时代发展历史脉搏的深刻理解与把握。它实际也构成了时人的种种概括，尤其是后两种概括的思想基础。胡适"评判的态度"的概括，是针对时人对新文化运动的理解尚停留于表象罗列的认知现状，从方法论的高度上，将科学与民主的理念，进一步通俗而鲜明地表述为一种国人应有的人生观与价值观。"社会改造运动"的概括，则反映了新文化运动深入发展的新态势与国人渴求中国社会变革共同的心理趋向。要言之，三种概括，分别着眼于理念层面、方法层面与实践层面，都具有各自的合理性。它们互为表里，相辅相成，共同彰显了时人对于新文化运动意义总体的理解与把握：以科学与民主为指导，追求思想解放与新社会的创造。无论其后新文化运动的发展如何异趋，国人的此一共识，决定了它必然对其后中国社会历史的演进产生深远而广泛的影响。

三、新文化运动的发展趋势何在？

新文化运动发展的趋向何在？这是时人讨论提出的另一个核心问题。

五四运动在彰显爱国主义的同时，给国人的一个重要启示，便是诉诸实践，即"直接行动"的精神。② 故时人关于新文化运动趋向的问题，形成的一个初步共识就是：新文化运动不应是"纸上的文化运动"，③ 应当归向实际的进行。蔡元培说："文化是要实现的，不是空口提倡的"。"所以要大家在各方面实地进行，而且时时刻刻的努力，这才可以当得文化运动

① 愚公：《文化运动与劳动运动》，载《旅欧周刊》，第33号，1920-06-26。

② 陈独秀说："(五四)这种精神就是(一)直接行动；(二)牺牲精神。"见《陈独秀文章选编》(上)，518页。

③ 郑振铎：《我们今后的社会改造运动》，载《新社会》，第3号，1919-11-21。

的一句话"。① 梁启超麾下的《改造》杂志在《发刊词》中则声言："本刊所鼓吹在使文化运动向实际的方面进行。"② 此期的许多刊物都纷纷发表发刊词，宣示自己面向实际的种种主张与"使命"，并承诺当很快提出改造社会的具体方案来。例如，《改造》在提出了六条办刊目标后，即表示"誓于一二年内制成详细之系统的计划，公诸海内"。③《先驱》也提出："本刊的第一任务是努力研究中国的客观的实际情形，而求得一最合宜的实际的解决中国问题的方案。"④ 这些发刊词虽然壮观，终不免作秀之嫌。所以，尽管人们都赞成面向实际，解决中国问题，但是，真要落到实处，依然一头雾水。郑振铎说："中国旧社会的黑暗是达到极点了！它的应该改造是大家知道的了。但是我们应该向哪一方面改造？改造的目的是什么？我们应该怎样改造？改造的方法和态度是怎样的呢？这都是改造的先决问题，主张改造的人所不可不明白解答的。"⑤ 正是在这个根本的问题上，人们的思想产生了分歧，"于是思潮的趋向就不像当初那样简单了"。⑥

从当时的讨论看，人们的这种思想分歧集中表现为，对于决定新文化运动走向有重大意义的三大关系问题的理解，大相径庭：

第一，文化运动与社会运动。

对于文化运动与社会运动这两个概念，时人多混同。上述人们将新文化运动的意义概括为"社会改造运动"，在很大程度上是肯定了文化运动就是社会运动。孙锡麒强调说："文化运动的范围极广，凡是一切人类社会上的现象，如政治、法律、经济、教育、科学、宗教、文学、美术等都包含在内的"，⑦ 也说明了这一点。胡适"评判的态度"的概括，既强调重视研究与解决"人生社会的切要问题"是新思潮的应有之义，与上述观点

① 蔡元培：《何谓文化》，见高平叔编：《蔡元培全集》，第4卷，15页。
② 改造社：《〈改造〉发刊词》，载《改造》，第3卷，第1期，1920-09-15。
③ 改造社：《〈改造〉发刊词》，载《改造》，第3卷，第1期，1920-09-15。
④ 中国社会主义青年团：《〈先驱〉发刊词》，载《先驱》，第1号，1922-01-15。
⑤ 郑振铎：《〈新社会〉发刊词》，载《新社会》，第1卷第1号，1919-11-01。
⑥ 瞿秋白：《饿乡纪程》，见蔡尚思主编：《中国现代思想史资料简编》，第1卷，658页。
⑦ 孙锡麒：《文化运动的过去与未来（上）》，载《新人》，第1卷第4号，1920-08-18。

实际上也是相通的。不过，章士钊对此则作了理论上进一步阐述。他认为，具体的文化变革与整体的文化运动是不可同日而语的两件事。"何也，文化者无论寄于何事，其事要贵纵不贵横，贵突不贵衍，贵独至不贵广谕。而运动则非横非衍非广谕，其义无取"。胡适诸人既讲文学革命、白话文运动，又讲文化运动，混淆二者，在思想方法上犯了错误，实陷于二律背反，必然种瓜得豆："若果如所求，将志纵得横，志突得衍，志独至得广谕，如吾国今日之白话文之局势焉，无可疑也。"据此，他断言："要之，文化运动，乃社会改革之事，而非标榜某种文学之事。凡改革之计划，施于群治，义于文化有关，曲折不离其宗者，从社会方面观之，谓之社会运动；从文化方面观之，谓之文化运动。"① 章士钊以为文化运动涉及社会改革与群治，从社会方面看，就是社会运动的观点，有一定的合理性；但问题在于，其立足点却是否定新文化运动本身，所以他极力抹杀文学革命、白话文，以为不足称新文化运动。这不仅显然是不对的，而且也与他上述的逻辑不合，因为所谓文学革命、白话文运动，本来就不是单纯的文化问题。

身为新文化运动"总司令"的陈独秀，对人们混同文化运动与社会运动的概念，大不以为然。他在"五四"后专门发表了《新文化运动是什么?》、《文化运动与社会运动》两篇文章，力排众议，提出了一个全然相反的观点：文化运动与社会运动是两回事，不容混淆。陈独秀说："文化运动与社会运动本来是两件事，有许多人当做是一件事，还有几位顶刮刮的中国头等学者也是这样说，真是一件憾事!"文化是相对于政治、经济、军事而言的。文化运动是什么? 它就是文学、美术、音乐、哲学、科学一类的事；社会运动是什么? 它就是妇女问题、劳动问题、人口问题一类的事。将政治经济军事等都拉在文化里，文化运动岂不成了"武化运动"了? 创造文化是民族艰难的伟业，非短期所能凑效的。"这几年不过极少数的人在那里摇旗呐喊，想造成文化运动底空气罢了，实际的文化运动还

北京师范大学史学探索丛书

---

① 胡适：《评新文化运动》，见蔡尚思主编：《中国现代思想史资料简编》，第2卷，第446～448页。

不及九牛之一毛"。简单指责文化运动与以文化运动自居的人,都不免把文化看轻了。一个人有精力,固然可以兼做文化运动与社会运动两方面的事情,新文化运动也应当积极影响于政治、经济诸方面,但这些并不说明两者是一回事。陈独秀最后强调说:"最不幸的是一班有速成癖性的人们,拿文化运动当做改良政治及社会底直接工具,竟然说出:'文化运动已经有两三年了。国家社会还是仍旧无希望,文化运动又要失败了'的话,这班人不但不懂得文化运动和社会运动是两件事,并且不懂得文化是什么。"① 若以为陈独秀的见解是在标新立异,就未免低估了他。从广义上说,文化运动是可以视为社会运动的,也正是在这个意义上,章士钊的上述观点具有自己的合理性;但是,从严格意义上说,根据马克思主义的唯物史观,包括文学、艺术、哲学等在内的文化属意识形态,为社会的上层建筑,而人们在自己生活的社会生产中所形成的生产关系的总和,则构成了社会的经济基础。二者分属不同的社会范畴,虽相辅相成,但归根结底,后者的变动是决定性的。从这个意义上说,文化运动属意识形态范畴,与涵盖面更广的社会运动,应是两个概念。陈独秀说文化运动就是指文学、美术、音乐、哲学、科学一类的事,强调的正是狭义的文化运动。陈独秀发表上述文章的时间,分别是 1920 年 4 月与 1921 年 5 月,这正是他确然转向马克思主义,接受唯物史观并已开始着手组织中国共产党,领导中国革命的重要时期;由是可知,陈独秀强调文化运动与社会运动是两回事,文化运动不可能成为"改良政治及社会底直接工具",就不仅有其正确的理论依据,而且其潜台词显然是要强调:由新文化运动发展到社会运动,还有一段路要走(尽管文章似乎在强调不能小看了文化)。②

与此同时,瞿秋白在 1920 年初也发表了《社会的牺牲者》与《文化运

---

① 陈独秀:《文化运动与社会运动》,见林茂生等编:《陈独秀文章选编》(中),119~120 页。

② 陈独秀曾请陈望道译《共产党宣言》,并亲自为之校对,于 1920 年 5 月出版。(见唐宝林、林茂生:《陈独秀年谱(1879—1942)》,124 页)1922 年 7 月他在《马克思学说》中说:"马克思的唯物史观学说虽没有专书,但是他所著的《经济学批评》、《共产党宣言》、《哲学之贫困》三种书里都曾说明过这项道理。"(林茂生等编:《陈独秀文章选编》(中),193 页)说明此间他对唯物史观已是熟悉的。

动——新社会》两篇文章，提出了相类的见解，有助于我们进一步理解这一点。瞿秋白指出："从文化运动，直到社会运动，中间一定要经过的就是一种群众运动"，中国"现在正到了群众运动与社会运动杂糅的时代。其实所谓社会运动往往仍旧是群众运动的性质"。群众运动的特点是充满激情、轻信与从众心理，缺乏理论指导与坚定的信仰。而社会运动则关注"制度的改革，习惯的打破，创造新的信仰、新的人生观"等等。不经过群众运动固然谈不上社会运动；但是，没有社会运动继起，群众运动也将失去其本身意义。"凡是一种群众运动之后，必定有继续它的社会运动才能显出它的效用。中国现在所需要的就是真正的社会运动"。[1] 陈独秀由于忽视了从广义上说，文化运动也不妨看成社会运动的合理性的存在，故其坚持狭义的文化运动的观点，就显得有些简单化。现在瞿秋白不仅肯定文化运动与社会运动是两个概念，而且指出，中国当前的文化运动带有"群众运动与社会运动杂糅"的时代特点，故严格讲，它尚未发展到"真正的社会运动"。这种分析的观点，显然更符合实际。不仅如此，由是以进，瞿秋白还强调，当前的文化运动只是迈出了第一步，要"创立新社会"，还必须迈出第二步、第三步，否则，前功尽弃。他说："难道所谓'新社会'，仅只是比较'旧社会'里多了许多在街上演讲爱国的学生，多了许多次游街大会么？难道这些运动是真正有实力的么？从文化运动——新社会，中间须经历的过程有多少？大家务必要注意才好。"[2] 瞿秋白明确地提醒时人：从眼前的新文化运动发展到真正的社会运动，其间还须经历许多过程，尤其需要一批具备新信仰、新人生观的"社会牺牲者"——新的社会运动的指导力量，才可能实现。尽管这个新的社会运动及其指导力量具体是什么，瞿秋白一时还说不清楚，但他实际上已将陈独秀想说而未说的话，说出来了。为了进一步理清自己的思路，1920年底，瞿秋白便动身赴"饿乡"——俄罗斯去了；但他留给时人的思考，恰与陈独秀的见解不谋而合。瞿秋白后来也走上了接受马克

---

① 瞿秋白：《社会运动的牺牲者》，见《瞿秋白文集》，政治理论编，第1卷，51～52页，55页，北京，人民出版社，1987。

② 瞿秋白：《文化运动——新社会》，见《瞿秋白文集》，政治理论编，第1卷，71页。

思主义和献身中国无产阶级革命事业的道路，不是偶然的。

第二，新文化运动与政治。

《新青年》在创刊初期，是将自己的使命定为文学革命与思想革命，"不谈政治"曾为同人的"戒约"；① 但是，不久戒约就被突破了。陈独秀说："本志社员中有多数人向来主张绝口不谈政治。我偶然发点关于政治的议论，他们都不以为然。但我终不肯取消我的意见，所以常常劝慰慈、一涵两先生做关于政治的文章。"② 由此引起的严重分歧，导致了日后《新青年》分裂，人多耳熟能详；这里需要指出的是，此种分歧，远远超出了《新青年》编辑部的范围，也成为了其时关于新文化运动讨论中的一个重要焦点。

陈独秀认为，国人不谈政治者虽多，但主张不谈政治的无非三派：学界、商界与无政府党人。与后者主张取消任何政治不同，前两派不谈政治是一时的不是永久的，是相对的不是绝对的，"因为他们所以不谈政治，是受了争权夺利的、冒牌的政治底刺激，并不是从根本上反对政治"。③ 他的分析不无道理。"五四"后许多人虽然认新文化运动为社会改造运动，却依然标榜不谈政治。例如，《新江西》在"宣言"中，既强调宗旨在"改造社会"，打破军阀、资本家的"阶级制度"，又声言"'新江西'所谈的是些什么事呢？不是政治"。④ 《芜湖半月刊宣言》也说："我们对于政治，是没有兴趣的，也不相信用政治底手腕和方法，可以把社会根本改造的，所以我们不愿侈谈政治。"⑤ 较其原因，确实都源于受黑暗腐朽的现实政治之刺激。傅斯年在谈到《新潮》同人所以对政治不屑一顾时，这样写道："中国的政治，不特现在是糟糕的，就是将来，我也以为是更糟糕

---

① 胡适与陈独秀信说："若要《新青年》'改变内容'，非恢复我们'不谈政治'的戒约，不能做到。"见胡颂平编著：《胡适之先生年谱长编初稿》，第 2 册，423 页。

② 陈独秀：《谈政治》，载《新青年》，第 8 卷第 1 号，1920-09-01。

③ 同上。

④ 《新江西宣言》，1921-05-01，引自中共中央马克思恩格斯列宁斯大林著作编译局研究室编：《五四时期期刊介绍》，第 3 集上册，447 页。

⑤ 本社同人：《芜湖半月刊宣言》，1921-05-15，引自中共中央马克思恩格斯列宁斯大林著作编译局研究室编：《五四时期期刊介绍》，第 2 集下册，609 页。

的"。"所以在中国是断不能以政治改政治的，而对于政治关心，有时不免是极无效果、极笨的事。我们同社中有这见解的人很多"。自己虽然不至于对政治上的一切事件，都深恶痛绝，"然而以个人的脾胃和见解的缘故，不特自己要以教书匠终其身，就是看见别人作良善的政治活动的，也屡起反感。同社中和我抱同样心思的正多"。① 就很能反映这一点。不过，陈独秀将胡适认作第一派的代表，却是不准确的。其一，事实是，"五四"后的胡适已转而谈政治了，尽管他总是强调这是被逼的。胡适自己说，自"五四"这天起，"北京大学就走上了干涉政治的路子，蔡先生带着我们都不能脱离政治的努力了"。② 当年他曾致书高一涵等人表示，《努力》周刊暂时停办，转向从文艺思想着力，"但亦不放弃政治"。③ 所以晚年的胡适也承认："把二十年不谈政治放弃了"，抗战时出任驻美大使，则是连"不干政治"也放弃了。④ 其二，也是更重要的一点，胡适所以在文艺思想与政治之间，更注重前者，根本原因不在于个人对现实政治的厌恶，而在于对二者关系的一种执著的理论见解。这一点不仅构成了陈独秀与胡适间的深刻分歧，而且由于它具有一定的代表性，故也浸成了整个讨论中带有普遍性的思想分野。

胡适多次谈到自己所以主张"不谈政治"的原因，他说："我们当日不谈政治，正是要想从思想、文艺的方面替中国政治建筑一个非政治的基础。""我们至今还认定思想、文艺的重要。现在国中最大的病根，并不是军阀与恶官僚，乃是懒惰的心理，浅薄的思想，靠天吃饭的迷信，隔岸观火的态度。这些东西是我们的真仇敌！他们是政治的祖宗、父母。我们现在因为他们的小孙子——恶政治——太坏了，忍不住先打击他。但我们决不可忘记这二千年思想、文艺造成的恶果。"⑤ 他始终认为，旧思想是恶政治的根源，故要先解决旧思想，才能为清明政治提供"一个非政治的基

---

① 傅斯年：《〈新潮〉之回顾与前瞻》，载《新潮》，第 2 卷第 1 号，1919-10-30。
② 胡颂平编著：《胡适之先生年谱长编初稿》，第 2 册，354 页。
③ 耿云志、欧阳哲生编：《胡适书信集》（上），322 页。
④ 胡颂平编著：《胡适之先生年谱长编初稿》，第 2 册，358 页。
⑤ 胡适：《对于〈努力周报〉批评的答复》，见《胡适全集》，第 21 卷，271 页。

础"。所以，他对陈独秀说，要恢复原来的《新青年》，前提就是恢复"不谈政治"的"戒约"。胡适的观点具有一定的普遍性。梁启超就以为，"今日中国，实不宜轻言政治运动，须从文化运动生计运动社会改良运动上筑一基础，而次乃及于政治"。① 他显然也是将文化思想视为政治的基础。《新中国发刊词》对此讲得更具体："若思想变，而政治、道德、学术皆应之，是宜其有是无非，有善无恶矣"。故以新思想而造新政治，其势顺；以新政治而造新思想，则其势逆。"夫既以新思想为造新政治、为造新道德、为造新学术之前提，试循因以求其果，则灿烂光明之中国，且不期而涌现乎大地之上。"②

以新思想新文化求中国政治的改良，即借思想解决问题，这是新文化运动初期的主张。此期它仍有很大的市场，这与杜威在华讲学的影响是分不开的。恽代英在日记中写道："若愚说，杜威现在亦成了中国的偶像，因为差不多我国人对于他的话没有批评，只有承受。这话实在很有道理。"③ 其时，杜威在他的《社会哲学与政治哲学》讲演中说：经济、政治不可能离开知识、思想、精神而独立。"不是先有知识、思想、精神的变迁，决不会有工业的革命"。"知识、思想、精神的生活，是社会生活的重要基础。"④ 他强调的观点，恰恰是：文化思想是政治经济之母。杜威的讲演由胡适任翻译，后在各报刊登载，其影响广泛，当不难想见。

但是，经五四运动之后，此种观点无可避免地被超越了。诚之就曾批评胡适、蒋梦麟反对学生参加游行罢课的观点，他说："予非认政治万能。然谓既为共和国民，则决不能不谈政治。而既为政治运动，因一失望而立刻退缩，置政治问题于不问，而思改为他方面之运动，则断然不可。今日应行之事甚多，而政治实为其中之重要者。"⑤ 胡适身边的朋友，对他的观

---

① 梁启超：《饮冰室合集·文集》（36），12、18 页。

② 中共中央马克思恩格斯列宁斯大林著作编译局研究室编：《五四时期期刊介绍》，第 3 集下册，517 页。

③ 恽代英：《恽代英日记》，"1919 年 10 月 26 日"，49 页，北京，中共中央党校出版社，1981。

④ 胡适：《胡适全集》，第 42 卷，84 页。

⑤ 诚之：《对于群众运动之感想》，载《东方杂志》，第 17 卷第 16 号，1920-08-25。

点也有持异议者，例如，常乃惪批评说："我认为民国六年的时代从政治鼓吹到思想文艺是很正当的，现在却又应当转过来从思想文艺鼓吹到政治才行"。"我们现在只能走这政治的一步，过了这一步再走到工艺的一步，只有科学工艺是康庄大道，但你非过了这政治的一关不成。——则《努力周报》的功劳必不在《新青年》之下。"① 丁文江的批评更尖锐："你的主张是一种妄想：你们的文学革命，思想改革，文化建设，都禁不起腐败政治的摧残。良好的政治是一切和平的社会改善的必要条件"。"不要上胡适之的当，说改良政治先要从思想文艺入手！"② 其时更多的报刊也都在疾呼变革中国政治，反对漠然视之；不过，除了陈独秀，人们都未能从理论的层面上，正面批评胡适的观点。

陈独秀在新文化运动初期，强调"伦理的觉悟，为吾人最后觉悟之最后觉悟"，③ 其观点当与胡适并无二致；但是，在他转向马克思主义，接受唯物史观之后，二人的观点便成了针锋相对。陈独秀指出，唯物史观的要旨之一，就在于能科学地"说明人类文化之变动"，它强调"不是人的意识决定人的生活，倒是人的社会生活决定人的意识"。④ 正是据此，陈独秀断言："政治、实业、交通，都是我们生活所必需，文化是跟着他们发达而发生的"。⑤ 这就明确地肯定了，文艺思想作为观念形态的文化的一部分，是随着包括政治经济在内的社会生活的变化而变化，故归根结底，是政治经济决定文艺思想，而非文艺思想决定政治经济。他以白话文的命运为例说，有人以为今天白话文的局面是胡适、陈独秀一班人闹出来的，这是误解。辛亥革命后中国社会政治经济发生的巨大变动，才是白话文运动得以成功的根本动因；胡适诸人若在三十年前的晚清时代提倡白话文，只需章士钊一篇文章便驳得烟消灰灭，但此时章士钊的崇论宏议有谁肯听？

---

① 胡适：《胡适全集》，第 2 卷，465～466 页。

② 胡颂平编著：《胡适之先生年谱长编初稿》，第 2 册，486 页。

③ 陈独秀：《独秀文存》，41 页。

④ 陈独秀：《马克思学说》，见林茂生等编：《陈独秀文章选编》（中），193 页。

⑤ 陈独秀：《文化运动与社会运动》，见林茂生等编：《陈独秀文章选编》（中），119 页。

北京师范大学史学探索丛书

陈独秀没有否定文艺思想、精神生活在社会历史发展中的作用，但他批评胡适将"'心'的原因——即是知识、思想、言论、教育等事"，与社会的物质条件等量齐观，视为同样"也可以变动社会，也可以解释历史，也可以支配人生观"；① 甚至说："如果独秀真信仰他们的宣传事业可以打倒军阀，可以造成平民革命，可以打破国际资本主义，那么，他究竟还是丁在君和胡适之的同志"，② 则是陷入了物心二元论，与张君劢诸人的唯意志论相去不远了。不仅如此，针对张君劢强调"思想者是事实之母"的观点，陈独秀将上述的见解进一步作了精彩的发挥。他指出：唯心论者的共同错误，即在社会现象中，只看见思想演变成事实这后一段的过程，却忘记了造成思想背景的事实这前一段过程。"他们只看见社会上一种新制度改革之前，都有一种新思想为之前驱，因此便短视的断定思想为事实之母；他们不看见各种新思想都有各种事实为它所以发生的背景，决非无因而生"。物质的世界是第一位的，思想精神是第二位的。不能颠倒因果，将思想精神说成是物质事实之母。③ 陈独秀清晰地表述了一个重要观点：新思想新文化是可以成为社会政治变革的先导，但这并没有否定此种新思想新文化，其本身仍然只是前此社会政治经济变动的产物，这一唯物史观的基本观点。所以，他断言："政治的隆污是人民休戚之最大关键"，"所以主张人民不干涉政治是发昏"。④ "'不问政治'这句话，是亡国的哀音，是中国人安心不做人的表示"！⑤ 从强调文化运动与社会运动的区别，到强调心物不可等视和在社会历史发展中终极动因的物质性，彰显了陈独秀唯物主义的社会历史观，他不仅超越了新文化运动初期的自我，而且鲜明地与胡适诸人的思想划开了界限。

第三，新文化运动与中国问题的"根本解决"。

---

① 陈独秀：《答适之》，见林茂生等编：《陈独秀文章选编》（中），379页。

② 胡适：《〈科学与人生观〉序》，见《胡适全集》，第2卷，225页。

③ 陈独秀：《答张君劢及梁任公》，见林茂生等编：《陈独秀文章选编》（中），490页。

④ 陈独秀：《对于现在中国政治问题的我见》，见林茂生等编：《陈独秀文章选编》（中），185页。

⑤ 陈独秀：《教育界能不问政治吗?》，见林茂生等编：《陈独秀文章选编》（中），239页。

1919 年 6 月底,《晨报·自由谈》有文说：未知有国家者，当使之知救国；既知救国者，当使之常有救国之想。"惟思如何救国之时，又当思今日国之大害何在，则如何救国之思方能切实。"[①] 所谓"当思今日国之大害何在"，说到底，就是要找到解决中国问题的切入点，求"根本解决"。所以，吴康说："五四"后国人旧观念动摇，其救国之想，"由此慢慢地推到根本的问题上去，要求一个根本的解决"。[②] 需要指出的是，要求"根本的解决"，乃是人们面对复杂的问题最终都需作出判断与选择，合乎逻辑的一种思想方法，古今中外，概莫能外；只是在新文化运动的讨论中，此一诉求被反复提出，且令各方意见分歧愈显分明而已。

其时，人们关于"根本的解决"的诉求存在两个层面不同的取向。一是针对政治、经济、思想、教育等众多的社会范畴而言。例如，瞿世英以为是"平民教育"，他说："原来中国社会的腐败，不是一天成的，根深蒂固，牢不可拔。现在我们只看见政治上的现象不好，经济上的组织不好，然而这些都是社会现象，我们决不可头痛医头，脚痛医脚，到头一事无成"。"我们必须另找一个根本改良社会的方法去根本解决一下"。"这个根本解决的方法，便是平民教育"。[③] 而吴康则以为是"思想解放"："要求一个根本的解决：就是求'思想界的解放'和'思想界的改造'这种态度。"[④] 二是针对社会政治改革而言。后者因与胡适和李大钊之间著名的"问题与主义"之争相关联，而愈加彰显。本文无意重复评论这场论争，但需要强调两点。其一，胡适不仅反对谈主义，而且不承认政治问题可以有"根本的解决"。他说，不去研究人力夫的生计等具体问题，却热衷于谈主义，甚至说"我们所谈的是根本解决"，这是自欺欺人，"这是中国思想界破产的铁证，这是中国社会改良的死刑宣告"！[⑤] 何以这样说？因为

---

① 不冷：《如何救国》，载《晨报·自由谈》，1916-06-26。

② 吴康：《新思潮之新人生观》，载《北京大学学生周刊》，第 1 号，1920-01-04。

③ 瞿世英：《学生运动与社会改良》，载《新社会》，第 16 号，1920-04-01。

④ 吴康：《新思潮之新人生观》，载《北京大学学生周刊》，第 1 号，1920-01-04。

⑤ 胡适：《问题与主义》，见《胡适全集》，第 1 卷，327 页。

"我们是不承认政治上有什么根本解决的"。① 这与乃师杜威的观点也是一脉相承的。② 其时，杜威与胡适的这一思想影响甚大，故《东方杂志》在《本志的第二十年》中说："'多论问题，少谈主义'是言论界的一句格言。"③ 其二，是否主张"根本的解决"，实成为了其时社会改良派与马克思主义者的分水岭。《新民意副刊发刊词》强调说：人人皆赞同社会改革，但主张却各不同，缘是形成了两大派别："有主张社会上事事物物，都应当逐渐改良者；有主张根本总解决，先打破私有财产制度，其余一切问题，自然迎刃而解者。前者叫作社会改良派，后者叫作社会主义派。"④ 所论未必准确，但强调是否主张"根本的解决"构成了派别的思想分野，却不失尖锐。陈独秀最初受胡适影响，也主张社会改造只能一点一滴进行，"不是用一个根本改造底方法，能够叫他立时消灭的"；但在真正转向马克思主义者之后，他即声言：本意原在反对空谈主义而不作努力，一班妄人却误会了自己的意思，以为只主张办实事而不要谈主义、制度。实则这才是行船的方向，不定方向，盲目努力，必然无功而返。⑤ 其后，他讲得更彻底：唯物史观告诉我们，"改造社会应当首先从改造经济制度入手"。"创造历史之最有效最根本的方法，即经济制度的革命。"⑥ 李大钊在《再论问题与主义》中，不仅与胡适针锋相对，以为"必须有一个根本解决，才有把一个一个的具体问题都解决了的希望"，而且明确指出，"经济问题的解决，

① 胡适：《这一周》，见《胡适全集》，第 2 卷，515 页。

② 杜威在《社会哲学与政治哲学》演讲中说："旧式的社会哲学，只是两极端：一是对于社会下总攻击；一是对于社会下总辩护。现在我们所讲的第三派哲学，不是总攻击，也不是总辩护，是要进步，……是东一块西一块零零碎碎的进步，是零买的，不是批发的。"（见《胡适全集》，第 42 卷，12 页）瞿秋白在《革新的时机到了!》一文中转述杜威这段话时，径将"总攻击"说成"根本解决"："这两派同犯一病，就是要'根本解决'，所以一则流于无为，一则始终办不到。"（《瞿秋白文集》，政治理论编，第 1 卷，21 页）

③ 坚瓠：《本志的第二十年》，载《东方杂志》，第 20 卷第 1 号，1923-01-10。

④ 萤光：《新民意副刊发刊词·星火弁言》，1923 年 1 月 1 日，见中共中央马克思恩格斯列宁斯大林著作编译局研究室编：《五四时期期刊介绍》，第 3 集上册，458～459 页。

⑤ 陈独秀：《主义与努力》，见《独秀文存》，599 页。

⑥ 陈独秀：《答蔡和森》，见林茂生等编：《陈独秀文章选编》（中），157 页。

是根本解决。经济问题一旦解决，什么政治问题、法律问题、家族制度问题，女子解放问题，工人解放问题，都可以解决"。① 足见以李大钊、陈独秀为代表，马克思主义者与胡适诸人的思想主张，已是泾渭分明。

上述讨论集中显示了新文化运动内部的思想分歧日趋深刻，由是必然进一步引出人们对新文化运动发展趋向的不同选择。这也主要有三：

其一，强调普及，主张扩大新文化运动的范围。

从一开始，许多人便认定新文化运动是一场文化普及运动。苏甲荣说："普及乃是现代唯一的精神。若是不要普及，那么，就没有文化运动的可言"。"我们认定文化运动是普及民众运动，不要当它是智识阶级里的交换智识"。② 忏华则以为，"文化运动是共同的，平民的，社会的；不是单独的，首领的，个人的；范围越大，成就自然越好"。③ 所以，他们强调运动的发展，就是要在普及文化方面多用力，不断扩大新文化运动的范围，使更多的国民尤其是作为弱势群体的工农受益。对此，人们的具体主张不尽相同，但从总体上看，他们提出的普及途径大致都包括以下的内容：广设平民学校、提倡注音字母、推行白话文、举办通俗讲演、出版新图书、创立新刊物等等。恽代英将文化运动分为三类：学生文化运动、市民文化运动与乡村文化运动。他认为前者发展较好，但后二者更重要，因为它们直接与社会政治相联系。由于市民与农民文化程度低，"所以办法与前不能完全相同，宜注意事实，不宜注意理论"。④ 他还计划创办《市民旬刊》，以专门适应市民阶层的文化需要。

为了加速新文化运动的发展，人们主张进一步组织起来，以便更好分工合作，提高效益，例如，可成立"全国文化运动联合会"、"全国出版联合会"一类的团体。陈其由以为，现有的运动"范围还太狭，应当尽力量

---

① 李大钊：《再论问题与主义》，见《李大钊选集》，233 页。

② 苏甲荣：《今后的文化运动：教育扩张》，载《少年中国》，第 2 卷第 5 期，1920-11-15。

③ 忏华：《文化运动应当有的两种精神》，载《时事新报》副刊《学灯》，1920-03-23。

④ 恽代英：《恽代英日记》，675～676 页，1919-12-15。

扩充才好。我们应当有大组织，互相联络，才能够得着大力量和大成功"。① 舜生也说："总而言之，文化运动到今日，实在有大组织的必要了。"② 许多学校纷纷成立通俗讲演团，到各处巡回讲演。北大平民教育讲演团在招募事新人的《启事》中说："同学呵，你们知道有个平民教育讲演团吗？他们的宗旨是不断的灌输入平民充分的知识。我们天天鼓吹救国，可是实行下手的地方在哪里？救国的先决问题是不是要民众觉悟努力。那么我们对于平民教育又安可不加以十分的注意。同学呵，请快些加入这个团体罢。"③ 与此同时，不少人还倡导新青年走出书斋，到穷乡僻壤去，与工农为友。郑振铎说：杂志虽多，有几个人能看？"现有看杂志的人，差不多就是做杂志的人"。要改造社会，须全社会的人都已觉悟才行。故新青年"诸君！去！去！！快放下笔来莫迟疑"，"我很希望大家能够快些觉悟，早些去和那坦明可爱的好朋友——农工——去一块生活"。④

其二，强调提高，主张整理国故，提升学术。

其代表人物是胡适。他在《新思潮的意义》中"指出新思潮的将来趋势"，即是十六个字："研究问题，输入学理，整理国故，再造文明。"⑤ 依其说法，"再造文明"是目的，"研究问题"与"输入学理"是手段，新思潮的趋势包括两个方面：研究社会人生问题与整理国故。由于在胡适眼里，谈政治虽然也是个选项，但为政治提供基础的文艺思想却是根本，所以，"整理国故"即倡导学术研究，实成了他所要指引的新思潮发展的真正方向。1920 年 9 月 17 日胡适抱病出席北大开学典礼并发表讲话，将自己的主张作了进一步明确的阐述。他说：以北大目前低水准的学术，是谈不上什么新文化的。外间虽有新的现象，也只能说是一种新动机、新要求，也谈不上什么"新文化运动"。"所以惟一的方法，就是把这种运动的

① 陈其由：《零碎的社会事业与新文化运动》，载《人道》，创刊号，1920-08-05。
② 舜生：《有力的文化运动》，载《时事新报》副刊《学灯》，1920-02-10。
③ 平民教育讲演团：《平民教育讲演团启事》，载《北京大学日刊》，1920-03-22。
④ 郑振铎：《再论我们今后的社会改造运动》，载《新社会》，第 9 号，1920-01-21。
⑤ 胡适：《胡适全集》，第 1 卷，691 页。

趋向，引导到有用有结果的路上去。"在他看来，目前的运动趋向存在两个方面：一是"普及"。这种所谓"普及"，说白了就是"新名词运动"，外间干的人很多，尽可让他们去干，"我自己是赌咒不干的，我也不希望我们北大同学加入"；二是"提高"。所谓提高，就是我们没有文化、学术、思想，需要创造。"所以我希望北大的同人，教职员与学生，以后都从现在这种浅薄的'传播'事业，回到一种'提高'的研究工夫。我们若想替中国造新文化，非从求高等学问入手不可"。如此坚持多年之后，我们才可以说"当真做一点'文化运动'了"。① 胡适关于提高与普及的演讲曾引起质疑，可姑且不论；但是，很显然，他所谓运动发展所要引导的"有用有结果的路"，就是发展中国学术之路。1922 年胡适在北大 25 周年纪念日演讲中，更将这条"路"，径直概括为"整理国故"的"努力方向"。他说：北大这些年整理国故成绩显著，令人增加希望与勇气。"我们有了几千年的历史、思想、宗教、美术、政治、法制、经济的材料；这些材料都在那里等候我们的整理；这个无尽宝藏正在等候我们去开掘。我们不可错过这种好机会；我们不可不认清我们'最易为力而又最有效果'的努力方向。"② 1923 年 1 月胡适发表著名的《〈国学季刊〉发刊宣言》，被学者认为是大规模整理国故运动开始的宣言书；③ 而胡适本人，则不无自豪地认定，这是他倡导的新文化运动的新趋向——整理国故运动，终成气候的标志："我之所以不厌其详的来讨论这一《国学季刊》的《发刊宣言》，也就是说明在我们的《新青年》那个小团体解散以后，这个语文运动便已在向全国进军，并在文学上作其创造性的努力了。这一运动已不限于少数大学教授来起带头作用。大学教授们（尤其是北大教授），定下心，

---

① 胡适：《提高与普及》，见《胡适全集》，第 20 卷，69 页。胡适的这个演讲曾遭到批评，他后来有专文解释说："我这番话是专为北大学生说的……我反对的'普及运动'并不是平民教育一类的事业，乃是'拿着几个半生不熟的名词，你递给我，我递给他'的'互抄运动'。"（胡适：《胡适致〈晨报〉记者》，载《晨报》，1920-09-23）

② 胡适：《北京大学第二十五年周年纪念日的演说》，见《胡适全集》，第 20 卷，107 页。

③ 参见欧阳哲生：《自由主义之累——胡适思想的现代阐释》，199 页，上海，上海人民出版社，1993。

北京师范大学史学探索丛书

整理国故，对整部中国文化史作有系统的整理，正是这个时候了。"① 胡适并无夸大其词，在《新思潮的意义》发表之后，整理国故的学术研究浸成了一种潮流。1920 年郑贞文说："近来'提倡学术'四个字，亦成新文化运动者的口头禅。新出版的新闻杂志，组织的团体学会，无一不以学术为号召"。"文化运动不要忘却了根本上的学术研究"，不然，真要应了"只见运动不见文化"的话了。② 1924 年郭沫若则指出："整理国故的流风，近来也几乎成为了一个时代的共同色彩了。"③ 迨 1928 年，傅斯年更在惊呼："谈整理国故者人多如鲫"了。④

其三，强调超越新文化运动，主张转向社会革命。

陈独秀、瞿秋白强调文化运动与社会运动的区分及其前者趋向后者的必然经历的过程，已经蕴含着新文化运动终将被超越，一场新的社会运动将继起的意向，是十分明显的。1919 年 8 月李大钊发表《再论问题与主义》，在回应胡适，谈到中国问题"根本解决"就是经济问题的解决时，紧接着的一段重要的话，常被人忽略了：人们注意了唯物史观关于经济是基础的观点，而对它的另一学说即阶级竞争说，"了不注意，丝毫不去用这个学说作工具，为工人联合的实际运动，那经济的革命，恐怕永远不能实现；就能实现，也不知道迟了多少时期"。"我们应该承认：遇着时机，因着情形，或须取一个根本解决的办法；而在根本解决以前，还须有相当的准备活动才是。"⑤ 他强调要实现"根本解决"即"经济的革命"，就必须以马克思主义阶级斗争理论为指导，作必要的准备——"为工人联合的实际运动"。在这里，李大钊实已指明了：新文化运动的正确趋向，应是转向工人运动与社会革命。如果我们注意到其时的国人还多沉湎于以下的理想："考察旧社会的坏处，以和平的，实践的方法，从事于改造的运动，

---

① 胡适口述，唐德刚译注：《胡适口述自传》，208～209 页，上海，华东师范大学出版社，1993。

② 郑贞文：《学术界的新要求》，载《东方杂志》，第 17 卷第 16 号，1920-08-25。

③ 郭沫若：《整理国故的评价》，载《创造周刊》，第 36 号，1924-01-13。

④ 傅斯年：《历史语言研究所工作之旨趣》，见岳玉玺等编：《傅斯年选集》，178 页。

⑤ 李大钊：《再论问题与主义》，见《李大钊选集》，233～234 页。

以期实现德莫克拉西的新社会";① 那么我们便不难理解，迨 1920 年 5 月之后，陈独秀在上海着手组建中国共产党，并发出这样的声言："我们为什么要革命？是因为现在社会底制度和分子不良。用和平的方法改革不了才取革命的手段"，他的历史角色开始由新文化运动的"总司令"，转向中共的总书记，新文化运动之被超越，代之而兴的是一场全新的社会革命运动，就是显而易见的了。

上述普及新文化、整理国故以提高学术和转向社会革命的三种取向，说到底，乃是两种：扩大与深化新文化运动自身；超越新文化运动，转向社会革命。② 值得注意的是，实际上当时已有人指出了这一点。1923 年胡适在日记中写道："此次北大二十五周年纪念的纪念刊，有黄日葵的《在中国近代思想史演进中的北大》一篇中有一段，说：'五四'的前年，学生方面有两大倾向：一是哲学文学方面，以《新潮》为代表，一是政治社会的方面，以《国民杂志》为代表。前者渐趋向国故的整理，从事于根本的改造运动；后渐趋向于实际的社会革命运动。前者隐然以胡适之为首领，后者隐然以陈独秀为首领，……最近又有'足以支配一时代的大分化在北大孕育出来了'。一派是梁漱溟，一派是胡适之；前者是彻头彻尾的国粹的人生观，后者是欧化的人生观；前者唯心论者，后者是唯物论者；前者是眷恋玄学的，后者崇拜科学的。这种旁观的观察，——也可说是身历其境，身受其影响的人的观察，——是很有趣的。我在这两大分化里，可惜都只有从容漫步，一方面不能有独秀那样狠干，一方面又没有漱溟那样蛮干！所以我是很惭愧的。"③ 黄日葵强调，陈独秀与胡适分别代表了新文化运动发展中主张社会革命与整理国故的两大趋向，其观察十分敏锐。胡适显然肯定了这一点，他表面谦逊，心中自得。对新文化运动发展趋向的不同选择，最终决定了新文化运动内部的分道扬镳，成了无可避免。

---

① 郑振铎：《新社会发刊词》，见马克思恩格斯列宁斯大林著作编译局研究室编：《五四时期期刊介绍》，第 1 集上册，409 页。

② 蔡元培不赞成胡适将新文化的提高与普及相对立的观点，他说："提高与普及，本是并行不悖。"见高平叔编：《蔡元培全集》，第 4 卷，79 页。

③ 胡适：《胡适全集》，第 30 卷，133 页。

四、思想分歧中孕育着善果

"五四"后，"新文化运动"概念的产生及其关于"新文化运动"的热烈讨论，不仅反映了时人对"五四"前后中国社会文化思潮变动的理解与把握，而且也反映了此前未曾正名的"新文化运动"已超越单纯追求思想解放的范畴，跃进到了探求社会改造，谋求"直接行动"的阶段。正是在这个更加完整的意义上，我们说，新文化运动构成了其后中国大革命勃然兴起的思想先导。

这场讨论参与的报刊甚多，持续的时间长，它有力地扩大了新文化运动的声势与影响。时人将身在其中的新文化运动的本质，概括为"社会改造运动"，并强调其思想的指导与批判的锋芒，是科学、民主与"重新估价一切"的"评判的态度"，也不仅十分准确，而且难能可贵。讨论探讨了文化运动与社会运动、现实政治的关系以及中国的根本出路等重大的问题，并逻辑地引出了新文化运动发展的三大取向：普及文化、提升学术与转向社会革命。从其后的历史发展看，三大取向虽不应等量齐观，但无疑都有自己的历史合理性。以李大钊、陈独秀为代表的社会革命取向，其最终的善果是新民主主义革命的成功和根本改变了中国的命运，这固不待言；但前二者的历史合理性也不应轻忽。陈独秀当年的意见是对的：肯定文化运动与社会运动的区别，绝不意味着可以轻忽文化运动的意义以及创造民族文化的伟大和它的艰巨性。"一个人若真能埋头在文艺、科学上做工夫，什么妇女问题、劳动问题，闹得天翻地覆他都不理，甚至于还发点顽固的反对议论，也不害在文化运动上的成绩"。[①] 准此以观，新文化运动推动了思想解放的潮流，加速了白话文、新文学以及教育与科学的广泛传播与发展，其于中国新文化的普及，可谓功莫大焉。胡适推动的整理国故运动，如何促进了中国现代学术的转型与发展，在当时即有很高的评价。1924年潘公展在《东方杂志》20周年纪念号上发表长达三万字的长文，

---

① 陈独秀：《文化运动与社会运动》，见林茂生等编：《陈独秀文章选编》（中），119页。

对新文化运动有全面的评点，其中说："（整理国故）未始不足为东西文化开一沟通之路，造一熔铸之炉。果尔，中国新文化运动之价值，又不当仅凭中国学术界所受之影响而估计，世界文化之别有天地，亦未始不赖乎此也。"① 近年来学术界对此已有很多的研究成果，同样都给予了高度的评价。要言之，历史发展是多样性的统一。新文化运动不仅催生了中国新民主主义革命的善果；而且，从长时段看，新文化运动依文化发展自身的逻辑，沿着普及与提高两个向度即纵深发展，终至成为常态，实有力地奠定了现代中国学术文化发展的基础；从广阔的视野看问题，在很大的程度上，也可以说，它同样为中国现代文明政治的发展奠定了一个长期起作用的"非政治的"即文化思想的基础。

当然，讨论也存在着局限。从总体上看，这主要表现为，对许多问题的讨论尚不充分，缺乏深入的探究；更没有形成诸如"问题与主义"之争、"科学与玄学"之争，这样一些集中、系统和壁垒鲜明的激烈争论，从而制约了讨论的广度与深度。但是，尽管如此，重要的问题在于，这场讨论毕竟提出了新的概念和一系列重大的问题，有力地展拓了国人的心胸与视野。意大利著名历史学家克罗齐在论及西方自由理想的形成史时说："人类新概念、人类道路观——这是一条前所未有的既宽阔又明晰的大道。人们不是偶然和突然地达到这一概念的，也不是纵身一跳或振臂高飞就进入这条道路的，而是靠全部经验和哲学在其百年工作中解决才实现的。"② "五四"是近代中国历史发展的转捩点，它既表现为中国革命由旧民主主义向新民主主义的转换，同时也表现为中国传统学术文化更加自觉地向现代学术文化的转型。这些固然是近代中国历史发展的必然，但国人于此最终形成了"前所未有的""新概念"、"道路观"，无疑又是与"五四"后这场关于"新文化运动"的热烈讨论分不开的。

---

① 潘公展：《从世界眼光观察二十年来之中国》，载《东方杂志》，第21卷第1号，1924-01-10。

② ［意］克罗齐：《十九世纪欧洲史》，4页。

中　编

第七章　陈独秀与反省现代性

一、问题的提出

对于 19 世纪末 20 世纪初欧洲现代思潮的变动，曼海姆曾作这样的概括："马克思主义和生命主义的实在概念都来源于同一种对理性主义的浪漫主义反抗。""尽管一些历史学家一直企图用浪漫主义、反理性主义、文化保守主义、批判现代派以至文学现代派等术语来描述这一感情的种种表现。"① 马克思主义是否是一种浪漫主义，可不置论；但他强调其时欧洲对理性主义的批判，存在着马克思主义与以生命哲学为代表的非理性主义的反省现代性两种取向，却是正确的。

欧战创深痛巨，使许多欧人对西方文化失去了信心，悲观的论调渐起，出现了"理性危机"。自 19 世纪末以来便陷入衰微的理性主义，进一步衰堕了："欧洲释放出来的科学和技术的威力似乎是他们不能控制的，而他们对欧洲文明所创造的稳定与安全的信仰，也只是幻想而已。对于理性将要驱走残存的黑暗，消除愚昧与不公正并引导社会持续前进的希望也都落了空。欧洲的知识分子觉得他们是生活在一个'破碎的世界'中。"② 在马克思主义看来，所谓"理性危机"，说到底，无非是资产阶级"理性王国"的破产；因之，消除欧洲社会危机的根本出路，端在通过彻底改变资本主义制度的无产阶级革命，将人类社会引向更高的发展阶段即社会主义。俄国十月革命的成功，是此一取向导引的结果。反省现代性者，则服膺非理性主义。所谓现代性，是指自启蒙运动以来，以役使自然、追求效益为目标的系统化的理智运用过程。一些西方现代学者从唯心论出发，将

---

① 转引自艾恺：《最后的儒家——梁漱溟与中国现代化的两难》，7 页。
② ［美］马文·佩里主编：《西方文明史》，下卷，454～455 页。

问题归结为理性对人性的禁锢，以为近代西方沉湎于"科学万能"，崇尚机械的人生观和物质的利益，导致精神家园荒芜，终至于酿成大战的惨剧；因而将目光转向人的内心世界。他们更强调人的情感、意志与信仰。尼采提出"重新估定一切价值"，被认为是反省现代性的非理性主义思潮兴起的宣言书。20世纪初，以柏格森、倭铿等人为代表的生命哲学，强调直觉、"生命创化"与"精神生活"，风靡一时，是此一思潮趋向高涨的重要表征。非理性主义虽不脱唯心论的范围，存在自身的缺失，但是，"柏格森哲学是西方文化的一种自我反省"。[①] 它对西方现代性的反省，仍有自己的合理性。

新文化运动与欧战相辅而行，它不可能不受欧洲社会文化思潮变动的影响。新文化运动如何接受社会主义思潮的影响，最终转向宣传马克思主义，学术界已有系统的研究，人多耳熟能详；但它与反省现代性思潮的关系如何，迄今尚付阙如。事实上，忽略了后者，我们对于包括新文化运动在内，20世纪初年中国社会文化思潮变动的理解与把握，就不可能是准确的。作者对于反省现代性思潮之东渐已有专论，[②] 本文拟以陈独秀为中心，进一步探讨新文化运动与反省现代性。

二、发动新文化运动与对反省现代性思潮的借重

1913年，即欧战之前，《东方杂志》就连续发表了章锡琛、钱智修、杜亚泉诸人著译的《新唯心论》、《现今两大哲学家学说概略》、《精神救国论》等文章，最早向国人初步报道了欧洲现代思潮的变动，包括以柏格森、倭铿为代表的生命哲学的兴起。随着欧战的发生，此类信息愈益增多，但是，从严格意义上讲，欧洲反省现代性思潮真正传入中国并引起国人的广泛关注，实在欧战结束之后，尤其是在1920年初梁启超诸人游欧归来之后。其重要的表征，是梁启超《欧游心影录》的发表。作者在文中以

---

① 胡秋原：《西方文化危机与二十世纪思潮》，340页。
② 参看拙文：《欧战前后国人的现代性反省》，载《历史研究》，2008（1）。

其别具魅力的笔触，通过"学说影响一斑"、"科学万能论梦"、"思想之矛盾与悲观"诸目，对欧洲反省现代性思潮作了生动有力的评介，影响很大。此后二三年间，反省现代性思潮在国人中不仅引起了广泛的关注，在某种意义上，甚至可以说，业已形成了不小的热潮。1923 年爆发的那场有名的"科玄之争"，则表明此一思潮在中国激起了强烈的反响。①

耐人寻味的是，1915 年《青年杂志》创刊号上的开篇大作，即陈独秀的名文《敬告青年》，其立论却是借重了尼采、柏格森诸人。例如，在是文的"自主的而非奴隶的"标题下，他写道："德国大哲尼采别道德为二类：有独立心而勇敢者曰贵族道德，谦逊而服从者曰奴隶道德"；在"进步的而非保守的"标题下，他又写道："自宇宙之根本大法言之，森罗万象，无日不在演进之途，万无保守现状之理；特以俗见拘牵，谓有二境，此法兰西当代大哲柏格森之创造进化论所以风靡一世也"；在"实利而非虚文的"标题下，他又这样说："最近德意志科学大兴，物质文明，造乎其极，制度人心，为这再变。举凡政治之所营，教育之所期，文学技术之所风尚，万马奔驰，无不齐集于厚生利用之一途。一切虚文空想之无裨于现实生活者，吐弃殆尽。当代大哲，若德意志之倭根，若法兰西之柏格森，虽不以物质文明为美备，咸揭橥生活问题，为立言之的。生活神圣，正以此次战争，血染其鲜明之旗帜。欧人空想虚文之梦，势将觉悟无遗。"② 在这里，陈独秀不仅强调生命哲学的代表性人物柏格森、倭铿，为"当代大哲"，而且提到他们"不以物质文明为美备，咸揭橥生活问题"，说明他对西方反省现代性的生命哲学也十分关注，故能在开篇大作中刻意征引。1916 年陈独秀在《当代二大科学家之思想》一文中，发挥俄国化学家、1908 年诺贝尔奖获得者阿斯特瓦尔特（今译为奥斯物瓦尔德）的"精力法则"理论，③ 使自己对生命哲学的借重更带上了理论化的色彩。阿斯特瓦尔特在物理学发现的物质不灭与能量守衡定律的基础上，进一步提出

---

① 章锡琛等的三文，分别见《东方杂志》，第 9 卷第 8 号、第 10 卷第 1 号。已有拙稿待发表，这里不再赘述。

② 陈独秀：《独秀文存》，5、8 页。

③ 所谓"精力"（Energie），今译"能量"。

自己的"精力法则"理论。他认为，宇宙可以看成是"精力大流之总和"，人类文明发展之程度，归根结底，取决于吸取此种宇宙"精力"之能力。物质不灭与能量守衡定律是宇宙第一法则，而"购求利用精力之法，关系于世界文明，至为紧要"，则是第二法则。陈独秀据此作了进一步的发挥。他说：19世纪是科学的时代，盛行机械的宇宙观，强调构成宇宙的要素无非有二：物质与运动。万物皆成于原子，原子不可分，且具有永久存在性。各原子在同一时间依同样的速度，向一定的方向运动。此种不可更改的宇宙运行规则，构成了世界的"第一法则"。人类若简单遵循宇宙的此一法则，那是"误解机械说及因果律"，消极自画，文明不能发展。所以，还"必待第二法则以补其缺憾"，这就是要努力奋进，"时时创造，时时进化，突飞猛进"。也正因为如此，阿斯特瓦尔特置重第二法则，以说明生命及社会现象，实较物质不灭与能量守衡定律所代表的第一法则更显重要，开启了20世纪新时代的先河。而柏格森生命哲学与之"同声相应"，恰为阿斯特瓦尔特创意的第二法则，提供了博大精深的哲学基础："法兰西数学者柏格森氏与之同声相应，非难前世纪之宇宙人生机械说，肯定人间意志之自由，以'创造进化论'为天下倡，此欧洲最近之思潮也。"[①] 陈独秀不仅借重生命哲学，而且指出它是代表非难欧洲19世纪盛行的机械宇宙观负面影响的一种最新思潮。

现在的问题是，陈独秀最初接触西方反省现代性的生命哲学始于何时？上述《东方杂志》早在1913年即对此思潮有所评介，从逻辑上说，似乎当始于是年的《东方杂志》，但事实上不太可能。因为自1912年起，陈独秀即出任安徽都督府秘书长，公务缠身；次年复因参加"二次革命"遭通缉，凄凄惶惶，逃亡上海，生计无着，"静等饿死而已"，"急欲习世界语，为后日谋生之计"。[②] 在这种情况下，陈独秀大概无暇也无心关注欧洲思潮的变动及翻检《东方杂志》。若推测不错，他最初关注此一思潮当在1914年7月应章士钊之邀，赴日协助编辑《甲寅》杂志之时。其根据有二：

---

① 陈独秀：《独秀文存》，55～56页。
② 唐宝林、林茂生：《陈独秀年谱（1879—1942）》，61页。

北京师范大学史学探索丛书

一是其时生命哲学正风靡日本，"关于此两学者（指柏格森与倭铿——引者）之译本及解说、批评诸著述，不下数十种。大概中学生徒，已无不知有创造进化精神生活诸名义"；① 二是章士钊与同在《甲寅》杂志社的李大钊，都是生命哲学的热心倡导者，尤其是章稍后曾在日本中国留学生的"神州学会"，作题为《欧洲最近思潮与吾人之觉悟》的演讲，敦促人们关注欧洲现代思潮的变动及其风靡世界的生命哲学。陈嘉异曾谈到，自己最初了解生命哲学，也正是得益于章士钊的赠书。② 陈独秀与章友善，又同在日本编辑杂志，受环境与章等人的影响，是时他开始关注欧洲反省现代性思潮及其生命哲学，此种推断应是可信的。

毫无疑义，陈独秀的《敬告青年》重在倡言科学与民主，故全文强调自主、进取与实利，突出的乃是理性精神。但是，是文立论却借重了生命哲学，这既非误读，也不是有意典解，而是积极地吸纳了柏格森哲学中富有活力的一面。柏格森哲学强调，宇宙万物的生成与发展，端在生命的冲动与创造。人类因自由的意志和生命的冲动，日日创造，浸成日日进化。故其哲学又称"动的哲学"。柏格森在《创造的进化论》中说："吾人实与全宇宙相浑一，全宇宙乃不可分之动力。抗乎物质而前进，一切生物息息相关，乃一大动力耳。奋勉前驱，勿论遇何障碍，甚至于死，概有力冲破而越过之也。"③ 他强调意志、精神超越物质的意义，倡导行动、奋进的人生，在大战前后人心思变的欧洲，自然产生了很大的影响，法国年轻一代知识分子更趋之若鹜。"以'解放者'著称的柏格森，变成了'使西方思想摆脱19世纪科学宗教的救世主'。""柏格森借助消除'决定论者的噩梦'而'解除了整个一代人的痛苦'。"④ 中国的志士仁人也同样看重生命哲学倡导行动与奋进的意义。章士钊指出，柏格森的创造进化不同于达尔文，后

---

① 行严：《欧洲最近思潮与吾人之觉悟》，载《东方杂志》，第14卷第12号，1917-12-15。

② 陈嘉异：《东方文化与吾人之大任（完）》注50，载《东方杂志》，第18卷第2号，1921-01-25。

③ 转引自张君劢：《张东荪〈思想与社会〉序》，载《东方杂志》，第40卷第17号，1944-09-15。

④ ［英］彼得·沃森：《20世纪思想史》，74页。

者讲物竞天择、适者生存，强调的是四周境遇的约束，人不能自主。而前者则不然，"谓吾人活动力（活的动力），自由创造，无所谓天择。由柏氏之说以观，吾人于生活的前途实有无穷发展的境地，而一切归本于活动"。柏格森、倭铿"皆以积极行动为其根本观念。吾人就此可得的教训，即在此四字"。① 张君劢后来也回忆说：当年所以皈依非理性主义，是因为"此派好讲人生，讲行动，令人有前进之勇气，有不断之努力"。柏格森强调"惟有行动，惟有冒险，乃能冲破旧范围而别有新境界之开辟，此生物界中生命大流所以新陈代谢也。……此反理智哲学所以又名为'生之哲学'，在主张奋斗者之闻此言，有不为之欢欣鼓舞不止者乎?"②

当然，并非仅是上述被认为是文化保守主义者的章士钊诸人，才看到了生命哲学积极的一面；在新文化运动主持者中，除了陈独秀，其他一些人也多注意到了。早在 1915 年，李大钊就在《厌世心与自觉心》一文中，引用柏格森"创造进化论"的学说，倡言自觉奋进的精神（下文还将具体谈到）。其后发表的《"晨钟"之使命》、《今》诸文，也仍在借重柏格森学说中的一些重要概念，如"直觉"、"生命"、"生命的冲动与创造"、"动力"、"意识流转"等等。例如，他在《今》中写道："照这个道理讲起来，大实在的瀑流永远由无始的实在向无终的实在奔流。吾人的'我'，吾人的生命，也永远合所有生活上的潮流，随着大实在的奔流，以为扩大，以为继续，以为进转，以为发展。故实在即动力，生命即流转。""宇宙即我，我即宇宙。"③ 很显然，这里表述的仍然是柏格森"动的哲学"。1918年《新青年》第 4 卷第 2 号还刊有刘叔雅译的《柏格森哲学》，译者在"识"中高度评价柏格森、倭铿的学术成就，并谓"而吾国学子鲜有知其名者，可哀也"。当然，最典型的自然要数胡适，他径直借用了尼采的名言来概括新思潮的意义。他说："新思潮的根本意义只是一种新态度。这

① 行严：《欧洲最近思潮与吾人之觉悟》，载《东方杂志》，第 14 卷第 12 号，1917-12-15。

② 张君劢：《张东荪〈思想与社会〉序》，载《东方杂志》，第 40 卷第 17 号，1944-09-15。

③ 李大钊：《李大钊选集》，95～96 页。

种态度可叫做'评判的态度'。""尼采说现今时代是一个'重新估定一切价值'的时代。'重新估定一切价值'八个字便是评判的态度的最好解释。"① 不过，从总体上看，新文化运动的主持者们虽借重了柏格森诸人的某些论点，但对整个欧洲反省现代性思潮却是采取了淡化与抵拒的态度，随着此一思潮愈益东渐，并产生越来越大的影响，他们的这种态度也变得更加鲜明。上述《柏格森哲学》仅是《新青年》译介生命哲学唯一的一篇文章，此后则销声匿迹了。不仅如此，胡适诸人还公开贬抑柏格森哲学。胡适在《五十年来之世界哲学》长文中，明显有意贬抑柏格森学说的价值。他强调，柏格森的所谓"直觉"，无非源于经验，这是包括杜威在内的许多学者多已言及的事，足见其学说近于"无的放矢"了。胡适刻意将柏格森为代表的"反理智主义"，列为"晚近"的"两个支流"之一。他说："我也知道'支流'两个字一定要引起许多人的不平。"② 丁文江更为之推波助澜，借罗素在北京的牢骚话，贬损柏格森：他的盛名是骗巴黎的时髦妇人得来的。他对于哲学可谓毫无贡献；同行的人都很看不起他。③ 实际上，罗素本人在他的名作《西方哲学史》中，对柏格森有很高的评价，称他是"本世纪最重要的法国哲学家"。他说："我把柏格森的非理性主义讲得比较详细，因为它是对理性反抗的一个极好的实例，这种反抗始于卢梭，一直在世人的生活和思想里逐渐支配了越来越广大的领域。"④ 英国学者彼得·沃森则在其《20世纪思想史》中强调说："柏格森很可能是20世纪头10年最被人们理解的思想家，1907年后，他无疑是世界上最著名的思想家。"⑤ 事实上，是时杜威在华讲学，其中重要一讲《现代的三个哲学家》，就强调柏格森是三大家之一。所以，相较之下，胡适诸人的观点，明显有失褊狭。新文化运动的根本取向是高扬理性主义，其与反省现代性思潮之间方枘圆凿，是显而易见的。不过，陈独秀不像胡适，没有公

---

① 胡适：《新思潮的意义》，见《胡适全集》，第 1 卷，692 页。

② 胡适：《胡适全集》，第 2 卷，384、381 页。

③ 丁文江：《玄学与科学：评张君劢的"人生观"》，见《科学与人生观》，17 页。

④ ［英］罗素：《西方哲学史》，下卷，346 页。

⑤ ［英］彼得·沃森：《20 世纪思想史》，72 页。

开贬抑柏格森为代表的生命哲学及反省现代性，但他强调中国国情不同，不可能简单照搬。1917 年初他在《答俞颂华》中论及宗教与精神生活问题时，这样说道："近世欧洲人，受物质文明反动之故，怀此感想者不独华、爱二氏。其思深信笃足以转移人心者，莫如俄国之托尔斯泰，德国之倭铿。信仰是等人物之精神及人格者，愚甚敬之。惟其自身则不满其说，更不欲此时之中国人盛从其说也（以中国人之科学及物质文明过不发达故）。"① 所谓"近世欧洲人，受物质文明反动之故"，转而重新思考宗教与精神生活的问题，再次说明陈独秀注意到欧洲现代思潮的变动；但是，他强调自己虽然对托尔斯泰、倭铿等反省现代性者的信仰与人格表示敬意，却并不赞成他们的主张，尤其反对中国推行此种理论，因为道理很简单：国情不同，"以中国人之科学及物质文明过不发达故"。这一认识十分重要，它反映了陈独秀对于欧洲现代思潮的自觉选择。

明白了这一点，我们便不难看出，有的论者就未免低估了陈独秀创办《青年杂志》的初衷。有论者说："今人的视线，早被'一代名刊'的光环所遮蔽，甚少注意陈独秀于 1915 年创办《青年杂志》时，其实并没有什么高远的志怀和预设路径。"创刊号首篇《敬告青年》，"论旨其实十分空泛"，"可以说，早期《新青年》是一个名符其实的以青年为拟想读者的普通杂志"。② 实则，要对古人有了解的同情，需回到原有的语境。1914 年 7 月重返日本的陈独秀，是处于悲观、愤激、求索复又迷茫的心绪中。是年底他发表《爱国心与自觉心》一文，以为"保民之国家，爱之宜也；残民之国家，爱之也何居"？愤激过度，非难爱国，不免引起了争议；但他强调，真正爱国必须和追求国人民主权利的自觉心相结合，却是反映了冷峻与深刻。《陈独秀传》的作者说："《爱国心与自觉心》一文，使人们深切地感到作者为追求民主而激烈跳动的脉搏，民主至上，而人民又缺乏民主觉悟，这种强烈的追求与深切的认识，使人们不禁意识到提倡科学与民主的《新青年》杂志，已在母腹中蠕动，……"③ 此言自有根据，但稍嫌简

北京师范大学史学探索丛书

---

① 陈独秀：《独秀文存》，674 页。

② 王奇生：《新文化是如何"运动"起来的》，载《近代史研究》，2007 (1)。

③ 任建树：《陈独秀传》（上），94 页。

单。这里可以进一步提出两个问题，以丰富其内涵：

其一，陈独秀思想的转变与柏格森生命哲学的关系。值得注意的是，其时同在《甲寅》的李大钊，不赞成陈的悲观情绪，他专门写了《厌世心与自觉心》一文，回应陈独秀。是文虽对陈爱国的本意表示理解，但也批评"文中厌世之辞嫌其太多，自觉之义嫌其太少"；同时，复特别征引强调意志自由与行动、奋进的柏格森的生命哲学以为激励："中国至于今日，诚已濒于绝境，但一息尚存，断不许吾人以绝望自灭。挽近公民精神之进行，其坚毅足以壮吾人之意气人类云为，固有制于境遇而不可争者，但境遇之成，未始不可参以人为。故吾人不得自画于消极之宿命说（Determinus），以尼精神之奋进。须本自由意志之理（Theory of free will），进而努力，发展向上，以易其境，俾得适于所志，则 Henri Bergson 氏之'创造进化论'（Creartive Evolution）尚矣。"① 既然如上所述，陈独秀接触生命哲学始于日本，李大钊（应当还有章士钊）复极力藉之以为鼓励，而他在《青年杂志》创刊号上首篇文章《敬告青年》的立论，恰恰又反复借重了柏格森诸人，倡言自主、进步、进取、实利与科学；由此可知，陈独秀由消极悲观到最终奋起创办《青年杂志》，决心掀起新文化运动的洪波巨澜，其间思想的转变也受到了生命哲学的影响，是合乎逻辑的事情。

其二，陈独秀曾对汪孟邹说："让我办十年杂志，全国思想都全改观。"② 联想到《青年杂志》主张科学与民主，强调"新旧思潮之大激战"、"伦理的觉悟，为吾人最后觉悟之最后觉悟"，始终高扬理性主义的旗帜；陈独秀虽借重了生命哲学的某些论点，却又明确指出，中国科学与物质文明过于落后，西方非理性主义的现代性反省不适于中国国情，这一切不正说明了：陈独秀于 1915 年创办《青年杂志》，确有"高远的志怀和预设路径"吗？也惟其如此，归根结底，不到十年，果然令"全国思想都全改观"的《青年杂志》，即便是在早期，也就与"普通杂志"不可等量齐观了。

---

① 李大钊：《李大钊选集》，31 页。
② 唐宝林、林茂生：《陈独秀年谱（1879—1942）》，65 页。

三、质问《东方杂志》的实质何在

1918 年 9 月陈独秀在《新青年》发表《质问〈东方杂志〉记者》，次年 2 月又发表《再质问〈东方杂志〉记者》，① 对当时负有盛名的《东方杂志》进行严厉的批判，以为其主张有与"复辟"者同流合污之嫌，结果引起了与该杂志主编杜亚泉间的论争。这成为新文化运动中一段人所共知的有名公案。上述同一位论者虽然并不否定两刊在思想层面上存在严重的分歧，但却强调"陈独秀以非常手段'对付'《东方杂志》的'非观念'动机"，即"刊物办了两年多，影响仍然有限，而商务印书馆所经营的《东方杂志》却在都市文化人中甚为流行，难免心生嫉羡"，故为"争夺读者市场乃至全国读书界的思想领导权"，陈使用了"杀手锏"，借"复辟"做文章攻击《东方杂志》。"结果大有立竿见影之效"，后者销量大减，终令杜亚泉去职。② 论者的此一见解与上述陈独秀创办《青年杂志》，最初"实并没有什么高远的志怀和预设路径"，相互补充，无非是要强调陈独秀办刊的成功，实赖其"非观念"的动机，即善于炒作的商业手段。论者的视角新颖，但终有过度解读之嫌。实际上，陈独秀对《东方杂志》的猛烈攻击，与其说是"心生嫉羡"的商业炒作，不如说是陈个人坚决不妥协并不免霸气与偏执作风的又一次集中反映。1917 年初，陈独秀继胡适的《文学改良刍议》之后，随即发表《文学革命论》，径将胡适主张的"改良"提升为"革命"，举起了"文学革命"的旗子。他旗帜鲜明地提出了"革命军三大主义"，并咄咄逼人，写道："有不顾迂儒之毁誉，明目张胆以与十八魔宣战者乎？予愿拖四十二生的大炮，为之前驱。"③ 时远在美国的胡适，担心操之过急，建议文学问题当容不同意见充分讨论。而陈却复信说："其是非甚明，必不容反对者有讨论之余地；必以吾辈所主张者为绝对之是而不容他人之匡正也。"胡适事后回忆，对陈十分佩服，称他是

---

① 《新青年》，第 5 卷 3 号，1918-09-15；第 6 卷 2 号，1919-02-15。

② 许纪霖、田建业编：《杜亚泉文存》，288 页。

③ 陈独秀：《独秀文存》，95、98 页。

北京师范大学史学探索丛书

"最重要的急先锋"，并说："陈独秀的特别性质是他的一往直前的定力"，自己过于平和，若没有陈，文学革命至少还需推后十年。① 这件事无疑典型地反映出了陈独秀果断和强硬的作风。如果我们从陈独秀与反省现代性的视角看问题，上述公案便可以得到更合理的解读。

如前所述，陈独秀曾明确指出，因国情不同，中国不能效仿西方，趋重反省现代性。然而，此期杜亚泉主持的《东方杂志》恰恰是大力宣传西方此一思潮最重要的刊物。1913 年杜亚泉发表长文《精神救国论》，就明确表示自己反对"物质万能"与"物质救国"论，皈依反省现代性："盖物质主义深入人心以来，宇宙无神，人间无灵，惟物质之万能是认，复以惨酷无情之竞争淘汰说，鼓吹其间，觉自然之压迫，生活之难关，既临于吾人头上而无可抵抗，地狱相之人生，修罗场之世界，复横于吾人之跟前而不能幸免，于是社会之各方面，悉现凄怆之色。……今彼国学者方呕呕焉提倡新唯心论以救济之，而唯物论颓波，乃犹盛扬于吾国，继此以往，社会将因之而涣散，国家即随之而灭亡，此吾所以戚戚焉有物质亡国之惧也。"② 随后他的《现代文明之弱点》、《论社会变动之趋势与吾人处世之方针》诸文，都在反复提醒人们关注"今日欧美社会内文明病之流行"。③ 杜亚泉曾是西方文化的热心倡导者，但由此却转成了批评西方文化，著名的文化保守主义者了。陈独秀质问《东方杂志》，主要针对第 15 卷 6 号译载日本《东亚之光》杂志的《中西文化之评判》一文，同号本志论文《功利主义与学术》，及第 15 卷 4 号本志论文《迷乱之现代人心》三篇文章。第一篇重在评介辜鸿铭的文章在德国的反响："然此次战争，使欧洲文明之权威大生疑念。欧人自己亦对于其文明之真价，不得不加以反省，因而对于他人之批评，虚心坦怀以倾听之者亦较多。"反省的核心是："悲西洋人过倾于物质主义"，"教吾人以内面的生活与精神的文化"。第二篇为钱智修所作，他早在 1913 年就表了《现今两大哲学家学说概略》，介绍柏格森、

---

① 胡适：《文学革命运动》，见胡明编：《胡适选集》，161～162 页，天津，天津人民出版社，1991。

② 许纪霖、田建业编：《杜亚泉文存》，36～37 页。

③ 同上书，288 页。

倭铿的生命哲学。现在是文则批评国人简单仿效西洋文明，以功利主义的实用与否作为评判与取舍一切的标准，尤其不利于教育与学术。第三篇系杜亚泉所作，他径直批评西人虽于物质上获成功，得致富强之效，但其精神却烦闷殊甚，国人对西方物质文明趋之若鹜，"盖吾国之鹤，已死于物质的弹丸之下矣"。争论双方的具体是非得失，可不置论；但有一点可以肯定：陈独秀以为三文"皆持相类之论调"是对的，它们都鲜明地体现了共同的取向——反省现代性。因价值取向的对立，定力十足的陈独秀之愤懑和必欲鸣鼓攻之而后快的心绪，实不难想见。陈文副标题"《东方杂志》与复辟问题"之大帽子及连续16个"敢问"之咄咄逼人，固然反映了这一点；而他针对对方反省现代性的基本观点，针锋相对却不免于武断与霸气的诘难，则是更深刻地反映了这一点。例如：

欧战集中暴露了西方文明的弱点，这是很普遍的观点，也是中西方学者反省现代性的重要起点。美国学者艾恺说："就 20 世纪 10 年代、20 年代及 30 年代的时代而言，大战是主宰他们时代的压倒性重大灾变，大战产生的对西方文化之未来的黯淡悲观与深切疑虑是极为强烈和普遍的。"① 杜亚泉在《战后东西文明之调和》中也指出："此次大战，使西洋文明，露显著之破绽，此非吾人偏见之言，凡研究现代文明者，殆无不有如是之感想。"② 但是，陈独秀却坚决否定这一点，以为"梦呓"。他在文中写道："《中西文明之评判》之中有云：'此次战争，使欧洲文明之权威，大生疑念。'此言果非梦呓乎？敢问。"其第二文再次质问："盖自欧战以来，科学、社会、政治，无一不有突飞之进步；乃谓为欧洲文明之权威，大生疑念。此非梦呓而何？"此其一。

现代性是与"合理性"相联系的，故"进步"、"竞争"、"效率"、"功利主义"，又构成了现代性的重要元素。在欧洲反省现代性思潮中，它们也受到了强烈的质疑。罗素就指出：所谓"成功"、"进步"、"竞争"、"效率"等的信仰，"是近代西方的大不幸"；因为，由此导致了社会生活的

① ［美］艾恺：《世界范围内的反现代化思潮：论文化守成主义》，88 页。
② 伧父：《战后东西文明之调和》，载《东方杂志》，第 14 卷第 4 号，1917-04-15。

"机械化"，产生无谓的慌忙与忧攘，终至剥夺了合理的人生应有的"余闲"，"这是极大的危险与悲惨"。英国社会的种种病态，说到底，"都是生活的状态失了自然的和谐的结果"。① 杜亚泉也认为，现代文明一味追求人类生活"顺自然的进步"，是不恰当的。进步有两种，一是"真实之进步"，二是"虚伪之进步"。前者是"进步有限制"的，后者"进步无限制"。西方现在所谓的进步，造成了贫富对立，侵夺掠杀，无异于"操科学以杀人"，"率机器以食人"，是为"无限制"的"虚伪之进步"。"故现时代之新思想，在制止虚伪的进步，以矫正旧思想的错误"。② 然而，陈独秀恰恰强调实用、效率与功利主义。他说："物之不切于实用者，虽金玉圭璋，不如布粟粪土，若事之无利于个人与社会现实生活者，皆虚文"，无非诳人之事，"一钱不值"；③ 而效率高低，更是"判断道德上善恶"的一个重要标准。④ 惟其如此，他不能容忍对功利主义的批评。在质疑《东方杂志》的 16 个"敢问"中，涉及功利主义问题的占了 6 个，足见其重视。陈独秀表示，"余固彻头彻尾颂扬功利主义者，原无广狭之见存"，⑤ 即强调无论广义与狭义的功利主义，自己一概拥护，这显然是绝对化了；至于他讲："功之反为罪，利之反为害，《东方》记者倘反对功利主义，岂赞成罪害主义者乎？敢问"，⑥ 则更全然是意气之争了。此其二。

欧战动摇了"西方文化中心"论，促进了东西方文化的对话，其重要表征即在于双方有识之士多肯定中西文化各有长短，当促进融合。罗素说："我们的文明的显著长处在于科学的方法；中国文明的长处则在于对人生归宿的合理理解。人们一定希望看到两者逐渐结合在一起。"⑦ 杜威也

---

① 徐志摩：《罗素又来说话了》，载《东方杂志》，第 20 卷第 23 号，1923-12-10。

② 伧父：《新旧思想之折衷》，载《东方杂志》，第 16 卷第 9 号，1919-09-15。

③ 陈独秀：《独秀文存》，8 页。

④ 同上书，58 页。

⑤ 陈独秀：《再质问〈东方杂志〉记者》，载《新青年》，第 6 卷第 2 号，1919-02-15。

⑥ 陈独秀：《质问〈东方杂志〉记者》，载《新青年》，第 5 卷第 3 号，1918-09-15。

⑦ ［英］罗素：《中国问题》，153 页。

说:"中国有数千年不断之旧文化,今又输入欧美之新文化。二者亟待调和,以适应于人之新环境。故世界各负有使新旧文化适合之责任及机会无过于今日之中国,无过于今日之北京大学。"① 杜亚泉表达了同样的希望:"今日东西洋文明,皆现一种病的状态;而缺点之补足,病处之治疗,乃人类协同之事业,不问人种与国民之同异,当有一致之觉悟者也。"② 但是,新文化运动主持者则多斥之为少数西方学者不负责任的言论,并强调欧战重新勾起了中国人的傲慢心。德人台里乌司氏以为辜鸿铭批评西方文明偏重物质文明而轻视了精神文明,不无道理,"吾人倾听彼之言论,使吾人对于世界观之问题,怅然有感矣"。陈独秀则斥之为"迂腐无知识",并武断地指责台里乌司氏是崇拜君权的怪物:"在德意志人中,料必为崇拜君权反对平民共和主义之怪物。"③ 他显然没有注意到在德人的反响中,包含着耐人深思的历史合理性。此其三。

缘此可知,陈独秀所以攻击《东方杂志》,不惜给对方扣上有谋叛共和与图谋复辟嫌疑的大帽子,实缘于思想取向的对立和偏激,谓其有算计市场份额的动机,同样是低估了他。此次争论固然是打击了《东方杂志》,后者销量下降,被迫易帅,而《新青年》却进一步扩大了影响,但这仍不足以说明是陈独秀的"'非观念'的动机"之奏效,而只能说明后者高扬科学与民主终究代表了时代的主潮和陈本人"定力"之可贵。恽代英曾认为,过激的刊物不足以动人,④ 他长时间坚持订阅《东方杂志》;但是,自1919 年 3 月起,却转而订阅《新青年》,以为"阅《新青年》,甚长心智",⑤ 就很能说明这一点。恽代英阅读兴趣的改变,原因不在陈独秀"杀

① 杜威:《杜威在北大师生欢迎蔡元培校长回校大会上致词》,载《北京大学日刊》,1919-09-22。
② 伧父:《战后东西文明之调和》,载《东方杂志》,第 14 卷第 4 号,1917-04-15。
③ 陈独秀:《质问〈东方杂志〉记者》,载《新青年》,第 5 卷第 3 号,1918-09-15。
④ 恽代英于 1919 年 4 月 6 日的日记中说:办刊物"若取过激标准,则与社会相去太远,易引起人骇怪之反感,即可以长进的少年,亦将拒绝不看"。见恽代英:《恽代英日记》,517 页,北京,中共中央党校出版社,1981。
⑤ 恽代英:《恽代英日记》,528 页。

手锏"的成功，端在恽代英自己的思想趋向了激进。1919 年 10 月 21 日，恽代英在日记中写道："人家说我是过激派。其实，我很可惜俄国过激派的大试验不立根本于共产主义的上面，而立于集产主义上面，以至于用力多，成功少，结果或者还不免失败。这岂非大失着吗？""只要能破除私产制度，各尽所能，各取所需，自由工作，废除金钱，便一齐解决了。这种主义，等过激派失败了以后，当更有价值呢。"① 他的思想实较"过激派"有过之无不及，足见与"五四"前已不可同日而语。而时人转而肯定《东方杂志》易帅后的新气象，同样也说明了这一点："《东方杂志》，这杂志要算是中国唯一无二的老杂志了。但这杂志虽老，近来很有维新的气象，每期里头，总有二三篇有价值的文字在那里发现。"②

四、认同反省现代性与转向马克思主义

学界公认"20 世纪初，是陈独秀向马克思主义者飞跃前进的时期"，③ 但需要指出，此种"飞跃前进"并非径情直遂，实际上是经历了一个摇摆的过程。例如，是年 3 月陈独秀发表《马尔塞斯人口论与中国人的问题》，文中既承认马克思主义"很有力量、价值"，同时，又认为马克思主义不是"包医百病的学说"，"在我们学术思想进步上，在我们讨论社会问题上，却有很大的阻碍"。④ 而此期也正是梁启超、张君劢诸人游欧归来，《欧游心影录》发表和缘此反省现代性思潮迅速升温的时候。耐人寻味的是，这时的陈独秀对于反省现代性有了某种新的接近。这集中表现有三：

其一，重新肯定了人类情感的重要。欧洲反省现代性的一个重要观点，就是批评"理性万能"论漠视和压抑了人类的情感。倭铿指出："思想本由精神生活原动力而来"，宗教改革完全说明了这一点。时大学问家

---

① 恽代英：《恽代英日记》，646～647 页。

② 王无为：《各地文化运动的调查——批评（中）·上海杂志界的文化运动》，载《新人》，第 1 卷第 5 号，1920-08-28。

③ 任建树：《陈独秀传》（上），179 页。

④ 陈独秀：《独秀文存》，288 页。

艾勒司摩对教会弊端的认识不在路德之下，但改革之功不成于艾，而成于路，不是因为后者是大论理学家，其冷静潜思有胜于前者，而在于路德深感"良心之痛苦，有动于中，乃以宗教问题，视为一身分内事而奋起耳"。足见人生的成败得失，最终不在知识的考量，而在情感即精神生活。① 陈独秀独尊理性，他说："举凡一事之兴，一物之细，罔不诉之科学法则，以定其得失从违；其效将使人间之思想云为，一尊理性，而迷信斩焉，而无知妄作之风息焉。"② 重科学固然是对的，但相信"人间思想云为，一遵理性"，却不免轻忽了情志的作用。梁漱溟认为，陈独秀诸人的思想没有超出西方 18、19 世纪思想窠臼，无非坚持走人生态度的第一路向。③ 1919年底，在北京举行的北高师学生李超女士的追悼会上，梁漱溟继蔡元培、陈独秀诸人之后发表讲话，他说："大家要晓得人的动作，不是知识要他动作的，是欲望与情感要他往前动作的。单指出问题是不行的，必要他感觉着是个问题才行。指点出问题是偏知识一面的，而感觉他真是我的问题却是情感的事。"北京的许多妇女对追悼会的冷漠，反映了情感的麻木。他对陈独秀轻忽情感的作用不以为然："陈先生省克人类占有性是消极的法子，这涵养与发挥情感是积极的道路。"④ 有趣的是，陈独秀事后接受了这个意见。1920 年 2 月他在《基督教与中国人》一文中用了很长的篇幅，专门谈人类情感的问题。他说：我们"要晓得情感底力量伟大"。支配中国人心的最高文化是伦理的道义，支配西洋人心的最高文化是希腊以来的美的情感和基督教信与爱的情感。二者的共同点，"都是超物质的精神冲动"。"知识理性的冲动，我们固然不可看轻；自然情感的冲动，我们更当看重。"对于缺乏情感的人，无论你对他如何讲爱父母、爱国家、爱人类，都是无法叫他向前行动的。他接着引用上述梁漱溟关于"单指出问题是不行的，必要他感觉着是个问题才行"的一段话，并说："梁先生这话极有

北京师范大学史学探索丛书

① 君劢：《倭伊铿精神生活哲学大概》，载《改造》，第 3 卷第 7 号，1921-03-15。

② 陈独秀：《独秀文存》，9 页。

③ 梁漱溟说：陈独秀诸人是"顶能认清而秉持西方文化的"，他们的思想主张"全部都是与西方十八、十九世纪思想一般无二"。（《梁漱溟全集》，第 1 卷，513 页）

④ 梁漱溟：《梁漱溟全集》，第 4 卷，578、579 页。

道理"。"新信仰是什么？就是耶稣崇高的，伟大的人格，和热烈的，深厚的情感。"① 在这里，陈独秀不仅肯定了柏格森哲学的基本理念："超物质的精神冲动"，而且肯定了梁漱溟关于必须更加看重人类情感作用的观点。

其二，重新肯定了宗教的价值。反省现代性的另一个重要论点，是批评西方理性主义摧毁了包括宗教在内传统的信仰与终极关怀，使人失去了安身立命的精神家园。梁启超在《欧游心影录》中谈到理性主义造成欧洲机械的宇宙观、人生观的后果时说："大凡一个人，若使有安心立命的所在，虽然外界种种困苦，也容易抵抗过去。近来欧洲人，却把这件没有了。"究其根本原因，就是相信"科学万能"。"科学昌明以后，第一个致命伤的就是宗教。"既然所谓宇宙大原则，就是包括内外生活在内，一切都归到了物质运动的"必然法则"之下，人生是机械的命定的，所谓理想、信仰与精神生活，都成了毫无意义，"果真这样，人生还有一毫意味，人类还有一毫价值吗？"② 陈独秀在"五四"前也恰恰是全然否定宗教的。在他看来，孔德分人类进化为宗教、哲学、科学三大时期，足见宗教已无存在的价值；相反，国有与立，宗教与之水火不容，"非必去宗教即不可以立国"。③ 他强调，"一切宗教，皆在废弃之列"，"若论及宗教，愚一切皆非之"。④ 在他看来，道理很简单：宇宙间只有两大法则，即"自然法"与"人为法"，前者是"普遍的、永久的、必然的"，属于科学范围；后者则是"部分的、一时的、当然的"，属于宗教道德法律范围。但是，随着科学日渐发达，"人为法"必然为"自然法"所涵盖，"然后宇宙人生，真正契合。此非吾人最大最终之目的乎"？他对蔡元培"以美术代替宗教"论，不以为然，主张当"以科学代宗教"，开拓人类真实的信仰。⑤ 为此，俞颂华与蔡元培曾先后致书陈独秀，表示了异议。⑥ 但是，"五四"之后，

---

① 陈独秀：《独秀文存》，281～283 页。

② 梁启超：《饮冰室合集·专集》（23），10～12 页，北京，中华书局，1989。

③ 水如编：《陈独秀书信集》，17 页。

④ 陈独秀：《独秀文存》，91、674 页。

⑤ 同上书，91 页。

⑥ 水如编：《陈独秀书信集》。

陈独秀对宗教的看法却发生了重大的改变，转而重新肯定宗教的价值。在《基督教与中国人》中，他告诫人们：宗教关乎人类的信仰与精神生活，有益于社会的安定。所以，宗教是人类生活中的一个"重大的问题"，"宗教的利益"不容"轻视"。基督教并没有破产，相反，"我以为基督教是爱的宗教"，对此人们要重新觉悟，"要把耶稣崇高的，伟大的人格，和热烈的，深厚的情感，培养在我们的血里，将我们从堕落在冷酷，黑暗，污浊坑中救起"。基督教的根本教义，"科学家不曾破坏，将来也不会破坏"。[1] 1920 年 4 月，陈独秀在《新文化运动是什么?》一文中，更进了一步，甚至公开承认自己及主张新文化运动的人在宗教问题上犯了"一桩大错"。他说：对于人类的行为，"知识固然可以居间指导，真正反应进行底司令，最大的部分还是本能上的感情冲动。利导本能上的感情冲动，叫他浓厚、挚真、高尚，知识上的理性，德义都不及美术、音乐、宗教底力量大。知识和本能倘不能相并发达，不能算人间性完全发达"。"现在主张新文化运动的人，既不注意美术、音乐、又要反对宗教，不知道要把人类生活弄成一种什么机械的状况，这是完全不曾了解我们生活活动的本源，这是一桩大错，我就是首先认错的一个人。"[2] 如前所述，陈独秀是极具定力与霸气，因而绝不轻易认输的人，但他现在却公开承认新文化运动反对宗教"是一桩大错"，并表示自己愿意做"首先认错的一个人"，这不仅说明，陈独秀对于宗教，显然已改变了原来简单否定的态度，而且也反映出了他的性格中率真坦诚的一面。

其三，对欧洲 19 世纪理性主义思潮第一次作了反省。他在《自杀论》中说：新思潮有光明也有黑暗，故欧洲的近代思潮也可以导致杀人。[3] 他将欧洲思潮的趋势，按古代、近代、最近代，列出示意表。其中，在"近代思潮"下，列有："唯实主义"、"本能的"、"地上的"、"物的"、"现世的"、"科学万能"、"现实"、"唯我"、"客观的实验"，等等；与此相应，在"最近代思潮"下，则列有："新唯实主义"、"情感的"、"人生的"、

---

[1] 陈独秀：《独秀文存》，278、280、286 页。

[2] 林茂生等编：《陈独秀文章选编》（上），513～514 页。

[3] 陈独秀：《自杀论》，载《新青年》，第 7 卷 2 号，1920-01-01。

254

北京师范大学史学探索丛书

"人的"、"现世的未来"、"科学的理想万能"、"现实扩大"、"自我扩大"、"主观的经验",等等。这里实际上已指出了欧洲 19 世纪末以来,理性主义与非理性主义思潮消长的信息。如果说,这尚嫌抽象;那么,陈独秀紧接着的一长段总结,就是十分清楚的了:

> 古代的思潮过去了,现在不去论他。所谓近代思潮是古代思潮底反动,是欧洲文艺复兴底时候发生的,十九世纪后半期算是他的全盛时代,现在也还势力很大,在我们中国底思想界自然还算是新思潮。这种新思潮,从他扫荡古代思潮底虚伪,空洞,迷妄的功用上看起来,自然不可轻视他;但是要晓得他的缺点,会造成青年对于世界人生发动无价值无兴趣的感想。这种感想自然会造成空虚,黑暗,怀疑,悲观,厌世,极危险的人生观。这种人生观也能够杀人呵!他的反动,他的救济,就是最近代的思潮,也就是最新的思潮;古代思潮教我们许多不可靠的希望,近代思潮教我们绝望,最近代思潮教我们几件可靠的希望;最近代思潮虽然是近代思潮底反动,表面上颇有复古的倾向,但他的精神,内容都和古代思潮截然不同,我们不要误会了。

陈独秀强调"近代思潮"源于文艺复兴,它是"古代思潮底反动",于 19 世纪末达到全盛。这无疑指的就是欧洲 18 世纪以来凯歌猛进的理性主义。所谓"近代思潮教我们绝望",它造成了"极危险的人生观,这种人生观也能够杀人",反映的正是对理性主义的反省。在新文化运动的主持者中,还没有一个人能像陈独秀这样进行反省:坦陈自己倡导的新思潮源于欧洲 19 世纪的"近代思潮"即理性主义,而现在此种思潮已暴露了自己的"黑暗",正为最新的思潮所代替。他还指出,我们正面临着的思想变动的时代,虽不免于风险,却是很可乐观的时代。"主张新思潮运动的人,却不可因此气馁,这是思想变动底必经的阶级;况且最近代的最新的思潮,并不危险,并无恐怖性,岂可因噎废食?"这较胡适在《新思潮的意义》一文中,仅将新思潮归结为"重新估定一切价值",而缺乏对欧洲现代思潮变动的反省和与时俱进的前瞻，显然要更深刻得多。

梁漱溟毕竟是敏感的，他注意到了陈独秀上述思想的变化。他在《东西文化及其哲学》中说：陈独秀是一直坚持西方文化第一路向的，但是近来"陈先生自己的变动已经不可掩了"。因为在《论自杀》中，他承认"最近思想"与"近代思想"多相反，"我们看，他以前的思想就是他此处所说的近代思想，那么陈先生思想的变动不是已经宣布了吗？"在《基督教与中国人》中，他复承认人类感情的重要，以为以前单讲开发人的思想理路之不对，"因此他着眼能作用的情感的宗教而想来提倡宗教"。不仅如此，他还公开肯定自己在李超女士追悼会上强调人类情感的重要，以为"这话极有道理"。① 梁漱溟的觉察自然并没有错，但是，这里有三个问题：

其一，陈独秀在《自杀论》中明确指出："最近代最新的思潮底代表，就是英国罗素底新唯实主义哲学。"② 罗素的分析哲学重理性，自然不同于柏格森的生命哲学，但在 20 世纪初，罗素却是反省西方文明同样重要的学者，在这一点上，二者存在共同点。"人类行为的动机到底是什么东西呢？照罗素看起来，便是鼓动本能力量顶大的'冲动'。""罗素从前虽然主张理智万能，但察看欧战发动的原因，总觉得理智的力量不及冲动的力量大。"他认为，人类在理智外存在两种本能的"冲动"："创造冲动"与"占据冲动"，重要的问题是扩大前者而抑制后者。③ 罗素战后在中国讲学，强烈批评西方近代文明趋重物质文明和机械的人生观，是酿成欧战的一大祸根，并主张中西文化互补融合。在梁启超、梁漱溟诸人的心目中，罗素讲"创造冲动"与柏格森、倭铿讲"生命冲动"是相通的，都反映了西方对现代性的反省。梁启超说：孔子讲"知不可而为之"与老子讲"为而不有"，二者"与欧洲近世通行的功利主义根本反动"。罗素区分人类冲动为"占有冲动"与"创造冲动"，对此"解释的很好"，他"提倡人类的创造冲动"，合乎孔子、老子的思想，就是要把"人类无聊的计较一扫而空"。④

---

① 梁漱溟：《梁漱溟全集》，第 1 卷，514～515 页。
② 陈独秀：《独秀文存》，277 页。
③ 高一涵：《罗素的社会哲学》，载《新青年》，第 7 卷 5 号，1920-04-01。
④ 梁启超：《饮冰室合集·文集》（37），60、68 页。

北京师范大学史学探索丛书

也正因为如此，梁漱溟认为，陈独秀的思想变动反映了对自己从来服膺的"近代思潮"即理性主义或现代性的反省，在逻辑上也并没有错。

其二，陈独秀既然认欧洲反省"近代思潮"的正确方向，是以"最近代最新的思潮"即罗素的新唯实主义为代表，这便与上述他既认马克思主义有价值，却又说它非"包医百病的学说"，相互补充，进一步生动地说明了，此期的陈独秀虽然正向马克思主义转变，但这是一个摇摆的过程。

其三，此期陈独秀的思想虽然在反省"近代思潮"的基础上，正酝酿着重大的变动，但也仍有两个"未变"：一是民族虚无主义的倾向未变。陈独秀虽然认同梁漱溟的观点，重新肯定了人类情感的重要性，但是，他却将梁漱溟的本意加以颠倒，强调中国文化过于重理性，西方文化才真正重情感："（中国文化重道义）道义的行为，是知道为什么应该如此，是偏于后天的知识；（西方文化重情感）情感的行为，不问为什么，只是情愿如此，是偏于先天的本能。"道义的本源虽也出于情感，"但是一经落到伦理的轨范，便是偏于知识理性的冲动，不是自然的纯情感的冲动"。所以，他又坚持说：中国社会麻木不仁，甚至连自杀这样的坏事都不可多得，究其原因，恰恰也在于中国文化不如西方文化，缺乏此种人类应有的情感。他说："是中国底文化源泉里，缺少美的，宗教的纯情感，是我们不能否认的。不但伦理的道义离开了情感，就是以表现情感为主的文学，也大部分离了情感加上伦理（尊圣、载道）物质的（纪功、怨穷、诲淫）彩色；这正是中国人堕落底根由，我们实不敢以'富有情感'自夸。"陈独秀主张，为了补救这个缺点，国人应转而信仰基督教，以便"把耶稣崇高的，伟大的人格，和热烈的，深厚的情感，培养在我们的血里"。① 二是相信"科学万能"论未变。"五四"前，陈独秀就强调人类"一切苦乐善恶，都为物质界自然法则所支配"；② "五四"后则更甚。他在《新文化运动是什么？》中说："西洋除自然科学外没有别种应该入我们东洋的文化"。③ 1921年6月，他与人书说：不但中国，全世界都只应该专门研究科学，因为现

---

① 陈独秀：《独秀文存》，281～282 页。
② 同上书，125 页。
③ 林茂生等编：《陈独秀文章选编》（上），512 页。

在"已经不是空谈哲学的时代了"。西洋自苏格拉底以至杜威、罗素；印度自邬婆尼沙六师以至达哥尔；中国自老子、孔子以至康有为、章太炎，"都是胡说乱讲，都是过去的梦话"。今后我们的责任，"只应该把人事物质一样一样地分析出不可动摇的事实来，我以为这就是科学，也可以说是哲学"。① 这与他自己说的"以科学代宗教"或邓中夏主张"以科学代替哲学"，② 一脉相通，都不脱"科学万能"论。1923 年，陈独秀总结"科玄之争"说："所以我们现在所争的，正是科学是否万能问题。……毕竟证明以科学之威权是万能的，方能使玄学鬼无路可走，无缝可钻。"③ 此时，他强调服膺唯物史观，同时却又固执地宣称自己是主张"科学万能"论者。这说明，他既未真正理解反省现代性的意义，对马克思主义唯物史观的把握，也尚未真正到位。

从 1915 年《青年杂志》创刊，到 1923 年的"科玄之争"，构成了新文化运动完整的历史时期。其间，欧洲发生了第一次世界大战，同时，19 世纪末以来欧洲现代思潮的深刻变动，也缘此愈趋鲜明。陈独秀作为新文化运动的"总司令"，其超人的敏锐与非凡的定力，集中表现为："五四"前，在认明中西方国情差异的基础上，他选择了欧洲 19 世纪理性主义的思路，借重柏格森生命哲学的某些论点，高扬科学与民主的旗帜，却拒绝照抄欧洲的现代性反省，从而成功地掀起了新文化运动的洪波巨浪；"五四"后，则受俄国十月革命的启发，得以反省欧洲"近代思潮"即 19 世纪的理性主义，转而皈依马克思主义，从而实现了个人思想上新的飞越，并直接推动了新文化运动向宣传社会主义新的方向发展。与此同时，陈独秀在"五四"后反省"近代思潮"存在的"黑暗"，并重新肯定了反省现代性的某些重要观点，诸如重视人类情感的作用与宗教的价值等等。这本身即说

---

① 陈独秀：《独秀文存》，820 页。

② 邓中夏说："自从各种自然科学和社会科学发达之后，哲学的地位，已经被这些科学取而代之了。""所以我的意思，哲学已是'寿终正寝'，索性把哲学这一个名词根本废除，免得玄学鬼像社鼠城狐一样，有所凭借，有所依据。"（邓中夏：《思想界的联合战线问题》，见蔡尚思主编：《中国现代思想史资料简编》，第 2 卷，177 页）

③ 林茂生等编：《陈独秀文章选编》（中），376 页。

北京师范大学史学探索丛书

明了，在欧洲，反省现代性思潮与马克思主义存在着某种共同点。但是，陈独秀毕竟对欧洲反省现代性思潮缺乏足够的理解与重视，他虽转向了唯物史观，却依然未脱民族虚无主义的倾向和固守"科学万能"论，就反映了这一点。与此相反，梁启超、梁漱溟诸人虽然都同情社会主义，却是皈依了现代性反省。他们获得了新的思想支点，也因此得以开拓诸如反省西方近代物质文明、重新审视中西文化关系及主张独立发展民族新文化、实现东西文化融合以助益世界，等等，广阔的思维空间，和表现了同样巨大的历史合理性。也因是之故，他们与陈独秀等人间的分歧与辩难，相反相成，实构成了新文化运动的内驱力。

要言之，战后欧洲反省社会文化危机的两大取向，即社会主义与反省现代性，都影响到了中国的思想界。学术界已有的研究，多关注前者，这是必要的，且成果丰硕；但于后者，实未予应有的重视。如前所述，从反省现代性的视角透视陈独秀，显然有助于我们更加深入和全面地理解与把握包括陈独秀在内的整个新文化运动。

第八章　从反省现代性到服膺马克思主义
——李大钊、陈独秀思想新论

李大钊、陈独秀作为新文化运动的主将，其转向服膺马克思主义，人多耳熟能详；但是，已有的研究显然忽略了他们实现这一转变的重要思想铺垫，乃在于接受西方反省现代性思潮的影响。而忽略了这一点，我们对于二人思想发展脉络的理解与把握，便很难说是全面的。

本文拟集中探讨李大钊、陈独秀在转向马克思主义过程中与反省现代性思潮的关系，以就正于贤者。

一、从不认同到认同

欧战前后，西方现代思潮发生了深刻的变动。其主要取向有二：一是马克思主义主张社会主义革命，俄国十月革命是其善果；二是非理性主义思潮的兴起，主张反省现代性。前者固不待言，后者所谓现代性，提指自启蒙运动以来，以征服自然和追求效益为目标的系统化的理智运用过程。西方自 18 世纪尤其是 19 世纪以降，随着自然科学的发展，理性主义空前高涨，人们相信"科学万能"，理性足以解决人类社会的一切问题，越来越陷于机械论，而漠视人的精神家园。但欧战惨绝人寰，却引发了"理性危机"，反省现代性的非理性主义思潮因之兴起。人们反对"机械的人生观"，强调重新关注人的精神世界，包括情感、意志与信仰。所以，尼采提出著名的主张："重新估定一切价值。"20 世纪初，以柏格森为代表的生命哲学，强调直觉、"生命创化"与"精神生活"，风靡一时，则标志着反省现性的非理性主义思潮的高涨。它反映了欧人对自身文化的反省，同时也对西方现代思潮的发展产生了深远的影响。①

欧战前，西方反省现代性思潮先后传到日本与中国。1916 年 1 月民质

---

① 参见拙文：《欧战前后国人的现代性反省》，载《历史研究》，2008（1）。

说：自己十年间先后游英、日，发现两地学人于柏格森、倭铿的学说，皆趋之若鹜，迻译解说，纤悉靡遗。① 1917 年章士钊在日本中国留学生"神州学会"，作题为《欧洲最近思潮与吾人之觉悟》的演讲，也说到：近十多年来，柏格森与倭铿的学说风靡世界，在日本，甚至中学生也无不知有创造进化精神生活诸名义，"而吾国则顽然无所知"。② 二人不约而同，都强调十多年前即 20 世纪初年，日本已盛行西方的反省现代性思潮。如果我们注意到鲁迅早在 1908 年（1907 年写就）就已在留学生刊物《河南》上发表《文化偏至论》一文，批评西方 19 世纪的文明迷信"物质万能"，而无视人的情意，陷于"偏至"，足见上述二人所论不差。③

1913 年李大钊留学日本，同时参与章士钊编辑《甲寅》杂志的工作。1914 年陈独秀应章士钊之邀赴日，也参与了编辑的工作。二人都是在日本最初接触到了反省现代性思潮。陈独秀赴日不久，即在同年《甲寅》第 1 卷上发表了《爱国心与自觉心》一文。是文虽表达了强烈的追求民主的意识，但同时也流露了过多的悲观消极情绪。李大钊针对其文，写了《厌世心与自觉心》。值得注意的是，李大钊在是文中藉以鼓励陈独秀重新振奋起来的理论依据，恰恰是柏格森的生命哲学。他说："故吾人不得自画于消极之宿命说，以尼精神之奋进。须本自由意志之理，进而努力，发展向上，以易其境，俾得适于所志，则 HenriBergson 氏之'创造进化论'尚矣。"④ 是文发表的时间是 1915 年 8 月 10 日，足见，二人在日本接触反省现代性思潮，一定是在这个时间之前。一个多月后，即同年 9 月 15 日，《新青年》创刊。陈独秀在创刊号的开篇大作《敬告青年》中，正是借重了尼采和柏格森诸人的思想，以激励青年。例如，在是文的"自主的而非奴隶的"标题下，他写到："德国大哲尼采别道德为二类：有独立心而勇

---

① 民质：《倭铿人生学大意》，载《东方杂志》，第 13 卷第 1 号，1916-01-10。

② 行严：《欧洲最近思潮与吾人之觉悟》，载《东方杂志》，第 14 卷第 12 号，1917-12-15。

③ 鲁迅：《文化偏至论》，见《鲁迅全集》，第 1 卷，54 页，北京，人民文学出版社，1982。

④ 李大钊：《厌世心与自觉心》，见《李大钊选集》，31 页。

敢者曰贵族道德，谦逊而服从者曰奴隶道德"；在"进步的而非保守的"标题下，他又写道："自宇宙之根本大法言之，森罗万象，无日不在演进之途，万无保守现状之理；特以俗见拘牵，谓有二境，此法兰西当代大哲柏格森之创造进化论所以风靡一世也"；在"实利而非虚文的"标题下，他又这样说："最近德意志科学大兴，物质文明，造乎其极，制度人心，为之再变。举凡政治之所营，教育之所期，文学技术之所风尚，万马奔驰，无不齐集于厚生利用之一途。一切虚文空想之无裨于现实生活者，吐弃殆尽。当代大哲，若德意志之倭根，若法兰西之柏格森，虽不以物质文明为美备，咸揭橥生活问题，为立言之的。生活神圣，正以此次战争，血染其鲜明之旗帜。欧人空想虚文之梦，势将觉悟无遗。"① 1916 年 11 月，他在《当代二大科学家之思想》中更明确指出，柏格森哲学代表了欧洲最新的思潮："法兰西之数学者柏格森氏，……非难前世纪之宇宙人生机械说，肯定人间意志之自由，以'创造进化论'为天下倡，此欧洲最近之思潮也。"② 这年夏，李大钊归国参加新文化运动，8 月发表《介绍哲人尼采》，更进一步强调反省现代性思潮对于中国青年的意义。他写到：尼采思想"以意志与创造为中心要素，以立主我思想之基础，极力攻击十九稘凡俗主义、物质主义"，"而欲导现代文明于新理想主义之域。其说颇能起衰振敝，而于吾最拘形式，重因袭，囚锢于奴隶道德之国，尤足以鼓舞青年之精神，奋发国民之勇气"。③ 陈独秀重新奋起发动新文化运动，是否直接受到了李大钊的影响，可不置论；但是，新文化运动从一开始便与反省现代性思潮结下了不解之缘，是显而易见的。

　　毫无疑义，新文化运动主张科学与民主，其根本取向在于追求现代性。陈独秀与李大钊作为运动的两员主将，他们都只是借重反省现代性的某些合理内核，尤其是意志论，以彰显新文化运动，而非从根本取向上认同反省现代性思潮。1917 年初陈独秀曾明确表示，自己对于柏格森、倭铿诸人的精神与人格，深为钦佩；但是，并不赞成他们的学说："惟其自身

---

① 陈独秀：《敬告青年》，见《独秀文存》，5、8 页。

② 陈独秀：《当代二大科学家之思想》，见《独秀文存》，56 页。

③ 李大钊：《李大钊文集》（上），188～189 页。

则不满其说，更不欲此时之中国人盛从其说也。"这原因即在于国情不同，西方科学与物质文明十分发达，而"以中国人之科学与物质文明过不发达故"。① 注重国情而不赞成盲目照搬西方，此种可贵的精神当是二人的共同点；但是，自此以后，在很长的一段时间里，他们对于反省现代性的态度却存在着明显的差异：前者趋于绝对，因噎废食，深闭固拒；后者则继续保持积极吸纳的态度，并藉以调谐自己的新文化主张。这只要看看陈独秀质问《东方杂志》，不容怀疑西方文明；② 而李大钊的《今》、《东西文明根本之异点》、《现在与将来》、《"今"与"古"》等一系列文章，却依然徜徉着生命哲学的流风余韵，③ 就不难理解这一点。也惟其如此，二人对一些新文化的具体主张便不能不产生分歧。这集中表现为对其时争论甚大的文化调和论和对中西文化的看法，大相径庭：

人所共知，陈独秀强调不塞不流，不止不行，"新旧之间，绝无调和两存之余地"，④ 并斥文化调和论乃"不祥的论调"。⑤ 与之相反，李大钊却强调"调和之美"。为此，他接连发表了《调和之美》、《辟伪调和》、《调和之法则》、《调和剩言》等文。李大钊主张文化调和论，其重要的理论依据正源于柏格森的生命哲学。西方反省现代性的一个重要论点，就是指斥理性主义摧毁了传统。生命哲学强调宇宙是一个生命的"大奔流"，其"冲动"、"流转"、"绵延"，呈现的也正是新旧的嬗递与有机的统一，而非彼此的对立与决绝。罗素评论说：柏格森的"纯粹绵延把过去和现在

---

① 陈独秀：《答俞颂华》，见《独秀文存》，674 页。

② 1918 年他两次撰文质问《东方杂志》，都提出同一问题："'此次战争，使欧洲文明之权威，大生疑念。'此言果非梦呓乎？敢问。"（《质问〈东方杂志〉记者》，见《独秀文存》，188 页）

③ 例如，李大钊在《今》中写道："照这个道理讲起来，大实在的瀑流永远由无始的实在向无终的实在奔流。吾人的'我'，吾人的生命，也永远合所有生活上的潮流，随着大实在的奔流，以为扩大，为以继续，以为进转，以为发展。故实在即动力，生命即流转。"（《李大钊选集》，95 页）视宇宙为生命的大奔流，无始无终，这正是典型的生命哲学的语言。

④ 水如编：《陈独秀书信集》，103 页。

⑤ 陈独秀：《调和论与旧道德》，见《独秀文存》，563 页。

做成一个有机整体，其中存在着相互渗透，存在着无区分的继起"。① 章士钊是文化调和论的始作俑者。他早年在《甲寅》首倡此说，后来发表的《新时代之青年》一文更径直引发了争论，而其立论的基础，也正是柏格森"动的哲学"："宇宙最后之真理，乃一动字，自希腊诸贤以至今之柏格森，多所发明。柏格森尤为当世大家，可惜吾国无人介绍其学说。总之时代相续，状如犬牙，不为栉比，两时代相距，其中心如两石投水，成连线波，非同任何两圆边线，各不相触。"② 时在日本的李大钊不仅接受了生命哲学的影响，而且认同章的调和论观点。他反复阐述自己的观点："我却确信过去与将来，都是在那无始无终、永远流转的大自然在人生命上比较出来的程序，其实中间都有一个连续不断的生命力。一线相贯，不可分拆，不可断灭。我们不能划清过去与将来，截然为二。完成表现这中间不断的关系，就是我们人生的现在。"③ 在李大钊看来，宇宙是一个无始无终的生命统一体，其间虽有新旧，即过去、现在与将来的分别，但那只能体认为一以贯之的宇宙生命力的"绵延"过程，而非断裂。这与章士钊的"两石投水"说相通，其调和论的主张同样也染上了生命哲学的印记。

在新文化运动的语境下，文化调和论的提出，在逻辑上不仅为主张新旧文化，而且为主张中西文化的融合，预设了理论前提。所以，陈独秀反对文化调和论，同时也强调中西文化不容两立，并反对质疑西方文化。1918 年他两次撰文质问《东方杂志》，都提出同一问题："'此次战争，使欧洲文明之权威，大生疑念。'此言果非梦呓乎？敢问。"④ 反之，李大钊则明确主张中西文化调和。不过，这有一个变化的过程。1917 年 4 月，他在《动的生活与静的生活》一文中，是主张将"静的"中国文明全然改造成西方式的"动的"文明。他写道："吾人认定于今日动的世界之中，非创造一种动的生活，不足以自存。"他希望青年人肩负起此一使命，"俾我国家由静的国家变而为动的国家，我民族由静的民族变而为动的民族，我

---

① ［英］罗素：《西方哲学史》，下卷，352 页。

② 章士钊：《新时代之青年》，载《东方杂志》，第 16 卷第 11 号，1919-11-15。

③ 李大钊：《李大钊选集》，165 页。

④ 陈独秀：《质问〈东方杂志〉记者》，见《独秀文存》，188 页。

之文明由静的文明变而为动的文明，我之生活由静的生活变而为动的生活；勿令动的国家、动的民族、动的文明、动的生活，为白皙人种所专有；以应兹世变，当此潮流"。① 在这里，西方"动的文明"并无瑕疵，自然更没有中西文化调和的意思。但是，第二年在《东西文化根本之异点》中，他的见解却有了重大的变化。现在李大钊强调，中西文化因地理及历史的缘故，形成了"主静"、"主动"各自特色的两大区域性文化，二者互有长短，"必须时时调和，时时融会，以创造新生命，而演进于无疆"。其主张调和，自非将中国"静的文明"改易为西方"动的文明"，而是"当虚怀若谷以迎受彼动的文明，使之变形易质于静的文明之中，而别创一生面"。② 同时，此一观点在展开的过程中，其借助反省现代性的视角，同样是十分清晰的。例如，他说：西方文明"疲于物质之下"，东方文明之所长，"则在使彼西人依是得有深透之观察，以窥见生活之神秘的原子，益觉沉静与安泰。因而起一反省，自问日在物质的机械的生活之中，纷忙竞争，创作发明，孜孜不倦，延人生于无限争夺之域，从而不暇思及人类灵魂之最深问题者，究竟为何？"③ 在这里，西方"动的文明"不仅有所短，而且恰恰有待中国"静的文明"的优长来补偏救弊了。当然，他并未因此将中西文化等量齐观，尤其反对隆中抑西的误导。所以，他说，西洋文明之是否偏于物质主义的弱点，需要吸收东洋文明的长处，是一个问题；而当今中国的当务之急，在于借鉴西洋文明的长处，则是另一个问题。"时至今日，吾人所当努力者，惟在如何以吸收西洋文明之长，以济吾东洋文明之穷。""断不许舍己芸人，但指摘西洋物质文明之疲穷，不自反东洋精神文明之颓废。"④ 由上可知，李大钊虽然与陈独秀一样，都看到了中国落后的国情，因而坚持了新文化运动追求现代性的根本方向；但前者肯定了中西文化各有长短和中西文化调和的必然性，其与后者不愿正视西方文化的弱点，简单否定中国文化的偏激倾向，便有了明显的分别。换言之，由

---

① 李大钊：《李大钊文集》（上），440 页。
② 李大钊：《东西文明根本之异点》，见《李大钊文集》（上），560 页。
③ 同上。
④ 同上书，566～567 页。

于李大钊积极吸纳了反省现代性合理的内涵，他的许多新文化主张，便显得更加实事求是、冷静、稳妥。

但是，需要指出的是，1920年初陈独秀的思想也开始发生了重要的变动。这首先便是：他开始正视欧洲的反省现代性思潮。是年1月，他在《自杀论》长文中，第一次考察了欧洲现代思潮的变动，将欧洲"思潮底趋势"分为："古代思潮"（"纯理性的"、"天上的、""神的"、"理想万能"）；"近代思潮"（"本能的"、"地上的"、"物的"、"科学万能"）；"最近代思潮"（"情感的"、"人生的"、"科学的理想万能"）。他接着写道：

> 古代的思潮过去了，现在不去论他。所谓近代思潮是古代思潮底反动，是欧洲文艺复兴底时候发生的。19世纪后半期算是他的全盛时代，现在也还势力很大，在我们中国底思想界自然还算是新思潮。这种新思潮，从他扫荡古代思潮底虚伪、空洞、迷妄的功用上看起来，自然不可轻视了他；但是要晓得他的缺点，会造成青年对于世界人生反动无价值无兴趣的感想。这种感想自然会造成空虚、黑暗、怀疑、厌世，极危险的人生观。这种人生观也能够杀人呵！他的反动，他的救济，就是最近代的思潮，也就是最新的思潮。……最近思潮虽然是近代思潮底反动，表面上颇有复古的倾向，但他的精神，内容都和古代思潮截然不同，我们不要误会了。[1]

这段话有三点值得注意：其一，陈独秀所谓源于文艺复兴运动，主张"科学万能"，并于19世纪末达到全盛的"近代思潮"，无疑是指欧洲自18世纪以来一直凯歌猛进，而于19世纪末陷于衰微的理性主义。其二，他所谓作为"近代思潮"的反动与救济，强调"情感"与"人生"的"最近代最新的思潮"，实际上就是西方反省现代性思潮。[2] 其三，日本研究思想史

---

[1] 陈独秀：《独秀文存》，276～277页。

[2] 参见拙文：《陈独秀与反省现代性思潮（下）》，载《河北学刊》，2008（1）。

北京师范大学史学探索丛书

的著名学者丸山真男曾指出：像中国、日本这样后进国家，当初在引进欧洲思想时是受高度的目的性支配的，即都"带有一定的问题意识，把西欧思想作为解决问题的道具来引进"。所以，"当时的人们或思想家努力从一定的现状中提取出问题，并自觉地去设法解决这些问题。在这个过程中，必然会产生出新的思想"。① 上述陈独秀强调"近代思潮"在中国虽然仍算"新思潮"，还有扫荡古代思潮的功用，但毕竟有它的弱点，会误导青年，甚至也会"杀人"；并说"主张新思潮运动的人要注意呵！要把新思潮洗刷社会底黑暗，别把新思潮杀光明的个人加增黑暗呵"！这说明，他已"从一定的现状中提取出问题"，解决的思路似乎也有了，这就是超越"近代思潮"，接受"最近代的思潮"。在这里，"必然会产生出新的思想"当是：陈独秀不仅开始反省自己一直尊崇的西方 19 世纪文明，而且，同时也在反省此前新文化运动的整个思想指导。对他来说，追求现代性固然不应放弃，但是，如何实现现代性，反省现代性显然也成为了一种重要的选项；也正因为如此，他才会寄语同仁：我们所面临的时代是"思想变动的时代"，也是"很可乐观的时代"。"古代思潮教我们许多不可靠的希望，近代思潮教我们绝望，最近代思潮教我们几件可靠的希望"。所以，"主张新思潮运动的人，却不可因此气馁，这是思想变动底必经的阶级"。② 将正视反省现代性看作思想进步必须经历的"阶级"，陈独秀的思想显然已超越了此前的"近代思潮"，即 19 世纪的资本主义文明。

总之，《自杀论》是代表陈独秀思想发生新变动有标志性意义的重要文章，但遗憾的是，长期以来却没有引起论者应有的重视，倒是其时感觉敏锐的梁漱溟，注意到了这一点。他说：陈独秀的思想原先"全部都是与西方十八九世纪思想一般无二"，即崇信理性主义的机械的人生观；但是，近来他的思想却开始发生了明显的变化：在《自杀论》中，"他说，最近代思想是很像要复古，但他相信是不会复古，不过其与近代思想多相反，则是他承认的。我们看，他以前的思想就是他此处所说的近代思想，那么

---

① ［日］丸山真男：《日本的思想》，93～94 页。

② 陈独秀：《自杀论》，见《独秀文存》，277 页。

陈先生思想的变动不是已经宣布了吗?"① 梁漱溟的观察并没有错,只是他所谓的"变动"仅指归趋反省现代性,却未必准确;因为,1920 年初陈独秀的思想发展正处于摇摆的过程中,归趋反省现代性只是可能的选项之一,而他最终却是转向了马克思主义。

人所周知,李大钊转向马克思主义略早于陈独秀。这两位近代中国最早皈依马克思主义的资产阶级民主主义者,彼此都先期经历了反省现代性思潮的洗礼,这不是偶然的;事实表明,后者正构成了他们转向服膺马克思主义重要的思想铺垫。

二、反省现代性与服膺马克思主义

19 世纪末 20 世纪初,西方现代思潮变动所呈现的两大取向,即社会主义革命与反省现代性,虽然有质的区分,但是,二者无疑都反映了人们对于资本主义的反省。也因是之故,它们传到中国,其互相发明,也有力地增强了国人对西方资本主义的质疑,从而多归趋同情社会主义。当时有人写道:"一年以来,社会主义底思潮在中国,可谓风起云涌。"② 只是,问题一旦归结到具体的实践层面,人们的思想又不免重归异趋,分道扬镳。所以,毫不足奇,蔡元培、梁启超诸人尽管不同程度都认同反省现代性和同情社会主义,但是,却都不赞成马克思主义;而李大钊、陈独秀则转向服膺马克思主义,从而异军突起,为新文化运动开辟了新的方向。对后者而言,反省现代性又恰恰构成了他们转向服膺马克思主义重要的思想铺垫。

李大钊的社会历史观由"灵肉二元"论转向物质一元论,就生动地反映了这一点。1916 年李大钊发表《第三》一文,首次提出"灵肉一致"的"'第三'文明"说。他写道:"第一文明偏于灵;第二文明偏于肉;吾宁

---

① 梁漱溟:《东西文化及其哲学》,见《梁漱溟全集》,第 1 卷,514 页。
② 潘公展:《近代社会主义及其批评》,载《东方杂志》,第 18 卷第 4 号,1912-02-25。

欢迎'第三'之文明。盖'第三'之文明，乃灵肉一致之文明，理想之文明，向上之文明也。"① 这自然不是偶然的。20世纪初年，时人多称西方文明为"物质文明"（"肉"），称东方文明为"精神文明"（"灵"）。长期以来，论者多斥之为隆中抑西、复古倒退，实属误解。事实上，此种说法乃西人的夫子自道，它本身就是欧战前后西人反省现代性的一个重要论点。②他们指斥19世纪以来的欧洲文明，崇尚机械的人生观，物欲横流，道德衰堕。柏格森、倭铿所以强调"精神生活"，也正缘于此。时人的上述说法，无非是在延用西说而已。所以，其进李大钊提出"第三"文明说，显然是与反省现代思潮相通。不仅如此，他还进而将之与迎受俄国革命对接，"'第三'文明"说复成为了他转而"以俄为师"重要的思想先导。1918年7月，他在《东西文明根本之异点》中说：东洋文明是为"主静的"、"直觉的"、"精神的"、"灵的"；西洋文明为"主动的"、"理智的"、"物质的"、"肉的"。"东洋文明既衰颓于静止之中，而西洋文明又疲命于物质之下，为救世界之危机，非有第三新文明之崛起，不足以渡此危崖。俄罗斯之文明，诚足以当媒介东西之任。"③ 在他看来，俄国革命开创了人类新的文明，它体现了东西文明"灵肉"的结合，正是他所憧憬的"'第三'文明"。所以，他在同一天发表的另一篇文章《法俄革命之比较观》中，说得更加明白："今俄人因革命之风云，冲决'神'与'独裁君主'之势力范围，而以人道、自由为基础，将统制一切之权力，全收于民众之手。世界中将来能创造一兼东西文明特质，欧亚民族天才之世界的新文明者，盖舍俄罗斯人莫属。"④

"五四"后，他迅速转向马克思主义，但在这一过程中，包括灵肉二元论在内，反省现代性的观点仍然为其最终归趋唯物史观，提供了有力的支撑。例如，在著名的《我的马克思主义观》一文中，李大钊说：人们所

---

① 李大钊：《李大钊文集》（上），184页。

② 参见拙文：《欧战前后国人的现代性反省》，载《历史研究》，2008（1）。

③ 李大钊：《李大钊文集》（上），560页。

④ 同上书，575页。

以“深病”马克思主义，“都因为他的学说全把伦理的观念抹杀一切，他那阶级斗争说尤其足以使人头痛”。但是，实际上马克思并非没有注意到个人追求博爱与互助的高尚愿望的存在，只是他看到了，此种良善的愿望受立足于阶级对立的经济结构的压抑，终无由实现。马克思将此期的历史归于人类的“前史”，断定它将随着阶级斗争的最后终结而终结，而认其后将是真正历史的开端。“马氏所谓真正历史，就是互助的历史，没有阶级竞争的历史。”“这是马氏学说中所含的真理。”人所共知，发现阶级斗争的存在，并非始于马克思，他的主要贡献是在于指出了由此必然导致的无产阶级专政。很显然，李大钊对马克思主义的理解尚未真正到位。所以，他认为，“当这过渡时代”，人类在前史中所浸染的恶习，不可能“单靠物质的变更”来铲除，“这是马氏学说应加救正的地方”。不过，李大钊并不因之动摇自己对马克思主义的信仰，相反，他极力借助反省现代性的观点，“救其偏弊”，目的是在于更加坚定自己的信念。他说：“近来哲学上有一种新理想主义出现，可以修正马氏的唯物论，而救其偏弊。”① 这里所谓的“新理想主义”，实际上就是指西方反省现代性思潮，② 他将之概括为具体的“物心两面的改造，灵肉一致的改造”。③ 李大钊写道：“精神改造的运动，就是本着人道主义的精神，宣传‘互助’、‘博爱’的道理，改造现代堕落的人心，使人人都把‘人’的面目拿出来对他的同胞；把那占据的冲动，变为创造的冲动；把那残杀的生活，变为友爱的生活；把那侵

① 李大钊：《李大钊选集》，193～194 页。
② 有的论者以此言之后有“各国社会主义者，也都有注重于伦理的运动”的话，认定李大钊所谓的“新理想主义”是指第二国际修正主义者所提出的“伦理社会主义”。这值得商榷。实则，1916 年李大钊即在《介绍哲人尼杰》中，肯定了尼采批评欧洲 19 世纪的文明是“凡俗主义、物质主义之文明”，并称赞他“欲导现代文明于新理想主义之域”（李大钊：《李大钊文集》（上），188～189 页）。足见，他是认为尼采思想所代表的正是欧洲出现的“新理想主义”。同时，第二国际的伦理社会主义，在广义上也正应当看成同样是受此一思潮影响的结果。此外，1920 年初，陈独秀也曾指出，欧洲反省现代性思潮是代表“新理想主义”的“最新的思潮”（《自杀论》，见陈独秀：《独秀文存》，276～277 页）。
③ 李大钊：《李大钊选集》，194 页。

夺的习惯，变为同劳的习惯；把那私营的心理，变为公善的心理。这个精神的改造，实在是要与物质的改造一致进行，……因为人类在马克思所谓'前史'的时期间，习染恶性很深，物质的改造虽然成功，人心内部的恶，若不铲除净尽，它在新社会新生活里依然还要复萌，这改造的社会组织，终于受它的害，保持不住。"① 这里的所谓"把那占据的冲动，变为创造的冲动"，正是被蔡元培、梁启超、梁漱溟诸人广为征引的罗素反省西方文明的名言；而所谓"改造现代堕落的人心"，更是杜亚泉、梁启超等人借以批评西方文明的标准用语，李大钊的"灵肉"、"心物"改造说浸润着反省现代性的精神，不是很清楚吗？由是足见，反省现代性的视野如何构成了他迈向唯物史观的重要阶梯。迨 1919 年底 1920 年初，李大钊发表《物质运动与道德运动》、《由经济上解释中国近代思想变动的原因》诸文，开始自觉强调从物质经济的原因解说道德思想的变动，是其思想最终超越"灵肉"、"心物"二元论即反省现代性的视野，臻至物质一元论即成熟的唯物史观更高境界的重要标志。1920 年底，李大钊在《唯物史观在现代史学上的价值》一文，进一步写道："这些唯心的解释的企图，都一一的失败了……（唯物史观）这种历史的解释方法不求其原因于心的势力，而求之于物的势力，因为心的变动常是为物的环境所支配。"② 这时的李大钊，无疑已是一位成熟的马克思主义者了。

同样，欲理解陈独秀思想的转变，也不能忽视其反省现代性的思想支点。"1920 年初，是陈独秀向马克思主义者飞跃前进的时期。"③ 但是，这又是其思想摇摆的时期。尽管据张国焘回忆，是年 2—4 月间，他在与北京学生联合会代表罗家伦等人会见时，曾说到要"宣传马克思主义，表示中国必须走俄国革命的道路，彻底推翻军阀主义"；④ 但是，同年 3 月 10 日，他在《马尔塞斯人口论与中国人口问题》中却又认为，马克思主义并非

---

① 李大钊：《"少年中国"的"少年运动"》，见《李大钊选集》，236 页。
② 李大钊：《李大钊选集》，337 页。
③ 任建树：《陈独秀传》（上），179 页。
④ 转引自唐宝林、林茂生：《陈独秀年谱（1879—1942）》，115 页。

"包医百病的学说",① 有害于学术思想的发展，就说明了这一点。许多论者都看到了这一点，但遗憾的是，都未曾指出：其时陈独秀的思想毕竟已是站立在了反省资本主义的基础上了。如前所述，同年1月他已明确指出，自己原先崇信的西方19世纪的文明即"近代思潮"或叫"新思潮"，"也能够杀人"。它已成明日黄花，并为"最近代的最新的思潮"即反省现代性思潮所代替了。甚至晚到4月初，他还在批判欧洲"机械的人生观"，强调人类"生活活动的本源"，是在"本能上的感情冲动"，② 而不应一味信从知识理性。从广义上看，这也是陈独秀的一种"灵肉"二元论。所以，后来在"科玄之争"中，陈独秀就明确批评胡适"离开了物质一元论"，而陷于"心物二元论"。他说："思想知识言论教育，自然都是社会进步的重要工具，然不能说他们可以变动社会解释历史支配人生观和经济立在同等地位"。③ 胡适既将"心、物"等量齐观，以为都是社会变动的原因，便不免与主张"心物二元"论的张君劢诸人，殊途同归，同流合污了。对于梁启超责难唯物史观无非是倡导"机械的人生观"，他则作这样的说明："这大概是因为他不甚注意近代唯物论有二派的缘故：一派是自然科学的唯物论，一派是历史的唯物论；机械的人生观属于前一派，而后一派无此话。"④ 这也就是说，反省现代性所指责的"机械的人生观"，属于理性主义思潮下的唯科学主义，而与马克思主义的唯物史观无涉。如此明快的观点，表明陈独秀同样是超越了反省现代性，而最终皈依马克思主义。

与李大钊一直保有反省现代性的视野，并于1917年十月革命后即开始稳步转向马克思主义不同；陈独秀从拥有反省现代性的思想支点到最终转向马克思主义，其间过于急促，因之，前者的展开及其为后者提供思想铺垫似不如李大钊显得充分；但是，尽管如此，在陈独秀的思想进路中，反

---

① 陈独秀：《独秀文存》，288页。

② 陈独秀：《新文化运动是什么?》，见林茂生等编：《陈独秀文章选编》（上），513～514页。

③ 陈独秀：《答适之》，见林茂生等编：《陈独秀文章选编》（中），379～380页。

④ 陈独秀：《答张君劢及梁任公》，见蔡尚思主编：《中国现代思想史资料简编》，第2卷，65页。

省现代性又并非仅仅是提供了一个被超越的新的思想支点，而是同时也为他坚持选择和论证社会主义的正义性，提供了思想武器。例如，他在致书罗素，强调中国教育与工业的发展不能重蹈资本主义的覆辙，只能选择社会主义时说："有一件要讨论的事，就是仍旧用资本主义发达教育及工业，或是用社会主义？我个人的意见，以为资本主义虽然在欧洲、美洲、日本也能够发达教育及工业，同时却把欧、美、日本之社会弄成贪鄙欺诈刻薄没有良心了"。"幸而我们中国此时才创造教育、工业资本制度还未发达的时候，正好用社会主义来发展教育及工业，免得走欧、美、日本底错路。"①陈独秀揭露资本主义"贪鄙欺诈刻薄没有良心"，显然是借重了反省现代性的批判锋芒。其实，李大钊对此也十分自觉。他强调指出，社会主义较之资本主义更加适合人性的发展，因而也更加合理。他说：资本主义社会的尔虞我诈和残酷竞争，"使人类入于悲惨之境，此种竞争，自不可以"。为了进步与发展的需要，社会主义也会有竞争，但那是"良好的竞争，是愉快而有味，无不可以行之"。他强调资本主义抹杀个性，必然造成机械的人生观，从而压抑人们的美感与艺术创作。他引西方学者的话说："此冷酷资本主义"，"使人生活上，渐趋于干燥无味之境"。按罗素的说法，人的冲动分为"占有的冲动"与"创造的冲动"两种，资本主义恰恰是鼓励前者而抑制了后者，造成整个社会唯利是图，物欲横流，精神萎缩，"毫无美感之可言"，最终阻碍了艺术的发展。相反，在社会主义社会，艺术从"尊重人格根本观念出发"，可以更加充分地"表现人的感情"。② 李大钊特别强调，现在社会主义的俄国"极重美学"，戏剧也十分发达，已经说明了这一点。

---

① 水如编：《陈独秀书信集》，95 页。

② 李大钊：《社会主义与社会运动》，见《李大钊文集》（下），374、378、380、382 页。

三、西方现代思潮变动影响中国的必然结果

欧战前后，中西方都各自面临着"重新估定一切价值"的时代。但是，因时代的落差，当中国的新文化运动热衷于以欧洲 19 世纪的文明为范本，猛烈批判传统文化之时，欧洲人却正致力于反省自己的资本主义文明，其反省现代性与社会主义思潮的并兴，不仅标志着西方现代思潮发生了深刻的变动，而且，二者东传也给其时中国新文化运动的发展带来了深刻的影响。探究李大钊、陈独秀这两位新文化运动的主将，由反省现代性转归服膺马克思主义的思想进路，既为进一步研究二者的思想所必需，同时也恰成为了我们今天进一步理解与把握 20 世纪初年中国社会文化思潮变动，十分有价值的切入点。

蒋梦麟在《西潮》一书中，谈到"五四"前后知识分子的思想变化时，说："大体而论，知识分子大都循着西方民主途径前进，但是其中也有一部分人受到 1917 年俄国革命的鼓励而向往马克思主义。"[①] 作为其时知识分子一般的大趋向，此种描述固然不错；但是，欲进一步探讨个人的具体思想进路，就难免显得笼统了。丸山真男曾就思想史研究的方法论问题，提出了一个十分重要的观点，即强调必须重视一种思想提出时所包含着的多种可能性。他说："所谓注重观察思想创造过程中的多重价值，就是注目其思想在发端时，或还未充分发展的初期阶段所包含的各种要素，注目其要素中还未充分显示的丰富的可能性。"[②] 同样，我们必须注意西方同一思想传到中国，其影响所至，在不同人的身上可引起的多重价值和多样发展的可能性。我们注意到，就反省现代性而言，它至少显示了三种可能性：其一，在新文化运动初期，以陈独秀、李大钊为代表，一些新文化运动的主将们借重其强调奋进与生命冲动的意志论，着力彰显了新文化运动追求现代性和反传统的锋芒；其二，以杜亚泉、梁启超、梁漱溟为代表，藉反

---

① 蒋梦麟：《西潮》，115 页，沈阳，辽宁教育出版社，1997。
② ［日］丸山真男：《日本的思想》，96 页。

省现代性,却是主张重新审视中西方文化关系,尤其呼吁必须重视中国文化久被轻忽的自身价值;其三,"五四"前后,同样以陈独秀、李大钊为代表,反省现代性又成为了他们最终归向马克思主义重要的思想铺垫。

需要特别指出的是,反省现代性思潮固然与马克思主义有质的区分,不容混淆;但是,由于二者皆源于对资本主义的批判,因之彼此又存在相通之处,是不言而喻的。也惟其如此,国人主张反省现代性者,多对社会主义持同情的态度,却是必须注意到的。梁启超诸人普遍关注西方社会劳资尖锐对立和工人阶级的悲惨命运,并对社会主义与俄国革命深表同情。不仅如此,他们虽然主张藉提升精神生活以构建"合理的人生",但也深感到不改革东西方现存的不合理的社会制度,将不免于空谈。所以,梁漱溟甚至这样说:"这种经济制度和我倡导的合理人生态度,根本冲突。在这种制度下,难得容我们本着合理的人生态度去走"。"只有根本改革这个制度,而后可行"。"这便是中国虽没有西洋从工业革新以来的那一回事,而经济制度的改正,依旧为问题的意义了。所以社会主义的倡说,在中国并不能算是无病呻吟"。① 由此足见,反省现代性与"五四"后马克思主义、社会主义在中国的传播,实际上并非对立,其能构成李大钊、陈独秀最终归向马克思主义的思想铺垫,也自有其内在的必然性。但是,同样主张反省现代性的梁启超诸人,终究与李大钊、陈独秀异趣,不赞成马克思主义与社会主义,原因何在?笔者以为,二者的分际在于是否认同唯物史观。陈独秀、李大钊认同唯物史观,甚至借反省现代性观点为之辩护;而梁启超诸人对于唯物史观,却是坚决反对的。例如,梁启超就认为,所谓唯物史观就是机械论,就是相信"命定主义"。他说:"唯物史观的人们呵,机械人生观的人们呵,若使你们所说是真理,那么,我只好睡倒罢,请你也跟我一齐睡倒罢。'遗传的八字'、'环境的流年',早已经安排定了,你和我跳来跳去,'干吗'?"②

① 梁漱溟:《梁漱溟全集》,第 4 卷,738~739 页。

② 梁启超:《非"唯"》,见《饮冰室合集·文集》(41),84 页,北京,中华书局,1989。

明白了这一点，便不难理解，美国学者列文森的以下观点，显然是不正确的："一个地道的中国反传统主义者在情感上付出了昂贵的代价，因为西方太富有侵略性了，所以，五四运动中的那些不加掩饰的、非马克思主义的反传统主义者必然成为共产主义的先驱——先驱和当然的牺牲品。"① 反传统主义者与共产主义并无必然的联系，钱玄同就是一个典型的例子。同时，将近代先进的中国人转向马克思主义仅仅归结为民族的情绪使然，也并不足以说明问题。要言之，从西方资本主义文明虔诚的追随者到认同反省现代性、批判资本主义，再到皈依马克思主义与社会主义，李大钊、陈独秀思想此一共同的思想进路，既合乎其自身发展的逻辑，同时也集中代表和突显了 20 世纪初年中国社会思潮变动的鲜明主线。他们最终归向马克思主义，既是近代中国历史发展的善果，同时，也是整个西方现代思潮变动影响中国的必然结果。

北京师范大学史学探索丛书

---

① ［美］约瑟夫·列文森：《儒教中国及其现代命运》，345 页。

第九章　"理智化"的偏见：
胡适与反省现代性

19世纪末20世纪初，随着西方资本主义固有矛盾的日渐暴露，尤其是欧战创深痛巨，欧人纷纷反省自身的近代文明。此种反省除了马克思主义的社会革命论外，另一重要的取向便是反省现代性。欧洲现代思潮缘此发生深刻变动，不仅影响了西方世界，而且也影响到了正在开展新文化运动的中国。

在新文化运动主持者中，唯有胡适对反省现代性始终深闭固拒。这是耐人寻味的。马克思主义的社会革命论与反省现代性，二者虽不可同日而语，但缘于反省资本主义文明，彼此又是相通的。也惟其如此，李大钊、陈独秀得以借反省现代性作为必要的思想铺垫，最终转向马克思主义；反之，胡适既不能接受反省现代性，也就更不可能认同马克思主义，这在逻辑上也是势所必然。明白这了一点，便不难理解，"五四"后的胡适虽然仍不失为反传统的斗士，但已少了新时代的创意。胡适之"累"，不仅在于"自由主义"，还在于固执"理智化"的偏见：拒绝反省现代性，即反省近代西方资本主义文明，缘此弱化了自己的思想张力。

一、对欧洲反省现代性思潮的兴起无动于衷

依美国学者艾恺的说法，所谓现代性，是指自启蒙运动以来，以役使自然、追求效益为目标的系统化的理智运用过程。① 18世纪以降的欧洲，科学获得巨大进步，工业化浪潮汹涌，理性主义凯歌猛进。也因是之故，人们一味追求现代性，迷信科学与理性万能，浸成了普遍的社会思潮。但大战的惨绝人寰，却又令欧洲出现了"理性危机"。人们将欧战惨剧的发生，最终归结为理性对人性的禁锢。"当无情的理性把人的本质和社会系

---

① ［美］艾恺：《世界范围内的反现代化思潮：论文化守成主义》，160页。

统降低为机械系统并极力使人成为这个机械组合的一个物质成分时，怎样才能把人的个性从这个机械组合里拯救出来呢?"① 许多现代学者大声疾呼，当关注人的内心世界，重建包括情感、意志与信仰在内人类的精神家园。19 世纪末非理性主义的反省现代性思潮浸浸而起。尼采提出"重新估定一切价值"，被公认是其崛起的宣言书；20 世纪初，以柏格森、倭铿等人为代表的生命哲学，强调直觉、"生命创化"与"精神生活"，风靡一时，更是此一思潮趋向高涨的重要标志。

欧洲的反省现代性思潮，说到底，就是对资本主义文明的反省。尽管它最终不脱唯心论的窠臼，但自有其合理性。欧战前后，此一思潮也传到了中国。1920 年梁启超游欧归来及其《欧游心影录》的发表和 1921 年梁漱溟成名作《东西文化其及哲学》的出版，标志着中国反省现代性思潮趋向高涨。而其时杜威、罗素、杜里舒、泰戈尔等世界名哲先后来华讲学，则起到了推波助澜的作用。反省现代性思潮为其时的新文化运动和中国社会思潮的演进，打上了深刻的印记。②

让人深感兴味的问题是，作为新文化运动主持者之一和自由主义者，其时的胡适是如何看待反省现代性呢？

1919 年底，胡适在《新思潮的意义》一文中，引用了尼采的名言"重新估定一切价值"，以阐释自己提出的新思潮的意义只是一种新态度即"评判的态度"，这一重要的论断。他写道："尼采说现今时代是一个'重新估定一切价值'的时代。'重新估定一切价值'八个字便是评判的态度的最好解释。"③ 这是胡适第一次涉及了主张反省现代性的思想，但仅是借重其个别观点，以助益新文化运动的批判精神，而非认同其思想。所以，他在另一处评介尼采时，最后这样说："他的超人哲学虽然带着一点'过屠门而大嚼'的酸味，但他对于传统的道德宗教，下了很无忌惮的批评。'重新估定一切价值'，确有很大的破坏功劳。"④ 从总体上看，胡适对反省

① ［美］马文·佩里主编：《西方文明史》，下卷，482～483 页。
② 参见拙文：《欧战前后国人的现代性反省》，载《历史研究》，2008 (1)。
③ 胡适：《胡适全集》，第 1 卷，692 页。
④ 胡适：《五十年来之世界哲学》，见《胡适全集》，第 1 卷，354 页。

北京师范大学史学探索丛书

现代性思潮最集中，同时也是最鲜明的观点表述，主要有两处：

一是 1921 年发表的长文《五十年来之世界哲学》。其中第六节《晚近的两个支流》，集中评论了柏格森的哲学。

胡适认为，科学家基本信条是承认人的智慧的能力，但他们难免有时"于信仰理智太过了，容易偏向极端的理智主义，而忽略那同样重要的意志和情感的部分。所以在思想史上，往往理智的颂赞正在高唱的时候，便有反理智主义的喊声起来了"。故"法国的哲学家柏格森也提出一种很高的反理智主义的抗议"。从表面上看，胡适似乎客观地肯定了理性主义有所短，非理性主义有所长；但实际上，他是强调，后者充其量只是起一时补偏救弊的作用，因之于前者无伤大雅，也不可能成为重要的时代潮流。所以，他明确地强调了三点：第一，柏格森的哲学无大价值。生命哲学的核心理论，即所谓的"生命冲动"，无非是在倡导一种"盲目的冲动"而已："柏格森批评那机械的演化论，很有精到的地步。但是他自己的积极的贡献，却还是一种盲目的冲动"。第二，柏格森强调"直觉"，但这并无新意，因为包括杜威在内，许多科学家与哲学家都"早已承认'直觉'在思考上的重要位置了"。所以，"就可以明白柏格森的反理智主义近于'无的放矢'了"。第三，欧洲现代思潮也谈不上发生了重要变动。胡适在本节开头便说："这一章名为'晚近的两个支流'。我也知道'支流'两个字一定要引起许多人的不平。但我个人观察十九世中叶以来的世界思潮，自不能不认达尔文、赫胥黎一派思想为哲学界的一个新纪元。"①

很显然，胡适对于 19 世纪末 20 世纪初西方现代思潮发生变动的重要事实，熟视无睹。固然，自文艺复兴以来，西方文化思想的发展一直存在着理性主义与浪漫主义二者间的紧张，但欧战前后其最新的表现，却体现了欧人在世界观与价值观意义上带根本性的转变，从而成为了西方现代社会思潮变动的转捩点。马文·佩里在其主编的《西方文明史》中说："现代思想可以说是经历了两个广义的阶段：早期现代思想和后期现代思想。早期现代思想形成于科学革命和启蒙运动时代，推崇理性、科学、人性之

---

① 胡适：《胡适全集》，第 2 卷，381～382 页、384 页。

善，相信人类具有改造社会，使其更加美好的能力。在后来的 19 世纪末和 20 世纪初，一种新的世界观开始形成。""这些发展使欧洲意识产生了巨变：自牛顿以来就主导着西方观念的机械宇宙模式被改变了；启蒙运动关于人类理性和性善的观点遭到怀疑。"① 俄国学者达维多夫也指出，"世界观危机在 19 世纪到 20 世纪之交表现得最为明显"，"它的临床病症和代表思想，一是尼采哲学和他的'重新估定一切价值观'；二是，……'反理性'思想之一的种族主义"。② 他们都强调了现代西方社会思潮变动的重要表征，便是浪漫主义或非理性主义的反省现代性思潮的兴起。一些西方学者甚至认为，马克思主义和社会主义从广义上看，也同样属于浪漫主义的范畴；而如今的后现代主义，也正与发端于尼采的反省现代性思潮一脉相承。③ 其见解是否精当，可不置论，重要在于，人们都强调了欧战前后西方现代思潮发生的此种变动及其重要意义。足见，胡适之无动于衷，乃缺乏应有的认知。

胡适强调柏格森生命哲学无非是"支流"，意在贬抑柏格森。丁文江更为之推波助澜，他说："对于柏格森哲学的评论，读者可以看胡适之的《五十年来之世界哲学》。他的态度是很公允，然而他也说他是'盲目冲动'。"他还借罗素在京的牢骚话，进一步贬损柏格森：他的盛名是骗巴黎的时髦妇人得来的。他对于哲学可谓毫无贡献；同行的人都很看不起他。④ 然而，事实却远非如此。实际上，罗素本人在他的《西方哲学史》中，对柏格森有很高的评价：称他是"本世纪最重要的法国哲学家"。他说："我把柏格森的非理性主义讲得比较详细，因为它是对理性反抗的一个极好的实例，这种反抗始于卢梭，一直在世人的生活和思想里逐渐支配了越来

① ［美］马文·佩里主编：《西方文明史》，下卷，294 页。

② ［俄］H. 达维多夫：《二十世纪理论社会学的演变》，载《国外社会科学》，1998（3）。

③ 参见艾恺：《最后的儒家——梁漱溟与中国现代化的两难》，9 页。［美］卡尔·博格斯：《知识分子与现代性的危机》，李俊等译，225～226 页，南京，江苏人民出版社，2002。

④ 丁文江：《玄学与科学》，见张君劢等：《科学与人生观》，49 页，合肥，黄山书社，2008。

广大的领域。"① 英国学者彼得·沃森在其名著《20 世纪思想史》中，则更强调说："柏格森很可能是 20 世纪头 10 年最被人们理解的思想家，1907年后，他无疑是世界上最著名的思想家。""起初真正吸引法国人，继而吸引世界上愈来愈多人的，是柏格森坚定不移的信念：人类选择的自由和被他称之为生命冲动或生命力的存在的非科学的影响。"柏格森深深地影响了法国年轻的一代知识分子，并成为了"使西方思想摆脱 19 世纪'科学宗教'的救世主"，被认为是"解除了整个一代人的痛苦"。② 不仅如此，即便是在今天，学界也公认，柏格森哲学还影响到了其时整个资产阶级的科学文化领域，除了哲学与文学艺术，还包括数学、物理学、生物学等自然科学部门；许多资产阶级哲学流派与思潮，都打上了他的印记；甚至对工人运动也产生过很大影响。③ 需要指出的是，胡适的老师杜威，"五四"前后正应邀在华讲学，他在题为《现代的三个哲学家》的长篇讲演中，对柏格森同样也有很高的评价，强调他与其他二位即詹姆士、罗素一样，"他们的意见也是代表我们时代的意见"。④ 胡适时任翻译，却充耳不闻。他有意贬抑柏格森哲学，有失褊狭；同时，也是要表明自己对于其时以柏格森为代表的生命哲学在中国的迅速升温，大不以为然。

二是 1923 年在《〈科学与人生观〉序》中，针对梁启超的《欧游心影录》而发。

梁启超的是文具体而生动地介绍了欧洲理性主义受挫和以柏格森生命哲学为代表，反省现代性思潮的勃兴。他指出，欧洲近代科学发达，生出工业革命，造成了机械的人生观。它将一切内外生活都归于物质运动的"必然法则"之下，人类的意志不能自由，而相信科学万能，否定传统、宗教与哲学，精神失去家园，人心陷于惶恐；物欲横流，弱肉强食，强权主义盛行，终致于酿成了欧战。梁启超说：欧洲百年来物质进步巨大，但

---

① ［英］罗素：《西方哲学史》，下卷，346 页。

② ［英］彼得·沃森：《20 世界思想史》，72、74 页。

③ 参见全增嘏主编：《西方哲学史》，下册，542 页。

④ 袁刚、孙家祥、任丙强编：《民治主义与现代社会：杜威在华讲演集》，264页。

人类不仅没有得着幸福，反而带来了许多灾难。"好像沙漠中失路的旅人，远远望见个大黑影，拚命往前赶，以为可以靠他向导，那知赶上几程，影子却不见了，因此无限凄惶失望。影子是谁，就是这位'科学先生'。欧洲人做了一场科学万能的大梦，到如今却叫起科学破产来了。这便是最近思潮变迁一个大关键了。"① 1920 年初，梁启超游欧归来后发表的是文，曾在南北刊物上长时间连载，影响甚大。对此，胡适持异议，只是一时找不到合适时机发难，故暂时隐忍。1923 年，亚东图书馆主人汪孟邹将是年"科玄之争"的论战文章结集成《科学与人生观》一书出版并请他作序，这为胡适提供了一吐心中块垒的好时机。这场论战，说到底，正可以看成是反省现代性思潮在国内激起的强烈反响。胡适说："我常想，假如当日我们用了梁任公先生的《科学万能之梦》一篇作讨论的基础，我们定可以使这次论争的旗帜格外鲜明——至少可以免去许多无谓的纷争。"所言不差。也惟其如此，胡适的序文开宗明义，便是集中批评梁启超。他在长段征引了上述梁的原话后指出："梁先生在这段文章里很动情感地指出科学家的人生观的流毒：他很明显地控告那'纯物质的纯机械的人生观'把欧洲全社会'都陷入怀疑沉闷畏惧之中'，养成'弱肉强食'的现状——'这回大战争，便是一个报应'。"梁先生说欧洲"科学破产"，这是"谣言"。"自从《欧游心影录》发表之后，科学在中国的尊严就远不如前了"。"我们不能不说梁先生的话在国内确曾替反科学的势力助长不少的威风"。他的文章向来富有魅力，"何况国中还有张君劢先生一流人，打着柏格森、倭铿、欧立克……的旗号，继续起来替梁先生推波助澜呢？"他又说："我们要知道，欧洲的科学已到了根深柢固的地位，不怕玄学鬼来攻击了。几个反动的哲学家，平素饱餍科学的滋味，偶尔对科学发几句牢骚话，就像富贵人家吃厌了鱼肉，常想尝尝咸菜豆腐的风味：这种反动并没有什么大危险，那光焰万丈的科学，决不是这几个玄学鬼摇撼得动的。"②

如果说，胡适上次的表述，因缘于介绍世界哲学，故尚多限于在学术层

---

① 梁启超：《饮冰室合集·专集》（23），12 页，北京，中华书局，1989。
② 胡适：《胡适全集》，第 2 卷，198～199 页。

面上，有意贬抑柏格森生命哲学的价值；那么，他这次的表述既是缘著名的"科玄之争"而起，则是表现为在现实性上，更加直截了当和轻率地否定了反省现代性思潮的存在与意义。其一，他明确地将柏格森、倭铿诸人的反省现代性，说成是西方几个"反动的哲学家"、"玄学鬼"，平常饱尝了科学的滋味，"偶尔对科学发几句牢骚话"，"就像富贵人家吃厌了鱼肉，常想尝尝咸菜豆腐的风味"一样罢了。这既动摇不了科学的大树，也无伤大雅。此种有意的贬损与矮化，再次说明了，胡适固执己见，对于西方现代思潮正在发生的重要变动，无动于衷；其二，他实际上是借批评梁启超，指斥反省现代性思潮在其时中国的传播，无非是盲从柏格森诸人，反对科学，谣言惑众。梁启超明明在文中自注道："读者切勿误会，因此菲薄科学，我绝不承认科学破产，不过也不承认科学万能罢了。"[1] 胡适也引了这段话，却偏偏要坐实其鼓吹"科学破产"的罪名，固然有失厚道；但更主要的是，他回避了一个基本事实：欧洲是否长期存在"科学万能"即"理性万能"论，且现在正发生了根本的动摇。实则，其时留欧的学生多已报道了此一重要事实。例如，王光祈曾报道说："战前德国学术界，一自然科学之世界也。"科学排斥哲学、文学以至艺术，不遗余力，即便是柏格森、倭铿也不能免。"科学家所承认者，只有'真实'。所谓'真实'者，可以用尺子量；可以用秤称；可以用显微镜窥；可以用数字算。此外一切所谓形而上学，皆赐以荒诞不经之谧。""自然科学既握学术界霸权，所有一切思想，皆须受'科学霸王'之束缚，甚至于说一句话，做一件事，皆以是否合于科学而推断其是非。人道至此，可谓苦矣！"但物极必反，战后玄学复兴，人们返归自然，已成新潮流。[2] 颂华更进一步指出了欧人反省现代性的核心问题及其价值："欧洲人用了技术去征服世界的时候，引起他们内在的心灵方面，渐趋空虚匮乏。并且欧洲人用了机器去克制自然，他们自己也变成了机器的奴隶。所以怎样唤起精神，回复到主人翁的地位，便是欧洲人今日眼前的一个大问题。而人生的

---

① 梁启超：《饮冰室合集·专集》（23），12 页。

② 王光祈：《王光祈旅德存稿》，478 页，上海，上海书店，1996。

继续生存，或即系于这个问题的解决，亦未可知。"①

由上可知，胡适不认为欧战前后西方现代思潮发生了值得关注的重要变动，对于东西方的反省现代性思潮，皆嗤之以鼻。由此，便不难理解，何以胡适不赞成邀请柏格森、倭铿、罗素、泰戈尔诸人来华讲学。他曾致书陈独秀说："难道你不知道延聘罗素、倭铿等人的历史？（我曾宣言，若倭铿来，他每有一次演说，我们当有一次驳论。）"②

二、"理智化"的偏见

胡适对西方现代思潮的变动视而不见，对反省现代性不以为然，集中表现为对于一些重要的文化观念，固执己见，表现出令人惊讶的"理智化"的偏见。胡适说，西方近代文明就是"信仰科学的方法是万能的"的"理智化"的文明。③ 所谓"理智化"的偏见，说到底，就是在"理性万能"论基础上形成的，凡事须"拿证据来"的定势思维。以下，是其荦荦大者：

其一，关于"科学万能"论。

在新文化运动中，陈独秀诸人奉西方近代文明为圭臬，也多相信"科学万能"论。陈独秀说："科学家说人类也是自然界一物质"，"生时一切苦乐善恶，都为物质界自然法则所支配，这几句话到（应为"倒"——引者）难以驳他。"④ 耐人寻味的是，他与胡适，不约而同，都批评1923年"科玄之争"中的论战双方，皆偏离了应有的主题，而陷入了关于科学概念的纷争，结果削弱了战果。他们所强调的应有的主题，就是："科学万

---

① 颂华：《德国之中国文化研究机关——中国学社——之情况》，载《东方杂志》，第25卷第8号，1928-04-25。

② 曼海姆曾作这样的概括："马克思主义和生命主义的实在概念都来源于同一种对理性主义的浪漫主义反抗。""尽管一些历史学家一直企图用浪漫主义、反理性主义、文化保守主义、批判现代派以至文学现代派等术语来描述这一感情的种种表现。"（转引自艾恺：《最后的儒家——梁漱溟与中国现代化的两难》，9页）

③ 胡适：《我们对于西洋近代文明的态度》，见《胡适全集》，第3卷，8~9页。

④ 陈独秀：《人生真义》，见林茂生等编：《陈独秀文章选编》（上），238~239页。

能"。陈独秀说:"我们现在所争的,正是科学是否万能问题,这个问题解决了,科学是否破产便不成问题了。"而胡适、丁文江诸人恰恰未能抓住这一点,"未能说明科学对于一切人生观之权威,不能证明科学万能",结果让玄学鬼有了可乘之机。① 其实,胡适与之所见略同。当他说"假如当日我们用了梁任公先生的《科学万能之梦》一篇作讨论的基础",就可以免去许多无谓纷争,而使论争的旗帜格外鲜明时,其预设的前提便已是"科学万能"论了。不仅如此,他在《〈科学与人生观〉序》中,高调引述吴稚辉文章《一个新信仰的宇宙观及人生观》中的观点,宣扬的也正是典型的"科学万能"论:

> 我以为动植物且本无感觉,皆止有其质力交推,有其幅射反应,如是而已。譬之于人,其质构为如是之神经系,即其力生如是之反应。所谓情感、思想、意志等等,就种种反应而强为之名,美其名曰心理,神其事曰灵魂,质真言之曰感觉,其实统不过质力之相应。

> 人便是外面止剩两只脚,却得到了两只手,内面有三斤二两脑髓,五千零四十八根脑筋。比较占有多额神经系质的动物。

吴稚晖的人生观正是标准的"机械的人生观"。胡适不仅不否认这一点,而且为之叫好:"他这个新信仰正是张君劢先生所谓'机械主义',正是梁任公先生所谓'纯物质的纯机械的人生观'",拥护科学的人们应当"完全赞成他","准备为他辩护"。②

值得注意的是,蔡元培对于此种观点,恰恰表示深恶痛绝。他说:"人是何等灵变的东西,照单纯的科学家眼光,解剖起来,不过几根骨头,几堆筋肉。化分起来,不过几种原质。要是科学进步,一定可以制造生人,与现在制度机械一样。兼且凡事都逃不了因果律……竟没有一点自由。就是一人的生死,国家的存亡,世界的成毁,都是机械作用,并没有

---

① 陈独秀:《答适之》,见林茂生等编:《陈独秀文章选编》(中),376~377 页。
② 张君劢等:《科学与人生观》,18~19 页,合肥,黄山书社,2008。

自由的意志可以改变他的。抱了这种机械的人生观与世界观，不但对于自然竟无生趣，对于社会毫无爱情，就是对于所治的科学，也不过'依样画葫芦'，决没有创造的精神。"① 而这也恰与梁启超的以下批评，异曲同工："总之，在这种人生观底下，那么千千万万人前脚接后脚的来这世界走一趟住几十年，干什么呢？独一无二的目的就是抢面包吃，不然就是怕那宇宙间物质运动的大轮子缺了发动力，特自来供给他燃料。果真这样，人生还有一毫意味，人类还有一毫价值吗？"②

诚然，胡适没有直接使用"科学万能"一词，更多强调的是"科学方法万能"。例如，他说：我们不信仰上帝万能，"我们却信仰科学的方法是万能的"。③ 这既是他作为实验主义信徒的口头禅，较其实质，与"科学万能"论，也并无二致。丁文江对于何谓"科学万能"，曾作这样的解说：科学的方法在于辨别事实的真伪，"所以科学的万能，科学的普遍，科学的贯通，不在他的材料，在他的方法"。④ 足见，所谓"科学万能"论，在本来的意义上，就是指"科学方法万能"论。人们从胡适论科学与哲学的关系中，也不难理解这一点。胡适在《哲学的将来》一文中说：哲学将被"根本取消"，因为"科学不能解决的，哲学也休想解决，即使提出解决，也不过是一个待证的假设，不足于取信现代的人"。"故哲学家自然消灭"，"将来只有一种知识，科学知识。将来只有一种知识思想的方法：科学的方法。将来只有思想家而无哲学家，他们的思想已证实的便成为科学的一部分，未证实的叫做待证的假设"。⑤ 在胡适看来，将来"只有一种知识"和"一种知识思想的方法"，这便是"科学知识"与"科学的方法"；所以，科学将取代哲学。此言与以下陈独秀的主张显然是一致的："现在只应该专门研究科学，已经不是空谈哲学的时代了。西洋自苏格拉底以至杜威、罗素，印度自邬婆尼沙陀大师以至达哥尔，中国自老聃、孔丘以至康

---

① 高平叔编：《蔡元培全集》，第 4 卷，33～34 页。

② 梁启超：《饮冰室合集·专集》(23)，12 页。

③ 胡适：《我们对于西洋近代文明的态度》，见《胡适全集》，第 3 卷，11 页。

④ 丁文江：《玄学与科学》，见张君劢等：《科学与人生观》，51 页，合肥，黄山书社，2008。

⑤ 胡适：《胡适全集》，第 8 卷，7～8 页。

有为、章炳麟都是胡说乱讲，都是过去的梦话，今后我们对于学术思想的责任，只应该把人事物质一样一样地分析出来不可动摇的事实来。我以为这就是科学，也可以说是哲学。"① 胡适与陈独秀都认为，唯有实证的方法与可实证的事实，才是可相信的，形而上的哲学、宗教一类，无足重轻，且必归于消灭。这与上述战前欧洲"科学霸王"的思维："科学家所承认者，只有'真实'。所谓'真实'者，可以用尺子量；可以用秤称；可以用显微镜窥；可以用数字算。此外一切所谓形而上学，皆赐以荒诞不经之谥"，岂非如出一辙？实际上，也正是在这个意义，胡适肯定西方近代文明是"信仰科学的方法是万能的"，"理智化"的理想文明。②

然而，需要指出的是，作为科学家，任鸿隽并不赞成"科学万能"论，同时也否定了"科学的方法万能"论。他说："我们晓得科学的方法是无所不能（读者注意，我说的是科学方法，不是科学万能），但是他应用起来，却有一定的限度。"从表面上看，任鸿隽似乎只反对"科学万能"，而肯定"科学的方法万能"；但稍加推敲，便不难发现，其后半句话"但是他应用起来，却有一定的限度"，从逻辑上看，实际上就已同样否定了"科学的方法万能"论。所以，他又说："科学有他的界限，凡笼统浑沌的思想，或未经分析的事实，都非科学所能支配"。"人生观若就是一个笼统的观念，自然不在科学范围以内"。"有勉强拿科学方法去部勒他的，不免终归于失败"。③ 作为科学家的任鸿隽是严谨的，他承认科学或科学方法的运用存在自己的"界限"与"范围"，"凡笼统浑沌的思想"，"都非科学所能支配"，就是表示了对于形而上学，即包括哲学、宗教、艺术等一切玄学领域独特个性的尊重。其见解显然与胡适大相径庭。也正因如此，他被主张"科学万能"论的陈独秀说成是暗中投降了玄学鬼。

然而，任鸿隽终究是正确的。人类认识世界与改造世界是一个无限延伸的历史过程，其间，既体现着重实证的科学方法与重思辨的形而上学的

① 陈独秀：《答皆平》，见林茂生等编：《陈独秀文章选编》（中），127 页。

② 胡适：《我们对于西洋近代文明的态度》，见《胡适全集》，第 3 卷，8 页。

③ 任鸿隽：《人生观的科学或科学的人生观》，见樊洪业、张久春编：《科学救国之梦：任鸿隽文存》，303、306 页，上海，上海科技教育出版社，2002。

统一；同时，缘于认识相对真理与认识绝对真理的统一，又决定了任何所谓方法，都是与时俱进的，不存一成不变或万能的方法。所以，英国科学史家丹皮尔在其名著《科学史及其与哲学和宗教的关系》一书中说："无论如何，我们至今已更能认清科学的能力与限度了。"① 人们对科学的重视与日俱增，但风行一时的"科学万能"或"科学的方法万能"论，却走进了历史；在"后现代"的今天，更多的人们已不难理解这一点。

欧战前后的胡适与陈独秀一样，坚信科学并勇敢地为科学辩护，难能可贵，功不可没；但固执于"科学万能"论，失之一偏，却是需要指出来的。

其二，关于宗教。

与反对"科学万能"论相联系，欧洲反省现代性的一个重要观点，便是认为，机械的人生观漠视人的情感世界，尤其是人的宗教信仰即终极的关怀，造成了精神家园的荒芜。所以，梁启超说，欧洲"科学昌明以后，第一个致命伤的就是宗教"。② 在新文化运动中，宗教问题同样引人关注。陈独秀只相信理性，不相信世界上有什么"良心"、"直觉"、"意志自由"，自然也不相信有所谓人类的终极关怀。他说："人类将来真实之信解行证，必以科学为正轨，一切宗教，皆在废弃之列。"所以，陈独秀对蔡元培提出著名的"以美育代宗教"说，不以为然，而主张"以科学代宗教"。③

胡适没有像陈独秀那样激烈，主张废弃宗教，但他实际上同样是遵循现代性，而简单否定了人类宗教心理与宗教关怀具有的普遍性与内在的合理性。这可以从胡适对其好友丁文江宗教观的评论中看出来。丁文江虽是在"科玄之争"中，揭橥"科学万能"论大旗的健将，但在实际上，却未能完全忘情于对人类情感与宗教心的肯定。丁文江早年就曾认为，"宗教心"不仅是人类的"天性"与"本能"，而且在上古时代，有无此种"宗教心"，甚至成为了决定优胜劣败的关键性因素。④ 1923 年，即便是在

北京师范大学史学探索丛书

① ［英］W. C. 丹皮尔：《科学史及其与哲学和宗教的关系》，21、639 页。

② 梁启超：《饮冰室合集·专集》(23)，10～11 页。

③ 陈独秀：《独秀文存》，92 页。

④ 胡适：《丁文江的传记》，见《胡适全集》，第 19 卷，467 页。

"科玄之争"中与张君劢论战，他也仍然流露了此种观点。他在《玄学与科学——答张君劢》中说："'在知识界内科学方法万能。'知识界外还有情感。情感界内的美术、宗教都是从人类天性来的，都是演化生存的结果。情感是知识的原动，知识是情感的向导；谁也不能放弃谁。我现在斗胆给人生观下一个定义：'一个人的人生观是他的知识情感，同他对于知识情感的态度。'"① 1934 年，丁文江在《我的信仰》中，再次公开承认，几十万年的进化，"已经把宗教心种在人类的精血里，不是可以随着神秘消灭的"。"宗教心是人人有的"，尽管强弱有不同。这个信仰"一部分是个人的情感，无法证明是非"。② 这些观点都与原本的"机械的人生观"格格不入，而与反省现代性相通。值得注意的是，胡适晚年著《丁文江的传记》，对于上述丁文江的宗教观，仍不惜用很长的篇幅加以评论，以表示自己不能苟同。他写道：

> 在君从不讳他的人生观——他的"信仰"——含有知识和情感两个部分。他的严格训练的知识使他不相信"有主宰世界的上帝，有离身体而独立的灵魂"。但是他的"宗教心特别丰富"的情感使他相信"为全种万世牺牲个体——时"就是宗教。他的情感使他不能完全了解这种宗教心可以含有绝大的危险性，可以疯狂到屠戮百千万生灵而还自以为是"为全种万世而牺牲个体一时"！在君在《我的信仰》里，曾说："打倒神秘最努力的是苏俄，但是最富于宗教性的莫过于共产党……"这两句话最可以暗示这种"宗教性"的危险性和疯狂性。

> 他的"个人情感"影响到他的政治主张，也影响到他对宗教和"宗教心"的见解。所以他的宗教信仰，虽然穿上了动物学、天演论的科学袍子，其实"一部分是个人的情感，无法证明是非，难免有武断的嫌疑"。③

---

① 张君劢等：《科学与人生观》，202 页，合肥，黄山书社，2008。
② 转引自胡适：《胡适全集》，第 19 卷，468 页。
③ 胡适：《胡适全集》，第 19 卷，469～470 页。

胡适作为自由主义者，不能接受"为全种万世牺牲个体"，是可以理解的；但他将丁文江正面肯定苏俄的革命信仰，具有类于"宗教性"的真诚与坚定，说成自然更具"危险性和疯狂性"，显然是出于自己的政治偏见。陈独秀曾引吴稚晖的话说："吴稚晖先生也说过，罗素谓此时俄人列宁等行事有些宗教性，此话诚然不差，但无论什么事若不带点宗教性，恐怕都不能成功。"① 这里的陈独秀、吴稚晖、罗素，也都是借用"宗教性"，充分肯定了俄国革命的坚定信仰，他们何以都没有所谓具有"危险性和疯狂性"的担忧？当然，更不应该的是，胡适还进而将丁文江缘于个人体验所提出的重要观点："宗教心"是人类的"本能"与"天性"，源于情感与进化，非理性所能"消灭"，也简单地加以抹杀，以为这说明了丁文江坚持"科学万能"论尚未彻底。这正暴露了胡适对于人类非理性的情感与宗教心理的普遍存在，抱固执的偏见。1922 年 8 月 6 日，胡适在日记记下了自己与张伯苓的一段对话，有助于进一步说明这一点：

> 我说："我不相信有白丢了的工作。如果一种工作——努力——是思想考虑的结果，他总不会不发生效果的；不过有迟早罢了：迟的也许在十年二十年之后，也许在百年之后；但早的往往超过我们的意料之外。我平生的经验使我相信，我们的努力的结果往往比我们预料的多的多。"伯苓说，"这是你的宗教！你竟比我更宗教的了！（伯苓是基督教徒）信仰将来，信仰现在看不见或将来仍看不见的东西，是宗教的要素"。②

张伯苓的话是深刻的：人类的宗教心理或叫要素，具有普遍性。胡适没有记录自己对张伯苓话的反应，他实际上是依然故我。

对于现代宗教的命运，胡适实际是主张"以教育代宗教"。他说，"一个现代的宗教的最后一个大使命，就是把宗教的意义和范围扩大、伸长"。

---

① 林茂生等编：《陈独秀文章选编》（中），137 页。
② 胡适：《胡适全集》，第 29 卷，704 页。

"宗教与广义的教育是同共存的"，凡能将人教得更善良、更聪明、更有道德的，都具有宗教的价值，科学、艺术、社会生活也都是可成为新时代新宗教的工具。所以，应当"把我们一切旧的尊重支持转移到那些教育的新工具上，转移到那些正在代替旧的宗教而成为教导、感发、安慰的源泉的工具上"。① 这里所谓可以"代替旧的宗教"而成"新宗教"的，显然是指以科学为基础的广义的现代教育。在另一处，胡适又说，西洋近代文明本身即是"新宗教"，它有三大特色：其一，"理智化"：近代借科学征服自然界，可以称为近世宗教的'理智化'"；其二，"人化"：不信仰上帝，却信仰"科学的方法是万能的"，"这是近世宗教的'人化'"；其三，"社会化"：近世欧洲生产发达，物质享受增加，人类同情心因之扩大，它构成了新宗教新道德的基础，这便是新宗教的"社会化"。总之，在胡适看来，伴随科学发展兴起的西洋近代文明，其本身就是"新宗教"。所以，他说："近世文明不从宗教下手，而结果自成一个新宗教。"很明显，胡适忘记了重要的一点：宗教信仰不是属于"理智化"即科学的范畴，而是属于情感的范畴；尽管他说，"科学并不菲薄感情上的安慰；科学只要求一切信仰须要禁得起理智的评判，须要有充分的证据，凡没有充分证据的，只可存疑，不足信仰"，但所谓的"新宗教"既是"理智化"的：必须相信"科学的方法万能"和坚持"'拿证据来'的态度"的，② 它就不可能是真正意义上的宗教信仰。在留美期间，胡适面对身边发生的感人事例，曾感叹说，宗教信仰变化人的气质，"乃举一切教育"所不能比，"此其功力岂能言喻"！③ 前后相较，他走向了另一个极端。所以，他的"以教育代宗教"说，归根结底，就是主张通过发展以科学为基础的现代教育，促进西洋近代文明自身的发展；但是，这与"以新宗教代替旧宗教"，风马牛不及，不过是主张从根本上废除宗教的一个转语罢了。

---

① 胡适：《儒教的使命》，见《胡适全集》，第8卷，79页。
② 胡适：《我们对于西洋近代文明的态度》，见《胡适全集》，第3卷，7～8页、11页。
③ 耿云志、欧阳哲生编：《胡适书信集》（上），22页。

胡适的宗教主张，无非是陈独秀"以科学代宗教"说的翻版，而与蔡元培的"以美育代宗教"说，不可同日而语。这主要有二：其一，与胡适以为宗教与广义的教育共存的认知不同，蔡元培强调宗教乃人类普遍的心理。故他以为，随着科学发展，附着于宗教的迷信色彩将日渐消失，但是，宗教信仰本身是人类普遍的心理，不容也不可能取消。他因之反问陈独秀等主张取消宗教者："虽然，宗教之根本思想，为信仰心，吾人果能举信仰心而绝对排斥之乎？"[①] 其二，与胡适以"理智化"定义新宗教，无异于取消宗教不同，蔡元培的"以美育代宗教"说，其出发点不是为了取消宗教，恰恰相反，而是为了借美育满足人们的宗教心理。他强调，科学知识属于理智，而美术关乎情感。"科学者，所以去现象世界之障碍，而引致于光明。美术者，所以与本体世界之现象，而提醒其觉性。"[②] 故美育功能与科学知识教育不同，其目的是引导人们超越"现象世界"，进入"本体世界"，使其精神境界得以升华："吾人沉睡于美的世界之中，直觉当前，所觉唯美，生老病死，顿屏去于意识之中。此与宗教之信仰（相比），更纯更洁，更为合理。"[③] 足见，二人之异趋。需要指出的是，陈独秀随着后来转向认同反省现代性，他对自己曾一度漠视情感，错误地主张废弃宗教，著文公开表示道歉，并转而支持蔡元培的"以美育代宗教"说。[④] 就此而言，胡适实较陈独秀更加固执。

其三，关于中西文化。

艾恺在评论欧战的影响时，这样写道："大战所产生的对西方文化之未来的黯淡悲观与深切疑虑是极为强烈和普遍的。""一次大战中疯狂的破坏、恐怖，其高效率与理智化的非人道与愚蠢，给西方式的乐观与自信带来了突然却决定性的——从某些方面言也是永远的——结束。"[⑤] 缘此而起

---

① 高平叔编：《蔡元培全集》，第 2 卷，378～379 页，北京，中华书局，1984。
② 蔡元培：《世界观与人生观》，见高平叔编：《蔡元培全集》，第 2 卷，290 页。
③ 高平叔撰著：《蔡元培年谱长编》（中），339 页。
④ 林茂生等编：《陈独秀文章选编》（上），514～515 页。
⑤ ［美］艾恺：《世界范围内的反现代化思潮：论文化守成主义》，988 页。

北京师范大学史学探索丛书

的欧人反省现代性的一个重要善果，便是第一次动摇了欧洲根深蒂固的"西方文明中心"论。战后斯宾格勒的《西方的没落》一书风行世界，就是一个重要表征。与此相应，一些有识之士开始将目光转向东方，主张对久被轻忽的东方文化当有所借鉴，从而推动了欧战后东西方文化对话的新时代的到来。蔡元培访欧归来报告说：战后的欧洲思想界反省自身文化的弱点，许多学者转而向东方文化寻求帮助，是客观的事实。"东西文化交通的机会已经到了。我们只要大家肯尽力就好。"① 以梁启超、梁漱溟为代表的所谓"东方文化派"的崛起及其主张反省现代性，重新审视中西文化，为战后中国社会文化思潮的变动增添了新的活力，正应看成是上述世界范围的大变动在中国引起的积极回响。

中西文化关系问题，是其时新文化运动中影响全局，较"科玄之争"与宗教存废远为重大的问题。胡适对于西方现代思潮的变动既无心得，其在中西文化关系问题上依然坚持西化论的见解，虽然仍不乏自身的价值，但毕竟缺少了新的创意。如果说，在上述关于"科学万能"论与宗教的问题上，胡适"理智化"的偏见，直接表现为要求凡事"拿证据来"的思维上的简单化倾向；那么，在中西文化关系问题上，则是表现为缘于固守在进化论的意义上，对中西文化作"进步"与"落后"，关乎时代性的唯一判分，拒绝多样化的视角，从而导致了对于西洋文化的盲目崇拜：只许批评中国文化，不能容能批评西方文化。

在"五四"时期，梁启超诸人倡言以"精神文明"与"物质文明"判分中西文化并主张重新审视二者关系。这反映了人们观察东西文化视角的调整，即由原来仅从文化的时代性上，区分二者为未脱"古代文明之窠臼"的后进文明与先进的"近世文明"，② 转为从文化的民族性上，区分二者为代表东西两大区域平行的文化，以重新考察彼此的特色与优长。视角的调整，反映了文化价值判断的多元化，也反映了人们思想张力的扩大。这引起了激烈的争论。激进者多斥之为守旧势力的沉渣泛起，或是欧战重

---

① 高平叔撰著：《蔡元培年谱长编》（中），411 页。

② 陈独秀：《法兰西人与近世文明》，见《独秀文存》，10 页。

新勾起了中国人的"傲慢心",并讥之为"东方文化派"。但事实上,这是误解。人们忽略了重要的两点:其一,梁启超等人的本意是要说明,西方近代文明的弱点在于过分追求物质文明的发展,而忽视了精神文明的提升,终至于导致了欧战惨剧;中国文化则相反,物质文明落后,但在精神文明层面上,重伦理与个人修养,却有自己的优长,足以助益西方。尽管此种判分并不科学,事实上也存在导致非理性的"隆中抑西"的误区;但其出于中西文化再认识与促进二者互补的初衷,是不能抹杀的。梁漱溟说:人们总喜欢讲西洋文明是物质文明,东方文明是精神文明。"这种话自然很浅薄",因为西洋人在精神生活及社会生活方面所成就的很大,绝不止是物质文明而已,而东方人的精神生活也不见得就都好,也确有不及西洋人的地方。"然则却也没有办法否定大家的意思。因为假使东方文化有成就,其所成就的还是在精神方面,所以大家的观察也未尝不对。"[1] 显然,其认知不但有自己的合理性,且不乏深刻。其二,将西方近代文化批判性地归结为物质文明,而肯定东方的精神文明,恰恰是始于欧洲反省现代性的基本观点。艾恺认为,亚洲的反省现代性思潮所以到欧战后才显示出重要性,原因即在于它实际上是欧洲现代思潮变动的产物。他说:"无可讳言,认为亚洲保有一个独特的精神文明这个观点,基本上是一个西方的念头;而这念头则基本上是西方对现代化进行的批评的一部分。"[2] 换言之,梁启超诸人仍不外延续西学东渐的思想进路,只是将问题进一步引向深化罢了。但斥之者非但看不到它的合理性,而且转换论题,将对方提出的正题改易成了反题:西方文化才是真正的"精神文明",从而遮蔽了原有命题反省现代性即反省西方近代资本主义文明的批判锋芒。在这方面,胡适恰是代表性的人物。

胡适指斥梁启超诸人的论调,是"妖言"惑众:"今日最没有根据而又最有毒害的妖言是讥贬西洋文明为唯物的(Materialistic),而尊崇东方

① 梁漱溟:《东西文化及其哲学》,见《梁漱溟全集》,第 1 卷,395 页。
② 〔美〕艾恺:《世界范围内的反现代化思潮:论文化守成主义》,87 页。

文明为精神的（Spiritual）。"① 他认为，梁漱溟既不曾到过西洋，又连电影戏都不看，他哪配谈东西文化！梁启超虽也到过欧美，但也未曾真正窥见西洋人的生活真相。其他人更无非是一班老朽或"少老"，自然更等而下之。唯有自己这样留洋归来者，才最有资格谈论中西文化的话题。② 他为此发表了一系列文章，阐发自己的观点。其中，长文《我们对于西洋近代文明的态度》最为系统。在文中，胡适指出，凡是一种文明，都体现着物质与精神因子的结合，体现着一个民族的心思智力运用自然界质与力的成就。没有一种文明是精神的，也没有一种文明单是物质的。所以，"蒸汽铁炉固然不必笑瓦盆的幼稚，单轮小车上的人也更不配自夸他的精神的文明，而轻视电车上人的物质的文明"。一些人崇拜所谓的东方精神文明，而鄙视西方文明为物质文明，是一种谬误。应当说，这一观点并不错，对于战后少数人中确实存在的"隆中抑西"虚骄心态的复萌，确起了积极遏制的作用；但问题在于，胡适在展开的过程中，引出的结论却走向了另一极端。他全然不顾欧战充分暴露了西方资本主义社会的内在矛盾与种种弊端，而将西洋近代文明说成是充分体现了"理智化"、"人化"与"社会化"的人类"理想主义"的文明："西洋近代文明绝非唯物的，乃是理想主义的，乃是精神的。"其崇拜西洋文化，达到了文过饰非的地步。例如，他写到：15、16 世纪欧洲国家多是海盗国家，哥伦布等都只是为黄金白银的海盗探险家。"然而这班海盗带来的商人开辟了无数新地，开拓了人的眼界，抬高了人的想像力，同时又增加了欧洲的富力，工业革命接着起来，生产的方法根本改变了，生产的能力更发达了，二三百年间，物质上的享受逐渐增加，人类的同情心也逐渐扩大，这种扩大的同情心便是新宗教新道德的基础"。"哲学家便提出：'最大多数人的最大幸福'的标准来做人类社会的目的。这都是'社会化'的趋势"。接着，他断言："纵观西洋近代的一切工艺、科学、法制，固然其中也不少杀人的利器与侵略掠夺的制度，我们终不能不承认那利用厚生的基本精神。……我们可以大胆地

---

① 胡适：《我们对于西洋近代文明的态度》，见《胡适全集》，第 3 卷，1 页。
② 胡适：《论中西文化》，见《胡适全集》，第 13 卷，472 页。

宣言：西洋近代文明绝不轻视人类的精神上的要求，我们还可以大胆地进一步说：西洋近代文明能够满足人类心灵上的要求的程度，远非东洋旧文明所能梦见。"① 胡适对近代资本主义发家史的叙述，明显存在价值偏见。他将近代资本积累血与火的历程，包括使东方屈服于西方，全然理想化了，而想当然地将之说成了是人类道德的扩大过程，即所谓"社会化"。这与马克思在《共产党宣言》中的认知，恰形成了鲜明对照。马克思高度评价"资产阶级在历史上曾经起过非常革命的作用"，肯定它在不到百年里所创造的生产力，超过了以往一切世代的总和，它按照自己的面貌创造出一个世界；但是，这并不影响他同时更指出，"它用公开的、无耻的、直接的、露骨的剥削代替了由宗教幻想和政治幻想掩盖的剥削"。② 资本主义使人异化为机器的奴隶，加剧了阶级冲突，其固有的内在矛盾的发展，使社会危机的爆发与无产阶级革命成了无可避免。我们当然不能要求胡适与马克思持同样的见解；但是，问题在于，在经惨烈的欧战之后，西方资本主义正陷入深刻的危机，东西方有识之士都在反省现代性，尤其是"五四"前后他的老师杜威及罗素等外国名哲先后来华讲学，无不以现身说法，反复提醒国人对破绽百出的西方文明不能照搬，应有所选择，并注意保持东方文化自身的长处。③ 在此种语境下，胡适却刻意将西洋近世文明说成是美不胜收的人类"理想主义"的文明；且与此相应，复反过来，将东方文明说得一无是处："（东方文明）是懒惰不长进的民族的文明，是真正唯物的文明。这种文明只可以遏抑而决不能满足人类精神上的要求。"④ 而"西洋近代的文化真是精神的文化。我们还可以大胆地说：在世界上最唯物的，最下流的文化之中，中国文化要算数一数二的了"。⑤ 所谓东方的精神文明，"其实呢，这是活死人的文明，这是懒鬼的文明"，"这种文明

① 胡适：《胡适全集》，第 3 卷，5、11 页。
② 《马克思恩格斯选集》，第 1 卷，275 页，北京，人民出版社，1995。
③ 参见拙文：《五四前后外国名哲来华讲学与中国思想界的变动》，载《近代史研究》，2012（2）。
④ 胡适：《胡适全集》，第 3 卷，13 页。
⑤ 胡适：《论中西文化》，见《胡适全集》，第 13 卷，473 页。

其实只是一种下贱的唯物的文明"。① 其固执与偏见，不能不令人惊诧！

实际上，胡适的《我们对于西洋近代文明的态度》一文发表不久，潘光旦就曾提出批评，以为"适之先生太把西方文明看得高了"。他以尼采在清醒时反基督教，说上帝死了，而狂疯时，又以基督自居，或称万能，想主宰一切，前后判若两人为例，强调西方近代的文明同样具有两面性，不能一味颂扬。他说："其在理智清明的科学家居然把神权的神圣，把上帝的偶像，推翻了；但神志昏迷的臆想家和盲目的群众，竟据其位而代之，以人权的神圣自命，别立了 Demos 的偶像。所以我说西方人的'新宗教'代旧宗教，不过是以暴易暴罢了。""因此，我对于适之先生所称的新宗教新道德实在不敢恭维，以为东方社会能免受他一分洗礼，即多一分幸福"。② 潘光旦的最后结论未必妥当，但他不赞成胡适盲目崇拜西方，把西洋近代文明理想化了，无疑是对的。但是，直到晚年，胡适也没有改变此种固执与偏见。1961 年，他还在说："我现在回过头去看，我还相信我在大约二十五年前说的话是不错的。""我认为我们东方这些老文明中没有多少精神成分"，"还有什么精神文明可说"？③

尽管胡适的上述主张，初衷乃在于警惕旧思想的回潮，但他拒绝反省西洋近代文明，在其时民族主义高涨的语境下，还使自己进一步陷入了与日渐高涨的反帝爱国思潮格格不入更大的误区。胡适既认定西洋近代文明是"理想主义的"，自然就不仅不能接受"西洋物质文明破产"说，而且更不能容忍"反对帝国主义"的主张。据汪原放回忆，陈独秀与胡适曾在亚东图书馆争论"帝国主义"。胡适根本不承认有所谓的"帝国主义"，这使陈独秀大为光火。亚东的主人即汪原放的大叔汪孟邹，也忍不住起而质问，对胡适连"帝国主义"的存在都不承认，感到不可思议。④ 在胡适看

---

① 胡适：《胡适全集》，第 13 卷，745～746 页。

② 潘光旦：《"科学"与"新宗教新道德"——评胡适〈我们对于西洋近代文明的态度〉》，见《潘光旦文集》(8)，212、218 页，北京，北京大学出版社，2000。

③ 胡适：《胡适全集》，第 20 卷，790、795 页。

④ 汪原放：《亚东图书馆与陈独秀》，97 页，上海，学林出版社，2006。

来，中国糟到这个地步，都是自己不争气，怨不得外国人。道理很简单，外国人何以不敢去欺负日本呢？[①] 他对青年人提出的"反对文化侵略"的说法，更加反感。他说："近日一班无识妄人造一新口号曰'反对文化侵略'。此真是一种开倒车的现象！我们这个懒惰苟安的民族，若不是人家拿文化硬送上门来，那里肯输入文化！我们今日所以有一点点人的生活可享受，几乎全都是文化侵略的结果。"所以，"今日高唱'反对文化侵略'的少年，与那班高唱'西洋物质文明破产'的老朽，其实是殊途而同归。同归者，同向开倒车一条路上走"。[②] 胡适将反省现代性与反帝运动视为"殊途同归"的"开倒车"，自然是错了；但认二者一脉相通，却是对的，同时也道出了自己失误之由：拒绝反省现代性。

强调机械的人生观导致物欲横流，尔虞我诈，终至于发生欧战，本来就是欧洲反省现代性的重要内容。这在被压迫的东方，人们感触自然更深。张君劢在《再论人生观与科学并答丁在君》长文中，引自己 1922 年为上海国是会议所作《国宪议》中的一段话，断言西方 19 世纪的"大梦已醒"，很能反映出时人对以现代性为基础的西方资本主义侵略扩张政策的强烈质疑：

> 欧美百年来之文化方针，所谓个人主义或曰自由主义；凡个人才力在自由竞争之下，尽量发挥，于是见于政策者，则为工商立国；凡可以发达富力者则奖励之，以国际贸易吸收他国脂膏；藉国外投资为灭人家国之具。而国与国之间，计势力之均衡，则相率于军备扩张。以工商之富维持军备，更以军备之力推广工商。于是终日计较强弱等差，和战迟速，乃有亟思趁时逞志若德意志者，遂首先发难，而演成欧洲之大战。……一言以蔽之，则富国强兵之结果也。夫人生天壤间，各有应得之智识，应为之劳作，应享之福利，而相互之间，无甚富，无甚贫，熙来攘往于一国之内与世界之上，此立国和平中正之政

北京师范大学史学探索丛书

---

① 胡适：《游欧道中寄书》，见《胡适全集》，第 3 卷，59～60 页。
② 胡适：《胡适全集》，第 13 卷，472 页。

策也。乃不此之图，以富为目标，除富以外则无第二义；以强为目标，除强以外，则无第二义。国家之声势赫，而于人类本身之价值如何，初不计焉。……国而富也，不过国内多若干工厂，海外多若干银行代表；国而强也，不过海上多几只兵舰，海外多占若干土地。谓此乃人类所当竞争，所应祈晌，在十九世纪之末年，或有以此为长策者，今则大梦已醒矣！①

　　胡适在《丁文江的传记》中详引了张君劢的这段话，批评他反对中国追求"富强政策"，就是"公开的反对物质文明，公开的'菲薄科学'"。②张君劢将西方近代工商业的发展与西方殖民扩张政策完全等同起来，固然有失简单化；但他强烈反对西方的侵略扩张政策，并没有错。值得注意的是，胡适的批评不仅同样有失简单化，更主要的是对张君劢的锋芒所向，不赞一词。这无疑再一次证明了，其拒绝反省现代性与对西方帝国主义侵略势力的存在视而不见，二者间存在着逻辑的必然联系。

　　英国文化人类学家雷蒙·威廉斯认为，文化观念的历史，既是人们对共同生活的外部环境变迁作出反应的记录，同时也反映了人们对此种变动努力进行的总体评估并逐渐形成的重新控制的过程。③ 欧战后反省现代思潮的兴起，促进了一系列文化观念的变迁，它同样是反映了东西方世界正发生着的深刻变动。由上可知，从坚持"科学万能"论，主张"理智化"的"新宗教"，到坚持盲目崇拜西洋文明、隆西抑中的定势思维，无不反映了胡适存在"理智化"的固执与偏见。他在反省现代性的观念层面上，已渐归落伍。胡适显然对战后世界的变化缺乏应有的敏感，如果注意到他对战后社会主义思潮的兴起同样无所措意，其作为新文化运动主将的革新锐气显然不复旧观。他于"五四"后声望锐减，尤其在青年一代中偶像地位渐失，就是不可避免的了。

---

① 见张君劢等：《科学与人生观》，80～81 页，合肥，黄山书社，2008。
② 胡适：《胡适全集》，第 19 卷，447 页。
③ ［英］雷蒙·威廉斯：《文化与社会》，374 页。

三、偏见的代价：弱化了自己的思想张力

新文化运动奉西方近代文明为圭臬，猛烈批判固有文化，其根本取向正在于追求现代性。它体现了中国社会由传统迈向现代化的历史必然趋向，是无可疑义的。然而，由于时代的落差，新文化运动时期的东西方，都面临着各自"重新估定一切价值"的时代。欧战前后西方现代思潮的变动，不能不影响到中国。以陈独秀为首的新文化运动主持者们对于欧洲反省现代性思潮的出现，态度不尽一致。蔡元培于生命哲学颇为欣赏，战后曾亲临欧洲拜访柏格森与倭铿，并积极主张邀其来华讲学。陈独秀与李大钊都曾借重过尼采、柏格森的学说，以增强自己批判旧文化的锋芒。他们虽然强调因国情不同，中国的科学与物质文明过于落后，不能认同欧洲反省现代性的根本取向；但他们都对柏格森诸人的人格及其学说，表示敬意。不仅如此，二人后来实际上相继又不同程度地认同了反省现代性，并借之为重要的思想铺垫，先后转向了皈依马克思主义。① 所以，在新文化运动主持者中，唯有胡适对反省现代性始终深闭固拒，甚至终老不变。这个耐人寻味的重要现象，长期以来显然被忽略了。

与此相应，长期以来，人们多将"五四"后胡适与皈依马克思主义的陈独秀诸人分道扬镳、渐渐落伍，归因于"自由主义之累"；这自然有道理，但似乎又不尽然。欧战前后，欧人对自身文化的反省所包含的两大取向：马克思主义的社会革命论与反省现代性，都传到了中国。二者虽有本质的差异，不可同日而语，但缘于反省西方近代资本主义文明，彼此又是相通的。也惟其如此，李大钊、陈独秀得以借反省现代性作为必要的思想铺垫，最终转向马克思主义；反之，胡适既不能接受反省现代性，只许否定中国固有文化，不能容忍批评西方近代文化，其更不可能认同马克思主义，这在逻辑上也是势所必然。明白了这一点，便不难理解，"五四"后

---

① 参见拙文：《新文化运动与反省现代性思潮》，载《近代史研究》，2009（4）。

北京师范大学史学探索丛书

的胡适虽然仍不失为反传统的斗士，但已少了新时代的创意。胡适之"累"，不仅在于自由主义，还在于固执"理智化"的偏见：拒绝反省现代性，即反省近代西方资本主义文明，缘此弱化了自己的思想张力。所以，1968年殷海光最后对他的批评，可谓入木三分："以'终生崇拜美国文明'的人，怎能负起中国文艺复兴的领导责任？"①

---

① 贺照田编：《殷海光选集》，700页，北京，生活·读书·新知三联书店，2004。

第十章　梁启超与新文化运动

　　评价晚年的梁启超，其与新文化运动的关系无疑首当其冲，最为人所关注。美国学者李文森在其名作《梁启超与中国近代思想》中提出历史与价值、情感与理智对立消长的分析模式，以考察梁启超思想阶段性的变动。他认为，欧战后的梁启超情感压倒了理智，故由恋慕西方文化转归传统。这里预设的前提就是梁启超与新文化运动的对立。在很长时间里，国内不少学者对李文森的观点是认同的，所以于新文化运动时期的梁启超多持否定的态度。近年来李文森的观点受到了质疑，论者开始转而肯定梁启超。① 不过，已有的研究多停留在力辨梁启超并未反对新文化运动，如何从欧战后东西方社会文化思潮变动的大格局出发，进一步探讨二者的内在联系及其分合，似乎还有很大的空间。本文不揣谫陋，以就正于大家。

一、反省现代性：一个新的思想支点

　　学术界对于新文化运动的起止时间并无明确的界定，但于其上限多认同始于 1915 年 9 月《青年杂志》创立，而于其下限则多见智见仁。② 本文认为，1923 年的"科学与玄学"之争是新文化运动余波犹存的重要表征，可视为下限之候。故考察梁启超与新文化运动也当以是年为限，尽管这不是绝对的。

　　梁启超 1919 年游欧，自然将其与新文化运动的关系分成了前后两期。前期梁启超两度入阁，热衷政治，于新文化运动不遑多顾。但尽管如此，其与后者取向一致，还是显而易见的：其一，1915 年 7 月梁启超发表《复

---

　　①　参见崔志海：《海外三部梁启超思想研究专著》，载《近代史研究》，1999（3）。
　　②　学界多将新文化运动与广义的"五四运动"视为等量的概念。据此，何干之的《中国启蒙运动史》和周策纵的《五四运动史》都认为新文化运动的起止时间是：1915 年 9 月—1923 年 12 月。彭明的《五四运动史》则定为：1915 年 9 月—1921 年 7 月。

北京师范大学史学探索丛书

古思潮评议》一文，支持"新学""新政"，指斥复古思潮甚嚣尘上，守旧者"开口孔子，闭口孔教，实则相率而为败坏风气之源泉"，而"一年以来，则其极端反动力之表现时代也"。① 是文锋芒所向与《青年杂志》的缘起，若合符节。其二，梁启超不仅反对帝制，享有"再造共和"的美誉，更可贵的是从中引出了教训。1916 年初，他为从军，经越南潜往广西，于播越颠沛之中，扶病草成《国民浅训》，疾呼国民力戒虚骄，去"不健全之爱国论"；要坚信西方的自由平等"在德性中确能各名一义，在政治上尤足以为民干城"，当"毅然舍己从人，以求进益"。② 同年，梁启超总结"五年来之教训"三条，其中最重要的便是："第一之教训，能使吾侪知世界潮流之不可拂逆，凡一切顽迷复古之思想，根本上容存在于今日。"③ 很显然，他强调的仍然是学习西方。

需要指出的是，此期梁启超于新文化运动虽不遑多顾，但对后者还是十分关注，并表示了响应与支持。1918 年底，徐振飞有致梁书引荐胡适，其中说："胡适先生现任北京大学掌教，主撰《新青年》杂志，其文章学问久为钧座所知。"④ "久为所知"一句，有力地说明了梁启超对这位新文化运动的主帅人物及其运动本身，是十分关注的。而他在百忙中很快答应见面，则又反映了自己对后者的认可与赞许。至于在胡适发表文字改革的议论后，梁启超也发表谈话，指出言语分离是科学进步的障碍，主张统一语言，以一种地方言语为国语。⑤ 这无疑更是一种积极的响应了。此外，陈独秀、李大钊、胡适、鲁迅、周作人、钱玄同等新文化运动的主要人物，多在梁启超为首的原进步党的刊物，诸如《时事新报》、《晨报》、《解放与改造》等发表文章。当前者受反动势力压迫时，后者且为之声援。《时事新报》的副刊《学灯》、《晨报副刊》与《民国日报》的副刊《觉

---

① 梁启超：《饮冰室合集·文集》(33)，71、69 页，北京，中华书局，1989。
② 梁启超：《饮冰室合集·专集》(32)，17、19 页。
③ 李华兴、吴嘉勋编：《梁启超选集》，704 页。
④ 丁文江、赵丰田编：《梁启超年谱长编》，872 页。
⑤ 《时报》，1917-04-16，转引自张朋园：《梁启超与民国政治》，231 页，台北，食货出版社，1978。

悟》、《京报副刊》，被并称为新文化运动中的四大副刊。"从 1918 年的春天起，进步党很多的报纸已经开始支持这新思想运动了。"① 这些与梁启超的思想取向不可能没有关系。

人所周知，1919 年的欧游，成了梁启超思想的转变点。这有两层含义：一是指其思想关注点的转移。《梁启超年谱长编》说："先生这次归来后，对于国家问题和个人事业完全改变其旧日的方针和态度，所以此后绝对放弃上层的政治活动，惟用全力从事于培植国民实际基础的教育事业。"② 尽管梁启超事实上难以全然忘情于政治，但其根本转变是存在的，人们对此无疑义。二是指其对中西文化见解的变动。长期以来人们对此种转变内涵的理解未必准确，一些论者实将之视为倒退的同义语。李文森的观点具有代表性。他认为，梁启超的这种转变表现为情感最终压倒理智的倒退："不再恋慕西方，而在价值上回归中国传统。"③ 这是一种误解。实际上，梁启超游欧收获颇丰，其中最重要的是增添了一个新的思想支点，从而开阔了视野，愈趋深刻。要明白这一点，须了解欧战前后西方社会文化思潮的深刻变动。

19 世纪中叶以降，随着西方资本主义社会内在矛盾日益显露：经济周期性危机、贫富悬殊、阶级尖锐对立；同时，物质生产虽获不断发展，传统道德却日益溶化在了资产阶级利己主义的冰水之中，人欲横流，愈益加剧了社会倾轧与动荡，20 世纪初年自启蒙运动以来一直凯歌挺进的理性主义，开始日趋于式微。欧战的惨剧，创深痛巨，更令欧洲人失去了信心，进一步加剧了"理性危机"。"欧洲知识分子情绪低落，幻想破灭。他们年轻时代那个有秩序的、和平的、理性的世界已经被毁灭"。"大战的深重罪孽动摇了人们对于理性解决极其重要的社会和政治问题能力的信任"。"对未来的信心让位于怀疑。人类可以完善、科学将赐福于人类和人类的不断向前发展等旧的信念现在似乎成了天真的乐观主义的表达。"④ "人是什么？"这个自古希腊哲人以来似乎已解决的问题，现在又被提了出来。现

① ［美］周策纵：《五四运动史》，280 页。

② 丁文江、赵丰田编：《梁启超年谱长编》，896 页。

③ 崔志海：《评海外三部梁启超思想研究专著》，载《近代史研究》，1999（3）。

④ ［美］马文·佩里主编：《西方文明史》，下卷，368 页。

北京师范大学史学探索丛书

代性的发展和人的主体性的异化，使人虽得冲破了神权的网罗，却复入了理性普遍原则的樊笼。真善美"价值域的分裂与理性化，对具有解放性质的政治的出现是必要的，但同时造成了在日常生活的氛围里意义的丧失"①。人倍感孤独，复出现了"人的危机"。缘是欧洲人对西方文化的信心也发生了动摇。"大战之后，欧洲人对他们自己和他们的文明有了另外一种看法……无疑，任何能允许如此毫无意义的大屠杀持续四年之久的文明都已经表明它走向衰败。"② 斯宾格勒的《西方的没落》一书风行一时，就集中反映了这一点。

面对社会严重的危机，欧洲社会文化思潮的变动主要呈现出两种不同的取向：一种是马克思主义。它从历史唯物论出发，认为理性主义衰堕和西方社会弊端丛生，归根结底，是反映了资本主义制度的危机。所以必须通过无产阶级的社会革命，根本改造资本主义生产方式，将社会引向更高的社会主义的新阶段。另一种是反省现代性。它从唯心史观出发，将问题归结为理性对于人性的禁锢，故主张反省18世纪以来日益增强的、借理性征服自然以追求效益最大化的价值取向，即所谓的现代性，更多关注包括情感、意志、直觉等人的内心世界与精神家园。人们相信，"理性之归属于人性并未使人性更丰富，反而使它更贫乏。因为它忽视了人性中这个强有力的、有价值的感情的源泉。这种自发的非理性的人性的激发，有使人类的分裂停止的价值"。③ 如果说，俄国十革命的爆发是前者的善果；那么，尼采疾呼"重新估定一切价值"，则是非理性主义崛起最具影响力的宣言，而以柏格森为代表的"生命哲学"风行，更反映了反省现代性在欧战前后浸成了强劲的社会文化思潮。胡秋原先生说："柏格森主义代表对科学主义之反动，代表西洋文化之一种反省或自嘲。"④ 这在艾恺则称之为"反现代化思潮"。他认为，源于启蒙运动的现代化，是全社会"朝向以役

---

① 哈贝马斯语，参见［英］尼克·史蒂文森：《认识媒介文化》，王文斌译，86页，北京，商务印书馆，2001。

② ［美］马文·佩里主编：《西方文明史》，下卷，368、454页。

③ 同上书，481页。

④ 胡秋原：《西方文化危机与二十世纪思潮》，340页。

使自然为目标的系统化的理智运用过程"；"反现代化"同样源自启蒙运动本身，则"是在腐蚀性的启蒙理性主义的猛烈进攻之下，针对历史衍生的诸般文化与道德价值所作的意识性防卫"。① 欧战促进了理性主义瓦解，也促进了"世界范围内的反现代化思潮"的兴起。

"梁氏是一位感觉最灵敏的人。"② 欧战甫起，他即表示"此次大战予我以至剧之激刺"，③ 并预见它对战后的世界与中国都将产生重大影响。所以，他提醒国人重视研究欧战，不容有隔岸观火之想，自己则于战起旬日后，即撰成《欧洲战役史论》一书，足见关注之切。1918 年底，梁与友人张君劢等共七人启程对欧洲作长达一年的考察，张东荪特别致书张君劢说："公等此行不可仅注视于和会上，宜广考察战后之精神上物质上一切变态。对于目前之国事不可太热心，对于较远之计画不可不熟虑。"④ 显然他们是有备而去，目的明确，集注于考察战后欧洲的变化。其间，梁等不仅活跃于和会内外，且游历了英、法、德等七国，并与各国政要、学者广泛接触，尤其专程拜访了心仪已久的柏格森等人。梁启超身历其境，既目睹了战后欧洲的残破、动荡，也深深感受到了欧洲正发生的社会文化思潮的深刻变动，感触良多。他致梁仲策书说："吾自觉吾之意境，日在酝酿发酵中，吾之灵府必将起一绝大之革命，惟革命产儿为何物，今尚在不可知之数耳。"⑤ 所谓酝酿中的"绝大之革命"，实指对中西文化及其将来自己取向的新思考。后来他陆续发表的《欧游心影录》，系统而生动地记录了自己的心路历程。

但遗憾的是，由于预设了梁启超倒退的前提，人们对于《欧游心影录》多有误读，往往以偏概全，仅举其中的两点以坐实其倒退与反科学：其一，"我们可爱的青年啊，立正，开步走！大海对岸那边有好几万万人，

① ［美］艾恺：《世界范围内的反现代化思潮：论文化守成主义》，5、15 页。
② 郑振铎：《梁任公先生》，见夏晓虹编：《追忆梁启超》，89 页，北京，中国广播电视出版社，1997。
③ 梁启超：《饮冰室合集·专集》（30），1 页。
④ 丁文江、赵丰田编：《梁启超年谱长编》，893 页。
⑤ 同上书，881 页。

愁着物质文明破产，哀哀欲绝的喊救命，等着你来超拔他哩……"其二，"欧洲人做了一场科学万能的大梦，到如今却叫起科学破产来"。① 实则，梁启超富有浪漫的气质，前者固然反映了他的某种慰藉情绪，但从全文看，这并不代表他对中西文化的见解。例如，他同时即指出："现在欧洲人日日大声疾呼，说世界末日，说文明破产，不管他说的是否过当，就这一点忧危之心，便是他苏生的左券。""我对于欧洲，觉得他前途虽然是万难，却断不是堕落。至于分国观察，或者有一两国从此雄飞……"至于后者，他分明有"自注"强调："读者切勿误会，因此菲薄科学，我绝不承认科学破产，不过也不承认科学万能罢了。"② 梁启超并无半点反对科学之意，这在下文还将谈到。但更重要还在于，他提出"不承认科学万能"论，正传达了西方社会文化思潮变动的重要信息。所以，他还批评说：近代欧洲一些"唯物派的哲学家，托庇科学宇下建立一种纯质的、纯机械的人生观，把一切内部生活、外部生活，都归到物质运动的'必然法则'之下。这种法则，其实可以叫做一种变相的运命前定说"。既然人类的精神与物质一样，皆受必然法则支配，还有什么人类的自由意志、情感与道德可言？"果真这样，人生还有一毫意味，人类还有一毫价值吗？"精神家园的缺失，令人们陷入怀疑、沉闷和畏惧之中，"不知前途怎生是好"。同时，弱肉强食、劳资对立，直至欧战发生等等，也"都是从这条路产生出来"。"现今思想界最大的危机，就在这一点。"不难看出，梁启超所批评的正是西方近代理性主义的弊端，所谓"科学万能之梦"，实为"理性万能之梦"，而艾恺则谓当称之为"现代化万能之梦"。必须重视的是，梁启超明确断言：欧人"科学万能"梦破，是"最近思潮变迁一个大关键"；而强调直觉和"精神生活"的柏格森哲学等的兴起，复预示着欧洲"新文明再造之前途"。③ 这说明，梁启超深切地感悟到了欧洲战后社会文化思潮的变动，同时，也获得了一个新的思想支点：反省现代性（艾恺称"反现代化"）。

---

① 梁启超：《饮冰室合集·专集》（23），12、38 页。

② 同上书，22、18、12 页。

③ 同上书，11、12、15 页。

北京师范大学史学探索丛书

应当说，梁启超游欧前对于上述西方社会文化思潮的变动已有所了解，这不仅是因为其好友张东荪、张君劢通晓西学，张且是研究柏格森专家，而且更重要是《学灯》已有文倡导反省现代性的观点。例如，1918 年 9 月 30 日《学灯》的《本栏之提倡》说："于原有文化，主张尊重，而以科学解剖之，……于西方文化，主张以科学与哲学之调和而一并输入，排斥现在流行之浅薄科学论。"所谓"浅薄科学论"，显然是指西方流行的"科学主义"或叫"科学万能"论。1919 年 3 月 15 日该刊复有《读新青年杂志第六卷一号杂评》一文指出：只讲"德、赛"两先生是不够的，还当讲"费先生"（哲学）。欧战后西人想到了须请"费先生"出来，"讲个根本和平的办法。因为费先生是很可以帮助赛先生达他的目的，并且人类应该有一种高尚的生活，是全靠费先生创造的。总之，前数十年是赛先生专权的时代，现在是赛先生和费先生共和的时代。这是欧美一般赛先生和费先生的门生所公认的。何以贵志只拥护赛先生，而不提及费先生呢?"强调自然科学须与人文携手以实现高尚的生活，这正是西方反省现代性的基本观点。梁启超对此一定有所了解，惟其如此，才不难理解何以他游欧期间格外重视与柏格森的会面，且很快理解并接受了反省现代性。同时，尽管如上所述，在梁游欧前《学灯》等刊物对西方社会文化思潮的变动已有所反应，但将其具体生动地介绍到国内并引起广泛注意，仍要归功于梁启超《欧游心影录》的发表，尤其是他的"科学万能"论破灭的提法，集中鲜明，具有极大的尖锐性，它对虔诚崇拜西方文明的时人来说，确有惊世骇俗，振聋发聩的作用。胡适说："这三十年来，有一个名词在国内几乎做到了无上尊严的地位，无论懂与不懂的人，无论守旧和维新的人，都不敢公然对他表示轻视或戏侮的态度。那个名词就是'科学'。……直到民国八九年间梁任公先生发表他的《欧游心影录》，科学方才在中国文字里正式受了'破产'的宣告。""梁先生的声望，梁先生那枝'笔端常带感情'的健笔，都能使他的读者容易感受他的言论的影响。"① 若将此言作正面理解，便不难想象梁启超将西方反省现代性思潮引入国内，曾产生了多

① 胡适：《胡适文存二集》，卷 2，2、3、7 页。

么大的反响。

艾恺认为，"梁的《欧游心影录》不过是他不断将西方思想对中国引介的事业的一个延长"①。这一论断是深刻的。至此，我们可以这样说：梁启超思想转变的真正内涵，在于皈依反省现代性。这是他向西方追求真理事业的延续，而非叛逆。反省的本身就是理智的，谈不上情感压倒理智。因之，无论其间有怎样的误区，他的思想实趋于深刻。缘此考察归国后的梁启超与新文化运动，我们便有了一个新的视角。

二、新文化运动的骁将：求同存异

反省现代性的思潮既是现代社会的现象，便决定了它必然认同现代社会基本的原则；同时，它既反对现代性的普遍法则，推崇自由意志，同样也决定了它与传统及认同文化个性之间，存在着内在逻辑的统一性。所以艾恺在谈到"反现代化"思潮的缘起时指出，"不管这类作家的思想中相对性的观念有多深，就他们关于人类价值或对社会事实的解释而言，他们和启蒙思潮始终维持着一个共同的基底，认为全体人类在任何时代其终极目标——在实际上——是一致的"；同时，"从这个倾向出发遂产生了认为各个文化是个体性且独特的这个看法"②。明白了这一点，便不难理解，从总体上看，梁启超，这位"本身也是非常'现代'的人物"③，欧游归国后积极投入新文化运动，其与原有新文化运动主持者间的关系是：求同存异。

所谓求同，就是认同新文化运动所彰显的以下几大原则：

其一，关注新青年，支持青年运动。

陈独秀等发起新文化运动，究其起点，就在寄希望于新青年。故其刊物取名《青年杂志》（后更改名《新青年》），发刊辞则为《敬告青年》。李

---

① ［美］艾恺：《世界范围内的反现代化思潮：论文化守成主义》，141 页。

② 同上书，14、15 页。

③ ［美］格里德：《胡适与中国的文艺复兴》，鲁奇译，135 页，南京，江苏人民出版社，1996。

大钊的名文《青春》更是热情洋溢地歌颂青年与青春，期望青年人能以青春之我创造青春之中国。《新青年》的读者，主要也是青年人。五四运动是青年运动，正是经此之后，"新文化运动"一词才风行海内，[①] 掀起了爱国反帝的洪波巨浪。在某种意义上可以说，对青年和五四运动的态度，实成为了判分新旧的分水岭。当时正苦苦探索革命前途的孙中山很快即指出：这既是青年学生的爱国运动，也是一场新文化运动，它促进了中国思想界的空前变动，"实为最有价值之事"。[②] 现在人们开始重新重视这样的事实：是梁启超最早将巴黎和会拟议定将原德国在山东的权益全部让与日本的消息传回国内，并建议发动不签字运动以为抵制。林长民接电报后，急成《山东亡矣》的新闻稿，于5月2日在《晨报》发表。是文立即激起了北京各大学学生的示威活动，五四运动缘是爆发。应当说，肯定梁启超参与推动了五四运动的发生，此一判断是合乎实际的。梁对五四青年运动深为感动，归国后撰文说："'五四运动'是民国史上值得特笔大书的一件事，因为它那热烈性和普遍性，的确是国民运动的标本……因为这种运动引起多数青年的自觉心，因此全思想界呈活气。""将来新社会的建设，靠的是这些人。……所以我对于现在青年界的现象，觉得是纯然可以乐观的。"[③] 共赴国难的特殊经历，使得梁启超在情感上与青年进一步贴近，同时也就是与新文化运动进一步贴近了。

其二，民主与科学。

这是新文化运动公认的两大旗帜。游欧前，梁启超就是倡言民主的，归国之后，其说愈鲜明。他指出：法国的"人权宣言""为19世纪民权国家成立之总发动机"。自由、平等两大主义，则是"近代思潮总纲领"。辛

北京师范大学史学探索丛书

---

① 1920年10月，君实在《新文化之内容》一文中说："一年前，'新思想'之名词，颇为流行于吾国之一般社会，以其意义之广漠，内容之不易确定，颇惹起各方之疑惑辩难。迄于最近，则新思想三字，已鲜有人道及，而'新文化'之一语，乃代之而兴。以文化视思想，自较有意义可寻。"（《东方杂志》，第17卷第19号，1920-10-10）周策纵先生也指出："新文化运动"这一名词，在1919年5月4日以后的半年内逐渐得以流行。（《五四运动史》，280页，长沙，岳麓书社，1999）

② 孙中山：《孙中山选集》，2版，482页。

③ 梁启超：《饮冰室合集·文集》（37），51、9页。

亥革命的历史意义就在于促进了国人的两大自觉：一是"民族精神的自觉"，二是"民主精神的自觉"。中国要建立现代社会，教育首先需教国人"学做人——学做现代人"，"过德谟克拉西生活"。所谓现代人，最重要的是必须具备"德谟克拉西精神"。缺乏此种精神，不仅现代的社会与团体无法建立，"便连个人也决定活不成。今日中国最大的危险在此"。不过，他又肯定说："两三年来，德谟克拉西的信仰渐渐注入青年脑中，确是我们教育界唯一好现象。"① 梁启超同样大力倡导科学。他在《欧游心影录》中就已指出，"科学万能论"虽告破产，"但科学依然在他自己的范围内继续进步"。② 梁启超提醒国人不能"轻蔑"科学，要成为"科学国民"。③他肯定中国科学的初步进步，"完全是民国十年来的新气象"。④ 作为著名的中国科学社的董事，他曾应邀在年会上做题为《科学精神与东西文化》的讲演，其中说：欲救中国，"除了提倡科学精神外，没有第二剂良药了"。"我祝祷科学社能做到被国民信任的一位医生，我祝祷中国文化添入这有力的新成分，再放异彩！"⑤ 梁启超终其一生都在提倡科学，维护科学的权威。晚年他成为重大医疗事故的受害者，舆论哗然，以致有"科学杀人"的说法。但病中的梁启超却发表文章，主动为科学辩护："科学呢，本来是无涯的。……我们不能因现代人科学智识还幼稚，便根本怀疑到科学这样东西"。"我盼望社会上，别要借我这回病为口实，生出一种反动的怪论，为中国医学前途进步之障碍。"⑥ 由上可见，梁启超同样高揭民主与科学的大旗。

其三，精神解放，思想自由。

胡适将新思潮的意义归结为"重新估定一切价值"，简明深刻。所谓"重新估定一切价值"，其核心则在提倡精神解放，思想自由。故李大钊

---

① 梁启超：《饮冰室合集·文集》(50)，7页；(23)，15页；(37)，2页；(38)，69、71、80页。

② 梁启超：《饮冰室合集·专集》(23)，20页。

③ 梁启超：《饮冰室合集·专集》(34)，79页。

④ 梁启超：《饮冰室合集·文集》(37)，8页。

⑤ 梁启超：《饮冰室合集·文集》(39)，9页。

⑥ 参见夏晓虹编：《追忆梁启超》，487页。

311

第十章 梁启超与新文化运动

说："现在是解放时代了！……但是我以为一切解放的基础，都在精神解放。"① 梁启超对此深以为然。《欧游心影录》中专有"思想解放"一节，其中说："要个性发展，必须从思想解放入手"。何谓思想解放？就是要有批判的精神，不盲从。"欧洲现代文化，不论物质方面，精神方面，都是从'自由批评'产生出来。"无论古今何样学说或出自何人，"总许人凭自己见地所及，痛下批评"，批评未必尽当，却便是开了个人与社会"思想解放的路"。千多年来中国学术所以衰落，进步所以停顿，究其原因，恰恰就在于缺乏这种自由的思想与批判的精神。"所以思想解放，只有好处，并无坏处。我苦苦谆劝那些关心世道人心的士君子，不必反抗这个潮流罢。"② 同时，在梁启超看来，精神解放与思想自由有赖于中外广泛的文化交流，所以他又提出两个"绝对"："绝对的无限制尽量输入"与"绝对的自由研究"。③ 这不仅在思想上，而且甚至在具体说法上，都与陈独秀、胡适诸人如出一辙了。

同时，受五四运动的启发，梁启超对文化运动与政治的关系也有了新的认识。他说："一年以来，国民运动之机运，句出萌达，而其运动方向，由政治方面逆掔于文化方面，根柢渐臻沉厚，而精神亦渐归健实。此诚可喜之现象也。"由是，他认为政治固然重要，但中国的现状又决定了不宜轻言政治，须从文化运动入手，"而次乃及于政治"。④ 在另一处，他更进一步提出"思想革命"的先导意义："同人确信中国民族之不振由于思想不进与制度不良，而不良制度尤为不良之思想所维持，故以为非先思想革命不能颠覆制度。"⑤ 这与陈独秀诸人的认识，实际上也是一致的。

惟其如此，在归国前，梁启超即与众人商定了"拟为文化运动"。⑥ 同时，有两点值得注意：一是梁等于 1920 年 3 月初归抵上海，5 月 22 日

① 李大钊：《李大钊选集》，309 页。
② 梁启超：《饮冰室合集·专集》（23），25、26、27 页。
③ 《讲学社欢迎罗素之盛会》，载《晨报》，1920-11-10。
④ 梁启超：《饮冰室合集·文集》（36），12、18 页。
⑤ 李华兴、吴嘉勋编：《梁启超选集》，746 页。
⑥ 丁文江、赵丰田编：《梁启超年谱长编》，896 页。

《学灯》即刊出《学灯之光》，说："一年来之文化运动，其最著之成绩，莫过于换新国人之头脑，转移国人之视线，由此，而自动之精神出焉，而组织之能力启焉，而营团体生活之兴趣浓焉，而求新知识之欲望富焉。此不得不对于提倡新文化诸人加敬礼也。"① 二是在梁启超归国前，他与原研究系诸人所办的刊物取向虽与新文化运动基本一致，但并不乐意被人目为新派，与后者混为一谈。《学灯》曾有"启示"："不妄助新派攻击旧派，而对于新派所持之主义加以研究，然亦不作无价值之调和论。"② 是不啻将自己列为新旧派外的第三派了。归国后则不同，梁启超明确宣布："培养新人才，宣传新文化，开拓新政治，既为吾辈今后所公共祈向，现在即当实行着手"；③ 其《"改造"发刊词》更开宗明义写道："本刊所鼓吹，在使文化运动向实际的方面进行。"④ 当仁不让，已是俨然以新文化运动的导师自居了。从开诚布公向陈独秀诸人表达敬意，到明确承诺推动新文化运动发展的责任，说明归国后的梁启超是如何以新的姿态，积极地投入了新文化运动。

梁启超归国后很快成立了推进新文化的机构：共学社与讲学社。1920年3月4日梁启超归抵上海，当天即向商务印书馆负责人张元济提出"拟集同志数人，译辑新书，铸造全国青年之思想"，⑤ 获支持。17日共学社便告成立。为凑足经费，他将新著《欧游心影录》的稿费全部捐出。共学社译辑新书成就最大，印行的《共学社丛书》分时代、科学、经济、哲学、文学、史学等共17种。最先推出的是《共学社马克思主义研究丛书》，1920年出了其中第一本陈溥贤译考茨基著《马克思经济学》。《共学社丛书》共86册，大部分在1920—1922年出版。此外，共学社提倡图书馆事业和鼓励读书，在北京建立松坡图书馆，内附"读书俱乐部"，梁自任馆

---

① 中共中央马克思恩格斯列宁斯大林著作编译局研究室编：《五四时期期刊介绍》，第3集下册，499页，北京，生活·读书·新知三联书店，1979。

② 1919年4月23日，"本栏启事"，见中共中央马克思恩格斯列宁斯大林著作编译局研究室编：《五四时期期刊介绍》，第3集上册，276页。

③ 丁文江、赵丰田编：《梁启超年谱长编》，909页。

④ 李华兴、吴嘉勋编：《梁启超选集》，746页。

⑤ 丁文江、赵丰田编：《梁启超年谱长编》，904页。

长；同时，还资助了一批青年出国留学。同年 9 月讲学社成立，其宗旨是聘请国外著名学者来华讲学，计划每年请一位。它先后共聘请了四位学者：美国的杜威、英国的罗素、德国的杜里舒、印度的泰戈尔。其中杜威在讲学社成立前，应北京大学邀请来华已一年多，第二年改由前者续聘。原本还拟请哲学家柏格森、倭铿，经济学家凯恩斯、自由主义者霍柏生，皆未果。但已有四人的讲学时间长（除泰戈尔外，都长达一年以上）、媒体报道充分、演讲复多结集出版，故先后都激起了强烈的反响，影响甚大。

从总体上看，共学社与讲学社上述活动有两个特点：一是注重学界合作。共学社的发起人除梁启超及其好友蒋百里，张君劢等人外，还包括蔡元培、张元济等。讲学社的董事会也网罗了北京大学的蔡元培、蒋梦麟，南开大学的严修、张伯苓，东南大学的郭秉文等。参加四学者接待工作的，不仅有胡适、赵元任、徐志摩等人，梁启超还专门提议请陈独秀参加。① 二是兼容并蓄。共学社丛书涵盖内容广泛，除译介唯心论的著作外，于克鲁泡特金的互助论、基尔特社会主义、无政府主义、马克思主义等各种思潮也均有介绍；聘请的四位著名学者国别不同，思想主张各异，得失互见；派出的留学生，既有赴德国的，也有到苏联的，有的还成了马克思主义者。② 这与梁启超的思想主张是一致的。他在讲学社欢迎罗素的会上致辞说："我们对于中国的文化运动，向来主张'绝对的无限制尽量输入'。因为现在全世界已到改造的气运，在这种气运里头，自然是要经过怀疑的试验的时代"。所以学派纷出，有所见也有所蔽，并无绝对的好与坏。"为中国现在计，说是那种绝对的适宜，那种绝对的不适宜，谁也不能下这个断语"。但"现在正当我们学问饥饿的时候，对于追求真理的心事，异常迫切"，所以"只有一个方法，就是绝对的自由研究"。这样从"表面上看来，所走的方向或者不同，结果总是对于文化的全体，得一种进步"。③ 长期以来有一种观点认为，梁启超这些活动是在为守旧势力张

──────────

① 丁文江、赵丰田编：《梁启超年谱长编》，920 页。
② 参见张朋园：《梁启超与民国政治》，158 页。
③ 《讲学社欢迎罗素之盛会》，载《晨报》，1920-11-10。

北京师范大学史学探索丛书

目。现在有的论者虽不赞成此说，但却又提出，因梁等的政治与学术背景，由他们出面接待这些学者，"自然也带来了消极的影响，至少，这样一种安排阻止了罗素和陈独秀、李大钊等中国最激进的政治、学术领袖的交往"。① 这只是一种仅凭想象的诛心之论。张朋园先生说，"共学社影响不单一"，"论共学社译书所发生的影响，不能以一派的好恶而下断语"。② 这持平之论同样适用于讲学社，但仍需加一句：共学社与讲学社推动中外文化交流，不仅适应了"五四"后思想解放的潮流，而且开近代延请国外学者来华讲学的先河。

与此同时，梁启超对麾下的刊物也作了调整，如《时事新报》扩版，《解放与改造》杂志改名《改造》，体裁与内容都有所改进，以突出宣传新文化。《学灯》并发表启事称："新体诗歌及其他艺术上之创作，均极欢迎。"③ 此外，"晨报副镌在五四以来的新文化运动中扮演了相当重要的角色，对于新思想、新知识介绍之积极，不在新青年之下。"④ 梁启超本人也毅然改用白话文写作，他的《欧游心影录》在南北报刊长时间连载，影响甚大，就是用的白话文。他不仅自己用新式标点，尝试写新诗，而且还鼓励年轻人写新诗。⑤ 如果我们注意到 1919 年初，当胡适得知主持《国民公报》的兰公武改写白话文时，曾兴奋不已，专门致书后者说："我看了先生的白话文章，心里非常喜欢，新文学的运动从此又添了一个有力的机关报了"；⑥ 那么我们就不难想象，其时梁启超这位老资格的思想家积极投身新文化运动定然产生了多么大的影响。

梁启超实已成为了新文化运动的一员骁将。然而，梁启超终究缘游欧获致了反省现代性新的思想支点，故其对于新文化运动的思考，较原有的主持者自然转进一层。梁不主张苟同，这便是立异。

<hr>

① 冯崇义：《罗素与中国》，102 页，北京，生活·读书·新知三联书店，1994。

② 张朋园：《梁启超与民国政治》，158 页。

③ 《学灯启事》之六，见中共中央马克思恩格斯列宁斯大林著作编译局研究室编：《五四时期期刊介绍》，第 3 集下册，504 页。

④ 张朋园：《梁启超与民国政治》，267、156 页。

⑤ 参看刘海粟：《忆梁启超先生》，见夏晓虹编：《追忆梁启超》，293 页。

⑥ 耿云志、欧阳哲生编：《胡适书信集》(上)，201 页。

北京师范大学史学探索丛书

1920 年 7 月初，蒋百里致书梁启超，建议即将出版的《改造》杂志创刊号主题"拟用新文化运动问题"："新文化问题虽空泛，然震以为确有几种好处：现在批评精神根于自觉，吾辈对于文化运动本身可批评，是一种自觉的反省，正是标明吾辈旗帜，是向深刻一方向走的（文字上用诱导语气亦不致招人议论）。"梁启超回复说："第一期中坚题原议为'新文化我观'，细思略嫌空泛，且主张各不同，易招误会，似宜改择一近于具体之题……"① 这说明，梁虽高揭新文化运动的旗帜，但确有自己不同的思考；为避免误解和争论，主动改易题目，又显示其具有顾全大局的心胸。

周策纵先生认为，五四运动时期的中国，"可被视为'重新估定一切价值'的时代"。② 这固然是对的，但需指出两点：一是语境的重要。在欧洲，尼采的这句名言是批判理性主义的宣言书，而胡适引以概括新思潮的意义，无疑却是要彰显其反传统的锋芒。二是见仁见智，此言内涵具有不确定性。1920 年 4 月，一位名叫包世杰的基督徒致书《新青年》，对胡适用"重新估定一切价值"概括新思潮的意义提出质疑：圣公会汉口教主在年会上说，今后基督徒可以"重新研究圣经"，不必拘泥陈说，"因为世界已经变了，基督教要大进步"。他的意思是"教人重新评定圣经教义的真价值"。但是尼采反对基督教，创造德国式的伦理主义，不也是教人重新评价道德的真价值吗？"他们的用意，一个是要刷新基督教，一个是要打破基督教，虽然是绝然不同，但是要起一种新文化的精神，真是一样的。不过一是要真基督的，一个是要德国的，这是大大不同。"③ 这位基督徒的困惑，正反映了这一点。可以说，梁启超的存异，主要不在于他对文言文与白话文、旧文学与新文学间的关系等具体的见解仍有所保留，而在于对"重新估定一切价值"，这一"新文化的精神"的理解与把握，不尽相同。

胡适在《新思潮的意义》中列举了诸如孔教、旧文学、贞节、旧戏、女子问题等等，他认为都必须加以重新估定价值的许多事例，但于西方的

① 丁文江、赵丰田编：《梁启超年谱长编》，911、912、917 页。
② [美]周策纵：《五四运动史》，255 页。
③ 包世杰：《基督教问题（致独秀）》，载《新青年》，第 7 卷第 5 号，1920-04-01。

思想应持何样评判的态度，却一字未提。在梁启超看来，"重新估定一切价值"的评判态度，同样也应当适用于西方的学说，不能盲从。他说，思想解放必须彻底，"中国旧思想的束缚固然不受，西洋新思想的束缚也是不受"。"须知现在我们所谓新思想，在欧洲许多已成陈旧，被人驳得个水流花落，就算他果然很新，也不能说'新'便是'真'呀。"① 这自然首先是指西方普遍的理性主义。所以，尽管批评"科学万能"论受到误解，但他在有名的"科学与玄学"之争的论战中，仍然坚持自己的观点，认为"人类生活，固然离不了理智；但不能说理智包括尽人类生活的全部内容"，② 人类还有极重要的情感世界"是超科学"的。是时，陈独秀、胡适诸人努力维护科学权威固然是对的，但他们于理性主义的弊端，却缺乏自觉。相反，他们不仅误解梁启超批评"科学万能"论是反科学，而且还在坚持此种实为"科学主义"，即"理性万能"论的错误观点。例如，胡适说，自己的"新信仰"与吴稚晖一样，正是张君劢所谓的"机械主义"，或梁启超所说的"纯物质的纯机械的人生"，相信人类情感、思想、意志等精神活动都不过是"质力相应"而已。③ 陈独秀也声言，所争就是要"证明科学万能"。④

反省现代性与文化民族主义是相通的。在原发现代性的西方先进国家，其反省现代性与民族国家和民族主义无特殊的关涉，但在德意志、意大利等争取民族独立的欧洲后进国家则不同。"是故，19世纪欧洲文化民族主义思想和后来亚洲文化民族主义思想间惊人的类似也就理所当然且不可避免了。"⑤ 欧战前后正是中国民族主义与文化民族主义空前高涨的时期，⑥ 曾亲身参与推动五四运动爆发的梁启超，无论是从文化民族主义的情结出发，还是反省现代性，都不可能接受全盘否定中国固有文化的观

---

① 梁启超：《饮冰室合集·专集》(23)，27页。
② 梁启超：《饮冰室合集·文集》(40)，26页。
③ 胡适：《〈科学与人生观〉序》，见《科学与人生观》，上海，亚东图书馆，1923。
④ 同上。
⑤ ［美］艾恺：《世界范围内的反现代化思潮：论文化守成主义》，33页。
⑥ 参看拙文：《论近代中国的文化民族主义》，载《历史研究》，1995 (5)。

点。所以，他赞成"重新估定一切价值"，以追求思想解放，但同时又强调这并不应该逻辑地等同于全盘否定中国文化。他说，"现代有些学者却最不愿意听人说中国从前有什么学问，看见有表章中国先辈的话，便说是'妖言惑众'。这也矫枉过正了。中国人既不是野蛮民族，自然在全人类学术史有他相当的位置，我们虽然不可妄自尊大，又何必自己糟蹋自己到一钱不值呢?"① 他主张对儒家学说要做重新估价，坏的固然要去掉，好的却是要继承。他不赞成全盘西化，他说美国固然有许多长处，但是中国人即使全部将它移植过来，使中国"纯粹变成了东方的美国，慢讲没有这种可能，即能，我不知道诸君怎样，我是不愿的。因为倘若果然如此，那真是罗素所说的，把这有特质的民族，变成了丑化。"② 所以，他极力主张对本国文化要心存敬意，先借助西洋的方法研究它，形成新文化，再去助益世界文化的发展。这与陈、胡诸人激烈反传统形成了鲜明对照，不仅成一家之言，且基本取向也是对的。

　　梁启超的存异无疑有自己的合理性，但在其具体展开的过程中，却不免误区。其一，他看到了欧洲理性主义的弊端，强调人类的终极关怀和精神家园的意义是对的;但他同时却信从了非理性主义思潮，过分夸大了直觉、情感与意志的独立性与作用，并从中引申出物质文明靠西方，精神文明还得靠东方的印度与中国非理性的结论，难免有虚骄情结。③ 其二，梁启超由欧战所暴露的西方文明的弊端，进而反省中国学习西方所以无成的原因，初衷也是对的，但引出的教训却是：欧洲不仅久处病态之中，且其固有基础与中国不同，"故中国不能效法"，当改弦更张。④ 给人的印象，似乎是放弃初衷，归于文化自足，不再主张学习西方了。

　　实则，梁启超时常强调要着力培养"国人自觉心"，避免虚骄与盲目的爱国论。上述误区的出现，说明梁启超思想存在自身的矛盾性。重要的是怎样看待这个问题。蒋百里曾如前引说："现在批评精神根于自觉，吾

---

① 梁启超：《饮冰室合集·文集》(41)，4 页。

② 梁启超：《饮冰室合集·文集》(40)，10 页。

③ 李华兴、吴嘉勋编：《梁启超选集》，819 页。

④ 同上书，738、740 页。

北京师范大学史学探索丛书

辈对于文化运动本身可批评，是一种自觉的反省，正是标明吾辈旗帜，是向深刻一方向走的。"梁启超的求异，反映了他对新文化运动的自觉反省，确有他深刻的一面，但由于对战后欧洲社会文化思潮变动缺乏科学的把握和中国文化问题自身的复杂性，其思考出现某些失误，并不足奇。应将此期梁启超的思想作整体把握。一些论者只看到梁启超存异，未能见其求同；于存异中，又只看到误区，却未能见其合理性的存在，以偏概全，断言游欧后的梁启超复归传统，与新文化运动背道而驰，并不符合历史实际。[①]

梁启超是自负的，他在谈到"五四"前后中国进入了新的时代时，写道："社会上的事物，一张一弛，乃其常态。从甲午、戊戌到辛亥，多少仁人志士，实在是闹得疲筋力倦，中间自然会产生一时的惰力。尤为可惜的，是许多为主义而奋斗的人物，都做了时代的牺牲死去了。后起的人，一时接不上气来，所以中间这一段，倒变成了黯然无色。但我想这时代也过去了，从前的指导人物，象是已经喘过一口气，从新觉悟，从新奋斗，后方的战斗力，更是一天比一天加厚。在这种形势之下，当然有一番新气象出来。"[②] 这里所说的"从新觉悟，从新奋斗"的"从前的指导人物"，显然是指梁启超自己，或至少包括他自己在内。也就是说，梁自认是新文化运动老当益壮的主将之一，他大概也绝不会承认自己是复归传统的落伍者。

三、殊途同归：归趋"整理国故运动"

新文化运动于"五四"后虽获得了迅速发展，但其思想取向愈趋驳杂。"正如久壅的水闸，一旦开放，旁流杂出，虽是喷沫鸣溅，究不曾自

---

①　艾恺既肯定梁启超为代表的"民初的反现代化思想，其不但不保守，进取的精神反而很明显"，却又说游欧后的梁启超，"他对采用西方文化的可欲性这个问题似乎彻底改变了主意"，实陷于自相矛盾。见《世界范围内的反现代化思潮：论文化守成主义》，"前言"及第 141 页。

②　李华兴、吴嘉勋编：《梁启超选集》，837 页。

定出流的方向。"① 社会主义的讨论虽引起了无限兴趣，但犹如雾中观花，其"改造的方案，则于一般人的意想中尚欠明了"。② 与此同时，新文化运动也日趋分裂，"五四"后不久在李大钊与胡适间发生的"问题与主义"之争，是其重要的表征。所以，梁启超归国时看到的新文化运动，既是蓬勃发舒，又缺乏核心的规范。

梁启超虽非好的政治家，但作为老牌的政治家和研究系首领，长期政治实践毕竟养成了他注重队伍组织与努力掌控局面的传统、思维方式，或叫领袖欲。所以，尽管归国后决心皈依文化运动，但其具体的运作方式仍带上了浓重的政治意味。陶菊隐说："梁启超由欧洲回国后，有将研究系改组为党的愿望，丁文江、张君劢两人极为赞成，想以胡适之为桥梁，打通北大路线，表面上不拥戴一个党魁，暗中则以梁与蔡元培为其领导人；并打算以文化运动为政治运动的前驱。由于张东荪反对党教合一，此议遂被搁置……他抱此雄心大志，是因风靡一时的新文化运动，尚缺少一个中心机构，他想贾起清末民初的余勇，再来大显身手。后来壮志未酬，也就是二少爷失恋的必然结果。"③ 梁启超似乎也并不隐晦自己的雄心大志，归国当年，他在谈到文化运动与政治运动的互动关系时说，自己不承认是"研究系阴谋家"，但"我觉'我'应该做的事，是恢复我二十几岁时候的勇气，做个学者生涯的政论家"。④ 从梁启超与好友多次磋商看，其布局的构想大致是：（1）凝聚核心力量。梁启超说，"今日之事，须练有劲旅乃能作战。吾辈须以奋斗中坚队自认"。⑤ 这在舒新城则称之为"灯心"较"油"更重要，"而造灯心又以自己人作灯心为不二法门"。⑥ 在梁的眼里，蒋百里、张君劢、张东荪、舒新城等人，就是构成"灯心"的核心力量。（2）占几所大学为据点。梁启超既转向教育，并认定以"培养新

---

① 瞿秋白：《饿乡纪程》，见蔡尚思主编：《中国现代思想史资料简编》，第1卷，657页。

② 李大钊：《李大钊选集》，428页。

③ 陶菊隐：《蒋百里传》，51、52页。

④ 梁启超：《饮冰室合集·文集》（37），59页。

⑤ 丁文江、赵丰田编：《梁启超年谱长编》，985页。

⑥ 同上书，942页。

320

北京师范大学史学探索丛书

人才、宣传新文化、开拓新政治"为宗旨，自然在强调了《时事新报》等刊物重要性的同时，就格外重视大学的作用。除了已接办的中国公学之外，他积极创造条件，希望自己与蒋百里诸人能够在清华大学、南开大学、东南大学等高校谋得教职，举办讲座，逐渐经营，占为据点。所以梁与蒋百里等书说："要之清华、南开两处必须收作吾辈之关中河内，吾一年来费力于此，似尚不虚，深可喜也。"① 舒新城致梁书讲得更透彻：若能张东荪等掌中国公学，张君劢、徐志摩在南开讲演，公及蒋百里往南京尤其是东南大学讲座，"如此鼎足而三，举足可以左右中国文化，五年后吾党将遍中国，岂再如今日之长此无人也"。② （3）"协同动作"。梁启超认为，凡涉国民运动，都不能仅有指导者而无众人互助协作。因之，与各方"协同动作"是重要的策略。③ 实际上，他建立共学社、共讲社以及希图打通北大路线，都可以看作是"协同动作"策略的运用。这与《新青年》同仁强调"完全是彼此思想投契的结合"，"思想不投契了，尽可以宣告退席"，④ 此种只看重思想共鸣，而不赞成思想与行动统一的纯学者模式，显然不可同日而语。

梁启超的上述构想最终虽然并未实现，但其试图推进新文化运动的理路，却是值得重视的。时北京大学是五四运动的大本营，蔡元培作为校长，德高望重，是新文化运动的保护神。梁启超想打通北大路线和借重蔡元培，是很自然的；但他首先"想以胡适之为桥梁"，却又耐人寻味。1923年邓中夏曾将当时的中国思想界分为三派：梁启超为首的东方文化派、陈独秀为首的唯物史观派、胡适为首的科学方法派。他认为，前者代表封建思想，是新的反动派；后两者分别代表劳资阶级思想，都属科学派。他说："现在中国思想界的形势，后两派是结成战线，一致向前一派

---

① 丁文江、赵丰田编：《梁启超年谱长编》，943页。

② 同上书，942页。

③ 梁启超：《饮冰室合集·文集》（37），47页。

④ 刘思源等编：《钱玄同文集》，第6卷，97页，北京，中国人民大学出版社，1999。

进攻，痛击。"① 这是激进的年轻人情绪化的判断，非但认梁启超为新的反动派，全然不对；即将胡适与梁启超看成势不两立，同样不足信。实则，梁、胡交谊并不一般。

胡适自谓，青年时代即对梁启超十分敬仰，读其《新民说》、《中国学术思想变迁之大势》等许多笔端常带感情的雄文，深受启发，从而也引导自己立志走上学术研究的道路。他说："我个人受了梁先生无穷的恩惠。"②1918年底，胡适登门拜谒请益，梁启超不仅对其《墨家哲学》深表嘉许，且出示自己收集的墨学材料，以为助益。这是二人第一次见面，也是交谊的起点。周传儒说："梁与丁文江、林宰平感情最好……五四运动以后，梁与胡适也很要好，互相影响。"1920年3月，胡适的《尝试集》出版，适逢梁启超游欧初归，与梁"感情最好"复被胡视为"人生难得的'益友'"的丁文江，选诗集中"朋友篇"里的几句请梁写一扇面，再送给胡，让后者深为感动。③ 这既反映了梁对新诗的支持，也反映了他对胡的友谊。同年底，梁用一周时间完成名著《清代学术概论》一书，他曾谈到，本书缘起是胡适的建议，"归即嘱稿"。胡适先看过初稿并提出了修改意见。梁复致书胡，请作文批评："关于此问题资料，公所知当比我尤多，见解亦必多独到处，极欲得公一长函为之批评（亦以此要求百里），既以裨益我，且使读者增一层兴味。"④ 从此，二人的学术交往愈加密切。梁成《墨经校释》，请胡作序；胡成《墨辩新诂》，则请梁批评。彼此意见相左，复书信往返驳难。1922年3月，胡适邀梁启超到北京大学哲学社作《评胡适之〈中国哲学史大纲〉》长篇演讲，后者批评"措辞犀利，极不客气"；前者随堂听讲，最后答辩，反驳有力而不失风度。⑤ 这些已成学界佳话。同时，

① 邓中夏：《中国现在的思想界》，见蔡尚思主编：《中国现代思想史资料简编》，第2卷，175页。

② 胡适：《四十自述》，见夏晓虹：《追忆梁启超》，210页。

③ 周传儒：《回忆梁启超先生》，见夏晓虹：《追忆梁启超》，380页。胡颂平编著：《胡适之先生年谱长编初稿》，第2册，400页。

④ 丁文江、赵丰田编：《梁启超年谱长编》，922页。

⑤ 陈雪屏：《用几件具体的事例追怀适之先生》，载《传记文学》，第28卷第5期，1976-05。

二人也相互切磋新诗创作。例如，梁启超曾致书胡适说：他的一些新诗写得"绝妙，可算'自由词'"，但有些诗作若能适当注意用韵，"则更妙矣"。自然，"这是个人感觉如此，不知对不对"。"我虽不敢说无韵的诗绝对能成立，但终觉其不能移我情。韵固不必拘定什么《佩文斋诗韵》、《词林正韵》等，但取用普通话念去，合腔便好。句中插韵固然更好，但句末总须有韵……我总盼望新诗在这种形式下发展。"① 在新文化运动中，关于新旧诗的争论十分激烈，但梁、胡却能将之视为学术问题，作心平气和的讨论，二人关系之融洽，于此可见一斑。

此外，梁启超与胡适在公益活动与日常生活中，也多所合作与往来。在共讲社接待杜威、罗素等国外学者中的合作已如上述，他们还在中国科学社、国际联盟同志会、中华教育改进社等团体分别任职，共事与合作。1924 年 1 月梁启超发起召开"戴东原生日三百年纪念会"，胡适专程从上海赶来参加，以示支持。在日常生活中，二人过往甚密。梁启超致书友人说，新撰成《陶渊明年谱》，"胡适之来此数日，极激赏此作"。② 刘海粟也回忆说，在北京松树胡同徐志摩家，常能同时碰见梁启超与胡适二人。③都说明了这一点。1928 年梁有与胡书说："自公欧游归后，道路间隔，迄未得一促膝握手，商量旧学，相思与日俱积，想复同之耳。"④ 1929 年梁去世，胡适参加追悼会，"也忍不住堕泪了"。⑤ 次日日记写道："任公为人最和蔼可爱，全无城府，一团孩子气。人家说他是阴谋家，真是恰得其反"。"近年他对我很好，可惜我近来没机会多同他谈谈。"⑥ 足见二人友谊一直保持到了最后。

梁启超与胡适所以能保持交谊，除了共同的学术兴趣外，政治上的

① 丁文江、赵丰田编：《梁启超年谱长编》，1044、1045 页。

② 同上书，991 页。

③ 刘海粟：《回忆梁启超先生》，见夏晓虹编：《追忆梁启超》。

④ 丁文江、赵丰田编：《梁启超年谱长编》，1180 页。

⑤ 胡颂平编著：《胡适之先生年谱长编初稿》，第 3 册，776 页，台北，联经出版事业公司，1984。

⑥ 胡适：《胡适的日记》，1929 年 1 月 20 日，见夏晓虹编：《追忆梁启超》，433～434 页。

趋同，显然也是一个重要原因。人所共知，胡适反对马克思主义与社会主义，梁启超同样如此。他说："我们须知，拿孔孟程朱的话当金科玉律，说他神圣不可侵犯，固是不该；拿马克思、易卜生的话当做金科玉律，说他们神圣不可侵犯，难道又是该的吗！"他虽肯定"社会主义自然是现代最有价值的学说"，① 对俄国革命也表示过好感，但在《复张东荪论社会主义运动》长文中，最终仍借口国情特殊论，反对中国行社会主义。说到底，胡适是个自由主义者，此期的梁启超同样也是一位自由主义者。②

由此可见，梁启超想借重胡适，打通北大路线，同样是合乎逻辑的。但是，二者的交谊显然引起了多疑的陈独秀的怀疑，进而加剧了《新青年》编辑部的分裂。1921年初胡适致陈独秀书写道：

> 你真是一个鲁莽的人！……何以竟深信外间那种绝对无稽的谣言！……你难道不知我们在北京也时时刻刻在敌人包围之中？你难道不知道他们办共学社是在《世界丛书》之后，他们改造《改造》是有意的？他们拉出他们的领袖来"讲学"——讲中国哲学史——是专对我的？（他在清华的讲义无处不是寻我的瑕疵的。他用我的书之处，从不说一声；他有可以驳我的地方，决不放过！但此事我倒很欢迎，因为他这样做去，于我无害而且总有点进益的。）你难道不知他们现在已收回从前主张白话诗文的主张？（任公有一篇大驳白话诗的文章，尚未发表，曾把稿子给我看，我逐条驳了，送还他，告诉他，这些问题我们这三年中都讨论过了，我很不愿他来"旧事重提"，势必又引起我们许多无谓的笔墨官司！他才不发表了。）你难道不知延聘罗素、倭铿等人的历史？（我曾宣言，若倭铿来，他每有一次演说，我们当有一次驳论。）③

---

① 梁启超：《饮冰室合集·专集》（23），27、32 页。
② 张朋园先生认为，"任公在从政时期是一个主观独断的国家主义者，退而在野时则恢复了客观进步的自由主义"。（《梁启超与民国政治》，303 页）
③ 耿云志、欧阳哲生编：《胡适书信集》（上），262 页。

北京师范大学史学探索丛书

这里所谓的"谣言",自然是指有关梁启超研究系拉拢胡适的传说。为了让陈独秀放心,胡适极力表白,有意夸大其词,将梁启超诸人说成是"敌人",并将本当肯定的学术驳难,都说成了彼此交恶,势不两立的证明。这固然可以理解,但实际上也并无多少说服力。例如,关于白话诗的问题。1920 年 10 月 18 日梁启超有书致胡适,在约请他撰文批评《清代学术概论》的同时,也说到:"超对于白话诗问题,稍有意见,顷正作一文,二三日内可成,亦欲与公上下共议论。对于公之《学史纲》,欲批评者甚多,稍闲当鼓勇致公一长函……"① 梁启超是坦诚的,在主动约请批评的同时,也事先打招呼,表示于对方的某些学术观点也将愿意有所讨论。而胡适同样是大度的,如上所述,他干脆请梁去北大做演讲。至于他能成功说服梁放弃发表批评白话诗的文章,不仅说明了后者通情达理和顾全大局,更说明了二者关系之融洽。陈独秀不可能不明白这一点。事实上,自 1920 年 5 月 1 日《新青年》出版了第 7 卷第 6 号,即"劳动节纪念号",标志着该杂志及其主编正式转向了科学社会主义起,《青年》编辑部同仁的分裂就成了无可避免。胡适对此十分不满,他说"今《新青年》差不多变成了 SOVIET RUSSIA 汉译本"。② 到胡适写上信之时,胡、陈二人的思想对立已无可调和。所以,问题不在于"谣言",是时研究系实已解体,梁启超也自非搞阴谋之人;而在于陈、胡二人思想主张之严重分歧。所以,还是钱玄同致鲁迅与周作人信的分析更具尖锐性:

> 初不料陈、胡二公已到短兵相接的时候……至于仲甫疑心适之受了贤人系的运动,甚至谓北大已入贤掌之中,这是他神经过敏之谓,可以存而不论……试作三段式曰:研究系不谈共产;胡适之和北京大学亦不谈共产;故胡适之和北京大学是投降了研究系。这话通吗?③

---

① 丁文江、赵丰田编:《梁启超年谱长编》,922 页。
② 耿云志、欧阳哲生编:《胡适书信集》(上),265 页。
③ 刘思源等编:《钱玄同文集》,第 6 卷,15、16 页。

钱玄同以自己特有的幽默，点明了陈独秀所以怀疑胡适，根本原因端在后者"不谈共产"即反对马克思主义，这是他的尖锐之处。但是，形式逻辑自身的缺陷，也决定了钱"这话通吗"的设问还远未回答实质的问题：胡适与梁启超都反对马克思主义，固然不能说谁一定投降了谁，但从新文化运动分裂的趋势看，二者是不是正在趋同呢？事实的回答是肯定的。

1919 年 7 月胡适、李大钊关于"问题与主义"之争，固然是新文化运动分裂的表征，但是就胡适而言，进一步明确而系统地提出自己关于新文化运动未来发展方向的具体主张，却是在同年 11 月发表的《新思潮的意义》一文。他在文中提出："研究问题，输入学理，整理国故，再造文明"。这是其时关于"整理国故"思想的第一次，也是最为系统的理论阐述。他强调说："这是我对于新思潮运动的解释。这是我对于新思潮将来趋向的希望。"① 由是，统一的新文化运动公开分道扬镳，归趋两个方向：一是遵循马克思主义，实行社会革命；二是"整理国故运动"。迨1923 年 1 月胡适代表北大国学门发表《〈国学季刊〉发刊宣言》，进一步提出"研究国学的方针"，②"整理国故运动"不仅形成了中心机构，且业已浸成了浩大的声势。是时黄日葵就已看出了其中的分际，他说："一种倾向是代表哲学文学一方面，另一种倾向是代表政治社会的问题方面。"前者隐然以胡适为首领，后者则隐然以陈独秀为首领。"前派渐渐倾向于国故整理运动。……陈独秀先生的一派，现在在做实际的社会革命运动"。③胡秋原也回忆说，"民国十年以后，'整理国故'之风大起"。④

胡适倡导的"整理国故运动"，与梁启超的理想暗合。陶菊隐说："梁对欧洲文艺复兴曾倾倒备至，想高举这面大旗，在中国大干一场，其理想中之一目标有二：一为整理国学，一为灌输西方新思想及新科学，融合二

北京师范大学史学探索丛书

① 胡适：《胡适文存一集》，卷 4，160、163、151 页。
② 胡适：《胡适文存二集》，卷 1，11 页。
③ 黄日葵：《在中国近代思想史演进中的北大》，载《北京大学廿五周年纪念刊》，48、49 页，北京，北京大学出版部，1923。
④ 胡秋原：《评介"五四运动史"》，见周阳山编：《五四与中国》，249 页。

者来确定中国的文化路线。"① 梁启超肯定"整理国故",他说:"整理国故,我们是认为急务……"② 他认为,中国的历史典籍犹如蕴藏丰富的矿产资源,从前都用土法开采,采不出什么来,"今日若能用科学方法重新整理,便像机器采掘一样,定能辟出种种新境界,而且对于全人类文化,有很大的贡献"。③ 他所谓的"科学方法",就是"外来新文化"、"西法"、"洋货"。强调用西方科学方法重新整理国故,以开辟新境界,助益世界文化,这与胡适的"研究问题,输入学理,整理国故,再造文明",岂非异曲同工?诚然,二人对于中西文化评判的态度有很大的不同,梁启超反省现代性,不赞成"西化",强调学习西方与继承传统同等重要。胡适则强调现代性,不仅主张"西化",而且坚持"'西化'也就是'科学化'、'民主化'"。④ 所以他猛烈抨击传统,强调整理国故不是为了"挤香水",而是为了"打鬼",发现"国渣",以证明"古文化不过如此",等等。但是,胡适既提出"整理国故,再造文明",逻辑上就是肯定了中国传统文化有自己的价值,它将成为"再造文明"即发展新文化的基础。事实上他也曾这样说:"若要知道什么是国粹,什么是国渣,先须要用评判的态度,科学的精神,去做一番整理国故的工夫"。"发明一个字的古义,与发现一颗恒星,都是一大功绩"。"我们对于国学的前途,不但不抱悲观,并且还抱无穷的乐观。"⑤ 有趣的是,蔡元培径直将胡适"整理国故"的成绩,当成了旧有文化自有价值的证明:"我们既然认旧的亦是文明,要在他里面寻出与现代科学精神不相冲突的,非不可能"。只是要借西洋科学精神"来整理中国的旧学,才能发生一种新义。如墨子之名学,不是曾经研究西洋名学的胡适君,不能看得十分透彻,就是证据。"⑥ 所以,可以说,胡适与梁启超在"整理国故"这一点上,殊途同归。

---

① 陶菊隐:《蒋百里传》,51、52页。
② 梁启超:《饮冰室合集·文集》(39),114页。
③ 梁启超:《饮冰室合集·文集》(38),5页。
④ 唐德刚:《胡适杂忆》,82页,北京,华文出版社,1990。
⑤ 胡适:《胡适文存》卷4,163页;卷2,286页;《胡适文存二集》,卷1,27页。
⑥ 高平叔编:《蔡元培全集》,第3卷,350页。

需要指出的是，梁启超虽属长者，对胡适学术功力却由衷钦佩，"不仅欣赏胡适的批判方法，而且还把他视为一位富有洞察力的中国思想遗产的阐释者"。① 他在《清代学术概论》中甚至将胡适与章太炎并论："樾弟子有章炳麟，智过其师……而绩溪诸胡之后有胡适者，亦用清儒方法治学，有正统派遗风。"② 他对胡适的《中国哲学史大纲》虽有批评，但同时也强调，这不减损本书的价值："这书处处表现出著作人的个性。他那锐敏的观察力、缜密的组织力、大胆的创造力，都是'不废江河万古流'的。"③ 是时，梁启超开风气之先的时代毕竟已经过去，④ 二者互相影响，但梁显然更多地受到了胡的影响。"胡适考证《山海经》，梁也感趣味。梁作戴东原百年纪念，也受胡适影响。胡适主张白话文，梁也用白话文写作。"⑤ 就是梁的名作《清代学术概论》不也是在胡的建议下写成的吗？所以，梁启超认同由胡适揭橥大纛的"整理国故运动"也是很自然的，尽管其中不免争胜。1920—1923 年，梁启超除了风尘仆仆南北讲学之外，还出版了《清代学术概论》、《先秦政治思想史》、《中国历史研究法》等一系列重要的学术论著，有力地扩大了"整理国故运动"的声势。吴稚晖说："他（梁启超）受了胡适之《中国哲学史大纲》的影响，忽发什么整理国故的兴会，先做什么《清代学术概论》，什么《中国历史研究法》，还要得。"⑥ 钱玄同在挽词中更称誉梁启超："革新思想的先觉，整理国故之大师。"⑦

---

① ［美］格里德：《胡适与中国的文艺复兴》，135 页，南京，江苏人民出版社，1996。

② 梁启超：《饮冰室合集·专集》（34），6 页。

③ 梁启超：《饮冰室合集·文集》（38），51 页。

④ 梁漱溟的《纪念梁任公先生》认为，民国后"早已不是他（梁启超）的时代了。再进到五四运动以后，他反而要随着那时代潮流走了"。1920 年后他积极投入新文化运动，"完全是受蔡元培先生在北京大学开出来的新风气所影响"。（参见夏晓虹编：《追忆梁启超》，259 页）。

⑤ 周传儒：《回忆梁启超先生》，见夏晓虹编：《追忆梁启超》，380 页。

⑥ 吴稚晖：《箴洋八股化之理学》，见张君劢等：《科学与人生观》，308 页，济南，山东人民出版社，1997。

⑦ 刘思源等编：《钱玄同文集》，第 2 卷，328 页，北京，中国人民大学出版社，1999。

北京师范大学史学探索丛书

"整理国故运动"是新文化运动在学术文化领域的深化与发展。① 梁启超归趋"整理国故运动",既是其游欧归来的初衷使然,同时,也有助于进一步彰显了新文化运动这一新的取向。

四、重新认识梁启超

对中西方来说,欧战前后都是一个"重新估定一切价值"的重要时代。在西方,俄国十月革命的爆发与反省现代性思潮的崛起,可以看成是西人从不同取向反省社会文化危机所导致的结果。在中国的情况更形复杂。"当中国人希图抛弃自己传统而采用西方文化之时,又发现西方人怀疑乃至反对自己的文化。中国人处于二重文化危机之中……"② 故国人的"重新估定一切价值"便有了两个向度:既要反省传统文化,也须反省西方文化。李大钊诸人转向马克思主义与梁启超等人转向反省现代性,既反映了战后西方社会文化思潮变动对中国的深刻影响,同时也说明了新文化运动在"五四"后发展到新阶段,它已具有愈加宏富的内涵。

梁启超看到了西方现代性的弊端,但并未忽视中西方的时代落差,即中国首先需要建立现代的社会。他试图将二者结合起来,即在推进中国现代化的同时,避免西方业已出现的弊端。所以,游欧归国后他一面积极投入了新文化运动,成为了一员骁将;同时,复坚持求同存异,从而有助于进一步展拓了时人的思维空间。梁启超不仅强调对西方的思想也要"重新估定一切价值",以求国人对迷信西方的解放,而且明确提出了"科学万能"论不足训,将西方反省现代性的视角有力地引入了中国。随后发生的"科学与玄学"之争的激烈论战,"焦点可以归结为工具理性和价值理性的冲突,决定论与自由意志的是非,以及实证主义与人文主义的分歧"。③ 长

---

① 参见卢毅:《"整理国故运动"与中国现代学术转型》,北京,中央党校出版社,2008。

② 胡秋原:《评介"五四运动史"》,见周阳山编:《五四与中国》,247页。

③ 刘钝、方在庆:《"两种文化":"冷战"坚冰何时打破?》,载《中华读书报》,2002-02-06。

期以来，人们多将之误解成是一场"科学与反科学"之争，实则，它为西方于 19 世纪末突显的"两种文化"① 对立在中国的延伸。科学史专家刘钝说："'科玄论战'是中国近代思想史上第一次高水平的理论交锋，对于巩固新文化运动的胜利果实和塑造更具前瞻性的文化形态具有重大意义，可惜由于意识形态的介入和政治局面的动荡，后一目标未能实现。"② 所谓"塑造更具前瞻性的文化形态"，显然应包括拒绝"科学万能"论即科学主义在内的自觉。此一目标虽未实现，但梁启超所力申的反对"科学万能"论观点，至少已被当时包括中国科学社社长任鸿隽在内的一些人所认同。③ 如果我们正视"科学与玄学"之争在近代思想史上的重要地位，那么梁启超助益深化新文化运动的历史作用，同样是不应当低估的。

欧战及俄国十月革命的爆发，是世界历史由近代转入现代的重要标志。不过，从文化史的角度看，则又可以说，欧战后的世界"西方文化中心"论根本动摇，开始了东西方文化对话的新时代。④ 游欧归国的梁启超要求重新审视传统文化，并非简单的虚骄心态使然，而当看作是对世界文化变动的一种积极感悟。梁自清末起力倡西学，但始终不赞成全盘否定本国文化传统。例如，1896 年他在《西学书目表后序》中说："要之，舍西学而言中学者，其中学必为无用；舍中学而言西学者，其西学必为无本。"1902 年在《新民说》中又说："新之义有二：一曰，淬厉其所本有而新之；二曰，采补其所本无而新之。二者缺一，时乃无功。"⑤ 在此期的梁启超看来，欧战既以如此尖锐的形式暴露了西方文明的弱点，国人审视中西文化

---

① 1959 年后英国学者斯诺提出的重要命题。他认为，科学家与人文学者关于文化的基本理念和价值判断经常处于互相对立的位置，彼此鄙视，而不能尝试理解对方的立场。这一现象被称为"斯诺命题"。（参见 [英] 斯诺：《两种文化》，北京，生活·读书·新知三联书店，1994）

② 刘钝、方在庆：《"两种文化"："冷战"坚冰何时打破？》，载《中华读书报》，2002-02-06。

③ 任鸿隽：《人生观的科学或科学的人生观》，见樊洪业、张久春编：《科学救国之梦：任鸿隽文存》，303 页。

④ 参见拙文：《论欧战后中国社会文化思潮的变动》，载《近代史研究》，1997（3）。

⑤ 李华兴、吴嘉勋编：《梁启超选集》，38、211 页。

北京师范大学史学探索丛书

的传统视角就应当有所调整，由过去一味崇拜西方，转变为自觉借助西方的科学精神与方法，重新估价与整理固有文化，发展民族新文化，才可能对世界文化发展作出中国人的贡献。这实际上也是当时包括杜威、罗素、蔡元培在内许多中外有识之士的一种共识。蔡元培说：传统文化与现代科学精神并非不能相容。"东西文化交通的机会已经到了。我们只要大家肯尽力就好。"① 所以，从形式上看，梁启超前后期皆中西兼顾，主张"一面爱重国粹，一面仍欢受新学"，② 但重心有不同：前期重在倡西学批判中学，后期则主借助西学发展中国的新文化。在这里，他赖以思想转换的价值观与方法论，从根本上说，仍是来源于现代西方，即反省现代性。因之，"回归传统"的提法，若是指梁由重在倡言西学，转而重在倡导继承与发展传统，则无不对；若是指所谓"情感压倒了理智"，或抵拒西学和新文化运动的守旧倒退，则全然是一种误解。经历了现代性与反省现代性的双重洗礼的梁启超，其眼中的传统及其价值已非原来的意义。

五四运动既是一场反帝爱国运动，也是一场深刻的思想解放运动。毛泽东在谈到五四运动时说："帝国主义的侵略打破了中国人学西方的迷梦。很奇怪，为什么先生老是侵略学生呢？"中国人向西方学了不少东西，但行不通，理想总不能实现，国家每况愈下。于是，"怀疑产生了，增长了，发展了"。受十月革命启发，先进的中国人终于找到马克思主义的唯物史观，"作为观察国家命运的工具，重新考虑自己的问题。走俄国人的路——这就是结论"。从此，"中国人在精神上就由被动转入主动"。③ 耐人寻味的是，梁启超也谈到了自己游欧归国时，在精神上同样曾经历了某种由消极到积极、由被动到主动的变化。1923 年 3 月 10 日，即归国后第五天，梁启超即在中国公学发表演讲，说：游欧最大收获是在精神上发生的变化，"即将悲观之观念完全扫清是已。因此精神得以振作，换言之，即将暮气一扫而空"。中国效法西方既然无成，就当求变计，"对于中国不必

---

① 高平叔编：《蔡元培全集》，第 3 卷，52 页。

② 梁启超：《饮冰室合集·文集》（33），30 页。

③ 《毛泽东选集》，第 4 卷，1470、1471、1516 页。

欧战前后：国人的现代性反省

331

第十章 梁启超与新文化运动

悲观"，"吾人当将固有国民性发挥光大之，即当以消极变为积极是已"。①
这样看来，时人思想解放的表现有两种情况：毛泽东所描绘的是第一种，
即李大钊为代表的激进民主主义者，认原先所崇拜的法兰西文明已成明日
黄花，转而接受马克思主义，走俄国人的路，从事社会革命；梁启超所代
表的是第二种，接受西方反省现代性的观点，转而借重西洋科学的思想与
方法，从事国故整理，求具体发展中国新文化。二者选择中国未来走向的
路径不同，缘此产生的历史影响也不可同日而语，固不待言；但其共同
点，却不容轻忽：二者都是缘于国人"学西方的迷梦"的破灭、"怀疑"
的增长和"重新考虑自己问题"。所以，他们不同程度又同样都是反映了
战后国人的觉醒，却是必须看到的。"总之从此以后，中国改换了方向"②：
从政治上看，前者推动中国由旧民主革命向新民主革命转换，这是人所共
知的；从学术文化上看，后者归趋"整理国故运动"，推动了中国学术由
传统向现代的转型，则是近年才逐渐被学界认同的事实。胡适直到晚年仍
感遗憾，以为是五四运动打断了新文化运动的正常发展，"它把一个文化
运动转变成一个政治运动"。③ 这自然是不对的。但它再一次从反面有力印
证了我们上述的观点："五四"后新文化运动的发展归趋两个方向：以马
克思主义为指导的社会革命；体现新文化运动在学术文化领域进一步深化
的"整理国故运动"。因之，我们可以说：在新文化运动期间，梁启超不
仅与时俱进，且秉持反省现代性的信念，归趋"整理国故"，仍不失自己
独立的地位。固然，他与胡适一样，评判传统皆难免有误，但这应由具体
的历史条件去说明。

北京师范大学史学探索丛书

---

① 李华兴、吴嘉勋编：《梁启超选集》，738、740 页。

② 《毛泽东选集》，第 4 卷，1514 页。

③ 胡适口述，唐德刚译注：《胡适口述自传》，183 页。

第十一章　欧战后梁启超的文化自觉

　　梁启超欧战后于 1918 年 10 月赴欧考察，1920 年 3 月初归国，历时一年多。同时，其《欧游心影录》于 1920 年 3 月至 6 月在北京的《晨报》和上海的《时事新报》上连载。梁启超的游欧及其《欧游心影录》，历来是学界观测其晚年思想变动的重要节点。近年来，许多论者一改过去简单否定的传统观点，而持积极和肯定的评价。这是可喜的现象。不过，在笔者看来，对此一历史现象的观测，尚有进一步登堂入室的空间。梁启超在《欧游心影录》中郑重揭出的"中国人之自觉"这个大题目，就是一个很好的切入点。

一、《欧游心影录》与"中国人之自觉"命题的提出

　　《欧游心影录》中第一文的下篇是《中国人之自觉》。《梁启超年谱长编》强调说："上面之几篇文章里面最要紧的是第一文的下篇——《中国人之自觉》，因为读了这篇文章可见先生思想见解转变之迹，和对于将来政治社会等问题的主张。"① "中国人之自觉"，兹事体大，这个标题显然不是信手拈来，而是深思熟虑的结果。它反映了梁启超对战后中国走向的整体性思考。所以，梁启超一方面说，以上诸节"我都是信手拈来，没有什么排列组织"，同时却又强调："但我觉得我们因此反省自己从前的缺点，振奋自己往后的精神，循着这条大路，把国家挽救建设起来，决非难事"。说得又如此自负。② 毫无疑义，所谓"中国人之自觉"，首先反映的是梁启超本人的"自觉"。研究梁启超晚年思想不能不关注《欧游心影录》；但是，关注此文，于其"自觉"二字的深意，却不能无所措意。

---

①　丁文江、赵丰田编：《梁启超年谱长编》，895 页。

②　梁启超：《饮冰室合集·专集》(23)，35 页。

梁启超是个于社会思潮变动感觉敏锐的人。辛亥革命后，民国虽立，但徒具虚名，人多彷徨，有初归自然复入樊笼之感。梁启超自海外归国不久，即深感思想界之沉闷，以社会缺乏深刻敏锐的思想为憾。1913年他在《述归国后一年来所感》中就指出："或曰，今中国无思潮，吾不敢谓然也。然大多数人之所怀想，大率浮光掠影，无深刻锐入之思"，"吾无以状之，状以浮浅而已"。① 所以，他有一个愿望，能"察现今世界大势所趋"，"为国民谋树思想上之新基础"。② "自觉"或叫"国民自觉"概念的提出，当视为梁启超思想上渴求超越现状愈形强烈的一个重要表征。

"自觉"一词虽是"五四"前后十分流行的用语，但就梁启超而言，他在民初强调"国民自觉"这一概念，最早却是在1915年。是年，他在《敬举两质义促国民之自觉》一文中说："凡能合群以成国且使其国卓然自树立于世界者，必其群中人具有知己知彼之明者也。若是者，无以名之，名之曰国民自觉心。"国民而能自觉，有待国中士君子的指导，而后者"其眼光一面须深入国群之中，一面又须常超出于国群以外，此为事之所以至不易也"。③ 这里，梁启超不仅指出了所谓"国民自觉"，乃是指国民了解本国与世界，并在中外对比中具有"知己知彼之明"，而不至于陷于一偏，即盲目自大或妄自菲薄；而且，还强调了这首先有赖于有识之士具备深远的世界视野。

需要特别指出的是，梁启超对"国民自觉心"的强调与他对其时欧战的关注是直接联系在一起的。他说，"此次大战予我以至剧之激刺"。④ "吾侪对于此次欧战之研究，一方面可以得最浓厚之兴味，一方面可以助长极健实之国民自觉心。其不容以隔岸观火之态出之也明矣"。⑤ 1914年欧战初起仅旬日，梁启超即决心著《欧洲战役史论》一书，并于十日后脱稿。

---

① 梁启超：《述归国后一年来所感》，见《饮冰室合集·文集》(31)，26 页。
② 梁启超：《五年来之教训》，见《饮冰室合集·专集》(32)，148 页。
③ 梁启超：《敬举两质义促国民之自觉》，见《饮冰室合集·文集》(33)，41 页，中华书局，1936。
④ 梁启超：《欧洲战役史论·第二自序》，见《饮冰室合集·专集》(30)，1 页。
⑤ 梁启超：《欧战蠡测·小叙》，见《饮冰室合集·文集》(33)，12 页。

北京师范大学史学探索丛书

随后复在报上开辟"欧战蠡测"专栏，同时接受中华书局之请，编成《时局小丛书》第1集10种出版，以助国人更好地了解欧战及时局。梁启超业已敏感到欧战将成为世界历史的转变点，他在《大中华发刊辞》中写道："今也机括一弛，形势迥异畴曩。欧洲战争中或战争后，吾国必将有大变……"①同时，在《欧战蠡测·小叙》中又写道："自兹以往，新时代行将发生，举一切国家社会之组织，皆将大异乎其前……而战后之狂潮，势必且坌涌以集于我。""宜如何恐惧修省以应大变，此尤早作暮思所当有事。"②

1917年底，梁启超受安福系排挤，结束政治生涯。翌年，欧战告终，他在给女儿的信中说："吾度此闲适之岁月，恰仅一年，欧战既终，逼使我不复能自逸，今当西游。"③ 这不仅反映了他游欧的急切心情，更主要是说明了，梁启超游欧绝非一时心血来潮，而是谋定而后动的一种决策。他希望通过对战后欧洲的实地考察，近距离感受西方社会文化思潮的变动，真正做到知己知彼，以便为国人的自觉，也为自己今后的道路，寻得一个新的方向。所以，是年12月27日，即登轮赴欧的前一晚上，他与几个朋友"谈了一个通宵，着实将从前迷梦的政治活动忏悔一番，相约以后决然舍弃，要从思想界尽些微力"，并自谓"这一席话要算我们朋辈中换了一个新生命了"。④ 而好友张东荪也一再致书提醒抵欧的梁启超诸人："公等此行不可仅注视于和会，宜广考察战后之精神上物质上一切变态，对于目前之国事不可太热心，对于较远之计画不可不熟虑。"⑤ 梁启超除了参与和会上的折冲樽俎外，先后游历了英国、法国、比利时、荷兰、瑞士、意大利、德国，与欧洲各界名流进行了广泛接触。"吾自觉吾之意境，日在酝酿发酵中，吾之灵府必将起一绝大之革命，惟革命产儿为何物，今尚在不

① 梁启超：《饮冰室合集·文集》（33），81页。
② 梁启超：《欧战蠡测·小叙》，见《饮冰室合集·文集》（33），12页。
③ 丁文江、赵丰田编：《梁启超年谱长编》，873页。
④ 同上，874页。
⑤ 同上，893页。

可知之数耳。"足见其耳闻目睹，心得良多。① 现在我们知道他的所谓"革命产儿"，就是《欧游心影录》中提出的"中国人之自觉"。

然而，郑振铎在《梁任公先生》一文中竟是这样说："（欧游归国）他自己曾说起对于此行的失望，第一是外交完全失望了，他的出国的第一个目的，最重大的目的，已不能圆满达到；第二是他'自己学问，匆匆过一整年，一点没有长进'。在这一年中，真的，他除了未完篇的《欧游心影录》之外，别的东西一点也没有写；而到了回国以后所著作、所讲述的仍是十几年前《新民丛报》时代，或第一期的著述时代所注意、所探究的东西，一点也没有什么新的东西产生。此可见他所自述的一年以来'一点没有长进'，并不是很谦虚的话。"② 郑振铎没有真正理解梁启超，他的判断全然不对。和会上中国外交的失败，固然令梁启超失望，但这不是他个人所能改变的，而他最早将外交失败的讯息传回国内，从而促进了五四运动的爆发，正功不可没。梁启超自谓"没长进"，应视为自谦的话。《欧游心影录》内含 8 篇文章，其中尤其以《欧游中之一般观察及一般感想》上下篇，即《大战前后之欧洲》与《中国人之自觉》，内容最为重要。前者包括"人类历史的转捩"、"社会革命暗潮"、"学说影响一斑"、"思想之矛盾与悲观"、"新文明再造之前途"、"物质的再造及欧局现势"等 11 节；后者则包括"世界主义的国家"、"中国不亡"、"阶级政治与全民政治"、"尽性主义"、"思想解放"、"社会主义商榷"、"国民运动"、"中国人对于世界文明之大责任"等 13 节。文中梁启超不仅生动报告了战后欧洲社会及思潮的变动，而且提出了"中国人之自觉"，即自己关于中国何去何从的思考，这是何等重大的时代课题！一年中他是没有写别的文章，但《欧游心影录》所提出的问题与思考，发人深省，影响深远，其价值绝非多少篇文章所能相抵的。事实上，欧游成为了梁启超晚年思想变动的转捩点，《欧游心影录》也成为了后人研究欧战前后中西方社会思潮变动及其梁启超本人思想最重要的文献之一。以为归国后梁启超的著述都了无新意，不出《新

① 丁文江、赵丰田编：《梁启超年谱长编》，881 页。
② 夏晓虹编：《追忆梁启超》，82 页。

民丛报》的范围，自然更是谬以千里了。

要言之，民初的梁启超渴望国人在思想有所超越，而从欧战初强调要培育"国民之自觉心"，到欧战后明确提出"中国人之自觉"，梁启超又是如此执着地将自己的"自觉"（自然也包括他认为中国人应有的"自觉"）与欧战联系在一起。因之，关注欧战，从梁氏强调的"自觉"二字切入，应是解读《欧游心影录》与梁启超归国后思想取向的一个重要视角。不过，本文仅考察欧战后梁启超的文化"自觉"，而不涉及他对中国问题的整体性思考。

二、思想的"绝大之革命"：服膺反省现代性思潮

近年来论者多肯定梁启超欧游归来并未改变其学习西方与主张新文化的初衷，这是完全正确的；但是，它与梁启超自谓"吾之灵府必将起一绝大之革命"以及"自觉"云云相较，毕竟又仍显隔膜。实际上，梁启超所谓的思想"革命"与"自觉"，归根结蒂，乃是指他体察了欧洲社会文化思潮的变动，并最终服膺反省现代性的思潮。

欧战作为人类第一次世界大战，惨绝人寰，创深痛钜。美国学者马文·佩里主编的《西方文明史》说："大战给许多人留下的是绵绵不断的痛苦——西方文明已失去了它的活力，陷入了一个崩溃瓦解的低谷。""无疑，任何能允许如此毫无意义的大屠杀持续四年之久的文明已经表明它走向衰败。"[①] 欧洲许多人因之对西方文明失去了信心，"西方没落"，"上帝死了"，悲观的论调渐起，弥漫欧洲大陆。与此同时，出现了"理性的危机"。人们发现，"欧洲释放出来的科学和技术的威力似乎是他们不能控制的，而他们对欧洲文明所创造的稳定与安全的信仰，也只不过是幻想而已。对于理性将要驱走残存的黑暗，消除愚昧与不公正并引导社会持续前进的希望也都落了空。欧洲的知识分子觉得他们是生活在一个'破碎的世界'中"。所谓"破碎的世界"，就是韦伯所谓的"理性具有的可怕的两面

---

① ［美］马文·佩里主编：《西方文明史》，下卷，368 页。

性"：它一方面带来了科学和经济生活中的辉煌成就，但与此同时，又无情地铲除了数世纪以来的传统，将深入人心的宗教信仰斥为迷信，视人类情感为无益，"因而使生命丧失精神追求"，"世界失去魅力"，"使生命毫无意义"。人们在藉理性征服自然的同时，其主体性也发生了异化，成为了理性的奴隶。因之，人感到了孤独，又出现了"人的危机"。也缘是之故，自19世纪末以来便陷入衰微的理性主义，进一步衰堕了。①

战后欧洲的反省存在两个取向：一是以马克思主义为代表，它从唯物论的观点出发强调所谓的"理性的危机"，说到底，无非是资产阶级"理性王国"的危机；因之消除社会危机的根本出路，应在于通过无产阶级的革命，彻底改变资本主义的社会制度，将人类社会引向更高的发展阶段。俄国十月革命的成功是此一取向的善果。二是反省现代性，它集中表现为非理性主义思潮的兴起。现代性是指自启蒙运动以来，以役使自然、追求效率为目标的系统化的理智运用过程。许多西方现代学者从唯心论出发，将问题归结为理性对人性的禁锢，因而将目光转向人的内心世界。他们更强调人的情感、意志与信仰。尼采大声疾呼"重新估定一切价值"，被认为是非理性主义思潮兴起的宣言。20纪初以柏格森等人为代表的生命哲学，强调直觉与"生命创化"，风行一时，是此一思潮趋向高潮的重要表征。

马文·佩里认为，西方现代思想的发展经历了两个广义的阶段：早期现代思想与后期现代思想。前者形成于启蒙运动时期，推崇理性、科学与人性善；后者则形成于19世纪末20世纪初。这是"一种新的世界观"，它令欧洲意识产生巨变："自牛顿以来就主导着西方观念的机械宇宙模式被改变了；启蒙运动关于人类理性和性善的观点遭到怀疑。"② 后者即是非理性主义所代表的反省现代性的思潮。美国学者艾恺则以"现代化"与"反现代化"思潮的消长，来诠释这个过程。他在《世界范围内的反现代化思潮》一书中提出："现代化的精髓是理性"，它诞生于启蒙运动。但如影相

① ［美］马文·佩里主编：《西方文明史》，下卷，454～455页、316页。
② 同上书，294页。

随，"反现代化"的意识便同时产生了。后者与前者一样，"也是一个空前的'现代'现象"。"不管这类作家的思想中相对性的观念有多深，就他们关于人类价值或对社会事实的解释而言，他们和启蒙思潮始终维持着一个共同的基底，认为全体人类在任何时代其终极目标——在实际上——是一致的；每个人都在追求基本生理、物理性需要的满足"。所以"反现代化"思潮，应视为人类在追求发展的过程出现的与"现代化"相反相成的一种意识与取向："是在腐蚀性的启蒙理性主义的猛烈进攻之下，针对历史衍生的诸般文化与道德价值所作的意识性防卫"。① 因之，他将欧战前后欧洲社会文化思潮的变动，诠释为"反现代化思潮"的兴起。二人的表述容有不同，但究其实质，却是相同的，即都认为19世纪末20世纪初是西方社会文化思潮发生重大变动的时期，其转捩点则在于反省现代性。

非理性主义虽不脱唯心论的范围，存在着某些非理性的倾向，但它对西方现代性的反省，仍有自己的合理性。胡秋原说，柏格森哲学是西方文化的一种自我反省。② 菊农在当时即著文指出：反省现代性的非理性主义，已成为西方的"现代精神"。"现代精神真是势力伟大呵！科学万能这潮流还不曾退去，形而上依然又昂首天外，恢复原有之疆域了"。"在哲学方面柏格森正是现代精神的代表"。③

梁启超游欧一年，对于战后欧洲的现状是清楚的。他看到了欧洲各国面临社会革命的危机，但他显然更关注社会文化思潮的变动。他指出：欧人的最大危机在于"过信'科学万能'"，缺失"安心立命的所在"。自启蒙运动以来，欧洲倡自由放任主义，政制革新，科学昌明，产业发达，受益固多，"然而社会上的祸根，就从兹而起"。这不仅是指社会贫富对立，更主要是相信优胜劣汰的社会进化论，至使崇拜势力，弱肉强食，成了天经地义；军国主义、帝国主义变成了各国最时髦的政治方针。欧战"其起源实由于此"。同时，欧人既相信"科学万能"，将人的"一切内部生活外部生活，都归到物质运动的'必然法则'之下"，抹杀人的情感世界、宗

---

① ［美］艾恺：《世界范围内的反现代化思潮：论文化守成主义》，14～15页。

② 胡秋原：《西方文化危机与二十世纪思潮》，340页。

③ 菊农：《杜里舒与现代精神》，载《东方杂志》，第20卷第8号，1923-04-05。

教信仰与意志自由，形成了一种"机械的唯物的人生观"，"人生还有一毫意味，人类还有一毫价值吗?"无怪乎在欧洲"全社会人心，都陷入了怀疑沉闷畏惧之中"。梁启超强调说，百年物质的进步是巨大的，但人类并没有因之得到幸福，相反却带来了许多灾难。"欧洲人做了一场科学万能的大梦，到如今却叫起科学破产来，这便是最近思潮变迁一个在关键了"。很清楚，梁启超这里所反省的正是理性主义，所谓"科学万能"论就是指"理性万能"论。梁启超所以对战后的欧洲并不悲观，是因为他相信以柏格森生命哲学为代表的非理性主义的兴起，反映了欧人对于现代性的反省，正为欧洲开辟一新生面："在哲学方面，就有人格的唯心论直觉的创化论种种新学派出来，把从前机械的唯物的人生观，拨开几重云雾。""柏格森拿科学上进化原则做个立脚点，说宇宙一切现象都是意识流转所构成。方生已灭，方灭已生，生灭相衔，便成进化。这些生灭，都是人类自由意志发动的结果。所以人类日日创造，日日进化。这'意识流转'就唤做'精神生活'，是要从反省直觉得来的"。"欧人经过这回创钜痛深之后，多数人的人生观因刺激而生变化，将来一定从这条路上打开一个新局面来。这是我敢断言的哩"。①

艾恺认为，梁启超所批评的"科学万能"论，也可称之为"现代化万能之梦"。他的上述著作将梁启超的思想变动置于欧洲思潮变动的大背景下考察，视野开阔。他说："梁的《欧游心影录》不过是他不断将西方思想对中国引介的事业的一个延伸。"② 这是一个值得注意和十分重要的论断，因为它指陈了一个事实：欧游归国的梁启超仍然是一位西方文化的热心传播者，但较前不同在于，他与时俱进，皈依战后欧洲新兴的"现代思想"——反省现代性。

马克斯·韦伯指出：社会科学研究工作的进展，集中表现为人们借以认识现实的概念不断发生变化。"社会科学领域里最值得重视的进步毫无疑问与下列情况有关：文明的实际问题已经转移并具有对概念结构进行批

北京师范大学史学探索丛书

---

① 梁启超：《饮冰室合集·专集》(23)，9~12 页、18 页。
② ［美］艾恺：《世界范围内的反现代化思潮：论文化守成主义》，141 页。

判的形式"。① 欧战前后的世界发生了深刻的变化，欧洲社会思潮的变动说明"文明的实际问题已经转移"，反省现代性恰为梁启超提供了一个全新的视角，使之得以重审视中西文化，并对既有的"概念结构进行批判"，从而形成了他自感欣慰的文化"自觉"。

三、新文化主张的个性

归国后的梁启超是新文化运动的骁将，对此笔者已有专文论列；② 这里要强调的是，因为有了反省现代性的自觉，梁启超的新文化主张突出地表现了自己的个性。

归国初，蒋百里为《改造》杂志第一期组稿事致信梁启超，主张"拟用新文化运动问题"。他说："新文化问题虽空泛，然震以为确有几种好处。现在批评精神根于自觉，吾辈对于文化运动本身可批评，是一种自觉的反省，正是标明吾辈旗帜，是向深刻一方面走的（文字上用诱导语气亦不致招人议论）。后者复书说："第一期中坚题原议为'新文化之我见'，细思略嫌空泛，且主张各不同，易招误会，似宜改择一近于具体之题……"③这里有两点值得注意：《改造》半月刊前身是《改造与解放》，1919 年 9 月梁启超与张东荪、张君劢等创办于上海。创刊号问世时，梁等正游欧洲。1920 年 3 月梁启超归国，"以名称贵省便故"，更名《改造》。作为更名后第一期重头文章，宣示其基本方针，自然关系重大。原议题目《新文化之我见》本身既说明梁启超诸人主张新文化，同时也说明他们对于如何发展新文化，与陈独秀、胡适诸人"主张各有不同"，所以蒋百里才说"吾辈对于文化运动本身可批评"。此其一；后来原议文章因担心引起误解果然没有发表，说明梁启超有顾全大局的意识。尽管我们无法知道原议的文章具体要写什么内容，但是，从蒋百里强调吾人的批评是"一种

① 转引自［法］雷蒙·阿隆：《社会学主要思潮》，葛智强、胡秉诚、王沪宁译，611 页，上海，上海译文出版社，1988。
② 参阅拙文：《梁启超与新文化运动》，载《近代史研究》，2005 (2)。
③ 丁文江、赵丰田编：《梁启超年谱长编》，911～912 页、917 页。

自觉的反省，正标明吾辈旗帜，是向深刻一方面走的"来看，其本意是求同存异，彰显欧游后愈益自觉的反省现代性的取向，应是很明显的。

尽管梁启超始终没有发表"新文化之我见"一类的文章，但与其时新文化运动的主流派相较，他坚持反省现代性的视角，持论不同凡响，仍然是十分引人注目的。

其一，强调"重新估定一切价值"——新文化运动的"评判的态度"，也应当适用于对待西方文化。

1919 年 11 月胡适发表《新思潮的意义》一文，以为包括陈独秀在内，时人对于新思潮即新文化运动本质的概括都不免过于笼统。他说："据我个人的观察，新思潮的根本意义只是一种新态度。这种新态度可叫做'评判的态度'"，简单来说，"只是凡事要重新分别一个好与不好"。尼采所说的"重新估定一切价值"八个字，"便是评判的态度的最好解释"。① 应当说，这是时人对新文化运动的本质或根本意义所做的最著名也是最集中、最有代表性的一种概括，在当时影响甚大。不过，从胡适所强调的此种态度含有三种"特别的要求"，即对"习俗相传的制度风俗"、"古代遗传下来的圣贤教训"、"社会上糊涂公认的行为与信仰"，都要问个错对；以及所列举的"只是要重新估定"价值的事例：女人小脚、鸦片、孔教、旧文学等来看，他所强调的"重新估定一切价值"的"评判的态度"，主要是针对中国传统文化而言的。这与整个新文化运动主张西学、反对旧学的旨趣也是吻合的。它显然不包括西方文化在内。所以他最终强调，说到底，"评判的态度"、"总表示对于旧有学术思想的一种不满，和对于西方的精神文明的一种新觉悟"。② 所谓"不满"与"新觉悟"，意即"西（西方文化）是而中（中国文化）非"。

但是，现在梁启超却对此提出了质疑，强调此种"评判的态度"作为思想解放的条件，具有普遍的意义，同样也应当适用于对待西方文化。他说："要个性发展，必须从思想解放入手。"何谓思想解放？就是无论何人

① 胡适：《胡适文存》，卷 4，152~153 页，上海，上海书店，1989。
② 同上书，158 页。

向我说道理，我都要穷原竟委想过一番，求个真知灼见。觉得对，我便信从；觉得不对，我便反对。若奉一人的思想作金科玉律，范围人心，终将阻碍社会的进步。所以"必是将自己的思想脱掉了古代思想和并时思想的束缚"，才能形成独立自由的思想。这里所谓需要摆脱的"并时思想的束缚"，自然就包含了西方的某些思想在内。所以，梁启超又进而提出了思想解放必须讲究"彻底"的概念。他说："提倡思想解放，自然靠这些可爱的青年。但我也有几句忠告的话：'既解放便须彻底，不彻底依然不算解放'"。"中国旧思想的束缚固然不受，西洋新思想的束缚也是不受的"。"我们须知，拿孔孟程朱的话当金科玉律说他神圣不可侵犯，固是不该，拿马克思、易卜生的话当做金科玉律说他神圣不可侵犯，难道又是该的吗？我们又须知，现在我们所谓新思想，在欧洲许多已成陈旧，被人们驳得个水流花落。就算他果然很新，也不能说'新'便是'真'呀！"[①] 梁启超所谓在欧洲已成"陈旧"被人驳得"水流花落"，而在中国却仍被奉若神明的"新思想"，显然是指欧洲正在衰退的理性主义。稍加体察，我们不难发现，梁启超的上述言论实际上是直接对着胡适说的；尤其是他引马克思、易卜生说事，很容易使人想起胡适在与李大钊关于"问题与主义"的争论中，曾讽劝人们不应相信"主义"而被马克思牵着鼻子走，而他自己却又十分推崇易卜生，写过《易卜生主义》的长文。

应当说，自欧战起，国人对西方文化盲目崇拜的心理便渐生动摇。例如，早在 1914 年《东方杂志》主编杜亚泉即著文指出："世人愿学神仙，神仙亦须遭劫"，[②] 西方文化显露弊病，这绝非吾人的偏见。不过，这些都还仅是一种观感，尚非一种理论上的自觉。而梁启超提出，思想解放须"彻底"，受中国旧思想的束缚固然不对，受西洋新思想的束缚也同样是不应该的；则是进一步在观念层面上，将"重新估定一切价值"，此一新文化运动所提倡的"评判的态度"，即思想解放的原则进一步拓展了。这自然大有益于国人对西方求解放。稍后，张崧年有文批评胡适的《我们对于

---

① 梁启超：《饮冰室合集·专集》（23），25～27 页。
② 伧父：《大战争之所感》，载《东方杂志》，第 11 卷第 4 号，1914-10-01。

西洋近代文明的态度》全盘肯定西洋近代文化，否定中国文化，他说："中国旧有的文明（或文化），诚然许多是应该反对的。西洋近代的文明，也不见得就全不该反对，就已达到了文明的极境，就完全满足人人的欲望。但反对有两个意思：一为反动的，一为革命的。我以为囫囵地维护或颂扬西洋近代文明，与反动地反对西洋近代文明，其价值实在差不多。我以为现代人对于西洋近代文明，宜取一种革命的相对的反对态度。"① 张崧年的所谓"革命的相对的反对态度"，就是"评判的态度"。这与梁启超的思路是一脉相通的。

其二，反对"科学万能"论，强调科学与人文必须并重。

由于梁启超的好友张东荪、张君劢都是通晓西方哲学，后者更是研究柏格森生命哲学的专家，因此，梁启超诸人在游欧前对于西方反省现代性的思潮，实际上已经有所了解。

西方现代学者反省现代性并非反对科学，而是反对"科学万能"论，或叫"唯科学主义"无视人的精神家园，故主张科学须与人文并重。甚至美国总统威尔逊在巴黎和会上演讲也这样说："今科学上种种发明，何一非文明所赐。然用之不当，反成了破坏文化之具。此后欲使科学与军队常受文化之羁勒，除了我们人民永远协力监视他，别无办法。"② 值得注意的是，梁启超麾下的报纸《学灯》在梁等游欧之前即已在宣传同样的观念了。《学灯》1918 年 9 月 30 日刊有《本栏之提倡》，其中说："（本刊）于西方文化，主张以科学与哲学之调和而一并输入，排斥现在流行之浅薄科学论"。所谓"现在流行之浅薄科学论"，显然是指"科学万能"论，即唯科学主义。1919 年 1 月，《新青年》第 6 卷第 1 号发表陈独秀著名的《本志罪案的答辩书》，文中陈独秀强调坚决拥护"德"、"赛"两先生。《学灯》上有文就此评论指出："赛先生"当含"费先生"（哲学），后者且曾是前者的先生，几十年前"赛先生"风行，"费先生"则退隐了。但欧战时世人利用"赛先生"作恶，"如今才感得这战争的苦痛，大家仍旧想去

北京师范大学史学探索丛书

---

① 张崧年：《文明或文化》，载《东方杂志》，第 23 卷第 24 号，1926-12-25。

② 转引自梁启超：《欧游心影录》，见《饮冰室合集·专集》(23)，133 页。

请那位费先生出来，讲个根本和平的办法。因为费先生是很可以帮助赛先生达他的目的。并且人类应该有一种高尚的生活，是全靠费先生来创造的。总之，前数十年是赛先生专权的时代，现在是赛先生和费先生共和的时代。这是欧美一般赛先生和费先生的门生所公认的。何以贵志只拥护赛先生，而不提及费先生呢？记者所以有此疑问了"。[①] 作者无疑是在批评陈独秀未能注意欧洲现代思潮的变动。但是，尽管如此，将西方反省现代性思潮以十分尖锐的形式引进国内，并产生广泛的影响，终究还当归功于梁启超关于欧洲人"科学万能的大梦破产"鲜明而有力的概括。胡适曾说，自从梁启超发表了《欧游心影录》，"科学破产"的谣言就像野火一样蔓延开去了。此话从反面理解，就恰恰说明了这一点。

梁启超对"科学万能"论的批评虽始于《欧游心影录》，但其观点真正发生深刻的影响，还是在 1923 年发生的著名的"科玄之争"时期。胡适后来为《科学与人生观》一书作序时，曾叹喟道："我常想，假如当日我们用了梁任公先生的'科学万能之梦'一篇作讨论的基础，我们定可以使这次论争的旗帜格外鲜明，——至少可以免去许多无谓的纷争。"[②] 也反映了这一点。长期以来人们多将这场论争误解为科学与反科学之争，实则，它是欧战后反省现代性思潮在中国思想界激起的最初深刻的反响。虽然梁启超真正只写过一篇讨论文章，但却被公认是一方主帅。他认为，张君劢在清华学校作"人生观"的演讲，固然有不恰当夸大了直觉与自由意志的不足，丁文江的批评强调"人生观不能和科学分家"，也自有一定的合理性；但是，"在君过信科学万能，正和君劢之轻蔑科学同一错误"。后者认为科学将来可以统一人生观，这是不可能的。"人生观的统一，非惟不可能，而且不必要；非惟不必要，而且有害"。梁启超强调科学的功能是有限的，不是万能的。"人类生活，固然离不开理智；但不能说理智包括尽人类生活的全部内容"。人类生活中极重要的部分是"情感"。情感的表达

---

　　① 匪僧：《读新青年杂志第六卷一号杂评》，载《时事新报·新学灯》，1919-03-15。

　　② 胡适：《〈科学与人生观〉序》，见蔡尚思主编：《中国现代思想史资料简编》，第 2 卷，111 页。

十分复杂，往往带有神秘性。如"爱"与"美"，就很难说全理性的。讲"科学的爱"不可思议，以点、线、面测"美"，同样荒唐。所以他断言，"科学帝国"的版图和威权无论扩大到什么程度，"爱"与"美"都将有自己独立的地位。① 梁启超并不轻视科学，但他不相信科学万能，更不相信人类的价值理性与人文的精神会失去自己的意义。后来他在《自鉴序》中进一步写道："我虽不懂自然科学，但向来也好用科学方法做学问，所以非科学的论调，我们当然不敢赞同。虽然，强把科玄分而为二，认为绝不相容，且要把玄学排斥到人类智识以外，那么我们也不能不提出抗议了。"② 在梁启超看来，科学与人文同属人类的智识，二者应该是统一的，而不是对立的。独尊科学而排斥人文是有害的。他认为欧洲出现的社会危机在很大程度上盖源于此。他的全部意见容有可商，但上述的观点却必须承认是正确的。

"科玄之争"中双方争论的焦点实在于工具理性与价值理性的分歧。由于其时中国贫穷落后，渴望发展科学以实现民族自强是时代的主流趋向。也惟其如此，欧战前后的西方已在反省现代性，中国的许多新文化运动的主持者却依然对"科学万能"论情有独钟，于西方现代思潮的重大变动无所措意。陈独秀说，论争就是要"证明科学之威权是万能的"。③ 激烈的邓中夏甚至干脆宣布哲学业已"寿终正寝"，由科学统一了天下，所以现在就应当最终废除哲学这个名词。他说："自从各种自然科学和社会科学发达之后，哲学的地位已经被这些科学取而代之了。哲学的所谓本体论部分——形而上学，玄学鬼群众藏身之所——已被科学直接的或间接的打得烟消灰灭了。现今所残留而颇能立足的方法论部分，都是披上了科学的外衣，或是受过了科学的洗礼……所以我的意思，哲学是'寿终正寝'，索性把哲学这一个名辞根本废除，免得玄学鬼像社鼠城狐一样，有所凭

北京师范大学史学探索丛书

---

① 李华兴、吴嘉勋编：《梁启超选集》，845 页。
② 梁启超：《饮冰室合集·文集》（41），1 页。
③ 陈独秀：《答适之》，见《胡适文存二集》，卷 2。

借，有所依据。"① 胡适是学哲学的，但对于西方反省现代性思潮却也同样显得很隔膜。他将柏格森等西方现代学者对理性主义的反拨，说成无非是"几个反动的哲学家，平素饱餍了科学的滋味，偶尔对科学发几句牢骚话，就像富贵人家吃厌了鱼肉，常想尝尝咸菜豆腐的风味"罢了。② 尽管唯科学主义的负面影响在其时的中国尚不明显，但事实毕竟业已证明，人类对"科学万能"的幻想和对人文的漠视，其后果是严重的。竺可桢曾在《科学与社会》一文中反省西方出现的"科学万能的观念"，他说："目前的困难，在于人类能假手于近代科学以驾驭环境，但却不能驾驭人类自己，这就是人类的最大危机。这种危机在第一次欧洲大战以前已存在着"。欧战后人类仍不能解决此问题，"第二次世界大战因之不能避免了"。因之，他强调在科学昌明之后，人类必须树立新道德标准加以规范，"不然，则人类必趋于玉石俱焚，同归于尽之一途"。③ 应当说，在这一点上，梁启超的识见是超迈了陈独秀、胡适诸人的。④

1959年英国学者斯诺针对科学家与人文学者因关于文化的基本理念和价值判断经常处于互相对立的位置，且彼此难以沟通，提出了著名的"两种文化"的概念。实际上，随着现代性的发展，"两种文化"早就存在了。"科玄之争"既是反省现代性思潮在中国激起的最初反响，同时，也可看成是"两种文化"在中国的彰显和引起的一场论争。中国科学院自然科学史研究所所长刘钝研究员认为，"科玄之争"中双方的主将都受过西方学术思潮的熏陶，论战的焦点可以归结为工具理性和价值理性的冲突，决定论与自由意志的是非，以及实证主义与人文主义的分歧。因之"称得上是

---

① 邓中夏：《思想界的联合战线问题》，见蔡尚思主编：《中国现代思想史资料简编》，第2卷，177页。

② 胡适：《〈科学与人生观〉序》，见蔡尚思主编：《中国现代思想史资料简编》，第2卷，110页。

③ 竺可桢：《竺可桢文录》58～60页，杭州，浙江文艺出版社，1999。

④ 后来胡适在《五十年来之世界哲学》中注意到了西方现代思潮的变动："科学家的流弊往往在于信仰理智太过了，容易偏向极端的理智主义，而忽略那同样重要的意志和情感的部分。所以在思想史上，往往理智的颂赞正在高唱的时候，便有反理智主义的喊声起来了。……法国的哲学家柏格森也提出一种很高的反理智主义的抗议。"（胡适：《胡适文存二集》，卷1，272页）

'斯诺命题'的一个典型案例"。这场论战意义重大："对于巩固新文化运动的胜利果实和塑造更具前瞻性的文化形态具有重大意义。可惜由于意识形态的介入和政治局面的动荡，后一目标未能实现。"① 此一见解是客观的。作为中国科学社的董事，梁启超始终都是科学的坚定信仰者；但他较许多人更早地意识到了反省现代性的时代意义，因之他主张科学却坚决反对"唯科学主义"的"科学万能"论，并大声疾呼关注人类的精神家园，科学与人文必须并重。梁启超见解之富有前瞻性，是显而易见的。刘钝先生认为梁启超主张的实质，在于试图为中国"塑造更具前瞻性的文化形态"。所谓"更具前瞻性的文化形态"，就是在反省现代性的基础上，实现科学与人文并重、融合的文化。这一目标在当时虽然未能实现，但梁启超毅然提出此一目标并引发了影响深远的"科玄之争"，不仅表现出了可贵的求真精神与勇气，而且对于开拓时人的思维空间，阙功甚伟。

其三，"吾国人今后新文化之方针，当由我自决"。

随梁启超游欧的张君劢归国后，曾在中华教育改进会发表题为《欧洲文化之危机及中国新文化之趋向》的讲演，他说："吾国今后新文化之方针，当由我自决，由我民族精神上自行提出要求。若谓西洋人如何，我便如何，此乃傀儡登场，此为沐猴而冠，既无所谓文，更无所谓化。"张君劢不否认继续引进西方文化的重要性，但强调"尽量输入，与批评其得失，应同时并行"。② 这就是说，中国应当独立自主地发展本国的新文化。这也可以说是梁启超诸人共同的指针。何谓"当由我自决"，独立自主？梁启超归国后在为《改造》杂志写的发刊词中明确写道："同人确信中国文明实全人类极可宝贵之一部分遗产。故我国人对于先民有整理发扬之责任，对于世界有参加贡献之责任。"③ 这可以看成战后梁启超文化思想赖以展开的主线。

欧游后的梁启超强调应当重新审视中西文化，后者的危机既已洞若观

北京师范大学史学探索丛书

---

① 刘钝、方在庆：《"两种文化"："冷战"坚冰何时打破？》，载《中华读书报·科技视野·科学内外》，2002-02-06。

② 蔡尚思主编：《中国现代思想史资料简编》，第 2 卷，246 页。

③ 梁启超：《〈改造〉发刊词》，见李华兴、吴嘉勋编：《梁启超选集》，744 页。

火，国人于前者则需摆脱妄自菲薄的思维，重新估定其价值。他不赞成一味否定中国固有文化，如胡适所言，以为"百事不如人"："我们中国文化比世界各国并无逊色，那一般沉醉西风，说中国一无所有的人，自属浅薄可笑"。① 他强调，中国文化虽然在 16 世纪后逐渐落后了，但它至今仍不失自己独立的地位。"故我辈虽当一面尽量吸收外来之新文化，一面仍万不能妄自菲薄，蔑弃其遗产"。②

梁启超与胡适都主张整理国故，但彼此的出发点却有积极与消极的不同。胡适等人强调，国故就是国渣，整理国故"不是为了挤香水"，而是为了"打鬼"，最终证明"古文化不过如此"。③ 他强调整理国故的目的，是为了打破人们对旧文化的迷信。梁启超则不同，他明快地强调，整理国故之目的就是在于光大传统，助益世界。他说：中国历史文化好似蕴藏极为丰富的矿山，从前都是用土法开采，"今日若能用科学方法重新整理，便像机器采掘一样，定能辟出种种新境界，而且对于全人类文化，有很大的贡献。"④ 我们不能简单地以为此乃文化保守主义者应有之义，而要看到，这表明梁启超从反省现代性出发，对中国文化现代意义之认识已跃升到了一个新的境界。1920 年 11 月，他在讲学社欢迎罗素的会上致辞说：因中国社会后进，故"欧洲先进国走错的路，都看得出来了"。欧洲积重难返，而中国恰似一张白纸，易于作各种试验。"从这一点看来，我们的文化运动，不光是对于本国自己的责任，实在是对于世界人种的一种责任"。⑤ 将中国文化运动放在世界范围内考察，梁启超就不仅仅看到了学习西方发展中国新文化的责任，而且强烈意识到中国文化运动还应当，同时也可以，为世界做出贡献。这是由于中国文化独具特色所决定的。他认为，人生哲学之发达是中国文化的特色。西方科学确有过人处，非我所

---

① 梁启超：《治国学的两条大路》，见《饮冰室合集·文集》(39)，119 页。

② 梁启超：《清代学术概论》，见《饮冰室合集·专集》(34)，78 页。

③ 胡适：《致钱玄同》，见耿云志、欧阳哲生编：《胡适书信集》（上），360～361 页。

④ 梁启超：《我对于妇女高等教育希望特别注重的几种学科》，见《饮冰室合集·文集》(38)，5 页。

⑤ 《讲学社欢迎罗素之盛会》，载《晨报》，1920-11-10。

及，但科学并不能解决全部的人生德行。西方现代理性主义与非理性主义思潮的消长，固然可喜，但后者与中国儒家人生哲学相比，也仍嫌幼稚。他写了《先秦政治思想史》一书，在结论部分更系统阐述了自己的观点。他认为，西方现代社会的诸多弊端，归根结底，是两大突出问题：其一，"精神生活与物质生活调和问题"；其二，"个性与社会性调和问题"。"吾确信此两问题者非得合理的调和，未由拨现代人生之黑暗痛苦以致诸高明"。在他看来，儒家人生哲学中的"均安主义"，有助于人们在"现代科学昌明的物质状态下"，摆脱物质生活的畸形，"不至以物质生活问题之纠纷，妨害精神生活之向上"。同时，儒家"欲立立人，欲达达人"，"能尽其性则能尽人之性"的思想，也有助于化解现代社会个性与社会性的冲突，"使个性中心之'仁的社会'能与时势骈进而时时实现"。① 人们尽可以批评梁启超上述的见解存有拔高儒家文化之嫌，但我们却必须承认这绝非是源于传统思维的一种虚骄。只须看看至今已有越来越多的中外有识之士，如何强调中华的"和合"文化将有益于现代世界的稳定与和谐，梁启超见解之富有反省代性之合理性和表现了难能可贵的前瞻性，就是无可疑议的了。

与此同时，梁启超还提出了两个重要的论点，似至今不曾引起人们应有的重视。一是"文化力"。他说：国家的存在就是要"把这国家以内一群人的文化力聚拢起来，继续起来，增长起来"，② 去助益全人类。这即是说，文化是一种国力，发展文化，增强文化国力，是国家责无旁贷的重要责任。人所共知，将文化视为一种综合国力，是近年在全球化视野下才提出的一种新的概念。梁启超在上世纪初提出"文化力"的概念，显然已是接近了当今的理解，具有重要的现代意义，是十分难能可贵的。此种识见不仅进一步提升了文化的重要性，而且彰显了文化民族主义的情怀。二是"青年无望，则国家的文化便破产了"。③ 梁启超同样寄希望于新青年，但何为有望青年？在他看来，青年须熟悉热爱中国固有文化，才不至于和中

---

① 梁启超：《先秦政治思想史》，见李华兴、吴嘉勋编：《梁启超选集》，849～850 页。
② 梁启超：《欧游心影录》，见《饮冰室合集·专集》（23），35 页。
③ 梁启超：《清华研究院茶话会演说辞》，见《饮冰室合集·文集》（43），8 页。

北京师范大学史学探索丛书

华民族的"共同意识生隔阂",作为中国人才能"得着根柢"。他对清华学校的毕业生说：大家归国后对于中国文化有无贡献，"便是诸君功罪的标准"。任你学成一位天字第一号形神毕肖的美国学者，只怕于中国文化没有多少影响。如果这样便有影响，我们径直引进百来位蓝眼睛的美国大博士来便够了，又何必诸君呢？"诸君须要牢牢记着，你不是美国学生，是中国留学生。如何才配叫做中国留学生，请你自己打主意罢"。① 梁启超眼中的有为青年，是立志弘扬民族文化的优秀青年，这与陈独秀诸人的取向不尽相同，其独立的意义是不容置疑的。梁启超寄希望于青年，他知道引导青年最有效的途径是教育，所以他又不辞劳苦，风尘仆仆地奔走于大江南北各大学，讲授国学与人生。作为一个资深的爱国者，其用心可谓良苦。

至此，我们看到，梁启超独立自主发展民族新文化的思想主张在其展开的过程中，显示了以下的理路：借鉴西学，整理国故；教育青年，创新传统；回报先民，贡献世界。

从倡言将"评判的态度"同样运用于西方文化，到反对"科学万能"论，主张科学与人文并重，再到主张独立自主发展民族新文化，梁启超为"五四"后新文化运动带来了新风。胡适初自美归来，曾豪迈地说：我们回来了，情况自有不同。梁启超欧游归来没有这样的豪言壮语，甚至也没有"新文化之我观"之类的话，但人们却是看到了，缘于反省现代性新的视野，其思想主张不同凡响，确乎大大地丰富了新文化的内涵。

四、文化自觉：战后国人思想解放的一个重要向度

梁漱溟在梁启超逝世后曾这样评价说："总论任公先生一生成就，不在学术，不在事功，独在他迎接新世运，开出新潮流，撼动全国人心，达成历史上中国社会应有之一段转变。""任公的特异处，在感应敏速，而能发皇于外，传达给人。他对各种不同的思想学术极能吸收，最善发挥。"②

---

① 梁启超：《治国学杂话》，见《饮冰室合集·专集》（71），26～27 页。

② 梁漱溟：《纪念梁启超先生》，见《我生有涯：梁漱溟自述文录》，299、297页，北京，中国人民大学出版社，2004。

这是十分传神的概括。梁启超不仅于欧战前就预见到了此次战争将是人类历史的转捩点，对世界与中国都将产生深远的影响；而且于大战甫告结束，即毅然赴欧考察，并发表《欧游心影录》，揭出"中国人之自觉"这一时代的大课题，将自己的感想"发皇于外"，于晚年再次显示了他"迎接新世运，开出新潮流"的独特魅力。

20世纪初的中西方都面临着一个反省的时代。正当国人热衷于"以西学反对中学"的时候，却发见西方文化也正面临着自己的危机。"欧洲文化既然陷于危机，则中国今后新文化之方针应该如何呢？默守旧文论呢？还是将欧洲文化之经过之老文章抄一遍再说呢？"① 从总体上看，时人的回应主要有两个取向：一是以李大钊为代表，主张马克思主义。如毛泽东所说：近人中国人学习西方不仅没有效，且先生老是侵略学生，时间长了，怀疑便产生了。十月革命一声炮响，给中国送来了马克思主义，由是中国人转而"以俄为师"，思想上也由"被动"转为"主动"，从此中国革命的面貌便焕然一新。二是以梁启超为代表，主张新文化的发展"当由我自决"。他刚归国便在中国公学发表演讲指出，中国近代学习西方所以"不能成功"，是因为所效法的西方文化长期以来便是处在一种"病的状态中"。自谓游欧最大收获"即将悲观之观念完全扫清是已。因此精神得以振作，换言之，即将暮气一扫而空"，思想上也由"消极变为积极"。② 二者有着重要的共同点：都表现为对西方求解放的一种自觉，都表现了一种豁然开朗、积极、乐观、自信的心境与愉悦。同时，又都将近代国人"向西方追求真理"的事业，提升到了一个新的境界：它们显然分别师承了西方现代思潮变动的两个维度：马克思主义的制度性批判与自由主义的现代性反省。这是耐人寻味的。它说明，"五四"前后国人的思想解放与民族自觉，其内涵实较传统的认识要远为宏富。尽管二者对于中国社会的影响不能等量齐观，但是梁启超强调思想解放必须求"彻底"性，即主张将理性批判的原则同样运用于对西方文化的借鉴，这不仅有力地深化了"五

---

① 张君劢：《欧洲文化之危机与中国新文化之趋向》，见蔡尚思主编：《中国现代思想史资料简编》，第2卷，242～243页。

② 李华兴、吴嘉勋编：《梁启超选集》，738、740页。

四"新文化，而且事实上也为马克思主义在中国的传播提供了助力。这是应当看到的。

吴大猷先生在庆祝北京大学百年校庆时指出：新文化运动的历史功绩无庸置疑，但于历史进程中曾经出现过的"反传统"风潮，"也要有真切反省的能力"。他认为，对于经历苦难、四分五裂的旧中国来说，"要其站起来，重新发出，必须先从恢复这个民族的自信心与自尊心着手"。因之，"重建中国文化主体意识"是最为重要的。① 这是至理名言。梁启超力挽狂澜，指斥说，将西学说成是中国固有的顽固派，诚然可笑，但"沈醉西风"者将中国说成一钱不值，岂非更加可笑！他希望青年人"第一，要人人存一个尊重爱护本国文化的诚意"；② 并断言，中国虽云落后，"然则中国在全人类文化史中尚能占一位置耶？曰：能！"③ 他主张对于外来文化"尽量输入"，但要避免形式主义的完全照搬，"评判的态度"不可缺失，如此等等，足见梁启超以复兴中华文化为己任，其文化自觉，归根结底，是反映了国人文化主体意识的觉醒。这与其时中国民族独立运动的高涨也是相吻合的。

《欧游心影录》中之《中国人之自觉》一篇，共13节，首节标题："世界主义的国家"，末节标题则是："中国人对于世界文明之大责任。"此种精心的谋篇布局本身即有力地说明了梁启超的文化自觉与传统的盲目虚骄无涉，相反，充分体现了世界主义视野下的文化思考。缘于反省现代性，梁启超不仅坚持反对"科学万能"论，主张科学与人文并重，从而为国人提示了避免西方业已出现的"两种文化"对立，发展更富有前瞻性的文化的方向；更主要的是，他指出以崇尚和谐为特色的中国文化，将有助于现代社会最终走出物质与精神分离、个性与社会性冲突的困境，这无疑更将国人对于中国文化的思考提升到了新的境界。胡秋原先生在谈到"五四"时期的文化讨论时说："我们也不可低估当时中国人在智慧上的远见。中国人当时在西方人之前，由文化问题考虑中国乃至

---

① 吴大猷：《弘扬民主科学与爱国主义》，载《光明日报》，1998-06-06。

② 梁启超：《欧游心影录》，见《饮冰室合集·专集》（23），37 页。

③ 梁启超：《先秦政治思想史》，见《饮冰室合集·专集》（50），1 页。

于世界问题。"① 梁启超的上述思考，应当说就是属于胡先生所说的"当时中国人在智慧上的远见"。

有趣的是，费孝通先生也有专文论及"文化自觉"，他写道：

> 文化自觉只是指生活在一定文化中的人对其文化有'自知之明'，明白它的来历，形成过程，所具有的特色和它发展的趋向，不带任何'文化回归'的意思，不是要'复旧'，同时也不主张'全盘西化'或'全盘他化'。自知之明是为了加强对文化转型的自主能力，取得决定适应新环境、新时代文化选择的自主地位。
>
> 文化自觉是一个艰巨的过程，首先要认识自己的文化，理解所接触到的多种文化，才有条件在这个已经在形成中的多文化的世界里确立自己的位置，经过自主的适应，和其他文化一起，取长补短，共同建立一个有共同认可的基本秩序和一套各种文化能和平共处，各抒其长，联手发展的共处守则。②

对于文化自觉，梁启超自然不可能达到如此深刻与全面的认识，但是，二者毕竟有许多相通之处：其一，都提出了文化"自觉"的概念，并强调自觉就是"具有知己知彼之明"或"自知之明"。既须了解本国文化，又须常超出于国群之外，具有世界的眼光；其二，都主张既不应"复旧"，也不应"全盘西化"，而强调"吾国今后新文化之方针，当由我自决"，即强调"文化选择中的自主地位"；其三，都主张各国多元文化互补，共同助益于全人类。由此可见，梁启超的文化自觉包含怎样的合理性与前瞻性。

文化自觉既如费孝通先生所说，"是一个艰巨的过程"，梁启超的文化自觉仍不免有自己的局限，就是毫不足奇的了。例如，他看不到马克思主义在中国传播的必然性与重要性，就说明他对中国问题与西方思潮变动的

---

① 胡秋原：《评介"五四运动史"》，见周阳山编：《五四与中国》，252 页。

② 费孝通：《反思·对话·文化自觉》，载《北京大学学报》，1997（3）。

认识，还很肤浅。他看到了儒家文化中包含着有益于现代社会的合理内核，因而强调研究儒家哲学不能算逆潮流而动，这是对的；但他赞美儒家是"最美妙的人生观"，以为可以移植到现代社会，又不免失之简单化。如此等等。然而，尽管如此，这并不影响我们肯定欧战后梁启超的文化自觉，代表其时国人思想解放的一个重要的向度。

第十二章　梁启超的爱国论

近代中国，内忧外患，国难当头。也惟其如此，志士继起，爱国主义空前高涨。梁启超不仅是近代著名的爱国者，而且是甲午战争后，中国与忠君相联系的传统爱国思想在实现向现代意义的爱国主义转换过程中，最具代表性的人物。梁启超最早揭橥现代意义的爱国主义旗帜，也是近代系统阐发爱国论的第一人。他思想敏锐，集思想家与政治家于一身，这又决定了他的爱国论不是抽象的说教，而是与其政治论相一致，具有现实性意义的思想指导，故虎虎有生气，在近代不同的历史阶段上，产生了广泛的影响。尤其是民国后，梁启超的爱国论复与自己提出的"国民之自觉心"相联系，并寄语新青年，从而使自己的爱国主义具有了愈加开阔的视野与宏富的内涵，提升到了新的境界。

一、从《说群》到《爱国论》

"爱国主义是由于千百年来各自的祖国彼此隔离而形成的一种极其深厚的感情。"[①] 但是，也须指出，各国人民对于自己祖国的此种深厚的感情，在一个很长的历史时期里，是不自觉的。爱国或爱国主义，成为一种自觉的思想主张与社会伦理，是与近代民族国家的形成与发展相适应的。

在欧洲，民族的形成可以追溯到中世纪早期，但民族意识却是很久以后才出现的。"整个中世纪时代，一个人首先是个基督徒，其次是他家乡地区的人，再次（假如必要的话），才是一个法国人或德国人。教会是无所不包的，所以在很长的时间里，从理论上讲，教会就是国家。"[②] 文艺复

---

① 中央编译局列宁斯大林著作编译室：《对列宁关于"爱国主义"的一处论述的译文的订正》，载《光明日报》，1985-10-13。

② ［美］罗兰德·N. 斯特罗姆伯格：《西洋思想史》，李小群、宋绍远译，452页，见丘为君主编：《西洋史学丛书》（九），台北，五南图书出版公司，1990。

北京师范大学史学探索丛书

兴和宗教改革使人发现了自己的价值，实现了对神的解放，从而也使人们的忠诚由神圣的天国，转移到了世俗的人间，即以国王为中心的封建王朝。同时，开始认识生存其中的民族共同体，民族情感愈益增长。但是，只有到了以"全民族"代表自居的法国资产阶级革命的爆发，令王冠落地，才真正标志着欧洲开始进入了近代民族建国的新时代。所以 G. P. 古奇说："民族主义是法国大革命的产儿。"① 与此相应，公民取代臣民，国家利益取代王朝利益，人们的忠诚最终由封建王朝转向民族的国家，即浸成了现代意义的爱国主义。与欧洲现代意义的爱国主义，径由反抗封建统治的资产阶级革命渐次生成不同；作为后发性的现代国家，中国现代意义的爱国主义于甲午战争之后勃然兴起，却是因三大历史机缘风云际会的结果：战后民族危亡的刺激、戊戌维新运动即反抗封建统治的资产阶级民主运动的兴起、西方社会进化论的传播。体现三者的有机结合，最初揭橥现代意义的爱国主义旗帜的先进人物，正是梁启超。

"梁氏是一位感觉最灵敏的人。"② 梁启超在戊戌时期虽然仅是康有为的助手，但他对于西学的感悟能力，实可谓"青出于蓝而胜于蓝"。维新派倡言变法图强，固然是将变革封建政治与民族救亡相统一；而"保国、保教、保种"的口号，则表明民族主义乃是他们以全民族代表自居发出的最强音。维新派高扬民族主义，其最重要的理念之一，无疑是"合群"说。1895 年康有为在《上海强学会后序》中说："荀子言物不能群，惟人能群，像马牛驼不能群，故人得制焉"。"故一人独学，不如群人共学；群人共学，不如合什百亿兆人共学。学则强，群则强，累万亿兆皆智人，则强莫与京。"③ 梁启超也曾指出："启超问治天下之道于南海先生。先生曰：'以群为体，以变为用。斯二义立，虽治千万年之天下可已。'"④ 在这里，

---

① 转引自李宏图《西欧近代民族主义思潮研究》，11 页，华东师范大学博士论文稿本，1993-05。

② 郑振铎：《梁任公先生》，见夏晓虹编：《追忆梁启超》，89 页。

③ 汤志钧编：《康有为政论集》，上册，172 页，北京，中华书局，1981。

④ 梁启超：《说群序》，见《饮冰室合集·文集》（2），3 页，北京，中华书局，1989。

"合群"的理念已内含近代爱国的意蕴。人所共知，包括"合群"的理念在内，维新派民族主义的思想源头和理论依据，盖出于严复翻译的《天演论》。《天演论》"于自强保种之，反复三致意焉"，且明确强调"善保群者，常利于存；不善保群者，常邻于灭，此真无可如何之势也"。① 梁启超在给严复的信中说，康有为于《天演论》极为推崇："南海先生读大著后，亦谓眼中未见此等人。如穗卿，言倾佩至不可言喻。惟于择种留良之论，不全以尊说为然，其术亦微异也。"② 需要指出的是，康有为的"合群"说并未全然照搬《天演论》，于其主张"择种留良"，尤其不以为然，着意突出了"合群"即加强群体固结本来的意义。这是康有为的特出之处。但是，康有为于"合群"说，毕竟并未作系统的阐释；相反，追随乃师的梁启超，1896 年在完成了有名的《变法通议》之后，却"又思发明群义"，在整合严复译《天演论》、康有为主张与谭嗣同"仁学"思想的基础上，计划"作说群十篇，一百二十章"，③ 虽然最终仅完成了《说群·序》，却有力地将"合群"理念所包含的现代爱国主义的意蕴，进一步丰富和突显了。

梁启超借助西学关于"吸力"、"拒力"；"爱力"、"离心力"；"六十四原质相和相配"，以及"造物"、"化物"；"合群"、"离群"等等新的概念，演绎"群理"。他说："群者，天下之公理也"。"夫群者万物之公性也"。国乃合群的结果。"以群术治群，群乃成。以独术治群，群乃败"。何谓独术？即人人皆知有己，不知有国。其结果是一盘散沙，有四万万之民，即有四万万之国，实则为"无国"。天下有列国，故有己群与他群的分别与竞争。善治国者，必须懂得君民同为一群中人，善于"使其群合而不离，萃而不涣。夫是之谓群术"。要言之，所谓"合群"，就是要使国人万众"一心"；所谓"亡国"，就是"土崩"与"瓦解"，即"离群之谓也"。④ 梁启超所谓的"说群"，就是要揭示国人当超越个体，以群体即国家的共同

---

① 王栻主编：《严复集》，第 5 册，1321、1394 页，北京，中华书局，1986。
② 李华兴、吴嘉勋编：《梁启超选集》，42～43 页。
③ 梁启超：《说群序》，见《饮冰室合集·文集》(2)，3 页。
④ 同上书，4～5 页、7 页。

利益为重，加强全体国人的凝聚力的根本道理。很显然，在梁启超的文中，"爱国"一词虽未出现，但现代意义的爱国主义思想主张，已是呼之欲出了。

梁启超最终形成并明确地提出爱国主义的思想主张，当是在 1899 年。其最重要的标志，就是本年 2 月发表的长文《爱国论》。据笔者所知，这里的"爱国"一词，是近代史上首次出现的。该文则既是近代论爱国的第一篇文章，同时也是梁启超本人专论爱国唯一的一篇文章。是文开宗明义，即以十分尖锐的形式和充满感情色彩的语调，揭出了"爱国"的主题，它写道："泰西人之论中国者，辄曰：彼其人无爱国之性质"，人心涣散，一盘散沙，至今落到了任人宰割的地步。"故哀时客曰：呜呼！我四万万同胞之民，其重念此言哉！"就对于现代意义的爱国的理解而言，梁启超的《爱国论》诸文提出的以下观点，尤其值得重视：

其一，爱国是现代的理念。梁启超在《爱国论》中认为，中国人并非缺乏爱国心，而是因为中国自古一统，称禹域，谓之天下，故无现代国家的概念。"既无国矣，何爱之可云？"① 所以，只能说国人爱国性质隐而未明，不能说缺少爱国的性质。如果说，这已经是在强调爱国是现代的理念；那么，1902 年在《论民族竞争之大势》一文中，梁启超明确指出了近代"民族建国"的历史趋势与欧洲各国爱国思潮的关系，无疑是将此一理念进一步深化了。他说：欧洲中古前也常视其国为天下，"所谓世界的国家……故爱国心不盛，而真正强固之国家不能立焉。按吾中国人爱国心之弱，其病源大半坐是，而欧美人前此亦所不能免也"。近数百年来，欧洲民族主义发生，各国因势利导，"建造民族的国家"，爱国思潮也缘是大盛。由是可知，"民族主义者，实制造近世国家之原动力也"。② 同年，在《新民说》中，他对"民族建国"更作了进一步说明："……民族建国问题。一国之人，聚族而居，自立自治，不许他国若他族握其主权，并不许干涉其毫末之内治，侵夺其尺寸之土地，是本国人对于外国所争得之自由

---

① 梁启超：《饮冰室合集·文集》（3），66 页。

② 梁启超：《论民族竞争之大势》，见《饮冰室合集·文集》（10），35 页。

也。"而"组织民族的国家",还需创代议制度,使人民得以参预政权,"集人民之意以为公意,合人民之权以为国权";复定团体与个人、中央政府与地方自治的权限,各不相侵,"民族全体得应于时变,以滋长发达"。所以,梁启超强调,中国当务之急,就是"民族建国问题而已",① 即"亦先建设一民族主义的国家而已"。② 显而易见,梁启超所谓的"民族建国",就是建立一个民族民主的现代国家。

其二,民族危亡激发了国人的爱国情感。梁启超说,甲午以前,士大夫忧国难,谈国事者,几绝。但战后中国割地赔款,创深痛钜,"于是慷慨爱国之士渐起,谋保国之策者,所在多有",原因即在于民族危亡的刺激。明白这一点,也就不难理解,何以备受外人歧视、欺凌的海外华人与香港人,其爱国情感要较内地更为强烈。若华人都能了解当下的中国与列强如何不平等,"则爱国之热血,当填塞胸臆,沛乎莫之能御也"。③ 1903年,梁启超赴美,适逢中国驻旧金山领事馆一随员为美警察辱殴自戕事,大为愤慨,曾作挽诗,其中说:"国权堕落嗟何及,来日方长亦可哀;变到沙虫已天幸,惊心还有劫余灰。"④ 他感触益深,因之十分正确地引出了这样的结论:"外国侵凌,压迫已甚,唤起人民的爱国心。"⑤

其三,爱国是现代社会的伦理。梁启超强调,"国家为近世史新产","夫国家者,一国人之公产也",它与被专制君主视为一人私产的传统国家,已是不可同日而语。故"我国自昔未尝以爱国大义为伦理一要素",⑥ 而爱国大义却是现代社会不可或缺的一大伦理要素。这即是说,"爱国乃天下之盛德大业",⑦ 国人当明白个人小我对于国家大我的责任。他说:"吾非敢谓身家之不当爱也。然国者,身家之托属,苟非得国家之藩盾,

---

① 梁启超:《新民说》,见《饮冰室合集·专集》(4),41、11、44页。

② 梁启超:《论民族竞争之大势》,见《饮冰室合集·文集》(10),35页。

③ 梁启超:《爱国论》,见《饮冰室合集·文集》(3),67~68页。

④ 梁启超:《新大陆游记节录》,见《饮冰室合集·专集》(22),104页。

⑤ 梁启超:《新中国未来记》,见《饮冰室合集·专集》(89),5页。

⑥ 梁启超:《中国前途之希望与国民责任》,见《饮冰室合集·文集》(26),19~20页。

⑦ 梁启超:《意大利建国三大杰传》,见《饮冰室合集·专集》(21),1页。

北京师范大学史学探索丛书

以为之防其害，谋其治安，则徒挈此无所托属之身家，累累若丧家之狗，皮之不存，毛将焉附？……然非先牺牲其身家之私计，竭力以张其国势，则必不能为身家之藩盾，为我防害患而谋治安。故夫爱国云者，质言之，自爱而已。人而不知自爱，固禽兽之不若矣。"①

由上不难看出，从《说群》到《爱国论》，梁启超于戊戌前后形成的爱国主义思想，不仅如上所述，体现了民族危亡、资产阶级反封建要求与社会进化论三大要素整合的时代特点；而且明显地已由"物竞天择，适者生存"简单的进化论层面，跃升到了以建立民族国家为基点的社会政治论的基础之上，从而具备了更加完整的现代意义。

二、爱国与救国

在梁启超看来，爱国固然因人而异，可以有许多具体的内涵和多样化的途径；但是，在国势陵夷，危若累卵的当今中国，爱国首先必须考虑如何救国。"呜呼！中国之弱，至今日而极矣。居今日而懵然不知中国之弱者，可谓无脑筋之人也；居今日而恝然不思救中国之弱者，可谓无血性之人也。"真正的爱国者，应当认真思考救国良策并将之付诸实践："我同胞有爱国者乎？按脉论而投良药焉。"②

"爱国心之薄弱，实为积弱之最大根源。"③ 但所以然者，原因并不仅仅在于传统的天下观使国人只知天下，不知有国；更重要还在于专制君权对于国人的压制，造成了人心的冷漠与散乱。梁启超认为，未有子弟不爱家，不视家事为己事，但惟奴隶未见真爱其家，因为他认为那是主人的事。国事亦然。所以，欲观其国民有无爱国心，必当问其民是否自居子弟或奴隶的地位。专制君主视民为奴隶，民于国家既不敢爱，也不能爱，惟有漠然视之而已。这就是何以民主的西方各国"有一民即有一爱国之人"，而中国则恰恰相反，"有国者只一家之人，其余则皆奴隶也。是故国中虽

---

① 梁启超：《论中国国民之品格》，见《饮冰室合集·文集》(14)，2页。

② 梁启超：《中国积弱溯源论》，见《饮冰室合集·文集》(5)，12～13页。

③ 同上书，14页。

有四万万人，而实不过此数人也。夫以数人之国与亿万人之国相遇，则安所往而不败也。"所以，问题的逻辑结论是不言自明的，欲唤起国人的爱国心以救国家，端在反对专制君权而兴民权："故言爱国者必自兴民权始。"梁启超写道：有人或者要问，奈何朝廷压制民权？答之曰："不然，政府压制民权，政府之罪也。民不求自伸其权，亦民之罪也"。西人视自由权利为生命，不惜流血奋斗。"故未有民不求自伸其权，而能成就民权之政者"。中国人不知民权为何物，实为奴性的表现，如此与西人竞，自然无不败。但以民权号召天下，光绪皇上将何如？梁启超回答仍然是明快的：民权与民主有异，英国民权发达，皇位仍存。但欲存皇位，也仍需以兴民权为前提："则保国尊皇之政策，岂有急于兴民权者哉！"[①] 如前所述，梁启超曾强调外国的侵略，激起了国人的爱国心；在这里，他复强调专制君权之"压抑之蹂躏之，民不堪命，于是爱国之义士出"，[②] 其爱国主义思想所具有的反帝反封建的鲜明特质，是十分鲜明的。

  但是，需要指出的是，梁启超"按脉论而投良药"，其救国的方案，并非一成不变，而是因时而异的。换言之，他的爱国主义思想的具体内涵，与时俱变。在戊戌时期，他强调"变法之本，在育人才；人才之兴，在开学校；学校之立，在变科举；而一切要其大成，在变官制"。[③] 戊戌政变后，他亡命日本，一时思想日趋激进。1899 年，他撰《爱国论》，如上述倡言爱国者必自兴民权始，已反映了这一点。1902 年复撰《新民说》。广智书局后发行《中国魂》单行本，即为《新民说》的一部分。而梁启超以为"中国魂"就是国人的"爱国心"。[④] 所以，《新民说》虽有丰富的内容，但在很大程度上，也可以说，它是在强调要培养与造就具有现代爱国精神的国民。在《新民说》中，梁启超思想之激烈程度更达到了顶点。他强调，国家不同于朝廷，前者如公司或村市，后者则为公司事务所或村市

---

① 梁启超：《爱国论》，见《饮冰室合集·文集》(3)，70、73、75、77 页。
② 梁启超：《论政府与人民之权限》，见《饮冰室合集·文集》(10)，3 页。
③ 梁启超：《变法通议》，见李华兴、吴嘉勋编：《梁启超选集》，13 页。
④ 参见梁启超：《自由书·中国魂安在乎》，见《饮冰室合集·专集》(2)，38～39 页。

会馆，二者性质、轻重不同，应以哪个为本，"不待辨而知"。故有国家思想者，常爱朝廷，而爱朝廷者，未必皆有爱国思想。"朝廷由正式而成立者，则朝廷为国家代表，爱朝廷即所以爱国家也。朝廷不以正式成立者，则朝廷为国家之蟊贼，正朝廷乃所以爱国家也。"梁启超显然是认为现在由西太后控制的朝廷是非法的，无可爱的，所以他断然说："然则救危亡求进步，道将奈何？曰：必取数千年横暴混浊之政体破碎而蔺粉之。"如若必要，行"有血之破坏"，[①] 也在所不惜。不仅如此，梁启超在文中还充分肯定立宪、革命两派都是出于爱国的热忱，对于立宪、革命两主义，表现出了包容的态度，甚至主张二者应"互相协助"。他说："今日之中国，宜合全国上下以对列强者也，藉曰未能，亦宜合全国民以对付政府。立宪革命两者，其所遵之手段虽异，要其反对于现政府则一而已。"[②] 足见其倾向革命，难怪乃师康有为大为震怒了。

但是，1903 年梁启超的政治思想又突然发生了大转折，先前所谓的"破坏主义""排满革命"，全行放弃，退回渐进立场，而与革命派对立。对此学界已有太多的论述。从总体上看，人们多将之归于以下三方面的原因：革命形势高涨引起的忧虑；师友的劝说；美洲游历的影响。[③] 但是，迄今尚未见有人从梁启超爱国思想自身逻辑的角度立论。在梁启超爱国主义的思想中，有一重要的观点值得重视，即认为爱国是绝对，谋国的政策是相对，只要是真正的爱国者，见智见仁，不妨殊途同归。1902 年，他在《意大利建国三杰传》中即提出："真爱国者，其所以行其爱国之术者，不必同，或以舌，或以血，或以笔，或以剑，或以机；前唱于而后唱喁，一善射而百决拾，有时或相歧相矛盾相嫉敌，而其所向之鹄，卒至于相成相济，罔不相合。"[④] 1905 年，他又在《德育鉴》中说："此言为道与为学，两不相妨也……如诚有爱国之心，自能思量某种某种科学，是国家不可缺的，自不得不去研究之。又能思量某种某种事项，是国家必当行的，自不

---

① 梁启超：《新民说》，见《饮冰室合集·专集》（4），16、17 页、64～65 页。

② 梁启超：《新民说》，见《饮冰室合集·专集》（4），161 页。

③ 参见李喜所、元清：《梁启超传》，第 9 章，人民出版社，1993。

④ 梁启超：《意大利建国三杰传》，见《饮冰室合集·专集》（11），1 页。

得不去调查之。""则其所以救国者，无论宗旨如何，手段如何，皆百虑而一致，殊途而同归也。"① 直到晚年，他仍持同样的观点："政策无绝对的是非利害，只要是以国家为前提，则见仁见智，终可以有两相反的议论，而彼此都不失为爱国者。"② 由是以进，我们对于梁启超，便可有进一步"同情的理解"。1903 年梁启超游美，曾与各埠华人有广泛的接触，由是生两大观感：一是华人富有爱国心。他说："（哈佛）全市华人不过百余，而爱国热心不让他埠。"尤其是容闳先生已 76 高龄，"舍忧国外无他思想，无他事业也。余造谒两时许，先生所以教督之劝勉之者良厚，策国家之将来，示党论之方针，条理秩然，使人钦佩"。二是华人素质之差。旧金山华人社区社会秩序混乱，中华会馆等团体内部宗派林立，一盘散沙，百事废弛。"若是者名之为暴民专制政体"。久受专制约束的国人来到号称最自由的美国，虽不乏爱国爱乡之心与勤勉，却非但没有变成现代的国民，反而劣根性愈加膨胀，实出梁启超的意料之外。立宪共和，"美非不美，其如于我不适何？"他深感中国问题不容理想化，即行立宪共和政体，"是无异于自杀其国"。"中国国民只可以受专制，不可以享自由"。中国需要管、商、克伦威尔一类人物再生，"雷厉风行，以铁以火，陶冶锻炼吾国民二十年、三十年乃至五十年，夫然后与之读卢梭之书，夫然后与之谈华盛顿之事"。③ 由是，他转而主张"开明专制"论。梁启超政治思想的上述变化，不仅招致革命党的抨击，而且在立宪党中也遭到非议，以为出尔反尔，无非好名。事实上，在受"左"的思潮影响的年代，学界也多斥之为反动。然而，如果我们从梁启超爱国主义思想自身的逻辑看问题，就不会简单抹杀其自身的合理性。在梁启超看来，爱国固然是无条件和绝对的，但具体的政策与主张，因时因人而异，却不应当是凝固的。这个原则对于持论不同的爱国者来说，就是当尊重意志自由，和追求殊途同归的互补

---

① 梁启超：《德育鉴》，见《饮冰室合集·专集》（26），42 页。

② 梁启超：《如何才能完成"国庆"的意义》，见《饮冰室合集·专集》（41），60 页。

③ 梁启超：《新大陆游记节录》，见《饮冰室合集·专集》（22），45 页、123～124 页。

北京师范大学史学探索丛书

性；对于真诚爱国的个人来说，"按脉论而投良药"，也应当承认人的认识有一个过程，自觉今是而昨非，因而适时修正其药方，也是允许的。梁启超强调在专制君权下，国家成了一人私产，压抑了国人的爱国心，造成了民族涣散无力，是对的；但他相信民权既得，国人即可由传统的部民变成现代的国民，从而得以举全国人之力办一国之事，不出数十年，中国也将如西人然，"举全地球而掩袭之，民权之效，一至于此"，① 则显然又失之理想化了。美国华人社区尖锐的现实，令他幡然思变计，也当在情理之中。所以，《梁启超年谱长篇》说："这便是先生考察日多，见闻益广，历练愈深的结果"，② 是比较客观的。此外，1903 年又是梁启超放弃卢梭民权论，转而接受伯伦知理国家学说的重要年头。后者主张国家有机论，强调统一与秩序对一个国家强盛的极端重要性。是年，梁启超发表《政治学大家伯伦知理之学说》一文。其中说："深察祖国之大患，莫痛于有部民资格而无国民资格"，以视欧洲各国大不同，"故我中国今日所最缺点而最急需者，在有机之统一与有力之秩序，而自由平等直其次耳。何也，必先铸部民使成国民，然后国民之幸福乃可得言也"。③ 这与梁启超"为道与为学，两不相妨"的理念，也是相通的。所以，所谓"革命形势高涨引起的忧虑"与"师友的劝说"，都是第二位的原因；新的经验与新的学理皈依，二者互相发明，愈益坚定了梁启超爱国主义思想自身逻辑的推演，才是第一位的原因。

诚然，其后的历史发展业已证明，革命是它的最终取向。从这个意义上说，梁启超政治思想的转变是一种后退。但是，近年来学界对辛亥革命史的研究已超越了革命、改良二元对立的传统思维模式，并形成了新的共识：革命派、立宪派都是代表资产阶级利益的政治派别，其各自坚持激进与渐进的政治主张，应当看成是二者谋求解决面临的共同问题，所设计的具体救国方案之不同。革命派与立宪派虽不应等量其观，但从根本上说，却又是互补的（如上所述，实际上梁启超在《新民说》中也已经提到了）。

---

① 　梁启超：《爱国论》，见《饮冰室合集·文集》(3)，75 页。

② 　丁文江、赵丰田编：《梁启超年谱长编》，334 页。

③ 　梁启超：《饮冰室合集·文集》(13)，69 页。

从这个意义上说，梁启超政治思想的转变，又非简单的倒退，必须实事求是地看成为他是依自己爱国的理路，做了自己认为应该做，并且做出了同样有助于中国社会进步的事业。明白了这一点，便不难理解何以民元梁启超初归国演讲，会那样理直气壮，以为晚清革命与立宪两派，各有得失了。

近代爱国者众，但能致思救国道路且产生实际影响者，毕竟不多。梁启超无疑是其中的翘楚。毛泽东说，近代的志士仁人为向西方寻求救国真理，曾走过了千辛万苦的道路。这不仅是指众人前仆后继之谓也，而且也是指一个爱国者虽不免于失误与曲折，却能执着探索救国道路，始终保持爱国的真诚。耐人寻味的是，当年梁启超在回应时人非议的《答和事人》一文中，曾写道："吾向年鼓吹破坏主义，而师友多谓为好名；今者反对破坏主义，而论者或以谓为好名。顾吾行吾心之所安而已。……要之，鄙人之言其心中之所怀抱而不能一毫有所自隐蔽（非直不欲实不能也）。此则其一贯者也。"① 所谓"吾心之所安"，实指爱国之志；所谓"其一贯者"，真诚之谓也。联系到民国后，梁启超坚持"不问国体，只问政体"的初衷，不惜冒生命危险和与乃师的对立，两度成为再造共和的功臣，我们不能不相信梁启超虽"善变"，但自有"其一贯者"，即爱国之真诚。郑振铎先生深得梁启超之心，他在梁去世后写下的下面一段话，有助于我们进一步理解梁启超：

> ……然而我们当明白他，他之所以"屡变"者，无不有他的最顽固的理由，最透彻的见解，最不得已的苦衷。……他的"屡变"，他的"变"，并不是变他的宗旨，变他的目的；他的宗旨他的目的是并未变动的，他所变者不过方法而已，不过"随时与境而变"，又随他"脑识之发达而变"方法而已。他的宗旨，他的目的便是爱国。"其方法虽变，然其所以爱国者未尝变也。"……惟其爱的是国，所以他生平"最爱平和惮破坏"（《盾鼻集，在军中敬告国人》），所以他在辛亥时代则怕因变更国体之故而引起剧战，在民国元二年之交，则又"惧

① 丁文江、赵丰田编：《梁启超年谱长编》，334 页。

邦本之屡摇，忧郁民力之徒耗"而不惜与袁世凯合作。惟其爱的是国，所以他不忍国体屡更，授野心家以机会，所以他两次为共和而战，护国体，即所以护国家。①

三、爱国与"国民之自觉"

近代中国，内忧外患，命途多舛。这一方面固然更加激起了无数志士仁人的爱国热诚；但是，另一方面又令意志薄弱者常生悲观之思。惟其如此，在近代史上，强国梦与亡国论，复又交织并起。梁启超难能可贵，即在于虽经历了千辛万苦，对中华民族的必定复兴，终其一生，矢志不渝。

梁启超认为，国家与个人然，"生于希望"。人生有两世界：就空间言，有实迹界，有理想界；就时间言，有现在界、未来界。前者属于行为，后者属于希望。"现在所行之实迹，即为前此所怀理想之发表，而现在所怀之理想，又为将来所行实迹之卷符。然则实迹者理想之子孙，未来者现在之父母也。"故人类胜于禽兽，文明人胜于野蛮，就在于"有希望故，有理想故，有未来故"。② 抱希望愈大，其进取冒险之心愈雄健。越王勾践与摩西的故事已说明了这一点。他说："诸君啊，要知道希望是人类第二个生命，悲观是人类活受的死刑。一个人是如此，一个民族也是如此。"③ 所以，爱国者必当是对国家的复兴抱无限的希望者。"中国无可亡之理，而有必强之道"。④ 他的《论中国之将强》、《中国前途之希望与国民责任》、《大中华发刊辞》诸文，无非对此无限之希望，三致意焉。但梁启超没有停留于中国地大物博、人口众多、智慧并不亚于西人等等的铺陈，其独到之处，是揭出了"国性"说，以为立论的基础。他指出，国有与立，中国历时数千年，生生不已，本身已说明它久已浸成了独有的"国

---

① 郑振铎：《梁任公先生》，见夏晓虹编：《追忆梁启超》，88、89页。

② 梁启超：《新民说》，见《饮冰室合集·专集》（4），25页。

③ 梁启超：《辛亥革命之意义与十年双十节之乐观》，见《饮冰室合集·文集》（37），12页。

④ 梁启超：《论中国之将强》，见《饮冰室合集·文集》（2），13页。

性"。所谓国性，虽耳不可得而闻，目不可得而见，但其具象于语言、文字、思想、宗教、习俗中，仍依稀可辨。它沟通国人的德慧术智，纲维国人的情感爱欲，成为凝聚民族最强大的精神力量。一个国家遭瓜分之祸，多缘内部分裂，而分裂的原因无非有三："国内种族相争"、"国内小国相争"、"国内宗教相争"。① 而中国历史上统一的时间长，纷争的时间短，其人种地势与宗教皆形成了大一统的传统，外人实无隙可乘。"呜呼！吾国民乎，以吾侪祖宗所留贻根器之深厚，吾侪所凭藉基业之雄伟，吾侪诚不自亡，谁得而亡我者！"国性成之固难，毁之亦不易。故"吾就主观方面，吾敢断言吾国之永远不亡；吾就客观方面，吾敢断言吾国之现在不亡"。② 梁启超所谓的"国性"，实际上就是指"民族精神"，他的论述未必精当，但却具有很强的说服力。

也惟其如此，梁启超对持"中国必亡"论者，深恶痛绝。在他看来，持是论者愤世嫉俗过甚，不仅颓然自放，且涣散人心，为害甚烈。"质而言之，则持中国必亡论者，即亡中国之人也。"③ 与此同时，梁启超也反对"自杀主义"。尽管在他看来，忧愤自杀与持"中国必亡"论者，不可同日而语，但毕竟是"志行薄弱之表征"。不自由毋宁死，固然是对的；但是，当以死易自由，不当以死谢自由。中国正需要更多的仁人志士，以唤醒行尸走肉之辈，"浸假别出一途，以实行自杀主义，是我与彼辈同罪也。呜呼！我有意识之国民，其毋自杀"。④ 为此，他大声疾呼，表示愿就以下的抱负，与真正的爱国者共勉：微论中国今日并未亡，即令已亡，国人也当继续奋斗！若国土为外人占领过半，则当学拿破仑时代的普鲁士人；使国土而分隶于数国，则当学十九世纪中叶之意大利人；使国土而为一国并吞，则犹当学蒙古时代的俄罗斯人与今日之匈牙利人。应当坚信，有五千

---

① 梁启超：《论支那独立之实力与日本东方政策》，见《饮冰室合集·文集》（4），68 页。

② 梁启超：《大中华发刊辞》，见《饮冰室合集·文集》（33），86 页。

③ 梁启超：《中国前途之希望与国民责任》，见《饮冰室合集·文集》（26），35 页

④ 梁启超：《自由书·国民之自杀》，见《饮冰室合集·专集》（2），90 页。

北京师范大学史学探索丛书

年历史与四万万同胞的中国，是不可征服的。"由此而言，则虽中国已亡，而吾侪责任，终无可以息肩之时，而况乎今犹可以几幸不亡于数年或十数年间也"。"吾侪其忍更颓然自放以掷此至可贵之岁月也。呜呼！吾音哑而口瘏，吾泪尽而血枯，不识国中仁人君子其终肯一垂听焉否也"。① 这是多么感人至深的肺腑之言！如果说，这还毕竟是对外的公开言论；那么，晚年梁启超在给子女的信中表达的同样情感，就应当说，其真诚愈加令人感动了："我在今日若还不理会政治，实在对不起国家，对不起自己的良心"。"中国病太深了，症候天天变，每变一症，病深一度，将来能否在我们手上救活转变，真不敢说。但国家生命民族生命总是永久的（比个人长的），我们总是做我们责任内一事，成败如何，自己能否看见，都不必管。"② 这是他去世前两年说的话，可以说，他是不屈不挠，将自己的一生都献给了振兴祖国的事业。

梁启超用心良苦，不仅自己奔走国事，不屈不挠，而且为激励他人，还专门撰写了《中国殖民八大伟人传》、《中国之武士道》、《意大利建国三杰传》、《匈牙利爱国者噶苏士传》等文，刻意表彰中外历史上的爱国者。他在《中国殖民八大伟人传》中说："一民族所崇拜之人物，各有其类，观其类而其民族之精神可见也……作中国殖民八大伟人传。"③ 在《意大利建国三杰传》，他则强调说，建国前的意大利与中国现状相若，甚至还不如我，故其三杰最值得国人效法。意大利何以成功？"岂有他哉，人人心目中有'祖国'二字。群走集旋舞于其下，举天下之乐，不以易祖国之苦，举天下之苦，不以易祖国之乐。人人心目中有祖国，而祖国遂不得不突出，不涌现"。"天下之盛德大业，孰有过于爱国者乎？"真爱国者，其视国事"无所谓艰"、"无所谓险"、"无所谓不可为"，生死以之而已。所以，只要国人"人人勉为三杰之一、之一体，则吾中国之杰出焉，则吾中

① 梁启超：《中国前途之希望与国民责任》，见《饮冰室合集·文集》(26)，35、40 页。

② 丁文江、赵丰田编：《梁启超年谱长编》，1114 页。

③ 梁启超：《饮冰室合集·专集》(8)，1 页。

国立焉矣。作意大利建国三杰传"。①

应当说，梁启超的爱国主义思想在晚清还不免染上了浪漫的色彩，他对包括田横、申包胥、张骞、赵灵王等人在内中国古代人物牵强附会式的颂扬，就反映了这一点；但是，入民国之后，则显然愈趋理智、开阔与深沉。这主要表现在他进一步将爱国论与自己提出的"国民之自觉心"相联系，从而展现了新的境界。

1915 年，梁启超在《敬举两质义促国民之自觉》文中，最早提出了"国民之自觉心"这一概念："凡能合群以成国且使其国卓然自树立于世界者，必其群中人具有知已知彼之明者也。若是者，无以名之，名之曰国民自觉心"。"因为有了自觉，自然会自动，会自动，自然会自立。"② 其后，他一再强调这一概念。所谓"国民之自觉心"，就是"具有知已知彼之明"，即具有摆脱自我封闭、在走向世界的同时，真正了解中国的。具体看，梁启超所谓的"国民之自觉心"，其内涵主要有三：

其一，"健全的爱国论"。梁启超认为，辛亥革命最重大的历史意义有二。其一就是让国人从此懂得了："凡不是中国人都没有权来管中国的事"。这便"叫做民族精神的自觉"。③ 他在早年就已提出过这样的观点：所谓"世界主义"，是"万数千年后"的事，在现实中，国家毕竟是竞争的最高团体，所以"国也者，私爱之本位，而博爱之极点。不及焉者野蛮也，过焉者亦野蛮也"。④ 梁启超已涉及到了爱国与"博爱主义"、"世界主义"的联系与分际问题，但他显然是在强调后者仅是遥远的理想，重要的是要爱现实的国家，故不及固然是野蛮，超过这个范围而奢谈爱，也是荒谬的。这在国家与民族的命运危若累卵的近代中国，自有其合理性，但其存在偏颇与局限，也是显而易见的。此期梁启超再次论及这一问题，但其前后之见解，却已是不可同日而语。他指出：我们须知世界大同为期尚

① 梁启超：《饮冰室合集·专集》(11)，1、2 页。
② 梁启超：《饮冰室合集·文集》(33)，41、5 页。
③ 梁启超：《辛亥革命的意义与十年双十节之乐观》，见《饮冰室合集·文集》(37)，2 页。
④ 梁启超：《新民说》，见《饮冰室合集·专集》(4)，18 页。

早，国家一时断不能消灭。在国家面临列强环伺，岌岌可危之际，"若是自己站不起来，单想靠国际联盟当保镖，可是做梦哩"。① 故须知合群爱国。所谓自觉心，最重要的一点，就是要懂得全体中国人"像同胞兄弟一般，拿快利的刀也分不开"，我们是"'整体的国民'，永远不可分裂不可磨灭"。② 但是，与此同时，也要反对"最足为国家进步之障"的"不健全之爱国论"，即一种盲目排外，虚骄自大，苟安自欺病态的国人心理；要打破故步自封，"毅然舍己从人以求进益"。③ 要言之，所谓"国民之自觉心"，就是要提倡"健全的爱国论"，"我们做中国公民，同时做世界公民。所以一面爱国，一面还有超国家的高尚理想"。④ "国是要爱的，不能拿顽固褊狭的旧思想，当是爱国……我们的爱国，一面不能知有国家，不知有个人；一面不能知有国家，不知有世界。我们是要托庇在这个国家底下，将国内各个人的天赋能力，尽量发挥，向世界人类全体文明大大的有所贡献。"⑤ 梁启超仍然注意到了爱国与"世界主义"的联系与分际，但其强调的重点，却是在提醒国人要摆脱"不健全的爱国论"。现在，他强调，自觉的健全的爱国论，就是主张"建设世界主义的国家"，即讲爱国同时就必须具备世界的视野与助益全人类的胸怀。由是观之，梁启超的爱国主义思想，显然大为深化了。

其二，养成"科学的国民"。梁启超早年的爱国论，强调"由爱国心而发出之条理，不一其端，要之必以联合与教育二事为之起点"。⑥ 其中，教育就是指要开民智，培育人才。此期梁启超投身新文化运动，倡导科学，故又进而提出了"科学的国民"的概念。⑦ 他指出，民国以来中国实

---

① 梁启超：《欧游心影录》，见《饮冰室合集·专集》（23），20～21 页。

② 同上书，2、3 页。

③ 梁启超：《国民浅训》，见《饮冰室合集·专集》（32），18～19 页。

④ 同上书，150 页。

⑤ 梁启超：《欧游心影录》，见《饮冰室合集·专集》（23），21 页。

⑥ 梁启超：《爱国论》，见《饮冰室合集·文集》（3），68 页。

⑦ 长期以来，人们多因梁启超反对"科学万能论"，而指斥他反对科学，进而是反对新文化运动，实为误解。参见拙文：《梁启超与新文化运动》，载《近代史研究》，2005（2）。

业的初步发展，显示国人的自觉已迈出了三步："中国人用的东西为什么一定仰给外国人？"是为首步；"外国人经营的事业，难道中国人就不能经营吗？"是为第二步；"外国人何以经营得好，我们从前赶不上人家的在什么地方？"是为第三步。有了这三步，下面必然要引出第四步，即进一步独立发展本国实业的要求，这就是"用现代的方法，由中国人自动来兴办中国应有的生产事业。""用现代的方法"，就是用科学的方法。梁启超强调，与西人较，中国民族并不缺乏智慧，"所差者还是旧有的学问知识，对付不了现代复杂的社会"。① 所谓"旧的学问知识"，就是缺乏科学精神内涵的陈旧知识。国人传统思想中的"笼统"、"武断"、"虚伪"、"因袭"、"散失"等痼疾，归根结底，端在科学之思想不彰。民国以来中国实业的发展，毕竟已证明了"科学的战胜非科学的"乃是一种必然趋势，固守非科学的态度，只能被淘汰。梁启超说："长此以往，何以图存？想救这病，除了提倡科学精神外，没有第二剂良药了。"② 国家要独立富强，不能不发展自己的实业，而要发展实业，国民就不能不努力尽快地提高自身的科学素养。梁启超将爱国主义与科学精神的倡导联系起来了。也惟其如此，梁启超不仅出任著名的中国科学社的董事，而且应邀到会讲演，并且鲜明地提出了培养"科学的国民"的新概念。

其三，救国当"从国民全体下工夫"。如前所述，梁启超早年在《爱国论》中提出了"爱国必自兴民权始"的著名观点，1903 年游美后转而主张"开明专制"论，思想又明显后退。但是，进入民国后，尤其是经历了反袁斗争与新文化运动，其民主思想却又进一步得到了发展。他认为，辛亥革命的另一个重大意义，就在于使国人懂得了："凡是中国人都有权来管中国的事"。他说，这"叫民主精神的自觉"。足见其思想的进展。游欧归来，受五四运动和战后世界民族民主运动普遍高涨的影响，梁启超爱国主义思想与民主运动的联系愈益深化。他在反省近代历史的基础上说："从前有两派爱国之士，各走了一条错误路。"立宪派想靠国

北京师范大学史学探索丛书

---

① 梁启超：《欧游心影录》，见《饮冰室合集·专集》(23)，7 页。

② 梁启超：《科学精神与东西文化》，见李华兴、吴嘉勋编：《梁启超选集》，799页。

中固有的势力，在维持现状下渐行改革；革命党则想打破固有的势力。但事实证明两者都错了。"说是打军阀，打军阀的人还不是军阀吗？说是排官僚，排官僚的人还不是个官僚吗？"其结果是一个强盗没打倒，却生出了无数的强盗来，国事愈不可问。"两派本心都是爱国，爱国何故发生祸国的结果呢？"原因就在于二者皆脱离大多数的国民，自立自的宪，自革自的命，于国民不相干。"好比开一瓶皮酒，白泡子在上面乱喷，像是热烘烘的，气候一过，连泡子也没有了，依然是满瓶冰冷，这是和民主主义运动的原则，根本背驰"。明白了这一点，现在当幡然改过，"质而言之，从国民全体下工夫。不从一部分可供我利用的下工夫，才是真爱国，才是救国的不二法门。把从前做的一部分人的政治醒转过来，那全民政治才有机会发生哩"。① 不管梁启超所谓的"全民政治"事实上还存在着多少误区，从倡言抽象的"爱国必自兴民权始"，到主张改弦易辙，真爱国必"从国民全体下工夫"，其爱国主义思想毕竟是与时俱进，提升到了一个新的层面。

其四，发展民族的"文化力"。战后游欧归来的梁启超，看到了西方现代性的弊端，但并未忽视中西方的时代落差，即中国首先需要建立现代的社会。他试图将二者结合起来，即在推进中国现代化的同时，避免西方业已出现的弊端。所以他一方面积极投身新文化运动，同时，复坚持求同存异，主张既要对中国传统的旧思想求解放，也必须打破对西方现代思想的迷信。② "现在我们所谓新思想在欧洲许多已成陈旧，被人驳得个水流花落，就算他果然很新，也不能说'新'便是'真'呀！"他反对一味抹杀中国固有文化。他说：从前老辈，故步自封，说什么西学都是中国所固有的，诚然可笑，"那沉醉西风的，把中国甚么东西，都说得一钱不值，好像我们几千年来，就像土蛮部落，一无所有，岂不更可笑吗？"梁启超强调，所谓"中国人之自觉"，就应当包含"文化的自觉"。"为什么要有国家，因为有个国家，才容易把这国家以内一群人的文化力

---

① 梁启超：《欧游心影录》，见《饮冰室合集·专集》(23)，22～23 页。

② 参见拙文：《梁启超与新文化运动》，载《近代史研究》，2005 (2)。

聚拢起来，继续起来，增长起来，好加入人类全体中助他发展。"所以，很明白，爱国必须爱自己民族的文化，"人人存一个尊重爱护本国文化的诚意"；增强本国的"文化力"，就是要善于"拿西洋的文明来扩充我的文明"，① 以发展民族的新文化并助益于全人类的文明。欧战前后，东西文化的问题，是志士仁人探求救国道路不能不面对的重大时代课题。梁启超关于"尊重爱护本国文化"、发展民族"文化力"的思想主张，不仅使自己的爱国主义思想增添了深刻的文化内涵，而且也为时人的文化思考，开拓了新的空间。

梁启超强调"国民之自觉心"、"中国人之自觉"、"民族精神之自觉"、"民主精神之自觉"，等等，说到底，是反映了他自身的自觉，即对于中国问题的重新审视。他对借以唤醒全体国民自觉心的中坚力量认知的变化，也同样反映了这一点。

梁启超早年将国民的养成和救国的希望，寄托在他所谓的"中等社会"的身上。1902年，他在《新民说》中说："然则今日谈救国者，宜莫如养成国民能力之为急务矣。虽然，国民者其所养之客体也，而必更有其能养之主体"。"主体何在，不在强有力之当道，不在大多数之小民，而既有思想之中等社会"。② 他眼中的"中等社会"，也就是"士大夫"："所谓士大夫者，国家一切机关奉公职之人，于此取材者。乃至社会凡为要津皆所分据焉。故不惟其举措能直演波澜，即其性习亦立成风气。"这实际上主要就是指拥有一定社会地位的知识分子群体。但民初国事日非，"中等社会"、"士大夫"，多趁伙打劫，助纣为虐，令梁启超深恶痛绝，对之失去了信心。他说："劝老百姓以爱国者士大夫也，而视国家之危难漠然无所动于中者，即此士大夫也。利用老百姓之爱国以自为进身之径谋食之资者，亦即此士大夫也……今日国事败坏之大原，岂不由是耶！"③ 五四运动的洪波巨浪与共赴国难的特殊经历，使梁启超在情感上进一步贴近了青年。他对五四青年运动深为感动，归国后撰文说："'五

---

① 梁启超：《欧游心影录》，见《饮冰室合集·专集》(13)，27、37、35 页。
② 梁启超：《饮冰室合集·专集》(4)，156 页。
③ 梁启超：《痛定罪言》，见《饮冰室合集·文集》(33)，8～9 页。

四运动'是民国史上值得特笔大书的一件事,因为它那热烈性和普遍性,的确是国民运动的标本……因为这种运动引起多数青年的自觉心,因此全思想界呈活气。""将来新社会的建设,靠的是这些人……所以我对于现在青年界的现象,觉得纯然可以乐观的。"① 由是,他不再笼统讲"中等社会"、"士大夫",而是对国人做了进一步的区分,明确地将希望寄托在了新青年的身上。他在《如何才能完成"国庆"的意义》一文中说,中国人有三类:第一类是军阀及其依附军阀的官僚、政客和党人的大部分。"他们都是满含霉毒的坏血球,国家元气大半斲于其手"。第二类是独善其身的老先生和安分守己的老百姓们。"他们是带淡色的血球,虽然没有毒,却也没有多少防毒消毒的能力"。第三类"是知识阶级的青年,尤其是在大学里或游学外国全国人所有属望为将来各界领袖人物的青年。他们好比心房新进出来的鲜血球,具有摧涤瘀毒荣养全身的能力和责任。中华民国的新生命能否缔造,全看他们的'能力率'和'责任心'何如。"② 梁启超将新青年尤其是青年学生与留学生,视为中国社会的新鲜血液,国家与民族赖以复兴的栋梁,对之抱有厚望。游欧归来后,他告别政治活动,全身心转向了文化教育。他风尘仆仆,不辞辛苦,奔走于北京、天津、南京三地各大中学之间,除讲授国学外,就是寄语青年学生,勿忘爱国。概言之,梁启超谆谆善诱,主要有三:

其一,复兴国家的社会责任。梁启超常提醒学生,大家在同龄人中是幸运者,多少青年并不缺乏才华,却无由接受高等教育。也因是之故,大家要承担的复兴国家的社会责任,也就理应更大些。他说:"今当存亡绝续之交,千圣百王所诒谋者,一旦扫地陨越是惧,……则无量数艰巨之业,乃尽压于吾侪之仔肩。中国而兴耶,其必自吾侪之手兴之。中国而亡耶,其必自吾侪之手亡之。"先辈不能支柱国家,并非天赋才能不足,实因受时代的制约,其"前此所学不适于新时代之要求,而智德力之发育,有所未尽也。"先辈以大业付诸君,并为诸君养成负荷此大业的能力,创造了现在的条件，其用心既苦，而责任亦略尽，最终能否负荷，则是诸君的责任了。① 在梁启超看来，青年学生欲报国，首先固然要学好先辈所不曾有的新知识与实际本领，但是，不能忘了培养自己爱国的热忱，却是更重要。他认为，爱国不是都去当政治家，无论从事何种职业，都不能忘记它也是"国家成立要素之一"，关乎国家的荣辱存亡。所以，必须"常常把爱国精神熔注在自己职业里头作职业生命。必如此，然后这种职业才有他存在的意义和价值。"比如，当教师不是为了工资才给学生传授知识，而要想我是在为中华民国培养人才。真这样做了，才算尽了自己的责任，我的职业也才有了生命。所以，人人都应当也可以在自己的职业范围内充分尽自己对于国家的责任。梁启超曾在一次回顾护国战争的演讲中，对学生说："（蔡锷等人）他们并不爱惜他自己的生命，但他们想要换得的是一个真的善的美的中华民国。如今生命是送了，中华民国却是怎么样？像我这个和他们同生不同死的人，真不知往后要从那一条路把我这生命献给国家，才配做他们朋友"。青年人因纪念蔡锷，"受蔡公人格的一点感化，将来当真造出一个真的善的美的中华民国出来，蔡公在天之灵，或者可以瞑目了"。② 梁启超对于青年学生的殷殷之情，溢于言表。

其二，"忠于国家为惟一的伦理"。青年学生未必都从政，但对于有志从政者，梁启超的寄语，更加语重心长。他说，做一个政治家，不仅要明白两个原则：一是"民众政治是要民众自己去做的，决不可由一个人或少数人代他们做"。尤其不能借其名义谋私利。二是"不可以手段为目的，更不可不择手段"；更重要的是，还必须要明白："政治家以忠于国家为惟一的伦理"，断不许丧失人格、国格，卖国求荣。"青年们啊，你们信仰什么主义，当然是你的自由，但我老实不客气告诉你：你的信仰动机若带有半点铜臭，你的信仰便没有一毫价值！"一个政治家定然要有高的节操，不然，才愈高，其祸天下也愈烈。所以，"青年们啊，你想投身政治来救

① 梁启超：《清华学校中等科四年级学生毕业纪念册序》，见《饮冰室合集·文集》（32），69页。

② 梁启超：《护国之役回顾谈》，见《饮冰室合集·文集》（29），97页。

今日的中国，请千万勿忘记这一点！"①

　　其三，了解和热爱祖国文化。归根结底，梁启超寄希望于青年，是将之视为中国文化的传人。所以他说："青年无望，则国家的文化便破产了。"② 鉴于时人多醉心欧化，而大学生特别是清华学生多要留学海外，梁启超特别强调青年人要了解和热爱祖国文化。他认为，作为一个国民，总须对本民族的文化有所了解，才可能"在我们的'下意识'里头，得着根柢，不知不觉会'发酵'"。中国文化酿就了国人的"共同意识"，即民族认同感，只有对祖国的文化有较深入的感悟，"才不至于和共同意识生隔阂"。③ 醉心欧化所以不可取，就在于它消解国人的"共同意识"、民族认同感，使爱国事实上成为虚言。梁启超很清楚，清华学生享社会恩惠独优，将来在社会上也必占势力，所以他提出了一个颇为深刻的观点：衡量清华学生将来归国功罪的标准，当在于"对于中国文化有无贡献"。毫无疑问，一个对传统文化茫然无知、只醉心欧化的归国留学生，是不可能对祖国文化的发展有贡献的。梁启超在东南大学演讲时，曾对学生说：美国人确有许多长处，但是中国人即便全部将它移植过来，使中国全然变成一个东方的美国，"慢讲没有这种可能，即能，我不知道诸君怎样，我是不愿的。因为倘若果然如此，那真是罗素所说的，把这有特质的民族，变成了丑化了"。④ 这是在明确反对民族虚无主义。现在他面对清华学生又强调，不了解中国文化，便不可能有大作为。他说："任你学成一位天字第一号形神毕肖的美国学者，只怕于中国文化没有多少影响。若这样便有影响，我们把美国蓝眼睛的大博士抬一百几十位来便够了，又何必诸君呢！诸君须要牢牢记着你不是美国学生，是中国留学生。如何才配叫做中国留学生，请你自己打主意罢。"⑤ 在这里，梁启超提出了一个尖锐的问题：

<hr>

　　① 梁启超：《如何才能完成"国庆"的意义》，见《饮冰室合集·文集》（42），59、60页。

　　② 梁启超：《清华研究院茶话会演说辞》，见《饮冰室合集·文集》（43），8页。

　　③ 梁启超：《治国学杂话》，见《饮冰室合集·专集》（71），26页。

　　④ 梁启超：《东南大学课毕告别辞》，见李华兴、吴嘉勋编：《梁启超选集》，817页。

　　⑤ 梁启超：《治国学杂话》，见《饮冰室合集·专集》（71），27页。

"如何才配叫做中国留学生"？此一设问，发人深省，即是在今天，也仍不失其现实的意义。

从坚信中国不亡，到倡言"国民之自觉心"；从主张"健全的爱国论"，到寄语新青年，梁启超的爱国主义充分吸收新文化运动提供的养料，从而展现了愈益开阔的视野与宏富的内涵。如果我们注意到陈独秀1916年在《我之爱国主义》一文中，将自己主张的"持续的治本的爱国主义"，仅归结为"数德"："勤"、"俭"、"廉"、"洁"、"诚"、"信"；① 1919年他甚至还竟然提出"我们究竟应当不应当爱国"的问题，② 就不难理解，梁启超将爱国与"国民之自觉心"相联系，是怎样的难能可贵了。

四、现代意义的爱国论的首倡者

近代中国陷入了半殖民地半封建的境地，国难当头，引无数志士仁人继起，爱国主义因之空前高潮。作为近代著名的爱国者，梁启超的爱国论独具特色。

中国与忠君相联系的传统的爱国思想，在甲午战争前后，因救亡图存的刺激，以资产阶级的反封建斗争——戊戌维新运动为载体，以西方社会进化论为中介，最终实现了向现代意义的爱国主义转换。梁启超作为维新运动的要角和敏锐的思想家，通过《说群》、《爱国论》诸文，成为了实现三者融通和最早揭橥现代意义的爱国主义旗帜的代表性人物。不唯如是，他也是近代系统阐发爱国主义的第一人，且与时俱进，不断丰富与深化了它的内涵。梁启超是现代意义的爱国论的首倡者，此其一。

在近代，爱国总是与救国相联系的。但能提出有重要实践意义的救国方案的爱国者，毕竟是极少数。梁启超正是这样的著名爱国者。他集政治家与思想家于一身，故其爱国论又与其政治论，浑然一体，相辅相成。戊戌前后，他的《说群》、《爱国论》、《新民说》诸文，倡民权说，强调朝廷

---

① 参见陈独秀：《我之爱国主义》，见《独秀文存》，60～70页。

② 参看陈独秀：《我们究竟应当不应当爱国？》，见《独秀文存》，430～432页。

与国家的分际；在反袁斗争中，他撰《国民浅训》，力主民主共和，并倡"健全的爱国论"；欧游归来，他发表《欧游心影录》，倡言"中国人之自觉"，主张打破对西方的现代迷信，重新审视祖国的复兴之路。由于梁启超的爱国论不是抽象的说教，而是富有实践意义的思想指导，充满着激情、创意与启迪，故不论事实上存在有多少失误，其论说在不同的阶段上，总是虎虎有生气，产生了广泛的影响。梁启超的爱国论富有创新性，此其二。

梁启超爱国论中的许多观点，至今都具有现实的意义。这不是指"爱国必自兴民权始"、"大国民之器度"、"世界主义的国家"等等，一般意义上的观点；而是指诸如以下隽永和富有哲理的见解："（国魂或爱国心）而将欲制造之，则不可无其药料与其机器。人民以国家为己之国家，则制造国魂之药料也；使国家成为人民之国家，则制造国魂之机器也"；① "历史者，普通学中之最要者也"。"国民教育之精神，莫急于本国历史"；② "青年无望，则国家的文化便破产了"；"诸君须要牢牢记着你不是美国学生，是中国留学生。如何才配叫做中国留学生，请你自己打主意罢！"在商潮滚滚、急功近利和海外留学趋之若鹜的今天，这些见解不是依然耐人寻味吗？梁启超的爱国论富有现实的意义，此其三。

由于梁启超的爱国论服务于他的政治论，而后者受阶级与历史的制约，不免于受局限，故其爱国论也不可避免地存在自己的弱点。早年他改倡"开明专制"，以为中国人尚不配享有民权自由，是一种后退，固不待言；欧战后他提出"中国人之自觉"的重大构想，是一大进步，但却抵拒马克思主义。而正是后者成为了中国人借以重新考察国家与民族命运的强大思想武器；民国后他强调欲救国，必须改弦易辙，依靠全国大多数国民，这无疑是对的，但却反对中国共产党从农村开始的民众运动；他反对全盘西化，主张青年人要宏扬传统文化，也是对的，但对于旧文化束缚青年一代的消极影响，却缺乏应有的批判。如此等等。当然，这些又并非梁启超独然。我们当从历史条件去说明，不必苛求于古人。

---

① 梁启超：《自由书·中国魂安在乎》，见《饮冰室合集·专集》(2)，39 页。

② 梁启超：《东籍月旦》，见《饮冰室合集·文集》(4)，90、101 页。

第十三章　梁启超的中华民族精神论

近代中国，民族主义持续高涨，其核心是西方近代资产阶级的政治理念："民族建国"，即建立独立的以宪政为基础的现代国家。与此相应，"民族"、"民族主义"、"民族精神"、"现代国家"、"爱国主义"等一套相应的话语系统也被引入了中国。梁启超既是近代中国这套话语系统最有力的创建者，他自然也成为了近代倡言民族主义最为有力的布道者。但是，我们还要看到，梁启超的中华民族精神论，实构成了其民族主义的逻辑起点与根本的思想基础。同时，他对于中华民族精神内涵的概括，及其对于弘扬与培育民族精神的思考，更具有重要的现实性意义。

一、中华民族精神内涵的概括

"民族精神"一词，肇端于18世纪文化民族主义思潮日渐高涨的德意志。它指一个民族因历史文化诸因素形成的共同精神或秉赋。被认为是"'文化民族主义'直接的启迪者"的德意志学者赫而德，也是"民族精神"（VOLKSGEIST）意理的始作俑者。美国学者艾恺说："在赫得（即赫而德——引者）的思想上我们首次遇到了几乎所有文化民族主义意理——无论东方或西方——所共有的中心概念：'国民精神'（spirit of the people），德文为'Volksgeist'"。赫得以为，"不同种族首先由于地理气候的特点开始分化，其后各自建立了不同的语言、文学、风习等等；乃至于保有了个别的'民族魂'。"① 英国哲学家罗素也指出：在18、19世纪的欧洲，随着民族国家的成长，各国维护民族精神的观念愈加自觉。特别是地处文化周边的国家，更强调吸纳外来文化必须接受本土精神的整合，建立

---

① ［美］艾恺：《世界范围内的反现代化思潮：论文化守成主义》，25页。作者在同页加注说："赫得本人未有'VOLKGEIST'一词，但他用了非常类似的词，如 Genius des volkes Geist des volkes 等来表达 Volkgeist 一词日后所表示的意思。"

国魂维护民族的独立与尊严。这种观念被概括为"一个民族、一个国家、一个国魂"的原则，尤其在日耳曼民族中被发挥得淋漓尽致，成为欧洲浪漫主义运动的总原则。① 从赫而德到费希特，德意志知识分子对"民族精神"的深刻阐发，不仅为实现德意志国家的统一奠定了思想基础，而且也为其后东西方的民族主义运动打上了自己的烙印。

"民族精神"一词传入中国，固然最早始于 1904 年留日学生刊物《江苏》杂志上发表的《民族精神论》一文，但是，迄 20 世纪初，很少为人使用，时人更多的是使用"中国魂"、"国魂"、"国性"等词，以指称民族精神。因之，从严格意义上说，1899 年梁启超发表的《中国魂安在乎》一文，当属国人最早揭出弘扬与培育民族精神，这一重大时代课题的文字。他在是文中写道：

> 日本人之恒言，有所谓日本魂者，有所谓武士道者，又曰日本魂者何，武士道是也。日本之所以能立国维新，果以是也。吾因之以求我所谓中国魂者，皇皇然大索之于四百余州，而杳不可得。吁嗟乎伤哉！天下岂有无魂之国哉！吾为此惧，……今日所最要者，则制造中国魂是也。中国魂者何？兵魂是也。有有魂之兵，斯为有魂之国。夫所谓爱国心与自爱心者，则兵之魂也。而将欲制造之，则不可无其药料与其机器。人民以国家为己之国家，则制造国魂之药料也，使国家成为人民之国家，则制造国魂之机器也。②

很显然，在这里，所谓"中国魂"、"国魂"，就是指中国的民族精神。尽管他说"中国魂者何？兵魂是也"，尚不免失之于狭；但他一针见血，强调"中国魂"的核心是"爱国心与自爱心"，却是十分深刻的。

其后，在不同的语境下，梁启超先后还使用了"中国武士道"、"国民之元气"、"精神之精神"、"根本之精神"、"国民之精神"、"民族的活精神"、"民族精神"、"独立之精神"、"国性"、"国民之特性"等概念来指称

---

① ［英］罗素：《西方哲学史》，下卷，216 页，北京，商务印书馆，1976。
② 梁启超：《饮冰室合集·专集》(2)，38～39 页，北京，中华书局，1989。

中国的民族精神，其表述也愈益完整。例如，1902 年他在《新民说》中写道："凡一国之能立于世界，必有其国民独具之特质，上自道德法律，下至风俗习惯、文学、美术，皆有一种独立之精神。祖父传之，子孙继之，然后群乃结，国乃成。斯实民族主义之根柢源泉也。我同胞能数千年立国于亚洲大陆，必其所具特质，有宏大高尚完美，厘然异于群族者，吾人所当保存之而勿失坠也。"① 1912 年，梁启超在《庸言》上发表《国性篇》，这是他一生论述民族精神问题最为系统的一篇文字。梁启超在文中说："国于天地，必有与立。国之所以与立者何？吾无以名之，名之曰国性"。国性之形成，缘于种族、地域、历史诸因素。"人类共栖于一地域中，缘血统之（耳而）合，群交之渐靡，共同利害之密切，言语思想之感通，积之不知其几千百岁也，不知不识，而养成各种无形之信条，深入乎人心……熔冶全国民使自为一体而示异于其他也"，② 故一国之语言、宗教与习俗，最能反映一国之"国性"。1915 年，他在《大中华发刊辞》中再次谈到了"国性"："国之成立，恃有国性。国性消失，则为自亡。剥夺人国之国性，则为亡人之国。国之亡也，舍此二者，无他途矣。国性之为物，耳不可得而闻，目不可得而见。其具象之约略可指者，则语言文字思想宗教习俗，以次衍为礼文法律，有以沟通全国人之德慧术智，使之相喻而相发，有以纲维全国人之情感爱欲，使之相亲而相扶。"③ 无论是强调"独立之精神"，还是强调"国性"，民族精神作为中华民族共同精神的基本理路，梁启超是准确地把握住了。

对于中华民族精神的内涵，梁启超的概括，主要有四：

其一，道中庸，重和谐。梁启超称之为"我国民之中庸妥协性"。他指出：中国人无论是对于个人，对于社会，还是对于自然界，"最能为巧妙的顺应，务使本身与环境相妥协，而其妥协，且比较的常为'合理的'。此中国人一种特别天才也"。缘是之故，与欧人好走极端、讲绝对，因之种族、宗教纷争不已不同，中国强调"礼让为国"，即讲包容，道中庸，

---

① 梁启超：《新民说》，见《饮冰室合集·专集》(4)，6 页。

② 梁启超：《国性篇》，见《饮冰室合集·文集》(29)，83～84 页。

③ 梁启超：《大中华发刊辞》，见《饮冰室合集·文集》(33)，83 页。

重和谐。"坐是其包容涵孕之力极大，若汪汪千顷之波，无所不受"。"故含纳种种民族、种种宗教，而皆相忘于江湖，未或龃龉破裂"。"其所最贵者厥惟秩序，务使其所包含之种种异质，与随时变化之环境相应，常处于有伦有脊之状态。"① 梁启超强调国人善于与环境（包括人际及人与自然的关系）和谐相处，以追求"合理的"即中庸、包容、和谐的境界，他实际上是从哲学的层面上肯定了中国文化及其民族精神的核心乃在于"中和"。

其二，重统一与团结。梁启超强调，中国很早就开始了形成统一的多民族国家的历史进程。"春秋战国之交，是我们民族大混合大醇化时代"，"在这种时代之下，自然应该是民族的活精神尽情发露"。② 但此种统一，绝非"攘斥剿绝之谓，乃吸聚诸族，蜕变其原质，作为我族之一成分，而增廓其内容"，即表现为一种以汉民族为主体，多民族相互融合的历史过程。这只要看看当今的中国，"任举何省人民，孰不有羌、苗、匈奴、东胡乃至其他诸异族之遗血者"，就说明了这一点。民族融合的现象在世界上固然不乏其例，但像中国这样"吸聚者如此其繁复而普被，所醇化者如此其浑融而无间"，③ 实为举世所仅见。也惟其如此，重统一与团结形成了中华民族族精神中的一大优长。梁启超以为这集中体现为三方面：一是"国民思想之统一"。所谓"思想统一"，是指学术进步所导致的国人共同精神与价值取向的形成："统一者谓合全国民之精神，非攘斥异端之谓也"。④ 汉以后，此种思想统一固然以孔子为中心，但又不尽然，它实融合了此前的诸子百家之思想，故渐成为包括宇宙观、人生观、价值观在内的"一种有体系之国民思想"；⑤ 二是追求国家统一。在中国漫长的历史上，统一的时间长，纷争割据的时间短，"虽有纷争割据，恒不及百数十年，

---

① 梁启超：《历史上中华国民事业之成败及今后革进之机运》，见《饮冰室合集·文集》(36)，30～31 页。

② 梁启超：《评胡适之中国哲学史大纲》，见《饮冰室合集·文集》(38)，57 页。

③ 梁启超：《历史上中华国民事业之成败及今后革进之机运》，见《饮冰室合集·文集》(36)，27 页。

④ 梁启超：《论中国学术思想变迁之大势》，见《饮冰室合集·文集》(7)，4 页。

⑤ 梁启超：《历史上中华国民事业之成败及今后革进之机运》，见《饮冰室合集·文集》(36)，32 页。

轊复合一"。世界上许多国家常存在内部种族与宗教的纷争，中国"人种地势宗教，皆可谓之为一统，未尝有分裂于内者"，① 也都说明了国人具有追求国家统一的情结；三是珍惜各民族间的团结。梁启超说，中国数万万同胞，能数千年结团一致，立于世上，实为世界奇观。欧洲英、法、德民族，原本同源，较我国古代各民族血缘关系尤切，但至今尚分裂为三国，欧洲诸国内部更是民族矛盾日甚。反观中国，"我则以多数异民族错居，从不发生此问题"，各民族实"久已合作一家"。② 他说："我坚强之国民性，经二千年之磨炼，早已成为不可分之一体。"③ "我们自古以来，就有一种觉悟，觉得我们这一族人像同胞兄弟一般，拿快利的刀也分不开"。"这便是我们几千年来能够自立的根本精神"。④ 梁启超主张"大民族主义"，同时也是近代史第一个明确提出了"中华民族"概念的人，他所强调的四万万同胞的一家亲，无疑就是强调中国各民族之间的坚强团结。

其三，重德。梁启超指出，各国皆重道德，但以中国为甚。数千年来国人心中有三种观念，根深蒂固，浸成"中国道德之原"，"吾国所以能绵历数千年使国性深入而巩建者，皆恃此也"：一是"报恩"。"中国一切道德，无不以报恩为动机，所谓伦常，所谓名教，皆本于是"。人生在世，无论如何聪明才智，都不可能无所待于外而能自立，故其一生直接间接受恩于人者，实无量无极。中国人看重这一点，于父母、家庭、社会、国家多心存报恩之思，尤其"报国之义重焉"。西方社会那种绝对的个人主义，"吾国人所从不解也"。报恩之义，联系过去与现在，个人、家庭、社会与国家，产生极大的民族凝聚力。二是"明分"。梁启超以为，不能将"明分"简单视为悬阶级与不平等。社会分工无限，需个人分任，分工协作。

---

① 梁启超：《论支那独立之实力与日本东方政策》，见《饮冰室合集·文集》（4），67页。

② 梁启超：《历史上中华国民事业之成败及今后革进之机运》，见《饮冰室合集·文集》（36），29页。

③ 梁启超：《中国前途之希望与国民责任》，见《饮冰室合集·文集》（26），12页。

④ 梁启超：《辛亥革命之意义与十年双十节之乐观》，见《饮冰室合集·文集》（37），3页。

"故人人各审其分之所在，而各自尽其分内之职，斯社会之发荣滋长无有已时"，反之，"必至尽荒其天职，而以互相侵轶，则社会之纽绝矣"。安分心太强，固易生守旧，但"向上心"与"侥幸心"有别。作为中国文化传统的"明分"精神，强调立足现有的地位，求渐进于理想的地位，这是中国之组织"所以能强固致密搏之不散者，正赖此矣"。三是"虑后"。中国文化重现实，同时又最重将来。"夫各国之教祖，固未有不以将来为教者矣，然其所谓将来者，对于现世而言来世也。其为道与现社会不相属。我国教义所谓将来，则社会联锁之将来也"。所谓"社会联锁之将来"，就是强调社会历史文化之传承。所以，西方的"绝对个人主义"与"现在快乐主义"，中国人难以理解，他们更强调个人对于社会与后代的责任。"二千年来，此义为全国人民心目中所具。纵一日之乐，以贻后顾之忧，稍自好者不为也。不宁惟是，天道因果之义，深入人心，谓善不善不报于其身将报于其子孙，一般人民有所劝，有所慑，乃日迁善去恶而不自知也。此亦社会所以维系于不敝之一大原因也"。① 梁启超强调，"报恩"、"明分"、"虑后"三种观念作为"中国道德之大原"，将社会的过去、现在与未来有机衔接起来，将个人、家庭、社会与国家有机衔接起来，它不仅有助于中国社会的稳定发展，同时也彰显了中国重德的民族精神。

其四，重爱国。如前所述，梁启超早在《中国魂安在乎》一文中即强调指出，"中国魂"的核心应是"爱国心与自爱心"。他虽在多处讲过国人爱国心薄弱，但是，那是重在抨击专制政治压制了国人的爱国主义热情，而非否定国人具有可贵的爱国传统。他强调"中国道德之大原"之一，是重"报恩"，尤其是"报国之义重焉"，就说明了这一点。同时，他极力表彰郑成功、郑和等历史上的爱国者并撰《中国殖民八大伟人传》，以期进一步高扬国人的爱国精神。他说："一民族所崇拜之人物，各有其类，观其类而其民族精神可见也……作中国殖民八大伟人传。"② 同样也说明了这一点。晚年的梁启超更是明确肯定，中国人是世界上最讲爱国主义的国

---

① 梁启超：《中国道德之大原》，见《饮冰室合集·文集》（28），14～20 页。
② 梁启超：《饮冰室合集·专集》（8），1 页。

民。他说："（当今的中国人虽极困苦）然而我民之眷怀祖国，每遇国耻，义愤飚举，犹且如是，乃至老妇幼女，贩夫乞丐，一闻国难，义形于色，输财效命，惟恐后时。以若彼之政象，犹能得若此之人心，盖普世界之最爱国者，莫中国人若矣。呜呼！此真国家之元气而一线之国命藉援系也。"[1] 斯时的中国，政治如此黑暗，民生如此困苦，但国人不分男女老幼贫富贵贱，却能一如既往，输财效命，共赴国难，这充分映证了"中国魂"的核心正是国人的"爱国心"。缘此，也不难理解梁启超何以感慨系之，盛赞中国人是最富有爱国精神的国民，并叹喟"此真国家之元气而一线之国命所藉以援系也"了。

其五，重人文，向往人类大同。这在梁启超叫做"世界主义"，或是超越国家界限的"文化理想"。他说，中国的伦理强调修身、齐家、治国、平天下。它以个人为起点，以天下世界为终极，国家与家族等，都仅被认为是"进化途中的一过程"，故最乐道的是"天下一家"、"四海兄弟"。古代中国所以"汲汲焉务醇化异族者"，非为权利，乃认为是义务。"盖吾先民常觉我族文化之至优美（此感觉是否正当当属于别问题）而以使人类普被此文化为己任。凡他族与我遇者，不导之入于此途，则自觉其悲悯之怀不能遂也。彼但能自进而与我伍，我遂欣然相携而无或歧视。故其义曰：'夷狄进于中国则中国之'。所谓国者绝无界线，惟以文化所被为推移，拥有广漠之国土不以自私，当欲与世界人共之，故以'怀柔远人'为一种信条"。[2] 这既体现了中国文化的包容性，也是中国自古内部各民族能融合相安的重要原因所在。梁启超的上述见解容有好自高标之嫌，但他强调在中国文化与民族精神中包含着重人文与人类大同的特质，却是合乎实际的。

应当承认，即便从今天来看，梁启超对中华民族精神内涵的上述概括，虽然未必周全，却是把握了最重要的精华；一些提法也未必精当，却不失其深刻。同时，更重要还在于，正是对民族精神内涵的上述把握，构成了梁启超这位著名的爱国者，在争取国家独立与民族复兴漫漫的长途

北京师范大学史学探索丛书

---

① 梁启超：《痛定罪言》，见《饮冰室合集·文集》（33），7 页。
② 梁启超：《历史上中华国民事业成败及今后革进之机运》，见《饮冰室合集·文集》（36），29 页。

上，矢志不渝的坚强精神支柱。因为，在他看来，道理很朴素：世界历史上古国林立，迄今却唯有我中国独存，说明中华民族确有自己深沉不竭的精神活力在。此种精神活力既奠定了中国历史数千年发展的基础，也一定会为中国未来的复兴创造新的生机。因之，任何丧失民族自信心，相信中国必遭淘汰的言行，都是没有根据的。所以他执着地说："今之论支那者，自表面观，既已气息奄奄，危于风烛，然于其里面，实有所谓潜力者，未可轻蔑视之也。"① "我祖宗所留贻我之国性，成之固难，毁之亦不易……吾就主观方面，吾敢断言吾国之永远不亡！吾就客观方面，吾敢断言吾国之现在不亡！"②

二、"民族主义"、"爱国"与"民族精神"

在近代中国，民族主义思潮持续高涨是一引人注目的历史现象。"民族"、"民族主义"、"爱国"、"民族精神"、"中华民族"等概念，显然构成了其中最基本的话语系统。耐人寻味的是，这些概念分别都是由梁启超先后第一个提出来的。③ 这说明了梁启超对于民族主义问题的充分自觉和思考的系统性。考察在梁启超民族主义的理路中，"民族主义"、"爱国"、"民族精神"三个重要概念的内在逻辑关系，对于进一步理解他的中华民族精神论，是十分必要的。

梁启超说："民族主义者何？各地同种族、同语言、同宗教、同习俗之人，相视如同胞，务独立自治，组织完备之政府，以谋公益而御他族是也。"民族主义不仅以建立现代的国家为中心，说到底，是一种固结同族，"以谋公益而御他族"的思想主张和价值取向。梁启超强调，民族主义是

① 梁启超：《论支那独立之实力与日本东方政策》，见《饮冰室合集·文集》(4)，69 页。

② 梁启超：《大中华发刊辞》，见《饮冰室合集·文集》(33)，86 页。

③ 在近代史上，梁启超于《东籍月旦》(1899 年)、《爱国论》(1899 年)、《中国魂安在乎》(1899 年)、《国家思想变迁异同论》(1901 年)、《论中国学术思潮变迁之大势》(1902 年) 四文中，分别最早使用了"民族"、"爱国"、"中国魂"、"民族主义"、"中华民族"的概念。

一个民族走向成熟必经的历史过程，但它又非是无源之水、无本之木，而植根于一个民族的民族精神。他说，国有与立，"皆有一种独立之精神"即民族精神，"斯实民族主义之根柢源泉也"。① 民族主义与民族精神一脉相承，但民族主义的高涨定然反转来促进民族精神的高扬。因为民族主义不仅是催生民族国家的原动力，而且，"此主义既行，于是各民族咸汲汲然务养其特性，发挥而光大之。自风俗、习惯、法律、文学、美术，皆自尊其本族所固有，而与他族相竞争"。② 他还借重伯伦知理的话说："民族之立国，……必须尽吸纳其本族中所固有之精神势力而统一之于国家。"③ 梁启超晚年回想往事，仍这样说：近世中国衰败，"恰好碰着欧洲也是民族主义最昌的进代了，他们的学说给我们极大的激刺，所以多年来，磅礴郁积的民族精神，尽情发露，……"这即是说，建立现代的民族国家必然要重视弘扬本民族的民族精神。所以，依此，梁启超时常将这两个概念混同使用。例如，1902 年，他致书乃师康有为主张排满，说："今日民族主义最发达之时代，非有此精神，决不能立国，弟子誓焦舌秃笔以倡之，决不能弃之去者也。而所以唤起民族精神者，势不得不攻满洲。"④ 不难看出，这里是将"民族精神"与"民族主义"两概念，等量齐观。又如，1921 年，梁启超撰《辛亥革命之意义与十年双十节之乐观》，高度评价辛亥革命的意义在于促进了现代中国人的自觉。其中"第一，觉得凡不是中国人都没有权来管中国的事"。他说，这"叫做民族精神的自觉。"⑤ 但第二年在《五十年中国进化概论》中，却又称这"是民族建国的精神"，⑥ 也说明了这一点。同时，如前所述，梁启超强调民族精神的核心是爱国，但他又说民族主义是为了"不使他族侵我之自由"，⑦ 而"外国侵

---

① 梁启超：《新民说》，见《饮冰室合集·专集》(4)，4、6 页。
② 梁启超：《论民族竞争之大势》，见《饮冰室合集·文集》，11 页。
③ 梁启超：《政治学大家伯伦知理之学说》，见《饮冰室合集·文集》(13)，72 页。
④ 丁文江、赵丰田编：《梁启超年谱长编》，286 页。
⑤ 梁启超：《饮冰室合集·文集》(37)，2 页。
⑥ 梁启超：《饮冰室文集》(39)，46 页。
⑦ 梁启超：《国家思想变迁异同论》》，见《饮冰室合集·文集》(6)，6 页。

凌，压迫已甚，唤起人民的爱国心"，① 足见在他的心目中，爱国同样也是民族主义的核心。

至此，我们不难体会到梁启超运思的理路：民族精神是国有与立的灵魂或根本，民族主义则既是面对外侮进逼民族成长必经的阶段，同时也是民族精神发展的内在要求。二者相互依存，互为表里，其衔接的机枢或点化的精灵，则在于国民的"爱国心与自觉心"，即爱国主义。故他复强调："天下之盛德大业，敦有过于爱国者乎"?② "吾辈今日之最急者，宜莫如爱国"。③ 明白了这一点，便不难理解梁启超的中华民族精神论，又如何构成了以下他的两大重要思想主张的根本基础。

其一，民族精神论与"新民说"。

人所共知，"新民说"是梁启超提出的一生中最为著名、影响也最为深远的一种思想主张。他将戊戌时期维新派提出的"开民智、新民德、强民力"的思想，进一步提升到"新民说"，这绝非仅是简单的概念更换，而是体现了他在民族主义的基础上，对现代的民族、国家、国民内在联系的整体性思考，并形成了自己的思想体系和具有宏富的内涵。对此学界已有很多研究。但需要指出的是，梁启超的中华民族精神论与其"新民说"间的内在联系，迄今尚未被人注意到。实则，前者构成了后者的逻辑起点和根本的思想基础。

值得注意的是，1902 年，梁启超即将《新民说》的部分内容与此前发表的《少年中国说》、《中国积弱溯源论》、《论近世国民竞争之大势及中国之前途》等内容相关的共 12 篇文章，编辑成上下两卷，交上海广智书局出版，并取名为《中国魂》。此后连续再版，到 1906 年即已发行至 16 版，到 1913 年更发行至于 19 版。此书不仅影响甚广，而且说明在梁启超的心目中，"新民说"在一定意义上就是锻铸"中国魂"，即"中国民族精神"说。《新民说》的基本观点认为：国家既由国民构成，"国民之文明程度"自然决定着国家的强弱。"在民族主义立国的今日"，中国必须借自己的民

---

① 梁启超：《新中国未来记》，见《饮冰室合集·专集》(89)，5 页。
② 梁启超：《意大利建国三杰传》，见《饮冰室合集·专集》(11)，1 页。
③ 梁启超：《德育鉴》，见《饮冰室合集·专集》(26)，4 页。

族主义去抵御西方的民族帝国主义，但民族主义并非是个人的行为，"非合吾民族全体之能力，必无从抵制也"。所谓提高"国民之文明程度"，或叫"合吾民族全体之能力"，说到底，就是"新民"。所以，梁启超说："故今日欲抵当列强之民族帝国主义，以挽浩劫而拯生灵，惟有我行我民族主义之一策，而欲实行民族主义于中国舍新民未由。"① 然而，欲"新民"，其道复何由？梁启超在"释新民之义"一节中，开宗明义，即如前述提出了民族精神（"独立之精神"）的概念，强调民族精神是固结民族，形成国家的根本，同时也是"民族主义之根柢源泉"。不仅如此，更重要还在于，梁启超既肯定了中国民族精神独具特质，"有宏大高尚完美、厘然异于群族者"，又进一步提出了一个富有辩证思维的重要观点：民族精神不是一成不变的，必得与时俱进，才能永不衰竭。他以林木岁岁发新芽、古井息息涌新泉，故得以避免枯朽与涸竭，作生动比喻，来彰显这个道理："夫新芽新泉，岂自外来者耶？旧也而不得不谓之新。惟其日新，正所以全其旧也。濯之拭之，发其光晶，锻之炼之成其体段。培之浚之，厚其本原，继长增高，日征月迈，国民精神于是乎保存，于是乎发达。"② 梁启超的此一辩证观点，同时即逻辑地包含着以下更加可贵的见解：一个民族的民族精神，不单蕴涵着精华，同时也存在着自己的弱点与不足，否则，何以需吐故纳新、日征月迈才能保持其青春呢？事实上，梁启超其后曾反复明确地强调了这一点。例如，他说："凡人之受性，恒各有其所长与其所短。大人者，能自知其所长，而善用之，发扬之，淬励光晶之。而能自知其所短，而矫变不吝也。……夫国民性则亦犹夫一人之性焉尔。凡一民族之性，终不能有长而无短。而长短之数有绝对的恒久不变者，有相对的与时推移者。而其所短，有积之甚久而难治者，有为一时之现象而易治者。今欲语中国前途之希望，亦惟使国民自知其所长所短，且使知所以善用其所长矫变其所短而已。"③

① 梁启超：《新民说》，见《饮冰室合集·专集》（4），4～5页。
② 同上书，6页。
③ 梁启超：《中国前途之希望与国民责任》，见《饮冰室合集·文集》（26），11～12页。

北京师范大学史学探索丛书

梁启超将自己的"新民之义",概括为二:"淬厉其所本有而新之","采补其所本无而新之",以为二者相辅相成,缺一不可。实则,前者即是指当继承与弘扬民族精神的精粹,后者则是指当承认自己的不足,虚心学习世界各民族的长处,"以补我之所未及"。①《新民说》共10余万字,其绝大多数篇幅都用以分别论述"公德"、"国家思想"、"自由"、"进取冒险"、"权利思想"等等,实际上就是以西方近代的原则进行民族的自我反省。《中国魂》一书所收其他诸文的取向也是如此。例如,《中国积弱溯源论》一文,从"理想"、"风俗"、"政术"、"近事"四方面,探讨中国积弱的原因,其中"风俗"又概括有六:"愚昧"、"为我"、"好伪"、"弱怯"、"无动"。强调弘扬民族精神与民族自省的统一性,反映了梁启超理性批判精神之深刻。

在梁启超的"新民说"中,所谓"民族精神"、"民族主义"、"爱国"、"新民",彼此是相互依存的有机统一。梁启超认为,中国民族精神或叫"元气",所以不振;国人所以尚属"部民"而无"国民资格",爱国精神隐而不彰,根本原因是专制政治长期统治的结果。"现于此,而中国积弱之大源,从可知矣。其成就之者在国民,而孕育之者仍在政府"。"顾吾又尝闻孟德斯鸠之言矣,专制政体以使民畏惧为宗旨,虽美其名曰辑和万民,实则靳丧元气,必至举其所以立国之大本而尽失之。"② 梁启超强调民族主义的核心问题有二,即"民族建国问题"与"参政问题",前者是反对外来压迫,争取民族与国家的独立;后者则是反对专制政府,实现国民自由。他将民族与民主问题统一起来,视之为一个问题的两个方面,这同样是深刻的。但是,需要指出的是,他既强调因专制君权的压迫,"民不堪命,于是爱国之义士出",③ "爱国当自兴民权始",④ 又强调欲行民族主义须从"新民"始,并谓"然则救亡求进步之道将奈何,曰:必取数千年横暴混浊之政体,破碎而齑粉之",甚至倡言"破坏亦破坏,不破坏亦破

---

① 梁启超:《新民说》,见《饮冰室合集·专集》(4),6页。

② 梁启超:《中国积弱溯源论》,见《饮冰室合集·文集》(5),33页。

③ 梁启超:《论政府与人民之权限》,见《饮冰室合集·文集》(10),3页。

④ 梁启超:《爱国论》,见《饮冰室合集·文集》(2),73页。

坏"，显然，其"新民"说的锋芒主要是直指专制的清政府。现在我们再看前引1902年他致书乃师言："今日民族主义最发达之时代，非有此精神，决不能立国，弟子誓焦舌秃笔以倡之，决不能弃之去者也。而所以唤起民族精神者，势不得不攻满洲。"梁启超的民族精神论构成了他的"新民"说的逻辑起点与根本之思想基础，在这里同样是显而易见的。

其二，民族精神论与"大、小民族主义"。

1903年，梁启超访美，对共和政体的弊端深有感触，归来后其思想发生了很大的转变，即由原先向往民主共和与倾向排满革命，转而复归君主立宪。同时，他深受伯伦知理"国家有机体"说的影响，同年发表了《政治学大家伯伦知理之学说》一文，其中，他根据伯伦知理强调国家有机统一与有力秩序的理论，从原先视为民族主义、新民与爱国前提的民权说上后退了："故我中国今日所最缺点而最急需者，在有机之统一与有力之秩序，而自由平等直其次耳，何也，必先铸部民使成国民，然后国民之幸福乃可得言也。"① 同时，梁启超对自己原先所强调的"世界上最光明正大公平之主义"和所有国家发展必经阶段的民族主义，也作了很大的修正。他说："由此观之，伯氏固极崇拜民族主义之人也，而其立论根于历史，案于实际，不以民族主义为建国独一无二之法门。"② 这就是说，建立现代国家，民族主义不是唯一要素，具体的历史文化传统与现实的国情，尤其不容忽视。缘此，梁启超复转而反对排满，并提出了自己著名的"大、小民族主义"说："伯氏下民族之界说曰：同地、同血统、同面貌、同语言、同文字、同宗教、同风俗、同生计，……而以语言、文字、风俗为最要焉。由此言之，则吾中国言民族者，当于小民族主义之外，更提倡大民族主义。小民族主义者何？汉族对于国内他族是也。大民族主义者何？合国内本部属部之诸族以对于国外之诸族是也。"他断言，"合汉合满合蒙合苗合藏，组成一大民族"共同对外，乃是中国救亡不二之法门。③

长期以来，论者多批评梁启超上述思想的转变是一种倒退，但同时又

① 梁启超：《政治学大家伯伦知理之学说》，见《饮冰室合集·文集》（13），69页。
② 同上书，74页。
③ 同上书，75～76页。

肯定其"大、小民族主义"说，并将之归于伯伦知理学说的影响。这自然是对的。但是，从梁启超中华民族精神论的逻辑出发，问题似仍有进一步探究的空间。首先，无论上述梁启超关于国家、民族主义与民权说的具体主张发生了怎样的变化，他从一开始便强调的作为民族精神或国魂核心的"爱国心"即爱国主义，却是不变的。他曾反复强调爱国是绝对的，但每一个人具体的爱国道路与方法的选择，却不妨见智见仁，容许不同的意见，殊途而同归。1902 年，他在《意大利建国三杰传》中说："真爱国者，其所以行其爱国之术者，不必同，或以舌，或以血，或以笔，或以剑，或以机；前唱于而后唱喁，一善射而百决拾，有时或相歧相矛盾相嫉敌，而其所向之鹄，卒至于相成相济，罔不相合。"① 1905 年，他又在《德育鉴》中说："此言为道与为学，两不相妨也……如诚有爱国之心，自能思量某种某种科学，是国家不可缺的，自不得不去研究之。又能思量某种某种事项，是国家必当行的，自不得不去调查之"。"则其所以救国者，无论宗旨如何，手段如何，皆百虑而一致，殊途而同归也。"② 直到晚年，他仍持同样的观点："政策无绝对的是非利害，只要是以国家为前提，则见仁见智，终可以有两相反的议论，而彼此都不失为爱国者。"③ 由是以进，我们对于梁启超，便可有进一步"同情的理解"。

其次，将梁启超的"大、小民族主义"观的提出，仅仅归结为伯伦知理的影响是不够的，要看到它有一个发展的过程，而这个过程又是与他的民族精神论息息相通的。梁启超对民族精神的界说，其具体表述先后容有差异，但他强调民族精神是民族共同的精神特质，是实现民族认同、国有与立的根本，却是一以贯之的。这一点与伯伦知理的说法："民族之立国，非必举其同族之部民，悉纳入于国中而无所遗也，虽然，必须尽吸纳其本

---

① 梁启超：《意大利建国三杰传》，见《饮冰室合集·专集》(11)，1 页。
② 梁启超：《德育鉴》，见《饮冰室合集·专集》(26)，42 页。
③ 梁启超：《如何才能完成"国庆"的意义》，见《饮冰室合集·专集》(41)，60 页。

族中所固有之精神势力而统一之于国家。"① 互相发明，显然是有助于梁启超得出上述的结论："故我中国今日所最缺而最急需者，在有机之统一与有力之秩序，而自由平等直其次耳。"此外，梁启超在强调民族精神的同时，实际上也就已经在逐渐酝酿他后来提出的"大、小民族主义"观。例如，1900 年他在《中国积弱溯源论》中说："今夫国也者，必其全国之人，有紧密之关系，有共同之利害，相亲相爱，通力合作，而后能立者也。故未有两种族之人，同受治于一政府之下，而国能久安者。我汉人之真爱国而有特识者，则断未有仇视满人者也。何也，日本之异国，我犹以同种同文之故，引而亲之，而何在于满洲？""故有特识而真爱国者，惟以民权之能伸与否为重，而不以君位之属于谁氏为重"。② 是时，梁启超尚未趋向于革命，故不主张排满。但是，需要注意的是，在这里他以国人对日本，"犹以同种同文之故，引而亲之"为参照，将汉、满视为同一种族。1901 年，梁启超在《中国史叙论》中又指出：因历史上各民族婚姻互通，血统相杂，游牧民族更迁徙无常，要想一一指认今天的中国各民族与历史上各民族的对应关系，"非愚即诬"，是不可能的。"今且勿论他族，即吾汉族，果同出于一祖乎？抑各自发生乎？亦一未能断定之问题也"。百姓虽无不奉黄帝为始祖，实则南北各地民人性情习俗也多有差异，也反映了这一点。最后他说：中国境内的各民族不易分得清。"虽然，种界者本难定者也。于难定之中而强定之，则对于白棕红黑诸种，吾辈划然黄种也；对于苗、图伯特、蒙古、匈奴、满洲诸种，吾辈庞然汉种也；号称四万万同胞，谁曰不宜！"③ 相对于欧美诸民族而言，我们都是黄种，一个大民族；相对于"中国史内之人民"而言，则有汉、满、蒙古、苗、图伯特、匈奴等民族之分，即就中国人内部而言，又有小民族间的彼此差异。但是，无论如何，中国人民实为一家："号称四万万同胞，谁曰不宜！"如果说，于此梁启超的"大、小民族主义"说，尚嫌不够清楚的话，那么，他往下的

北京师范大学史学探索丛书

---

① 梁启超：《政治学大家伯伦知理之学说》，见《饮冰室合集·文集》(13)，72～73 页。

② 梁启超：《中国积弱溯源论》，见《饮冰室合集·文集》(5)，36 页。

③ 梁启超：《中国史叙论》，见《饮冰室合集·文集》(6)，6～7 页。

论述，显然又进了一步。梁启超将中国历史的发展分成三个阶段：第一上世史，自黄帝迄秦统一，"是为中国之中国，即中国民族自发达竞争自团结的时代"；第二中世史，自秦统一至清乾隆末年，"是为亚洲之中国即中国民族与亚洲各民族之交涉繁赜竞争最烈之时代"。汉种与匈奴种、西藏种、蒙古种、通古斯种次第错杂，彼此竞争。"自形质上观之，汉种常失败；自精神上观之，汉种常制胜。及此时代之末年，亚洲各种族，渐向于合一之势，为全体一致之运动，以对于外部大别之种族"；第三近世史，自乾隆末至今，"是为世界之中国，即中国民族合全亚洲民族，与西人交涉竞争之时代也"。① 梁启超所谓上古的"中国民族"，实指汉族；所谓"亚洲各民族"，实指中国境内各少数民族。所谓中世末年各种族"渐向于合一之势，为全体一致之运动"，实指中国各民族大融合的历史趋势。这样，梁启超为我们勾勒出了中国民族大融合的历史及其三期发展的大趋势：汉族——汉族与各少数民族渐成合一全体一致的运动——与西方民族的竞争。其用词、表述虽非确当，但综合以观，梁启超的"大、小民族主义"的提法，不是呼之欲出了吗！所以，毫不足奇，翌年，梁启超在《论中国学术思想变迁之大势》中径直首先提出了"中华民族"的概念，并谓学术发展是实现国人思想统一的根本："统一者谓全国民之精神，非攘斥异端之谓也"；又说："中国种族不一，而其学术思想之源泉，则皆自黄帝子孙"，② 如此鲜明地将中国民族多元一体的发展与中华民族的民族精神统一起来了。而仅过一年，梁启超便缘伯伦知理国家学说的启发，进一步将自己酝酿已久的思想最终提练为"大民族主义"与"小民族主义"，这样富有理论色彩的观点，也就是顺理成章的事了。

不仅如此，与此同时，梁启超还写下了《爱国歌四章》：

> 泱泱哉！我中华！最大洲中最大国，廿二行省为一家，物产腴沃甲大地。天府雄国言非夸。君不见英日区区三岛尚崛起，况乃堂裔吾

---

① 梁启超：《饮冰室合集·文集》（6），12 页。

② 梁启超：《论中国学术思想变迁之大势》，见《饮冰室合集·文集》（7），4、21 页。

中华。结我团体，振我精神，二十世纪新世界，雄飞宇内畴与伦。可爱哉！我国民！可爱哉！我国民！

芸芸哉！我种族！黄帝之胄尽神明，浸昌浸昌偏大陆。纵横万里皆兄弟，一脉同胞古相属。君不见地球万国户口谁最多，四百兆众吾种族。结我团体，振我精神，二十世纪新世界，雄飞宇内畴与伦。可爱哉！我国民！可爱哉！我国民！

彬彬哉！我文明！五千余岁历史古，光焰相续何绳绳。圣作贤述代继起，浸濯沉黑扬光晶。君不见揭来欧北天骄骤进化，宁容久局吾文明。结我团体，振我精神，二十世纪新世界，雄飞宇内畴与伦。可爱哉！我国民！可爱哉！我国民！

轰轰哉！我英雄！汉唐凿孔西域，欧亚持陆地天通。每谈黄祸我且怵。百年罴梦骇西戎。君不见博望定远芳踪已千古，时哉后起吾英雄。结我团体，振我精神，二十世纪新世界，雄飞宇内畴与伦。可爱哉！我国民！可爱哉！我国民！①

　　梁启超借助诗的语言，昭告天下："我中华"，"是一家"；"我种族"，黄帝子孙，"纵横万里皆兄弟，一脉同胞古相属"；"我文明"，"五千余岁历史古，光焰相续何绳绳"，热烈而又鲜明地将中华民族的国家认同、民族认同、文化认同，与弘扬中华民族精神、振兴中华紧密地联系在了一起。他大声疾呼："结我团体，振我精神"，不仅强烈地表达了自己矢志不渝的爱国主义情操，而且也再次有力地彰显了他的"大、小民族主义"观与其中华民族精神论，一脉相承。

　　晚年的梁启超不再用"大、小民族主义"的概念，但其思想却愈形深刻了。1921 年他将辛亥革命的历史意义概括为"现代中国人"的"自觉"，其中最重要的即是"觉得凡不是中国人都没权来管中国的事"。他强调此种自觉，也就是"民族精神的自觉"。其时"中华民族"的概念已成常识，梁启超所谓"现代中国人"或"我们这一族人"，无疑都是"中华民族"

---

① 梁启超：《爱国歌四章》，见《饮冰室合集·文集》（45）（下），21～22 页。

的代名词。所以，他说："所谓自觉心，最要紧的是觉得自己是'整个的国民'，永远不可分裂不可磨灭"。"因为我们自古以来，就有一种觉悟，觉得我们这一族人像同胞兄弟一般，拿快利的刀也分不开。"强调中华民族是一个不可分裂的整体，这辛亥革命历史意义所昭示的"现代中国人"的"自觉"，也就是中华民族"民族精神的自觉"，① 梁启超中华民族精神论得到了进一步升华，显而易见。

三、"文化力"与中华民族精神

可以说，梁启超自1899年发出"中国魂安在乎"的呼喊以来，其一生的奋斗即在于倡言弘扬与培育中华民族精神以复兴中华。1920年初，他游欧归来发表著名的《欧游心影录》，其中就特别强调说：国家之存在就是"要把这国家以内一群人的文化力聚拢起来，继续起来，增长起来……"② 这里的"文化力"，最根本的自然是"中国魂"，即中华民族精神。梁启超对此的思考，以下几方面最值得关注。

其一，强调民族自省与自信的统一。

梁启超早年撰有《说悔》一文，指出："大学曰：作新民。能去其旧染之污者，谓之自新；能去社会旧染之污者，谓之新民。若是者，非悔未由。悔也者，进步之原动力也。"他认为，"悔"之发生力有二：自内与自外。前者非大智慧不可，后者受感动而起。但无论如何，凡言"悔"，必曰"悔悟"、"悔改"。"盖不悟则其悔不生，不改则其悔不成"。所谓"悔"，就是自省。一个人能"悔"，则一身进步；国民能"悔"，则一国进步。一个民族的自省与自信是统一的："悔改之与自信，反对之两极端也。……孟子曰：'自反而不缩，虽褐宽博，吾不惴焉。自反而缩，虽千万人，吾往矣。"他强调：真能悔者，必定是真能不退缩者。"何也，悔也

---

① 梁启超：《辛亥革命之意义与十年双十节之乐观》，见《饮冰室合集·文集》(37)，1～3页。

② 梁启超：《饮冰室合集·专集》(23)，35页。

者，进步之谓也，非退步之谓也"。① 基于此种识见，梁启超不仅看到了国性若人性，有优长自有其短，而且强调弘扬民族精神应当是一个扬弃的过程，需扬长去短，与时俱进。他说："今欲语中国前途之希望，亦惟使国民自知其所长所短，且使知所以善用其所长矫变其所短而已。"② 由于近代社会开通风气维艰，为救衰起弊，梁启超于晚清着力点显然偏于民族自省，上述《中国魂》一书就反映了这一点。但是，随着民初"醉心欧化"的民族虚无主义日渐抬头，其着力点明显复转而趋重强调自信力。例如，他说，以往有国人常尊中抑西，是不对的；但现在不少人却尊西抑中，不承认中国有自己的优长，这是"矫枉过正"："中国人既不是野蛮民族"，不可能没有自己的长处，"我们虽然不可妄自尊大，又何必自己糟蹋自己到一钱不值呢？"③ 他坚决反对"全盘西化"论，以为且不说它不可能，即便可能，将中国完全变成东方的美国，也是个悲剧，"因为若果然如此，那真是罗素所说的，把这有特质的民族，变成丑化了"。④ 所以，他连续撰文倡言弘扬国性，并断言："而以吾所见之中国，则实有坚强善美之国性，颠扑不破，而今日正有待于发扬淬厉者也。"⑤ 不仅如此，游欧归来，他反省欧战，愈益坚信中国文化有自己的优长，自觉在思想上由被动转为了主动。他在《欧游心影录》中强调"中国人之自觉"，这样写道："……我觉得我们因此反省自己从前的缺点，振奋自己往后的精神，循着这条大路，把国家挽救建设起来，决非难事。"⑥ 足见梁启超对自己的民族充满了自信。

其二，必须重视爱国主义教育。

梁启超既认爱国是民族精神的核心，他格外重视爱国主义教育就是合乎逻辑的。耐人寻味的是，梁启超最初提出"爱国"与"国魂"的概念虽

北京师范大学史学探索丛书

---

① 梁启超：《饮冰室合集·专集》(2)，75～77 页。
② 梁启超：《中国前途之希望与国民责任》，见《饮冰室合集·文集》(26)，11 页。
③ 梁启超：《李学派与现代教育思潮》，见《饮冰室合集·文集》(41)，4 页。
④ 李华兴、吴嘉勋编：《梁启超选集》，817 页。
⑤ 梁启超：《中国道德之大原》，见《饮冰室合集·文集》(28)，13 页。
⑥ 梁启超：《欧游心影录》，见《饮冰室合集·专集》(23)，35 页。

然都在同一年即 1899 年，但前者要略早于后者。是年 2 月 20 日他在《新民丛报》上发表了《爱国论》，这是他一生中第一篇也是唯一的一篇专论爱国的长文。而他的《中国魂安在乎》，则要晚到是年年底。是文明确认定"爱国心"是"中国魂"的核心，这说明梁启超的民族精神论是其"爱国"论的发展与升华，而后者从一开始便也构成了前者的中坚与基轴。梁启超强调，爱国大义是现代社会不可或缺的一大伦理要素，这即是说，"爱国乃天下之盛德大业"。① "若是国家这样东西一日尚存，国民缺了这点精神，那国家可就算完了"。他认为，国人智力欠发达，尚是容易补救的事情，但是，若爱国的"情操不发达，那却是不治之症"。② 所以，重视爱国主义教育应成为弘扬与培育民族精神，实现民族建国最重要的一环。而实现爱国主义教育最有效的途径，是学校教育和整个社会风气的潜移默化。他说："吾尝游海外，海外之国，其民自束发入学校，则诵爱国之诗歌，相语以爱国之故事，及稍长则讲爱国之真理。父诏其子，兄勉其弟，则相告以爱国之实业；衣襟所佩者，号为爱国之章；游燕所集者，称为爱国之社。所饮之酒，以爱国为名，所玩之物以爱国为纪念。兵勇朝夕，必遥礼其国王。寻常饔飧，必祈祷其国运"。惟其如此，其国人"爱国之性发于良知，不待教而能，本于至情，不待谋而合。呜呼！何其盛欤！"③ 与此同时，梁启超尤其强调中国历史文化教育对于培育国民的民族认同感、爱国心的极端重要性。他认为，作为国民，对于本国历史文化要有最起码的了解，这样才可能"在我们的'下意识'里头，得着根柢，不知不觉令'发酵'有益身心的圣哲格言"，并与整个社会"形成共同意识"。④ 在这过程中，中小学的国史教育又是根本。"本国史学一科，实为无老无幼，无男无女，无智无愚，无贤无不肖所当从事，视之如渴饮饥食，一刻不容缓

---

① 梁启超：《意大利建国三大杰传》，见《饮冰室合集·专集》(11)，1 页。
② 梁启超：《欧游心影录》，见《饮冰室合集·专集》(23)，118～119 页。
③ 梁启超：《爱国论》，见《饮冰室合集·文集》(3)，72 页。
④ 梁启超：《治国学杂话》，见《饮冰室合集·文集》(71)，26 页。

者也"。① "倘若中小学里头没有好好的国史教育，国民性简直不能养成。"② 需要指出的是，梁启超的上述见解实代表了近代许多志士仁人的共识。例如，1904 年《江苏》上刊有《民族精神论》一文，即指出："民族之精神滥觞于何点乎？曰其历史哉！其历史哉！"③ 章太炎则将爱国主义比作庄稼，以为其培育同样需要浇水施肥，这即是历史教育。他说，"不然，徒知主义之可贵，而不知民族之可爱，吾恐其渐就萎黄也。"④ 包括梁启超在内，他们不约而同，都强调"悠悠万事，唯此为大"，欲培育国人的爱国心，于此事绝不容等闲视之。这对于我们今天的爱国主义教育，当具有重要的启发意义。

其三，要有"大国民之器度"。

近代中国，列强环伺，民族可危。在此种情势下，倡言弘扬民族精神和爱国主义，固然顺乎天应乎人；但是，如何能超越狭隘的民族主义情绪，正确处理爱国主义与世界主义的关系，却是需要更高的智慧与理性。梁启超从一开始便遇到了这一个问题，但是他的认识显然有一个过程。1899 年他在《答客难》中说："有世界主义，有国家主义。无义战非攻者，世界主义也；尚武敌忾者，国家主义也。世界主义，属于理想，国家主义属于事实。世界主义，属于将来，国家主义属于现在。今中国岌岌不可终日，非我辈谈将来道理想之时矣。故坐吾前此以清谈误国之罪，所不敢辞也。谓吾今日思想退步，亦不敢辞也。"⑤ 梁启超显然未能理直气壮地将同仇敌忾的爱国主义与世界主义统一起来，他认国家主义是现实的需要，世界主义只是未来的理想，以为国难当头，强调世界主义只能是清谈误国。这在实际上，是将二者对立起来了。到 1902 年他著《新民说》，仍不脱此

---

① 梁启超：《新史学》，见李华兴、吴嘉勋编：《梁启超选集》，283 页。

② 梁启超：《我对于女子高等教育希望特别注重的几种学科》，见《饮冰室合集·文集》（38），5 页。

③ 张枬、王忍之编：《辛亥革命前十年间时论选集》，第 1 卷下册，840 页，北京，生活·读书·新知三联书店，1978。

④ 上海人民出版社编：《章太炎全集》（四），371 页，上海，上海人民出版社，1985。

⑤ 梁启超：《饮冰室合集·文集》（2），39 页。

种困惑："今世学者，非不知此主义之为美也，然以其为心界之美，而非历史上之美。故定案以国家为最上之团体，而不以世界为最上之团体"。"国也者，私爱之本位，而博爱之极点，不及焉者野蛮也，过焉者亦野蛮也。何也，其为部民而非国民一也。"① 其后，梁启超的认识渐生变化，尤其是游欧归来，豁然开朗，他更明确倡言要"建设一种'世界主义的国家'。他说："国是要爱的，不能拿顽固褊狭的旧思想，当是爱国。因为今世国家，不是这样能够发达出来。我们的爱国，一面不能知有国家不知有个人，一面不能知有国家不知有世界。我们是要托庇在这个国家底下，将国内各个人的天赋能力，尽量发挥，向世界人类全体文明大大的有所贡献。"② 梁启超当然没有忘记世界大同为期尚早，中国依然面临着列强的威胁，但他现在却是理直气壮地强调讲爱国主义，即弘扬民族精神、振兴中华，与世界主义是统一的，因为中国的复兴恰恰可以为全人类的文明做出更大的贡献。这就是主张既要讲爱国主义，又要超越狭隘的民族主义，梁启超称之为"大国民之器度"③："我们做中国国民，同时做世界公民。所以一面爱国，一面还有超国家的高尚理想。"④ 梁启超是一位真正具有世界眼光的现代学者，于此可见一斑。同时，也不难看出，长期以来论者多斥游欧归来后的梁启超倒退了，他们实未读懂这位智者。

其四，"要靠新出来的青年"。

梁启超一生重视青年人。早年他即写过《少年中国说》，热情地倡言："少年智则中国智"，"少年进步则国进步"，中国的希望"全在我少年"。⑤晚年梁启超对新文化运动催生新青年，深表敬意，他愈加坚信中国的进一步变革发展，"要靠新出来的青年，不能责望老辈"。⑥ 他说："将来新社会的建设，靠的是这些人"。"所以我对于现在青年界的现象，觉得是纯然可

---

① 梁启超：《饮冰室合集·专集》(4)，18 页。
② 梁启超：《饮冰室合集·专集》(23)，21 页。
③ 梁启超：《国民浅训》，见《饮冰室合集·专集》(32)，15 页。
④ 梁启超：《欧游心影录》，见《饮冰室合集·专集》(23)，150 页。
⑤ 梁启超：《饮冰室合集·文集》(5)，12 页。
⑥ 梁启超：《欧游心影录》，见《饮冰室合集·专集》(23)，24 页。

以乐观的。"① 在梁启超看来，所谓民族精神的淬厉发扬，归根结底，也有赖于新青年，因为"青年无望，则国家的文化便破产了"。② 也惟其如此，梁启超高度重视青年教育。欧游归来后，他放弃了政治活动，风尘仆仆，奔走于南北各大学，全身心投入了教育事业。梁启超苦口婆心，教书育人。其重点有二：一是教导学生对中华文化当心怀敬意，要有宏扬光大的使命感。梁启超强调吸收外来新文化的重要性，但是反对妄自菲薄，蔑弃固有的遗产。他在东南大学演讲说："诸君听了我这夜的演讲，自然明我们中国文化比世界各国并无逊色。那一般沉醉西风，说中国一无所有的人，自属浅薄可笑。""所以我很愿此次的讲演，更能够多多增进诸君以研究国学的兴味。"③ 在清华，则对即将出国的学生这样说："诸君归国之后，对于中国文化有无贡献，便是诸君功罪的标准。"即便你学成一位天字第一号形神毕肖的美国学者，若于中国文化的发展没有作用，便毫无意义，因为我们尽可以直接从美国引进一批蓝眼睛的大博士，又何必诸君呢？"诸君须牢牢记着，你不是美国学生，是中国留学生。如何才配叫做中国留学生，请你自己打主意罢！"④ 二是教导学生要爱国。他说：将来你们当中会有当政治家的，但须记取，"政治家以忠于国家为惟一的伦理"，断不容为他国利益而损害国家，否则即是谋叛。爱国未必都要去当政治家，无论何种职业，都是国家所需要的。所以，重要的是，"常常把爱国精神熔注在自己职业里头作职业生命。必如此，然后这种职业才有它存有的意义和价值"。比如，当教师不是为了工资，给学生知识便了事，而要想到自己是在为国家与社会培养有用的人才，因而责任重大。总之，每一个人"都可以在自己职业范围内充分尽自己对于国家的责任"。⑤ 梁启超实在教导学生：爱国不是抽象的，每一个人都应当从我做起。长期以来，人们只

① 李华兴、吴嘉勋编：《梁启超选集》，770页。
② 梁启超：《清华研究院茶话会演说辞》，见《饮冰室合集·文集》(43)，7页。
③ 梁启超：《治国学的两条大路》，见《饮冰室合集·文集》(39)，119页。
④ 梁启超：《治国学杂话》，见《饮冰室合集·专集》(71)，26～27页。
⑤ 梁启超：《如何才能完成"国庆"的意义》，见《饮冰室合集·文集》(42)，52～53页。

北京师范大学史学探索丛书

看到了梁启超受胡适影响转向整理国故的事实，但却轻忽了他本人所一再申明的治国学有"两条大路"：知识层面的与人生哲学，而自己区别于胡适诸人，恰在于更看重后者。这就是教书育人：借重历史文化教育，引导青年光大中华民族精神，高扬爱国主义。而这也正是梁启超的中华民族精神论与其整个文化思想衔接更富深刻内涵之点。

四、梁启超认知的现实性意义

近代中国，民族主义持续高涨，其核心是"民族建国"，即建立独立的以宪政为基础的现代国家。与此相应，"民族"、"民族主义"、"民族精神"、"现代国家"、"爱国主义"等，一套话语系统也被引入了中国。梁启超既是近代中国这套话语系统最有力的创建者，他自然也成为了近代倡言民族主义最为有力的布道者。但是，我们还要看到，梁启超的中华民族精神论，又构成了其民族主义的逻辑起点与根本的思想基础。

梁启超坚信国有与立，中华民族数千年生生不已，自有其壮阔善美的国魂即民族精神在。这一点既导引他执着地揭示并维护中华民族共同的民族认同与整体的国家利益，更成为了他一生追求救国真理，虽历千辛万苦而矢志不渝，最重要的精神支柱。所以，他晚年这样教导子女："中国病太深了，症候天天变，每变一症，病深一度，将来能否在我们手上救活转来，真不敢说。但国家生命、民族生命总是永久的（比个人长的），我们总是做我们责任内的事，成效如何，自己能否看见，都不必管。"① 与此同时，同样可贵的是，他又看到了民族精神不是一成不变的，必须与时俱进，因而较时人更加自觉地对民族精神进行了系统而深刻的反省，表现了大无畏的辩证思维。也因是之故，梁启超的中华民族精神论形成了自己内在的张力，这正是他能够成就为一生主张多变而不离其宗，富有生机与活力的一位伟大爱国者的根本所在。

梁启超对于中华民族精神内涵的概括，也许并不完备，但并不缺乏深

① 丁文江、赵丰田编：《梁启超年谱长编》，1114 页。

刻。尤其是他强调爱国是民族精神的核心，并形成了自己系统的"爱国"论，集中反映了时代精神，也构成了其民族精神论中最精彩的部分。[①] 梁启超主张，弘扬与培育中华民族精神，应强调民族自省与自信的统一、爱国主义与世界主义的统一、寄希望于青年与加强青年教育的统一，实已形成了相当系统的思考。这些对于我们今天进一步研究如何弘扬与培育中华民族精神，显然都具有重有的启发意义。

最后还要指出的是，近年来，西方学者注意研究东方的民族主义，但是，多持否定的态度，有失简单化。就中国而言，应当承认，近代的民族主义基本上是健全的爱国论。这一点，只需看看梁启超这位近代重要思想家与爱国者的上述中华民族精神论，不是就很清楚了吗！

北京师范大学史学探索丛书

---

① 参见拙文：《梁启超的爱国论》，载《河北学刊》，2005（4）。

第十四章 角色·个性：蔡元培与新文化运动

陈独秀曾说过，在新文化运动中，"蔡先生、适之和我，乃是当时在思想言论上负主要责任的人"。[1] 蔡先生表面上是老好人，但事关大节或他认准的事，倔强坚持，不肯通融。陈独秀不仅肯定了蔡元培是其时三位最主要的主持者之一，而且也肯定了他在新文化运动中独具个性。学界对于新文化运动中的蔡元培，虽不乏研究成果，但是，于其独具的个性，却甚少有系统的论列。爰作是文，以就正于贤者。

一、前后期的角色转换

新文化运动虽肇端于 1915 年 9 月《青年》杂志的创刊，但它真正得以发舒，并进而掀起洪波巨澜，却是始于 1917 年初蔡元培出任北京大学校长并将陈独秀诸人及《新青年》引进学校。"五四"前的蔡元培，没有直接介入新旧派的论战，甚至也没有发表过直接表态支持新文化运动的文章；但他却顶住了旧势力攻击所谓"覆孔孟、铲伦常"所带来的巨大压力，勇敢地保护了陈独秀诸人。人所周知的蔡元培著名的分别致《公言报》和林琴南的公开信，以及他为保护陈独秀不惜拍案而起，反映了这一点。陈独秀说："蔡先生自任校务以来，竭力扩充，而各方面之阻力亦日大，如安福俱乐部当权时，即无日不思与北大反对，蔡先生之精神力用之于对付反对者三分之二；用之于整理校务者，仅三分之一耳。"[2] 胡适也说，自己在北大得了蔡校长的大力支持："他是一伟大的领袖，对文学革命发生兴趣，并以他本人的声望来加以维护"，[3] 同样反映了这一点。也惟其如此，

---

① 林茂生等编：《陈独秀文章选编》（下），642 页，北京，生活·读书·新知三联书店，1984。

② 高平叔撰著：《蔡元培年谱长编》（中），354 页。

③ 胡适口述，唐德刚译注：《胡适口述自传》，162 页。

梁漱溟以下的论断便自有其合理性："所有陈、胡以及各位先生任何一人的工作，蔡先生皆未毕必能作；然他们诸位若没有蔡先生，却不得聚拢在北大，更不得机会发舒。聚拢起来而且使其各得发舒，这毕竟是蔡先生独有的伟大。"① 足见，"五四"前的蔡元培，其主要的贡献之一，便在于充当了新文化运动的庇护人。

值得注意的是，1920年初蔡元培在《新青年》上发表了著名的短文《洪水与猛兽》。他将新思潮即新文化运动形象地比作洪水，将军阀比作猛兽，以为中国现状可算是洪水与猛兽斗，"要是有人能把猛兽驯服了，来帮同疏导洪水，那中国就立刻太平了"。胡适在发表是文的"附记"中强调，这是"很重要的文字，很可以代表许多人要说而不能说的意思"。② 罗家伦则称之为"光芒万丈的短文"。③ 笔者以为，是文公开号召支持新思潮以反对军阀，固属难能可贵；但它以洪水比喻新思潮的"洪水"论，同样值得重视。在蔡元培看来，新思潮似滔滔洪水，来势勇猛，把旧日的习惯冲破了；同时，犹如水源太旺了，泛滥岸上，难免冲毁了田庐。对付洪水，禹用导法，使归江河，结果不但无害，且得灌溉之利。对于新思潮，也不能湮，只能导，令其自由发展，自然有益而无害。蔡元培的"洪水"论，耐人寻味：既将新思潮比作洪水，他实际上便是预设了它难免有自己误区的前提；强调"来帮同疏导洪水"，很显然，他也不单是强调支持新思潮的自由发展，而是同时强调了积极引导的必要性。要言之，强调对新思潮即新文化运动要加以积极正面的引导，这是蔡元培"洪水"论的根本取向；从整体上看，它是"五四"后蔡元培推进新文化运动发展策略转变的重要思想表征。

"五四"后的蔡元培接连发表了诸如《新文化运动不要忘了美育》、《何谓文化》、《东西文化结合》等一系列的文章与演讲，就新文化运动如何进一步健康发展，直抒胸臆。这表明，蔡元培的角色正悄然发生了变化，即由庇护人进而转变为积极和正面引导新文化运动的"疏导洪水"者了。"五四"后，蔡元培对"洪水"即新文化运动的"疏导"，主要表现有三：

---

① 梁漱溟：《梁漱溟全集》，第6卷，348页，济南，山东人民出版社，2005。

② 蔡元培：《洪水与猛兽》，载《新青年》，第7卷第5号，1920-04。

③ 蔡建国编：《蔡元培先生纪念集》，84页，北京，中华书局，1984。

北京师范大学史学探索丛书

其一，尖锐批评新文化运动的流弊。蔡元培对新文化运动有崇高的评价，以至于将之与欧洲的文艺复兴相提并论。例如，他在旧金山中国国民党招待会上演讲，说：欧洲文艺复兴始于但丁的文学，"今中国之新文化运动，亦先从文学革命入手。陈独秀、胡适、周作人、钱玄同诸氏所提倡之白话文学，已震动一时。吾敢断言为中国文艺中兴之起点"。[1] 至于他亲自为胡适的《中国古代哲学史大纲》作序，予以高度评价，大力推荐，如何有力地提升了作者的声望，更是人所尽知。但是，这一切并不影响他尖锐批评新文化运动存在的流弊。1919 年 12 月蔡元培在《文化运动不要忘了美育》一文中指出：文化运动已成时髦，"解放呵！创造呵！新思潮呵！新生活呵！在各种周报上，已经数见不鲜了"。但是，人们若不能超越利害，保持平和的心态，单凭个性的冲动，环境的刺激，而投身新文化运动的潮流，必然会出现三种流弊：一是言行不一。看得明白，责备别人也很周密，但是，"到了自己实行的机会，给小小的利害绊住，不能不牺牲主义"；二是假公济私。"借了很好的主义作护身符，放纵卑劣的欲望"；三是偏激与急功近利。"想用简单的方法，短少的时间，达到他的极端的主义"。他强调，上述三种流弊，事实上已经发生了："这三种流弊，不是渐渐发见了么？一般自号觉醒的人，还能不注意么？"为此，蔡元培呼吁"文化运动不要忘了美育"，以便"引起活泼高尚的感情"，[2] 使文化运动得以健康发展。

其二，不赞成简单否定旧文化，主张对复杂的文化问题，应持分析的态度。陈独秀诸人不乏批判旧文化的勇猛气概，但他们强调新旧不两立，主张不塞不流，不止不行，全盘否定传统，不免失之简单化。蔡元培对此不以为然，主张对复杂的文化问题，应持分析的态度，反对绝对化。他指出："我们既然认旧的亦是文明，要在它里面寻出与现代科学精神不相冲突的，非不可能。"例如，孔子强调因材施教，"可见他的教育，是重在发展个性"；他说"学而不思则罔，思而不学则殆"，"这就是经验与思想并

---

① 高平叔编：《蔡元培全集》，第 4 卷，62 页。
② 高平叔编：《蔡元培全集》，第 3 卷，361 页。

重的意义";所谓"多闻阙疑,慎言其余,多见阙殆,慎行其余","这就是试验的意义"。① 蔡元培主张白话文,他曾指示北大平民学校中学班,"国文全练习白话文"。② 但是,他并不认为一定要绝对排斥文言文。他在女高师讲演说:"我敢断定白话派一定占优胜。但文言是否绝对的被排斥,尚是一个问题。照我的观察,将来应用文,一定全用白话。但美术文,或者有一部分仍用文言。"③ 他在另一处又说:"我信为应用起见,白话文必要盛行,我也常常作白话文,也替白话文鼓吹;然而我也声明:作美术文,用白话也好,用文言也好。"④ 同样,蔡元培全力支持新文学,但相信旧文学也有自己不容否定的价值:"旧文学,注重于音调之配置,字句之排比,则如音乐,如舞蹈,如图案,如中国之绘画,亦不得谓之非美术也。"⑤ 他既热心地为沈尹默的新体诗集作序,同时也不赞成"青年抱了新体诗的迷信,把古诗一笔抹杀",⑥ 故同样乐于为浦瑞堂的《白话唐人七绝百首》作序。蔡元培主张对新旧文化问题持更加冷静、平和与客观的分析态度,于此可见一斑。

其三,反对民族虚无主义,主张东西文化结合。陈独秀等人认中西文化乃新旧关系,水火不相容,故多反对中西文化调和。陈独秀说,"但或是用中国的老法子,或是改用西洋的新法子,这个国是,不可不首先决定。若是决计守旧,一切都应该采用中国的老法子";"若是决计革新,一切都应该采用西洋的新法子"。⑦ 他们实际是主张"西化",而全盘否定了固有文化。蔡元培不赞成陈独秀等人的上述观点,他虽然肯定"我国现正在输入欧化时代",⑧ 但又认为,一个民族的文化发展固然需要吸收外来文

① 高平叔编:《蔡元培全集》,第 3 卷,350 页。
② 高平叔撰著:《蔡元培年谱长编》(中),473 页。
③ 高平叔编:《蔡元培全集》,第 3 卷,358 页。
④ 蔡元培:《我在北京大学的经历》,见蔡建国编:《蔡元培先生纪念集》,233 页。
⑤ 高平叔编:《蔡元培全集》,第 3 卷,333 页。
⑥ 同上书,400 页。
⑦ 陈独秀:《独秀文存》,152 页。
⑧ 高平叔撰著:《蔡元培年谱长编》(中),261 页。

化的营养，归根结底，却必须"以固有之文化为基础"；所以，民族虚无主义不足取。他说："鄙人对于中国之将来，全抱乐观。"假以时日，"中国文化，必可以与欧洲文化齐等，同样的有贡献于世界"。① 其时，欧战进一步暴露了西方文明的弱点，梁启超等因之强调当重新审视东西文化，实现东西文化融合；但却遭到了胡适诸人的指斥，以为是欧战重新唤起了东方人的傲慢心。蔡元培对此也不以为然，却乐于引梁启超为同调。他说，战后的欧洲思想界反省自身文化的弱点，许多学者转而向东方文化寻求帮助，是客观的事实。"东西文化交通的机会已经到了。我们只要大家肯尽力就好"。② 他要求北大国学研究所："我们一方面注意西方文明的输入；一方面也应该注意将我们固有文明输出"，对此必须"格外留心"。③ 其时胡适虽热衷于国故整理，但他强调整理的目的乃在于发现"国渣"，而非发现"国粹"。可是，蔡元培却不这样看，相反，他高度评价整理国故，强调胡适诸人的工作本身，恰已成为了实现东西文化结合的典范。他说：东西文化结合"必先要领得西洋科学的精神，然后用它来整理中国的旧学说，才能发生一种新意识。如墨子的名学，不是曾经研究西洋名学的胡适君，不能看得十分透彻，就是证据"。④ 蔡元培对陈、胡诸人的观点不认同，是善意的，本身即蕴涵着积极的引导，是显而易见的。

　　蔡元培为人谦和，却不失原则。陈独秀说："一般的说来，蔡先生乃是一位无可无不可的老好人；然有时有关大节的事或是他已下决心的事，都很倔强的坚持着，不肯通融，虽然态度还很温和；这是他老先生可令人佩服的第一点。"⑤ 他于陈、胡诸人知之深，爱之切，故不妨碍批评。其上述"疏导"，高屋建瓴，对新文化运动发展产生了积极的影响。这不妨以个性极强的陈独秀为例。蔡元培曾批评陈独秀简单否定宗教有失偏颇；陈初不以为然，但最后还是诚恳地承认了自己不对（下文将谈到）。此外，

---

　　① 高平叔编：《蔡元培全集》，第 4 卷，484、62、343 页。

　　② 高平叔撰著：《蔡元培年谱长编》（中），411 页。

　　③ 高平叔编：《蔡元培全集》，第 4 卷，94～95 页。

　　④ 高平叔编：《蔡元培全集》，第 3 卷，350～351 页。

　　⑤ 林茂生等编：《陈独秀文章选编》（下），640 页。

原本简单否定旧文化的陈独秀，后来也还是接受了上述蔡元培的观点：借科学方法研究中国的旧学说，可以发现新的价值。陈独秀说："经、史、子、集和科学都是一种教材，我们若是用研究科学底方法研究经、史、子、集，我们便不能说经、史、子、集这种教材绝对的无价值。我们若是用科学究读经、史、子、集底方法习科学，徒然死记几个数、理、化底公式和一些动、植、矿物底名称，我们不知道这种教材底价值能比经、史、子、集高得多少？"①

"五四"后蔡元培转向正面积极"疏导"新文化运动，主要原因有二：其一，"疏导洪水"，势有必然。经五四运动的洗礼，后期新文化运动的发展已成燎原之势，势既不可当，庇护也不再需要；但是，与此同时，由于它很快趋向与社会改造的实际运动相结合，先前存在的过于激烈、片面性和情绪化的倾向，就不免愈显突出和不合时宜。如何引导新文化运动进一步健康发展，自然成了新的课题。这就是蔡元培何以要反复提醒人们："文化不是简单的，是复杂的；运动不是空谈，是要实行的"② 原因了。其二，则是下文将谈到的，蔡元培同样受到欧战后欧洲反省现代性思潮的影响，他主张积极吸纳其合理的内核，以谋对新文化运动补偏救弊。所以，"五四"后蔡元培"洪水"论的提出和他转向正面积极引导新文化运动，既是其时各种思潮融汇的产物，同时也反映了新文化运动的发展与深化。

二、发展新文化"便要从普及教育入手"

在蔡元培与陈独秀珠联璧合，共同推进新文化运动之前，二人的思想进路，同中有异。这一点，是我们理解前者在新文化运动中个性独具的重要切入点。

1912 年 7 月，蔡元培辞去教育总长，留学德国。在欧期间，他先后参与发起组织世界社、华法教育会等。包括稍后的留法俭学会在内，这些团

---

① 林茂生等编：《陈独秀文章选编》（中），74 页。

② 高平叔编：《蔡元培全集》，第 3 卷，361 页。

体的目的都在于"相与致力于世界之文化","俾青年子女,得吸收新世界之文明,而进益于社会"。① 蔡元培经历过戊戌政变,深感康、梁的失败,归根结底,端在不先培养革新人才,而欲借少数人成事,故坚信致力于人才培养之教育,乃是救国之不二法门。② 1916年9月,教育总长范源濂邀蔡元培归国出长北京大学,不少友人以为北大腐败,不足与为,力劝婉拒;但他深思之后,仍毅然应命。他在致友人信中说:"在弟观察,吾人苟切实从教育着手,未尝不可使吾国转危为安。而在国外所经营之教育,又似不及在国内之切实。"③ 足见其着眼点,仍在看重教育。历史证明,蔡元培是对的,他抓住了历史的机遇。

　　与此同时,陈独秀以自己独特的思考,同样也抓住了历史的机遇。1913年"二次革命"失败后,他先亡命上海,次年应章士钊之邀,至日本助其编辑《甲寅》杂志。陈独秀一度思想消沉,但终在李大钊激励下,决心重新奋起。他对汪孟邹说:"让我办十年杂志,全国思想都全改观。"④第二年,他果然创办了《青年》杂志,开创了思想界的新纪元。有趣的是,蔡元培与陈独秀不约而同,都曾撰文反思"袁世凯现象",以为它反映了国人集体无意识中的思想痼疾。但前者强调,"振而起之,其必由日新又新之思想,普及于人人,而非恃一手一足之烈"。⑤ 这自然舍教育莫由;后者则强调,"吾国思想界不将此根本恶因铲除净尽,则有因必有果"。新青年"勿苟安,勿随俗,其争以血刃铲除此方死未死余毒未尽之袁世凯一世,方生未死,逆焰方张之袁世凯二世,导吾可怜之同胞出黑暗

---

　　① 高平叔编:《蔡元培全集》,第2卷,400页;高平叔撰著:《蔡元培年谱长编》(中),16。

　　② 蔡元培在自传中说:"孑民是时持论,谓康党所以失败,由于不先培养革新之人才,而欲以少数人取政权,排斥顽旧,不能不情见势绌。此后北京政府,无可希望,故抛弃京职,而愿身于教育云。"(《蔡元培全集》,第3卷,320页)

　　③ 高平叔撰著:《蔡元培年谱长编》(中),18页。

　　④ 转引自唐宝林、林生茂:《陈独秀年谱(1879—1942)》,65页。

　　⑤ 蔡元培:《对于送旧迎新二图之感想》,见高平叔编:《蔡元培全集》,第2卷,470页。1916年,蔡元培与陈独秀分别发表了《对于送旧迎新二图之感想》、《袁世凯复活》(见氏著《独秀文存》),评论"袁世凯现象"。

而入光明！"① 这自然是端在办杂志，以诉诸激烈的思想批判和舆论宣传。陈独秀所谓"让我办十年杂志，全国思想都全改观"，其命意也在于此。

由上可知，发展新思想新文化，是蔡元培与陈独秀的共同目标，差异只在策略与路径有别。然而，两人一经联手，差异恰成互补，浸成珠联璧合。蔡元培到京后，经汤尔和推荐，并在读过《青年》杂志后，决然聘请陈独秀出任北大文科学长。后者最初不想受聘，"说要回上海办《新青年》"。蔡元培劝他"把《新青年》杂志搬到北京来办"，② 他才答应就任。前者的高明，于此可见一斑。《青年》杂志借北大的平台，从此愈益发舒，类多能言；但是，人们似乎又忽略了问题还有更为重要的另一面，即蔡、陈联手，依托北大，从此奠定了新文化运动发展全新的格局：蔡元培"主内"，将北大改造成了新文化运动强大的策源地；陈独秀"主外"，借《新青年》"横扫"旧思想旧文化，为北大及全国新教育的发展创造了日益改善的外部环境。二者相辅相成，并行不悖，最终助益于推动"全国思想都全改观"宏大目标的实现。需要强调指出的是，此一格局的成立，还有赖于蔡元培的智慧：他提出的"思想自由原则"、"兼容并包主义"和教员"其在校外之言动，悉听自由"的法则，③ 为其提供了有力的学理依据。

明白了这一点，我们便不难理解在新文化运动中，蔡元培的独具个性，集中表现在以下几个方面：

第一，集中精力将北京大学改造成了新文化运动的策源地和示范区。

蔡元培既相信对于培养新人才和建设新文化而言，出长北大较之境外办学，将更切实可行，他自然集中精力改革北大。蔡元培赴任不到两周，就致函吴稚晖说："北京大学虽声名狼藉，然改良之策，亦未尝不可一试……改良之计划，亦拟次第著手。"④ 这里，"改良之策"的核心精神，就是他所谓的留德多年，"考察颇详"的欧洲教育界"思想之自由，主义

---

① 陈独秀：《袁世凯复活》，见《独秀文存》，89～90 页。

② 高平叔撰著：《蔡元培年谱长编》（上），632 页，北京，人民教育出版社，1996。

③ 高平叔编：《蔡元培全集》，第 3 卷，271 页。

④ 同上书，10 页。

之正大"，亦即他所认同的《新青年》杂志宣传的主义：科学与民主。此核心精神在北大改革的展开过程中，其荦荦大者，表现如下：

其一，明确学校改革的新文化方向。蔡元培到校后，首先发表陈独秀为文科学长，这实际上是有力地宣示了学校改革的新文化方向。冯友兰说："在蔡先生的领导下，北大的这种局面是有方向的，有主流的，那就是新文化运动"。"蔡先生到北大首先发表的是聘请陈独秀为文科学长，就明显地支持了这个方向，确定了这个主流。在这个布告一发表，学生们和社会上都明白了，有些话就不必说了，都不言而喻了"。① 郑天挺也有同感，他说："蔡先生一到北大，就请全国侧目的提倡新文化运动的陈独秀作文科学长（相等于文学院院长）；这时爱因斯坦的相对论学说新兴起，蔡先生就请中国第一个介绍相对论的夏元瑮作理科学长。这种安排，震撼了当时学术界和教育界，得到学生的欢呼拥护。"② 随后，胡适、李大钊、鲁迅等新文化运动的主将陆续受聘到校，北大改革的新文化方向，自然愈显鲜明。蔡元培事后回忆说："自陈独秀君来任学长，胡适之、刘半农、周豫才、周岂明诸君来任教员，而文学革命、思想自由的风气，遂大流行。"③ 其二，建立民主的学校管理体制。旧北大不脱京师大学堂的遗风，类衙门，一切校务由校长、学监主任等少数人专权，并学长也不得与闻。为打破专制的旧体制，蔡元培仿照欧洲大学，不仅恢复了学长的权限，而且设立评议会、各门教授会等分掌立法与事务，建立起了体现"教授治校"的现代学校民主管理体制。冯友兰说：新的体制调动教授们的积极性，"他们在大学中有当家做主人的主人翁之感"。④ 顾颉刚也说，蔡元培以身垂范，尊重民意，平等待人，给学校带来了民主新风："一校之内，无论教职员、学生、仆役，都觉得很亲密，很平等的。"⑤ 其三，廓清混资

---

① 冯友兰：《我所认识的蔡孑民先生》，见《三松堂全集》，第14卷，217页。
② 郑天挺：《蔡先生在北大的二三事》，见蔡建国编：《蔡元培先生纪念集》，191页。
③ 蔡元培：《我在教育界的经验》，见蔡建国编：《蔡元培先生纪念集》，264页。
④ 冯友兰：《三松堂自序》，见《三松堂全集》，第1卷，274页。
⑤ 余毅：《悼蔡元培先生》，见蔡建国编：《蔡元培先生纪念集》，45页。

格准备做官的陈腐思想，树立研究学问的新学风。蔡元培强调，"大学为纯粹研究学问之机关，不可视为养成资格之所，亦不可视为贩卖知识之所。学者当有研究学问之兴趣，尤当养成学问家之人格"。① 为此，他不仅大力聘请名师，改革课程，提倡开阔视野，融合中西，而且注重通过营造良好的校风，陶冶学生的性情，培养完全的人格。蔡元培在一次开学典礼上说："研究学理，必要有一种活泼的精神，不是学古人'三年不窥园'的死法能做到的，所以，本校提倡体育会、音乐会、书画研究会等，来涵养心灵。大凡研究学理的结果，必要影响于人生。倘没有养成博爱人类的心情，服务社会的习惯，不但印证的材料不完全，就是研究的结果也是虚无。所以，本校提倡消费公社、平民讲演、校役夜班与《新潮》杂志等，这些都是本校最注重的事项，望诸君特别注意。"② 蔡元培所言，似未超出今天常说的"德智体美全面发展"的范围；但实际上，他强调从事学术研究需要"涵养心灵"，"养成博爱人类的心情，服务社会的习惯"，此种见解之深沉博大，对于浸染过多功利色彩的当今中国大学而言，仍是一种重要的启迪。

蔡元培的改革卓有成效，北京大学面目一新，不仅成为了新文化运动的策源地，而且成为了新文化最重要的示范区，影响深远。顾颉刚说："北大一天天地发皇，学生一天天的活泼，真可以说进步像飞一般快，一座旧衙门经蔡先生一手改造竟成为新文化的中心。"③ 冯友兰则将蔡元培领导下的新北大形象地比作新文化运动中的"一座灯塔"，以为她"使全国的人们看见了光明，认识了前途，看清了道路，获得了希望"。④ 他强调的显然是对全国的示范意义。这在梁漱溟，则叫开风气之先，他说："五四"时期，"那新风气，就是喜欢谈思想，谈学术。报纸竞出副刊（如《学灯》之类），人们竞着结学社，出丛书，竞着办大学，请外国学者来中国讲学

北京师范大学史学探索丛书

---

① 高平叔编：《蔡元培全集》，第 3 卷，191 页。
② 同上书，344 页。
③ 余毅：《悼蔡元培先生》，见蔡建国编：《蔡元培先生纪念集》，47 页。
④ 转引闵维方《以改革开放精神创建世界一流大学》，载《中国教育报》，2008-10-24。

等等。始于文学、哲学，而归于社会问题、政治、经济。这种风气，怕无人能否认是自北大发动；而北大之所以如此，则民六以后蔡先生来主持的结果也"。① 对于蔡元培改革北大的历史地位，著名的五四运动史专家周策纵的见解，十分精辟，他说："蔡元培在国立北京大学由 1917 年（蔡于 1 月 4 日就职）开始推动的各种改革，其在'五四运动'发挥的重要性，不下于陈独秀之创办《新青年》。"② 将蔡元培在北大的改革与陈独秀创办《新青年》相提并论，既是肯定了前者的一大贡献，同时也从一个重要的方面，指出了他在新文化运动中的个性独具。

第二，提出"思想自由，兼容并包"的思想主张，为新文化运动指明了思想解放应有和更高的境界。

1918 年 11 月蔡元培在《〈北京大学月刊〉发刊词》中，最早提出了这一思想主张。他指出，"大学者，'囊括大典，网罗众家'之学府也"。各国的大学，无不学派林立，相反相成，如哲学之唯心论与唯物论，文学之理想派与写实派，经济学之干涉论与放任论，伦理学之动机论与功利论，等等，"常樊然并峙于其中，此思想自由之通则，而大学之所以为大也"。中国承千年学术专制传统，喜欢一道同风，故外界对北大兼开中西课程，大惊小怪，实属误解。月刊的发布当有助于校外读者，"亦能知吾校兼容并收之主义，而不至以一道同风之旧见相绳矣"。③ 次年 3 月他在《致〈公言报〉函并答林琴南函》中，对自己的主张又作了进一步概括："对于学说，仿世界各大学通例，循'思想自由'原则，取兼容并包主义。"④ 由于这封著名的公开信影响巨大，蔡元培的这一思想主张，也不胫而走。很显然，在蔡元培看来，"思想自由"与"兼容并包"是一个体用统一的有机体。前者乃天赋之人权，人人得以捍卫之权利，为原则、前提，即为体。故他强调，"个人思想之自由，则是临之以君父，监之以帝天，囿之以各

---

① 梁漱溟：《梁漱溟全集》，第 6 卷，75 页。
② ［美］周策纵：《五四运动史》，65 页。
③ 高平叔编：《蔡元培全集》，第 3 卷，213～214 页。
④ 同上书，271 页。

种社会之习惯，亦将无所畏葸而一切有以自申"；① 后者乃就个人对他者而言，为应然的主义与价值取向，即为用。它表现为对他人"思想自由"权利的尊重和对其思想主张的宽容，因为"万物并育而不相害，道并行而不相悖"。当然，这并不意味着蔡元培主张无原则的新旧调和，因为他说得明白："无论为何种学派，苟其言之成理，持之有故，尚不达自然淘汰之运命者，虽彼此相反，而悉听其自由发展。"② 这即是说，包容的前提是在现代社会的层面上，仍不失其存在价值的思想与主张。"思想自由"并非鼓励谬种流传，所以他强调研究学问的"勇敢性质"，必须"由科学所养成"。③ 蔡元培对不听劝告，一味攻击辜鸿铭、刘师培的新潮派学生说："我希望你们学辜先生的英文和刘先生的国学，并不要你们也去拥护复辟或君主立宪"，固然说明了这一点；他请巴黎华法教育会的同人帮助推荐法国专家来校讲学，"要求其资格第一条就是'新党'，还有一条是'热心教授中国人，而不与守旧派接近者'"，④ 同样也说明了这一点。

北大改革的成功与蔡元培"思想自由，兼容并包"的办学理念分不开。蔡元培领导下的北大，不仅兼容了像陈独秀、胡适与辜鸿铭、刘师培这样新旧派的人物，而且兼容了不同学派的杰出学者。郑天挺说："过去中国学术上流派很多。经学有今古文学派的不同，蔡先生同时聘请了今文学派的崔适……也聘请了古文学派的刘师培；在古文字训诂方面，既有章炳麟的弟子朱希祖、黄侃、马裕藻，还有其他学派的陈黻宸、陈汉章、马叙伦；在旧诗方面，同时有主唐诗的沈尹默，尚宋诗的黄节，还有宗汉魏的黄侃；在政法方面，同时有英美法系的王宠惠，也有大陆法系的张耀曾。其他学科，同样都是不同学派兼容并包。"⑤ 此外，在课程建设上，则是兼容了中西。

北京师范大学史学探索丛书

---

① 同上书，261 页。

② 高平叔编：《蔡元培全集》，第 3 卷，271 页。

③ 高平叔撰著：《蔡元培年谱长编》（中），191 页。

④ 曾建：《蔡孑民先生的风骨》，见陈平原、郑勇编：《追忆蔡元培》（增订本），18 页，北京，生活·读书·新知三联书店，2009；《通讯·蔡孑民李石曾两先生报告书》，载《旅欧杂志》，第 22 期，1917-08-15。

⑤ 郑天挺：《蔡先生在北大的二三事》，见蔡建国编：《蔡元培先生纪念集》，191 页。

1922年蔡元培曾指出，北大历史可分三期：开办至1912年为第一期，办学方针是“中学为体，西学为用”，学校重旧学，西学“很有点看作装饰品的样子”；1912年至1917年为第二期，国体初更，百事务新，“大有完全弃旧之慨”学校重西学，虽然“也还是贩卖的状况”，中学却“退在装饰品的地位了”；1917年至今为第三期，学校不仅注重学术研究，“课程一方面，也是谋贯通中西”，即是真正体现了中西方文化的兼容并包。①

论者常谓，在当时陈腐的旧北大，蔡元培提出“思想自由，兼容并包”的思想主张，明显是为陈独秀等新文化的力量张目。这自然是对的，但是，若仅仅停留于此，便未免低估了它的意义。尽管蔡元培反复强调这是大学的通例和自己办学的理念，但实际上，它的意义超出了校园的范围，强调的乃是现代社会的普世价值。黄侃说：“余与孑民志不同，道不合，然蔡去，余亦决不愿留，因环顾中国，除蔡孑民外，变无能用余之人。”② 其言耐人寻味。不仅如此，比较胡适与蔡元培对其时思想界分歧的不同态度，将更有助于我们理解这一点。

胡适明确反对蔡元培的思想主张，他致信陈独秀说：“蔡老先生欲兼收并蓄，宗旨错了。”③ 由此可知，他虽是自由主义者，对思想界的分歧，却缺乏包容的雅量，原来并不足奇。欧战前后，欧人反省社会文化危机，现代社会思潮因之发生了深刻的变动。其主要取向有二：一是以马克思主义为代表，主张社会主义；二是反省现代性，即表现为以柏格森、倭铿的生命哲学为代表的非理性主义思潮的兴起。后者反映了自19世纪末以来，西方理性主义进一步衰微和西人对自身文化的深刻反省。马克思主义在中国的传播，固不待言，后一思潮缘梁启超诸人的宣传，尤其是杜威、罗素、杜里舒诸人先后来华讲学，不仅也传到中国，且在“五四”前后形成了不小的热潮。④ 胡适既不赞成马克思主义，对后者也深闭固拒。他在《五十年来之世界哲学》中，有意贬抑柏格森学说的价值。他说，柏格森

---

① 高平叔编：《蔡元培全集》，第4卷，295～296页。

② 高平叔撰著：《蔡元培年谱长编》（中），208页。

③ 转引自周天度：《蔡元培传》，103页。

④ 参见拙文：《五四前后国人的现代性反省》，载《历史研究》，2007（1）。

的所谓"直觉",无非源于经验,这是包括杜威在内许多学者多已言及的事,足见其学说近于"无的放矢"了。胡适刻意将柏格森为代表的"反理智主义",列为"晚近"的"两个支流"之一。他说:"我也知道'支流'两个字一定要引起许多人的不平。"① 实际上,柏格森哲学在其时享有崇高的学术地位。罗素在他的名著《西方哲学史》中,对柏格森有很高的评价,称他是"本世纪最重要的法国哲学家"。② 英国学者彼得·沃森则在其《20世纪思想史》中强调说:"柏格森很可能是20世纪头10年最被人们理解的思想家,1907年后,他无疑是世界上最著名的思想家。"③ 有趣的是,时胡适的老师杜威正在华讲学,专有一讲介绍当今世界三位重要的哲学家,其中一位便是柏格森。足见胡适的意见有失褊狭。不仅如此,他甚至还对陈独秀说:"若倭铿来,他每有一次演说,我们当有一次驳论。"④ 胡适对梁启超、梁漱溟在自己的著作中宣传欧洲思想界反省现代性的观点,也十分不满,前者明明在《欧游心影录》中声明"读者切勿误会,因此菲薄科学。我绝不承认科学破产,不过也不承认科学万能罢了",⑤ 他却将鼓吹"科学破产"的帽子强加在了后者的头上,强调梁启超无非谣言惑众。⑥ 梁启超请赵元任为罗素翻译,胡适私下却"警告"后者,"不要被该党利用提高其声望"。⑦ 对于梁漱溟在《东西文化及其哲学》一书中提出著名的世界文化"三种路向"说,胡适的批评也有欠厚道。⑧

蔡元培也是位自由主义者,但相较之下,却是另一种气象。他同样不赞成马克思主义,但却支持北大学生成立马克思主义研究会,甚至亲临成立大

北京师范大学史学探索丛书

---

① 胡适:《胡适全集》,第2卷,384、381页。

② [英]罗素:《西方哲学史》,下卷,346页。

③ [英]彼得·沃森:《20世纪思想史》,72页。

④ 耿云志、欧阳哲生编:《胡适书信集》(上),262页。

⑤ 梁启超:《饮冰室合集·专集》(23),12页,北京,中华书局,1989。

⑥ 1923年胡适发表《读梁漱溟先生的〈东西文化及其哲学〉》。梁漱溟曾就胡适的批评,致函后者说:"尊文间语近刻薄,颇失雅度;原无嫌怨,歇为如此?"(《梁漱溟全集》,第4卷,732页)

⑦ 赵元任:《从家乡到美国——赵元任早年回忆》,156页,上海,学林出版社,1997。

⑧ 同上。

会致辞。他自 1913 年留学德国后，很快便注意到了欧洲理性主义与非理性主义之消长，尤其是柏格森生命哲学的兴起（下文将具体谈到）。出任北大校长后，蔡元培利用访欧机会，曾登门拜访了倭铿（本想同时拜访柏格森，未成）。他邀请柏格森与倭铿讲学虽未成，却促成了倭铿推荐自代的杜里舒来华讲学。对于欧洲反省现代性思潮，他完全取开放的态度，积极去迎受它。他不仅自己节译有柏格森的《玄学导言》，而且在《五十年来中国之哲学》长文中对柏格森哲学有相当篇幅的介绍，并极力推荐柏格森与倭铿共同的学生张君劢介绍他们的学说："他要是介绍两氏的学说，必可以与众不同。"如前所述，① 蔡元培对年轻胡适的提携，人所共知；与此同时，他对梁启超、梁漱溟同样坦诚相待。他与梁启超合作组织"讲学社"，专门负责聘请西方学者来华讲学。所请杜威、罗素、杜里舒三人，不仅彼此学说各异，蔡元培本人对此也不尽认同，但是，他都一视同仁，盛情接待。② 特别需要指出的是，在《五十年来中国之哲学》这篇长文中，蔡元培不仅对备受胡适等人责难的梁漱溟的观点作了具体的介绍，而且以这样的一段话，作为长文的结束语，尤具深意："梁氏所提出的，确是现今哲学界最重大的问题；而且中国人是处在最适宜于解决这个问题的地位……梁氏所下的几条结论，当然是他一个人一时的假定，引起我们大家研究的兴趣的。我所以介绍此书，就作为我这篇《五十年来中国之哲学》的末节。"③ 蔡元培未必赞成梁漱溟的观点，但重要在于，他肯定了作者所提出的问题本身，"确是现今哲学最重大的问题"，具有助推动学术发展的重要价值。梁漱溟的成名作《东西文化及其哲学》，至今仍有重要的影响。足见当年蔡元培的远见与宽容，不仅支持了年轻的学者，而且助益了中国学术的发展。

说到底，蔡元培强调"思想自由，兼容并包"，并不意味着一定要赞

① 蔡元培：《五十年来中国之哲学》，见高平叔编：《蔡元培全集》，第 4 卷，362 页。

② 蔡元培 1915 年在《1900 年以来教育之进步》（高平叔编：《蔡元培全集》，第 2 卷）中，对杜威过分强调实用教育，就曾明确表示不以为然。

③ 蔡元培：《五十年来中国之哲学》，见高平叔编：《蔡元培全集》，第 4 卷，382 页。

成或接受不同的观点，而是强调要尊重思想的多元化和坚持学术发展的多样性统一。因之，它不单是一种识见，同时也是一种胸怀。① 陈独秀在《蔡孑民先生逝世后感言》中，认为蔡元培在北大能做包容新旧派学者，实体现了最令人钦佩的品格："这样容纳异己的雅量，尊重学术思想自由的卓见，在习于专制好同恶异的东方人中实所罕有：这是他老先生更可令人佩服的第二点。"② 而唐德刚在《胡适杂忆》中对胡适反对蔡元培的"兼容并包"主张，则作了这样的评论："胡先生由于牢固的科学观而示人以不广，他在中国新文化启蒙运动史中，就难免退处于蔡先生之下了。在'兼容并包'的启蒙学风里，孑民先生是置身于'兼容'之上的，而适之先生则局处于'并包'之下了。"③ 所言甚是。正是从这个意义上说，笔者以为，蔡元培提出"思想自由，兼容并包"，其意义超出北大，为新文化运动指明了思想解放应有和更高的境界。

第三，坚持新文化运动的发展趋向在教育。

随着"新文化运动"一词在"五四"后出现，④ 新文化运动的发展不仅更加波澜壮阔，且愈益越出思想文化的范围，而与社会改造的实际运动相结合。与此相应，关于新文化运动进一步发展趋向问题的讨论，也成为了时人关注的焦点。从总体上看，主要意见有三：其一，强调普及，主张扩大新文化运动的范围。例如，苏甲荣说："普及乃是现代唯一的精神。若是不要普及，那么，就没有文化运动的可言。""我们认定文化运动是普

---

① 陈独秀虽同意"兼容并包"的思想原则，但在实际上，却未能做到，就说明了这一点。例如，他在致胡适的信中说："改良文学之声，已起于国中，赞成反对者各居其半。鄙意容纳异议，自由讨论，固为学术发达之原则，独至改良中国文学，当以白话为文学正宗之说，其是非甚明，必不容反对者有讨论之余地，必以吾辈所主张者为绝对之是，而不容他人之匡正也。"（《独秀文存》，133 页）其反对旧思想的坚决态度，固属难能可贵；但衡以蔡元培"思想自由，兼容并包"的原则，便难免褊狭之讥了。

② 陈独秀：《蔡孑民先生逝世后感言》，见林茂生等编：《陈独秀文章选编》（下），640 页。

③ 唐德刚：《胡适杂忆》，54 页，北京，华文出版社，1990。

④ 周策纵先生在其名著《五四运动史》中说："'新文化运动'这一名词，在1919 年 5 月 4 日以后的半年内逐渐得以流行。"（[美] 周策纵：《五四运动史》，280 页）

及民众运动，不要当它是智识阶级里的交换智识。"① 其二，强调提高，主张整理国故，提升学术。其代表人物是胡适。他在《新思潮的意义》中"指出新思潮的将来趋势"，即是 16 个字："研究问题，输入学理，整理国故，再造文明。"② 依其说法，"再造文明"是目的，"研究问题"与"输入学理"是手段，新思潮的趋势包括两个方面：研究社会人生问题与整理国故。由于在胡适眼里，谈政治虽然也是个选项，但为政治提供基础的文艺思想却是根本，所以，"整理国故"即倡导学术研究，实成了他所要指引的新思潮发展的真正方向。其三，强调超越新文化运动，主张转向社会革命。这当以李大钊、陈独秀为代表，他们接受马克思主义的唯物史观，主张以俄为师，转向社会革命。③

　　蔡元培的见解有不同，他坚持新文化运动的发展趋向，当在教育。

　　早在留学期间，蔡元培就已认定教育是可大可久的救国事业，他所以决意归国出任北大校长，也在于此。但值得注意的是，蔡元培在出掌北大之初，更将此一认识进一步提升到了经国大计的高度。他在爱国女校演讲说：民国既已成立，改革目的已达，如大病已愈，不再有死亡之忧了，现在讲爱国就不当提倡革命，而当提倡教育："则欲副爱国之名称，其精神不在提倡革命，而在养成完全人格。"④ 他甚至建议国民党放弃"暴激行动"，转向注重"国民教育"，主张从大多数国民入手，以待时机，"可为吾国民党规臬"。⑤ 蔡元培实际上是将教育视为解决中国一切问题的根本出路，他说："今之策国是者，莫不重教育；策教育，莫不谋普及。夫教育曷贵乎普及，岂不曰教育普及，则社会国家一切至重要至困难问题，根本

---

　　① 苏甲荣：《今后的文化运动：教育扩张》，载《少年中国》，第 2 卷第 5 期，1920-11。

　　② 胡适：《新思潮的意义》，见《胡适全集》，第 1 卷，691 页。

　　③ 参阅拙文：《五四后关于"新文化运动"的讨论》，载《北京师范大学学报》，2010（4）。

　　④ 蔡元培：《在爱国女学校之演说》，见高平叔编：《蔡元培全集》，第 3 卷，7～8 页。

　　⑤ 蔡元培："一九一七年十月二十五日日记"，见中国蔡元培研究会编：《蔡元培全集》，第 16 卷，38 页，杭州，浙江教育出版社，1998。

上皆得解决也。"① 如前所述，"五四"后蔡元培愈益自觉地转向"疏导"新文化运动，倡言新文化运动的发展趋向当在教育，自然更成为了他的重要着力点。蔡元培指出，据自己观察，所谓五四运动唤醒国人，成效仅在一时，且"技止此矣，无可复加"。故欲国人"为永久的觉醒"，"则非有以扩充其知识，高尚其志趣，纯洁其品性，必难幸致"。② 这长效机制的建立，端在教育。此期，蔡元培不仅喜欢反复提醒人们，文化是要实践的，空谈无补；而且强调说：在诸多的文化实践中，唯有教育是基础，是根本。道理很简单，"要他实行，非有大多数人了解不可"。如何能做到这一点？"便是要从普及教育入手"。③ 所以，"从教育入手，去改造社会"，事半而功倍。归根结底，是人们必须充分认识到："只有新兴的一代能受到新型的教育，古老的文明才能获得新生"。④

蔡元培所以不赞成新文化运动的发展趋向是社会革命，除了不相信马克思学说外，⑤ 还在于他认定政治不同于教育，无非是急功近利的无根之谈，不足以为国家社会问题的解决从根本上奠定基础。所以，他在《告北大学生暨全国学生书》中写道："政治问题，因缘复杂，今日见一问题，以为至重要矣，进而求之，犹有重要于此者。自甲而乙，又自乙而丙丁，以至癸子等等，互相关联。故政客生涯，死而后已。今诸君有见于甲乙之相联，以为毕甲不足，毕乙而后可，岂知乙以下之相联而起者，曾无已时。若与之上下驰逐，则夸父逐日，愚公移山，永无踌躇满志之一日，可以断言。此次世界大战，德法诸国，均有存亡关系，罄全国胜兵之人，为最后之奋斗，平日男子职业，大多数已由妇女补充，而自小学以至大学，

① 蔡元培：《中华职业教育社宣言书》，见高平叔编：《蔡元培全集》，第3卷，12页。

② 蔡元培：《告北大学生暨全国学生书》，见高平叔编：《蔡元培全集》，第3卷，313页。

③ 高平叔编：《蔡元培全集》，第4卷，15、12页。

④ 高平叔编：《蔡元培全集》，第3卷，395页；第4卷，474页。

⑤ 蔡元培认为，中国从来不存在严重的阶级对立，故"决用不着马克思的阶级战争主义，决没有赤化的疑虑"。（蔡元培：《中国的文艺中兴》，见高平叔编：《蔡元培全集》，第4卷，345页）

维持如故。学生已及兵役年限者，间或提前数月毕业，而未闻全国学生，均告奋勇，舍其学业，而从事于军队，若职业之补充，岂彼等爱国心不及诸君耶？愿诸君思之。"

至于强调普及以扩大新文化运动的范围和胡适的主张"整理国故"，在蔡元培看来，二者无非都是教育发展中的应有之义，乃属于第二个层面的问题。所以，他说，"自大学之平民讲演，夜班教授，以至于小学之童子军，及其他学生界种种对于社会之服务，固常为一般国民之知识，若志趣，若品性，各有所尽力矣。苟能应机扩充，持久不怠，影响所及，未可限量"。① "整理国故"是重要的，蔡元培指示北大国学研究所"格外留心"，说明它毕竟是少数学者的责任，与全国性的教育事业相较，不是同一层面的问题。

在教育问题上，蔡元培主张普及与提高并行不悖；但考虑到中国高等教育毕竟刚刚起步，为数不多的大学生是国家急需的未来的栋梁，是"树吾国新文化之基础，而参加于世界学术之林者"之希望所在，故他更重视大学与大学生的作用。这也是"五四"后蔡元培苦口婆心劝导学生退出政治运动，以学业为重的原因所在。他在告全国学生书中说："读诸君十日三电，均以'力学报国'为言，勤勤恳恳，实获我心。自今以后，愿与诸君共同尽瘁学术，使大学为最高文化中心，定吾国文化前途百年大计。"②

时人关于新文化运动发展趋向的各种主张，说到底，只是两种：扩展和深化新文化运动与超越新文化运动而转向社会革命。诸家之言，不应等量齐观，但无疑都有自己的合理性。人们尽可以批评蔡元培轻忽政治，不免有失幼稚；但是，仅就发展新文化运动本身而言，他强调，中国新文化的建设，归根结底，有赖于新教育的普及与发展，却是不磨之论。

缘上可知，蔡元培改革北京大学，使之成为新文化运动的策源地和示范区，主张"思想自由，兼容并包"，为新文化运动指明了思想解放应有和更高的境界，终至坚持新文化运动的趋向在发展教育，他在新文化运动

---

① 蔡元培：《告北大学生暨全国学生书》，见高平叔编：《蔡元培全集》，第3卷，313页。

② 同上。

中的思想主张，一脉贯通，成一家之言。但我们还需指出：蔡元培将反省现代性的视角引入新文化运动，不仅愈显个性，而且进一步丰富了新文化运动的内涵。

三、兼容新的思想支点

所谓现代性，是指自启蒙运动以来，以役使自然、追求效益为目标的系统化的理智运用过程。欧洲近代理性主义的本质，正在于追求现代性。欧战的惨绝人寰，创深痛巨，令欧人对自身文化丧失信心，因之，战后的欧洲出现了所谓的"理性危机"。人们反省理性主义的流弊，以为，归根结底，端在"机械的人生观"：崇拜理性，征服自然，漠视人类的情感，将人也视为物质，成了理性的奴隶。韦伯说，"理性具有的可怕的两面性"：它一方面带来了科学与经济生活中的巨大成就，但同时却无情地铲除了数世纪以来的传统，将深入人心的宗教信仰斥为迷信，视人类情感为无益，"因而使生命丧失精神追求"，"世界失去魅力"，"使生命毫无意义"。[①] 所以，人们反省现代性，说到底，就是反省此种机械的人生观，并将目光转向人的精神世界，强调人的意志、情感与信仰。柏格森、倭铿的学说，所以称"生命哲学"、"人生哲学"，并极力提倡"精神生活"，目的都在于此。柏格森为倭铿的《生活意义及价值》作序，说："生活之意义安在乎？生活之价值安在乎？欲答此问题，则有应先决之事，即实在之上是否更有一理想？如曰有理想也，然后以人类现在行为与此尺度相比较，而现实状况与夫应该达到之境之距离，可得而见"。如曰无，自然安于现状。"机械论"既认世界万物无非受"艺力之支配"，人生必然陷入了命定论，哪里还谈得上理想、意义与价值！[②]

蔡元培 1913 年留学德国，很快就注意到了欧洲现代思潮的变动。1914年他在《〈学风〉杂志发刊词》中第一次明确提到了柏格森哲学盛行的事

---

① [美] 马文·佩里主编：《西方文明史》，下卷，454～455 页。

② 转自张君劢：《倭伊铿精神生活哲学大概》，载《改造》，第 3 卷第 7 号，1921-03。

实："布格逊之玄学，群焉推之。"① 次年撰成《哲学大纲》，对欧洲现代思潮的变动更有系统的考察。他写道："惟物论者，以世界全体为原本于一种原子之性质，及作用，及阅历，而此原子者，即无生活无性灵之质料，而位置于空间及时间之范围者也。……彼不但以无机物为构自此种原子，即在有机物亦然。而对于有机物的心灵，则或以为一种精细之原质，如呼吸然；或以为一种最滑最轻之原质；或以为物质之性情；或以为物质之作用；或以为物质之效果。其最简单而明了者，为近世惟物论家嘉里拉之意，曰：'肾能泌溺，肝能泄汁，脑之能为思想者，亦若是则已矣。"这里所谓的"惟物论"，实际指的便是"机械论"、"智力论"或叫"科学万能"论。他对"意志论"即生命哲学的核心思想的介绍，也是准确的："意志论之所诏示，吾人生活，实以道德为中坚；而道德之竟，乃为宗教思想。"他不仅看到了两种思潮的消长，而且相信"意志论优于智力论"。② 蔡元培对欧洲现代思潮持开放的态度，归国后他继续关注柏格森、倭铿的哲学，故对于欧洲反省现代性的基本观点是十分熟悉的。

新文化运动的根本取向在追求现代性，它在中国具有巨大的历史合理性，毋庸置疑。但是，问题在于，缘东西方时代的落差，在国人效法西方近代文明，致力于追求现代性之时，欧洲也进入了自己"重新估定一切价值"的时代，反省现代性思潮正应运而起。因之，如何处理二者的关系，实际上成为了新文化运动主持者们必须面对的课题。胡适对柏格森的生命哲学嗤之以鼻，不予重视。陈独秀不像胡适，没有公开贬抑柏格森为代表的生命哲学及其反省现代性，但他强调国情不同，其学说不适合于中国。1917 年初他在《答俞颂华》中说："近世欧洲人，受物质文明反动之故，怀此感想者不独华、爱二氏。其思深信笃足以转移人心者，莫如俄国之托尔斯泰，德国之倭铿。信仰是等人物之精神及人格者，愚甚敬之。惟其自身则不满其说，更不欲此时之中国人盛从其说也（以中国人之科学及物质文明过不发达故）。"③ 陈独秀强调自己虽然对托尔斯泰、倭铿等反省现代

---

① 高平叔编：《蔡元培全集》，第 3 卷，335 页。

② 高平叔编：《蔡元培全集》，第 2 卷，364～365 页，381、370 页。

③ 陈独秀：《独秀文存》，674 页。

性者的信仰与人格表示敬意，却并不赞成他们的主张，尤其反对中国推行此种理论，原因就在于国情不同，"以中国人之科学及物质文明过不发达故"。陈独秀重视国情，并注意到了对于欧洲现代思潮的自觉选择。这显然有它的合理性。但是，他终究缺乏兼容并包的胸怀，同样简单地拒绝了反省现代性的视角。蔡元培则不同。他在看过《青年》杂志后，决意与陈独秀联手，说明他对新文化运动追求现代性的根本取向是认同的；但这并不影响他主张积极吸纳反省现代性的某些合理内核，并将此一视角引入新文化运动。缘是，蔡元培兼具了新的思想支点，其与陈独秀、胡适间的思想分歧，便成了不可避免。

耐人寻味的是，1917 年 2 月，即出长北大不到两个月，蔡元培即有致陈独秀长信，指出：《新青年》所载自己的一次讲演，"其中大违鄙人本意之点，不能不有所辩正"。实则，所谓"大违鄙人本意之点"，涉及的恰恰就是他就意志、道德、情感、宗教的内在关系问题，所阐述的有关反省现代性的一些重要观点。例如，关于何谓"意志"，蔡元培说："近世哲学家谓人类不外乎意志。不惟人类，即其他一切生物及无生物，亦不外乎意志。婴儿之吸乳，植物之吸收养料，矿物之重量，皆意志也。"① 这正是柏格森哲学关于宇宙万物的生命冲动与自由意志的基本观点。此外，他特别指出，《新青年》记者尤其将讲话中一个重要的标题"美术之作用"，误写成了"知之作用"。蔡元培讲美术的作用，本意于强调情感，以避免现代性偏重知的流弊。这个误记既说明了记者没能真正理解蔡元培的讲演，同时，也说明了彼此观点之差异，正在于现代性与反省现代性之间。陈独秀在简短的回函复中表示："记者前论，以不贵苟同之故，对于先生左袒宗教之言，颇怀异议，今诵赐书，遂尔冰释。甚愿今后宗教家，以虚心研求真理为归，慎勿假托名宿之言，欺弄昏稚。"② 语涉游移。事实证明，在很长的时间里，陈独秀依然故我。这说明，合作伊始，两人在反省现代性问题上的思想分歧，便已存在了。

---

① 水如编：《陈独秀书信集》，100～101 页。

② 同上书，99 页。

北京师范大学史学探索丛书

具体说来，蔡元培与陈独秀、胡适的思想分歧，集中于以下几个方面：

其一，关于"功利"论。

现代性是与"合理性"相联系的，故"进步"、"竞争"、"效率"、"功利主义"等等，又构成了现代性的重要元素。在欧洲反省现代性思潮中，它们也受到了强烈的质疑。罗素就指出：所谓"成功"、"进步"、"竞争"、"效率"等的信仰，"是近代西方的大不幸"；因为，由此导致了社会生活的"机械化"，产生无谓的慌忙与忧攘，终至剥夺了合理的人生应有的"余闲"，"这是极大的危险与悲惨"。英国社会的种种病态，说到底，"都是生活的状态失了自然的和谐的结果"。① 对于西方这种价值观的变动，国人也多有认同者。例如，梁启超对所谓"效率论"，就提出了质疑。他指出：人生的意义不是用算盘可以算出来的，人类只是为生活而生活，并非为求得何种效率而生活。有些事绝无效率，或效率极小，但吾人理应做或乐意做的，还是要去做；反之，有些事效率极大，却未必与人生意义有何关系。"是故吾侪于效率主义，已根本怀疑"。即便退一步说，效率不容蔑视，"吾侪仍确信效率之为物，不能专以物质的为计算标准，最少亦要通算精神物质的总和"。而"人类全体的效率"，又绝非具体的一件一件事相加能得到的。② 在当今，"成功"、"进步"、"竞争"、"效率"，这些仍是通行的理念，说明自有其合理性；但是，在具备了后现代视野的今天，肯定这些体现现代性的理念内含须加以消解的负面性，当是我们应有的自觉。③ 所以，梁启超强调，讲效率必须"通算精神物质之总和"以及"人类全体的效率"，这与我们今天讲的必须注意"物质文明与精神文明的统一"、

---

① 徐志摩：《罗素又来说话了》，载《东方杂志》，第 20 卷第 23 号，1923-12。

② 梁启超：《先秦政治思想史》，见《饮冰室合集·专集》(50)，86～87 页。

③ "进步"已不再是西方文化的最高价值之一。1980 年哥伦比亚大学教授倪思贝 (Robert Nisbet) 著《进步观念史》(*History of the Idea of Progress*)，宣布"进步"的信念在西方已不再是天经地义，因为物质上的进步与精神上的堕落常成正比。如果说在现代化的早期，"止"、"定"、"静"、"安"等价值观念不适用，那么在即将进入后现代的今天，这些观念十分值得我们正视。（转引自岳庆平：《中国的家与国》，215～216 页，长春，吉林文史出版社，1990）

"经济效益与社会效益的统一"，无疑是相通的。但是，陈独秀却恰恰过分和片面地强调了实用、效率与功利主义。他说："物之不切于实用者，虽金玉圭璋，不如布粟粪土，若事之无利于个人与社会现实生活者，皆虚文"，无非诳人之事，"一钱不值"；① 而效率高低，更应成为"判断德上善恶"的一个重要标准。② 所以，他不能容忍对功利主义的批评。1918 年 6 月，钱智修在《东方杂志》上发表《功利主义与学术》一文③，对学术界过分追求功利主义的现象提出批评。陈独秀在与《东方杂志》主编杜亚泉的论战中，专门点到了这篇文章。他质疑《东方杂志》记者，共提出 16 个"敢问"，其中涉及功利主义的问题，就占了 6 个，④ 足见其重视。陈独秀明确表示："余固彻头彻尾颂扬功利主义者，原无广狭之见存"，⑤ 即强调无论广义与狭义的功利主义，自己一概拥护。这显然失之绝对化了。

蔡元培并不简单反对功利主义，但不赞成极端的功利主义或叫"功利"论。早在归国前，他就对杜威过分强调实用教育，提出批评："惟当今实利教育之趋势，殆有以致用诸科为足尽教育之能事，而屏斥修养心性之功者，则未敢以为然也。"蔡元培认为，人有求生的欲望，其功利的要求自有合理性；但人类于求生之外，还有追求真善美的欲望，这已为现代心理学实验所证明的事实。中古时代的教育偏于心理而忽略心理，有失褊隘；但是，今日则相反，"偏重生理一方面，而于心理一方面均漠视之，不亦矫枉而过其正乎"？健全的精神有赖于健全的身体，衣食足而后知荣辱，固然说明生理影响心理；但利用厚生的事业，若没有"合群的道德心"，终难成功，心理之影响于生理，岂非同样是显而易见的！他强调，教育尤其必需循天性，以养成人格为本义，于身心不可偏废，"而且不可不使这一致之调和，此则极端之实利主义而不可不加以补正者也"。⑥ 随着

---

① 陈独秀：《独秀文存》，8 页。
② 同上书，58 页。
③ 钱智修：《功利主义与学术》，载《东方杂志》，第 15 卷第 6 号，1918-06。
④ 陈独秀：《质问〈东方杂志〉记者》，载《新青年》，第 5 卷第 3 号，1918-09。
⑤ 陈独秀：《再质问〈东方杂志〉记者》，载《新青年》，第 6 卷第 2 号，1919-02。
⑥ 高平叔编：《蔡元培全集》，第 2 卷，411～412 页。

北京师范大学史学探索丛书

新文化运动的展开，急功近利的功利主义倾向愈加明显，蔡元培批评"功利"论的立场也更加鲜明。他说："以前功利论，以为人必先知有相当权利，而后肯尽义务。近来学者，多不以为然。"罗素佩服老子"为而不有"一语。他的学说，重在减少占有的冲动，扩展创造的冲动，就是与功利论相反的。① 罗素在华讲学期间，对于西方现代性的批评不遗余力，他在《社会改造原理》一讲，强调中国老子的"生而不有，为而不恃，长而不宰相"的思想，是改造现代社会最具价值的指针。人的天性包含两种冲动：创造的冲动与占有的冲动。只增加前者而减少后者，现代社会才有希望，而老子的思想最能体现这一点。② 上述罗素著名的观点影响甚大，曾为梁启超、梁漱溟等人所反复引用，现在蔡元培同样藉以批评"功利"论，很能说明其思想的路径，正源于反省现代性，而与陈独秀异趋。

其二，关于"科学万能"论。

所谓"科学万能"论，是指随着18世纪以降自然科学的迅猛发展，人们逐渐形成的一种对于科学的盲目崇拜。人们相信宇宙是一部巨大的机器，除了物质的因果与质力的运动外，别无他物。人类的一切，同样遵循物质自然法则。因之，借助科学的方法，人类不仅可以征服自然界，而且可以解决人类自身的一切问题。"科学万能"论是西方近代"机械"论的核心。其误区正在于轻忽人类的自由意志与个性。陈独秀等新文化运动的主持者们努力倡导科学是对的，但却难免"科学万能"论的误区。陈独秀强调，人类"一切苦乐善恶，都为物质界自然法则所支配"。③ 他不仅认为，"西洋除自然科学外没有别种应该入我们东洋的文化"；④ 而且主张，全世界都只应该专门研究科学，因为现在"已经不是空谈哲学的时代了"。西洋自苏格拉底以至杜威、罗素；印度自邬婆尼沙六师以至达哥尔；中国自老子、孔子以至康有为、章太炎，"都是胡说乱讲，都是过去的梦话"。今后我们的责任，"只应该把人事物质一样一样地分析出不可动摇的事实

---

① 　高平叔编：《蔡元培全集》，第 4 卷，43 页。
② 　[英]罗素：《社会改造原理》，载《晨报》，1920-10-17。
③ 　陈独秀：《独秀文存》，125 页。
④ 　林茂生等编：《陈独秀文章选编》（上），512 页。

来，我以为这就是科学，也可以说是哲学"。① 这与邓中夏主张"以科学代替哲学"，② 一脉相通，都不脱"科学万能"论。1923 年，在著名的"科玄之争"中，胡适与陈独秀，不约而同，都暴露了自己"科学万能"论的情结。胡适为《科学与人生观》一书作序，文中引述并认同吴稚晖的以下观点："我以为动植物且本无感觉，皆止有其质力交推，其幅射反应，如是而已。譬之于人，其质构而为如是之神经系，即其力生如是之反应。所谓情感，思想，意志等等，就种种反应而强为之名，美其名曰心理，神其事曰灵魂，质直言之曰感觉，其实统不过质力之相应。"③ 将活生生的人等同于自然的物质，这岂非典型的机械论？陈独秀说得更直接："所以我们现在所争的，正是科学是否万能问题"，故必须"证明以科学之威权是万能的"。④ 从陈独秀、胡适到吴稚晖、邓中夏，上述他们共同的观点，说明相信"科学万能"论，是新文化运动中存在的带有普遍性的倾向。

应当说，蔡元培对于科学重要性的认识，与陈独秀诸人并无二致。1915 年他就《科学》杂志出版，致书任鸿隽说，"欲救民族之沦胥，必以提倡科学为关键，弟等绝对赞同"，并表示自己参与创办的《学风》杂志，"其内容即以科学、美术为中坚"。⑤ 他同样强调在国人普遍缺乏科学常识的情况下，宣传科学思想是第一要务："现在中国人多不知科学为何物，

① 陈独秀：《独秀文存》，820 页。

② 邓中夏说："自从各种自然科学和社会科学发达之后，哲学的地位，已经被这些科学取而代之了。""所以我的意思，哲学已是'寿终正寝'，索性把哲学这一个名词根本废除，免得玄学鬼像社鼠城狐一样，有所凭借，有所依据。"（《思想界的联合战线问题》，见蔡尚思主编：《中国现代思想史资料简编》，第 2 卷，177 页）

③ 胡适：《胡适全集》，第 2 卷，207～208 页。

④ 林茂生等编：《陈独秀文章选编》（中），376 页。

⑤ 高平叔编：《蔡元培全集》，第 2 卷，393 页。

最要先输入科学思想。"① 但是，蔡元培对于"科学万能"论并不认同。②
他在致陈独秀的信中说："科学发达以后，一切知识道德问题，皆得由科
学证明，与宗教无涉"，理有固然；但科学仍然有自己"所不能解答之问
题，如宇宙之无涯涘，宇之无终始，宇宙最小之分子果为何物，宇宙之全
体为何状等是"，③ 对这些问题的研究，便须归于哲学。蔡元培留学的专业
正是哲学。他进一步指出，哲学发展演变有三：一是各科哲理，如数理哲
学、生理哲学等；二是综合各种科学，如自然哲学等；三是玄学。它一方
面基于各种科学所综合的原理，另一方面又基于哲学史所包含的渐进的思
想，对于这方面所未曾解决的各种问题，提供新的说明。"如别格逊（柏
格森）之创造的进化论其例也"。因之，哲学既以科学为基础，同时又成
科学的归宿。科学不可能代替哲学，二者只能相辅相成：各科哲学与综合
各种哲学，尚介乎科学与哲学之间，"惟玄学始超乎科学之上，然科学发
达以后之玄学，与科学幼稚时代之玄学较然不同，是亦可以观哲学与科学
之相得而益彰矣"。④ 这与陈独秀诸人视哲学为空言无益，主张"以科学代
哲学"的观点，显然是针锋相对的。不仅如此，蔡元培对包括陈独秀等人
在内的"科学万能"论者，将人当成了物质，相信人事的一切都同样遵循
物质界自然法则，从而抹杀了人类的自由意志与个性，尤为不满。他说：
"人是何等灵变的东西，照单纯的科学家眼光，解剖起来，不过几根骨头，
几堆筋肉。化分起来，不过几种原质。要是科学进步，一定可以制造生
人，与现在制度机械一样。兼且凡事都逃不了因果律，……竟没有一点自
由。就是一人的生死，国家的存亡，世界的成毁，都是机械作用，并没有

---

① 高平叔撰著：《蔡元培年谱长编》（中），442 页。

② 蔡元培曾有两次以肯定的语气提到"科学万能"一词。一次是在《德国分科中
学之说明》中说："（文、法、商学生科学知识太缺乏），而不适于科学万能之新时代"
（高平叔编：《蔡元培全集》，第 3 卷，213 页）；另一次是在《中国科学社征集基鑫启》
中说："当此科学万能时代，而吾国仅仅有此科学社，吾国之耻也。"（高平叔编：《蔡元
培全集》，第 3 卷，231 页）不难看到，蔡元培都是在借用流行语的意义上使用了"科
学万能"一词，而非在严肃的意义上，肯定一种观点。

③ 水如编：《陈独秀书信集》，100 页。

④ 高平叔编：《蔡元培全集》，第 3 卷，253～254 页。

自由的意志可以改变他的。抱了这种机械的人生观与世界观，不但对于自然竟无生趣，对于社会毫无爱情，就是对于所治的科学，也不过'依样画葫芦'，决没有创造的精神。"① 所论可谓入木三分，恰与梁启超的以下批评，异曲同工："总之，在这种人生观底下，那么千千万万人前脚接后脚的来这世界走一趟住几十年，干什么呢？独一无二的目的就是抢面包吃，不然就是怕那宇宙间物质运动的大轮子缺了发动力，特自来供给他燃料。果真这样，人生还有一毫意味，人类还有一毫价值吗？"② 在反省现代性的问题上，蔡元培与梁启超诸人趋同，而与陈独秀诸人立异，于此可见一斑。

其三，关于人类的意志、知识与情感。

与反省"科学万能"论相联系，欧洲反省现代性的一个重要观点，就是批评机械的人生观漠视和压抑了人类的情感世界。罗素说："机械人生观把人看作一堆原料，可以用科学方法加工处理，塑造成任何合我们心意的模式。"它只知道"向外不断的膨胀，完全蔑弃个的地位和个人的特性，又有什么价值可言"？③ 梁启超也指出，机械论使欧人丧失了安身立命的所在，精神百感痛苦。"科学昌明以后，第一个致命伤的就是宗教"。④ 陈独秀步欧洲同道的后尘，独尊理性，却漠视情感。他说："举凡一事之兴，一物之细，罔不诉之科学法则，以定其得失从违；其效将使人间之思想云为，一尊理性，而迷信斩焉，而无知妄作之风息焉。"⑤ 重科学是对的，但相信"人间之思想云为，一遵理性"，却不免抹杀了情志的作用。所以，他说："世界上那里真有什么良心，什么直觉，什么自由意志！"⑥ 与此同时，他也不相信有所谓人类的终极关怀，主张取消宗教。陈独秀认为，孔德分人类进化为宗教、哲学、科学三大时期，足见宗教已无存在的价值；

北京师范大学史学探索丛书

---

① 高平叔编：《蔡元培全集》，第 4 卷，33～34 页。
② 梁启超：《饮冰室合集·专集》(23)，12 页。
③ ［英］罗素：《中国问题》，63 页；《中国人到自由之路》，载《东方杂志》，第 18 卷第 13 号，1921 年 2 月，123 页。
④ 梁启超：《饮冰室合集·专集》(23)，10、11、12 页，北京，中华书局，1989。
⑤ 陈独秀：《独秀文存》，9 页。
⑥ 林茂生等编：《陈独秀文章选编》（中），354 页。

相反，国有与立，宗教与之水火不容，"非必去宗教即不可以立国"。① 他强调，"一切宗教，皆在废弃之列"，"若论及宗教，愚一切皆非之"。② 因为，宇宙间只有两大法则，即"自然法"与"人为法"，前者是"普遍的、永久的、必然的"，属于科学范围；后者则是"部分的、一时的、当然的"，属于宗教道德法律范围，但是，随着科学日渐发达，"人为法"必然为"自然法"所涵盖，"然后宇宙人生，真正契合。此非吾人最大最终之目的乎"？所以，陈独秀不赞成蔡元培"以美术代宗教"的主张，而提倡当"以科学代宗教"，并公开表示蔡元培"不绝对反对宗教，此余之所不同也"。③

可以说，蔡元培也正是从自己的宗教观入手，系统阐述了与陈独秀诸人大相径庭的对人类的意志、知识、情感、道德的见解，从而使自己反省现代性的观点愈显鲜明。他说："真正之宗教，不过信仰心。所信仰之对象，随哲学之进化而改变，亦即因各人哲学观念之程度而不同。是谓信仰自由。"④ 这即是说，所谓宗教，归根结底，是人们对于某一哲学观念的信仰；哲学观念既是进化变动的，人们的信仰自然也是多元与多变即自由的。也因是之故，现在有仪式信条的宗教将来定然被淘汰，但是，对作为以哲学观点为信仰对象的宗教，却是不应该也不可能被取消的。所以，蔡元培反问陈独秀等主张取消宗教者："虽然，宗教之根本思想，为信仰心，吾人果能举信仰心而绝对排斥之乎？"宣称"上帝死了"的尼采，号称反对宗教，但其所主张的"意志趋于威权"说，⑤ 不正是其所信仰，且成为本人与信徒共同的宗教思想？他特别声明：上述关于宗教的定义，"是孑民自创之说也"。⑥ 蔡元培关于宗教的定义是否精当，自可讨论；但他强调宗教思想根于人类的"信仰心"，随科学发展，宗教的迷信成分将逐渐被

① 水如编：《陈独秀书信集》，17 页。
② 陈独秀：《独秀文存》，91、674 页。
③ 陈独秀：《独秀文存》，91～92 页。
④ 高平叔编：《蔡元培全集》，第 3 卷，329 页。
⑤ 高平叔编：《蔡元培全集》，第 2 卷，378～379 页。
⑥ 高平叔编：《蔡元培全集》，第 3 卷，329 页。

淘汰，但要简单宣布全然取消宗教却是不可能的，这显然有它的合理性。缘是以进，他关于人类意志、情感、知识的见解，更显精彩。蔡元培指出，以信仰为核心的宗教，既是道德的究竟，更是人类情感与意志的外烁；故对宗教的尊重，说到底，就是对人类精神家园的尊重。人的心理构成，包含意志、情感、知识三大要素。欲避免现代性的误区，必须正确理解三者的有机统一：意志的表现是行为，属于伦理，知识属于各科学，感情则属于美术。人是行为主体，但行为断不能离开知识与情感而独立。例如，要走路，必先探明路线，这是需要有走路的知识；而没有走路的兴会即热情，就永远不会去走或走得不起劲。由此可见，人类行为的正确性，实赖知识与情感的均衡协调，二者不容偏枯。① 由于蔡元培的本意在反省现代性，所以他特别强调了人类情感之不容漠视。他说："人是感情的动物，感情要好好涵养之，使活泼而得生趣。"② 在西方科学发达的国家，所以有许多人抱厌世主义，甚且演成自杀，原因即在于偏重科学，情感偏枯："此单重智识不及情感之故，纯注意科学之流弊也。"③

为替现代性补偏救弊，蔡元培提出了著名的主张："科学与美术并重"。他指出：柏格森诸人的"意志论之所召示，吾人生活，实以道德为中坚"，而道德属于意志。情、志、意既是统一的，则道德与科学及美术的关系，可作这样的表述："凡道德之关系功利者，伴乎知识，恃有科学之作用；而道德之超越功利者，伴乎情感，恃有美术之作用。"④ 科学的价值不必论，美术的作用则在于有助人们超脱利害的性质，避免疲于奔命，从而涵养情感，保持宁静的人生观，得以从容体验人生的意义与乐趣；与此同时，美术又有助于发展个性的自由，人们沉浸其中，能把"占有的冲动"逐渐减少，"创造的冲动"逐渐扩展。为强调重视美术的价值，蔡元培提出了另一个同样著名的主张："以美育代宗教"。他说："吾人沉睡于美的世界之中，直觉当前，所觉唯美，生老病死，顿屏去于意识之中。此

① 高平叔编：《蔡元培全集》，第 4 卷，31～32 页。
② 同上书，40 页。
③ 高平叔编：《蔡元培全集》，第 2 卷，484 页。
④ 水如编：《陈独秀书信集》，101 页。

北京师范大学史学探索丛书

与宗教之信仰（相比），更纯更洁，更为合理。"需要指出的是，蔡元培"以美育代宗教"论与上述他反对简单取消宗教，并不矛盾。因为，在他看来，以美感满足人们的"信仰心"，实较传统的宗教更纯洁，也更合理。所以，他强调的是以美育"代"宗教，而非取消宗教。[1] 应当承认，蔡元培的"以美育代宗教"论，较之陈独秀的"以科学代宗教"论，更显合理，也更为深刻。[2] 在整个新文化运动中，蔡元培反复宣传"科学与美术并重"的思想，不仅大声疾呼"新文化运动不要忘了美育"，而且在北大发出通告："我国旧教育，礼乐并重；新教育科学、美术并重。"[3] 可以说，这既是理解蔡元培新文化建设思想的一个总纲，同时也是理解其教育思想的一个总纲。

有趣的是，陈独秀虽然最初不赞成蔡元培"以美育代宗教"的主张，提出当"以科学代宗教"，并公开表示后者"不绝对反对宗教，此余之所不同也"；但是，他最终还是接受了上述蔡元培关于宗教与情感的基本观点。1920年陈独秀发表了《新文化运动是什么?》一文，对自己曾有过的一些片面和简单化的观点，作了自我批评。其中说："现在主张新文化运动的人，既不注意美术、音乐，又要反对宗教，不知道要把人类生活弄成一种什么机械的状况，这是完全不曾了解我们生活活动的本源，这是一桩大错，我就是首先认错的一个人。"又说：蔡元培曾提出"新文化运动莫忘了美育"，是完全正确的。"美术是偏于知识的，所以美术可以代宗教，而合于近代的心理"。现在中国没有美术，缺乏美感，"这才真是最致命的伤"。因为，如此的结果，"又何从引起人的最高情感？中国这个地方若缺知识，还可以向西方去借，但若缺美术，那使非由这个地方的人自己创造不可"。[4] 足见，至此陈独秀不仅接受了蔡元培的许多影响，实际上，他对

_____

[1] 高平叔撰著：《蔡元培年谱长编》（中），339页。
[2] 也正是因为如此，1920年陈独秀在《新文化运动是什么?》一文中，最终表示"认错"，肯定了宗教之不能简单否定和蔡元培主张的合理性。〔林茂生等编：《陈独秀文章选编》（上），513～515页〕
[3] 高平叔撰著：《蔡元培年谱长编》（中），62页。又说："教育的方面，虽也很多，它的内容，不外乎科学与美术。"（高平叔：《蔡元培全集》，第4卷，15～16页）
[4] 林茂生等编：《陈独秀文章选编》（上），514～515页。

于反省现代性思潮的原有观点，也发生了一些改变，从而为自己最终转向马克思主义，作了必要的思想铺垫。① 同时，如前所述，这也说明了，"五四"后蔡元培对新文化运动的积极"疏导"，确实产生了很大的影响。

蔡元培由于兼容了反省现代性新的思想支点，与陈独秀诸人相较，其推动新文化运动的努力，避免了偏激，同时，也体现了愈加开阔的视野和对全体人类的人性关怀。1924年他代表北京大学出席在德国举行的康德诞生二百周年纪念会，并在会上致辞说："只有在扩大知识和提高道德价值的基础上，世界才能够向前发展。在一个错综复杂、令人迷惘的世界里，特别需要具有这样一种精神。它能使最完美的知识和至高的道德的时代潮流融合在一起，并使崇高的永恒真理的理想得以发扬。"② 不难看出，这位刚刚离任的前北京大学校长和中国新文化运动的重要领袖的见解，体现了对现代性与反省现代性之间存在的内在张力的合理把握。

四、一生的成就："只在开出一种风气"

综上所述，可以引出以下几点认识：

其一，蔡元培不仅是北大校长，而且有着晚清翰林、老同盟会员、民国首任教育总长等辉煌的经历，更缘人格魅力，享有崇高的声望。同时，他与陈独秀、胡适等新文化运动主持者间的关系，实在师友之间。因之，惟有他德高望重，既能承担起新文化运动庇护人的责任，也能实事求是，揭出著名的"洪水"论，成为新文化运动的"疏导"者。胡适诸人尊之为"伟大的领袖"，不是偶然的。

其二，蔡元培与陈独秀珠联璧合，既奠定了新文化运动以北京大学为依托、以《新青年》杂志为主要舆论阵地的发展格局，同时，也使自己独具个性的新文化抱负得以从容施展。从戊戌维新失败后，他便认定发展现代教育，培养革新人才，是振兴国家的根本出路。因之，他将推进新文化

---

① 参阅拙文：《陈独秀与反省现代性思潮》，载《河北学刊》，2007（6）；2008（1）。
② 高平叔编：《蔡元培全集》，第4卷，481页。

运动与自己的教育救国论相衔接，始终坚持"教育家最重要的责任，就在创造文化"、①"新文化之基础"在教育和"大学为最高文化中心"的信念，以大魄力、大手笔，致力于北京大学的改革。检阅此期蔡元培发表的文章与讲演，不难看出，他始终不曾离开教育问题，抽象地和孤立地谈新文化，谈科学与民主的精神。这不单是因校长的身份，更在于信念使然。论者多强调北大是新文化运动的策源地，这固然是对的；但却忽略了至少同样重要的另一面：蔡元培按照自己关于"文化是要实现的，不是空口提倡的"思想逻辑，将科学与民主的精神具体而微地体现在了北大成功的改革过程中，使之成为新文化最重要的示范区，或如冯友兰所说，成为引导全国人民的新文化运动的"灯塔"，对于新文化运动发展所具有的重大意义。北大在五四运动及其后中国近代思想解放运动中都发挥了先锋与模范的作用，已充分证明了这一点。而缘此，便不难理解，何以蔡元培力排众议，坚持新文化运动进一步的发展趋向，当在教育。要言之，在理论与实践的结合上，立足北大，发展教育，是蔡元培在新文化运动中的着力点，同时，与陈独秀诸人相较，也体现了他独具个性的思想进路。

其三，新文化运动，是一场伟大的思想解放运动。但是，也无须讳言，陈独秀等主持者在倡导科学与民主，激烈地批判旧思想旧文化的过程中，不免意气用事和存在情绪化的倾向，故其自身言行之有违科学与民主精神，也往往所在多有。在这种情况下，蔡元培提出"思想自由，兼容并包"的思想主张，其时代意义显然超出了学校的范围，而彰显了现代社会的普世价值。欧洲伏尔泰名言："我不赞成你的观点，但我誓死捍卫你的发言权"，被公认是体现现代社会思想自由原则的典范。蔡元培的思想主张，就是要求打破一道同风、党同伐异的传统痼疾，真正尊重思想自由。它与伏尔泰的思想一脉相通，为其时的新文化运动提示了思想解放应有和更高的境界。在改革开放的今天，蔡元培这一思想主张又重新被人关注和肯定，这是可喜的；但是，其意义似乎仍然只被限于学术与学校的范围，而未能理解它所提示的是现代社会思想解放应有和更高的境界。这是令人

---

① 高平叔撰著：《蔡元培年谱长编》（中），434页。

遗憾的。

其四，新文化运动既是近代中国社会逻辑发展的必然产物，同时也是西方思潮影响的结果。20世纪初年，中西方都面临着各自"重新估定一切价值"的时代。当陈独秀诸人热衷于仿效西方近代文明批判中国旧文化之时，欧人却在反省自己的文明了。欧洲现代思潮的变动，无论是其社会主义取向还是反省现代性的取向，都不能不影响到中国，并在事实上都给新文化运动打上了自己的印记。① 1919年底，蔡元培在《文化运动不要忘了美育》一文中，开宗明义即写道："现在新文化运动，已经由欧洲各国传到中国了。解放呵！创造呵！新思潮呵！新生活呵！在各种周报上，已经数见不鲜了。"② 在这里，"新文化运动"被说成正从欧洲传到中国。在蔡元培的心目中，这个所谓的"新文化运动"，在很大程度上，就是指心仪久之的以倡导"生命创化"与"新精神生活"为中坚的欧洲反省现代性思潮。他积极迎受反省现代性思潮，使自己的视野更加开阔。陈独秀、胡适所以固执地拒绝中西文化融合的必然性，重要一点，便是他们对欧战暴露的西方文明的弱点，视而不见；而蔡元培所以强调中西融合，恰恰是借重了反省现性，深刻地看到了这一点。他在《东西文化结合》中说：在欧洲"尤其是此次大战以后，一般思想界，对于旧日机械论的世界观，对于显微镜下专注分析而忘却综合的习惯，对于极端崇拜金钱，崇拜势力的生活观，均深感为不满足。欲更进一步，求一较为美善的世界观、人生观，尚不可得。因而推想彼等所未发见的东方文化，或者有可以应此要求的希望。所以对于东方文明的了解，非常热心"。"照这各方面看起来，东西文化交通的机会已经到了。"③ 在很长一个时期里，学界多贬抑梁启超诸人主张中西融合为守旧，但却发现不便贬抑的蔡元培，在这方面却恰恰与之趋同，故难免于尴尬。实际上，这正反映了蔡元培超越陈独秀、胡适，将反省现代性的视角引入新文化运动，有助于进一步拓展国人的视野，新文化运动的内涵缘此愈趋深化。美国学者卡尔·博格斯说："对现代性的攻击

---

① 参阅拙文：《新文化运动与反省现代性思潮》，见《近代史研究》，2009（4）。

② 高平叔编：《蔡元培全集》，第3卷，361页。

③ 高平叔编：《蔡元培全集》，第4卷，51～52页。

已经随着时间的推移积聚了力量，而且，今天似乎与历史力量的吸引力相吻合。这种攻击从波德莱尔和尼采延伸到阿尔托、海德格尔和当代后现代主义。"① 从尼采的反省现代性到当今的后现代主义，一脉相承。包括蔡元培在内，欧战前后国人反省现代性所业已提出的问题与思考，许多在今天仍不失其合理性，是应当看到的。

　　当然，蔡元培的思想也有自己的局限。他对于旧思想旧文化的批判，虽有更加冷静和避免了简单化的长处，同时，作为北大校长，也不容放言无忌，但终究缺乏应有的力度。他唯一的一次批评孔子，却不免诚惶诚恐，就反映了这一点："吾国分士、农、工、商为四民，而士独尊。吾不得不犯众怒，归咎于人人尊崇之孔子。孔子蓄雄心，欲揽政权，故游说各国，推士为独尊，而轻视农、工与商，致门弟子中有农、工、商之才者，亦为所迷，而不知返。"② 难怪陈独秀批评说："蔡先生不反对孔子"，"此余之所不同也"。③

　　但是，尽管如此，蔡元培在新文化运动中，卓然独立，却难能可贵。后来梁漱溟在纪念文章中说："蔡先生一生的成就，不在学问，不在事功，而只在开出一种风气，酿成一大潮流，影响到全国，收果于后世。"这虽非一人之功，"然而数起来，却必要以蔡先生居首"。又说："假如说开风气，育人才，为贡献于国家之最大者，则二三十年来总要数蔡先生为第一个。"④ 其言在概括蔡元培的一生，但对于新文化运动中蔡元培的独特贡献与思想个性而言，它同样是贴切的。

---

　　① ［美］卡尔·博格斯：《知识分子与现代性的危机》，李俊、蔡海榕译，225～226 页，南京，江苏人民出版社，2002。

　　② 高平叔编：《蔡元培全集》，第 2 卷，489 页。

　　③ 陈独秀：《独秀文存》，92 页。

　　④ 梁漱溟：《纪念蔡元培先生》，见《梁漱溟全集》，第 6 卷，346 页；《蔡元培与新中国》，见《梁漱溟全集》，第 6 卷，75 页。

下　编

第十五章　现代中国媒体对
日本论评的转变
——以《东方杂志》（1904—1931 年）为中心

　　《东方杂志》始于 1904 年 3 月，止于 1948 年 12 月，存续几近半个世纪，是近代中国最为重要的大型综合性刊物。它是一座宝贵的历史资料库，记录了 20 世纪上半叶中国社会急剧变动的时代风云，其中也包括了因日本侵华，中日关系走过艰难曲折道路的历史印记。仅 1931 年前的 28 卷，本刊发表有关日本的各类文章总数即超过了千篇，每年平均近 40 篇，足见其对于日本之关注。也缘是之故，《东方杂志》形成了自己的日本观。同时，由于它注意转载国内其他重要刊物的同类文章，故其日本观，在相当程度上，实反映了当时国人对于日本的普遍观感。《东方杂志》从早期因日俄战争而"醉心"日本，到欧战后全力揭露和批判日本军国主义，不仅反映了国人的民族自觉和爱国情怀，而且在申明大义中复超越了狭隘的民族主义，故其日本观又充分表现了中华民族可贵的理性与宽容。

一、走出"心醉日本"的误区

　　也许是巧合，1904 年 3 月《东方杂志》创刊之时，正赶上了日俄战争。当年它刊载的相关文章包括战事报道，多达 95 篇；创刊号开宗明义之第一篇文章，即是由"本社撰稿"的"社说"：《论中日分合之关系》。足见《东方杂志》开张伊始，便与日本问题结下了不解之缘。

　　日俄战争，是两大列强为争夺满洲，在中国领土上爆发的一场赤裸裸的帝国主义战争。它严重侵犯中国主权，给中国人民造成了极大的灾难，故于双方并无是非正邪可言。然而，值得注意的是，从战争一开始，《东方杂志》的舆论便全然站在了日本一边。例如，其《日俄交涉决绝始末》一文这样写道："维持韩国自主独立，暨疆域地土之完全无缺，藉以保护日本帝国在韩国所享莫大之利益，于日本国泰民安，实为紧切，亦属不得不然之举。是以凡有令韩国沦于阽危之一切举动，日本帝国政府实不能漠然观望之。"俄不仅违约占据满洲，且危及韩国安危。"日本帝国政府为保维东亚永远和局起见，深愿将日俄两国在满洲及韩享利益与俄国衷衷相商，妥为调和。"① 但是，俄拒绝协商，终酿成了两国战事。这里显然偏袒日本，将之说成了是正义的一方。不仅如此，它还借英报的舆论，颂扬日本国民"莫不视其力之所及"，慷慨解囊，全力支持这场战争；日本军人更是英勇善战，"视死如归"，"其心有所信仰，故精神奋励，常欲建立功名，以尽其国而忘家，公而忘私之天职"。② 这自然进一步"提升"了日本的"形象"。

时距中日甲午战争不过 9 年，《东方杂志》所以不记"前嫌"而站到日本一边，端在于存在强烈的心理预期：日俄战争实为黄种与白种之战，立宪与专制之战；中日同为黄种，却有立宪专制之别，故若日胜专制之俄，则逻辑的结论是显而易见的：黄劣白优之说固破，而立宪优于专制之理自明。这对于久受西方压迫和正在吁请立宪的国人来说，自然是乐观其成的绝好兆头。本刊中的许多文章都在强调，日俄战争关乎中国乃至世界的命运："案此战于世界最大之关系有二：一则黄种将与白种并存于世。黄白优劣天定之说，无人能再信之。二则专制政体为亡国辱种之毒药，其例确立，如水火金刃之无可疑，必无人再敢尝试。此二者改，则世界之面目全换矣。""若中国则黄种专制国也。鉴于日本之胜，而知黄种之可以兴，数十年已死之心，庶几复活。鉴于俄国之败，而知专制之不可恃，数千年相沿之习，庶几可捐。"③ 中国前途从此有可望之机，岂非其明？因此，不难理解，人们相信，若有望俄胜日败者，其心定然不可问；也不难理解，战争结局果然是日胜俄败，《东方杂志》上立刻响起了一片黄种之中国将兴的欢呼声："伟矣哉！铁血主义之能左右世界也。今者日胜俄败，战局将终，向时黄白优劣之说，不足复信，太平洋日本海之间，骤辟一新天地

---

① 《日俄交涉决绝始末》，载《东方杂志》，第 1 卷第 1 号，1904-03-11。

② 《日本致胜之由》，载《东方杂志》，第 1 卷第 5 号，1904-07-08。

③ 《论中国前途有可望之机》，载《东方杂志》，第 1 卷第 3 号，1904-05-10。

也。戢列强膺膦鹗视之态，纾华族豆剖瓜分之祸。当此之时，正我中国四万万人投袂奋起，力图自强之日也。"①

应当说，上述人们的心理预期不乏自己的合理性：黄白本无优劣之分，日胜俄败确实有助于进一步打破西方殖民主义者的此种谬说；而俄败也无疑是进一步暴露了这个专制帝国的衰微，它反映了国人反抗西方压迫愤怒情绪的宣泄。事实上，这也是其时亚洲各被压迫民族共同的心态。②因之，日俄战争对中国政局及其思潮的影响，不容轻忽。但是，也应当看到，日俄战争正是日本走上帝国主义不归路的重要节点，此种心理预期同时也产生了严重的误导：麻痹和淡化了人们对于日本军国主义应有的警觉。这表现有二：其一，误判事实，将日本的对俄战争视作仗义之举，进而一厢情愿，倡言中日携手双赢的虚幻愿景。《东方杂志》上有不少文章，将日俄战争视为日本代中国而战的"仗义"之举，称之为"良友""善邦"、"友邦"，感激不尽。例如，有文说，"日本受此一番亏损，厥根源，实由中国衰弱之所致"。③另有文也说，我既无力收回东三省，日本"友邦仗义出而为争"，却复称中立，"不能出一兵一矢之助"，④不免大失脸面。更有甚者，指责清政府不忘甲午旧仇、亲俄拒日之非："甲午之日本，于我诚为仇敌，然既已媾和之后，日本上下议论，皆欲缔好于我，动我以同种同文之感情。"然而，政府应对失策，"以丧师失地之故，衔恨日本"，⑤促成三国干辽，终亲俄拒日，使东三省局势为之一变。所以，在《东方杂志》看来，由此引出的教训，便是中日两国唇齿相依，当捐弃前嫌，走

---

① 翰富：《论日胜俄后列强于亚东之现象》，载《东方杂志》，第2卷第9号，1905-10-23。

② 美国学者安德鲁·戈登在所著《日本的起起落落：从德川幕府到现代》一书中说："日本在1905年战胜俄国，其结果是中国、越南以至菲律宾、缅甸、印度等地，卷起一股反殖民浪潮，亚洲各地人民均视日本为反殖力量，认为日俄战争是近代首露曙光，显示黄种人可能战胜白种人。"（李朝津译，218～219页，桂林，广西师范大学出版社，2008）

③ 《中国衰弱非日本之福说》，载《东方杂志》，第1卷第10号，1904-12-01。本文为转录八月初二日大公报之文。

④ 闲闲生：《论中国责任之重》，载《东方杂志》，第1卷第1号，1904-03-11。

⑤ 华生：《论国家倚赖第三国之无益》，载《东方杂志》，第1卷第8号，1904-10-04。

"与日共兴"、黄种共赢之路。上述创刊号首文《论中日分合之关系》写道："天下有自然之势非人力所可逃，往往经数千百年之后，神光离合，起伏万端，而其归于天然之局。此所以哀叹于天定之不可逃也。"中日相知甚古，其间虽不无冲突，无伤大局。甲午之役虽属例外，但实因韩而起，双方未必成见在先。"我国不能知是役牵动之巨，想日本亦未必能测其终"。今当亚欧荣落，黄白兴亡之际，中国欲不自处于奴隶与牛马的境地，唯有走与日并兴这一历史必由之路，"则必与我之同利害者相共而后可以集事也，明矣。此所谓天定而不可逃者欤"？要看到，中国分而日本孤，固不如中国强而与日本并立为得计。所以，即便没有日俄之战，中日并立同样"有可决之于天理人情之际者矣。若是者，宗旨既明，而后政策自此始"。① 不难看出，《东方杂志》所以提出这样的主张，自然是以相信日本"人同此心，心同此理"为前提的，为此甚至不惜罔顾事实，重新解释历史。故本刊以下的论调十分流行："日本既成东方强国，则本其种种之感情，必有一日扶植中国，而攘斥欧美。"② "中国虽不振，要亦黄人之余裔，……经此番刺激，急起而直追，与日本相为后先，全力而扼东方之霸权，则天下事亦可量也。于乎，存亡之机，在于今日。"③ 从一般意义上讲，中日同文同种，应携手双赢，自然没有错；但问题在于，人们于日本的侵略正步步进逼，视而不见，却一厢情愿地侈谈并立与双赢，实无异与虎谋皮，自蹈险境。其二，轻率断言日本对东三省不抱野心。与上相应，《东方杂志》轻率断言日本对东三省不抱野心。例如，有文说：人有疑日本在韩独霸，今百战之后，于东三省也必然要独占，其实不然。日本人口不过五千万，得韩已足，不可能贪得无厌。"故其所以争者若是其烈，然固非有殖民之见存。得之虽难，而其所以视东三省之初意，固与其视韩国迥殊。必谓欲以如此辽阔之幅员，据为私有，屏他人于门外，坐令地有遗利，是断非日本之用心矣"。④ 另文也说：日虽胜俄，但不会独占东三省，

① 别士：《论中日分合之关系》，载《东方杂志》，第 1 卷第 1 号，1904-03-11。
② 《论各国保全中国之不可恃》，载《东方杂志》，第 2 卷第 3 号，1905-04-29。
③ 孤行：《论中国必不能破坏中立》，载《东方杂志》，第 1 卷第 2 号，1904-04-10。
④ 《论东三省终宜开放》，载《东方杂志》，第 2 卷第 8 号，1905-09-23。

因为"日本果欲全占满洲之利益，则将以何词以解仗义兴师之举乎"？"故吾料日本将来之对于满洲，仍当持美国所首倡之开放主义以处置之，而己亦与利益均沾之列"。① 此后残酷的历史事实证明，这是多么天真幼稚的想法。

《东方杂志》的对日评论，除了"本社撰稿"的社说之外，常转录诸如《时报》《中外日报》、《大公报》、《南方报》、《天津日日新闻》等全国各地重要报刊的文章。故其上述"心醉日本"的心理及舆论倾向，在全国具有一定的普遍性。有文说："谛视吾国今日社会之现象，朝野上下，殆可谓具同一心醉日本之倾向者矣。"② 此种"心醉日本"固然包含着羡慕日本这位"新进少年"，③ 学习西方有成、足资楷模的积极成分，但是，相信日本是包括中国在内亚洲黄种的代言人，甚至是解放者的盲目倾向，显然存在。虚幻的东西终究不能长久，人们很快便失望了。美国学者安德鲁·戈登指出：日俄战争后，亚洲各国多视日本为自己反对殖民统治的代言人，"然而在日本帝国主义者的强权政治考虑下，各种解放亚洲的梦想很快便烟消云散，更不用说寻求日本人的协助"。"在其后的日子里，日本先并吞韩国，又向中国提出二十一条，在亚洲人眼中，日本的扩张政策并非代表亚洲解放力量，而是压迫的象征"。④ 这是合乎实际的。

但是，就《东方杂志》而言，其由"醉心日本"转变到警惕并进而自觉地批判日本的侵华野心，毕竟经历了一个不短的过程。迄1915年前，其"醉心日本"的倾向虽在日渐淡化，也有个别文章对日本的野心曾表示了某种担忧；但从总体上看，毕竟对日本的侵略野心缺乏应有的警觉，甚至没有发表过一篇由国人撰写的正面揭露和批判日本侵华野心的文章，更多的文章包括译文在内，是在"客观"地介绍日本在满蒙地区及韩国的所谓

---

① 依可：《东三省权宜策》，载《东方杂志》，第 1 卷第 9 号，1904-11-02。
② 《论朝廷欲图存必先定国是》，载《东方杂志》，第 1 卷第 7 号，1904-09-04。
③ 孤行：《论中国必不能破坏中立》，载《东方杂志》，第 1 卷第 2 期，1904-04-10。
④ ［美］安德鲁·戈登：《日本的起起落落：从德川幕府到现代》，219 页。

"调查"、"开发"，甚至不乏称颂之词。① 1907 年发表的梁启超《中日改约问题与最惠国条款》一文，还在强调日本对华友好，不存"歧视"，相信日本能带头推动列强取消对华最惠国条款。② 1911 年虽译载俄刊文章《日本之帝国主义》，但译者却在"按语"中强调说："其说之当否，姑置不辨。"③ 刊物立场之游移暧昧，足见一斑。1915 年日本向袁世凯政府提出灭亡中国的"二十一条"，图穷匕首现，舆论哗然，激起了全国抗议的浪潮。《东方杂志》"醉心日本"之梦，才随之真正幻灭。1915 年 4 月主编杜亚泉（高劳）发表《日本要求事件》长文，明确指出：日本的国策就是"执行扩张主义，以准备战争"。他说，甲午之役，日本割占台湾，因三国干辽，未得展其夙愿，但要求福建为自己的势力范围，并终通过日俄战争占有了东北权益。此次它提出"二十一条"，就是想利用欧战乘机控制中国："此次欧战发生，日本既加入协约国方面，以兵力攻取青岛。其政府官僚，乃以此为解放对华问题之适当时机，要求条件，遂乘时提出矣。"④前后相较，其持论差若天渊。

至此，《东方杂志》早期缘日俄战争浸成的所谓中日并兴共赢的心理期待，既烟消云散；其后，尤其经五四运动之后，随着中日关系发展到新阶段，它便得以进而形成自己清醒理智的日本观。

二、全面揭露日本军国主义的侵华阴谋

不过，《东方杂志》直面日本，显露自己全新的应对态势，还要晚到 1921 年底到 1922 年初召开的太平洋会议之时。

---

① 例如，第 9 卷第 3 号译载美国《评论之评论》杂志上的文章《论日本之治高丽》，说：高丽归入日本，后者也确实负起了责任。"盖高丽之人，素以故见自封，而日本人则在以西洋文明输入之。其坚韧不挠，通筹全局，常注意于国家之福利，而不图个人之利益，皆足以显其行政之能力也"。（1912-09-01）

② 梁启超：《中日改约问题与最惠国条款》，载《东方杂志》，第 4 卷第 2 号，1907-04-07。

③ 佩玉译：《日本之帝国主义》，载《东方杂志》，第 8 卷第 4 号，1911-06-21。

④ 高劳：《日本要求事件》，载《东方杂志》，第 12 卷第 4 号，1915-04-01。

这是美、英、日诸列强继巴黎和会之后，为进一步协调彼此关系和安排战后的世界秩序，而举行的又一次分赃会议，并最终形成了凡尔赛—华盛顿体系。中国应邀出席了会议，但受到极不公平的对待。会议虽规定日本将德国在山东的租借地归还中国，但仍保留了许多特权。国人的希望再次落空，但其争取民族独立的精神却愈加增强。《东方杂志》对此次会议高度重视，出版了包括第18卷第18、19号在内的专号：《太平洋会议号》，旗帜鲜明地将自己对日的关注提高到了全新的境界：专号集中发表了《太平洋会议与中国》、《废除1915年中日条约及其附属文件之研究》等共14篇长篇专文。重要的是，它改变了此前对日评论以转录其他刊物文章为主的做法，这些文章全部由本刊撰述。此后，以本刊撰述为主成为了惯例。这说明它全力加强了对日评论的力量。此其一。不仅对于日本的侵略野心有了更加完整的认知，而且十分尖锐地将日本军国主义视为制造中国及远东危机的祸根。何海鸣指出：日本的侵略野心不仅限于中国，还想称霸太平洋。"日本侵略世界之阴谋，分南进北进二派。北进者在大陆，东三省首当其冲，蒙古与中国北部为其最后之目的，且或欲达到大隈侯身为中国总监之志愿"。南进志在南洋，包括太平洋夏威夷群岛、菲律宾、马来半岛、东印度、婆罗门洲各岛等。人所共知，日本早在明治之初即提出了对外扩张侵略的所谓"大陆政策"，并分五个步骤，试图有计划地实现其征服中国、朝鲜以至于亚洲与世界的狂妄野心。这里何海鸣的指陈显非泛论，它具体而准确，反映时人已十分确认日本的阴谋。所以，他断言："世界不幸而有一日本，欲步普鲁士帝国之后尘。又不幸而有一疲弱之中国，以供日本侵略主义之试验品。于是世界多事，而外交坛坫上各呈其飞跃暗斗之状态矣。"① 武堉干也说："数十年来，远东局势之不安，无一非日本军阀主义所造成之结果"；"酿成吾国今日之现象，质言之，殆均可谓日本军阀主义所造成者也"。② 人们不仅视日本为中国与远东危机的祸根，

---

① 何海鸣：《太平洋会议保侨案提出之旨趣与华侨之觉醒》，载《东方杂志》，第18卷第18~19号，1921-10-20。

② 武堉干：《太平洋会议与中国》，载《东方杂志》，第18卷第18~19号，1921-10-20。

而且将日本与中国间的侵略与反侵略斗争认作远东与世界政治格局中的核心主题之一，其认识显然大为深化了。此其二。人们注意到了太平洋会议并没有完全解决列强间的矛盾冲突，尤其看到了美日间的矛盾终究不可调和。尽管对于提出"门户开放"与"保全主义"的美国仍抱有幻想，但他们提出不妨将联美或联俄作为选项，重新思考应对日本侵略的战略，却不乏创意："中立乎？联美乎？与劳农俄国合而维持远东之和平乎？凡此皆宜作深长思者。"① 足见人们已完全超越了日俄战争期间曾一度突显的所谓欧亚黄白种之争的旧思维模式，而展现了欧战后全新的世界视野。此其三。

缘是之故，《东方杂志》对于太平洋会议后日本朝野大肆宣传"中日亲善"，扬言将改善对华政策，嗤之以鼻。早在1914年初，新任日本总理大臣大隈重信就发表《东方平和论》等文，大谈中日同文同种，"辅车相依，唇亡齿寒"，帮助中国是日本的天职："日本而灭中国，乃日本之大害。中国而仇视日本，亦中国之不利也。""维护中国之安全，启发中国之文明，以为维持东洋平和之基本。此日本之天职，欲弃而不能弃，欲夺而不能夺者也。"② 但话音刚落，次年他就向袁世凯政府提出灭亡中国的"二十一条"。足见其虚伪之至。为了平息中国不断高涨的反日浪潮，同时也为了摆脱太平洋会议后在国际上的孤立地位，以便在"保全中国"的名义下与西方列强抗衡，保持自己在华的优势地位，寺内正毅以后的日本继续渲染"中日亲善"。但今非昔比，中国人已不愿上当了。张梓生在《日本改变对华态度的观察》一文中说："向来日本方面所讲的中日亲善，我们早已闻命，现在没有重复讨论的价值了。""'大隈式'的亲善政策，政客们口是心非的亲善议论，我看了不但不能领受他们的善意，反觉得中日两

北京师范大学史学探索丛书

---

① 武堉干：《太平洋会议与中国》，载《东方杂志》，第18卷第18~19号，16页。

② 章锡琛译：《日本大隈伯爵之东方平和论》，载《东方杂志》，第10卷第12号，1914-06-01。

国间的鸿沟，因此愈划愈深，中日亲善之道路，因此愈走愈远。"① 因为，这无非是日本外交政治上宣传的一种需要罢了。溥贤的见解更加尖锐，他指出："日本对华，始终以扰乱中国为唯一政策。中国'乱'而后日本始有机可乘，始有辞可藉。中国愈乱，日本愈利。彼当局政客日言希望中国日臻治理，皆自欺欺人之辞耳。读者不见日本在华之行动乎？复辟党也、帝制党也、直派也、皖派也、安福部也、政学会也、张派也、北方政府也、南方政府也，有一不受日本直接的间接的教唆挑拨者乎？最近二十年来之政变，谓之日本在华之活动史，亦非过言。""日本所设之陷井，中国人无一不蹈之，一蹈再蹈，而不知觉悟，亦可悲也。"② 其言沉痛，良有以也。1929 年日本外交界要人小村俊三郎在东京的一次国际会议上散发所著文章《日支不侵犯条约缔结论》，鼓吹为缓和两国国民对立情绪，"约定日本不侵害中国独立主权，中国也不要妄用不法手段侵害日本之条约权"。日本强加给中国的不平等条约本身就是侵害后者主权的产物，既坚持"日本之条约权"，所谓"日本不侵害中国独立主权"又何从谈起！这显然是颠倒是非的强盗逻辑。《东方杂志》在转载此文时加的记者按，力斥其谬，可谓义正词严：要中国承认中日现行条约以保障日本的固有权利，"那岂非举国所不承认的二十一条以及数种不合法的铁路草约，也要加以承认吗？以这样重大的牺牲来换取空洞的日方尊重我国主权的虚名，恐怕国人虽愚，也绝对不能加以承认吧！"③

需要指出的是，在渲染"中日亲善"的同时，日本国内鼓吹"大亚细亚主义"或叫"亚细亚主义"的声浪，也甚嚣尘上。日本的所谓"亚细亚主义"，原为 19 世纪 70 年代末形成的民间思潮，它强调亚洲各国是命运共同体，应平等联合共同对抗西方的压迫，不无积极的意义。但是，"甲午战争是近代日本亚细亚主义'质变'的开始"，它日益成为了为日本政府

---

① 梓生：《日本改变对华态度的观察》，载《东方杂志》，第 19 卷第 6 号，1922-03-25。

② 溥贤：《日英续盟与中国之命运》，载《东方杂志》，第 18 卷第 12 号，1921-06-25。

③ 《中日缔结不侵犯条约论·记者按》，载《东方杂志》，第 26 卷第 21 号，1929-11-10。

对外扩张的"大陆政策"服务的工具，蜕化成了"大亚细亚主义"，即"大日本主义"。① 1924年10月，日本有影响的刊物《日本及日本人》杂志出版增刊《大亚细亚主义》，集中发表了共50篇文章，虽具体的观点各异，但其主要倾向就是鼓吹扩张主义。如蕨橿堂的文章题目就公然标明：《大亚细亚主义等于大日本主义》。② 由于"大亚细亚主义"表面上主张亚洲各国共同反抗欧洲的帝国主义，故有一定的迷惑性。例如，中谷武世写道："今日的中日相争——尤其是中国的政治家以今日这样的心意和态度对付日本，以煽扬中国人民对于日本的敌忾心为能事，这实在是给欧美帝国主义以可乘的绝好机会和便利。已渐渐退去的欧洲帝国主义将重新恢复它的势力，而策划在东方再建霸权罢。……（中国人）关于这种危险，非深深地加以考虑不可。"③ 正因为如此，李大钊曾多次著文指出，日本所谓的"大亚细亚主义"，无非是"大日本主义的变名"和"并吞中国主义的隐语"。④《东方杂志》对此的批判，用力尤多。高元在《咄咄亚细亚主义》一文中指出：日本的德富苏峰与浮田和民诸人对于"亚细亚主义"的具体说法容有不同，但他们为日本在亚洲的扩张张目却是共同的。"我们知道亚细亚孟禄主义——新亚细亚主义，——是要把日本做个东亚的主人翁，别个国家都是它的奴隶。等到它摇身一变，它还要做个向外边抢的主义"。"所以新亚细亚主义，简直是'日本人的大亚细亚主义'——'大日本主义'——的种子。有发生大危险的可能性。老实说一句，新亚细亚主义就是'大日本主义'的别名罢了"。⑤ 明烟更进了一步，他尖锐地指出：劳资阶级的对立、资本主义与社会主义的对立、帝国主义与殖民地被压迫民族的对立，以及帝国主义列强间的对立，20世纪种种矛盾正集中于亚洲。日本"亚细亚主义"倡言"种族之联合与抗衡"，"可谓昧于世界潮

---

① 王屏：《近代日本的亚细亚主义》，11页，北京，商务印书馆，2004。

② 同上书，27页。

③ ［日］中谷武世：《亚细亚联合果不可能乎？》，载《东方杂志》，第28卷第15号，1931-08-10。

④ 李大钊：《大亚细亚主义与新亚细亚主义》，见《李大钊文集》（上），609页。

⑤ 高元：《咄咄亚细亚主义》，载《东方杂志》，第16卷第5号，1919-05-15。

流，思想陈腐"，无非"完全站在日本帝国主义的立场来说话"。中国、朝鲜等亚洲各被压迫民族不通过武力反抗是不可能获得解放的。列强正集注于中亚角逐，太平洋问题有可能酿成二次世界大战。有识之士绝不能成为日本的"亚细亚主义"的应声虫："当此风雨狂暴的前夜，我们东方的被压迫的民族，应该联合起来，积极奋斗，将来方可在世界潮流的洪涛中救出自己而不至于沦丧。我们身为智识阶级的人，就使不负起唤醒正在沉梦中的被压迫民族及弱小民族的责任，也万没有反过来粉饰太平的道理。"①

20世纪初，列强对华侵略的手法多有改变，由赤裸裸的武力征服变为以经济掠夺为主，借以控制中国的政治经济命脉。但是，感觉到的东西不一定能理解它，只有理解了的东西才更容易感觉到它（毛泽东语）。如前所述，在未走出缘日俄战争产生的"醉心日本"的误区之前，《东方杂志》对日本在华的经济掠夺，多熟视无睹，故甚少有专文揭露者；1915年后既廓清了"中日亲善"、"大亚细亚主义"等等迷雾，其目光自然变得尖锐了起来。这表现有二：一是注意利用日本朝野自身狂妄的扩张言论，助益国人洞察其奸。例如，它曾译载日本《太阳杂志》文：《日人之开发中国富源论》，其中公然这样写道："中国之富源，亦世界之富源也。"中国既无力开发，只能借助外人，中国官民若不明此理，"自闭其宝库，则各国为文明进步之故，当强制执行"。日本既缺乏煤铁等工业原料，粮食也不够，"中国乃其最大之供给地"，它向中国提出"特别之要求"，自是理有固然。② 这种恬不知耻的强盗逻辑，当令国人惊心。二是通过具体事实揭露日本在华尤其是在东三省进行的大肆掠夺。1926年马寅初的《中日现行通商航海条约之研究》一文指出：现有在华日侨约25万多人，北部以南满为中心，侵入东蒙；南部以上海为中心，蔓延于长江一带。他们有往来居住通商工作之权，且享受最惠国待遇。以中国每年每人送金额约150元计，则我输入于日本，除入超一亿数千万元、借款利息一千五百万元、投资盈

---

① 明炤：《亚洲联邦问题》，载《东方杂志》，第28卷第15号，1931-08-10。
② 高劳译：《日人之开发中国富源论》，载《东方杂志》，第12卷第6号，1915-06-01。

余一二亿元、留学生费三百万元之外，又须增加四千万元左右之送金额。换言之，我四万万人，每年每人对日本应负担一元左右之税金。"其数目之巨，真令人毛骨耸然，闻而却走"。反之，日本对我侨民却施以种种恶行，包括我小行商非随身带百元以上者不准上岸。故此不平等条约倘不改订，"将何以平吾民之愤耶"！① 陈世鸿的长文《我国煤铁矿与日本国防及工业之关系》，对所有与日相关的中国煤铁矿，按地点、因缘性质、品质、产量四个方面，分别作了具体的考察与统计。他指出，日本每年由中国进口的煤，占其进口总量的一半以上；而铁矿石"几全仰给于我国"。推原其故，端在价廉、运便、质优。但问题在于，日本正是利用这些煤铁原料加强它的国防工业，然后反过来，又藉此不断加强对中国的侵略。"是今日与敌以煤铁，又何异乎遗敌以坚甲利兵，而资寇粮也耶？甚矣！以我国之煤铁，制之成器，转而威胁我，侵略我，恃强要挟，无所不至，我非至愚，安忍袖手坐视，任人脔割乎？"② 如果说，上述二人所论还仅是限于通商条约及煤铁单项的情状；那么，何维华因在东三省旅行有感，撰成的《日本南满铁道公司经营东省之现状》一文，通过对南满铁道公司的考察，则是有力地揭露了日本在整个东三省的野蛮掠夺。他说：日俄战争后成立的南满铁道公司利用欧战的有利机会并借助"二十一条"不平等条约，迅速扩张。从业人员多达近 4 万人，经营涉及铁道、港口、矿山、制铁业、电气煤气业以及地方事业六大项。其中的两大铁道及其支线形成了庞大的路网，经此东省富源不断外溢，而日货则日增。港口内分大连、营口、安东、上海等埠，以大连为中心。航线分大连——上海；大连——香港，前者为运送旅客百货之枢纽，后者则为运输抚顺煤炭专用。地方事业包括土地房屋、市街经营、教育、卫生设施、试验场及研究所五大方面。文章附有所营各业每年总收支及并年纯收入统计表。据作者统计，1907 年纯利为 200 余万元，1926 年则增至约 350 万元。作者进而写道：南满铁道公司名为公司，实则负有日本政府

① 马寅初：《中日现行通商航海条约之研究》，载《东方杂志》，第 23 卷第 23 号，1926-12-10。

② 陈世鸿：《我国煤铁矿与日本国防及工业之关系》，载《东方杂志》，第 19 卷第 19 号，1922-10-10。

的使命，其目的"不仅为经济侵略，开发产业，构成他们资本主义的发展，并同时具有强占东省之野心，作他们人口问题之解决。年来移植，源源而来者，年必数万计。直等东省如朝鲜，而该国内满鲜并称，更无惮讳"。他最后强调说："愿国人速起认清帝国主义者筑成要素之所在，去努力做打倒帝国主义——日本的工作。今草此篇，就是证实日本帝国主义筑成要素之所在，为在'打倒帝国主义'声浪中一个参考。"①

20世纪20年代后半期，日本发生金融危机，国内矛盾日益尖锐。与此同时，中国革命运动蓬勃发展，1926年开始的北伐战争顺利北进，危及日本在山东尤其是满洲的利益。在此情况下，陆军大将田中义一于1927年4月20日组阁上台，并开始加快推进侵华政策，于是年6月召开"东方会议"，确定了具体的侵略步骤。次年5、6月间，为阻止北伐军前进并为最终占领满洲做准备，先后出兵山东，制造了济南惨案；炸死张作霖，制造了皇姑屯事件，日本军国主义新的侵华战争如箭之在弦，一触即发。与此相应，《东方杂志》对日本的观察也超越了前期对其侵略野心的"辨析"，而跃进到了对其直接发动侵略战争的危险不断发出预警，并大声疾呼了。

1927年4月25日即田中内阁上台后仅五天，《东方杂志》就已开始提醒国人说："日本新政府，却又处处不忘侵掠主义的旧梦，这于东亚时局的将来，关系要算很重大咧。"② 7月7日"东方会议"刚结束，10日化鲁即在《日本的东方政策》中指出：自田中上台，"大家都知道日本政府的对华外交，要有一个急遽变化了，要倾向于顽强化了。果然，田中就职以后，就竭力想从对华政策中，一显身手，于是第一件事就是决定了出兵山东，第二件事是如今东方会议，以解决对华问题"。其对外发表的所谓八条纲领，无非包藏祸心，"我们应该格外的加以注目呢"！③ 武育干是常驻日本的记者，他及时和连续发回的一系列重要文章，最能代表杂志高度警惕的目光。他的《万目睽睽的日本对华新政策》，针对"东方会议"，就曾一针见血

---

① 何维华：《日本南满铁道公司经营东省之现状》，载《东方杂志》，第24卷第20号，1927-10-25。

② 育干：《日本之内阁更迭》，载《东方杂志》，第24卷第8号，1927-04-25。

③ 化鲁：《日本的东方政策》，载《东方杂志》，第24卷第13号，1927-07-10。

揭穿了日本的侵略阴谋：日本何以如此急切？原因有二：一是"临时的动机"，要赶在国民革命军到来前解决悬案，实现其占领满蒙的目的；二是"百年的大计"，就是它的"大陆政策"——占据富饶的满蒙为侵略基地。①迨济南惨案发生，武育干更是尖锐地预言，这是日本武力侵华的前奏。他在《日本对华急进与满蒙问题的归趋》一文中，对此有精辟的分析，入木三分："济南惨案只是决要重燃的东亚一种重大问题的开始：这便是'满蒙问题总解决'的问题"。换句话说，就日本而言，便是直截了当要"并吞满蒙"。这种计划并不自今始，但它现在却硬要贯彻执行。"因为硬要贯彻这种计划的缘故，所以非借武力不可。这次出兵山东，强占济南青岛，便算它的武力政策的第一步已大功告成了。近来各方消息，随处都有可看出它正实施它的第二步第三步政策"。武育干进而指出了人们需要密切关注的事态发展的蛛丝马迹：其一，日本正向奉天集结军队，并以"维持治安，保护侨民"为借口，"掩饰它出兵东三省的阴谋"；其二，日本制造皇姑屯事件，同时正扶植废帝溥仪，将之由天津转移到大连，"以便推他作满洲的皇帝。名义上说是扶助满洲独立运动，实际上是假借这个虚君制度，以便夷'满洲王国'为日本领土"。这无非是其吞并朝鲜的故技重演；其三，日本大造东三省独立的舆论，诸如"拥宣统复辟"、"请遗臣拟拥恭亲王为满蒙君王"，以及"满蒙非中国领土"说，等等，谣言四起。他强调，"蛛丝马迹，在在足与上说相印证"，"不能不疑于日本的阴谋鬼计，刻下正在分途进行咧"！现在日本人需要的只是一个借口，"扰乱倘一发生，它便有所借口来派兵'维持治安'了"。果然，日本人正在奉天制造所谓"炸弹事件"、"日侨恐慌"等等的紧张空气，"日本人的阴谋已图穷而匕首现了"。武育干最后大声疾呼，日本方针已定，中国人民武装抗日已不可避免："中国方面为图国民革命成功，为图国际地位之改善，也终非出于对日用武力不可。这只是迟早的问题，但我们要怎样的着手准备，

---

① 武堉干：《万目暌暌的日本对华新政策》，载《东方杂志》，第24卷第17号，1927-09-10。

以便倾全力以图'满蒙问题的总解决'呀!"① 不到三年，日本果然挑起了"九一八"事件，进而占领东三省，继而发动全面的侵华战争。由此不难看出，《东方杂志》的上述预警和呼吁未雨绸缪，表现了多么可贵的预见性和尖锐性。

1932 年商务印书馆在"一·二八"事变中遭日军炸毁，但《东方杂志》坚持出版。其第 29 卷 4 号发表主编胡愈之的文章《本刊的新生》，宣告本刊在战火中获得"新生"，将以"拿枪杆子的精神"拿笔杆子，投入抗日救国的斗争："我们将以此求本刊的新生，更以此求中国智识者的新生。"② 这是一个重要的里程碑，它标明，经历了近 30 年的观察与思考，《东方杂志》不仅洞悉了日本的侵华野心，而且决心从此以全新的姿态，投入全民抗战的伟大洪流。不过，同样重要的是，《东方杂志》对日本军国主义深恶痛绝，但这并不影响它在申明大义的同时，超越狭隘的民族主义情绪，对于日本民族始终持理性的态度。

三、超越狭隘的民族主义

《东方杂志》追根溯源，十分清醒地将日本的对华侵略政策，最终归结于其国内军国主义的政治体制。这就为自己的日本观得以超越狭隘的民族主义，保持高度的理性精神，在认识论上奠定了重要的思想基础。

耐人寻味的是，正是在日本田中内阁上台前后，《东方杂志》开始强调必须高度重视研究现代的日本政治。1927 年 4 月本刊发表周鲠生的文章《现代日本的政治》，指出：近年来国人对于外国政治的研究表现出了不少的兴趣，但多集注于欧美，却忽略了近邻日本，以至其关注程度甚至还不及戊戌维新时期。这从一方面看，固然是一种进步，因为它毕竟反映了我们已越过了"间接输入的时期"，可以径直研究西洋近代的政治思想与制度；但从另一方面看，却不免退步，"因为我们把一个实在和我国最有

---

① 育干：《日本对华急进与满蒙问题的归趋》，载《东方杂志》，第 25 卷第 11 号，1928-06-10。

② 愈之：《本刊的新生》，载《东方杂志》，第 29 卷第 4 号，1932-10-16。

关系的近邻的政治事情，应当特别注意的，反而看过了"。文章特别强调，不能因为日本是"敌国"，便掉以轻心："一个外国，不能因为她是我们的敌国，而可以不去研究她的事情。反之，研究这国的政治，便是了解她的国情和政策最重要的一步。我们感觉得日本侵略中国，压迫中国很久，我们是不是应当去考究日本这种侵略政策的原动力，探求她那主持这些政策的中心权力呢？有的人也许因为根本的轻视日本而不屑注意她的政治事情，那便是一种盲目的不管事主义了。"[①] 此后，发表的相关文章明显增多。

可以说，所有这些文章的结论都是一致的：日本军国主义植根于日本的现代政治结构之中。它们都指出，"日本名为立宪，但去近世民主政治、国民政府的本义甚远"。就其帝国宪法而言，"这是德意志的帝王神权说与日本所谓万世一系的皇位观念的混合品；这是把近世立宪政治，树立在中世纪封建制度的遗迹上的"。因之，其政治体制体现了产业金融资本与封建势力的二元结合，国家真正的政治权力不在内阁，也不在天皇，而操纵在代表二者利益的包括藩阀与元老在内的军阀手中，表现出了强烈的军国主义取向。周鲠生说，在这种体制下，"当然维持一种专制的军国主义。对外发展，扩张军备，是为军人的利益，因为如此可以增加军人的势力及位置。于是藩阀政府根本是主张军国主义侵略政策的"。[②] 黄季陆则指出，日本的政治权力既掌握在军阀手中，其内阁的更迭便只是走马灯般换人的把戏而已，"并不是表示日本国家政策的变更"，"于军阀的政策是无所动摇的"。明白这一点是重要的，不然，应对日本，视其内阁更迭为枢纽，"那便是太错误了"。"田中一个人算不得是日本对华侵略政策的中心，打倒了他，而不能以一种力量来变更日本的政情，便是隔靴搔痒，搔不到痒处的"。[③] 这些观点即便在当今看来，也无疑是正确的。日本著名历史学家井上清在所著《日本帝国主义的形成》一书中就曾指出，其时的日本政治

① 周鲠生：《现代日本的政治》，载《东方杂志》，第 24 卷第 7 号，1927-04-10。
② 同上。
③ 黄季陆：《日本对华侵略的背景》，载《东方杂志》，第 25 卷第 12 号，1928-06-25。

北京师范大学史学探索丛书

体制是体现了"天皇制与资本家、地主阶级的同盟"。他说:"日本资本主义是在专制天皇制的培育下,同半封建式的寄生地主制相结合而成长起来的。因此,虽说资本主义已经确立,但资本家阶级既没有意愿、也没有能力来取代天皇制而掌握国家政权。"尽管如此,它的势力毕竟发展起来了,"其结果,不只是资本家阶级依赖天皇制,而且天皇制也不得不依赖他们了"。①

但是,人们的观察并未止于此,而是进一步指出了日本现有的政治体制尚有更加可怖的一面,即它导引并强化了朝野上下崇拜军国主义与强权的非理性主义的严重倾向:其一,日本政党已异化为强权的附庸。"故今日在所谓封建势力与资产政党之间,表面上虽还是各个对立,实质上则已为帝国主义的金融资本之环紧密地系在一起了"。它们同样"信奉国家主义,高唱军国主义"。② 对于日本侵华政策,各政党的主张只有程度差异,"而不是根本的不同"。故有人强调说:"所谓联合日本在野各党打倒田中对华侵略政策的空想,简直是痴人说梦。"③ 政党成为强权的附庸,议会只是摆设,这里所谓日本政党政治的异化,美国学者安德鲁·戈登则称之为"帝国民主主义":政党与权贵"交换经济利益,政治上则官官相护。在思想上,他们的意识形态基本上相同,亦即接受一定程度的民主参与,但前提必须是支持天皇制度及大日本帝国"。④ 其二,军国主义"绑架"了日本国民。有文章说,"日本的军阀是侵略主义的火车头,把大多数的车辆般的日本人民拖起往前跑",无论今天的日本人民并无权力,即便将来有了足以左右政治的权力,"也恐怕在这样一种国家组织之下,也免不掉仍是要向中国进攻呵"!⑤ 这可以说是军国主义"绑架"了日本的国民;但这又

---

① [日]井上清:《日本帝国主义的形成》,宿久高等译,孙连璧校,106页,北京,人民出版社,1984。

② 洪康:《现代日本政治之解剖》,载《东方杂志》,第25卷第3号,1928-02-10。

③ 黄季陆:《日本对华侵略的背景》,载《东方杂志》,第25卷第12号,1928-06-25。

④ [美]安德鲁·戈登:《日本的起起落落》,210页。

⑤ 黄季陆:《日本对华侵略的背景》,载《东方杂志》,第25卷第12号,1928-06-25。

非全然是被动的，因为恰是日本民族性上弱点的存在本身为此提供了可能性。人们指出，日人最大弱点是"彼族的侵略性"，从历史上看，即具有"夸大性等的遗传"。其古代神话中有"天孙降临"的敕言，就反映了"惟我独尊"与恃强凌弱、"残酷好杀"的根性。也惟其如此，"日本民族有好欺善邻的天性"。历史上丰臣秀吉先后侵犯朝鲜与中国，其《答朝鲜王书》"把他那种妄自尊大，骄傲无礼，野心勃勃的怪性，活映在纸上"。20世纪以来，西人也多批评日人"傲慢无礼而复仇念强"，"神秘而深藏"，"偏狭而善疑"，① 足见并非偶然。日本民族性上的此种弱点与军国主义有相通之处，所以易于一拍即合，从而形成民族的疯狂。周鲠生因之写道：日本"国民方面因为历史的传习及事实的经验，渐养成一种崇拜官权，笃信军国主义的心理"。经中日、日俄战争的胜利，既增加了军人政府的威信，"于是一般人民也安于这种专制的政治，甚而因为崇拜军阀主权、崇拜强权、抱持狭隘的国家主义之故，愈益笃信强有力政府说，宁愿拥戴藩阀官僚政府，而不信议院政治、民主制度。这种国民心理，又实为日本民治进步之一个阻力"。"那种政治及于国民精神上之弊害殊大，有以减杀国民之自治能力，久之可以使国民在政治上堕落下去，则确是不可否认之事"。② 上述人们对于日本民族弱点的批评是否准确，可不置论；但是，他们强调日本疯狂的军国主义，在一定程度上反映了日本民族性上弱点的存在，则不仅是平心之论，而且是十分深刻的。

《东方杂志》上述认识的重要意义就在于，它事实上是将日本的军阀政府即统治阶级与广大的日本人民作了必要的切割（尽管也指出了日本民族性上存在的弱点）；缘是，其日本观逻辑的发展便是，不仅超越了狭隘的民族主义情绪，而且视野也大为拓展了，即不仅仅局限于揭露与批判日本军国主义，同时还自觉地体察和关注中日两国人民间终究割不断的情谊的存在，及其共同的理想。

所以，《东方杂志》不赞成简单否定日本民族。它着力揭露了日本政

---

① 谢晋青：《日本民族性底研究》，载《东方杂志》，第19卷第20号，1922-10-25。
② 周鲠生：《现代日本的政治》，载《东方杂志》，第24卷第7号，1927-04-10。

治体制的种种弊端，但同时也强调，"日本国民并不是一种堕落的民族，他们急公好义的精神不在任何他国民之下"。其政治的黑暗，"似乎不能全归咎于日本人道德之弱点，而只说是大半系政治制度的效果"。① "简单说完全是恶教育——军国主义教育的结果"。② 不仅如此，人们强调日本民族能在短短的 30 多年时间里跻身世界强国之列，定然有自己的优点。日俄战争后，本刊所以与国人一样"醉心日本"，重要一点，也是钦佩其勇于变革与创造的精神："呜呼，吾党之钦羡无极于日本三十年之维新史者宜矣。"③ 所以有人比较中日的成败兴衰，将原因归结为五："日本人爱国，而中国人不爱国"；"日本尚武，而中国不尚武"；"日本善变，而中国不善变"；"日本得人，而中国不得人"；"日本务远，而中国不务远"。④ 所言固未必精当，但其钦佩对方和勇于自省，却是显而易见的。1923 年东京大地震，记者发回的报道，对于日本民族面对突发的大灾难，依然保持冷静、坚韧与井然有序，深表钦佩，也同样说明了这一点。⑤ 特别要提到的是，人们虽指出了日本民族的弱点，但并不相信它一成不变，故诚心诚意劝说日本民族需正视并努力改变自己的弱点。其诚恳的程度，实到了言之谆谆，动之以情，晓之以理的地步："日本人不是没有优点，如勤勉好美等等，都是很特出的。如果能把彼不好的部分，如传统的夸大傲慢和残忍好杀等——尤其是迷信神话一事——根本除去，尽量发挥天才，则定为世界上的上好民族。关于地小民众，那都不成问题，因为世界上，绝没有一个平和的民族，是为着粮食不足而灭亡的。"⑥

中国人的此种善意与厚道，在对待东京大地震的问题上，表现得最为淋漓

---

① 周鲠生：《现代日本的政治》，载《东方杂志》，第 24 卷第 7 号，1927-04-10。

② 林骙：《日灾的观察》，载《东方杂志》，第 20 卷第 21 号，1923-11-10。

③ 《读日本外交史之感慨》，载《东方杂志》，第 3 卷第 1 号，1906-02-18。

④ 丁逢甲：《中日二国同在亚洲同为黄种又同时与欧美通商而强弱悬殊至此其故何欤？》，载《东方杂志》，第 2 卷第 4 号，1905-05-28。

⑤ 参见当时记者幼雄发回的报道《日本大地震》，载《东方杂志》，第 20 卷第 16 号，1923-08-25。

⑥ 谢晋青：《日本民族性底研究》，载《东方杂志》，第 19 卷第 20 号，1922-10-25。

尽致。时中国政府与人民迅速为日本灾区发起了募捐，中华学艺社、中华教育团等民间团体还派出慰问团到日本调查灾情，时间长达一个多月。《东方杂志》为此配发了许多报道与评论，一方面对日本人民表示慰问，同时强调这也是世界的不幸，对国人的募捐活动表示支持。需要指出的是，本刊希望借助天灾中的人类之爱，以进一步唤醒中日两国人民间的友谊与理性精神，用心十分良苦。灾后一般日本人对于中国的感情确实很好，"在日本人心里，初时都以为中国人排日到这么激烈，对于日灾一定要落井投石，没想到中国人不但不落井投石，还如此热心来救济他"。[1] 所以许多报刊都纷纷报道此事，《朝日新闻》且刊长篇社论《感谢善邻之同情》。林骙在《日灾的观察》中说："君子施恩不望报，中国人因为救济日灾，将来会收甚么结果，我很不愿意推测。我只说一句：中国人此次的行动，完全得当，因为救济恤邻，是人类爱的一种表现。人类能够进步完全是由于这种的美德。但在中国人能够发挥出来，由中国的民族进化上看去，的确是很好的一桩事来。虽使物质上不能够有十分的援助，只要精神上能够如是，已足把中华民族宽仁大量的特性表现无余了。"但是，就在此次地震中，日本青年自警团却趁机杀害了大批无辜的华人与韩人。所以，林骙接着评论说，"中日今后的关系能改善与否一层，我敢断言，其责任完全在于日本"。"日本人这种残忍心若是一天不改，日本将来不独不能成一等国，还要因此亡国呢！"[2] 坚瓠的《日本地震杂感》一文，为本刊第 20 卷第 15 号的首篇文章，相当于社论。他在文中也表达了同样的愿望。他认为，近代以来日本侵华给中国人民带来的伤害以及造成了两国间的对立，无须讳言。对于中国人来说，应自处的是"第一须知国际间的不平等，只是兼弱攻昧的自然作用，决不能归怨于任何一国。第二，须知中日两国实有共处之必要，我们应该以患难之交，抵御方兴未艾的经济侵略。那些幸灾乐祸或得过且过的下劣心理，是我们所绝对不应有的"。他强调日本侵华是其"资本制度的自然结果"，不应归罪于日本民族；两国人民当以此次共同抗灾为契机，共同反对军国主义。同时，他复强调"资本制度之本身，未必能维持久长的生命"，日本社会近年来一直

---

① 林骙：《日灾的观察》，载《东方杂志》，第 20 卷 21 号，1923-11-10。
② 同上。

北京师范大学史学探索丛书

处于动荡之中，维新的成果在地震中更几乎全被毁掉，日本人民在重建中当有所反省，"此种重建若有助于世界和平与中日友谊，对日本也是有利的"。[①] 国人如此以德报怨，如此为两国和平大局而苦口婆心，这在国际关系中实不多见。

尽管其时日本"知识分子及民间的主流声音是拥护大日本帝国"，但是"当时确实有一股反对军方的气氛"，[②] 一般民众中仍存反对军国主义的呼声。《东方杂志》显然注意到了这一点，故能自觉去体察日本民众对中国的善意，并及时积极地加以宣传。有文指出，必须注意"日本国民之对华态度，今非昔比"，受军国主义流毒深的人固然仍持旧的态度，但一般民众与舆论界对于中国强烈要求废除"二十一条"，颇表同情。对此，"吾人固不能一概指为别有作用而加以忽视也"。[③] 这就是强调，军国主义虽笼罩日本，但不能将日本社会视为铁板一块，从而忽略了日本民众亲善的一面。正是依此思路，《东方杂志》重视报道日本民间的友好言行。1925年初本刊曾报道为支持青岛日纱厂工人罢工，日本劳动总同盟汇款五千元接济罢工工人。记者接着评论说，日本工人既然都伸出援手，日方老板所谓罢工系华人仇日心理所致，岂能成立？[④] 它还刊登了日本东京大学教授吉野造作致北京大学某教授表示支持五四青年运动的信，其中说："侵略主义的日本，不独为贵国（指中国）青年所排斥，抑亦为吾侪所反对也。侵略的日本，行将瓦解，未来平和人道之日本，必可与贵国青年提携，此仆所确信不疑者也。"[⑤] 如果说，这是日人直接表达了对中国的善意；那么，下面两位对军国主义的批判，则是反映了更加令人快慰的日本民众的深刻觉醒。池田一郎在《今日之满洲问题》文中说："帝国主义者说满洲是日本的'生命线'，这是因为日本为着维持帝国主义的生存，半殖民的满洲

---

① 坚瓠：《日本地震杂感》，载《东方杂志》，第20卷第15号，1923-08-10。

② ［美］安德鲁·戈登：《日本的起起落落：从德川幕府到现代》，222页。

③ 张梓生：《中日二十一条交涉之解剖》，载《东方杂志》，第20卷第4号，1923-02-25。

④ 颂皋：《中日两国之新交涉》，载《东方杂志》，第22卷第12号，1925-06-25。

⑤ ［日］吉野造作：《日人吉野造作之中国最近风潮观》，载《东方杂志》，第16卷第7号，1919-07-15。

是她一天都不能缺少的资料地的缘故。""没有满洲的煤铁，日本帝国主义不能存在。在这种经济的重要性外，日本支配着满洲，可以完成一种防止革命势力从苏联侵入朝鲜的作用"。所以，日本政府所谓"满洲悬案"，指的就是"第一是满洲殖民地化的问题，第二是进攻苏联的问题"。① 其对日本军国主义的批判，可谓一针见血。早稻田大学教授大山郁夫的《就国法学上论太平洋会议》，对于日本军阀的批判，同样入木三分。他说："日本军阀没有一个人不说美国抱如何侵略的野心，他们自己又何独不然。现在极东方面，中国仿佛是被征服者的宝库，日美各国都是垂涎万丈"。劳动者都是战争的受害者，日本对中俄的两次战争，都是盗用国家的名义发动的。现在民众开始觉悟了，原来战争虽然胜利了，"但是我们劳动者呢，每天像机器般的清早到晚，已得的工资仍旧连仰事俯蓄都不够用。国家虽然富，也只限于资本阶级而已"。只有劳动阶级征服了征服者，即当权的统治者，民族间的冲突才能真正解决："唯有劳动者的解决，方是真正的解决。"② 不难看出，对日本民众上述言行的报道与宣传，不仅有助于国人更加冷静全面地看待日本民族，增进彼此的沟通与友谊，而且对于日本军国主义也是一种有力的孤立与打击。

20 世纪二三十年代，日本国内阶级矛盾日趋尖锐，各地农民反抗运动与工人罢工不断发生。尤其受俄国革命的影响，社会主义与马克思主义广泛传播，国民争取社会民主与进步的呼声日高。这形成了对日本军阀统治的有力挑战，故其针对国民反抗与进步人士的野蛮镇压，也愈加严厉。《东方杂志》对日本国内正在发生的这些变化感觉敏锐，都作了广泛的报道，以下的文章题目已足见其一斑：《日本劳动界之觉醒》、《日本农民运动的趋势》、《日本神户造船厂之罢工事件》、《震骇日本全国之长野县民大暴动》、《日本大兴党狱》、《日本空前大党狱》、《日本青年的社会运动》、《日本各大学的思想和人物》、《日本的无产政党树立运动》、《日本无产政

---

① ［日］池田一郎：《今日的满州问题》，载《东方杂志》，第 29 卷第 2 号，1932-01-16。

② ［日］大山郁夫：《就国法学上论太平洋会议》，载《东方杂志》，第 18 卷第 18～19 号，1921-10-20。

党的再生及其将来》。对于马克思主义在日本的广泛影响，本刊也给予了关注："要之马克思主义的普及，实为最可触目的现象。在每家书铺子上陈列关于这类的书报，也是自然不过的事。有人说美国化的运动竞技与马克思主义平分了日本青年的天下，当也不是过言。"① 但更值得重视的是，《东方杂志》明确指出，日本国内社会的变动关乎中国民族的独立运动，不容轻忽。1922 年它有文评论日本农民运动的趋势，说："自从农民运动勃发以来，他们（指军阀财阀——引者）就不能高枕无忧了"，因为过去农民青年常被骗去当兵，"为他们侵略土地，作封侯立铜像的工具"，"可是现在有点觉悟了，不但坐食的资本家军阀们要根本动摇，就是准备万世一系的一个帝王的古董，也有些靠不住了。这确是一件最值得注意的事情"。② 1926 年日本发生震动全国的长野县民大暴动，《东方杂志》也发表评论，指出：这是日本经济衰败引起各阶级民众生活困苦导致的结果。随着列强在中国市场争夺的进一步加剧，日本经济将更加恶化，"因此愈使其国内革命的形势迸发，或许在近几年内，逼至不得已时，日美要相见于太平洋——日本国内到处造此空气——我们想了，在这些将来必至的状况下，中国民族独立的机会，将要怎样顺利的来到呢？所以我们要注意日本——欧美各国也在内——国内的事件，尤其是要看破这次长野暴动是日本帝国主义身撄重症的表现"！③ 这显然是更为明确地将日本国内的变动与中国的民族独立运动联系了起来。人们尽可以批评作者不免过于乐观，但从其后日本发动侵华战争与偷袭美国珍珠港等一系列事态的发展看，作者的目光显然又不无独到之处。明白了这一点，也就不难理解，《东方杂志》对于实现中国民族独立问题，除了促国人猛省，强调"必先息内争"之外，④ 一再发出以下两种呼声，就不仅合乎逻辑，而且不失先见之明了：

　　① 　陶文：《日本最近的出版界》，载《东方杂志》，第 25 卷第 14 号，1928-07-25。

　　② 　吴觉农：《日本农民运动的趋势》，载《东方杂志》，第 19 卷第 16 号，1922-08-25。

　　③ 　孟博：《震骇日本全国之长野县民大暴动》，载《东方杂志》，第 23 卷第 22 号，1926-12-10。

　　④ 　朱经农：《废止 1915 年中日条约及其附属文件之研究》，载《东方杂志》，第 18 卷第 18～19 号，1921-10-20。

其一，希望中日两国人民联手阻遏日本军国主义："中日人民已经有了一致反对田中内阁出兵山东的形势，所差的只在未能切实联合作积极运动的一层上。""中国人民已准备尽所有能力，应对今后的事变，希望日本人民也能够起来作积极表示，阻遏军阀的荒谬行为，防止两国发生不可避免的冲突。"① 其二，希望与俄国携手打倒日帝国主义："我敢郑重向世界疾呼，太平洋问题若无俄国的帮助，是不能解决的。""为抵抗侵略起见，愿意代表中国青年向俄国青年致敬，希望可以携手去打倒东亚的侵略主义与和平之贼，更愿与俄国永久携手。俄国人民与政府注意！中国国民与政府注意！"②

  20世纪最初30年，正是日本通过日俄战争最终走上军国主义道路，并加紧推行侵华政策，为全面发动侵华战争作最后准备的重要时期。在此期间，《东方杂志》的日本观，走出了最早因日俄战争而"醉心"日本的误区，坚持全力揭露和批判日本军国主义，不仅反映了国人的民族自觉和爱国情怀，而且在申明大义中复超越了狭隘的民族主义。它正确地将后者的侵华政策归结于日本现代的政治制度，而将日本民族与日本统治阶级相区别，深切体察并宣传日本人民的亲善与坚信中日两国人民友谊的发展，展现了高度自觉的理性精神。如果我们注意到"九一八"事变后，日本军国主义变本加厉地发动了全面疯狂的侵华战争，给中国人民造成了难以计数的灾难，而抗战胜利后，中国政府与人民却以德报怨，强调日本人民也是日本军国主义的受害者，并主动放弃了战争赔款；那么便不难明白，其时《东方杂志》的日本观，就不仅是反映了国人的普遍观感，而且充分表现了中华民族至今一以贯之的可贵的理性与宽容。同时，与此期的民族危机日亟相应，中国经历了辛亥革命、护国战争、新文化运动、北伐战争等一系列事变，社会长期动荡，正酝酿着深刻的变革。《东方杂志》洞察日本的侵华野心并大声疾呼未雨绸缪，不可谓不力；但它于中国社会变革与前者间的内在联系的思考，却显得苍白："我故曰：欲救外交之胜利，必

---

  ① 张梓生：《日本出兵山东》，载《东方杂志》，第24卷第12号，1927-06-25。
  ② 瞿世英：《太平洋问题与太平洋会议》，载《东方杂志》，第18卷第18～19号，1921-10-20。

先息内争，此实伤心之语。望国人勿视如秋风过耳，漠然无所动于衷也"；① "吾愿国人自图振作，速谋实力之培养，国防之充实，庶几乎一切困难问题，俱迎刃而解矣"。② 这显然制约了其日本观的进一步深化。但这无需苛求，因为这既是《东方杂志》的局限，更可以看成其时孱弱的中国，为其带来的无奈。毫无疑义，无论得失，《东方杂志》的日本观，对于今天中日两国关系的发展，都不失借鉴的意义。

---

① 朱经农：《废止 1915 年中日条约及其附属文件之研究》，载《东方杂志》第 18 卷第 18～19 号，1921-10-20。

② 陈世鸿：《我国煤铁矿与日本国防及工业之关系》，载《东方杂志》，第 19 卷第 19 号，1922-10-10。

第十六章　近代史教材的编撰与
近代史研究的"范式之争"

　　中国近代史的教材建设，是高校近现代史学科建设与人才培养的重要基础。已有的教材，曾发挥了重要的作用，功不可没；但是，在新中国建立已届 60 年，尤其经历 30 年改革开放，近代史研究已取得一系列新成就之后，近代史教材的与时俱进，就显得更加迫切了。同时，近年来，有关近代史研究的所谓"范式之争"，一时也颇受关注，许多论者复将之与近代史教材的编撰相联系，以至于出现了究竟应当按照哪种范式来写的争议，从而使问题似乎变得更显复杂与沉重。本文拟就此发表一点意见，以就正于大家。

一、现有近代史教材的局限

　　由于我国史学界长期以来将"中国近代史"的时限，定在 1840 年鸦片战争到 1919 年的五四运动，而后的历史则定为"中国现代史"；所以，高校历史系多分设中国近代史与中国现代史两个教研室，教材自然也是分别编写。近年来，学界已渐趋共识：中国近代史下限延至 1949 年中华人民共和国成立，其后是中国现代史。与此相应，许多高校历史系的中国近、现代史教研室开始合并，一些新编写的中国近代史教材下限也延至了 1949 年（为便于说明问题，以下仍以传统的中国近代史教材举例，简称近代史教材）。

　　尽管 60 年来有各种版本的近代史教材面世，尤其是改革开放以来新编的更多，但是，从总体上看，都无非萧规曹随，大的体例没有根本性变化，基本上还是一个模式。早些年，教师讲本课程的绪论，通常都会将近代史教材的体例（也是近代史发展的脉络），作这样提纲挈领的概括：一条红线（反帝反封建）；两个过程（帝国主义与封建主义相勾结，将中国社会变成半殖民地半封建的过程，同时也是中国人民坚持反帝反封建斗争

北京师范大学史学探索丛书

的过程）；八大事件（鸦片战争、太平天国、洋务运动、中法战争、中日战争、戊戌变法、义和团运动、辛亥革命）。它生动、准确、经典，大有益于学生理解与把握教材；同时，也指明了现有近代史教材的基本特点和优点：在鲜明的唯物史观指导下，突出近代历史发展规律，表彰近代中国人民反帝反封建伟大斗争的正义性和所取得的历史性胜利，表现出了很强的历史逻辑性与说服力。陈垣与陈寅恪两位大师，都曾肯定致用是史学的重要社会功能。在抗日战争时期，陈垣的《通鉴胡注表微》着力表彰胡三省"陈古证今"，"未尝忘情政治"；① 而陈寅恪为陈垣在敌占区北京写就的《明季滇黔佛教考》作序，强调"宗教与政治终不能无所关涉"，② 高度赞扬本书表达了作者崇高的爱国情怀，都反映了这一点。上述近代史教材的体例，发端于延安时期范文澜先生的《中国近代史》（上），新中国成立后迅速得到进一步发舒和完善。其时，中国人民虽取得了民主革命的胜利，但反帝反封建的斗争依然严峻，近代史教材适应当时的现实需要，是显而易见的。同时，近代史教材不仅有力地推进了近代史学科的发展，而且影响中学历史教育，我国几代人的成长都受益于它，厥功至伟。

但是，也无须讳言，现有近代史教材也存在自己的局限：

其一，内容单一、偏枯，不足以反映历史的全貌。近代中国历史体现了古今中外的冲撞与融合，其社会政治、经济及思想、文化的急剧变动，跌宕起伏，波诡云谲，是极其丰富、生动和复杂的。现有的教材只突出了反帝反封建的主线，实际上成了一部中国人民反帝反封建斗争史。这本身固然是重要的，但是，毕竟不足以反映历史的全貌，便显得内容单一、偏枯，也难以引人入胜。虽然近年来新出的一些教材也注意到了这一点，开始增加一些有关思想文化的章节；但毕竟全书的编写体例没有发生根本性的变革，这些补偏救弊，无法扭转全局。

其二，不能满足学科发展的需要。教材建设构成了高校人才培养模式的一大要素，这是因为教材直接影响学生的知识结构。近代史是中国通史

---

① 陈垣：《治术篇第十一》，198 页，北京，中华书局，1962。

② 陈寅恪：《金明馆丛稿二编》，273 页，北京，生活·读书·新知三联书店，2001。

的一部分，是历史系学生的专业必修课。按专业要求，学生应通过学习这门断代史，能较为全面地理解与把握近代中国历史的发展，以便为进一步拓展专业必需的更多相关知识，尤其是为将来接受研究生阶段高级专门人才的培养，打下坚实的知识基础。教材的内容过于单一，显然是不利的。尤其需要指出的是，构成现有教材主体的所谓"八大事件"，由于起点已高和研究者兴趣的转移，多年来的相关研究，从总体上看，确实十分沉寂，进展甚微。如有的前辈学者说，曾为显学的辛亥革命研究，现在成了"节日学术"，一般只能在大的纪念会上听到动静，对话都难。这自然不是绝对的，相信将来还会有新的局面出现，但这毕竟是现状。与此相反，新时期以来，近代文化史、社会史、区域史、城市史、现代化史等等，新的学科领域不断开拓，新思想、新成果层出不穷，已成百花盛开的新局面。然而，受现有传统教材体例的局限，大量新的研究成果难以引入教材。这不利于学生开拓学术视野，不言自明。而面对日新月异的近代史学术研究的全新局面，现有教材之陈旧，也就愈加难以掩饰了。

其三，与社会需要脱节。历史是最为深刻的国情，也是资政育民极为宝贵的国家资源。如前所述，现有近代史教材所以能发挥那么巨大的作用，说到底，是它适应了早期新中国建设的现实需要。新时期以来，中国社会发生转型，国家以经济建设为中心。与此相应，国家与社会发展所需提供的历史智慧的支持，显然已不满足于单一的反帝反封建的斗争经验（这无疑还是重要的），它需要更加丰富和深入的历史知识。在现实生活中，人们对于作为"昨天"而与当今中国息息相通的近代史知识的渴求与日俱增，是有目共睹的社会现象。现有近代史教材内容单一，其与社会需要脱节，无疑也大大地制约了史学自身社会功能的更好发挥。

其四，与现有作为高校政治思想教育课程之一的教材《中国近现代史纲要》多所重复。历史专业课程教材与公共课教材的区别，不应仅仅是内容繁简的差异，而应当体现功能性的不同。但由于二者都只突出反帝反建斗争的主线，所以无论后者如何注意压缩篇幅和重组专题，都难以避免重复之感。事实上，现有的近代史教材体例，对于作为政治思想教育的课程而言，实较作为历史专业主干骨的课程，更具有合理性。不同课程间教材功能的混淆，是一种资源浪费，也反映了办学思想的欠清晰，是需要学校当局特别引起注意的。

二、近代史教材编写与所谓“范式之争”

应当说，鉴于现有近代史教材的局限，人们多主张与时俱进，有所变革，这远非一日，本不是新问题；但是，近年来，由于人们将之与所谓近代史研究的“范式”问题相联系，强调教材的编撰，首先必须明确当遵循哪一种范式来写，便又成为了新问题，且变得更显复杂与沉重了。

“范式”的概念，最早是美国学者库恩于 1962 年在他的成名作《科学革命的结构》一书中提出的。他认为，一个时期占据主导地位，被学术共同体所遵循的定律、理论、应用与仪器，构成了科学研究的范式即模型；科学的变革与进步，归根结底，表现为此种新旧范式的不断更替。近些年来，一些学者借用这一概念，将新中国成立以来的近代史研究注重反帝反封建革命斗争，归结为“革命史范式”；而将新时期以来主张借用现代化理论重新探究近代史，称之为“现代化范式”。步平在《改革开放以来的中国近代史研究》一文中说：除了“革命史范式”之外，“由于实现社会的‘现代化’成为主要的目标，开始有人提出从现代化的视角重新评价历史事件和历史人物的主张，而对历史评价的关注比研究具体问题更能触及学术发展的方向问题，并能凸显近代史在整个社会实践中的位置。这一主张逐渐从理论上被加以系统化，形成被称为‘现代化范式’的学派。而在中国近代史研究中，也同时出现了用‘革命史范式’还是用‘现代化范式’加以分析阐释的讨论与争鸣。”① 张海鹏主编的 10 卷本《中国近代通史》第 1 卷是《近代中国历史进程概说》，其中第 1 章《中国近代史史书编纂的回顾》，对编纂近代史与上述两种“范式”的关系及其得失，有系统的探讨。他主张“在‘革命史范式’的主导下，兼采‘现代化范式’的视

---

① 《光明日报》，2009-01-13。

角",并强调若反之,则"将为智者所不取"。① 由上可知,探讨近代史教材的问题不可能回避所谓的"范式之争"。从客观上讲,学者对于"范式"问题并没有真正展开讨论,更谈不上出现"争鸣"的局面。不过,范式问题的提出,毕竟有助于深化我们对于近代史教材问题的思考。在这里,仍需要提出两个问题。

其一,在现实的近代史研究中,事实上存在有"两个范式",因而出现彼此的争论吗?

何为范式?依库恩本人的思想,称得起范式,必须具备两个条件:一是拥有一批具有典型示范意义的杰出成就。他说:"我所谓的范式通常是指那些公认的科学成就,它们在一段时间里为实践共同体提供典型的问题和解答。"② 二是具有"不可通约性",即新旧范式"完全不能并立",③ 新范式具有不可替代性。所以,他强调指出:"这些年来我所突出的最强烈的感觉就是,不可通约性必定是任何历史的、发展的或进化的科学知识观中一个基本的成分。""范式一改变,这世界本身也随之改变了。""范式改变的确使科学家对他们研究所及的世界的看法变了。"④

我们不妨用这两条标准来衡量当下所谓的"革命史范式"与"现代化范式"。

将新中国成立以后的近代史研究,归结为"革命史范式",其具体提法是否准确,下文将会谈到,这里暂不置论;但称之为"范式",毕竟多少还有些根据。以范文澜、郭沫若、翦伯赞以及胡绳、刘大年等为代表,一大批老一辈学者筚路蓝缕所取得的巨大学术成就,在近代史研究领域显然具有重要的典范意义,长期以来为广大同行所公认,而后者也恰恰构成了学术共同体的实践者。至于与旧中国的传统史学相较,坚持以马克思主义的唯物史观为指导的"革命史范式",其具有的"不可通约性",更不待

---

① 张海鹏:《中国近代通史》,第1卷,50页,南京,江苏人民出版社,2006。
② [美]托马斯·库恩:《科学革命的结构》,金吾伦等译,4页,北京,北京大学出版社,2003。
③ 同上书,85页。
④ 同上书,199、101页。

言。但是，所谓"现代化范式"，则是另一种情况，不应等量齐观。近年来，一些学者致力于这方面的研究和探索，确实也取得了很好的成果；但平心而论，尚不能说业已取得了公认的，具有典范意义的成就，从而促成了学术共同体的确立，并为之提供了实践的模型。更重要的是，至少从目前看，所谓的"现代化范式"还不具备"不可通约性"，相反，恰恰是可以被"革命史范式"所通约和涵盖的。胡绳说："以现代化为中国近代史的主题并不妨碍使用阶级分析的观点和方法。相反的，如果不用阶级分析的观点和方法，在中国近代史中有关现代化的许多复杂的问题恐怕是很难以解释和解决的。"① 这有说服力。近代中国只有通过革命，实现了民族独立，才能为现代化开辟道路。从这个意义上说，近代的民族民主革命不仅构成了中国现代化的前提条件，而且，其本身同时即构成了中国现代化的重要内容。此外，从业已出版的成果看，其视野与"革命史范式"，也并非不能兼容。例如，虞和平在他主编的三卷本《中国现代化历程》的"绪论"中，强调本书的宗旨说："第一，围绕一条主线。即以考察近代以来中国人民和政府如何为争取国家独立富强而奋斗的过程为主线。""阐述中国共产党和其他社会力量在中国现代化进程中的地位和作用，总结其成功经验和挫折教训，了解其特殊性和艰巨性，明白其从资本主义现代化转变为苏式经典社会主义现代化，再变为有中国特色社会主义现代化的必由过程，无疑是十分有益的，即所谓'鉴往而知来'。这就是编写本书所要努力追求的目标。"② 所以，我们应当肯定，研究现代化史是十分有意义的新的探索；但是，同时也必须承认，所谓"现代化范式"，在当下还仅是一种新的研究视角与新的探索，而远非业已形成的客观存在，自然也谈不上形成了所谓"现代化范式的学派"。库恩曾指出：在自然科学研究中，一种范式的产生绝非一朝一夕的事情。"历史向我们提示出，通向一种坚实的研究共识（research consensus）的路程是极其艰难的。"③ 同样，所谓

———————

① 胡绳：《胡绳全书》，第 6 卷（上），8～9 页，北京，人民出版社，1998。

② 虞和平：《中国现代化历程》，第 1 卷，33、1 页，南京，江苏人民出版社，2001。

③ ［美］托马斯·库恩：《科学革命的结构》，14 页。

"革命史范式"与"现代化范式"的争鸣，说到底，还仅是在部分研究者范围内的一种概念上的讨论，而非在实践层面上两种范式的真正较力。厘清这一点，并不意味着否定未来"新范式"出现的可能性，仅是为了替当前讨论近代史教材问题提供前提。

其二，所谓范式问题对于编写近代史教材，真的有那么重要吗？

近年来，"范式"一词颇为流行。但是，人们却往往忽略了基本的一点：库恩作为科学史家和科学哲学家，他主要是根据自然科学史的发展规律提炼出这一重要概念的。尽管他本人不否认一些人将范式的概念运用于人文社会科学科领域的可能性，甚至说自己也恰恰从这些学科首先得到了许多启示；但是，他始终没有忘记提醒读者注意，自然科学与社会科学的发展，二者间毕竟存在着明显的差异。他写道：

474
北京师范大学史学探索丛书

> 然而，本书也打算提出另外一种论点，对许多读者而言，它不太容易看得清。虽然科学发展也许比我们过去所设想的要更像其他领域的发展，它也有明显的不同。例如，说科学至少在其发展过了某一点之后，以一种其他领域所不具备的方式进步，这话不能说是错的，不管进步本身可能是什么。本书的目标之一，就是考察这样的差异，并着手解释它们。
>
> 例如，请回想本书反复强调的：在发展成熟的科学中没有（我现在应该说很少）竞争的党派。或者，请回忆我所评述的范围，其中一个特定科学共同体的成员成为这个共同体的工作的仅有的观众和裁决者。或再想想科学教育的特殊性质，想想以解谜为目标以及在危机和抉择时期科学团体所引用的价值系统。本书还区分出同类的其他特征，其中每一个单独看并不必然为科学所独有，但它们合拢起来，便构成使科学活动区别于其他活动的整体特征。①

库恩强调教科书支持科学范式的意义，但他同时也指出了自然科学的

---

① ［美］托马斯·库恩：《科学革命的结构》，187～188 页。

特殊性。他说，在文学艺术领域，人才的培养主要借重早期艺术家的作品，教科书的作用是次要的；在人文社会科学领域，教科书就显得重要多了，但即便如此，大学课程一定会要求阅读大量的原始资料和经典著作，而这样一来，学生便会"经常面临着互相竞争且不可通约的解答，他最终必须自己去评估它们"；而在自然科学领域则大不同。"学生主要依靠教科书"，基本不需要阅读教材以外的其他文献资料。"例如，毕竟那些学物理的学生所需要知道的所有东西，在许多最新的教科书中都以更简洁、更精确、更有系统的形式得以重述，为什么他们还要去读牛顿、法拉第、爱因斯坦或薛定谔的著作呢？"① 库恩的这些观点，对于我们进一步理解近代史教材与范式问题的关系，有很重要的启发意义。

首先，所谓"革命史范式"的提法应当慎重。长期以来，近代史研究确实只突出了反帝反封建的斗争，在研究视野与内容上都显得单一、偏枯；但是，因此便将之定性为"革命史范式"，却是不准确的。新中国史学区别于旧中国传统史学，根本一点，是在于它坚持以唯物史观为自己的理论指导。唯物史观是一科学开放的理论体系，以它作为科学的指导，史学研究不可能也不应该出现画地为牢、作茧自缚的局面。长期以来近代史研究所以形成了只突出反帝反封建的褊狭局面，除了上述能动助益中国人民现实的革命斗争这一积极的因素之外，与长期受极左思潮的禁锢，学者思想难得解放，大家心存余悸，乐于趋同而视创新开拓为畏途，也有很大的关系，甚至可以说，是更重要的原因。如上所述，库恩在谈到必须注意自然科学与人文社会科学的差别时，特别举例说："例如，请回想本书反复强调的：在发展成熟的科学中没有（我现在应该说很少）竞争着的党派。或者，请回忆我所评述的范围，其中一个特定科学共同体的成员为这个共同体的工作的仅有观众和裁决者。"他显然注意到了，人文社会科学不同于自然科学，它更多地受到了意识形态的制约；其学术共同体的成员也不可能像自然科学一样，全然成为自身工作的"仅有观众和裁决者"。应当说，在极左思潮影响下的中国学术界，此种现象就更显突出，甚至于

---

① ［美］托马斯·库恩：《科学革命的结构》，187、148、149 页。

一个学者因提出一个不合时宜的观点，就可能给自己带来横祸（事实上，其时中国的自然科学研究也深受其害）。所以，这里存在两个层面的问题：一是事实上近代史研究陷于偏狭的局面；二是造成此一局面原因的客观分析。后者涉及对新中国前 30 年近代史研究工作的评价问题，这里不能展开。但是，需指出的是：将经几代学者认真研究所形成的对近代中国社会历史发展，具有真知灼见的一系列重要认知，简单定性或归结为"革命史范式"，不仅不准确，而且不公平。因为，在唯物史观指导下所获致的这些认知，归根结底，是体现了对近代中国社会历史发展整体和本质的把握，具有指导整个近代史研究的意义。将之仅仅归结为对"革命史"的范式意义，显然是低估了它，是不恰当的。这里涉及新中国建立 60 年来，前后两个 30 年的关系问题。不能简单将二者对立或割裂开来，要看到它们间存在的继承与创新的关系。新时期以来，近代文化史、近代社会史、近代区域史，甚至包括现代化史等等，新领域的不断开拓，既是拨乱反正、思想解放的善果，同时也是在既有认知基础上的发舒，不是很好地说明了这一点吗？

其次，库恩强调："一个范式就是一个公认的模型或模式。"① 在人文社会科学，尤其是历史研究领域，是否存在着如同库恩所说的像在自然科学领域那样，整齐划一的所谓"范式"或叫研究"模型"、"模式"；其学术发展的规律，是否也同样表现为这种整齐划一的"范式"或"模型"、"模式"的新旧连续有序的更替？换言之，即便借用这个概念，在自然科学领域和历史研究领域，二者可以等量齐观吗？这仍然是可以提出作进一步讨论的问题。

以客观自然界为研究对象的自然科学，重在求真。构成自然科学研究范式的是定律、理论、应用和仪器，它所体现的科学认知，可以反复验证，具有唯一性即客观真理性；故其新旧的更替，也多具有不可逆性。天文学上哥白尼的日心说代替托勒密的地心说，化学上的氧化理论代替燃素说，等等，都说明了这一点。所以，库恩说：范式改变是革命，"在革命

---

① ［美］托马斯·库恩：《科学革命的结构》，21 页。

北京师范大学史学探索丛书

之后，科学家们所面对的是一个不同的世界"。"革命之前科学家世界中的鸭子到革命之后变成了兔子"。① 也惟其如此，自然科学领域所谓"范式"的概念所体现的事实，更符合其字面的意义，显得整齐划一。但是，以人类社会为研究对象的人文社会科学，重在求善，包含着价值与意义，情况大不同。尤其是历史科学，其认知多不具唯一性，相反，在许多情况下，一定的模糊性却是其特点。所谓"化腐朽为神奇，心知其意，存乎其人"，就反映了这一点。故在人文社会科学尤其是在历史研究领域，新旧不是判断是非的唯一标准，"新瓶可以装旧酒"，今人的新书要读，前人的古书也要读。物理系的学生可以只读最新的教科书，不必再去读牛顿、法拉第和爱因斯坦等前人的书；但是，学历史的谁能说司马迁的《史记》或班固的《汉书》已经过时了？实际上，库恩的思想是十分严谨的，他不仅提醒人们注意自然科学与人文社会科学间存在着的差异，而且在强调科学新范式形成之维艰时，就已经非常明确地指出了，迄今在人文社会科学各领域是否能够形成自己的范式，还是一个悬而未决的问题。他说："在生物各分支——例如遗传学研究中——第一次普遍被接受的范式还是更近的事；而在社会科学各部分中要完全取得这些范式，至今还是一个悬而未决的问题。"② 既然连库恩本人都认为，由于自然科学是"以一种其他领域所不具备的方式进步"，所以，在人文社会科学领域，是否也能形成如同自然科学领域的发展"范式"，还是一个未知数；那么，我们今天谈论近代史研究的所谓"范式之争"，不是应该持十分谨慎的态度吗？

借用"范式"这一新的分析工具，确实有助于我们进一步深化对某些问题的认识。例如，人们公认清末民初中国传统学术实现了逐渐向现代学术的转型，此种转型若理解为学术新范式的确立，无疑会显得更加传神和深刻。同时，我们对于蔡元培为胡适的《中国古代哲学史大纲》作序，称赞作者的眼光、手段与方法，可以为"后来的学者开无数法门"的理解，③自然也会提升到一个新的高度。1949 年新中国成立后，我国史学确立了马

---

① ［美］托马斯·库恩：《科学革命的结构》，101 页。

② 同上书，14 页。

③ 高平叔编：《蔡元培全集》，第 3 卷，188 页。

克思主义唯物史观的指导地位，其与旧中国的传统史学明显地划开了界限。1951年，郭沫若在中国史学会成立大会上说的一段话，很能反映新旧史学的根本转变。他说：新中国的史学界"在历史研究的方法、作风、目的和对象各方面"，"已经开辟了一个新纪元"：① 由唯心史观转向唯物史观，由个人研究转向集体研究，由名山事业转向群众事业，由贵古贱今转向注重近代史，如此等等。此种新旧史学的根本转变，若从范式更替的视角看，不是也可给人以豁然开朗吗？不过，上述皆关乎中国学术的根本转型，只要不作绝对化的理解，借范式相况，不易发生歧异；而在学术发展的常态下，强调范式更替，就要慎重，避免简单化。所以，观察学术的变迁，除了借鉴库恩的范式说，还不能忘了中国的传统视野。陈寅恪说，一时代之学术，必有其新材料与新问题。取用新材料研究新问题，则为此时代学术的新潮流。学者得预于此潮流者，谓之预流，反之，便是不入流。这是古今学术史之通义。② 他强调学术发展的规律，在于因问题的转移与新材料的发现，推动了时代学术潮流的新旧更替。梁启超在《清代学术概论》中，则称之为学术的"时代思潮"的变动，并对此更有生动的描述。他说："凡文化发展之国，其国民于一时期中，因环境之变迁，与夫心理之感召，不期而思想之进路同趋于一方向，于是相与呼应汹涌，如潮然。始焉其势甚微，几莫之觉，浸假而涨——涨——涨，而达于满度。过时焉则落，以渐至于衰息。"他复借佛教的"生"、"住"、"异"、"灭"说，具体阐发学术思潮"流转"即时代变迁内在的规律。其中，在谈到新旧学术思潮嬗变时，这样写道："凡一学派当全盛之后，社会中希附末光者日众，陈陈相因之，固已可厌，其时此派中精要之义，则先辈已发无余，承其流者，不过捃摭末节以弄诡辩，且支流分裂，排轧随之，益自暴露其缺点。环境既已变易，社会需要，别转一方向，而犹欲以全盛期之权威临之，则稍有志者必不乐受，而豪杰之士，欲创新必先推旧，遂以彼为破坏之目

北京师范大学史学探索丛书

---

① 郭沫若：《近两年来的中国历史学》，载《光明日报》，1951-07-29。

② 参见陈寅恪：《陈垣敦煌劫余录序》，见《金明馆丛稿二编》，266 页。

标，于是入于第二思潮之启蒙期，而此思潮遂告终焉。"① 他们观察学术发展史的视野，耐人寻味。无论是陈寅恪还是梁启超，在他们眼里，学术史的变迁，如潮之起伏，后浪推前浪，浑然一体，而非决绝。其实，这也是中国传统的视野。学术有通义，治史无定法。司马迁说"通古今之变，成一家之言"。史学研究既体现了古今中外知识的融通，更体现了史家个人德、才、学、识的综合。从这个意义上说，史学研究恰恰是超时空和超范式的。故中国传统讲辨章学术，抉微钩沉，重学术潮流，同时也重学派，如今古文经学派、乾嘉学派、国粹学派、疑古派，等等。潮流与学派的提法体现了学术的共性或通义，既强调源流，同时又不抹杀个性，很符合学术沿革与发展的特点。例如，晚清的今古文经之争，一直可以追溯到汉代，其间多少事，岂是一个"范式"所能说得清楚？中国传统观察学术发展史的视野，表面上似笼统、写意，实有深刻独到之处，有自己的合理性，尤其对于史学研究而言，更是如此。

综上所言，从严格意义上讲，当下的近代史研究，不仅客观上并不存在所谓"两个范式"的较量；而且，事实上也不存在库恩所说的"范式"。过分渲染所谓"革命史范式"与"现代化范式"的并存与争鸣，易产生误导：除了上述将导致对新中国尤其是前30年近代史研究的历史地位估计不足的偏颇外，依库恩新旧范式不通约的思想，无论自觉与否，实际上又为否定"革命史范式"，在逻辑上预设了前提。而这显然是不明智的。值得注意的是，库恩的《科学革命的结构》一书的译者金吾伦先生，新近在《范式概念及其在马克思主义哲学研究中的应用》一文中，表达了他的困惑："范式概念的应用，活跃了马克思主义哲学的研究氛围，丰富了马克思主义哲学的研究内容，但同时也给马克思主义哲学研究带来两个问题：一个是范式转换使原来的传统产生革命，以至于抛弃了原来的传统，形成与原来传统相互冲突的新传统，新方向，这个新传统、新方向还是马克思主义哲学传统？第二个问题就是新旧范式之间的不可通约性问题。因为如果前面所说的新传统、新方向仍然是属于马克思主义哲学传统，那么就不存在不可通约性问题，前后两个马克思哲学传统肯定是可通约的。在后一种情况下，'范式转换'中的范式概念就不是库恩意义上的范式概念了。"①他的此种困惑具有普遍性。这不仅仅是缘于意识形态的问题，更为本质的问题在于如库恩所说，自然科学的"科学活动"，具有"区别于其他活动的整体特征"，因而"以一种其他领域所不具备的方式进步"。换句话说，自然科学领域新旧范式更替的发展模式，并不契合人文社会科学，尤其是历史科学的自身规律，因而才出现了扞格难通的尴尬。金吾伦主张，为了避免此种尴尬的局面，应当修改库恩的范式概念，对之作重新界定，他称之为"重建范式"。他说："我认为要这样做，我们必须旗帜鲜明，明确表明态度，而且还需要做许多非常细致和艰苦的工作。首先必须分清库恩的范式概念中哪些适用哪些不适用于我们的研究，同时指出其理由。"② 金先生固然用心良苦，但是，且不说"重建的范式"既非原来的意义了，它是否还"神圣灵验"？仅就近年人们多倡言要打破西方的学术话语权，建立中国自己的学术话语系统而言，这样做，是不是大违初衷，而且"太累"了？

要言之，引进范式的概念，有助于开拓人们的视野；但在历史研究中刻意强调整齐划一的范式及其更替，却难免简单化，作茧自缚。正是在这个意义上，我们强调，还必须重视中国传统的学术视野。尤其在历史研究领域，强调学术继续与创新的统一，实较斤斤于范式的区分，更具有重要的意义。

教材不同于一般的著作，它必须尽量吸收最新的学术研究成果，较为全面地反映一个时期学科发展的全貌；同时，还必须适合于教学的需要。依库恩的理论，科学范式既是一个时期起主导作用的科学研究的路径与模式，科学教材反映并支持这个范式，是完全合乎逻辑的。由于自然科学的定律、定理一旦确立，通天下皆一式，故其范式的内涵与外延易于把握并取得共识。这也就是学习自然科学的学生，可以主要依赖教材，而无需更

① 金吾伦：《范式概念及其在马克思主义哲学研究中的应用》，载《中国特色社会主义研究》，2009（6）。
② 同上。

多阅读其他文献资料的原因所在。历史学的研究，虽然一个时期也会形成某种主流趋势，但是，要说清楚它的所谓范式，谈何容易。近年来，随着范式概念的引进，近代史教材的编写究竟必须遵循"革命史范式"，还是必须遵循"现代化范式"，或者是"以革命史范式为主，适当结合现代化范式的视角"，似乎成了大问题。实际上，这不是个真问题。我们不妨试问一下：如果说，近代史研究中真存在着"革命史范式"与"现代化范式"两种范式（有人说不止两种），那么，不用说众多研究者的归属，就说言者本人，恐怕也很难能说清楚自己的研究工作当归入哪种范式。所以，说到底，人们在"范式"名义下所争的真正有意义的只有一点：在唯物史观指导下，长期以来学界对于近代中国社会历史发展所获致的共识，包括对近代社会的性质、主要矛盾与发展趋向等一系列重大问题的认识，是否还应当和如何加以继承，并体现在新编的近代史教材中。范式概念的引入，使问题的讨论增添了理论的意味，但同时也使问题变得更加繁复和沉重了。

教材要反映学科研究的现状是一回事，怎样实现这种反映又是另一回事。换言之，教材不是被动地反映学科研究现状，它要适合教学，注重自己的呈现方式。所以，教材编撰既要讲科学性，还需要讲个性与特色。重要的问题，不在于争论范式，而在于坚持科学性，突出个性与特色。在这一原则下，强调继承与创新统一，该继承的传统必须坚持，该创新的地方必须勇于破旧立新。这符合学术史之通义，同时，近代史教材的建设虽然艰巨，却可以因之变得不需要那么复杂与沉重。

三、关于近代史教材改革的几点想法

摆脱了所谓"范式"的争论，对于近代史教材的改革，本文有以下三点原则性意见：

1.《中国近代史（1840—1949年）》是《中国通史》的重要组成部分。它的主要任务应是反映在半殖民地半封建的历史条件下，中华民族为实现独立、民主和富强，所走过艰难曲折的道路和最终取得的辉煌胜利；同时，在其具体地展开历史的过程中，让人们了解近代社会在政治、经济、思想、文化诸方面所发生的变迁及其内在的逻辑。

2. 教材的编撰要以唯物史观为指导，坚持继承与创新的统一。经几代学人长期研究所已获致的关于中国近代社会历史发展基本规律，包括近代社会主要矛盾、社会性质及发展趋向等重大问题在内的一系列合乎历史实际的科学认知，应当加以继承，并构成教材编撰的大视野。但是，同时也必须自觉："规律自身不能说明自身。规律存在于历史发展的过程中。应当从历史发展过程的分析中来发现和证明规律。不从历史发展过程的分析下手，规律是说不清楚的。"① 历史发展是多样性的统一。近代史教材要避免简单生硬的概念演绎，要从具体丰富的历史现象出发，努力做到论从史出。教材的呈现方式即体例，需要打破常规，重新设计，可以多样化。要突破革命史的框架，向通史的本义回归，突出"通"的特点：纵向上要能体现一以贯之的历史发展脉络；横向上要能体现政治、经济、思想、文化等社会各主要板块间有机的互动与综合发展，以便能够多侧面，更好地反映近代中国社会历史生动丰富的发展。

3. 充分吸收新时期以来史学研究的新成果。在理论与方法上，要博采众长，注意借鉴包括文化学、社会学、现代化理论等在内多学科的营养。

北京师范大学史学探索丛书

---

① 《毛泽东文集》，第 8 卷，106 页，北京，人民出版社，1999。

第十七章　近代史研究中所谓
"碎片化"问题之我见

新时期以来，中国近代史研究取得了有目共睹的繁荣发展，但不足也日渐显露。其中，所谓"碎片化"问题，更备受关注。在这里，笔者愿申不成熟的意见，以就正于大家。

一、区分两种"碎片化"

以往学界前辈常会这样提醒后进："研究问题要注意抓大的重要的题目，不能搞得太细太碎了。"那时没有"碎片化"这个概念。所谓"碎片化"的概念，是近些年新由西方引入的。

1987 年法国学者弗朗索瓦·多斯在其成名作《碎片化的历史学》中，对年鉴学派及其"新史学"作了尖锐的抨击，指责其第三代领导人背弃了先辈注重总体史的传统，而使自己的历史研究归趋"碎片化"，并预言"新史学"的危机与终归瓦解。多斯富有学术勇气，目光深邃，这不仅是指他不幸而言中，年鉴学派从此走上了不归路，而且是指他实际上也切中了整个西方历史学界的时弊。二战之后，后现代主义的兴起，尤其是语言学的转向，对历史学产生了有力的冲击。一方面，它深化了人们对于史家与史料、历史认知的对象与方法、历史知识的内容与性质以及历史叙述的形式与历史文本的解读等等的理解，从而推进了历史学的新发展；另一方面，由于它极端地主张颠覆传统，否定任何历史的统一性与认识历史真实的可能性，又造成了历史学碎片化、虚化，乃至于面临消解危险的种种消极影响。所以，多斯的锋芒所向，其意义不限于年鉴学派与法国，而具有了世界的意义。借助多斯的视角，反思当下的中国近代史研究，自然也是十分有益的。

不过，首先还必需弄清楚"碎片化"的概念。

在笔者看来，在语义上，"碎片"是指整体瓦解的结果。但在实际生活中，"碎片化"的语义可有两层理解：一层是指将物体打破，使之化为碎片；二是指先将物体打碎，使之成为待铸新体必需的材料或过程。二者的区别，在价值取向不同：前者的目的只在于碎片化本身；后者的目的却在于追求新的综合化。前者是消极的，而后者是积极的。

多斯在其书中，虽然并未对自己使用的"碎片化"一词作出明确的界定；但他的概念还是明确的，即是指上述在语义上消极的层面的取向：在价值观上，以"碎片"为究竟，执意颠覆和反对任何总体性与综合性的目标。所以，多斯指出：年鉴学派深受米歇尔·福柯理论的影响，后者"他先是摧毁了人类作为文化主角的主体地位，然后抨击历史主义，并反对把历史作为一个整体和参考对象"。福柯主张"历史学必须放弃宏观综合，改为关注零碎的知识"，不应再描述历史的演变、进步与连续性，只须"发掘众多不连贯的瞬间"。他反对因果关系的研究，完全"断绝了追求整体现实和再现全面性的可能"。总之，由于年鉴学派追随福科的理论，"历史被解构为局部性实践，并放弃了任何总体目标"。① 换言之，在多斯看来，任何放弃了总体性目标的历史研究，就必然导致"碎片化"。

然而，就积极的语义而言，却不可同日而语。

从历史上看，人类对自身历史的认识和研究，正是经历着不断的"碎片化"与不断的"总体化"或叫"综合化"，二者相辅相成统一的历史发展过程。人们认识历史，总是先从局部与具体的事实（"碎片"或"碎片化"）入手，渐求达于综合的理解与把握。古人云"左史记言，右史记事"，又谓"属辞比事，春秋之教"，是也。历史的认识无止境，人们自然要不断超越既有，从而不断进行新的"碎片化"与综合，或叫"解构"与"重构"。20 世纪初年，近代中国"新史学"兴起之际，梁启超诸人批评中国传统史学不足"当意"，无非是一部"历代帝王的家谱"，一部"相斫书"，在主张引进西方进化论史观，探求中国民族进步的真相的同时，复

---

① ［法］弗朗索瓦·多斯：《碎片化的历史学——从〈年鉴〉到"新史学"》，马胜利译，168、170、235 页，北京，北京大学出版社，2008。

主张析史之名于万殊，以求史界的开拓。马叙伦说："若是推史，则何必二十四史而为史？何必三通、六通、九通而为史？更何必六经而史宗？凡四库之所有、四库之未藏、通人著述、野叟感言，上如老庄墨翟之书，迄于水浒诸传奇，而皆得名之为史。于其间而万其名，则饮者饮史，食者食史，文者文史，学者学史，立一说成一理者，莫非史。若是观史，中国之史亦夥矣，而史界始大同。"[1] 新史学的兴起，生动地说明了其时的中国史界努力追求在新的基础上，实现"碎片化"与综合化相统一的积极取向。

上述历史认识的发展过程，同时也体现了宏观与微观的统一。缺乏总体宏观的视野，微观研究难免细碎，无关大体；反之，不以微观研究作基础的所谓总体宏观把握，也难以深入，失之空泛。所以，具有宏观视野与总体观念的微观研究是积极的，不能因其选题具体甚至细碎，而低估其意义。缘于史家的个性与秉赋，事实上也不可能要求人人都做综合与宏观的研究。正是在这个意义上，陈垣说，考据虽非史学的究竟，但它是"一人劳而众人逸"的工作，功德无量，不容轻忽。胡适也以为，发现一个古字，与发现一颗行星，可以一样伟大。

也可以说，上述乃是人们认识与研究历史的常态。

由上可知，在历史研究中，需区分两种不同的"碎片化"：一是放弃总体性（总体史），导致了"碎片化"；二是坚持总体性（总体史），但在新旧更替之际，史家超越既有，研究趋向多元化，一时也会呈现某种"碎片化"现象，那是学界酝酿新突破、新综合的必要过程。

二、尊重历史学发展的自身规律

新中国建立以来的近代史研究，以1978年为界，大致可分成前后两个时期。前期，学界研究的热门话题是所谓反帝反封建"一条红线"，包括鸦片战争、辛亥革命等在内的"八大事件"以及"三次革命高潮"等等一系列重大的事件；争论的焦点，也多集中在所谓近代中国社会的性质、主

---

① 马叙伦：《史学大同说》，载《政艺通报》，第二年癸卯第16号，1903-09-21。

要矛盾、发展脉络等等重大的理论性问题上。后期，上述的这些话题逐渐淡出了人们的视线，以至于有学者感叹：辛亥革命史等重大事件的研究，已是门可罗雀，多成了节日学术，除了逢五逢十的纪念性会议外，平时学者沟通都难。与此同时，人们对于政治史与理论问题的兴趣减弱，一些学者的研究题目也越来越具体，越来越小。文化史、社会史的兴起，虽然展拓了近代史研究新的领域，但这种趋向却似乎变得更加明显。

前后期反差是如此之鲜明，以至于人们对近代史研究现状产生忧虑，以为不尽如人意，这是很自然的事情。随着 2008 年多斯的《碎片化的历史学》中译本出版，"碎片化"一词也开始在中国近代史学界流行，人们进而将此种忧虑上升为当下的近代史研究是否也存在多斯所说的"碎片化"的担心，是不难理解的。

当下近代史研究中所谓"碎片化"的现象是客观存在的，问题在于如何正确看待它。我以为，这里所谓的"碎片化"与多斯所说的"碎片化"，是不同的概念。它是属于在语义上价值取向积极的一类。理由有二：

雷蒙·威廉斯说，在文化发展史上，一种新概念的出现，既是人们对共同生活的外部环境变迁作出反应的记录，同时也反映了人们对此种变动努力进行的总体评估并逐渐形成的重新控制的过程。① 如前所述，多斯是在西方的语境下概括出"碎片化"的概念，他对年鉴学派的抨击，同时也切中了西方历史学研究的共同时弊，而这正是二战后后现代主义对历史学冲击产生的负面结果。欧战前后，西方以尼采为代表的反省现代性的非理性主义兴起，批判理性主义与"科学万能"论，反映了时人对西方资本主义文明的反省，同时也开启了今天后现代主义的先河。后现代主义对现代文明的批判，其积极的影响固不容低估，但其存在走向极端的片面性所造成的负面影响，同样不容讳言。这即是说，多斯所以提出历史研究中的"碎片化"问题，不是孤立的，说到底，它既反映了西方社会文化思潮的变动，同时也反映了人们对此的总体评估与积极的回应。反观中国，当下表面相类的"碎片化"问题，却不容作等量齐观。新文化运动时期，陈独

北京师范大学史学探索丛书

---

① ［英］雷蒙·威廉斯：《文化与社会》，374 页。

秀曾说，他对于尼采诸人的反省现代性深表敬意，但因中国现实是科学与物质文明还太过于落后，故作为一种理论指导，这是中国不应当接受的。他注意到了语境的差异与理性选择的重要性。当下的中国固然已是今非昔比，后现代主义的欧风美雨也显然顺势而至；但是，由于中国的历史文化传统不同于西方，其百年来努力追求的理性与科学的精神也仍然有待于进一步培育，故后现代主义某些极端片面的思想主张对于国人的影响虽然不能轻忽，却也不应作过高的估计。例如，在这个具有重史传统并以追求"通古今之变，成一家之言"为最高治史境界的国度，有多少真正的学者能忘情于历史的总体性？在这个曾遭受过百年民族屈辱的国度，有多少人能忘情于对实现中华民族复兴道路的思考，而相信应当颠覆任何"宏大的叙事"，能相信诸如"帝国主义侵略"、"南京大屠杀"等等，都无非是话语建构的故事，而非历史的真实？明白了这一点，便不难理解，当下近代研究中存在的所谓"碎片化"，从整体上说，是不可能与反对、颠覆历史研究总体性的目标相联系的。这也就是说，当下近代史研究的所谓"碎片化"，与多斯面对的年鉴学派史学的"碎片化"，不是同一个问题。此其一。

值得注意的是，《碎片化的历史学》一书的最后一节是《法国大革命结束了》，其中写道："当代的史学观点倾向于抹杀历史进程中的加速期，以及制度更迭所造成的转折点和交替时期。因此，沦为僵化结构的历史势必要排除所有被视为重要断裂的现象。"这些历史学家刻意抹杀历史上的重大事件，尤其是革命的发生。在他们的笔下，"事件变得无足轻重，它不再是历史进程的动力和加速器，而仅仅成了一种符号、神话和幻觉"。①多斯用了很大的篇幅猛烈抨击以弗朗索瓦·孚雷为代表的年鉴学派对法国大革命的粗暴否定。在他看来，这正是年鉴学派史学走向"碎片化"的一个重要表征。耐人寻味的是，去年10月在武汉举行的规模盛大的"纪念辛亥革命一百周年国际学术讨论会"上，与会学者热烈讨论的一个议题却

---

① ［法］弗朗索瓦·多斯：《碎片化的历史学——从〈年鉴〉到"新史学"》，220、221页。

是：应当进一步高度评价辛亥革命的伟大历史意义。老一辈著名学者章开沅教授更进而提出，必须从前后三百年的历史长时段中去考察，才能真正理解这场革命的伟大历史意义。章先生的观点得到了与会学者的普遍认同。这与多斯指斥弗朗索瓦·孚雷诸人以长时段为借口，抹杀法国大革命代表历史重要转折的伟大意义，正形成了鲜明对照。近二百篇的会议论文，内容涉及了政治、经济、军事与思想、文化等广泛的领域，不少选题也很具体，但彼此内在的联系与综合的指向，即追求总体性的目标——综合把握辛亥革命乃至整个中国近代历史进程——依然十分醒目。在历史研究中，选题的大小是相对的，不是绝对的，以大可以见大，以小也可以见大。故多斯以是否心存总体性即总体史的目标，这一学术的"终极关怀"为究竟，作为判断历史研究是否"碎片化"的标准，是十分深刻和极为重要的见解。"纪念辛亥革命一百周年国际学术讨论会"具有重要的象征意义，它说明，绝多数近代史研究者在事实上也始终并未忘情于历史家的学术关怀和陷入多斯所说的"碎片化"误区。此其二。

　　要言之，从整体看，坚持总体性的当下近代史研究仍属常态。这样说并不意味着它尽如人意，不存在消极面。实际上，即便是属于在语义上价值取向积极的一类，"碎片化"本身也并非目的。所以，问题更为积极的提法，似乎应当是：何以后期的近代史研究虽然取得了有目共睹的成就，但在事实上，却依然处在"碎片化"的阶段（或仍给人以"碎片化"的观感），并没有达到实现真正的结构性突破——铸成综合性的新体？人们对前期积淀下来的近代史学科框架多有批评，但迄今却无以取而代之。这只需看一看此期出版的为数众多的各类近代史教材，其体例框架较前大同小异，便不难理解这一点。至于所谓近代史研究"范式"的更新云云，似乎也与事无补，同样也是反映了这一点。许多论者将导致当下不尽如人意的"碎片化"的原因，归结为诸如学者选题与视野过于狭窄，缺乏理论兴趣，急功近利的社会风气的影响，以及人才培养上的种种不当，等等。这些自然都有道理，但我以为，不是就个人而是就整体而言，人们似乎还忽略了更为重要的一点：学术发展自身规律使然。

　　平心而论，前期的近代史研究尽管有诸多不足，但它实际已成就为了

北京师范大学史学探索丛书

一座高峰，后人欲行超越，并非易事。梁启超曾将学术思潮的演进，概括为"启蒙"、"全盛"、"蜕分"、"衰落"四个时期，以为中外古今大致皆循此历程，以递相流转。其见解自有合理性。若将前后期近代史研究的发展也视为一种学术思潮演进，则其全盛期显然已过，但就新旧思潮更替而言，却不能说业已完成。客观来说，当下仍处于第三与第四期，即蜕分与衰落期之交。依任公说法，蜕分期："境界国土，为前期人士开辟殆尽"，后起者"只取得局部问题，为'窄而深'的研究，或取其方法，应用之别方面"；衰落期："环境既已变易，社会需要，别转一方向"，"豪杰之士"遂起破坏，超迈既有，从而开拓为"第二思潮之启蒙期"。① 这里所描绘的蜕分期与衰弱期交汇的特征，正不妨看作是新时期以来近代史研究堂庑扩大，成果迭出，却复不免于"碎片化"之讥的一种写照。换句话说，当下近代史研究所以还未能走出"碎片化"阶段，达于新的总体性目标，从而展现全新的时期，端在于任公所谓超迈旧有的"豪杰之士"（堪称划时期的经典作家及其经典作品），尚未真正出现。

三、多斯的启示

在尊重学术思潮发展自身规律的同时，还需重视多斯的启示。这有助我们对于当下近代史研究的所谓"碎片化"问题，持更为清醒与客观的态度。

其一，多斯给我们最重要的启示是：必须坚持历史的总体性，否则，历史研究必然导致"碎片化"的灾难。令人欣慰的是，当下我国近代史研究依然坚持追求总体史的传统，因之，不存在多斯所批评的现象。换言之，若一定要使用"碎片化"一词，就必须明确：此"碎片化"非彼"碎片化"。当下近代史研究中的所谓"碎片化"，既属于语义上价值取向积极的一类，就不应一概而论，作简单否定。实际上，它是新旧思潮更替在特定阶段上的应有之义，本质是积极的。个中自然也会有部分学者缘个性及

---

① 梁启超：《饮冰室合集·专集》(34)，2、3页，北京，中华书局，1989。

社会诸多因素的制约，做不到"贤者见其大"，那也只是任何时期都会存在的方法论层面上的一种常态。从这个意义上说，所谓"碎片化"，并非"危机化"，相反，它恰是近代史研究酝酿大突破的征兆。

当然，也应当看到问题还有另外一面。历史家作为个人，研究什么以及怎样研究，是他的自由；但历史学界作为整体，若多数人都对总体性、综合性与理论问题等重大问题的研究失去兴趣，只满足于具体细碎问题的研究，也会使历史研究偏离正确的方向，这同样也是不可取的。多斯指出，年鉴学派中仍有"坚持历史总体性的历史学家"，但问题在于他们已非主流，故其趋向仍是暗淡的："随着研究对象的支离破碎和大量增加，历史学将逐渐失去自我"，"也将陷入危机和被边缘化"。[①] 尽管当下并不存在这种趋向，但积极倡导与鼓励学者对近代史重大问题的研究，避免失之细碎化，这在学术发展上，于公于私，无论何时，都是必要的。

其二，当下近代史研究所以仍不免给人以"碎片化"的观感，说到底，是因为它对于近代历史的阐释，在根本的理论架构上，仍未实现真正的突破。由于缺乏新的权威性理论架构的统整，具体的研究便无由得到整合，进而提升为对近代历史总体性新的认知。当下的现状不仅说明，我们对正努力超越的前期近代史研究成就所已达到的高度，不容低估，而且还说明，新旧学术思潮的"递相流转"，在本质上是表现为继承与创新的统一，故前后期的近代史研究是统一的，不容割裂，更不应将之对立起来。重要的问题，是关注政治史与重大的理论问题，在强调继承与创新统一的基础上，形成阐释近代历史发展新的认知架构。

其三，在多斯的眼里，所谓的"碎片化"问题，它所指涉及的首先是历史观。多斯的《碎片化的历史学》深受马克思主义的影响。他在书中，不仅认为年鉴学派所以走向"碎片化"，与其放弃了自己先前认同的唯物主义，也不无关系；而且，在全书的结论部分，还特别强调指出："年鉴学派中的第二派势力提出了另一条道路。该派势力倾向马克思主义"。真

---

① ［法］弗朗索瓦·多斯：《碎片化的历史学——从〈年鉴〉到"新史学"》，220、221页。

正创立新史学的使命，已落在了这些"主张总体历史的史学家肩上"。① 多斯的这一观点，对于我们思考当下近代史研究的发展，是一种有益的启示。要充分估计并自觉继承前期近代史研究的成就，要看到，它所以达到了至今尚未被真正超越的高度，说到底，是体现了唯物史观的魅力与史家的时代激情。理解这一点，对于人们自觉避免实际上可能导致研究碎片化的误区，也是大有裨益的。

其四，讨论学术，不能脱离具体的语境。既然对于所谓"碎片化"的概念，可以有上述两种不同的理解，事实上当下的近代史研究也不存在多斯所讲的"碎片化"问题，本人以为，应慎重使用"碎片化"的提法。这不仅与我们倡导关注重大的选题与理论问题的研究，本身并不矛盾；更重要还在于，它有助于人们集中目光，关注属于当下中国近代史研究自身的真正问题。

---

① ［法］弗朗索瓦·多斯：《碎片化的历史学——从〈年鉴〉到"新史学"》，240、241 页。